KB158092

정신분석 입문

Vorlesungen Zur Einfuhrung
In Die Psychoanalysis

도서출판 선영사

정신분석 입문

1 판 1쇄 발행 / 1986년 12월 05일
4판 1쇄 발행 / 2009년 04월 20일
5판 5쇄 발행 / 2022년 04월 20일

지은이 / S. 프로이트
옮긴이 / 오태환
편집 기획 / 김범석
표지 디자인 / 정은영

펴낸이 / 김영길
펴낸곳 / 도서출판 선영사
주 소 / 서울시 마포구 서교동 485-14 영진빌딩 1층
TEL / (02)338—8231~2 FAX / (02)338—8233
E—mail / sunyoungsa@hanmail.net

등 록 / 1983년 6월 29일 (제02—01—51호)

ISBN 978—89—7558—278—3 03180

·잘못된 책은 바꾸어 드립니다.
·이 책은 헤움디자인(주)에서 제공하는 서체로 제작되었습니다.

정신분석 입문

Vorlesungen Zur Einführung
In Die Psychoanalysis

S. 프로이트,

도서출판 선영사

PROLOGUE

내가 《정신분석 입문》이란 책을 출판하게 된 것은 이미 발행된 이 분야의 소개서, 즉 히치만 《프로이트의 신경증학神經症學》, 퓌스터 《정신분석의 방법》, 레오 카프란 《정신분석 개설》, 레지스와 에스나알 《신경증 및 정신병》, 아돌프 E. 메이엘 《정신분석에 의한 신경병의 치료》 등과 경쟁하기 위함이 아니다. 이 책은 내가 빈 대학에서 1915~1916년과 1916~1917년의 두 차례에 걸친 겨울 학기 동안에 의사와 일반 남녀 청강자들을 대상으로 했던 강의 내용을 수록한 것이다.

독자의 눈을 끄는 이 책의 특징은 위와 같은 성립 조건에 입각하고 있다. 나는 강의할 때, 학문의 강의에서 요구되는 냉철함을 지켜나갈 수가 없었다. 나는 장장 2시간의 강의를 하는 동안, 계속해서 청중의 주의가 산만해지지 않도록 주의해야만 했다. 그리고 그때 그때의 효과를 생각해서 앞에서는 꿈의 판단, 뒤에서는 노이로제의 문제와 결부되는, 이와 같은 제목을 반복하기에 이르렀다. 제목의 배열에 관해서도 무의식과 같은 중요한 제목을 한 군데서 완전 무결하게 설명하기는 불가능했다. 그래서 이런 제목을 여러 번 다루다가 다시 적절한 기회를 잡아서 그 지식을 보충해야만 했다.

정신분석에 관한 문헌을 즐겨 읽고 있는 독자들은 이 입문서를 통해 이미 간행된 다른 서적에서는 취급하지 않은 상세하고도 새로운 사실을 발견하기가 힘들 것이다. 그러나 나는 그 동안의 자료를 정리하여 매듭을 짓기 위해, 오늘날까지 발표하지 않았던 공상·불안·히스테리에 대한 연구를 소개하고자 한다.

1917년 봄

프로이트

Contents

프로이트 Sigmund Freud

프로이트Sigmund Freud, 1856~1939

지그문트 프로이트는 1856년 5월 6일, 오늘날 체코의 프라이버Pribor인 모라비아Moravia 프라이베르크Freiberg에서 아버지 야콥 프로이트Jacob Freud와 그의 세 번째 아내인 아말리아Amalia, 남편보다 20살이 어리다 사이에서 태어났다.

'지기Sigi'—친척들이 그를 부르던 이름이다—아래로 7명의 형제와 자매들이 태어났다.

그의 가족 구성은 보기 드문 것이었다. 왜냐 하면 프로이트의 배다른 형제인 엠마뉴엘Emmanuel과 필립Philipp은 프로이트의 어머니와 거의 같은 나이였다. 프로이트는 형 엠마뉴엘의 아들이자 그의 조카인 존John보다 몇 살 어렸다.

그가 네 살 때 유대인 모피상이었던 아버지를 따라 프로이트의 가족은 독일의 라이프치히Leipzig로 이사했다1859. 그리고 다시 비엔나Vienna에 정착했다1860. 그는 이 비엔나에서 1938년까지 살았다.

여덟 살 때 그는 셰익스피어를 읽었고, 청소년기에는 괴테의 에세이에 관한 강의를 감명 깊게 들었다.

1877년에 그의 이름을 지그문트 프로이트Sigmund Freud로 바꿨다.

이전에 법률에 대해 공부할 것을 생각했으나, 비엔나 대학에서 공부를 시작하면서 그는 의학 분야에서 직업을 갖기로 결정했다1873. 학생으로서, 프로이트는 에른스트 폰 브로이어Ernst von Breuer의 지도로 중앙신경체계에 대한 연구를 시작했다1876. 그리고 1881년에 의학 박사 학위를 받았다. 그는 테오도르 마이너트 정신의학 클리닉The Theodor Meynert's Psychiatric Clinic에서 일했다1882~83. 후에 파리 살페트리Salpetri에서 샤르코Charcot의 지도하에 최면 요법을 연구했다1885.

1884년부터 1887년까지 프로이트는 코카인에 대한 몇 개의 논문을 출판했다. 그는 1886년에 마르타 베르나이스Martha Bernays와 결혼했고, 7명의 자녀가 태어났다Mathilde, 1887 : Jean—Martin, 1889 : Olivier, 1891 : Ernst, 1892 : Sophie, 1893 : Anna, 1895.

그의 히스테리아에 대한 관심은 브로이어와 샤르코의 최면술에 자극받아 생긴 것이다1887~1888. 프로이트는 1891년에 베르카쎄Ber—ggasse 19번지의 공동 주택으로 이사했다. 그곳은 80년이 지난 1971년에 프로이트 비엔나 박물관The Freud Museum Vienna으로 바뀌었다.

어머니 아말리와 프로이트
프로이트의 최초의 교육은, 읽고 쓰는 것을 그에게 가르친 어머니에 의해 이루어졌다.

프로이트와 마르타 베르나이스
1886년 파리에서 돌아온 후 프로이트는 신경성 질환 전문의 개인 병원을 개업했다. 그는 또한 어린이들의 질병을 위한 맥스 카쇼비츠Max Kassowitz 연구소의 신경학부 소장이 되었고, 계속해서 두뇌 해부학에 대해 연구했다.
그는 파리에서의 그의 연구를 요약한 남성 히스테리에 대해 의사협회에서 강연을 했지만, 빈의 의학 단체에 의해 거부당했다.
4년 동안의 약혼 기간 후 9월 13일에 그는 약혼녀 마르타 베르나이스와 결혼했다.

프로이트의 장녀 마틸드의 탄생
1887~1888년 프로이트는〈신경계〉〈코카인의 공포와 코카인의 중독에 대해〉, 그리고 베른하임의 저서 《최면술과 암시》를 번역 발표했다.

1891년의 프로이트

1891년 9월에 프로이트는 새로 지어진 베르카쎄 19번지의 한 아파트로 이사하고, 거기에서 그들은 1938년 6월 런던으로 이주할 때까지 살게 된다.

시뇨렐리Luca Signorelli의 'Licht und Lucke'

1891년 프로이트는 처음으로 완전한 히스테리아의 분석으로 '엘리자베스 폰 알Elizabeth von R'의 치료를 시작했다.

환자 안나 오Anna O

1893~1894년 프로이트의 저서 《히스테리 현상의 심적 메커니즘에 대해》, 그리고 《소아기의 뇌성 양측 마비의 지식을 위해》《방어에 의한 노이로제와 정신 이상》 등은 잠정적 보고 형식으로 씌어졌다.

1905년 알타무스시Altamussee에서 그의 아내와 그의 어머니 아말리와 함께
이 해에 성의 이론에 관한 세 가지의 논고, 농담과 무의식과의 관계, 도라의 히스테리의 분석편이 나왔다.

프로이트의 의자 옆에 걸린 그라디바의 복사품
1907년 W. 옌젠의 〈그라디바에 있어서의 망상과 꿈〉을 발표하다.

빈의 카페 코르브
1908년 제1차 프로이트 심리학 학술 대회가 잘츠부르크에서 열렸고, 심리학 수요회는 스스로 해산된 후 빈 정신분석협회라는 이름하에 새롭게 설립되었다. 증가하는 회원들 때문에 모임은 카페 코르브Cafe Korb로 옮겨졌고, 후에 의과 대학으로 옮겨지게 되었다.

클라크 대학 앞에서의 단체 사진
1909년 앞줄 왼쪽부터 프로이트, 스탠리 홀, 융, 뒷줄 왼쪽부터 에이브러햄 브릴, 에른스트 존스, 산도르 페렌치.

1916년 전선으로부터 떠나 있는 동안 그의 아들 에른스트 운트 마르틴Ernst und Martin과 함께 한 프로이트

정신분석 입문의 죄수의 꿈
뮌헨의 샤크 화랑에 있는 그림으로 1916년 슈빈트Schwind가 그렸다.

프로이트와 딸 소피
1920년 《국제 정신분석》 영어 기관지가 빈에서 에른스트 존스의 협력하에 만들어졌으며, 그 해 프로이트의 딸 소피가 함부르크에서 감기로 죽었다.

비밀회
1921년 앞줄 왼쪽부터 프로이트, 페렌치, 존스, 윗줄 왼쪽부터 작스sachs, 에이브러햄, 아이팅콘, 랑크.

맥스 폴락의 오이디푸스와 스핑크스
1924년 프로이트는 노이로제와 정신 이상, 매저키즘의 경제적 문제, 오이디푸스 콤플렉스의 붕괴, 정신분석의 간단한 설명 등을 발표했다.

테오도르 라이크
1924년 빈 의학협회는 가짜 의사들에 대항해 의학 분석자가 아닌 테오도르 라이크Theodor Reik에 대해 법적 조치를 제기했다.

마리 보나파르트
1925년 미국인 도로시 버링햄이 그녀와 그녀의 아이들이 정신분석을 받도록 하기 위해 빈에 있는 프로이트에게 왔고, 곧 안나의 가까운 친구가 되었다.
이 해에 프로이트는 이상한 종이쪽지에 대한 메모, 자서전 연구, 정신분석에 대한 저항·불안·성 사이에 해부학적 특징의 몇 가지 정신적 결과 등을 발표했다.

1926년 국제정신분석 편집부의 그 해 연감이 처음으로 출판되었으며, 70번째 생일에 프로이트는 다양한 영예를 안았다.

처음으로 비행기를 타는 프로이트
1928년 프로이트는, 마리 보나파르트Marie Bonaparte의 의사인 맥스 슈얼Max Schur을 알게 되었다. 후에 그는 그의 의사가 되었다.
이 해에 도스토예프스키의 부친 살해범과 종교적 체험에 관한 연구가 발표되었다.

아말리와 프로이트
1930년 프로이트는 여름을 그의 아픈 어머니의 집 가까이에 있는 구룬들시Grundlsee에서 보냈다. 가을에 어머니는 95세의 나이로 세상을 떠났다.

프랑크푸르트에 있는 괴테 하우스
1930년 프로이트는 심장병 때문에 담배를 끊었다. 불릿C. Bullitt은 윌슨Wilson의 정신분석 연구에 대해 공동 연구를 하자고 프로이트를 설득했다.

프라이베르크에서의 안나
1931년 루 안드레아스 살로메는 프로이트에게 그녀의 책《프로이트에 대한 나의 감사》라는 책을 보냈다.

스테판 츠바이크
1931년 스테판 츠바이크는 정신을 통한 그의 치료에서 프로이트의 연구를 발표했으며, 프로이트는 〈여성 성욕의 리비도적 유형〉에 대한 글을 썼다.

유태인으로부터 사지 마라
1933년 히틀러가 독일의 수상이 되자, 프로이트는 '왜 전쟁인가?'라는 의문으로 아인슈타인Einstein과 서신을 교환했다.
나치가 태운 책 속에 프로이트의 연구서들도 또한 파괴되었다.

안나와 함께 출국하는 프로이트
1938년 빈의 정신분석협회는 해산되었다. 대부분의 분석자들은 이주를 준비하였고, 프로이트와 그의 가족은 영국행 비자를 받았다.

프로이트가 소장한 오래 된 인형 조각들

프로이트의 사무실 풍경

심리학 모임인 수요회가 토론을 위해 만났던 베르카쎄 19번지의 프로이트의 대기실

빌헬름 폴리에쓰
1903년 프로이트는 마지막으로 그녀를 빈에서 만났다.

제1장 오류

One. Error

1
서 두

나는 여러분이 정신분석에 대해서 책이나 사람들로부터 어느 정도의 지식을 습득하고 있는지 모른다. 그러나 강의 제목이 〈정신분석 초급 입문精神分析 初級入聞〉이므로, 나는 여러분을 정신분석에 대한 지식이 없어서 초급 입문이 꼭 필요한 청강자로서 다룰 수밖에 없다.

물론 정신분석이란 노이로제 환자를 의학적으로 치료하는 방법 중의 하나라는 것은 이미 여러분이 알고 있다고 가정하겠다. 그런 까닭에 나는 이 정신분석의 분야에서 쓰이는 방법이 의학에서 보통 이루어지고 있는 것과 여러 가지 점에서 다르며, 때로는 정반대되는 입장에 처하게 되는 예를 여러분에게 제시하려 한다. 환자에게 의사가 새로운 치료법을 시도할 때는 언제나 그것에 따르는 고통을 되도록 적게 해 주고, 환자에게 그 치료 효과가 충분히 믿을 만하다는 것을 보장해 주지 않으면 안 된다. 이것은 아주 적당한 방법이다. 왜냐 하면 그런 태도로 대해 주어야 성공할 가능성이 커지기 때문이다.

그러나 노이로제 환자에게 정신분석 요법을 쓸 때는 방법이 거의 달라진다. 우리는 환자에게 치료 방법이 어렵고 시간이 걸리며, 또 희생이나 노력을 치르지 않으면 안 된다고 말해 주기로 하고 있다. 또 단정적으로 약속할 수 없지만, 그 효과에 대해서도 그 사람의 태도·이해심·솔직함과 끈기에 달렸다고 주지시키기로 되어 있다. 그와 같은 태도를 취해야 하는 데는 그만한 이유가 있으므로, 여러분도 듣고 나면 수긍을 할 줄로 안다.

그런데 내가 여러분을 이와 같은 노이로제 환자와 똑같이 취급하고 있는 데 대해 분개하지 않기를 바란다. 그리고 여러분이 내 강의를 다시 들으러 찾아오는 일이 없도록 부탁하고 싶다. 이 기회에 나는 정신분석의 강의법에는 얼마나 불완전한 면이 많은지, 또 자신의 견해를 갖는 것이 얼마나 어려운지를 여러분에게 자세히 설명하고 싶다.

이 강의에서 나는 여러분이 이제까지 받아온 모든 교육 방침과 여러분의 사고방식이 정신분석을 배우는 데 얼마나 방해되고 있는가, 또 여러분의 본능적인 적개심을 굴복시키기 위해서 여러분이 얼마나 자제해야만 하는가를 보여주고 싶다. 이 강의에서 여러분이 얼마나 정신분석의 지식을 얻게 될는지 물론 나는 예측할 수 없다. 그러나 여러분이 내 강의를 듣는다고 해서 어떤 순서로 정신분석의 연구에 착수해야 하는가, 어떤 방법으로 그것을 치료하는가 하는 것을 배울 수 있는 것은 아니다. 그러나 여러분 중에서 정신분석의 개괄적인 지식을 얻는 데 만족하지 않고 오랫동안 정신분석과 관계를 맺고자 하는 사람이 있다면, 나는 그에게 단념하라고 말하는 동시에 직접 경고까지 하고 싶다.

현재의 상황을 보아도 알 수 있듯이 정신분석이라는 직업을 택해 봤자 대학에서 채용해 줄 가능성도 없다. 또 만약 이 방면에 숙련된 의사가 되어 실사회에 나가봐야 그의 노력을 이해해 주지도 않을뿐더러 그를 곡해하고 적대시하며, 결국 그 자신이 숨어 있는 사회의 모든 악의가 그에게 덮치는 무서운 상황 속에 빠져 버렸음을 깨닫게 될 뿐이다. 여러분은 오늘날 유럽 전체를 휩쓸고 있는 전쟁제1차 세계 대전에 따르는 여러 가지 현상으로서 얼마나 많은 적의가 있는지 대충 알게 되었을 줄 안다. 물론 어느 세상에서나 이와 같이 불쾌한 말에 굴하지 않고, 새로운 지식이라고 부르는 것에 따뜻한 온정을 가져주는 사람도 있다.

만일 여러분 가운데도 그러한 사람이 있어서, 내 충고를 외면한 채 다음 강의에도 출석한다면, 그때 나는 여러분을 환영하겠다. 그 문제는 차치하고, 여러분 모두는 정신분석의 어려움이 과연 어떠한 것인지 알 권리를 갖고 있다.

우선 첫째로 정신분석의 교수법과 강의에 따르는 어려움을 말해 보겠다. 여러분은 의학적 강의로 사물을 보는 데는 익숙해져 있다. 여러분은 해부학의 표본·화학 반응의 침전과 신경 자극의 결과인 근육의 수축을 볼 것이다. 그리고 여러분의 감각 기관을 통해서 환자라든가, 병의 증상이라든가, 병리 과정의 산물, 나아가서는 분열 상태에 있는 병원균까지도 자주 볼 것이다. 외과의 경우, 수술을 견학하고 때로는 직접 메스를 들고 수술도 담당할 것이다.

정신과에서도 실물 교시實物敎示가 있다. 이때는 환자의 변한 표정·말투·행동을 자세히 관찰하고 뚜렷한 인상을 받게 될 것이다. 의학 교수들은 여러분에게 박물관을 한 바퀴 구경시켜 주는 안내인이나 해설자와 같은 역할을 한다. 그리고 여러분들도 그와 같은 사물과 가까이 접하여 직접 자기 눈으로 본 다음에야 새로운 사실이 존재하는 것을 이해할 수 있었다고 믿는 것이다.

정신분석에서는 전부 이와 다르다. 분석요법에서는 의사와 환자가 말을 주고받을 뿐이다. 환자는 자기가 겪은 경험의 대부분과 현재의 인상을 이야기하고 증세를 호소하고 자기의 희망과 감상을 고백한다. 의사는 그의 말에 귀를 기울이고 그 사고의 흐름을 이끌어주며, 또 기억을 환기시키고 그의 주의를 한 점에 집중시키며, 설명을 해 주고 그에게 일어난 긍정 혹은 부정적인 반응을 관찰한다. 그러나 환자를 보살펴 주는 교양 없는 사람들은—그런 부류의 사람들은 눈에 보이고 손에 잡히는 것에만 신경을 쓰므로 마치 영화를 보는 듯한 행동을 가장 애호하는데—반드시 '말만으로 어떻게 병을 고칠 수 있을까' 하는 의문이 생긴다. 그런 사고방식은 타당치 못하며 근시안적이다. 왜냐 하면 그들은 정신병 환자란 단순히 자기 병을 '공상하고 있다'고 믿는 사람들과 같기 때문이다.

말의 기원은 마술이다. 오늘날에도 말은 그 마력을 지니고 있다. 말의 힘으로 사람은 남을 구할 수도 있고, 반대로 절망의 구렁텅이에 빠뜨릴 수도 있다. 선생은 말을 통해서 학생에게 지식을 전달하고, 연사는 말을 통해서 집회의 의사를 진행시키며 그 비판과 결의를 종합한다. 말은 감정에 불을 붙이는 도구이다. 말은 인류를 서로 융합시키거나 이간시키는 대중적인 수단이 되고 있다. 그러므로 심리요법에 말을 사용한다고 비난해서는 안 된다. 만일 우리가 정신분석 의사와 환자 사이에 교환되는 말을 들을 수 있다면, 그것을 쉽게 깨닫게 될 것이다.

그러나 방청은 가능하지 않다. 정신분석 요법에서 행해지는 대화에 방청자가 끼여서는 안 되기 때문이다. 회화가 실물 교시의 대상이 되어서는 안 된다. 정신의학의 강의에서는 교수가 학생에게 노이로제 환자나 히스테리 환자를 실물 교시하는 일도 있다. 그때 환자는 자기의 병력病歷이라든가 증상을 이야기하지만 결코 그 이상을 넘지는 않는다. 환자와 의사 사이에 특별한 결합이 있을 때에만 환자는 분석에 필요한 이야기를 하게 된다. 만일 자기와 관계 없는 사람이 듣고 있다는 것을 알게 되면, 환자는 금방 입을 닫아 버린다. 왜냐 하면 그러한 이야기는 그의 정신 생활에서 가장 은밀한 부분에 속해 있고, 또 사회적으로 독립된 한 개인으로서 타인에게 감추어야 하는 것이기 때문이며, 또한 하나의 인격체로서 자기 자신에게조차 인정하고 싶은 생각이 없기 때문이다.

그러므로 여러분은 정신분석 요법의 상황을 직접 지켜볼 수는 없다. 여러분은 다만 그 이야기를 들을 수 있을 뿐이다. 말하자면 여러분은 단지 정신분석을 남의 말을 통해서 전해 들을 수 있는 데 지나지 않는다. 이러한 수업은 중고품을 사는 것이라고 비유해도 좋으며, 여러분이 판단을 내리는 데 분명 불리한 조건이다. 그러므로 여러분이 내리는 판단은 확실히 여러분이 증인을 얼마나 신용하느냐에 달려 있다.

예를 들어 여러분이 정신의학의 강의가 아니라, 역사학 강의를 들으러 왔다고 가정해 보자. 그리고 강사가 알렉산더 대왕의 사적史籍과 원정을 이야기하고 있다고 하자. 여러분이 그 강사의 말을 거짓말이 아니라고 믿는 것은 무엇 때문인가? 이때의 상황은 정신분석에 비해 훨씬 불리하다. 왜냐 하면 역사 선생은 여러분과 마찬가지로 알렉산더의 원정에 참가하지 않았기 때문이다. 그러나 정신분석가는 적어도 자기 자신이 관계한 사물만을 보고 말한다. 여기에서 역사가를 믿어도 좋을 것은 무슨 이유에서인가 하는 의문이 생긴다. 역사가는 여러분에게 동시대 혹은 그 사건과 근접한 무렵에 살았던 옛 역사가의 저술 디오돌스·플루타르크·아르리앙고대 그리스의 역사가들 등의 책을 사실史實로서 제시할 수도 있다.

역사가는 현재까지 보존되어 오는 화폐라든가, 대왕의 초상을 복사하여 보여주고, 잇수스의 전투를 새긴 폼페우스의 모자이크 그림을 보여줄 것이다. 사실상 이들 기록들은 알렉산더B.C. 356~323년 사이에 실존했던 마케도니아의 왕가 실존했다는 것이라든가, 그의 사적이 사실이라는 것을 옛날 사람들이 이미 알고 있었음을 증명하고 있는 데 불과하다. 그리고 여러분은 이 사실을 근거삼아 자유로이 새로운 비판을 가해도 좋다. 그래서 여러분은 알렉산더에 관한 기록이 모두 사실이 아니라는 것, 또는 세밀한 것은 충분히 알려져 있지 않다는 것을 알게 된다. 그러나 나는, 모든 사람들이 알렉산더 대왕의 실재를 믿지 않으면서 강의실을 나가리라고는 여겨지지 않는다. 여러분이 결정하는 심판은 대개 다음의 두 가지 점을 고려해서 정해진다.

첫째는 강사 자신이 확신할 수 없는 사실을 여러분에게 진실로서 받아들이게 하려는 의도가 전혀 보이지 않는다는 것이요, 둘째는 어느 역사책을 찾아보더라도 이 사실이 일률적으로 기재되어 있다는 점이다.

여러분이 고문서를 검토할 때도 이와 같은 점을 고려하게 될 것이다. 즉, 믿을 만한 사람의 견해라는 점과 모든 사가史家가 일치한다는 사실이다. 위에서 말한 두 가지 점을 고려한 결과 알렉산더의 실재는 신뢰성이 있지만, 모세나 님로드와 같은 인물이 되면 문제는 조금 달라진다.

이와 같이 정신분석의 보고자를 어느 정도 믿어야 하는가 하는 점은 후에 충분히 알게 될 것이다.

여러분은 이런 질문을 해도 좋다. 만일 정신분석을 객관적으로 믿을 수 없고 볼 수도 없다면, 도대체 어떻게 정신분석을 배우고 그 논의가 진실하다는 것을 확인할 수 있을 것인가 하는 점이다. 실제로 정신분석을 배우는 것은 어려운 일이다. 정신분석을 제대로 배운 사람은 극소수에 불과하다. 그러나 물론 이에 다다르는 길은 언제나 열려 있다. 먼저 여러분은 자기 자신을 객체로 하여 스스로 시도하고 자기의 인격을 연구함으로써 배울 수 있다. 이것은 이른바 내관內觀, 실험심리학의 연구방법으로서, 자기 자신의 마음의 상태나 움직임을 하나도 빼놓지 않고 관찰하여 보고하는 것과는 그 뜻이 다르지만, 적절한 용어가 발견되지 않으므로 당장은 이런 말로 사용하자.

정신분석을 조금만 배워도 자시 자신을 분석 재료로 쓸 수 있는 보편적인 정신 현상이 많이 있다. 그러한 재료를 분석함으로써 여러분은 정신분석의 현상이 진실이라는 것, 정신분석 학설이 결코 거짓이 아니라는 점을 확신하게 될 것이다. 그런데 그런 방법으로 나아간다면 어느 한계점에 부닥치게 된다. 그러므로 더욱 깊게 연구하고 싶으면 전문 분석가에게 자기에 대한 분석을 의뢰하여 분석의 효과를 직접적으로 체험하고, 거기에 그 분석가가 사용하는 오묘한 분석의 기교를 볼 수 있는 기회를 갖는 것이 좋다. 이보다 더 좋은 방법은 없다. 물론 이런 편리한 방법은 개인에게만 국한된 것이며, 결코 그룹의 학생 전체가 동시에 사용하기는 어렵다.

정신분석을 이해하고자 할 때 일어나는 두 번째 곤란은, 정신분석과는 무관하다. 적어도 오늘까지 여러분이 의학 연구에 몰두해 왔다면, 곤란의 원인은 여러분 자신에게 있을 수 있다. 여태까지 여러분이 받아온 교육은, 여러분의 사고 활동을 정신분석과는 전혀 다른 방향으로 만들었다.

여러분은 생체生體의 기능이나 그 장애를 해부학적으로 판단, 화학적 또는 물리학적으로 해석하고 또 생물학적으로 인지하도록 교육받아 왔다. 그 결과, 여러분의 관심은 거의 상당히 복잡한 생체 진화의 결정점인 정신 생활로 이끌어지지는 않았다. 이런 교육 때문에 심리학적으로 사고하는 능력이 부족하고 정신계를 불신하게 되며, 거기에 과학성을 연관시키지 않아서 마침내 아마추어 작가·철학자·신비주의자가 하는 대로 내버려두게 되어 버렸다. 이와 같은 제약은 확실히 의사로서의 여러분의 활동을 훼손시키는 것이 아니겠는가?

왜냐 하면 여러분이 환자를 진찰할 때에도 모든 인간 관계가 그렇듯이 우선 그 환자의 정신적 외모外貌와 부닥치게 되는데, 그런 편견 탓으로 여러분이 그토록 경멸하는 돌팔이 의사·자연요법가 및 신비주의자에게 여러분이 달성하고자 하는 치료 효과의 일부를 맡기는 오류를 범할 것이기 때문이다.

이제까지의 교육에 내포된 결함에 대해서 여러분이 어떤 변명을 할지 나는 알 수 있다. 그러나 아무튼 의사라는 여러분의 직업에 도움이 되는 철학적 치료법이 결여되어 있는 것은 확실하다. 사변철학思辨哲學이라든가, 기술심리학記述心理學이나 감각생리학感覺生理學 등을 토대로 하고 있는 실험심리학이라고 하는 것은, 여러분이 학교에서 배운 것처럼 정신과 육체와의 관계 파악에 도움이 되었다고는 할 수 없다. 또한 그러한 것들이 여러분에게 정신 기능에 일어날 수 있는 장애를 이해하는 열쇠를 주는 것도 아니다.

의학 영역으로서 정신의학은 관찰된 정신 장애를 기술하고 임상적 증상으로 종합하는 일을 하고 있지만, 사실은 정신의학의 순수한 기술적記述的 진술이 과연 과학적으로도 가치가 있는가는 정신의학자 자신이 의심하고 있다. 병상病像을 이루고 있는 증상의 유래, 메커니즘과의 상호 관계는 아직도 수수께끼이다. 그러한 증상은 정신의 해부학적 기관인 뇌로서 증명되는 변화와 완전히 일치하지도 않으며, 그런 해부학적 변화만을 근거로 그 증상을 모두 해명하기도 불가능하다. 다만 이와 같은 정신장애가 어떤 유기적인 질환의 합병증이라는 것을 알아냈을 때 치료 효과가 이룩된다.

정신분석이 보태려 하고 있는 것이 바로 이 허점이다. 정신분석은 이제까지 정신의학에 결여되어 있던 심리학적 기초를 배우고자 한다. 정신분석은 신체적 장애와 정신적 장애가 동시에 발병하는 이유를 설명할 수 있는 공통적인 근거를 발견하고자 한다. 정신분석은 이 목적을 위해서 해부학적·화학적·생리학적인 가설에서 벗어나 어디까지나 순수한 심리학적인 입장에서 연구를 계속하지 않으면 안 된다. 이러한 이유로 여러분은 정신분석을 이상하다고 느끼게 될지도 모른다.

세 번째의 곤란에 대해서, 여러분이 받아온 교육이나 여러분의 태도에 책임이 있다고 말하지는 않겠다. 정신분석의 다음과 같은 두 가지 주장의 하나는 지성적인 편견과 충돌하고, 다른 하나는 미적·도덕적인 편견과 충돌했다. 이러한 편견에 대해 과소 평가하지 않기를 바란다. 그것들은 권위 있는 적이며, 인류에게 유익하고 진화 과정의 필연적인 부산물이다. 그것들은 감정에 의해서 밀착되어 있기 때문에 그것들에 대해 투쟁하기는 거의 불가능하다.

타인에게 반감을 사는 정신분석의 주장은 첫째로 정신 현상 그 자체가 무의식이며, 의식 현상은 정신 생활 전체 중에서 활동 부분에 불과하다는 점이다. 여러분은 이와 반대로 정신과 의식을 동일한 것으로 간주하는 습관이 배어 있음을 생각할 것이다. 즉, 의식이란 분명히 정신을 구성하는 특질이며, 심리학은 의식의 내용을 연구하는 학문이다. 이 사실은 매우 지당하므로, 이에 반대한다는 것은 매우 어리석은 일처럼 보인다. 그럼에도 불구하고 정신분석은 의식과 정신을 동일시할 수 없다고 주장하지 않을 수 없다. 정신분석에서 말하는 정신이란 감정·사고·욕망의 과정이다. 또 정신에는 의식적 사고와 무의식적 욕망이 존재한다고 주장해야만 한다. 그러나 정신분석은 이 주장 때문에 처음부터 과학 정신에 입각한 사람들의 비난을 받고 어둠 속에서 기초를 쌓아, 탁류에서 고기를 낚는 공상적인 신비교神祕敎라는 오해를 받게 되었다.

그러나 내가 왜 '정신은 의식이다'라는 추상적인 명제를 편견이라고 단정해야 되는가 하는 것을 아직 여러분이 알지 못하는 것은 당연하다. 또 만일 무의식이라는 것이 실제로 존재한다면 어떤 진화 과정을 통해서 이와 같은 무의식이 부당하게 되었는가, 또한 어떤 이득 때문에 이 명제가 부정되었는가를 여러분은 짐작할 수 없을 것이다. 정신과 의식은 같은가, 아니면 정신은 의식의 범위보다 훨씬 더 넓게 퍼져 있는가 하는 것은 쓸데없는 논의처럼 여겨질 수도 있다. 그러나 나는 무의식적인 정신 과정을 가정했기 때문에, 세계와 과학에 새로운 문이 열렸다는 점을 단언할 수 있다.

정신분석의 이 대담한 첫 번째 주장이, 다음에 말하고자 하는 두 번째의 대담한 주장과는 어느 정도나 깊은 관계가 있는가를 여러분은 상상하지 못할 것이다. 정신분석 업적의 하나인 두 번째 명제는, 사람들이 좁은 의미로나 넓은 의미로 '성적性的'이라고 부르고 있는 충동이 노이로제와 정신병의 유인誘因으로서, 오늘날까지 외면당했던 면에 중요한 역할을 맡고 있다는 주장이다. 아니 오히려 그 이상으로, 이 성적 충동은 인간 정신이 이룩한 최고의 문학적·예술적·사회적 창조에 커다란 기여를 했다.

내가 경험한 바에 따르면, 이 정신분석 연구의 결론에 대한 반감이야말로 정신분석이 당면한 가장 신랄한 비판의 근원이었다. 여러분은 우리가 성충동을 어떻게 설명하는지 알고자 하는가? 문화란 생존 경쟁에서 오는 압박감으로 본능적 욕구를 되살려내 산출한 것이라고 우리는 믿고 있다. 문화의 대부분은, 계속해서 새롭게 인간 사회의 구성원이 된 각 개인이 사회 전체를 위해서 욕구 충족을 수없이 희생하여 이룩한 것이다. 이와 같이 이용된 본능력本能力 중에서 성충동은 특히 중대한 역할을 맡고 있으며, 그리고 그때 성충동은 승화된다.

즉, 성충동은 그 본연의 성적 목표에서 벗어나 사회적으로 한층 높은 차원의 목표로 바뀌어진다. 그러나 이와 같은 방법으로 구축된 건축은 불안정하다. 왜냐 하면 성본능은 억제하기 어려운 것이기 때문이다. 문화 건설에 종사하는 사람들의 마음 속에는, 자기 속에서 불타는 성본능의 승화 작업을 포기할 위험이 도사리고 있다. 억제에서 풀려난 성본능이 그 본래의 목표로 다시 돌려질 때만큼 사회가 문화의 위기를 느낄 때는 없다. 사회는 그 자체의 토대가 되어 있는 이 상처가 상기되는 것을 원치 않는다. 사회는 성본능의 위력이 인정되고, 성생활의 의의가 각 개인에게 계몽되는 데 아무런 흥미도 나타내지 않는다.

오히려 사회는 교육적이라는 입장에서, 이 성이라는 영역에 사람의 주의를 끌지 않는 방법을 모색한 것이다. 그래서 사회는 정신분석이 밝힌 연구의 결과에 참을 수 없었던 것이다. 사회는 안간힘을 쓰고 미美에 반대되는 것, 도덕적으로 배격해야 하는 것, 매우 위험한 것이라는 낙인을 정신분석에 찍으려 한 것이다. 그러나 과학적 연구의 객관적 성과는 이런 비난에 결코 동요되지 않는다. 적어도 그 항의는 학문이라는 이름으로 하지 않으면 안 된다. 대개 사람들은 자기가 좋아하지 않는 것을 진실이 아니라고 비방하고, 곧 그 증거를 찾아낸다. 사회도 자기 마음에 들지 않는 것은 진실이 아니라고 우기면서 정신분석의 학설을 이론적이고 구체적이나 다분히 감정만 앞세운 의론이라고 못박으려고, 반박을 받아도 후퇴하지 않고 뻔히 편견인 줄 알면서도 공격을 계속하고 있다.

그러나 그러한 비난에 찬 명제를 제창함에 있어서 우리에게는 아무런 저의가 없었다고 말하고 싶다. 우리는 힘들었던 연구에서 발견했다고 믿는 것만을 발표하고 싶었던 것뿐이다. 우리는 이와 같은 실생활의 문제를 과학 연구에 연관시키는 것을 거부할 권리를 요구한다. 그리고 이와 같은 권리를 얻어야만 우리에게 실생활에 대한 것을 강제로 이것저것 생각하게 하는 두려움이 과연 정당한 것인지 아닌지 결정할 수 있다.

지금까지 말해 온 것은, 여러분이 정신분석을 배울 때 접하게 되는 곤란 중의 두세 가지에 불과하다. 강의 시작에 앞서서 이 정도 제시해 둔 것으로 충분할 것이다. 이제까지의 권고로도 여러분이 동요하지 않을 마음의 준비가 되었다면, 이제부터 본 강의에 들어가기로 하자.

2
오 류 1

가설이 아닌, 하나의 연구로서 시작해 보자. 이 대상으로서 자주 등장하고, 사람들이 모두 알고 있지만 그다지 신경을 쓰고 있지 않은 한 현상을 골라보겠다. 이 현상은 매우 건강한 사람에게서도 볼 수 있는, 병과는 무관한 것이다. 그것은 인간이 저지르는 실책 행위, 즉 오류이다. 이를테면 무슨 말을 하려고 했는데 그만 엉뚱한 말을 지껄이는 '잘못 말하기Versprechen' 같은 것이다. 이와 같은 잘못은 글을 쓸 때도 나타난다. 이것은 나중에 깨닫는 수도 있고, 깨닫지 못하는 수도 있다.

또 인쇄물이나 문서를 보고서 원래 글자와는 다르게 읽는 '잘못 읽기Verlesen'와 자기에게 하는 말을 잘못 알아듣는 '잘못 듣기Verhoren'도 있다. 그러나 청력에 기질적 장애가 있을 경우에는 예외이다. 이와 같은 두 번째 현상은 오랫동안이 아닌 일시적인 '망각Vergessen'으로서 알려져 있는 것이다. 예를 들면 종종 말해 온 사람의 얼굴은 떠오르는데 그의 이름이 생각나지 않는 경우라든가, 나중에 생각나지만 그 즉시 하려고 한 일을 잊을 경우, 즉 짧은 시간만 잊고 있는 경우 등이다. 세 번째 종류에서는 이 '일시적'이라는 조건이 빠져 있다. 이를테면 물건을 어디엔가 치워두고는 그 후 어디에 두었는지 완전히 잊어버리는 '둔 것 잊어버리기

Verlegen'가 있다. 이것과 매우 유사한 '분실Verlieren'도 이 속에 포함된다. 이것은 망각의 일종이지만, 보통의 망각과는 다르게 취급된다. 이때 사람은 있을 수 있는 일로 생각하지 않고, 잊어버린 데 대해서 스스로 아연 실색하거나 짜증을 내거나 한다.

이와 관련해서 '착각Irrtume'이라는 것이 있다. 착각에도 일시적이라는 요소가 포함되어 있다. 즉, 그렇지 않다는 것은 그전에도 알고 있었고 나중에 문득 깨닫게 되겠지만, 그 당시에는 그 오류를 믿는 것이다. 이와 같은 많은 현상이 여러 가지로 불리어지고 있다.

이러한 현상들은 서로 모두 깊은 관계가 있어서 독일에서는 'Ver'라는 앞 철자가 붙은 단어로 나타낸다. 이와 같은 현상이 모두 중요한 것은 아니고 대개 일시적이며, 인간 생활에 큰 의의가 있는 것은 아니다. 그 중에 예외로서 물건의 분실이라는 것이 종종 실생활에서는 중대하게 문제시되는 일이 있을 뿐이다. 지금부터 여러분은 이와 같은 현상에 한번 주목해 보기 바란다. 그러나 여러분은 이렇게 항의할는지도 모르겠다.

"넓은 세계에서나 좁은 정신 생활 세계에서나 많은 수수께끼가 있고, 정신 장애의 영역에도 설명이 요구되고 설명할 의의가 있는 놀라움이 말할 수 없이 많은데, 이런 쓸데없는 것에 정력과 관심을 소비한다는 것은 정말 어처구니없는 일이라고 생각합니다. 선생님이 우리들에게, 건전한 귀와 눈을 갖춘 인간이 왜 대낮에 그곳에 존재하지 않는 것을 보거나 듣거나 할 수 있는가, 또 어째서 지금까지 가장 사랑해 준 사람이 자기를 미워한다고 갑자기 믿게 되는가, 또 어째서 어린아이들도 기막히다고 생각할 망상이 나타나는가 하는 이유를 명확히 가르쳐 주신다면 정신분석을 듣는 보람도 있을 겁니다. 하지만 정신분석이, 연사가 왜 말을 잘못했는가, 가정주부는 왜 열쇠를 어디에 두었는지 잊어버렸는가 하는 따위의 사소한 문제만 연구하는 것이라면, 우리는 모처럼의 시간과 흥미를 더 유익한 다른 일에 쓰고 싶습니다."

그렇다면 나는 여러분에게 다음과 같이 답변할 것이다. "참으십시오.

여러분의 비평은 과녁을 빗나갔다고 생각됩니다." 물론 정신분석이 지금까지 한 번도 하찮은 것을 연구 대상으로 삼지 않았다고 주장할 수는 없다. 아니 오히려 그와 반대로, 정신분석학과는 다른 과학으로부터 하찮은 것이라고 버림받은 눈에 띄지 않는 사건, 말하자면 현상계現象界의 무용물을 항상 그 관찰 재료로 삼아 왔다. 그러나 여러분은 비평할 때, 문제의 규모가 크다는 것과 사람의 눈에 띄지 않는다는 것을 혼동하고 있는 것은 아닌가? 매우 중요한 사물이 어떤 때, 어떤 조건 아래서 눈에 아주 잘 띄지 않는 현상을 나타낸 적은 없었던가?

나는 쉽사리 그와 같은 실례를 많이 들 수 있다. 여기 있는 청년 여러분은 어느 여성이 자기를 좋아한다는 것을 사소한 낌새로 알아채지 않는가? 여러분은 반드시 입으로 하는 사랑의 고백이나 정열에 찬 포옹을 기다리겠는가? 그것은 몰래 던진 추파라든가, 잠깐 교태를 보였다든가, 1초쯤 길어지는 악수를 해 주었다든가 하는 것만으로 족하지 않을까? 그리고 여러분이 만약 형사가 되어 살인범 수사를 하게 된다면, 범인이 현장에 자기의 주소와 이름을 적은 사진을 남겨두리라고 생각하겠는가?

오히려 여러분은 범인이 남긴 빈약하고 불확실한 증거물로 만족하지 않겠는가? 그러므로 사소한 현상을 우습게 보아선 안 된다. 모든 일이 사소한 현상으로부터 커다란 증거에 도달할 수 있게 되는 것이다. 그러나 나도 여러분과 마찬가지로, 현실 세계와 과학의 큰 문제가 가장 우리의 관심을 불러일으킬 권리를 가지고 있다고 생각한다.

그러나 이런저런 큰 문제를 이제부터 열심히 연구하겠다고 결심한다 해도 대개 별 도움이 되지 않는다. 학문을 연구할 때는 대체로 주변의 것이나 이미 연구의 길이 열려 있는 것부터 시작하는 것이 좋다. 만일 사람이 이 신변의 것부터 차근차근 아무런 예상도 기대도 하지 않는 그대로를 연구한다거나 사람에게 행운이라는 것이 있다면, 모든 것이 서로 연관성을 가지고 있다는 전제하에 작은 것과 큰 것을 연계시키고 있는 관련을 찾아서 거의 불가능한 연구에서도 큰 문제에 도달하는 열쇠를 발견할 수 있다. 그래서 나는 여러분의 관심을 얼른 보기에는 아주 하찮은, 건강한 사람에게 나타나는 오류에 대한 연구로 돌리고 싶다. 지금 정신분석에 대한 지식이 없는 사람을 붙잡고 "당신은 이 같은 현상을 어떻게 설명하겠소?"라고 질문했다고 하자.

그 사람은 우선 이렇게 말할 것이다. "뭐라고, 그까짓 것은 설명할 가치도 없지. 하찮은 우연이라고." 이 대답은 어떤 의미일까? 이 사람은 우주 현상계의 인과율因果律에도 끼지 못할 만큼 작은, 있거나 없거나 마찬가지인 조그마한 사건이 존재한다고 애써 주장하는 것인가? 사람이 이런 식으로 만일 자연계의 결정론決定論을 단 하나의 관점에서 파괴해 버린다면, 그것은 과학적 세계관을 무시하는 것이다. 여러분은 그런 사람에게, 신의 특별한 뜻이 없으면 제비 한 마리도 지붕에서 떨어지지 않는다고 단정하고 있는 종교적 세계관이 얼마나 더 일관성이 있느냐고 항의해 주면 된다. 그는 자기의 첫 대답에서 그 대답의 결론을 끌어내려고는 하지 않을 것이다. 그는 만일 나라도 이 현상들을 연구한다면 그 설명을 발견할 수 있다고 대답할 것이다.

이 경우는 기능의 가벼운 장애, 정신적 행위의 부정확함이 문제라고 말할 것이다. 그러나 그러한 조건은 이전에 이미 발견되어 있다. 예를 들어 어떤 사람이 평소에는 정확히 말을 할 수 있는데, 연설을 하다가 말을 잘못했다고 하자. 그때의 조건은, 첫째 그 사람이 기분이 나빴거나 피곤했을 때, 둘째 흥분했을 때, 셋째 주의가 다른 일에 쏠리고 있었을 때 등이다. 이 조건을 증명하는 것은 어렵지 않다. 실제로 잘못 말한다는 것은 피로했을 때라든가, 두통이 났을 때라든가, 편두통 발작이 일어나려 할 때 특히 잘 일어난다. 이와 똑같은 상태에서는 고유명사의 망각이 흔히 나타난다. 그리고 고유명사가 이와 같이 잘 생각나지 않을 때, 편두통의 발작이 드디어 가까워졌다고 예상하는 사람도 많다.

흥분했을 때는 말뿐 아니라 사실도 혼동하여 실수Vergreifen하게 된다. 그리고 방심하고 있을 때, 즉 다른 어떤 일에 주의가 집중되어 있을 때에도 의도를 망각한다든가, 생각지도 않던 다른 행위를 하게 된다. 이와 같은 방심상태의 잘 알려진 예로는, 《플리겐데 블레터오스트리아의 월간 풍자 만화 잡지》에 실려 있는 한 교수의 이야기가 있다. 이 교수는 다음 번 저서에 쓸 주제를 생각하고 있을 때, 자기의 우산을 어딘가에서 잊어버리는가 하면, 남의 모자를 쓰고 나온다. 이와 마찬가지로 계획이나 약속도 그 사이에 주의를 잃게 하는 일이 일어나면 잊어버리기 쉽다는 것은 누구나 자기 자신의 경험으로 잘 알 것이다.

그러면 오류에 대한 설명을 더 자세히 살펴보기로 하자. 오류라는 현상이 일어나는 조건은 언제나 같은 성격은 아니다. 병이나 혈행장해血行障害는 정상적인 기능을 해치는 생리학적 바탕이 된다. 흥분·피로·방심 등은 정신생리학이라고 부를 수 있는 또 다른 조건이다. 이 조건들은 쉽게 학설이 되었다. 피로·방심·전신의 흥분으로 인해 주의력이 산만해진다. 이런 상태에서 한 일은 자칫하면 혼란되어 일을 그르칠 수 있다. 가벼운 병이나 신경충추에 있어서의 혈액 분포의 변화도 동일한 결과를 가져온다. 즉, 그러한 것이 결정적인 작용이 되어 주의력의 분산이라는 똑같은 영향을 미친다. 그러므로 모든 경우가 기질적·심리적인 원인에 기인하는 주의력 장애의 결과인 것이다.

이와 같은 오류나 망각은 피로하거나 방심하지도 않고 흥분하지도 않은, 어느 면으로 보나 정상 상태에 있는 사람에게도 나타난다는 것을 우리는 경험으로 잘 알고 있다. 그 사람이 그때 잘못을 저질렀기 때문에 흥분해 있었을 것이라고 나중에 말하지만, 사실 본인은 그때 흥분 같은 것은 느끼지 않고 있었던 것이다. 그러므로 행위란 그 행위에 기울여진 주의력의 증대로 원만히 수행되고, 또한 주의력의 저하로 손상된다고 설명할 수는 없다. 그저 자연스럽게, 별로 주의를 기울이지 않았는데도 완전히 확실하게 달성되는 행위가 많지 않은가? 산책을 하고 있는 사람은 자기가 어느 방향으로 걸음을 옮기고 있는지 거의 의식하지 못한다. 그래도 길을 잘못 들지 않고, 바른길을 지나 목적지에 도착한다.

일상 생활의 모든 일이 대개 이와 같다. 숙련된 피아니스트는 머리로 생각지 않더라도 정확하게 건반을 두들긴다. 숙련된 피아니스트라도 때로는 실수할지 모르지만, 자동적으로 치기 때문에 잘못 칠 위험이 많아진다면, 오랜 연습 끝에 완전히 자동적으로 칠 수 있게 된 대가大家가 잘못 칠 위험이 가장 많은 셈이다. 그런데 이와는 달리, 대부분의 행위는 특별히 크게 주의를 필요로 하지 않는 경우에 오히려 매우 순조로이 수행되고, 정확하게 하고자 특별히 열을 기울일 때, 오히려 잘못을 저지른다. 이것이 바로 '흥분'의 결과라고 말할지도 모른다. 그렇다면 흥분은 왜 우리가 그렇게 관심을 쏟고 있는 일에 주의를 집중시켜 주지 않는지 알 수 없다. 어떤 사람이 중요한 연설이나 강연을 할 때, 무심코 자기가 말하려고 생각한 것과는 정반대의 말을 해버렸을 경우, 이 잘못 말하기를 정신생리학적 학설이나 주의력의 학설로 설명할 수 있는 사람은 거의 없다.

오류에는 또한 이해할 수 없고, 지금까지 설명으로는 뚜렷이 지적할 수도 없는 많은 부차적 현상이 있다. 이를테면 사람의 이름을 순간적으로 잊어버렸을 경우, 속이 상하고 어떻게든 기억해 내려고 하는 바람에 다른 일도 손에 잡히지 않게 된다. 아무리 생각해 내려고 기를 써봐야 입 안에 뱅뱅 돌기만 할 뿐 누군가 말해 주면 금방 생각날 그 이름에 어째서 주의가 잘 집중되지 않는 것일까? 어떤 청년은, 처음에는 데이트의 약속을 잊어버리고, 이제는 다시는 잊지 않겠다고 결심했는데도 그 다음 번에는 약속 시간을 완전히 잘못 생각하고 있다는 것을 알게 됐다.

또 잊어버린 말을 이리저리 생각해 내려고 할 경우, 그러는 동안에 그 말을 찾아낼 때 도움이 될 제2의 말을 잊어버린다. 이 제2의 말을 좇아 다니다가 이번에는 제3의 말을 잊어버린다. 이와 같은 일이, 식자공植字工의 잘못이라는 오식誤植의 경우에도 일어난다는 것은 잘 알려진 일이다. 언젠가 사회민주당 기관지의 어느 축전에 관한 기사 중 끈질긴 오식이 끼여 있었다는 이야기를 들었다.

"그날 식장에는, Komprinzen도 참석하셨다." 이튿날 신문에 정정 기사가 실렸다. 신문은 사과문에서 다음과 같이 쓰고 있다.

"전일의 기사는 마땅히 knorprinzen의 오식이므로 정정합니다'당일의 식장에는 Kronprinzen(황태자 전하)도 참석하셨다'라고 쓰려던 것이었다. 말하자면 오식 정정기사에도 오식이 있었던 것이다." 이런 사건의 보통 표현은 정신생리학적인 학설을 넘어서는 것이 있다는 것을 시사하는 것이다. 여러분이 알고 있을지 모르겠지만, 하나의 암시로 인해 잘못 말하게 되는 경우가 있다.

이에 대해서 다음과 같은 일화가 있다. 한번은 풋내기 배우가 연극에서 중요한 배역을 맡았다. 그것은 실러의 희곡《오를레앙의 소녀》의 한 장면으로, 임금에게 "Connétable元帥가 칼을 반환해 왔습니다" 하고 알리는 중요한 장면이었다. 그런데 연습 중에 주연 배우가 곁에서 대본의 대사 대신에 "Komfortabel한 필의 말이 끄는 삯 마차의 마부라는 뜻의 속어이 말을 반환해 왔습니다"라고 풋내기 배우를 여러 번 골려주었다. 이 주연 배우는 결국 자기의 목적을 달성했다. 풋내기 배우는 무대에서 너무 지나치게 조심한 나머지, 그만 주연 배우가 놀려대던 그 잘못된 말을 지껄여 버린 것이다.

오류의 이와 같은 특징은, 앞에서 말한 나의 주의력 산만의 학설만으로는 도저히 설명할 수 없다. 그렇다고 이 학설이 잘못되어 있다는 것은 아니고, 적어도 이 학설만으로는 불충분한 것 같다. 이 학설을 완전한 것으로 만들기 위해서는 보완을 해야 한다. 여러 잘못을 동시에 다른 관점에서도 바라볼 필요가 있기 때문이다.

오류 중에서도 우리의 연구에 가장 알맞은 것으로, '잘못 말하기'를 골라보자. 물론 잘못 쓰기나 잘못 읽기를 골라도 상관없다. 아까부터 언제, 어떤 조건하에서 사람이 말을 잘못하게 되는가 하는 의문을 품고, 이 의문에만 뚜렷한 해답을 해온 것을 다시 한 번 상기해 주기 바란다. 그러나 여러분이 관심을 다른 곳으로 돌려서, 사람은 왜 반드시 이런 식으로만 잘못 말하고, 달리는 잘못 말하지 않는가 하는 점을 알고자 해도 좋다. 그러면 여러분은 잘못 말하기의 본질을 살피게 된다.

이 의문에 대답할 수 없고, 또 잘못 말하는 작용이 확실히 설명되지 않는 한, 비록 생리학적으로는 해석이 되더라도 심리학적 견지에서는, 현상은 아직도 하나의 우연인 것이다. 내가 잘못 말할 경우—분명히 많은 방법으로 잘못 말할지 모른다—한 마디의 바른말 대신에 다른 수천 마디 중의 하나를 지껄이고, 그 바른말을 무한히 다양하게 바꾸어 버릴 수 있었을지도 모른다. 그렇다면 이와 같이 무수한 방법적 가능성 중에서, 이 경우에 나에게 특별히 이 방법으로만 잘못 말하게 한 것은 어떤 작용이 있는 것일까? 그렇지 않으면 역시 그것은 우연이며, 오만하고 변덕스러운 것으로서 결국 이 의문에는 합리적인 어떤 대답도 내릴 수 없는 것이 아닐까?

1895년, 메링거와 마이어 두 학자가 각기 그들의 입장에서 잘못 말하기의 의문을 풀려 했다. 두 사람은 사례를 모아, 먼저 기술적記述的인 관점에서 기재했다. 물론 이 실례에는 아무 설명이 되어 있지 않았지만, 설명의 실마리는 열려 있었다. 메링거와 마이어는, 본인이 말하려 했던 본래의 말이 잘못 말함으로써 받는 변형을, 도치倒置·선행先行·여운餘韻·혼성混成·대리代理로 분류했다.

이제 여러분에게 이들 두 학자가 보여준 주요 분류를 예를 들어 설명하기로 한다. 도치의 예로는 '밀로의 비너스'라고 말하는 대신 '비너스의 밀로'라고 말했을 때이다어순의 도치.

선행의 예는 "Es war mir auf der Brust so schwer걱정으로 마음이 무겁다"라고 말하는 대신 "Es war mir auf der Schwest"라고 말했을 때이다뒤에 있는 'Schwer(무거운)'가 앞에 가서 'Brust(마음)'의 —st와 붙어 있어 'Schwest'라고 발음된 것이다. 여운의 예로는, 유명한 우스꽝스런 축배 "Ich fordere Sie auf, das wohl unseres Chefs aufzustossen이것은 '여러분, 우리 은사님의 건강을 축원하여 구토를 합시다'의 뜻이다. 건배를 든다는 anstossen을,

구토를 한다는 aufstossen이라고 잘못 말해 버린 것이다."가 그것이다.

이상과 같이 잘못 말하는 세 가지 형식은 흔히 볼 수 있는 것은 아니다. 이들보다 더 자주 있는 것은 생략이라든가, 혼성의 형식으로 나타나는 경우이다. 예를 들면 한 신사가 거리에서 낯선 젊은 여성에게 이렇게 인사했다. "Wenn Sie gestatten mein Fraulein, mohte ich Sie geme begleitdigen." 이 혼성된 말 속에 'begleiten모시고 가다'이라는 말 외에 다시 'beleichigen모욕하다'이 분명히 포함되어 있다원래는 '아가씨, 실례지만 제가 모시고 가게 해 주십시오' 하고 말하려 했던 것을 실언한 것이다. 이런 불량한 신사는 절대로 젊은 여성에게 접근할 수 없을 것이다. 또 대리의 예로써, 메링거와 마이어는 Ich gebe die Prap—aratein den 'Brtukasten표본을 부화기에 넣어두다' 대신 'Befkasten우체통'이라고 말한 것을 들고 있다.

이 두 학자가 수집한 예에서 끌어낸 설명을 완전하다고는 할 수 없다. 그들은 한 말의 발음과 철자는 저마다 다른 가치를 가지고 있으며, 가치가 높은 발음의 신경적 지배는 가치가 낮은 발음의 신경 지배를 방해한다고 생각한다. 그들은 선행과 여운의 흔치 않은 예에 입각하여 결론을 내린 것이다. 이 밖에 잘못 말하기의 유형에서는 발음의 우세라는 것은 혹시 있다 하더라도 문제삼아 일부러 고려할 것까지는 없다. 아무튼 쉽게 나타나는 예는 하나의 말 대신 그것과 매우 흡사한 다른 말을 지껄이는 경우이다. 이 유사 작용은 잘못 말하기를 설명하는 데 가장 큰 도움이 된다.

이를테면 모 교수가 취임 연설에서, "나는 존경하는 우리 전임자의 공적을 평가하기를 좋아하지geneigt 않습니다'평가하기에 적합하지geeigent 않습니다'의 실언이었다." 라고 말한 경우이다. 또 다른 예로써 어떤 교수는, "여성의 성기에 대해서는 무수한 유혹Versuchungen에도 불구하고…… 아니, 실례했습니다. 무수한 연구Versuch에도 불구하고……"라고 실언했을 경우이다. 그러나 가장 흔하고 가장 주목할 만한 잘못 말하기의 형태는 자기가 말하고자 하는 말과 정반대의 뜻을 가진 말을 지껄이는 경우이다.

이 형태는 물론 발음 관계라든가, 유사 작용과 전혀 관계가 없다. 그러나 여러분은, 반대라는 것은 개념상 친근성이 있고 심리적 연상에서는 서로 특별히 밀접하게 결부되어 있다는 것을 깨닫게 될 것이다.

이런 유형의 잘못 말하기에 대한 역사상의 유명한 실례가 있다. 어떤 하원의장이 다음과 같은 말로 개회를 선언했다. "여러분, 의원의 출석수를 확인하고, 이제 폐회를 성언하겠습니다."

대개 흔히 있는 연상이 반대 관계를 띠고 갑자기 떠올라서, 그 결과 모처럼의 자리가 어색해지는 경우가 있다. 잘 알려진 예로써 또 이런 이야기가 있다. H.헬름홀츠독일의 생리학자·물리학자의 아들과, 발명가이자 공업가인 W. 지멘스의 딸과의 결혼 피로연 석상에서, 유명한 생리학자 뒤부아 레이몽이 축사를 말하게 되었는데, 그는 훌륭한 축사를 다음과 같은 말로 끝맺었다. "여기에 생긴 새로운 회사, 지멘스—할케스의 성공을 빌겠습니다지멘스—헬름홀츠라고 했어야 옳았던 것이다." 할케스란 물론 유서 깊은 회사의 이름이며, 이 두 이름을 연상하여 나란히 부르게 된 것은 빈 사람들이 '리델—보이텔'이라고 말하듯이, 베를린 사람들에게는 친숙한 두 사람의 이름을 합친 회사 이름이다.

그러므로 발음 관계와 언어 유사 이외에 언어 연상 작용을 덧붙이지 않으면 안 된다. 그러나 이것만으로는 불충분하다. '잘못 말하기'의 어떤 경우에서나 적합한 설명을 하기 위해서는 잘못 말하기 직전에 어떤 말을 했는가, 또는 어떤 것을 생각했는가를 고려하지 않으면, 관찰된 잘못 말하기를 정확히 밝힐 수 없다. 따라서 메링거가 강조한 여운이라는 잘못 말하기는 매우 멀리서부터의 관찰에 불과하다.

이상에서 관찰한 것만으로도 우리는 잘못 말하기에 대한 이해를 어느 정도 도운 것으로 볼 수 있다.

지금까지는 잘못 말하게 되는 조건과 잘못 말하여 일어나는 왜곡의 종류를 연구했는데, 잘못 말하기 자체의 작용을 그 기원에 관계 없이 독립적으로는 아직 고찰해 보지 않았다. 만일 과감하게 이 본체를 고찰한다면, 결국 우리는 어떤 소수의 예에서는, 잘못 말하여 입 밖에 나온 말 자체에는 하나의 의미가 있다고 주장하지 않으면 안 되게 된다. 그러면 잘못 말하기에 의미가 있다는 말은 대체 무슨 뜻일까? 그것은 다음과 같이 말할 수 있다. 즉, 잘못 말하기의 작용은 그 자신의 목적을 추구하고 있는 정당한 심리적 행위이며, 의미 깊은 표현이라고 풀이할 수 있다.

지금까지 우리는 언제나 잘못을 문제삼아 왔는데, 지금 재고해 보면 오류는 아주 타당한 행위이며, 예측했거나 의도한 다른 행위와 다른 대치된 행위였던 것처럼 여겨진다.

오류가 갖고 있는 이 독특한 의미는, 어떤 경우에는 아주 이해하기 쉽고 뚜렷하다. 하원의장이 개회식에서 '개회'라고 할 것을 '폐회'라고 잘못 말했을 때, 이 잘못 말하기가 나타난 당시의 상황을 조사해 보면 이 오류는 의미 심장한 것임을 알 수 있다. 즉, 의장은 이번 의회가 자기 당에 불리하다고 예상하고 있어서 곧 폐회하기를 바라고 있었던 것이다.

이와 같은 의미를 찾아내는 것, 즉 이 잘못한 말을 해석하기란 그리 어려운 것이 아니다. 어떤 귀부인이 인사하기를 "Diesen reizenden Huthaben Sie sich wohl selbst aufgepatzt?이 훌륭한 새 모자는 조잡하게 만들어졌군요? 이 부인은 당신에게 아주 잘 어울려요, aufgeputzt장식하다라고 말한다는 것이 aufgepatzt(조잡하게 되어 있다)라고 말해 버린 것이다"라고 말했다면, 이 잘못한 말에서 '이 모자는 조잡하다'는 뜻이 내포된 것이라고 세계의 어느 과학도 감히 이론異論을 제기하지는 못할 것이다. 또 다른 예에서 자기 주장이 강한 어느 부인이, "우리 집 양반이 의사에게 대체 어떤 영양식을 해야 좋은가 물어보았더니, 특별한 식사가 필요 없대요. 남편은 '내가' 좋아하는 것을 먹고 마시면 된대요."라고 말했을 때, 이 잘못한 말은 오랫동안의 습관의 표면화처럼 여겨진다.

잘못 말하기에 있어서 오류의 극소수의 사례만이 의미를 가지고 있는 것이 아니라, 그 대부분이 의미를 내포하고 있다고 가정해 보자. 그러면 여태까지 문제시되지 않았던 오류의 의미가 매우 흥미로워지고 다른 모든 견해는 일축해 버릴 수 있다. 모든 생리학적 요소나 정신생리학적 요소를 버리고, 우리는 오류의 의의와 오류의 목적을 오로지 심리학적으로 연구하지 않으면 안 된다.

따라서 무엇보다도 이 관점에서 많은 관찰 재료를 꾸준히 검토해야 한다. 이 계획을 실천하기 전에, 나와 함께 다른 실마리를 찾도록 여러분을 안내해 보고 싶다. 흔히 잘못 말하기, 또는 그 밖의 오류를 개인적인 묘사의 기교에 이용한다. 이 사실만으로도 잘못 말하기를 중요한 것으로 간주하고 있는 점을 알 수 있다. 왜냐 하면 일부러 그것을 창작하기 때문이다.

작가가 우연히 잘못 써놓고, 그 잘못 쓴 것을 작중 인물들이 잘못 한 말로 남겨둔다는 것은 있을 수 없다. 작가는 잘못 말함으로써 독자에게 무엇을 알리려 할 것이다. 여기서 우리는 그 잘못 말한 것이 대체 무엇인가, 또는 작가는 우리에게 그 작중 인물이 방심 상태에 있었든가, 편두통이 일어나려 하고 있었든가 하는 것을 암시하려는 것인지도 모른다. 작가가 잘못한 말이 의미 심장한 것이라 하더라도, 우리는 그것을 과대 평가할 생각은 없다. 잘못 말한 것이 실제로는 아무 의미가 없는 심리적인 우연일 수도 있을 것이고, 의미를 포함하는 일은 거의 없을지도 모르기 때문이다. 그러나 작가는 기교상에 있어서 잘못 말하기를 사용하는 것이므로, 잘못 말하기를 세련되게 잘 가다듬어 거기에 뜻을 곁들이는 기술을 터득하고 있는 것이다. 잘못 말하기에 관해서는 언어학자나 정신의학자에게 배우는 것보다 작가에게서 배우는 것이 훨씬 더 많을지도 모른다.

이와 같은 잘못 말하기의 예가 실러의 《발렌슈타인피콜로미니 제1막 제5장》에 있다. 이 작품 제4장에서 막스 피콜로미니는 열렬하게 발렌슈타인 공의 편을 든다. 그는 발렌슈타인의 딸을 따라 진영까지 오는 동안에 맛본 평화의 행복을 공에게 진심으로 설득시킨다. 그리고 피콜로미니는 아연실색한 자기 아버지 옥타비오와 조정의 사신 퀘스텐베르크를 뒤에 남겨놓고 그 자리를 떠난다. 거기서 제5장이 전개된다.

퀘스텐베르크 : 이런, 큰일 났군. 그렇게 되어 버리다니! 저런 망상을 가진 채 그를 가 버리게 해도 괜찮을까? 그를 다시 불러올 수는 없을까? 이 자리에서 그의 눈을 뜨게 해 줄 수는 없을까?

옥타비오 : 잠시 생각에 잠겼다가, 문득 정신을 차리고 이제, 그애가 내 눈을 뜨게 해 주었구나. 눈을 뜨고 보니 내 마음대로 모든 것이 다 보이는구나.

퀘스텐베르크 : 아니, 무슨 말씀이오. 그게?

옥타비오 : 에이, 지겨운 여행.

퀘스텐베르크 : 왜요? 왜 그런가요?

옥타비오 : 하여튼 가자. 이 불길한 조짐을 지금 당장 규명해서, 내 눈으로 직접 확인해야겠다. 나와 함께 가자. 그를 재촉한다.

퀘스텐베르크 : 네, 어디로 가십니까?

옥타비오 : 숨을 몰아쉬며 처녀에게.

퀘스텐베르크 : 처녀라니오?

옥타비오 : 말을 고쳐서 아니, 공한테. 자, 가세.

옥타비오는 공을 찾아간다고 말하려다가 그만 잘못 말해 버린 것이다. '처녀에게' 라고 말하는 옥타비오의 말은 적어도 그가 자기 아들인 젊은 기사의 평화의 축복을 뒷받침하고 있는 것이 무엇인가를 깊이 통찰하고 있음을 우리에게 폭로해 주었다.

더 인상적인 예를 오토 랑크가 셰익스피어에게서 발견했다. 그것은 《베니스의 상인》의 유명한 장면으로서, 행운의 청혼자가 세 개의 상자 중에서 하나를 고르는 장면이다. 여러분에게 랑크의 짧은 글을 읽어주는 편이 오히려 이해를 돕는 길인 것 같다.

시정詩情에서 보면 미묘한 동기가 있고, 기교상으로 보면 눈이 휘둥그래지도록 화려하게 사용한 잘못 말하기, 즉 프로이트가 《발렌슈타인《일상생활의 정신 병리》, p.48》에서 보여 준 것은, 작가가 오류의 메커니즘과 오류에 포함되어 있는 의미를 충분히 알고 있고, 또 독자도 그것을 안다고 예상하고 고의로 만들었다는 것을 나타내고 있다. 같은 예를 셰익스피어의 《베니스의 상인제2막 제3장》에서도 발견할 수 있다. 아버지의 유언에 따라 미래의 남편을 제비뽑기로 선택하도록 강요받은 포샤는, 여태까지는 자기가 싫어하는 청혼자들을 우연한 행운 덕택에 거부할 수 있었다.

그런데 마지막으로 자기가 진정으로 사모하고 있는 바사니오가 자기의 청혼자라는 것을 알고, 그녀는 바사니오가 제비뽑기를 잘못하게 되지나 않을까 하고 걱정한다. 그녀는 바사니오에게 "만약 잘못 뽑더라도 역시 나는 당신을 사랑하지만, 내가 한 맹세 때문에 두 사람 사이는 막히고 만다."고 말하고 싶어진다. 작가는 이 내면의 갈등 때문에 고민하는 그녀의 입으로 그 사랑하는 청혼자에게 다음과 같이 말하게 하고 있다.

> 포샤 : 제발 서루르지 마시고 하루 이틀 계시다가 운명을 시험하세요, 네? 잘못 고르시는 날엔 당신과 작별해야 되니 말예요. 그러니 잠시만 참으세요. 사랑은 아니지만, 어쩐지 당신과 헤어지기가 싫어요. 밉다면 절대로 그런 조언을 하지 않을 거예요. 그러나 당신께서 제 맘을 알아주지 않을까 하여…… 여자의 마음은 생각뿐이지 내색할 수 없어서…… 그러니 저를 위해서도 운명을 시험하시기 전에 한두 달 이곳에서 머무르시게 하고 싶어요……. 어떤 상자를 고르시라고 가르쳐 드릴 수도 있지만, 그러면 제가 맹세를 깨뜨리게 되니 가르쳐 드릴 수는 없어요. 그러나 내버려두면 잘못 고르실지도 몰라요. 그렇게 되면 맹세를 깨뜨렸으면 좋았을 것을 하고 후회할지도 몰라요……. 아아, 원망스러워라. 당신의 두 눈, 그 눈에 사로잡혀서 제 마음은 흔들렸어요. 한 조각은 당신의 것, 한 조각도 당신의 것…… 아니 제것이긴 하면서도 제것은 역시 당신의 것, 그러니 결국은 모두 당신의 것이에요…….

그녀가 맹세를 깨뜨리고 속마음을 고백해서는 안 되기 때문에, 은근히 남자에게 암시하고 싶었던 것, 즉 제비를 뽑기 전부터 나는 모두 당신의 것이다, 나는 당신을 사랑하고 있다는 것을 이 작가는 놀라운 잘못 말하기의 미묘한 형식으로 표면에 드러내 준 것이다. 이 기교를 통해서 견딜 수 없는 애인의 불안과 제비뽑기의 결과가 어떻게 될까 하고 손에 땀을 쥐는 관객의 긴장에 안도감을 준 것이다.

마지막의 아슬아슬한 순간에, 포샤가 교묘하게 잘못한 말 속에 간직된 두 가지 선고宣告를 타협시키고, 어떻게 두 가지 선고 사이에 가로놓인 모순을 화해시켰으며, 그리하여 결국은 "모두 제것이긴 하면서도 제것은 역시 당신의 것, 그러니 결국은 모두 당신의 것이에요…….."라고 말하여, 그 잘못한 말을 오히려 정당화시킨 점에 주의해 주기 바란다.

의학과는 인연이 먼 사상가도 또한 이따금 자기 자신의 관찰을 통해서 오류에 포함되어 있는 의미를 발견하고, 우리의 연구가 있기 전에 이 방면의 해명에 노력하고 있었다.

"괴테가 농담을 할 때는 그 농담 속에 문제가 감추어져 있다."

라고 괴테에 대해서 말한, 재치 있는 풍자가 리텐베르크그리스 신화의 영웅으로서 호메로스의 《오딧세이》에 나오는 인물를 여러분은 알고 있을 것이다.

문제도 해결도, 농담으로 계시될 때가 있다. 리텐베르크는 유머와 기지에 넘치는 자기의 자서전 속에서, "나는 'angenommen가정하면'이라고 읽을 것을 언제나 '무심코agamemnon'라고 읽었다."라고 씌어 있다. 그만큼 그는 호메로스를 열심히 읽고 있었던 것이다. 이 글이야말로 잘못 읽기의 대표적인 예이다.

다음으로 오류에 대한 우리의 견해가 작가의 견해와 얼마만큼 일치하는가 알아보자.

3
오 류 2

앞의 강의에서 우리는, 오류를 관찰함에 있어서 잘못으로 방해되기 이전에 뜻하였던 행위와 관련시켜 오류를 관찰하지 않고 오류 그 자체를 관찰한다는 착안을 했다. 그리고 때로는 오류가 그 자체의 의미를 지니고 있는 듯한 느낌을 받았다. 오류의 의미가 있다는 것이 만일 넓은 범위에 걸쳐서 입증된다면, 이 의미는 오류의 원인이 되는 조건을 연구하는 것보다 흥미로운 것이 될 것이라고 말했었다.

다시 한 번 심리 현상의 '의미'란 대체 무엇인가 정리해 보자. 의미라는 것은 그 의미를 포함하고 있는 의도, 또는 심리 연쇄상連鎖上의 그 위치를 말한다. 우리의 연구에서는, 이 '의미'를 '의도' 또는 '의향'이라고 바꿔 말해도 좋다. 만일 이 의미 속에서 하나의 의도를 발견할 수 있다면, 의미를 단순히 오류라는 현상의 기만적 가면이라든가, 시적 기교로 판단할 수는 없다.

그러면 잘못 말하기의 경우에만 이야기를 한정시켜서, 이와 같은 현상을 관찰해 보자. 그러면 여기서 잘못 말하기의 의도, 즉 의미가 뚜렷이 드러나 있는 잘못 말하기의 사례 전체가 분류될 것이다. 첫째로, 자기가 의도하던 것과 정반대의 말을 해 버리는 경우가 있다. 개회식의 연설에서 하원의장이 "곧 폐회를 선언합니다."라고 잘못 말했다. 이 잘못 말하기의 의미는 분명하다. 이 잘못된 연설의 속뜻은 의장이 의회의 폐회를 바라고 있었다는 점에 있다. 어떤 사람은 "의장은 입으로만 그렇게 말했을 뿐이다."라고 말할는지 모르지만, 우리는 그의 말만으로 충분하다. 이런 일은 불가능한 일이며, 의장이 폐회를 바라고 있었던 것이 아니라 개회를 바라고 있었음을 우리는 잘 알고 있다든가, 자기의 의도를 가장 잘 알고 있는 본인이 개회를 희망하고 있었음을 입증해 줄 것이라든가 하는 항의를 내게 한다면 곤란하다. 여러분은 우리가 오류라는 행위를 우선 하나의 독립된 것으로서 관찰하려 하는 입장을 잊어서는 안 된다. 오류와 그것으로 인해서 방해된 의향과의 관계는 뒤에 가서 밝히겠다. 여러분이 논리상의 오류를 범하고 있는 것이다. 그 결과, 마치 영어에서 '선결 문제 요구의 허위 문제점을 증명하지 않고 논점을 진실이라고 전제하여 의론을 진행시키는 것'라고 말하듯이, 여러분은 논하고자 하는 문제를 적당히 얼버무리려 하고 있는 것이다.

둘째로, 꼭 정반대로 말하지 않았더라도 잘못한 말 속에 정반대의 의미가 표현되어 있을 때가 있다. 이를테면 '나는 존경하는 나의 전임자의 공적을 평가하기를 좋아하지 않습니다.'라는 예에서 'geneigth 적합하다'는 'geeignet 좋아하다'의 반대는 아니지만, 그때 교수가 해야 할 말과는 분명히 정반대되는 의사를 고백했던 것이다.

셋째로, 잘못 말하기는 의도했던 의미, 간단히 제2의 의미를 첨가할 수도 있다. 이런 경우, 잘못 말한 말은 여러 문장의 단축·생략·압축처럼 보인다. 이를테면 고집이 센 부인이 "남편은 내가 좋아하는 것을 마시고 먹고 하면 되는 거예요." 하고 말한 것은, 마치 부인이 '남편은 내가 좋아하는 것은 무엇이든지 마시거나 먹거나 할 수 있어요. 하지만 남편이 원하는 것은 무엇일까요? 그 선택의 권리는 내가 쥐고 있는 거예요'라는 뜻으로 말하고 있다고 여겨진다.

이와 같이 잘못 말하기는 흔히 생략인 것처럼 보인다. 이를테면 해부학

교수가 콧구멍에 대한 강의가 끝난 뒤, 학생들에게 콧구멍에 대해서 잘 알았느냐고 질문했다. 모두 잘 알았다고 이구 동성으로 말하자, 교수는 이렇게 말했다. "도무지 믿을 수 없군. 콧구멍에 대해서 정말로 잘 아는 사람은 수백만이나 사는 이 도시에서도 이 한 손가락으로…… 아니, 아니…… 다섯 손가락으로 헤아릴 정도뿐인데." 이 생략된 문장에는, '정말로 잘 아는 사람은 오직 나뿐이다'라는 의미가 내포되어 있다.

넷째로, 오류의 의미가 분명히 나타나는 경우와는 대조적으로, 잘못 말한 것이 아무런 의미도 없어서, 우리의 기대에 어긋나는 경우가 있다. 잘못 말하기의 한 예로 고유명사를 길게 발음하거나, 보통 쓰지 않는 말을 만들어 내는 수가 흔히 있으므로, 모든 오류에는 다 의미가 있다는 생각은 잘못 판단한 것으로 여겨진다. 그러나 이런 종류의 예를 잘 살펴보면, 이런 왜곡은 쉽게 이해할 수 있고, 또 의미가 뚜렷하지 않은 잘못 말하기의 경우와 크게 차이가 없다는 것을 깨닫게 된다.

말을 소유한 사나이가, 말의 건강 상태에 대한 질문을 받고 "Ja, das draut…… Das dauert Vielleicht noch einen Monat"라고 대답했다. 대체 무슨 의도였느냐는 반문을 받자, 그는 이렇게 설명했다. "Dasiste inetraurige Geschichte딱한 일이야" 하고 말하려던 것이, auert계속하다와 trauring가엾다이 결합하여 draut가 된 것이다"응, 딱한 일이야. 아직 한 달은 더 걸릴걸" 하고 말할 생각이었다.

어떤 사람이 자기가 항의한 어떤 사건을 이야기할 때 "Dann aber sind Tatsachen zum Vorshwein gekommen……"이라고 말했다. 그에 대한 반문을 받자 사실 이 일을 'Schweinereien'이라고 말하고 싶었던 것이라고 설명했다. 즉, 'Vorschein알다'과 'Schweinerei외설'가 합쳐서, 'Vorschwein'이라는 괴상한 말이 생긴 것이다이 사람은 "결국 진상은 알았는데 외설스러운 일"이라고 말하려던 것이었다.

여러분은 초면의 처녀에게 'begleitdigen'하려고 한 청년의 예가 생각날 것이다. 우리는 우리 마음대로 이 말을 'begleiten수행하다'과

'beleidigen모욕하다'으로 나누었는데, 이 해석은 굳이 설명할 필요도 없을 만큼 확실하다. 여러분은 이러한 예로써 의미가 뚜렷하지 않은 잘못 말하기도 두 가지 다른 의도의 충돌, 즉 간섭으로써 설명할 수 있다는 것을 짐작할 수 있을 것이다. 그리고 잘못 말하기의 전자의 경우에서는 한쪽의 의도와 다른 쪽의 의도가 완전히 뒤바뀌어—대리—정반대의 것이 잘못한 말로서 나타났다. 그런데 후자의 경우에는, 한쪽의 의도가 다른 쪽의 의도를 왜곡하거나 변형시키는 것뿐이므로, 다소 의미를 포함한 것 같은 기형이 생긴 것이다. 이것이 서로 다른 점이다.

이제 우리는 잘못 말하기의 여러 궁금증을 풀었다고 확신할 수 있다. 이 견해를 정확히 이해하면, 지금까지 풀지 못했던 경우도 자연히 납득할 수 있을 것이다. 이를테면 이름의 왜곡에서는 항상 비슷하지만, 다른 두 이름의 경합이 그 원인이라고 가정할 수는 없다. 그러나 이때라도 제2의 의도를 찾아내는 것은 쉬운 일이다. 이름의 왜곡은 잘못 말하기 이외의 경우에도 잘나타난다. 이것은 원래 이름을 귀에 거슬리게 들리도록 하거나 조금 천하게 들리도록 하기 위해서 사용되어 대개 욕의 방식으로 되어 있다. 교양 있는 사람은 그것을 가리도록 배우지만, 그래도 좀처럼 그만둘 수 없다. 그것은 익살로서 가장되어 사용되지만 물론 고상하지 못하며, 오늘날에도 널리 사용되고 있다. 이름의 왜곡으로서 더없이 야비한 예로는, 어떤 사람이 프랑스의 대통령 포앙카레poincare를 슈바인스 카레Schweins Karee라고 비꼰 것이다슈바인(Schwein)은 독일어로서는 본래 '돼지'라는 뜻이며, 천한 사람을 욕하는 야비한 속어로 되어 있다. 잘못 말하기에 이와 같이 낯뜨겁고 차마 말할 수도 없는 욕설의 의도가 숨어 있는 것은 말할 나위도 없다.

우리의 견해를 계속해 가면 당연히 희극喜劇, 또는 우스꽝스러움의 효과를 가진 잘못 말하기의 어떤 예도 설명 가능하다. "여러분, 우리 은사님의 건강을 축원하여 구토합시다……."라는 예에서는, 식욕이 떨어뜨리는 불쾌한 감정을 야기시키는 말이 불쑥 튀어나와 모처럼의 축하 기분을 망쳐 버린다. 그리고 우리는 그것이 모욕이나 비웃음을 나타내는 말로 들리므로, 표면상의 존경은 아랑곳없이 존경을 한껏 부정하려는 의도가 나타나, '사은회라고? 말뿐인 인사치레야. 저런 놈을 누가 알아주기나 한다고' 하는 저의가 있었다고 상상하게 된다. 이것과 유사한 설명은 Apropos때로를 Apopos엉덩이라고 말하거나 Eiweissscheibchen단백질 조각을 Eischeissweibchenscheissen대변을 보다라는 속어와 weibchen여자의 속칭이 합쳐진 말이라고 말하는 것처럼메링거와 마이어의 잘못 말하기의 예 아무렇지도 않은 말을 고의로 천하고 야한 말로 바꾸어 놓는 경우에도 적용된다.

많은 사람들은 올바른 말을 일부러 외설스러운 말로 왜곡하여 어떤 쾌감을 느끼려는 경향이 있다. 그것은 곧 농담이라는 것인데, 실제로 그런 말을 한 사람에게 과연 그 말을 일부러 농담으로 했는지, 아니면 무심코 잘못 말했는지 한번 들어볼 필요가 있다.

오류는 결코 우연이 아니라 진지한 정신적 행위이며, 의미가 있고 두 가지의 다른 의도가 상호 작용—더 잘 말하면 서로 간섭—하여 생긴 것이다. 그런데 지금 여러분은 내게 의문을 갖거나 질문하고 싶을 것이다. 그래서 우리 연구의 첫 성과를 기뻐하기 전에 먼저 여러분이 품은 그 의문이나 질문에 답하여 그것을 처리하려 한다. 하지만 해결을 서두를 필요는 없다. 여기에서 여러분의 의문을 들어보는 것이 좋겠다.

"이 설명은 잘못 말하기의 모든 경우에 적용이 되는 겁니까? 아니면 어떤 한정된 경우에만 적용된다고 생각하십니까? 이 견해는 다른 많은 경우의 오류, 이를테면 잘못 읽기·잘못 쓰기·망각·실수·둔 곳 잊어버리기 등에도 적용됩니까? 피로·흥분·방심·주의력 장애 같은 요소가 오류의 심리적 본질이고 보면, 그외에 어떤 의의가 있는 것은 아닙니까? 그리고 두 가지의 서로 간섭하는 의도 가운데 하나가 언제나 잘못하는 행위에 나타나고 다른 것은 항상 나타나지 않는다면, 나타나지 않는 의도를 끌어내려면 어떻게 하면 됩니까? 그것을 끌어냈을 경우 과연 그것이 확실하고도 유일하게 정확한 것임을 증명하기 위해서는 어떻게 해야 됩니까?"

여러분은 이 밖에도 의문을 갖고 있는가? 이 이상의 의문을 갖고 있지 않다면, 이번에는 나의 이 말을 계속하기로 한다. 우리는 오로지 오류의 현상 그 자체를 연구하려 한 것이 아니라, 오류의 연구에서 다만 정신분석에 관하여 가치 있는 점만을 알고자 했을 뿐이다. 이것은 여러분에게 새로운 일일 것이다. 그래서 나는 다음 문제를 제기한다. 이와 같이 다른 의향, 또는 의도를 방해할 수 있는 의도란 도대체 어떤 것인가? 방해하는 의도와 방해받는 의도 사이에는 어떠한 연관성이 있는가? 이 문제가 해결되어야 비로소 다음의 새로운 연구가 시작되는 것이다.

그러면 내가 말한 설명은 잘못 말하기의 모든 경우에 적용되는가? 나는 적용된다고 믿는다. 왜냐 하면 잘못 말하기의 어떤 경우를 연구하더라도, 모두 내가 말한 설명으로 해석이 가능하다는 것을 깨닫기 때문이다. 그러나 잘못 말하기에 반드시 이와 같은 메커니즘이 작용하고 있는 것은 아니다. 그러나 그런 문제는 이론적으로 어떻든지 상관없다.

왜냐 하면 설혹 잘못 말하기의 극소수만이 그렇다 하더라도—실제로는 소수의 예가 아니었지만—우리가 정신분석 입문에서 얻고자 하는 결론은 어디까지나 변함없겠기 때문이다. 제2의 의문, 즉 잘못 말하기에서 발견한 해석이 다른 종류의 오류에도 똑같이 적용되느냐 하는 의문에 대해서, 나는 적용된다고 분명히 대답하고 싶다. 여러분은 뒤에 잘못 쓰기·실수 등의 예에서 납득하게 되겠지만, 우선은 잘못 말하기를 더 철저하게 다룰 때까지 기법상의 이유로 그런 연구는 뒤로 미루기를 제안한다.

수많은 대가와 선생들이 역설하는 혈행장해·피로·흥분·주의력 산만의 학설이 과연 우리에게 의의가 있느냐 없느냐 하는 질문에 대해서는, 지금까지 말해 온 잘못 말하기의 심리적 메커니즘을 인정할 때, 비로소 충분한 해답을 할 수가 있다. 정신분석이 다른 학파에서 주장하는 학설을 부정하는 일은 그리 많지 않다. 정신분석은 다른 학설에 새로운 것만

첨가하고 있으며, 또 이제까지 그냥 지나쳐 버린 것이나 지금 새로 덧붙인 것이 다른 학설의 본질 요소가 되는 일도 실제로 있다. 그리고 불쾌감·혈행장해·피로 등으로 일어난 생리학적인 상태 때문에 잘못 말하는 일이 생긴다는 것은 충분히 인정할 수 있다.

여러분도 대개 일상적인 자신의 경험으로 그것을 알고 있을 것이다. 그러나 그것만으로 만사가 설명될 수 있는가? 우선적으로 그것은 오류를 범하는 데 있어서 필수 조건이 아니다. 말의 실수는 아주 건강하고 정상적인 상태에서도 나타난다. 그러므로 육체적 요인은 잘못 말하기 특유의 심리적 메커니즘을 유발하는 것을 편리하게 하는 데에 가치가 있을 뿐이다. 이 점에 관해서 나는 전에 하나의 예를 든 적이 있다. 더 이상 적절한 예를 찾을 수도 없기 때문에 여기서도 같은 예를 되풀이하기로 한다.

어느 어두운 밤, 내가 인적 없는 호젓한 곳을 걷고 있었다고 가정하자. 그때 나는 괴한에게 습격당해 시계와 지갑을 빼앗겼다. 괴한의 얼굴이 똑똑히 보이지 않았으므로 인근 파출소에 가서 이렇게 호소했다고 하자. "방금 인적 없는 호젓함과 어둠이 내 귀중품을 훔쳐갔습니다." 경관은 내 호소에 이렇게 대답할 것이다. "당신 말은 극단적인 기계론자機械論者의 말투 같군요. 그것은 틀렸습니다. 우리들 같으면 오히려 이렇게 말할 겁니다. '어둠과 인적 없는 호젓함을 틈타서, 도둑이 내 귀중품을 훔쳐갔다'고 말입니다. 이 사건의 경우, 근본적인 문제는 우리들 경관이 도둑을 붙잡는 일로 여겨집니다. 좋습니다. 우리는 아마 그 도둑에게서 당신의 귀중품을 되찾을 수 있을 것입니다."

흥분·방심·주의력 산만 같은 심리적인 요인은 납득할 만한 설득력을 가지지 못한다. 그것들은 공허한 상투어에 지나지 않고 내부를 감추는 병풍에 지나지 않는다. 우리는 과감하게 그 병풍 안을 들여다보지 않으면 안 된다. 이 경우, 흥분이나 주의력 산만이 대체 무엇으로 인해 일어났는가 하는 것이 문제의 열쇠이다. 그래서 다시 발음·언어의 유사類似, 이들 언어에 관련된 일반적인 연상 등이 중요한 것이라 할 수 있다. 말하자면 잘못 말하기가 취할 좋은 길을 가르쳐 줌으로써 잘못 말하기가 쉽게 일어나도록 돕는 것이다. 그러나 내 눈앞에 길이 있다고 해서 그것만으로 길을 나아가자고 금방 결심하겠는가? 그 길을 선택하는 데는 하나의 동기가 필요하고, 그 길을 끌고 가는 추진력이 요구된다.

그러므로 발음 관계나 언어의 유사는 신체적 조건과 같이 말의 실수를 조장할 뿐이지, 결코 그것의 근본을 설명하는 것은 아니다. 지금 내가 여기서 사용하고 있는 말이 발음의 유사성으로 다른 말을 연상시킨다든가, 반대어와 밀접하게 연관되어 있다든가, 그 말에 일어나기 쉬운 연상이 결부되어 있다든가 하는 것 등으로 내 강의가 여기저기서 혼란되지 않는다는 것을 생각해 보라. 실언이 몸이 피로했던 결과라든가, 연상 경향이 말하고자 한 의도를 이겼을 때 나타난다고 말한 철학자 분트W. Wundt 독일의 심리학자이며, 실험심리학의 창시자의 주장을 아직도 믿는 사람이 있다. 만약 경험이 이것과 모순되지 않는다면 이 이론은 그럴 듯하게 들리겠지만, 경험이 입증하는 바에 따르면, 잘못 말하기의 어떤 경우에는 실언을 돕는 신체적 조건이 결여되어 있고, 다른 경우에서는 실언을 일으키기 쉬운 연상이 발견되지 않는다.

특히 흥미로운 것은, 여러분이 제기하는 다음의 질문이다.

"선생님은 서로 간섭하는 두 의도를 어떤 방법으로 확인할 수 있습니까?"

여러분은 그 확인이 얼마나 어려운가 상상도 할 수 없을 것이다. 두 의도 중의 하나, 즉 방해받는 의도 쪽은 언제나 분명하다. 오류를 저지르는 본인은 그 의도를 알고 있으며, 그 의도를 자인하기 때문이다. 그런데 의문이나 의혹을 일으키는 것은 다른 의도, 즉 방해하는 쪽의 의도이다. 그런데 나는 많은 예를 통하여 이 방해하는 의도도 방해받는 의도와 마찬가지로 알 수 있다고 이미 언급했고, 여러분도 분명 기억하고 있을 것이다.

우리가 잘못 말한 결과 그 자체를 인정할 용기가 있다면, 이 방해하는 의도는 잘못 말하기의 결과에서 분명히 나타난다. 정반대의 말을 한 의장의 경우, 그가 개회를 선언하고자 했던 것은 분명하지만, 또 폐회되기를 바란 것도 마찬가지로 뚜렷하다. 이 예는 해석 따위가 필요 없을 만큼 명료하다. 그런데 이런 예가 있다. 방해하는 의도 자체는 모습을 보이지 않고, 그 본래의 것을 왜곡하는 데 그쳤을 때는 왜곡에서부터 방해하는 의도를 어떻게 끌어낼 수 있는지?

어떤 종류의 경우에는, 간단하고 매우 확실한 방법, 즉 앞에서 우리가 방해받은 의도를 확인한 것과 동일한 방법을 사용하면 된다. 다시 말해서 잘못 말한 본인이 방해하는 의도를 직접 보고해 주는 방법이다. 즉, 잘못 말하고 나서 곧 본인은 본래 하려던 말을 해준다. “Dasdraut, nein, das dauert vielleicht noch einen Monat”의 경우에서는, 본인 자신이 왜곡된 의도를 말했다. “아니, 왜 당신은 처음에 daut라고 말했는가?” 하고 질문하자, 그는 곧 “나는 사실 Das ist eine traurige Geschichte딱한 일이야라고 말할 참이었는데.” 하고 대답했다.

또 다른 예로 ‘Vorschwein’의 잘못 말하기의 경우에서, 본인은 처음 “Das ist eine chweinerei그것은 외설스러운 일이다”라고 말하려던 것을, 외설이라는 말이 적당히 완화되어서 다른 방향으로 빗나가 버린 것을 여러분에게 입증해 주었다.

그러므로 이 경우에는, 왜곡받은 의도를 규명하는 것만큼 확실하게 왜곡하는 의도도 찾아낼 수 있었다. 내가 여기서 나와 내 학파의 사람들이 주장하거나 해결한 것이 아닌 예를 인용한 데는 이유가 있다. 게다가 이 두 가지 예에서도 실언을 해결하기 위해서는 어떤 자극을 주는 간섭이 필요했었다. 즉, 본인에게 당신은 왜 그와 같이 잘못 말했는가, 실상은 어떻게 말하려 했는가? 하고 질문했어야 했다. 그렇게 파고들지 않으면, 아마 본인은 아무런 설명도 하지 않고 실언한 그대로 그쳐 버렸을 것이다. 그런데 질문을 받으면, 그는 자기에게 떠오른 최초의 연상으로써 설명한다. 그리고 그러한 자극을 주는 것과 그 결과야말로 바로 정신분석이며,

우리가 폭넓게 시도하려 하는 정신분석적 연구의 대표적인 예이다.

여러분 앞에 정신분석이라는 것이 드러날 이 순간에 여러분의 마음 속에는 정신분석에 대한 적개심이 싹트기 시작하고 있다고 추측한다면 지나친 의심일까? 여러분은 나에게, 실언한 후에 요구받은 질문에 대답한 본인의 해명을 어떻게 믿을 수 있느냐고 항의할지도 모른다.

그 사람은 물론 이쪽의 요구대로 자신이 잘못 말한 것을 시정하려고 할 것이다. 그리고 자기의 설명에 유익하다고 생각되면 자기의 생각 중에서 가장 좋은 것을 말할 것이다. 그런 것으로 잘못 말한 것이 사실 그대로 일어났다는 증명이 될 수 없다. 이렇게 설명하나 저렇게 설명하나 마찬가지이다. 또 똑같이 적용되거나 더 잘 적용되는 다른 설명을 생각할 수도 있을 것이라고.

여러분이 실제로 심리학적인 사실을 이토록 신뢰하지 않는다는 것은 이상한 일이다. 예를 들어, 어떤 물질을 화학 분해해서, 그 성분의 무게가 몇 밀리그램이었다고 하자. 그리고 이 무게를 토대로 하여 어떤 결론을 얻었다고 하자. 이 경우에 여러분은, 분리한 물질이 무게가 다를지도 모른다는 이유로 이 결론에 반대할 화학자가 있다고 믿는가? 누구나 이 물질은 똑같은 무게이며, 결코 다른 무게가 될 수 없다는 사실 앞에 굴복하여 이 결론을 믿고, 다시 그 위에 그 이상의 결론을 세우려 한다.

그러나 여러분은 질문을 받은 사람에게 일정한 연상이 떠오른다는 심리적 사실을 대할 때만이 주장을 옳다고 보지 않고, 그것과는 다른 어떤 생각이 떠오를지 모른다고 말한다. 여러분은 정신의 자유라는 망상 속에 사로잡혀, 그 망상에서 기꺼이 빠져나오려 하는 것 같지 않다. 이런 점에서 내가 여러분과 대립된다는 것은 유감스런 일이다. 그런데 여러분은 이 점에서는 굴복할지 모르지만 다른 점에서는 계속 반대할 것이다. 여러분은 계속해서 이렇게 말할 것이다.

"분석자로 하여금 직접 그 문제의 해결을 말하게 하는 것이 정신분석의 특이한 방법이라는 것을 알았습니다. 다른 예를 드는 것을 이해하십시오. 사은회의 석상에서 한 연사가, 은사의 건강을 축원하여 구토하자고 실언했지요. 선생님은 그 경우 방해하는 의도는 은사를 경멸하는 의도다, 다시 말해서 축하한다는 표현과는 정반대의 의미라고 말씀하셨습니다. 그러나 이것은 선생님의 일방적인 해석이며, 잘못 말하기에서 완전히 떠난 제삼자의 관찰에서 비롯된 것일 뿐입니다. 만약 선생님이 잘못 말한 본인에게 직접 질문하신다면, 그는 은사에게 경멸감을 품고 있었다고 말하지 않을 것입니다. 반대로, 그는 극구 반대할 것입니다. 선생님은, 왜 이 뚜렷한 부정의 고백을 어기고 터무니없는 해석을 강요하십니까?”

이번에는 내가 항복하게 될 것 같다. 이 미지의 연사를 한번 마음에 그려보자. 그는 아마 이 축하받는 은사의 조수나 아니면 강사가 된 지 얼마 안 된 청년일지도 모른다. 내가 이 청년에게 다가가서, “자네의 마음 속에는 은사에게 존경을 표하라는 요구를 거역하는 그 무엇이 꿈틀거리고 있지 않느냐?”고 물었다고 하자. 그는 화가 나서 느닷없이 내게 덤벼들 것이다.

“그런 가당치 않은 심문은 집어치우시오. 그건 실례되는 질문이오. 게다가 당신의 의심 때문에 내 장래를 망치겠소. 나는 anstossen축배를 들다이라고 말하려던 것을 실수하여 무심코 aufstossen구토하다이라고 말했을 뿐이오. 왜냐 하면 나는 그전에 두 번이나 auf라는 말을 썼기 때문이오. 이것은 메링거가 여운이라고 이름 지은 바로 그것이오. 내가 잘못 말한 데 대해서 엉터리 해석을 내리지 마시오. 알겠소?”

이거야말로 의외의 반응이며, 완강한 반박이다. 이 청년의 반박에 나는 이제 더 말을 붙여볼 수도 없게 된다. 그러나 실상 이 청년이, 자기의 잘못은 아무런 의미도 없는 것이라고 역설하면 할수록 더욱 강한 개인적인 관심을 표출하고 있는 것이다. 여러분도 이 청년이, 순수한 이론적인 질문에 이와 같이 불쾌한 태도를 취하는 것은 올바르지 않다고 인정할 것이다. 그러나 마침내 이 청년이 자기가 말하고 싶었던 것과 말하고 싶지 않았던 것을 실제로 알고 있음이 틀림없다고 여러분도 짐작할 것이다.

그렇다면 그는 그렇다고 말해야 하겠는가? 이것은 역시 의문으로 남는다. 이번이야말로 내가 여러분을 함정에 빠뜨렸다고 믿을 것이다. '그것이 선생님의 방식이군요' 하고 신이 나서 떠들어대는 소리가 들리는 것 같다.

"잘못 말한 당사자가 선생님의 이론과 일치하는 설명을 했을 때, 그 설명이야말로 이 문제 해결의 최후의 증거로 선언합니다. 즉, 선생님은 '본인 자신이 말했다'고 하신단 말입니다. 그러나 그의 말이 선생님의 생각과 다를 때는, 그가 말하는 것은 완전한 거짓말이다, 절대 믿을 것이 못된다고 주장합니다."

타당한 말이다. 그러면 여기서 이와 아주 유사한 예를 들어보자. 피고가 재판관 앞에서 어떤 범죄 행위를 인정하면, 재판관은 그의 자백을 진실이라고 받아들인다. 그러나 피고가 그 범죄 행위를 부정하면, 재판관은 피고의 진술을 허위라고 믿는다. 만일 피고의 진술대로 범죄 행위를 부정했다고 해서 그것을 믿는다면 재판 같은 것은 필요 없을 것이다. 때로는 오심誤審도 있지만, 대부분 역시 이 제도를 인정하지 않으면 안 된다.

"아니, 선생님이 재판관이십니까? 잘못 말한 사람은 선생님 앞에서는 피고란 말입니까? 잘못 말하는 것이 범죄인가요?"

우리들 스스로 굳이 이 비유를 거부할 필요는 없다. 그러나 겉보기에 전혀 악의가 없어 보이는 오류도 한 걸음 더 깊이 파보면 표면과는 아주 다른 내용이 드러난다는 것을 깨닫게 될 것이다. 그런데 어떻게 표면과 내용의 이 차이를 타협시켜야 할지 모른다. 나는 앞에 든 재판관과 피고의 비유에 있어서 임시적인 타협을 여러분에게 제시하겠다. '어떤 오류의 의미는 피분석자 자신이 스스로 인정하면, 의심할 여지가 전혀 없다'는 나의 주장을 인정해도 좋다. 그러나 반대로, 만일 피분석자가 해명을 거부할 때는 이쪽에서 생각한 뜻이 사실이라고 직접 증명할 수는 없다. 물론 이것이 당사자가 나타나지 않고, 우리에게 직접 설명해 주지 않을 경우에도 해당된다.

재판의 경우와 마찬가지로, 이런 경우에 우리는 간접증거어떤 일의 存否를 간접적으로 증명하는 일—차용 증서를 직접 증거라고 부르는 데 대해서, 돈이 궁하다는 것을 증명하는 일을 말한다에 의거한다. 그러나 간접 증거가 확고한 결정을 내려주는 일도 있고, 불충분한 결정밖에 내려주지 않는 일도 있다. 재판의 경우에는 실제상의 이유로 간접 증거에 의해서도 유죄가 선고된다. 우리는 그럴 필요까지는 없지만, 간혹 그런 간접 증거를 존중해야 할 경우도 있다. 과학이라는 것이 엄밀히 증거될 수 있는 정리定理만으로 되어 있다고 생각하는 것은 잘못이며, 그래야 한다고 요구하는 것도 무리이다. 그와 같은 요구는 종교적인 교의敎義를 다른 것과—설혹 과학적인 교의라고 하더라도—대체하게 만드는 권위욕을 일으킬 뿐이다. 교의 속에 명확한 명제란 일부분에 지나지 않는다. 그 대부분은 과연 그럴지도 모른다는 단계에 간신히 도달한 불확실한 주장에 불과하다. 이와 같은 방법으로 확실성에 접근하는 데 만족하고 궁극적인 확증도 없지만, 조직적인 연구가 계속되는 것은 과학적인 사고 방식 덕택이다.

그러면 분석을 받는 사람이 오류의 의미를 스스로 설명하지 않을 경우, 간접 증거를 어디서 구할 수 있겠는가? 이 물음에 대해서 나는 여러 면에서 구하라고 하겠다.

첫째로, 오류 이외의 현상에서 유추한다. 이를테면 이름을 잘못 말했을 때의 왜곡은 고의로 이름을 왜곡하는 것과 마찬가지로 경멸의 뜻을 내포하고 있다. 우리는 보통 일반적인 원칙에 따라 오류를 해석하고 있다. 그러므로 처음에 이 해석은 추측이나 단서에 지나지 않지만, 그의 심리 상태를 연구하면 곧 그 해석이 맞아떨어짐을 알게 된다. 시간이 흐르면 오류에 의해서 예고된 듯한 사건이 실제로 일어나는 일이 매우 많다.

실언하는 경우에만 오류를 한정한다면, 이에 대한 증거를 여러분에게 제시하는 것은 까다롭다. 그러나 언제든지 두세 가지의 좋은 예는 들 수 있다. 처녀에게 'begleitdigen' 하고 싶다고 한 청년은 몹시 부끄럼을 타는 성격이었을 것이다. "남편은 내가 좋아하는 것을 마시고 먹고 하면 된

대요." 하고 말한 부인은 가정에서 마치 폭군처럼 행세하는 고집 센 성격일 것이다.

콩코르디아로마 신화에 나오는 평화와 조화의 여신 이름이지만, 여기서는 빈에 있는 신문기자 클럽의 명칭이다의 총회에서, 젊은 회원이 격렬한 반대 연설을 했다. 그 연설 중에, 클럽의 간부 위원을 'Ausschssumitglieder위원 여러분' 라고 말하는 대신에 'Vorschu—ssmitglied'라고 말했다. 이것은 얼른 보기에 'Vorstand重役'와 'Ausschuss위원회'를 합친 것처럼 보인다. 우리는 이 청년의 마음 속에 자기의 반대 연설을 거역하려는 의도가 숨어 있었다고 추측할 수 있다.

이 방해하는 의도는 아마 Vorschuss가불와 관계가 있는 것으로 여겨진다. 실제로, 우리는 믿을 만한 사람에게서 이런 말을 들었다. 이 청년은 언제나 돈에 쪼들려 있었으며, 마침 그 당시에도 돈을 꾸기 위해 동분서주하고 있던 참이었다. 그러므로 본래 의도를 방해하는 의도는 '반대는 적당히 해두라. 그 사람들은 모두 너에게 돈을 꾸어줄 사람들이야'라는 마음의 계시와 바꾸어 놓을 수 있다. 여기서 내가 실책 행위의 광범위 속에서라면 그와 같은 간접 증거는 얼마든지 보여줄 수 있다.

예를 들면 어떤 사람이 자기가 신뢰하고 있던 사람의 이름을 잊어버리거나 아무리 애를 써도 그 사람의 이름을 기억할 수 없을 때는, 우리는 그가 그 이름을 가진 사람을 원망하고 있기 때문에 그것을 생각해 내고 싶지 않은 것이라고 가정해도 좋다. 다음에 드는 예는, 이와 같은 실책 행위가 일어나는 심리 상태를 밝혀주고 있다.

"L씨는 어느 여자에게 청혼했다가 거절당했다. 그 후 그녀는 곧 X와 결혼했다. L은 오래 전부터 X를 알았고, 또 거래 관계까지 있는 사이였다. 그런데 그는 X의 이름을 자꾸 잊어버린다. 그래서 그는 X에게 편지를 보낼 때에는 늘 주위 사람들에게 그 이름을 물어보지 않으면 안 되었다C.G. 융이 든 예."

L이 분명히 행복한 연적戀敵을 잊고 싶어하는 것을 알 수 있다. '그녀에

관한 것은 잊어버리자'라고 생각하는 의도가 숨어 있다. 또 이런 예가 있다.

"어느 여자가 의사에게, 자기의 아주 친근한 친구의 소식을 들었다. 그런데 그 친구를 처녀 시절의 이름으로 불렀다. 그 여자는, 친구의 결혼 후의 성이 도무지 생각나지 않았기 때문이다. 그 여자는, 친구의 결혼에 극구 반대했으며, 그녀의 남편을 아주 싫어했다고 고백했다A. A. 브릴이 든 예."

이 이름의 망각에 대해서는, 다른 여러 각도에서 말할 수 있다. 그러나 우선 가장 흥미로운 것은 망각이 나타난 그 당시의 심리 상태이다. 의도의 망각은 대체로 의도를 수행하지 않으려는 반대 경향이라고 볼 수 있다. 그러나 이 견해는 꼭 정신분석만이 가진 것이 아니라, 세상 일반의 견해이기도 하다. 그들은 모두 일상 생활에서는 그러한 견해를 가졌으면서도 학설에는 금방 부정하는 태도를 보인다. 후원자가 피후원자에게 "당신의 부탁을 잊어버리고 있었소." 하고 변명하면, 피후원자는 속으로 '내 부탁 따위는 이 녀석에게는 아무래도 좋은 거야. 입으로만 약속했을 뿐, 실제로는 할 생각이 없는 거야' 하고 생각한다. 그러므로 실생활에서도 어떤 점에서는 무엇을 잊어버린다는 것은 금기 사항이다.

이 실책 행위에 대한 보통의 견해와 정신분석의 견해는 일치한다고 여겨진다. "오늘 와주셨네요? 아니, 참, 오늘 오시라고 초대해 놓고 깜박 잊고 있었군요." 하면서 손님을 맞이하는 가정주부를 상상해 보라. 아니면 자기 애인에게 얼마 전의 데이트 약속을 까맣게 잊고 있었던 것을 고백하는 청년을 상상해 보라. 이 청년은 결코 정직하게 고백하지는 않을 것이다. 그는 오히려, 그때 가지 못한 적당한 구실이나 그전에 그것을 알리지 못한 구실을 그저 되는 대로 변명할 것이다. 군대에서는 잊어버렸다는 변명은 인정되지 않는다. 변명해 봐야 벌을 면할 수 없다는 것을 다 알고 있고, 모두 그것을 당연하게 여긴다. 그곳에서는, 모든 사람들이 어떤 실수는 반드시 어떤 의미가 있다고 생각한다. 그렇다면 왜 그들은 이 견해를 다른 오류에까지 파급시켜 그것을 구체적으로 인정할 만큼 일관성이 없는가? 여기에 하나의 대답이 있다.

보통 사람조차도 의도의 망각이 포함하는 의미를 믿는다면, 작가가 같은 의미로 이런 종류의 오류를 사용하고 있음을 알았다고 해서 전혀 놀라지 않는다. 버나드 쇼의 《시저와 클레오파트라》라는 희곡을 읽거나 연극을 본 사람은, 마지막 장면에서 막 출발하려는 시저가 아직 무언가 해야 할 일이 남아 있는 것 같은데, 암만해도 머리에 떠오르지 않아 생각에 잠기는 장면을 기억할 것이다. 그는 겨우, '아 참, 클레오파트라에게 작별을 해야지' 하는 생각을 떠올린다.

작가는 이 작은 기교로써 위대한 시저가 의식적으로 가지고 있지 않았고, 또 조금도 가지려 하지 않았던 하나의 우월감을 그에게 부여하고 있는 것이다. 여러분은 역사서에서, 시저가 클레오파트라로 하여금 자기를 따라 로마로 오게 했다는 사실과 시저가 암살당했을 때 클레오파트라는 어린 세잘리온과 함께 로마에 머물러 있었으며, 그 후 로마에서 도망쳤다는 것을 알고 있으리라.

의도의 망각일 경우, 그 의미는 대체로 분명하다. 그러므로 그 심리 상태에서 실책 행위가 가진 의미의 간접 증거를 포착하려 하는 우리의 목적에는 의도의 망각이 별로 도움되지 않는다. 그러므로 특히 애매 모호한 오류, 즉 분실이라든가, 둔 곳을 잊어버리는 경우로 옮겨야겠다. 분실이라는 기분 나쁜 사건에 대해서도 그 당사자에게 잃어버리고 싶은 의도가 있었던 것이라 한다면, 여러분은 틀림없이 설마 하고 믿지 못할 것이다.

그러나 이런 실례는 얼마든지 있다. 예를 들면 한 청년 이 소중하게 간직하던 색연필을 갑자기 잃어버렸다. 마침 그 전날 이 청년은 매형에게서 한 통의 편지를 받았는데, 그 내용은 이러했다.

"나는 지금 너의 불성실과 게으름을 변호해 줄 기분도 없고, 그럴 시간도 없다B. 다트너가 든 예."

실은 그 색연필은 매형의 선물이었던 것이다. 물론 이런 일치가 없었더라면 이 분실에는, 매형의 선물 같은 것은 없어져도 좋다는 의도가 관여하고 있다고 주장할 수 없을 것이다. 이와 같은 예는 대단히 많다. 이를테면 어떤 물건을 준 사람과 다투고 난 뒤, 이제 그 녀석에 관한 것은 생각도 하기 싫을 때라든가, 그 물건에 싫증이 나서 더 좋은 물건과 바꾸려는 구실을 만들고 싶을 때 그 물건을 잃어버리게 된다. 물건을 떨어뜨린다든가, 부순다든가, 깬다든가 하는 경우에도 물론 그 물건에 대해서 똑같은 의도가 작용하고 있다. 초등학교에 다니는 어린아이가 마침 생일 전날에 자기의 소지품, 예컨대 손목시계나 책가방 같은 것을 분실하거나 못 쓰게 만들거나 찢어 버리거나 하는 것을 우연한 일이라고 간과해 버릴 수 있겠는가?

자기가 치운 물건을 암만해도 기억할 수 없는 안타까운 경험을 자주 한 사람은, 자기가 물건을 둔 곳을 잊어버린 데에 의도가 내포되어 있다는 것에 동의하지 않을 것이다. 그러나 그런 예도 간혹 있다. 이 경우, 둔 곳을 잊어버리는 데 따르는 상황은 그 물건을 잠깐 혹은 오래 어디에 숨겨두고 싶다는 의도가 작용하고 있다는 것을 나타내고 있다. 다음의 예는 아마 가장 훌륭한 실례가 될 것이다. 한 청년이 나에게 이런 이야기를 들려주었다.

"2, 3년 전부터 저와 아내는 사이가 좋지 않았습니다. 저는 아내를 차갑다고 생각하고 있었지요. 저도 아내의 착한 성품은 잘 알고 있었습니다만 두 사람 사이에 애정 같은 것은 없이 동거 생활을 계속하고 있었습니다. 한번은 아내가 외출하고 돌아오더니, 제게 한 권의 책을 주었습니다. 아내는 나를 위해서 그것을 사온 것이었습니다. 저는 아내의 정성이 고맙더군요. 그래서 한번 읽어보겠다고 약속한 후 넣어두었습니다.

그런데 그 후 그것이 보이지 않는 것입니다. 시간이 흐르면서 저는 가끔 없어진 그 책을 생각해 보았습니다만 아무리 찾아보아도 헛일이었습니다. 그리고 약 반 년쯤 지났을 때, 당시 우리들과 따로 살고 계시던 제 어머님이 병환이 나자 아내는 시어머니를 간호하러 가게 되었습니다. 어머님의 병환이 상당히 위중해서 아내는 그곳에서 밤낮없이 간호해 주었습니다. 어느 날 밤, 저는 아내의 정성과 성의에 감격하고 감사의 마음으로 가득 차서 집에 돌아왔습니다. 책상에 다가가서 무심코 서랍을 열었습니다. 그런데 어찌된 일일까요? 그 속에 그토록 오랫동안 어디다 두었는지조차 잊어버렸던 그 책이 들어 있지 않습니까?"

이것은 동기가 사라짐에 따라 잊었던 물건이 발견되었던 것이다. 나는 이와 같은 실례를 매우 많이 보았지만, 지금 다 나열할 수는 없다. 여러분은 내가 저술한《일상 생활의 정신 병리1901》를 읽으면, 오류의 연구에 관한 많은 실례를 볼 수 있을 것이다마에더·브릴·존스·스테르켄 등의 실례 참조. 그러한 실례는 항상 동일한 결론을 내려준다. 그리고 여러분에게 오류가 하나의 의미를 갖고 있다는 것을 납득시켜 줄 것이고, 또 어떻게 하면 오류에 따르는 심리 상태에서 그 의미를 찾아내어 확인할 수 있는지도 가르쳐 준다. 그러나 여기서는 간단하게 말하겠다. 왜냐하면 우리가 이 현상을 연구한 것은 오직 정신분석의 입문에 이용하기 위해서이기 때문이다. 나는 여기서 두 종류의 관찰, 즉 중첩되고 결합된 오류와 나중에 일어나는 사건으로 우리의 견해가 입증된 예를 들기로 한다.

오류가 중첩되고 결합된 경우에는 확실히 가장 화려한 꽃이라고 할 수 있다. 오류의 의미를 가지고 있음을 증명하는 일만이 우리의 관심사라면, 우리는 처음부터 이야기를 오류에만 한정해 왔을 것이다. 왜냐 하면 그 뜻은 둔한 지능으로도 느낄 수 있고, 비판적 판단을 내릴 수 있기 때문이다. 오류가 반복되면, 결코 우연이라 할 수 없고, 무의식적으로가 아닌 미리 잠재되어 있었던 것으로 보게 될 것이다.

더욱이 여러 오류가 계속 일어날 때는 그 오류의 중요한 본질적인 요소가 무엇인지 알게 된다. 즉, 오류의 형식이나 그것을 이용하는 수단이 아니라, 오히려 그것을 이용하는 의도, 즉 여러 가지 형태를 통하여 그것을 관철하려 하는 의도를 알 수 있다. 몇 번이나 되풀이된 망각의 한 예를 들어보자. 존스는 다음과 같이 말하고 있다.

언젠가 그는 편지를 자신도 분명치 않은 동기에서 며칠 동안 서랍 안에 넣어두었다. 그러나 마침내 결심하고 그것을 부쳤는데, 배달 불능이라는 쪽지가 붙어서 돌아왔다. 왜냐 하면 상대편 주소를 잊어버리고 쓰지 않았기 때문이었다. 그래서 다시 주소를 적어 우체국에 가져갔는데, 이번에는 깜박 잊고 우표를 붙이지 않았다. 그리하여 결국, 그는 이 편지를 도저히 부칠 기분이 나지 않았다는 사실을 인정해야 했다.

또 다른 예에서는 착각과 둔 곳 잊어버리가 결합될 때가 있다.

어떤 부인이 유명한 예술가인 자기 형부와 함께 로마로 여행을 갔다. 두 사람은 로마에 사는 독일인에게 큰 환대를 받았다. 형부는 오래 된 고대의 금메달을 선물로 받았다. 그런데 그녀는 자기의 형부가 화려한 메달에 전혀 관심이 없는 것이 마음에 걸려서 참을 수가 없었다. 그날 언니가 와서 그녀는 한 걸음 먼저 귀국했다. 그런데 집에 돌아와서 짐을 풀어보니 어찌된 까닭인지 그 메달이 자기 짐에 들어 있는 것이 아닌가. 부인은 곧 형부에게 편지를 써서 자기가 잘못하여 그 메달을 가지고 왔는데, 내일 로마로 우송하겠다고 알렸다. 그런데 다음날, 메달을 어디다 두었는지 암만해도 찾을 수가 없어서 결국 우송하지 못했다. 부인은 자기가 이렇게 정신이 나간 것은 이 메달을 자기가 갖고 싶어하는 생각 때문이라는 것을 깨달았다라이틀러가 든 예.

나는 앞에서, 이미 망각과 착오가 결합된 예를 들어두었다. 즉, 어느 청년이 처음에는 데이트의 약속을 잊어버리고, 다음에는 결코 잊어버리지 않겠노라 결심했음에도 불구하고 엉뚱한 시간에 나갔다. 다음에는 나의 친구의 경우를 예로 들겠다. 과학과 문예에 흥미를 갖고 있는 그 친구는 다음과 같이 말해 주었다.

"수년 전에 나는 한 문학 단체의 임원에 입후보하여 피선되었네. 이 문학단체와 연관을 맺어두면 언젠가 내 각본의 상연에 도움을 줄 것이라고 생각했기 때문이지. 그리 큰 흥미도 없었지만, 금요일마다 개최되는 모임에 빠지지 않고 참석했지. 2, 3개월 전에 드디어 내 각본을 Y시의 극장에서 상연하기로 계약한 후부터는 금요일마다 있는 그 모임을 잊어버리게 되더군. 이 문제에 관한 자네 저서를 읽고 나서, 나는 내 망각의 이유를 깨닫고 얼굴이 붉어지더군. 내 계획이 달성되니까 이제 그 단체의 사람들이 필요 없어져서 나가지 않게 된 내 비열함이 부끄러워져 다음 금요일에는 꼭 잊어버리지 않고 나가겠다고 결심했지. 나는 몇 번이나 이 결심을 상기하고는 마침내 내 결심을 실행해서 모임이 열리는 회의실 문 앞에 섰지. 그런데 놀랍게도 그 문이 잠겨 있는 게 아닌가. 모임은 이미 끝난 뒤였네. 실은 날짜를 잘못 알고 있었던 것이지. 그날은 금요일이 아닌 토요일이었네."

이와 같은 사례를 모으는 것은 매우 흥미 있는 일이지만, 나는 여기서 한 걸음 더 나아가고 싶다. 우리가 내린 해석이 훨씬 후에야 입증되는 실례를 나는 여러분에게 보여주고자 한다.

이러한 사례의 주요 조건은 현재의 심리 상태를 전혀 모르거나 확인할 수 없다는 것이다. 이런 경우, 해석은 일종의 추측의 범주를 벗어날 수 없고 우리 자신도 별로 중요시할 기분이 들지 않는다. 그런데 후에 그때 내린 우리의 해석이 얼마나 올바른 것이었나 하는 것을 확인하는 사태가 전개된다. 전에 나는 어느 젊은 부부의 집에 초대받은 적이 있었는데, 그때 젊은 부인이 웃으면서 최근에 경험한 일을 들려주었다.

그녀가 신혼 여행에서 돌아온 다음날, 오로지 하나밖에 없는 여동생을 불러 남편이 출근한 사이에 처녀 시절처럼 같이 물건을 사러 나갔다. 그녀는 길 건너편에 한 남자가 걸어가는 것을 보고 별안간 더듬거리면서 소리 쳤다. "저기 좀 봐, B씨가 걸어가고 있어." 그녀는 그 남자와 불과 2, 3주일 전에 결혼했다는 것을 까맣게 잊어버렸던 것이다. 이 이야기를 들었을 때, 나도 모르게 전율을 느꼈지만, 더 이상의 추론을 하지 않았다. 그 후 몇 해가 지나서 두 사람의 결혼 생활이 불행해졌다는 말을 듣고, 나는 그 조그마한 사건을 상기했다.

마에더도 유사한 예를 보고하고 있다. 어느 여자는 결혼식 전날까지 웨딩 드레스의 가봉을 완전히 잊고 있었다. 그러다가 밤중이 되어서야 비로소 깨닫고, 양재사를 크게 당황하게 만들었다. 마에더는 이 여자가 결혼한 지 얼마 안 되어 남편과 이혼했다는 사실을 말하면서, 그 사실이 이 망각과 어떤 깊은 관계가 있는 듯하다고 말했다. 남편과 이혼한 한 여성은 나에게, 자기는 이혼하기 몇 해 전부터 재산상의 서류에 자꾸 자기의 처녀 시절의 이름으로 서명을 하고 있었다는 이야기를 한 적이 있다.

또 어떤 부인은 신혼 여행 중에 약혼 반지를 잃어버렸다. 그리고 결혼 생활을 하는 동안에 우연한 분실 사건에도 의미가 있다는 것을 깨달았다는 말을 들었다. 그 결말이 불행은 아니지만, 더욱 뚜렷한 예가 있다. 독일의 어느 유명한 화학자는 결혼식 시간을 까맣게 잊어버리고는 교회로 가야 할 것을 실험실로 갔다. 그 때문에 결혼식을 망쳤다. 그는 현명한 사람이었으므로, 이 한 가지 사건으로 결혼을 단념하고 일평생 독신으로 지냈다.

이러한 실례를 들은 여러분은, 오류가 고대인이 예언하는 어떤 전조前兆도 나타내 주고 있음을 깨닫게 될 것이다. 그리고 실제로 고대인이 말한 전조란 하나의 오류에 지나지 않았다. 이를테면 넘어지거나 미끄러져 뒹굴거나 한 것을 하나의 전조로 간주했다. 전조는 주관적인 행위라기보다 오히려 객관적인 사건으로서의 성격을 지니고 있다. 그러나 어떤 사건을 당했을 경우, 그것이 주관적인 종류에 속하느냐, 객관적인 종류에 속하느냐를 결정하는 것은 어려운 일이다. 행위는 흔히 객관적인 경험을 가장하고 나타나기 때문이다.

인생의 경험을 많이 쌓은 사람은, 아마 이렇게 말할지도 모른다. 만일 인간끼리의 교제에 있어서 조그마한 오류나 실수를 전조로 인정하고, 모습을 나타내지 않는 숨은 의도의 표현으로 볼 수 있는 용기와 각오를 가지고 있었더라면, 많은 모멸과 고통스러운 불의의 기습을 피할 수 있었을 것이라고. 그러나 대부분의 사람들은 그런 용기가 없다. 아니, 과학이라는 길을 멀리 돌아와서 다시 옛날식의 미신에 빠지는 것 같은 느낌이 들 뿐이다.

모든 전조가 반드시 이루어진다고는 말할 수 없다. 그리고 우리는 앞으로 수립할 이론에서 모든 전조가 꼭 실현될 필요는 없다는 것을 여러분에게 납득시켜 줄 것이다.

4

오 류 (결론)

오류엔 하나의 의미가 있다는 사실을 지금까지 우리의 노력의 수확으로 삼고, 앞으로의 연구의 기초로 삼을 수 있을 것이다. 우리의 연구 목적에는 주장 같은 것이 필요 없겠지만, 결코 모든 오류에 의미가 있다고는—물론 나는 거의 확신하지만—주장하지 않았다는 것을 다시 한 번 강조해 두고 싶다. 오류의 여러 가지 형식에 대해서 그와 같은 의미가 비교적 많이 증명될 수 있으면 된다. 그리고 이와 같은 여러 가지 종류의 오류는 의미에 있어서 많은 차이가 있다.

즉, 잘못 말하기나 잘못 쓰기는 순전히 생리학적 원인으로 일어날는지도 모른다. 그러나 나는 망각에서 비롯되는 오류의 종류—이름의 망각·의도의 망각·둔 곳 잊어버리기 등—가 그러한 원인 때문에 일어난다고는 믿지 않는다. 고의가 아니라고 간주할 수 있는 분실의 경우도 많이 있다. 실생활에 나타나는 착각또는 과실은 어느 선까지 우리의 견해를 적용할 수 있을 뿐이다. 우리가 오류라고 하는 것은 심리적 행위이며, 두 가지 의도의 간섭으로 일어난다는 가설에서 출발하는 이상, 여러분은 그 같은 적용 범위를 기억해 주기 바란다.

이 가설이야말로 정신분석의 첫 결실이다. 이와 같은 간섭의 출현, 다시 그 간섭의 결과로써 오류라는 현상이 나타난다는 것을 과거의 심리학은 전혀 깨닫지 못했다. 우리는 정신 현상계의 영역을 넓게 확장하여, 과거에는 심리학의 영역에 넣지 않았던 현상들을 심리학을 위해서 획득한 것이다.

여기서 잠깐, 오류는 '심리적 행위'라는 주장을 짚어보자. 그런데 이 주장은 오류에는 의미가 있다는 앞의 주장 이상의 어떤 것을 내포한 것인가? 나는 그렇지 않다고 생각한다. 이 주장은 앞서 말한 주장보다 훨씬 모호하며, 더욱 오해받기 쉽다. 사람의 정신 생활에서 관찰할 수 있는 것을 모두 일괄해서 정신 현상이라고 부르고 있다.

그러나 다음의 것을 고려하지 않으면 안 된다. 즉, 어떤 정신 현상은 직접 신체적·기질적器質的·물리적인 영향으로 야기되는 것은 아닌가?이 경우는 심리학의 영향이 아니다. 혹은 정신 과정의 이면에 있는 일련의 기질적인 작용이 있는 다른 정신 과정에서 직접 유도된 것은 아닌가? 우리가 어떤 현상을 정신 과정이라고 부를 때는 후자의 경우를 말하는 것이다. 그러므로 우리의 연구 결과를 '현상은 의미 심장한 하나의 의미를 내포하고 있다'는 공식으로 귀결 지을 수 있다. 요컨대 우리는 의미라는 것을 전조·의도나 어떤 심적 연관성에 있어서의 위치로 해석하고 있다.

오류와 매우 유사하지만, 오류라고 이름 붙이기에 적당치 않은 현상들이 많이 있다. 우리는 이런 유형의 현상들을 우발 행위 또는 징후적徵侯的 행위라고 부른다. 이런 행위는 동기가 없고 무의미하고 중대하지 않은 특성을 갖추고 있으며, 더욱이 불필요하다는 특성을 가지고 있다. 이것들은 간섭하고 훼방 놓는 한쪽의 의도가 결여되어 있다는 점에서 오류와는 구분된다.

그러나 이 행동은, 우리가 감정의 표현이라고 간주하고 있는 몸짓이나 행동과 뚜렷이 구별되지 않는다. 이를테면 무심코 옷을 매만진다거나, 몸의 일부분을 움직이거나, 가까이에 있는 물건을 만지작거리는 등의 목적 없는 행위는 모두 우발 행위에 속한다. 마찬가지로 그와 같은 동작을 갑자기 중단하는 것, 그리고 흥얼거리는 콧노래도 이 유형에 들어간다.

나는 이러한 현상은 모두 의미를 가지고 있어서 오류의 경우와 마찬가지 방법으로 연구하면 해석이 가능한 것이며, 그것은 다른 중요한 정신 현상의 한 징후인 동시에, 순전한 심리적 행위라고 말하고 싶다. 그러나 정신 현상 분야까지 연구를 확대하지는 않겠다. 그보다는 정신분석에 있어서 더욱 중요한 문제를 밝히기 위해서 오류의 연구로 되돌아가기로 하자.

오류의 연구에서 제기해 놓고 아직 미해결, 가장 흥미 있는 문제는 다음과 같은 것이다. 오류는 서로 다른 두 가지 의도의 간섭적 결과라고 말했다. 그 중 하나는 방해하는 것이며, 다른 하나는 방해받는 것이라고 불렀다. 그런데 방해받는 의도는 별문제 없지만, 방해하는 의도에 관해서 우리는 그것이 다른 의도인가, 또한 방해하는 의도는 방해받는 의도에 대해서 어떤 태도를 취하는가 하는 두 가지 점을 알아보자.

오류의 전형적인 예로써 잘못 말하기를 다시 택하기로 하자. 그리고 첫 번째의 의문보다 오히려 두 번째의 의문부터 해결하고 싶다. 잘못 말하기에서는, 방해하는 의도가 방해받는 의도와 내용적 관계를 갖고 있다. 즉, 방해하는 의도는 방해받는 의도의 반대·정정訂正·보충이다. 그러나 더 애매하고 더 흥미 있는 경우는 방해받는 의도와 내용상 전혀 무관할 때이다.

이 두 가지 관계 중에서, 전자의 증거는 앞에서 말한 실례로써 쉽게 발견할 수 있다. 정반대의 것을 실언하는 대부분의 경우, 방해하는 의도는 방해받는 의도의 반대를 표현한다. 즉, 이 경우의 오류는 서로 받아들이지 않는 두 의도의 갈등의 표현인 것이다. '나는 의회의 개회를 선언하게 되어 있으나, 실은 빨리 폐회해 버리고 싶다'는 것이 그 의장의 실언에 내포되어 있는 의미이다.

어느 정치 신문이 매수되었다는 비난을 받았다. 그 신문은 다음과 같은 문장이 절정을 이루는 내용으로 해명하려 했다.

"본지의 독자는 본지가 항상 '사욕을 버리고inuneigennutigster weise' 다년간 대중의 복리 증진에 공헌해 온 것을 아실 것입니다."

그런데 해명문 초고를 담당한 편집자는 그만 '사욕을 가지고ineigen-nutzigster'로 잘못 써 버렸다. 즉, 편집자는 '나는 직책상 하는 수 없이 붓을 들지만, 실은 여러 가지 비리를 알고 있다'는 생각을 하고 있었던 것으로 판단할 수 있다.

한 국회의원은 독일 황제에게 'ruckhaltlos숨김없이' 진상을 말해 달라고 하려던 것을, 자기의 용기에 두려워하는 내면의 소리 때문에 ruckhaltlos를 그만 'ruckgratlos줏대없이'라고 잘못 말해 버렸다1908년 11월의 독일 국회에서 일어났던 일.

잘못 말하기의 중심은, 이미 말한 압축과 생략의 인상을 주는 실례에서는 수정·보충 혹은 계속이며, 그와 함께 제1의 의도와 함께 제2의 의도가 나타났다. "진상은 결국 알았지만 터놓고 말하면 외설스러운 일이야." 이 때문에 "zum Vorschwein gekommen"이라고 잘못 말하게 된 것이다. "정말로 그것을 이해하고 있는 사람은, 이 다섯 손가락으로 헤아릴 정도밖에 없다. 아니, 정말로 이해하고 있는 사람은 한 사람, 나밖에 없다." 그래서 '이 한 손가락으로'라고 잘못 말하게 된 것이다.

또 다른 예에서 남편은 자기가 좋아하는 것을 마시고 먹고 할 수 있다. 하지만 남편이 마음대로 행동하는 것은 보지 못한다. 그래서 남편은 '내가' 좋아하는 것을 먹거나 마셔야 한다고 잘못 말하게 된 것이다. 이런 경우를 보면 결국 잘못 말하기는 간섭한 의도의 내용에서 직접 나왔거나 그 의도의 내용과 밀접하게 연관되어 있다.

서로 간섭하는 두 의도의 또 하나의 관계는 애매한 느낌을 준다. 만일 방해하는 의도가 방해받는 의도와 내용상 아무런 관련도 없을 때는 이 방해하는 의도가 어디서 생겼을까? 또 어떻게 해서 꼭 그 자리에 방해자로 나타났을까? 이 경우를 관찰해 보면 다음과 같은 대답을 할 수 있다. 즉, 방해하는 의도는 그 본인이 잘못 말하기 직전 머릿속에 있던 생각으로서 그것이 오류의 형태로 여운처럼 나타나는 것이다. 그러므로 방해하는 의도를 여운이라고 할 수도 있으나 반드시 먼저 발언된 말의 여운은 아니다. 이 경우에도 방해하는 의도와 방해받는 의도 사이에는 역시 연상 관계가 있다. 그러나 그 연상은 내용 관계가 아니라, 오히려 작위적作爲的인 대부분의 경우, 매우 어설픈 연관성을 갖고 있는 것이다. 이 점에 대해서, 나 자신이 관찰한 간단한 예를 들겠다.

어느 날, 나는 아름다운 돌로미테오스트리아의 치롤에서 북이탈리아에 걸친 산맥 중 하나의 산에서 빈으로 온 두 사람의 부인을 만났다. 이 부인들은 여행 복장을 하고 있었다. 나는 그녀들의 길동무가 되어, 여행의 즐거움과 고생에 대해 이야기를 나누었다. 그 중의 한 부인이 이렇게 하루를 보내면 불쾌한 일이 많다고 고백했다. "정말이에요. 온종일 햇볕을 받아가며 걷는다는 일은 조금도 즐겁지 않아요. 브루제블라우스나 헴드슈미즈는 땀에 흠뻑 젖고……." 이때 부인은 잠깐 말을 더듬는 듯하더니, 곧이어 "하지만 하우제집로 돌아가서 옷을 깨끗이 갈아입을 때는……" 하고 말했다.

나는 이 경우의 잘못 말하기를 분석하지는 않았지만, 여러분은 쉽게 그 뜻을 알 수 있을 것이다. 이 부인은 자기 신변의 물건을 일일이 예거하려고 브루제와 헴드, 그리고 이어서 호제라고 말하고 싶었던 것이다. 그런데 예의상 차마 호제라고 말하지 못하고 그만두었던 것이다. 그런데 그 다음 말한, 내용적으로 전혀 관계 없는 문구 속에, 입 밖에 내지 못했던 좀전의 호제라는 말이 하우제라는 그와 비슷한 발음의 말로 왜곡되어 불쑥 튀어나온 것이다.

그러면 이제 오랫동안 보류해 왔던 중대한 문제로 들어가자. 즉, 이상한 방법으로 한 의도의 방해자가 되어 나타나는 다른 의도는 대체 무엇인가 하는 것이다. 이 의도는 가지각색이지만, 그 공통점을 찾아보기로 한다. 그러한 실례를 많이 연구해 보면, 다음 세 가지 유형으로 분류할 수 있다.

첫 번째 유형에는 방해하는 의도를 말하는 본인이 잘 알고 있고, 잘못 말하기 직전에 자신도 문득 깨닫는 경우이다. 이를테면 잘못 말하여 'Vorschwein'이라고 했을 경우, 말하는 사람은 문제의 사건을 '외설'이라고 평하고 싶었던 것이다. 입 밖에 내기를 꺼려했지만, 실상 처음에는 외설이라는 말을 그대로 하려던 의도를 가지고 있었음을 시사해 준다.

두 번째 유형은, 말하는 사람이 방해하려는 의도가 자기 마음 속에 존재하고 있었다는 것을 인정하지만, 잘못 말하기 직전에 자기 마음 속에서 작용하고 있었던 것이라고는 자각하지 못하는 경우이다. 그러므로 그는 자기가 말한 뜻은 인정하지만, 그 뜻에는 조금 당황하게 된다. 이와 같은 심리 상태는 이 잘못 말하기의 경우보다 다른 오류 쪽에 더 적절한 실례가 있을 것이다.

세 번째 유형은, 방해하는 의도의 해석을 잘못 말한 본인이 극구 부정하는 경우이다. 그는 그러한 의도가 잘못 말하기 직전에 자기 마음 속에서 움직이고 있었다는 것을 부인할 뿐 아니라, 그러한 의도가 자기와 전혀 관계가 없다고 주장한다. 한 사회자가 "구토합시다."라고 실언한 예를 상기하라. 또 말한 그 당사자로부터 방해하는 의도를 끌어냈을 때, 오히려 무례하다고 항변한 것이 생각 날 것이다. 이와 같은 경우에 내린 우리의 견해에 모두가 찬성하지 않았다는 것은 여러분도 다 아는 일이다. 그러나 이 실언한 연사의 부정 따위에 나는 신경 쓰지 않는다. 나는 내 해석이 옳다는 것을 확신한다. 그러나 여러분은, 이 연사가 분개하는 것을 차마 볼 수 없어서, '그와 같은 경우의 잘못 말하기에는 해석 같은 것을 내리지 말고, 역시 정신분석 이전의 견해를 가지고 오로지 생리적인 행위라고 인정해 주는 편이 낫지 않는가?' 하고 말할 것이다. 무엇이 그렇게 여러분을 주의시키는지 나는 짐작할 수 있다.

나의 해석은 다음의 가설을 내포하고 있다. 즉, 말하는 사람에게 나타난 그 의도는 말하는 본인도 전혀 의식하지 못하고 있지만, 나는 간접 증거에 의해서 그 의도의 존재를 추정할 수 있다. 이와 같이 중대한 결과를 낳는 가설에 대하여 여러분이 주저하는 것은 당연한 일이다. 여러분의 기분은 나도 이해할 수 있고, 여러분의 주장도 어느 정도까지는 옳다. 그러나 다음의 것만은 확실히 해두고 싶다. 즉, 많은 실례로써 입증된 오류의 가설을 만일 여러분이 논리적으로 입증해 나가려면 방금 말한 가설을 인정해야만 한다는 것이다. 만일 여러분이 이 가설을 인정할 수 없다면 겨우 서광이 비치기 시작한 오류에 관한 연구를 다시 중단해야만 할 것이다.

여기서 이 세 가지 종류가 일치된 점, 즉 잘못 말할 경우에 이 세 가지 메커니즘의 공통점을 좀더 살펴보기로 한다. 다행히도 이 공통점은 누구나가 쉽게 알 수 있다. 전자의 두 가지 종류에서는 방해하는 의도를 말하는 본인이 깨닫고 있다. 첫 번째 유형에서는 방해하는 의도가 잘못 말하기 직전에 얘기하는 사람의 사고 속에 나타난 것이라고 보충해야 한다. 그런데 나머지 두 유형에서는 이 방해하는 의도가 억눌려 버렸다. 말하는 본인은 그 의도를 말로써 나타내지 않겠다고 결심했다. 그런데 그때, 그 의도가 잘못 말하기의 형식으로써 외부에 표출된 것이다. 바꿔 말해서, 그 순간에 억눌려 있던 의도가 말하는 사람의 의사를 어기고 이미 예정된 말의 의도의 표현을 바꾸거나 뒤섞이거나 아주 그 자리를 차지해 버리는 것이다. 이것이 바로 잘못 말하기의 메커니즘인 것이다.

나의 관점으로는 세 번째 유형의 과정도 방금 말한 메커니즘에 훌륭히 일치시킬 수 있다. 의도를 억제하는 정도 여하에 따라서 이 세 가지 종류가 생기는 것이라고 가정하기만 하면 된다. 첫 번째 유형에서는 그 의도가 이미 존재해 있어서 잘못 말하기 직전에 본인이 문득 깨닫는다. 그 의도를 안으로 삼켜 버리고자 하는 순간에 말이 잘못되어 튀어나온 것이다. 두 번째 유형에서는, 의도의 억제가 훨씬 앞으로 거슬러 올라간다. 그 의도는 이제 말하기 직전에는 의식되지 않는다. 그러나 사실 이 의도는 잘못 말하기의 한 요인으로 역시 관여했던 것이다. 그리고 이 상태가 되면 세 번째 유형의 과정도 수월하게 설명할 수 있다. 나는 이렇게 가정하겠다. 즉, 말하기 오래 전부터 억압되어 있어 말한 사람 자신이 강력히 부정할 수 있는 하나의 의도가, 그 본인은 의식하지 못하는 사이에 오류나 실수 속에 나타날 수 있는 것이다.

그러나 여러분 자신도 세 번째 유형은 별개로 하더라도 여러 경우의 관찰로 미루어 볼 때, 어떤 말하고자 하는 당시의 의도를 억누르는 것이 잘못 말하기를 일으키는 필수 조건이라는 결론에 도달하게 된다. 이제 우리는 오류에 관한 이해에 있어서 일보 진전했다고 주장해도 좋다. 오류란 의미와 의도를 알아볼 수 있는 심리적인 행위일 뿐 아니라, 오류는 두 가지의 서로 다른 의도의 간섭으로 인해 생긴다는 것을 알았다. 또한 이 두 가지 의도 중의 하나가 다른 의도의 방해자로서 나타날 때에 그 의도는 억압당한 것이라는 것도 알았다. 즉, 하나의 의도는 방해하는 의도가 되기 전에 그 의도 자체가 먼저 방해받지 않으면 안 된다는 점이 오류의 본질이다. 물론 이것만으로 오류라고 불리는 현상을 명확히 밝혔다고 할 수 없다. 곧이어 의문이 뒤따른다. 그리고 그 의문을 설명하려고 할 때 다시 새로운 의문이 솟아날 것을 예기해야 한다. 이를테면 왜 오류는 좀 더 간단하게 생기지 않느냐는 것이다.

어느 한 의도의 실현을 허용치 않고 이것을 억누르는 의도가 있다면, 억제가 성공했을 때 그 의도는 사라질 것이고 실패했을 때만 억눌린 의도가 나타날 것이 아닌가 하는 의문도 생긴다. 그러나 사실은 그렇지 않다. 오류는 타협의 소산이다. 오류는 두 가지 의도 가운데 어느 쪽이든지 반은 성공시키고, 반은 실패시키는 것을 뜻한다. 방해받은 의도는 완전히 억제되지 않고—특수한 경우를 제외하고는—전부 실현되지도 않는다. 이와 같은 간섭 혹은 타협이 일어나려면 특별한 조건이 있을 것이지만, 그 조건이 어떤 종류의 것인가는 지금까지 전혀 추측할 수 없었다.

오류를 좀더 깊이 연구해 나간다 해서 이 미지의 조건을 발견할 수 있었다고는 믿을 수 없다. 먼저 필요한 것은, 오류와는 다른 정신 생활의 오류 이외의 연구되지 않은 영역을 연구하는 일이다. 첫째로 오류와 그 외의 정신 생활 영역과의 유사성에서, 우리는 오류를 철저하게 규명하는 데 필요한 가설을 세울 수 있다. 또 정신분석의 영향에서 우리가 줄곧 보아온 사소한 징후를 연구하면 거기에는 당연히 어떤 위험성이 따른다. '결합성 파라노이아Paranoia, 편집증'라는 정신병은 사소한 표적이 무제한 확대되어 적용되는 병이다. 물론 나도 이런 사소한 표적 위에 세워진 결론을 끝내 옳다고 주장할 생각은 없다. 우리의 관찰을 광범위하게 넓히고 정신 생활의 여러 면에 걸친 분야에서 비슷한 현상을 모아야 비로소 이 위험을 면할 수 있다.

여기서 일단 오류의 분석을 결론내려야 하겠다. 그러나 한 마디 부언해 두고 싶은 것이 있다. 우리가 어떤 식으로 오류의 현상을 다루었는지를 정신분석의 표본으로서 똑똑히 머리에 새겨두기 바란다. 지금까지의 실례로써 우리의 심리학이 가진 목표가 어떤 것인지 알 수 있었을 것이다. 우리는 그저 현상을 묘사하거나 분리하지 않고, 오히려 하나의 현상을 정신의 감추어진 힘이 작용하여 나타난 것 또는 상호 부조라고 반발하면서 작용하는 목적 추구 의도의 발현으로 본 것이다. 우리는 꾸준히 정신 현상의 역학적인 해석을 추구해 왔다. 우리의 역학적인 해석으로는, 관찰된 현상이 단순히 가정했을 뿐인 충동보다 덜 중요하다고 본다.

따라서 오류를 더 깊이 탐구할 생각은 없지만, 이미 알고 있는 사실을 확인하고, 두세 가지 새로운 사실까지 찾아내기 위해서 다시 한 번 오류라는 영역을 세밀하게 관찰해 보자. 이 연구의 서두에서 든 오류와 실책의 유형을 상기해 주기 바란다. 즉, 첫째는 잘못 말하기이며, 그와 동일한 유형은 잘못 쓰기·잘못 읽기·잘못 듣기 등이다. 둘째는 망각이다. 잊어버린 대상명사·외국어·의도·인상에 따라서 다시 세분할 수 있다. 셋째는 실수·둔 곳 잊어버리기·분실 등이다. 우리가 다루는 착각이라는 것은 일부는 망각에, 일부는 실수에 속한다.

잘못 말하기는 앞서 자세하게 설명했지만, 다시 몇 가지 사실을 덧붙이고자 한다. 잘못 말하기에는 조그마한 감정 현상이 뒤섞여 있다. 이것은 흥미 있는 현상이다. 자진해서 고의로 잘못 말하는 사람은 없다. 자기가 잘못 말하면 대개 지나쳐 버리지만, 남이 잘못 말하는 것은 어느 의미에서는 전염성이 있다고 할 수 있다. 즉, 남의 잘못 말하기에 참견하면 반드시 자기 자신도 잘못 말하게 된다. 잠재적인 정신 과정이 명확하지 않은 잘못 말하기의 형태에서도 그 동기를 파악하는 일은 쉬운 일이다. 이를테면 누군가가 장모음長母音을 그 단어에 끼여든 방해물 때문에 짧게 발음했다면短母音, 그 바로 뒤에 온 단모음을 길게 발음하여 또 하나의 잘못 말하기의 실수를 저지른다.

즉, 그는 전자를 벌충하는 것이다. 이와 마찬가지로 이중모음을 되는 대로 적당히 발음할 경우, 예를 들어 eu(oi)나 oi(ai)로 발음했다면, 다음에 오는 ei(ai)를 eu(oi)나 oi(oi)로 바꾸어 벌충하려고 한다. 이러한 태도 속에는 말하는 사람 자신이 모국어의 사용법을 무시하는 거라고 믿는 사람이 있어서는 곤란하다는, 듣는 사람에 대한 배려가 숨어 있다. 즉, 벌충의 결과인 두 번째 왜곡은, 애초의 오류에 대해 듣는 사람의 주의를 끌어서 말하는 자기 자신도 오류를 의식하고 있다는 것을 듣는 사람에게 설득하려는 의도를 나타내고 있는 것이다. 가장 빈번하고 간단한 잘못 말하기의 형식은 문제될 것 없는 말의 사소한 부분에 나타나는 생략과 선행이다. 이를테면 긴 구절을 말할 때, 마지막 단어를 먼저 발음해 버리는 실수를 저지른다. 이런 잘못 말하기는 그 구절을 얼른 말해 버리고 싶은 불안감을 나타내며, 또 대개 이 구절 속에는 말하는 것 전체에 대해 거역하려는 저항이 있는 것이다.

여기서 우리는 잘못 말하기에 대한 정신분석의 견해와 생리학의 견해 사이에 아무 차이가 없는 선에 다다른다. 이런 경우도 우리에게는 말의 의미를 방해하는 의도가 있다고 가정하고 싶지만, 그러한 의도가 존재한다고 말할 수 있을 뿐이지, 그 의도가 무엇을 향하고 있는지를 모른다. 그 의도가 일으키는 혼동은 어떤 발음의 연상으로 일어난 것이며, 말의 주의가 목적한 바로부터 어긋났기 때문이라고 취급해도 좋다. 그러나 주의가 빗나가는 것이라든가, 연상이 생기는 것은 사건의 본질을 해명할 수 없다. 이것은 말의 의도를 방해하는 뜻이 잠재해 있음을 나타내는 데 지나지 않는다. 그러나 이것은 방해하는 마음의 본질을 잘못 말하기의 대표적인 예로서 설명이 가능했던 것처럼, 그 결과로 추측하기는 어렵다.

이제부터는 잘못 쓰기에 대해서 알아보자. 잘못 쓰기는 잘못 말하기와 메커니즘이 유사한 까닭에 새로운 관점을 기대할 수 없을 것이다. 단지 잘못 쓰기의 연구에서 얻은 여태까지의 지식에 약간 추가할 수 있을 뿐이다. 흔히 볼 수 있는 잘못 쓰기·생략·뒷 글자특히 마지막 글자를 앞에 쓰는 따위는 대개 글씨 쓰기의 권태로움, 글씨를 빨리 써 버리고 싶은 초조함 등을 나타내고 있다. 대표적인 잘못 쓰기의 예에는 방해하는 마음의 본질과 목적이 나타난다. 편지에 잘못 쓴 것이 있을 경우, 그 편지를 쓴 사람의 마음이 당시 혼란되어 있다는 것을 나타내는 것이다. 그러나 혼란을 일으킨 것이 무엇인지 추측한다는 일은 매우 어렵다. 잘못 쓰기도 잘못 말하기와 같이 당사자는 깨닫지 못하기 마련이다. 그런데 다음의 일처럼 기묘한 경우가 있다.

자기가 쓴 편지를 봉하기 전에 언제나 다시 한 번 읽어보는 버릇을 가진 사람이 있다. 그리고 읽어보지 않고 바로 봉하는 사람도 있다. 이런 사람들은 어쩌다가 다시 한 번 읽어보게 되면, 크게 잘못 쓴 것이 발견되어 고쳐야 할 경우가 있을 것이다. 이 사실은 어떻게 설명해야 할까? 이런 사람들은 편지를 쓸 때 자기가 잘못 쓴다는 것을 의식하고 있었던 것으로 보인다. 정말로 그렇게 믿어도 좋은 것인가?

잘못 쓰기에 관한 하나의 재미있는 실례가 있다. 즉, 어떤 살인범의 사건 속에 기막힌 예가 있다.

이 사람은 세균학자라고 자칭하면서 과학연구소에서 대단히 위험한 배양균을 입수하여, 그것을 살인하는 데 이용할 계획을 세웠다. 그런데 어느 날, 이 남자는 자기에게 보내온 배양균이 효력이 없다는 것을 연구소 소장에게 알리기 위해 한 통의 편지를 썼는데, 그때 무심코 잘못 써서 '내가 생쥐와 모르모토로 실험했는데'라고 쓸 것을 "내가 인간으로 실험했는데"라고 분명하게 써 버린 것이다. 이렇게 잘못 쓴 것은 연구소 의사들의 눈에도 띄었으나, 내가 아는 한 그들은 이 잘못 쓰기에서 아무런 의심도 품지 않았던 것 같다. 여러분은 이 사실을 어떻게 생각하는가?

그때 의사들이 이 잘못 쓴 것을 내심의 반영으로 보아 수사를 시작했다면, 이 살인 미수범을 즉각 검거할 수 있었을 것이다.

이 실례는 오류에 대한 정신분석의 학설이 사실 대단히 중요하지만, 일반 사람들이 알지 못하는 까닭에 엄청난 실수를 저질렀음을 시사해 주는 것인지도 모른다. 바로 그렇다. 확실히 잘못 쓰기는 하나의 커다란 증거이다. 그러나 그 잘못 쓰기를 하나의 자백으로서 검거의 증거로 채택하는 데는 어떠한 중대한 것이 방해하고 있는 것이다. 이 문제는 매우 복잡하다. 잘못 쓴 것은 분명 증거물이 되지만, 그런 잘못 쓰기만으로 수사에 착수한다는 것은 증거가 충분치 못한 것이다.

이 잘못 쓰기는 그 남자가 사람에게 병원균을 감염시키려고 항상 생각하고 있었음을 증명하고는 있지만, 그 생각을 정말 살인 계획으로 볼 수 있는가, 전혀 쓸모없는 공상에 불과한가를 결정하기는 쉽지 않다. 잘못 쓴 그 남자는 자기의 주관에 따라 이치에 맞는 이유로써 이 공상을 부인하고, 자기로서는 그런 생각은 꿈에도 생각지 못한 것이라고 주장할 수도 있다. 뒤에 가서 내가 심리적 실재와 물질적 실재의 차이를 고찰할 때, 여러분은 이 가능성을 정확히 이해할 수 있을 것이다. 그러나 아무튼 이 사례는 하잘것없는 오류도 나중에 전혀 예기치 못한 의미를 갖게 된다는 실증이 된다.

잘못 읽기에서는, 잘못 말하기나 잘못 쓰기와 전혀 다른 심리 상태임이 분명하다. 잘못 읽기의 경우, 서로 갈등을 일으키는 두 의향 중 한쪽이 감각적 흥분으로 인해 대치되기 때문에 저항이 약해진 결과로 보인다. 읽고자 하는 것은 쓰고자 하는 것처럼 중대한 정신 생활의 소산이라고는 볼 수 없다. 따라서 대개 잘못 읽기의 본질은 대리代理이다. 읽어야 할 글자 대신에 다른 글자를 대용한다. 그것은 원문과 그 결과 사이에, 언제나 내용 관계가 성립하는 것은 아니다. 즉, 대부분 발음의 유사이다. 리텐베르크가 'angenommen가정하면'을 'Agamemnon그리스 신화에 나오는 영웅의 이름'으로 잘못 읽은 것은, 이런 종류의 좋은 예이다. 만일 잘못 읽기를 일으키는, 그 방해하는 의향을 알고 싶으면 잘못 읽는 원문을 완전히 무시한 채 원문 대신에 읽은 말 다음에는 어떤 연상이 떠오르는가, 그리고 어떤 심리 상태에서 어떤 잘못 읽기가 일어난 것인가 하는 이 두 문제로부터 분석적 연구를 시작해야 한다. 심리 상태만 파악하면 잘못 읽기는 저절로 설명되는 경우가 있다.

이를테면 어떤 사람이 낯선 거리에서 소변이 마려워 안절부절못하다가 1층에 붙어 있는 커다란 글자로 씌어진 간판을 'klosethaus유료 화장실'라고 읽었다. 그러나 간판이 너무 높이 걸려 있는 것이 우습게 여겨져 다시 자세히 보면, 간판 글자가 실은 'Korsethaus부인복 상점'였음을 깨닫게 되는 경우이다. 원문과는 전혀 관계 없는 내용으로 잘못 읽었을 경우는 특별히 신중한 분석이 필요한데, 그런 분석은 정신분석의 기술에 의해서만이 가능하다. 그러나 보통의 경우, 잘못 읽기의 설명은 쉬운 편이다. 마치 Agamemnon의 예처럼, 대리된 말은 혼란이 일어난 관념의 범주를 나타낸다. 이를테면 제1차 세계 대전 때 세상 사람들은 여기저기서 도시의 이름, 장군의 이름, 군대용어를 읽게 되어, 그것과 발음이 유사한 말을 들으면 곧잘 그러한 말로 잘못 읽는 일이 만연되기도 했다. 이와 같이 자기에게 흥미가 있거나 관심을 일으킨 것은, 자기와 무관하거나 아직은 흥미가 없는 다른 것을 대리한다. 관념의 잔상이 새로운 지각을 흐리게 하는 것이다.

또 읽어야 할 원문 자체가 방해하는 의향을 환기하기 때문에, 원문의 뜻과 정반대의 것으로 바꿔 읽는 경우가 있다. 이런 종류의 실례도 대단히 많다. 어떤 사람이 자기가 원치 않는 것을 읽게 되었을 경우에는, 그 읽어야 하는 것을 거부하고자 하는 그의 원망이 결국 잘못 읽게 된 주된 원인이 되었다는 것을 분석 결과로 알 수 있다. 처음에 말한 잘못 읽기가 좀더 자주 일어나는데, 이 경우에는 잘못을 야기시키는 메커니즘에서 중대한 역할을 하고 있던 두 인자, 즉 두 의향의 갈등과 한쪽 의향의 억제 이 의향은 오류를 일으키고 그것을 벌충하지만는 별로 나타나지 않는다. 잘못 읽기에서 이와 대립되는 것은 볼 수 없으나 잘못 읽게 하는 관념이 파고드는 것은 이 관념에 미리 취해진 억제보다 훨씬 두드러지는 경우가 있다. 그러나 이 두 인자는 망각이 일어나는 여러 상황에서 가장 분명히 볼 수 있다.

의도의 망각은 상당히 뚜렷하므로, 그 해석은 어떤 사람에게서도 항변을 듣지 않을 것이다. 의도를 방해하는 의향은, 항상 그것과는 정반대의 의도이다. 그런데 여기서 궁금한 것은 '그렇다면 어째서 이 반대 의향이 다른 방법으로는 나타나지 않는가' 하는 점이다. 그러나 반대 의향이 있다는 것은 확실하다. 때로는 이 반대 의향을 불가피하게 숨겨야만 했던 동기를 추측할 수도 있다. 그리고 반대 의향은 실수를 통해서 그 목적을 달성한다.

반대로 만일 이것이 공공연하게 반대를 주장한다면 거절당할 것이 틀림없다. 의도와 그 수행 사이에 마음 속의 중대한 변화가 일어나서, 그 결과 의도의 수행이 문제되지 않게 되었을 때는 의도를 잊어버리더라도 그것은 오류가 아니다. 의도의 망각이 일어날지라도 다른 사람이 그것을 이상하게 여기지 않고, 새삼 그 의도를 상기하는 것은 쓸모없는 일이라고 생각하면 그 의도는 영구히, 혹은 일시적으로 지워져 버린다. 그러므로 의도의 망각은 그와 같이 도중에 지워져 버린 것이라고 믿을 수 없을 때, 비로소 오류라고 부르게 되는 것이다.

일반적으로 의도의 망각은 매우 평범하고 그 의미가 매우 뚜렷하므로,

그다지 연구의 흥미가 없다. 그러나 이와 같은 오류를 연구하면 두 가지 점에서 어떤 새로운 사실을 배울 수 있을 것이다. 이미 말한 바와 같이 망각은 그 의도를 도전하는 '반대 의지'가 있음을 나타낸다. 이것은 틀림없는 사실이다. 그런데 우리의 연구 결과에 의하면 반대 의지는 '직접 반대 의지'와 '간접 반대 의지'로 구분할 수 있다. 간접 반대 의지가 무엇인가는 다음의 예로서 잘 알 수 있다. 후원자가 자기의 피후원자를 제삼자에게 추천하는 것을 잊었을 경우는 간접 반대 의지라고 할 수 있다.

왜냐 하면 후원자는 원래 피후원자에게 별로 관심이 없어서 전혀 추천할 마음이 없었기 때문이다. 피후원자는 후원자의 망각을 항상 이런 뜻으로 해석할 것이다. 그러나 문제는 더 복잡할지도 모른다. 의도의 수행을 거역하는 반대 의지는 이 후원자의 경우, 전혀 다른 방향에서 오고, 전혀 다른 곳에 반대 의지의 중심이 있는지도 모른다. 반대 의지가 피후원자와는 아무 관계가 없고 오히려 추천을 들어줄 다른 사람에게 향하고 있을 수도 있다. 그러므로 정신분석의 해석을 실지로 응용하려면 상당히 신중해야 할 필요성이 있다.

피후원자가 망각을 아무리 올바르게 해석해도 한편으로는 믿을 수 없어서 후원자에게 몹쓸 짓을 할 위험성이 있다. 또 하나의 예로써 한 청년이 애인과 만나기로 약속하고 자기 자신도 지킬 결심을 했건만 그 데이트의 약속을 잊었다면, 가장 상식적인 이유는 그 여자와 만나고 싶지 않았다는 것이다. 그러나 이 경우 깊이 분석해 보면 방해하는 의향이 그 여자를 향한 것이 아니라, 데이트로 지정된 장소를 향하고 있음이 증명될 수도 있다. 그 장소에 얽힌 어떤 아픈 추억이 그의 발걸음을 그곳으로 향하는 것을 방해하는 것일 수도 있기 때문이다.

세 번째 예로, 어떤 사람이 편지 부치는 것을 잊었을 경우에 그때 반대 의지는 그 편지의 내용에 있을지도 모른다. 그러나 때로는 그 편지 자체에는 죄가 없고, 편지 사연 중의 무엇이 이미 오래 전에 썼던 어떤 편지를 상기시켜서, 그 과거의 편지가 반대 의지의 직접적인 근거가 된 경우도 있다. 그러므로 이때의 반대 의지는 정당한 이유가 있었던 그 과거의 편지에서 아무런 까닭 없이 현재의 편지로 전이되었다고 볼 수 있다.

그러므로 여러분은 우리가 내린 해석을 이용할 때는 여러 상황을 감안해서 신중한 태도를 취해야만 한다. 심리학으로 보면 같은 가치의 것이라도 실지로 응용하게 되면 대단히 많은 의미가 있다.

이와 같은 현상은, 여러분에게 매우 이상하게 보일 것이다. 여러분은 간접 반대 의지의 과정은 이미 그 사건이 비정상임을 나타내는 것이라고 주장할는지 모른다. 그러나 나는 그런 반대 의지는 정상이며, 건강한 상태에서도 일어날 수 있다고 확신한다. 내가 말하는 뜻을 곡해해서는 안 된다. 이렇게 말했다고 해서, 우리는 분석적 해석이 터무니없는 가설이라는 것은 아니다.

의도의 망각에는 여러 가지 의미가 포함되어 있다고 말했는데, 이것은 어떤 하나의 사례를 분석하지 않고, 우리의 일반적인 가설을 전제로 해석할 때에만 다의성多義性이 있다고 말할 수 있다. 그러나 우리가 그 당사자에 대해 분석한다면, 그 망각이 언제나 직접 반대 의지인지, 아니면 다른 곳에서 유래한 간접 반대 의지인지를 분명히 알게 될 것이다.

또한 의도의 망각이 하나의 반대 의지에서 생긴다는 것이 많은 경우에서 증명되면, 피분석자가 우리의 분석 결과인 반대 의지의 존재를 아예 부정해 버리는 경우에도 이 해석을 적용할 용기가 생긴다. 그 좋은 예로 빈번하게 일어나는 예를 들어보자. 즉, 빌려 본 책을 되돌려주는 것을 잊어버리거나, 대금이나 빚의 지불을 잊었을 경우이다. 그런 사람은 책을 자기 것으로 만들자든가, 빚을 떼어먹자든가 하는 의도를 가졌다고 생각할 수 있다.

이런 얘기를 들은 당사자는 그런 의도가 없었다고 부정하지만, 자기 행위에 대해서 우리가 말한 바와 전혀 다른 해명은 하지 못한다. 그래서 우리는 "당신은 그런 의도를 가지고 있는 겁니다. 단지 당신이 그것을 깨닫지 못할 뿐입니다." 하고 우긴다. 그의 의도가 망각이라는 작용 때문에 잠재한 본성을 드러낸 것이라고 말하면, 그는 잠깐 잊었을 뿐이라고 강조할는지 모른다. 이제서야 이 상태가 내가 전에 한 번 언급한 것과 같다고 여러분은 생각하게 될 것이다. 많은 실례로써 옳다는 것이 판명된 오류에 관한 해석을 우리가 일목 요연하게 추구해 나간다면, 인간에게는 깨닫지 못하고도 작용할 수 있는 의향이 존재한다는 가설을 인정할 수 있게 된다. 그러나 이 가설을 주장하는 한, 우리는 실생활과 심리학을 지배하는 모든 견해에 반대하게 된다.

고유명사·외국어·외래어 등을 망각하는 것도 마찬가지이다. 그 이름에 직접, 또는 간접으로 반대하는 의향이 있음을 알 수 있다. 직접 그것에 대하여 작용하는 반감에 대해서는, 앞에서 많은 실례를 소개했다. 그러나 이런 경우에는 간접의 유인誘因 쪽이 특히 많이 존재하고 있으며, 간접이라고 추정하려면 충분히 신중한 분석을 하지 않으면 안 된다. 이를테면 제1차 세계대전 때는 이상야릇한 연상 때문에 고유명사를 상기하는 능력이 손상되었던 것이다.

최근에, 나는 파괴를 면한 메렌현재 체코슬로바키아의 한 지방 이름의 도시 비젠츠의 이름이 도무지 생각나지 않았었다. 분석 결과, 내가 이 도시에 직접 적의를 품고 있지는 않았지만, 전에 자주 즐거운 시간을 보낸 오르비토중부 이탈리아의 도시 이름의 비젠치 궁전과 이름이 유사한 탓이었다는 것을 알았다. 이름을 상기하는 데 반항하는 의향이 동기로서, 여기에 비로소 하나의 원칙이 제시된다이 원칙은 노이로제 증상을 일으키는 데 중대한 의의를 갖고 있음을 나중에 알게 될 것이다. 즉, 어떤 일이 불쾌감과 결부되어 있어서 그것을 회상하면 불쾌감이 되살아나는 기억을 좋아하지 않는다는 원칙이다. 기억이나 기타의 심리 행위에서 오는 불쾌감을 떨쳐 버리려는 이 의향과 불쾌로부터의 심리적인 도피를 우리는 이름의 망각뿐 아니라 나태 또는 과실 등의 궁극적인 동기로 인정할 수도 있다.

그러나 이름의 망각은 정신 생리적으로 가장 설명하기가 용이하다. 따라서 불쾌감이라는 동기가 섞여 있지 않을 경우에도 이름의 망각은 종종 일어난다. 예를 들면 이름을 잊어버리는 경향이 있는 사람은 그 이름을 좋아하지 않는다거나, 그 이름이 무엇인가 불쾌한 것을 상기시키기 때문에 그 이름을 잊어버리는 것이 아니라, 오히려 그 이름이 그와 밀접한 관계가 있는 다른 연상권聯想圈에 속해 있기 때문이라는 것을 알 수 있다. 말하자면 그 이름은 그 연상권에 뿌리를 내리고 적시에 발동하려고 하는 다른 연상을 붙들어 놓고 있는 것이다.

여러분이 기억술의 방식을 상기한다면, 이름을 잊어버리지 않으려고 일부러 만든 연상 때문에 오히려 잊지 않으려던 이름마저 잊어버린다는 것을 알게 될 것이다. 이것을 적절히 말해 주고 있는 예가 사람의 이름이다. 왜냐 하면 인명은 사람에 따라서 완전히 다른 심리적 가치를 가지고 있기 때문이다. 데오도르라는 이름을 예로 들어 보자. 데오도르는 여러분 가운데 어떤 사람에게는 별다른 의미가 없겠지만, 어떤 사람들에게는 데오도르가 자기 아버지·형제·친구, 혹은 자기 자신의 이름일 수도 있다.

분석의 결과, 전자의 경우는 이 미지인의 이름을 잊어버릴 우려가 없지만, 후자는 자기와 긴밀한 관계가 있는 것으로 여겨지는 이 이름을 다른 사람에게 적용하고 싶어하지 않는 것으로 나타났다. 이 연상에 의한 억제가 불쾌 원리 작용에 결합할뿐더러, 간접적인 메커니즘과 결합하는 경우도 있다고 가정한다면, 여러분은 이름의 일시적인 망각의 요인이 매우 복잡하다는 것을 뚜렷이 알게 될 것이다. 그러나 우리의 분석은 이 복잡한 관계를 모두 완전히 풀어준다.

인상과 체험의 망각은, 이름의 망각보다 더 뚜렷하게 불쾌한 것을 기억으로부터 떨쳐 버리고자 하는 의향이 예외 없이 작용한다는 것을 나타내고 있다. 물론 이것이 모두 오류는 아니다. 그러나 보통 때보다 더 잘 잊어버린다거나 부당하게 생각될 때는 오류로 볼 수 있다. 즉, 최근에 있었던 생생하거나 중대한 일을 잊어버렸을 경우라든가, 평소 같으면 잘 생각나는 기억들이 회상되지 않을 때는 오류라고 할 수 있다. 그러나 우리에게 뚜렷한 인상을 심어준 체험—이를테면 어린 시절에 일어난 사건—

을 우리는 어떤 이유로, 어떻게 잊어버리느냐 하는 것은 이것과는 별개의 문제이다.

그러나 이 경우에도 불쾌한 것에 대한 방위가 중요한 역할을 하고 있는데, 그것으로는 충분히 설명될 수 없다. 불쾌한 인상을 잊어버리기 쉬운 것은 지극히 타당한 일이라 하겠다. 심리학자들도 이것을 인정하고 있고, 위대한 다윈도 이것을 깨닫고 있었기 때문에 자기의 학설에 불리하게 생각되는 관찰을 특히 신경 써서 메모해 두는 것을 철칙으로 삼았다. 왜냐하면 그는 그러한 관찰이야말로 기억에 남기 어렵다는 것을 확신하고 있었기 때문이다.

망각으로 불쾌한 기억이 방해된다는 원칙을 처음 듣게 되는 사람은 이렇게 항의할 것이다. "그건 말도 안 됩니다. 나 자신의 경험으로 보면, 고통스러운 일이야말로 잊기 어려운 것입니다. 이를테면 모욕을 당하거나 멸시를 당한 기억은 내 의지를 어기고 언제나 살아나서 나를 괴롭히거든요." 과연 그렇기도 하다. 그러나 이 항의는 과녁에서 빗나가 있다. 정신생활이란 대립하는 의향의 싸움터이며, 정신 생활은 한 쌍의 대립과 모순으로 성립되어 있기 때문이다. 어떤 의향의 존재를 증명했더라도 그에 맞서는 의향을 외면하면 아무 소용 없다. 즉, 정신에는 두 의향이 공존한다. 다만 문제시되는 점은 대립하는 것이 어떻게 하여 공존하고 있는가, 한쪽 의향은 어떤 작용을 하고 다른 한쪽의 의향은 어떤 작용을 주느냐 하는 것이다.

물건의 분실이나 둔 곳 잊어버리기는 그 행위를 일으키는 의향이 다양하기 때문에 특히 흥미롭다. 모든 경우에 있어서의 공통점은 무엇을 분실하고 싶다는 원망이다. 그러나 어떤 이유에서, 또 어떤 목적으로 잃어버리고 싶은가는 각각의 경우에 따라 달라진다. 그 물건이 오래 되었을 때, 그 물건을 더 좋은 것과 바꾸고 싶을 때, 그 물건에 싫증을 느끼게 되었을 때, 그 물건이 보기 싫은 사람의 선물이었을 때, 생각하고 싶지 않은 상황에서 입수하게 되었을 때의 상황에서 비로소 그 물건을 잃어버린다.

물건을 떨어뜨린다든가, 상하게 한다든가, 부순다든가 하는 행위에도 같은 의도가 작용하고 있다. 흔히 사생아는 합법적인 결혼으로 태어난 아이보다 훨씬 허약하다고 알려져 있다. 사생아가 허약한 것을 양부모의 탓이라고 말할 수는 없다. 그것은 어린아이에 대한 보살핌이 부족하다는 것만으로 충분히 설명이 된다. 물건의 보존에도, 어린아이의 보호에도 같은 원리가 적용된다.

그리고 어떤 물건을 운명의 희생물로 바치자는 의도가 있을 때에도 그 물건의 가치가 손상되지 않고 자연히 분실되는 운명에 처한다. 그리하여 두려워하던 손해를 면할 수 있다. 정신분석의들의 진술에 의하면, 우리 주위에는 이와 같은 자발적인 의도로 일어나는 분실이 많다. 그러므로 분실이라는 것은 우리가 희망하던 하나의 희생이다.

한편 반성과 자책감 때문에 분실이 일어나는 일도 있다. 요컨대 분실로써 어떤 물건을 버리고 싶은 의향의 배후에 숨어 있는 동기를 통찰하는 것은 결코 쉽지 않다. 다른 오류와 마찬가지로 실수도 대개 단념해야 할 원망을 채우기 위해서 이용된다. 다행히 이 경우, 의도는 우연이라는 탈을 쓰고 있다. 내 친구의 경우를 예로 들어보자.

그는 교외에 나갈 때 몹시 싫었지만 어쩔 수 없이 기차를 타고 가야 할 경우가 있었다. 그런데 바꾸어 탈 역에서 열차를 잘못 갈아타게 되어 다시 출발역으로 되돌아와 버렸다.

또 한 예에서는, 어떤 사람이 여행 도중의 어느 역에서 가능한 한 머무르고 싶었으나 부득이한 일 때문에 그런 짬을 얻지 못했다. 그런데 그는 연락 시간을 잘못 알았기 때문에 열차를 놓쳐서 그 의도대로 머무를 수밖에 없었다. 또 다른 내 환자의 예가 있다. 나는 그 환자에게 애인을 전화로 불러서는 안 된다고 사전에 일러두었다. 그런데 이 환자는 내게 전화를 걸려다가 그만 무심코 틀린 번호를 돌렸기 때문에 뜻밖에도 전화는 그의 애인 집으로 연결되어 버렸다. 실생활에도 뜻깊은 직접적인 실수에 대한 예로서, 어떤 기사가 물품 파손 사건에 대해 관찰한 다음과 같은 이야기가 있다.

“얼마 전, 나는 몇몇 동료들과 함께 대학의 실험실에서 탄성彈性에 대한 실험을 하고 있었다. 이 연구는 우리들 임의로 선택했던 것인데, 막상 착수해 보니 예상보다 훨씬 많은 시간을 요했다. 어느 날, 내가 동료인 G와 함께 실험실에 들어갔을 때, G는 ‘집에 산더미처럼 할 일이 쌓여 있는데 실험 때문에 아무 일도 하지 못해서 도저히 참을 수 없다’고 불평했다. 그 점에는 나도 동의했다. 그리고 그는 농담조로 1주일 전에 일어난 우연한 사건을 은근히 들추면서 ‘다시 한 번 기계가 고장 나면 일찍 집으로 갈 수 있겠는데’ 하고 말했다. 실험 담당을 정하여, G는 압축기의 밸브를 조절하는 일을 맡았다. 그는 신중하게 밸브를 열고 액체를 탱크에서 서서히 수압水壓이 걸려 있는 압축기의 원통으로 흘려보냈다. 실험 주임이 압력계를 바라보면서 압력이 일정선에 도달했을 때, 큰 소리로 ‘됐어!’ 하고 외쳤다. 그런데 이 명령을 들은 G는 밸브를 쥐고 힘껏 왼쪽어떤 밸브나 조일 때는 오른쪽으로 돌리게 되어 있다으로 돌렸다. 그 결과 탱크의 전 압력이 갑작스레 압축기에 작용연결 장치는 이 압력에 견디어 낼 만큼 단단하지 않았으므로하여, 순식간에 연결관이 파열해 버렸다. 그다지 대수롭지 않은 파손이었지만, 우리는 그날의 연구를 중지하고 집으로 돌아가지 않으면 안 되었다. 여기서 특기할 만한 것은 얼마 후 우리가 이 일에 대해 논의하고 있을 때, G는 나도 똑똑히 기억하고 있는 그 사건을 전혀 기억하지 못했다는 점이다.”

이 말을 들은 여러분은, 고용인이 주인집의 기구를 파손하는 것은 단순한 우연만은 아니라고 의심할지 모른다. 또 몸에 상처를 입거나 자기가 위험에 직면했을 때, 그것을 단순히 우연이라고 말할 수 있는가 하고 의문을 가질지도 모르겠다. 이것은 기회가 닿는 대로 여러분 자신의 관찰을 분석해서 연구해 주기 바란다.

오류에 대한 설명이 이것으로 충분한 것은 아니다. 연구하고 토의할 일은 아직도 산재해 있다. 그러나 여러분이 지금까지의 내 강의를 듣고 여러분이 품고 있던 이전의 견해에 어떤 동요가 생겨서 우리의 학설을 받아들일 준비가 되었다면 그것으로 나는 만족한다. 아무튼 많은 문제를 다 설명하지 않고 강의를 중단하는 것은 아쉬운 일이다.

오류의 연구로써 우리의 학설을 전부 설명하기는 불가능하고, 이 자료에 의해서 얻은 증명에만 의지하고 있는 것도 아니다. 우리의 목적상 오류가 매우 가치 있는 것은 이 현상이 흔하게 일어난다는 점, 자기 스스로 관찰할 수 있다는 점, 결코 병 때문이 아니라는 점 등이다.

제2장 꿈

Two. Dream

5

연구의 난관과 예비적 시도

오래 전에 어떤 사람이, 대부분의 노이로제 환자가 나타내는 증상에는 어떤 의미가 있다는 것을 알아냈다. 정신분석의 치료법은 이 발견으로부터 유래한다요제프 브로이어가 1880~1882년에 발견, 1909년 프로이트가 미국에서 행한 정신분석의 강연에서 자세히 논의했다. 이 치료 중에, 어떤 환자는 증상 대신 꿈을 호소했다. 그래서 그와 같은 꿈에도 의미가 내포된 것이라고 추측했다. 우리는 이 역사적인 길보다 오히려 반대의 길을 택하고자 한다. 즉, 우리는 노이로제 연구의 준비로서 꿈의 의미를 증명하고 싶은 것이다. 꿈에 대한 연구는 노이로제 연구에 가장 좋은 준비일 뿐 아니라, 꿈 자체가 하나의 노이로제 증상이다. 더욱이 꿈은 건강한 모든 사람에게도 나타난다는 이로운 점이 있으므로, 꿈의 의미를 증명하는 것은 정당한 일이다. 사실 인간이 모두 건강하고 꿈만 꾸고 있었다면, 이제까지 노이로제 연구에서 얻은 지식은 모두 이 꿈의 연구에서 얻을 수 있었을 것이다.

그래서 정신분석 연구의 대상으로 꿈을 선택할 수 있다. 우리는 이제 오류와 마찬가지로 주변에서 흔히 일어나고 별 의미도 없는, 건강한 사람에게도 나타난다는 점에서 오류와 유사성을 지닌 꿈에 대해 다루게 되었다. 그런데 이번 연구 조건은 앞서의 오류에 관한 연구에 비해 불리하다. 왜냐 하면 오류는 과학에 무시당해 왔으며, 사람들은 이 문제에 별 관심조차 보이지 않기 때문이다. 그러나 오류를 연구한 것이 부끄럽지는 않았다. "물론 이 세상에는 좀더 중요한 일이 있지만, 오류에 대해 연구해 보면 작은 결과라도 얻을 수 있겠지."라고 사람들은 말했다. 그러나 꿈의 연구는 실용성도 없는 쓸데없는 일이며 수치스러운 일이다.

꿈을 연구하게 되면 비과학적이고 신비주의적이라는 의심을 받게 된다. 신경병리학이나 정신의학에는 더 심각한 문제가 있지 않은가? 즉, 정신 생활의 기관器官을 압박하는 사과만한 크기의 종양, 혈액 삼투, 조직의 변화를 현미경으로 실증할 수 있는 만성 염증 등이다. 이러한 실정이므로 의사가 꿈 따위에 정신을 빼앗겨서는 안 된다. 그런 것들에 비하면 꿈 따위는 전혀 하찮것없고 연구할 만한 가치도 없는 것이라고 생각하기 때문이다.

게다가 꿈의 성질만 생각하더라도 꿈의 구조 자체가 정확한 연구에 필요한 모든 조건에 어긋난다. 꿈의 연구에서는 연구 대상조차 모호하다. 이를테면 망상이라는 것은 분명히 일정한 윤곽을 가지고 나타난다. '나는 중국의 황제이다' 하고, 망상에 사로잡힌 환자는 큰 소리로 외친다. 그런데 꿈은 어떠한가? 꿈이란 대체로 남에게 말할 수가 없다. 가령 어떤 사람이 자기가 실제로 꾼 꿈을 이야기할 때, 그가 본 그대로 말하고 도중에 말을 바꾸지 않았으며 기억이 모호함에도, 부득불 말을 지어내지 않았다고 보장할 수 있겠는가? 대부분의 꿈은 일반적으로 기억이 불가능하여 조그마한 사실조차 잊어버린다. 그런데도 이러한 재료를 해석하는 것이 과학적 심리학이나 환자의 치료에 도움을 줄 수 있겠는가?

이런 종류의 과장된 비판을 심각하게 용인한다면, 우리는 당연히 맥이 빠져 버린다. 그러나 꿈을 연구 대상으로 택한 데 대한 이러한 항의는 극단적이다. 이미 우리는 오류의 경우에서 아무 쓸모없는 것도 취급했었다. 게다가 앞에서 우리는 중대한 사물이 조그마한 표적으로 나타나는 경우가 있음을 보아 왔다. 꿈이 불확실하다는 것은 바로 꿈의 다른 특징들과 마찬가지로 꿈의 한 특징인 것이다. 한편, 일정한 윤곽을 갖춘 뚜렷한 꿈도 있고, 정신의학적 연구의 대상 가운데는 꿈만큼 애매한 성격을 가진 것도 있다. 이를테면 강박관념의 많은 실례가 그렇다. 뛰어난 정신의학자들은 이와 같은 것에 몰두하고 있다. 한번은 어떤 여자 환자가 내게 다음과 같은 말로 자기의 병을 호소해 왔다.

"나는 생물을…… 그래요, 어린아이예요……. 아니야, 그래, 그래, 개예요. 개한테 상처를 입혀주었지요. 아니, 상처를 입혀주고 싶어요……. 아니, 다리에서 밀어 버리고 싶어요……. 아니, 다른 짓을 해 주고 싶어서 참을 수가 없어요."

꿈의 기억이 불확실하다는 난점은 있으나 그것을 기록할 때는 꿈꾼 사람이 말하는 그대로를 그의 꿈이라고 인정해야 하며, 꿈꾼 것을 잊었을 것이라거나 회상하는 과정에서 변경되었을지 모른다고 의심해서는 안 된다. 꿈은 별로 중요치 않다고 말하는 사람도 많지만, 모두가 그렇다고만 말할 수는 없다. 우리 자신이 경험한 바처럼, 꿈에서 깨었을 때의 기분이 그날 온종일 계속되는 수도 있다.

또 어떤 정신병은 꿈을 꾸다가 발병하여 이 꿈에서 연상되어 망상에서 벗어나지 못하는 경우도 의사들에 의해 보고되고 있으며, 또 역사적인 인물도 꿈에서 중대한 사업의 암시를 얻었다는 이야기도 있다. 그러면 어째서 과학의 세계에서는 꿈이 경시되고 있는가? 나는 그것이 옛날에 꿈을 너무 중시한 경향의 반동이라고 생각한다. 과거를 되살려낸다는 것은 몹시 어려운 일이며, 3천 년 전이나 그 이전에 우리 조상들도 현재 우리가 꾸고 있는 것과 마찬가지로 꿈을 꾸고 있었다고 가정할 수 있다. 우리가 아는 한, 고대 민족은 모두 꿈에 커다란 의의를 부여하여 실제적인 이용 가치가 있다고 간주했다. 그들은 꿈에서 미래의 예시를 찾고, 꿈에서 미래의 전조를 점치려고 했다. 그리스인이나 동양인들은 마치 오늘날의 정찰기처럼 반드시 해몽가들을 대동해야만 행군하곤 했다. 알렉산더 대왕은 원정을 계획할 때는 언제나 일류 해몽가를 수행하고 있었다.

그때 당시 아직도 섬 안에 있던 티루스 시고대 페니키아의 도시가 격렬히 저항했으므로, 대왕은 포위를 단념하려고 생각했다. 그러던 어느 날 밤, 대왕은 사튀르 신그리스 신화에 나오는 산양의 다리를 가진 숲의 신이 승리에 도취하여 미친 듯이 춤추는 꿈을 꾸었다. 그래서 대왕은 이 꿈을 해몽가에게 알렸더니, 그것은 바로 대왕이 티루스 시를 함락하는 전조라고 답변했다. 그래서 대왕은 다시 공격을 명령하여 무난히 티루스 시를 점령할 수 있었다. 에트루리아 사람이나 로마 사람들 사이에서는 미래를 점치는 다른 방법을 쓰고 있었으나, 해몽은 그리스·로마 시대 전체를 통해 성행했다. 당시 해몽에 관한 문헌 중에서 걸작이라고 할 만한 것은, 하드리아누스 황제 시대에 편찬된 달디스의《알테미도러스》의 책이다.

그 후 어떻게 하여 해몽이 쇠퇴하고 꿈이 신용을 잃게 되었는지, 나로서는 정확히 알 수 없다. 국가적인 계도가 크게 작용했다고도 볼 수 없다. 왜냐 하면 암흑 시대였던 중세에서는 고대의 해몽 이상으로 불합리한 관습이 충실하게 보존되어 있었기 때문이다. 실은 꿈에 대한 흥미가 차츰 미신으로 떨어지고 무식한 사람들의 손으로 돌아가 버렸다는 것이 원인일지 모른다. 해몽의 최후의 타락으로서는, 복권을 맞추기 위해서 복권 번호를 꿈으로 알려고 하는 일이 오늘날에도 행해지고 있는 일이다.

한편 현대의 정밀 과학이 수없이 꿈의 연구에 착수했으나, 그 연구 목적은 언제나 생리학적 학설을 꿈에 적용해 보는 것에 불과했다. 의사는 물론 꿈을 심리 현상이라고 생각하기보다 육체의 자극이 정신 생활에 나타난 것이라고 생각했다. 1876년에 빈츠는 이렇게 말했다.

"꿈이란 육체적인 현상이며, 어떤 경우에도 무익하고 대부분 병적인 과정이며, 낮은 불모의 모래땅에 푸른 하늘이 있듯, 그 현상 위에 우주의 불멸하는 영혼이 높이 치솟아 있다."

마우리는 꿈을, 정상인의 균형 잡힌 운동과는 정반대인 무도병舞蹈病의 발작적인 경련에 비유했다. 옛 비유에 의하면, 꿈의 내용은 '음악을 알지 못하는 사람이 열 손가락으로 피아노의 키를 두드릴 때' 울리는 소리에 비교된다.

해석이란 그 숨은 뜻을 밝혀낸다는 뜻이지만, 꿈의 작용을 이런 식으로 말한다면 해석은 생각지도 못할 일이다. 분트나 요들을 비롯한 근대 철학자들은, 꿈을 경시하는 태도로 꿈과 각성시의 사고의 차이를 열거하면서 연상의 붕괴, 비판력의 감퇴, 모든 지식의 마비, 저하된 활동력 같은 특징을 역설했다. 꿈에 관하여 정밀 과학이 이룩한 귀중한 공헌은 수면시의 육체적 자극이 꿈의 내용에 어떤 영향을 끼치는가 하는 실험이다.

노르웨이의 학자 모우를리 볼트가 《실험적 꿈의 연구》라는 두 권으로 된 두꺼운 책1910년과 1912년에 독일어로 번역됨을 발표했는데, 이 책은 손발의 위치와 변화가 꿈에 어떤 결과를 가져오는가 하는 연구에 지나지 않지만, 정밀한 꿈 연구의 모범으로서 추천할 만하다. 이제 우리들은 고대인이나 민간의 편견을 인정하고, 고대의 해몽을 한번 따라가 보기로 하자.

먼저, 우리는 우리의 과제를 정해놓고 꿈의 세계를 돌아보지 않으면 안 된다. 대체 꿈이란 무엇인가? 그것을 한 마디로 정의하기는 어렵다. 그러나 누구나가 알고 있는 재료를 말하는 것이므로 구태여 정의를 내릴 것도 없다. 그러나 우리는 꿈의 본질을 명확히 해두지 않으면 안 된다. 그러면 그 본질을 어디서 찾아야 할 것인가? 우리가 목표하고 있는 꿈이라는 영역 안에는 모든 것에 무수한 차이점이 있고, 그 차이는 모든 방향에 걸쳐 있다. 그러나 우리가 모든 꿈에 공통된다고 입증할 수 있는 것은 아마 본질일 것이다.

모든 꿈에 있어서 공통되는 첫 번째는, 그것이 잠을 자고 있는 도중에 일어나는 것이라는 점이다. 꿈을 꾸고 있다는 것은 분명히 수면 중의 정신 생활로서, 그것은 깨어 있을 때의 정신 생활과 어느 점에서는 유사하나, 한편 크게 다른 점도 있다. 이 점은 이미 아리스토텔레스가 정의한 바와 같이, 꿈과 수면 사이에는 더 깊은 관계가 있을지도 모른다. 꿈으로 인해 잠을 깨는 수도 있지만 저절로 잠이 깼을 때나 억지로 수면이 방해되었을 때에도 꿈을 꾸고 있는 경우가 흔히 있다. 그러므로 꿈은 수면과 각성의 중간 상태에 있는 것처럼 여겨진다. 그렇다면 수면이란 무엇일까?

이것은 아직도 생리학상 또는 생물학상의 큰 논쟁으로 계속되고 있다. 우리는 수면에 대해서 아무런 결정도 내릴 수 없지만, 수면의 심리학적 특징을 정의해 두겠다. 수면이란 '내〔自我〕'가 외계外界에 대해 아무것도 알려 하지 않고 외계로부터 관심을 끊어 버린 상태를 말한다. 외계에서 나를 후퇴시키고 외계의 자극과 절연했을 때는 잠에 빠진다. 또 외계에 싫증이 났을 때도 나는 잠에 빠진다. 취침할 때, "나를 쉬게 해다오, 나는 자고 싶으니까" 하고 외계에 말한다. 어린아이는 이와는 반대로, "나는 졸리지 않아. 조금도 고단하지 않아. 더 일어나 있고 싶어." 하고 말한다. 즉, 수면의 생리학적 목적은 휴식이며, 그 심리학적 특징은 외계에 대한 관심의 중단일 것이다. 타의他意로 태어나 저절로 맺게 된 우리와 외계와의 관계도 중단이 없으면 견딜 수 없을 것같이 여겨진다.

그러므로 우리는 주기적으로 태어나기 전의 상태, 즉 태내 생활胎內生活로 되돌아가는 것이 된다. 따뜻하고 어둡고 자극 없는 상태를 수면에 의해서 만들 수가 있다. 어떤 사람은 좁은 장소에 갇히면 자궁 안에서와 비슷한 자세로 잠을 잔다. 외계가 어른의 생활 전체는 아니며, 그 3분의 2 정도에 불과하다. 나머지 3분의 1 정도는 아직 태어나지 않은 하나의 새로운 탄생이다. 우리는 잠에서 깨어난 상태를 '갓 태어난 어린아이 같다'고 말한다. 생각해 보면 신생아의 일반적인 감각에 대해서는 아주 그릇된 가정을 세우고 있었던 것 같다. 신생아는 오히려 매우 불안한 기분을 느끼고 있다고 생각해야 할 것이다. 우리는 탄생하는 것을 '세상의 빛을 본다'고도 말하고 있다.

이와 같은 것이 수면의 본질이라고 한다면, 꿈은 결코 수면의 범주 안에 들어 있는 것이 아니며, 오히려 수면의 부속물과 같이 여겨진다. 꿈을 꾸지 않는 수면이야말로 최상의 바람직한 올바른 수면이다. 수면 중에는 어떤 정신 활동도 있어서는 안 된다. 만일 정신 생활이 활동하면 태아와 같은 안정 상태를 만들 수가 없다. 그러나 정신 활동의 잔재까지 없앨 수는 없다.

이 정신 활동의 잔재가 꿈이 되는 것이다. 그러나 이렇게 생각하면, 꿈이 실제로 의미를 가질 필요가 없을 듯이 여겨진다. 오류의 경우는 꿈과 달라서 깨어 있을 때의 정신 활동이었다. 그런데 자고 있을 때는 정신 생활이 완전히 정지되고, 그 잔재만 억제받지 않는다면, 이 잔재에 어떤 의미가 있다는 점은 주장할 수 없다. 또 정신 생활의 잔재까지 잠들었을 경우, 나는 의미라는 말조차 사용할 수 없다. 그때는 실제로 꿈은 경련과 비슷한 반응, 즉 육체의 자극에 의하여 일어나는 정신 현상에 지나지 않게 된다. 그러므로 꿈은 깨어 있을 때의 정신 활동의 잔재, 더욱이 잠을 방해하는 잔재가 되는 셈이다. 그렇다면 정신분석에 적합하지 않은 이런 제목은 마땅히 버릴 결심을 하지 않을 수 없게 된다.

비록 꿈이 쓸데없는 것이라 하더라도 어쨌든 꿈이 존재하는 이상, 그것을 설명하지 않으면 안 된다. 그런데 왜 정신 생활은 잠들지 않는가? 아마도 이것은 어떤 것이 정신에 휴식을 허락하지 않기 때문일 것이다. 자극은 정신에 작용하며, 정신은 거기에 따라 반응하게 된다. 그러므로 꿈이란 수면시 받는 자극에 정신이 어떻게 반응했는가 하는 표적인 것이다. 수면 중의 정신과정은 깨어 있을 때와는 전혀 그 성질이 다르다. 사람은 꿈 속에서 많은 것을 경험했다고 믿고 있지만, 사실은 방해하는 자극 외에는 아무것도 경험하는 것이 없다. 꿈 속의 경험은 대개 시각적 형태를 취하지만 때때로 감정이나 관념도 참여한다.

특별하게 다른 감각으로 경험하기도 하지만 보통 영상으로 나타난다. 꿈을 표현하기가 쉽지 않은 것은 이 영상을 말로 옮겨야 하는 데 그 원인이 있다. 꿈을 꾼 당사자는 이 영상을 떠올릴 수는 있지만, 어떻게 표현을 해야 할지 모르겠다고 말한다. 이것은 정신박약자를 천재에 비교할 때처럼, 정신활동이 근본적으로 저하된 상태를 말하는 것은 아니다. 그것은 질적으로 다르다. 단지 그 차이가 어디에 있는지 말하기가 어려울 뿐이다. 독일의 물리학자이자 심리학자인 페히너는 정신 속에서 꿈의 극이 연출되는 무대는, 정신 상태의 정신 생활 무대와는 다르다고 말했다. 페히너가 어떤 말을 하려 한 것인지 정확하게 알 수 없다 하더라도, 아무튼 대부분의 꿈이 주는 기묘한 인상은 실제로 존재한다.

이외의 공통점은 눈에 띄지 않고, 어느 점에서나 외견상의 지속 시간·선명함·감정의 관여·안정성 등에 관한 차이점이 있다. 이러한 차이점은 꿈이라는 자극을 막기 위한 불가피하고 불완전한 경련 같은 시도라는 학설에서 예상되는 것과는 전혀 다르다. 꿈의 차원에 대해서도, 어떤 꿈은 너무도 짧아서 단지 하나의 현상, 얼마 안 되는 상像, 하나의 관념, 아니 하나의 말을 포함하고 있을 뿐이다. 어떤 꿈은 이상할 정도로 내용이 풍부하고 스토리 또한 전개되며, 장시간 이어지는 듯이 느껴진다. 또 어떤 꿈은 현실의 경험처럼 선명하고 깬 후에도 꿈이라고 여겨지지 않을 만큼 뚜렷하다.

어떤 꿈은 말로 표현할 수 없을 정도로 희미하고 몽롱하여 마치 그림자처럼 사라질 것 같다. 그리고 동일한 꿈 속에도 극히 선명한 부분과 거의 포착할 수 없을 만큼 모호한 부분이 섞여 있기도 하다. 또 조리 정연한 꿈이라든가, 적어도 이론적인 꿈, 기지에 찬 꿈, 환상적으로 아름다운 꿈이 있다. 또 다른 꿈은 반대로 백치처럼 어리석고 혼란스럽고 불합리하여 종종 아주 광적인 것도 있다. 또한 우리를 냉정하게 만드는 꿈이 있는가 하면, 매우 절실한 감동으로 비통해서 울고, 또 불안해서 뛰어 일어나거나 경탄해서 황홀해지는 꿈도 있다. 대개의 꿈은 깨어나면 곧 잊어버리지만, 하루 종일 기억에서 맴돌다가 저녁이 되어서야 겨우 상像이 흐려져서 단편적으로 드문드문 생각나는 것도 있다. 어떤 꿈은 아주 뚜렷이 기억에 새겨진다. 이를테면 어린 시절의 어떤 꿈처럼, 그 기억이 30년 후의 오늘날까지 최근의 경험처럼 생생하게 떠오르기도 한다.

어떤 꿈은 단 한 번 나타나고 두 번 다시 나타나지 않는가 하면, 어떤 꿈은 같은 사람에게 그대로 또는 약간 변형되어 계속해서 나타나기도 한다. 결국 이 미미한 밤중의 정신 활동은 하나의 방대한 연출 목록을 자유 자재로 처리하고, 낮에 정신이 할 수 있는 모든 일을 실제로 행할 수 있다. 그러나 결코 낮의 정신 활동과 동일하다고 볼 수는 없다. 이와 같은 꿈의 다양성을 설명하기 위해서는, 이 다양성이 수면과 각성 사이의 여러 중간 단계, 즉 불완전한 수면의 여러 단계에 대응한다고 가정함으로써 가능할지도 모른다.

그것도 일리가 있는 말이지만, 그렇다면 마음이 차츰 각성 상태에 접근함에 따라 꿈의 가치·내용·선명도가 증대하며, 게다가 그것이 꿈이라는 인식도 점점 분명해진다. 그러므로 확실하고 합리적인 꿈의 단편과 아울러 선명하지 못한 꿈의 단편이 모습을 드러내고, 그 후 다시 실속 있는 꿈의 연극이 상영되는 일은 절대로 불가능한 일이다. 정신은 그렇게 빨리 수면의 깊이를 바꾸지 못한다. 그러므로 이 설명은 전혀 도움이 되지 못한다.

우리는 이제부터 꿈의 의미에 대해 보류하고, 그 대신 꿈의 의미를 더 잘 이해하기 위한 하나의 방법으로써 꿈의 공통점으로부터 시작해 보자.

꿈과 수면과의 관계에서, 꿈이란 수면을 방해하는 자극에 대한 반응이라고 결론 지었었다. 앞에서 말했듯이, 이것은 정밀한 실험심리학이 도움이 된 결론이다. 실험심리학은 수면 중에 가해진 자극이 꿈으로써 나타난다는 것을 증명해 주었다. 앞에서 말한 모우를리 볼트의 실험에 이르기까지 그와 같은 연구는 수없이 실시되었다. 이것은 모두 개인적인 경험으로 인정되어 있다. 여기서 나는 이런 종류의 오래 된 실험 두세 가지를 골라 보고하겠다.

마우리는 자기 자신에게 그와 같은 실험을 해 보았다. 그는 잠들어 있는 사이에 오드콜로뉴의 냄새를 맡았다. 그 결과, 그는 카이로의 요한 마리아 파리나의 향수 가게오드콜로뉴의 최초의 제작소에 있는 꿈을 꾸었다. 그리고 그 꿈의 마지막 단계에서 미친 듯한 모험이 계속되었다. 또 다른 실험으로, 수면 중에 자기 자신의 목을 가볍게 꼬집게 했다. 그랬더니 발포고發泡膏 칸타리스가 든 연고를 붙인 모습과 어린 시절에 치료받은 적이 있는 의사의 모습이 나타났다. 그리고 다시 그의 이마에 물 한 방울을 떨어뜨리도록 했다. 그랬더니 그는 이탈리아에서 흠뻑 땀에 젖어 오르비에토포도주 산지로 유명한 이탈리아 도시 산産 백포도주를 마시고 있는 꿈을 꾸었다.

실험적으로 만들어 낸 이와 같은 '자극몽刺戟夢'의 경우에는 더욱 명확하게 그 특색을 드러낸다. 뛰어난 관찰자 힐데브란트Hildebrant는 자명종의 벨소리에 반응한 그의 세 가지 꿈을 보고하고 있다.

〈예 1〉

봄날 아침, 나는 한가로이 거닐고 있다. 푸릇푸릇 물들기 시작한 들판을 가로질러 이웃 마을까지 갔다. 그때 나는 외출복을 입고 찬송가를 옆에 낀 마을 사람들이 함께 몰려 교회로 가는 것을 보았다. 그렇다. 오늘은 일요일이다. 아침 기도가 막 시작할 시간이다. 나도 참석해야지 하고 생각했으나 좀 더워서 교회를 둘러싼 묘지에서 더위를 식히자고 생각했다. 묘지에서 갖가지 묘비명을 읽고 있는 동안에, 탑에서 울려퍼지는 종소리가 들렸다. 쳐다보니, 탑 꼭대기에 기도의 시작을 알리는 조그마한 종이 시야에 들어왔다. 잠시 동안 종은 꼼짝도 않고 있더니, 이윽고 흔들리기 시작했다—그리하여 별안간 종은 청명하고 요란하게 울렸다—그 소리가 너무 맑고 우렁차게 울려서 나는 잠에서 깨었다. 그 종소리는 자명종에서 나는 소리였다.

〈예 2〉

맑게 갠 겨울날, 거리는 눈에 덮여 있다. 나는 원거리 썰매타기에 참가할 약속을 했는데, 오래 기다려야만 했다. 마침내 썰매가 문 앞에 도착했다고 알려왔다. 모피가 깔리고 발덮개가 걸쳐져 이제 출발 준비가 완료되었다. 그런데 출발이 지연되었다. 말은 출발 신호를 기다리고 있다. 마침내 고삐가 당겨지고, 조그마한 방울이 요란하게 흔들리고 〈터키행진곡〉이 힘차게 연주되기 시작했는데, 그 순간 꿈의 거미줄이 끊어졌다. 이것

역시 자명종의 날카로운 소리에 지나지 않았다.

〈예 3〉

하녀가 사기접시를 열두 개 정도 포개들고 식당으로 통하는 복도를 걸어오는 것이 보였다. 하녀가 안고 있는 접시들은 곧 중심을 잃을 것 같았다. "조심해라. 손에 든 것이 떨어지겠다." 하고 내가 주의시켰다. 물론 이에 대한 대답은 보통 때와 똑같이 "우리는 이런 일에 익숙해요." 하는 것이었다. 그러나 나는 역시 불안한 마음으로 지켜보았다. 그러다가 아니나 다를까, 식당의 문지방에 발이 걸렸다. 접시들은 떨어졌다. 쨍그렁 소리와 함께 마룻바닥에 박살이 나 버렸다. 그러나 곧 깨달았는데, 이 끊임없이 계속되는 소리는 접시들이 깨지는 소리가 아니라, 단순히 방울 소리였다……. 그리고 내가 잠을 깬 후 알았지만, 이 소리는 바로 자명종에서 울리는 것이었다.

이 꿈들은 매우 흥미롭고 그럴 듯하다. 꿈은 보통 모순되어 있는 법인데, 여기엔 모순의 그림자가 전혀 없다. 이런 꿈에 공통적인 것은 결말이 언제나 하나의 소리로 귀착되고 있으며, 눈을 떴을 때 그것이 자명종 소리라는 것을 깨닫고 있는 점이다. 이 예로 보아 꿈이 어떻게 하여 만들어지는가 알 수 있을 뿐 아니라, 꿈은 자명종을 분간하지도 않으며—꿈속에 자명종이 나타나지도 않는다—자명종 소리를 다른 소리로 바꿔 놓고 있다. 이 꿈들은 수면을 방해하는 자극을 해석하고 있지만, 그 내용은 모두 다르다. 그 이유를 대답할 수는 없지만, 아마 자의적恣意的인 것 같다. 그러나 꿈을 이해하려면, 꿈의 자극을 해석함에 있어서 다른 것을 택하지 않고 하필 왜 이 소리를 택했는지 설명해야 한다. 같은 논법으로 마우리의 실험을 반박하지 않으면 안 되는데, 즉 주어진 자극이 무난히 꿈 속에 나타났다는 것은 이해할 수 있지만, 어째서 그 자극이 꿈 속에 꼭 그런 모습으로 나타났는지 알 수 없고, 또 수면을 방해하는 자극의 성질로도 이것을 설명할 수 없는 것 같다. 그리고 또 이 직접 자극에 의한 마우리 실험에는 무수한 다른 꿈이 이어지고 있다. 이를테면 도저히 설명이 불가능한 오드콜로뉴의 꿈에 나타난 그 미친 듯한 모험 등이 그것이다.

이제 여기서, 여러분은 잠을 깨우는 꿈이야말로 수면을 방해하는 외부 자극의 영향을 알게 해 주는 최선의 기회라고 생각하겠지만, 다른 부분의 꿈은 훨씬 어렵다. 실제로 꿈을 꾸면 반드시 깨는 것도 아니고, 아침이 되어 간밤의 꿈을 회상할 때 수면 중에 작용하였으리라고 짐작되는 수면의 방해 자극을 어떻게 하여 발견할 수 있을까?

그 후 나는 이와 같은 음향 자극을 아는 데 비로소 성공했다. 어느 날 아침, 나는 치롤오스트리아의 도시 이름의 한 고원에서 교황이 죽는 꿈을 꾸고 눈을 떴다. 나는 이 꿈을 설명할 수는 없었으나, 나중에 아내가 "새벽녘쯤 시내의 모든 교회와 예배당에서 요란스럽게 종이 울린 것을 알고 계세요?" 하고 물었다. 나는, "아니, 전혀 몰랐는걸. 정신 없이 자고 있었거든." 하고 대답했다. 그러나 나는 아내의 이 보고 덕택에 꿈을 이해했다. 이와 같은 자극이 자고 있는 사람에게 작용하여 꿈을 꾸게 하는 일은 얼마나 많은가? 어떤 경우에는 매우 많다고 증명할 수 있겠지만, 어떤 경우에는 나중에 깨닫는 계기가 없이는 거의 증명할 수 없는 경우도 있다. 자극이 증명되지 못할 때, 꿈이 자극에서 일어났다고 단언할 수는 없다. 꿈을 방해하는 외부 자극은 꿈의 일부는 설명해 주지만, 결코 꿈 전체를 설명하기는 불가능하다는 점을 안 이상, 우리는 이와 같은 방면의 평가를 단념해야 할 필연성에 처하게 된다.

꿈은 '오장五臟의 병'이라고 흔히 말한다. 그러나 애석하게도 수면 중에 작용한 내부 자극은 잠이 깬 뒤에 다시 증명할 수가 없으므로, 근거를 확실하게 제시할 수가 없다. 그러나 많은 경험에서 꿈이 내부 자극에서 유래한다는 생각을 뒷받침해 준다는 사실도 간과할 수 없다. 기관 상태가 꿈에 영향을 끼친 사실은 명백해졌다. 대부분의 꿈의 내용이 방광의 팽만감과 생식기의 흥분에 관계가 있음은 누구나 간과할 수 없을 만큼 명백하다. 꿈의 연구가 셰르너는 1861년에 꿈의 기원이 내부 자극에서 온다는 이론을 역설하고, 이를 뒷받침하는 훌륭한 예를 들었다.

예를 들면, 어떤 꿈에서, 금발머리의 귀여운 어린아이들이 두 줄로 서서 싸우려고 서로 쏘아보더니, 양쪽에서 덤벼들어 맞붙들고 싸우다가 다시 떨어지더니 또다시 서로 맞잡고 싸움을 시작했다. 셰르너는 어린아이들의 두 줄을 이齒라고 해석했다. 그리고 이 싸움의 광경에 이어 '턱에서 긴 이빨을 한 개 뽑는' 꿈을 꿈으로써 자기의 해석에 대한 확신을 얻은 것 같다. '길고 좁은 꼬불꼬불한 길'을 장臟의 자극으로 해석하는 것은 그럴 듯하다. 그리하여 꿈은 자극을 일으키는 기관을 그것과 비슷한 물건으로 묘사하려 한다는 그의 주장을 입증해 주고 있다.

그러므로 꿈 속에서는 내부 자극이 외부 자극과 똑같은 역할을 한다고 볼 수 있다. 그러나 이것은 모든 외부 자극과 마찬가지로 내부 자극의 평가에 대해서 항의가 일어난다. 대다수의 경우, 내부 자극의 해석은 불확실하며, 그것을 증명한다는 것도 불가능하다. 즉, 모든 꿈이 아니라 일부의 꿈에서 내부자극이 꿈을 만드는 역할을 한다는 생각을 가지게 하며, 결국은 내부 자극도 외부 자극처럼 자극에 대한 직접적인 반응이라는 것밖에 꿈을 설명해 주지 못한다. 따라서 꿈의 나머지가 어디서 왔느냐 하는 것은 여전히 의문으로 남아 있게 된다.

이와 같은 자극 작용을 연구한 결과로써 나타난 꿈의 한 특징은, 꿈은 받은 자극을 단순히 재현할 뿐만 아니라, 그 자극을 가공하고 채색하고 거기에 줄거리를 엮어 그것을 다른 것으로 대치하려 한다는 것이다. 이것이 '꿈의 작업'의 한 측면이다. 이것을 연구하면 꿈의 본질에 좀더 가까이 접근할 수 있을 것이다. 예를 들어, 어떤 사람이 어떤 자극에 의하여 어떤 작품을 만들었다고 하더라도, 그 자극으로써 그 작품이 다 설명되어야 할 필요는 없다.

이를테면 셰익스피어의 《맥베스》는, 왕이 처음으로 세 나라를 병합했을 때 왕의 즉위를 축하하여 씌어진 작품이었다. 그러나 이 역사적인 계기가 희곡의 내용과 일치하는가? 또한 그 희곡의 위대성과 신비성이 이 계기라는 사실로 설명되겠는가? 자고 있는 사람에게 작용하는 내부적 및 외부적 자극은 아마 꿈을 자극하는 것에 지나지 않을 것이다. 그러므로 꿈의 본질은 이것에 의하여 조금도 밝혀지지 않는 것이다.

꿈의 정신 생활의 특수성은 난해하면서도 연구의 계속을 위해 단서를 제공해 주지 않는다. 우리는 대부분 시각상으로 꿈을 경험하게 된다. 그런데 이와 같은 것이 자극으로 설명될 것인가? 꿈을 꿀 때 우리는 시각 자극을 경험하고 있는 것일까? 꿈 속에서 눈이 자극받는 경우는 매우 드문데, 어째서 꿈을 시각의 형태로 경험하는 것일까? 또 말하는 꿈을 꾸었을 때, 수면중에 회화나 그와 유사한 잡음이 들렸다는 사실을 어떻게 증명할 수 있겠는가? 나는 이와 같은 가능성은 결코 있을 수 없다고 단언한다.

그러면 이번에는 꿈의 상위점相違點에 관해 살펴보자. 꿈은 대개 무의미하고 혼란되어 비합리적인 것이지만, 한편으로는 의미 심장하고 조리 정연한 꿈도 있다. 후자의 꿈을 토대로 전자의 의미 없는 꿈을 해명할 수 있을지 한번 살펴보자. 한 청년이 고백한 조리 있는 꿈을 예로 들어보겠다.

"나는 케른트너 가街를 산책하고 있었는데, 도중에서 L씨를 만났지요. 그와 함께 걸어가다가, 나는 어느 식당으로 들어갔습니다. 그런데 뒤를 따라 두 여자와 신사 한 사람이 들어와서, 내가 앉아 있는 테이블에 앉았습니다. 나는 좀 불쾌해져서 그들의 얼굴을 보지 않으려고 애썼지요. 그런데 잠시 후 무심코 바라보고는 그 사람들이 참으로 인상 좋은 사람들이라는 것을 깨달았습니다."

청년은 이 꿈을 설명해 주었다. 꿈을 꾸기 전날 저녁때, 이 청년은 늘 거니는 케른트너 거리를 실제로 산책했으며, 도중에서 L씨와 만났다. 꿈의 후반은 언뜻 생각이 나지 않지만, 오래 전에 이와 비슷한 경험을 한 적이 있었다.

또 어느 부인의 조리 있는 꿈의 내용은 이렇다. 남편이 "피아노의 조율을 부탁해야 되겠소." 하고 말하자, 부인은 이렇게 대답했다. "그것만으로는 안 돼요. 어차피 키의 가죽을 갈아야 해요." 이 꿈은 그 전날 부부가 나눈 대화를 고스란히 되풀이하고 있다. 이들 두 조리 있는 꿈에서 대체 무엇을 배울 수 있겠는가? 그것은 꿈 속에서 일상 생활이나 또는 그것에 관계 있는 사실이 되풀이된다는 것을 여실히 증명해 주고 있다. 만일 이와 같은 것을 꿈에 대해 일반적으로 적용할 수 있다면 매우 가치 있는 일이 될 것이다. 그러나 실제로 이것은 소수의 꿈에만 적용된다. 대부분의 꿈에서는 그 전날 사건과의 어떤 관계가 발견되지 않는다.

그래서 우리는 무의미한 뜻밖의 꿈을 설명하기가 불가능한 것이다. 그러나 여기서 우리는 또 하나의 새로운 문제에 직면하게 된다. 우리는 꿈이 말해 주는 것에 대해 알고 싶을 뿐 아니라, 앞의 예와 같이 만일 꿈이 의미를 갖는다면 무엇 때문에 우리가 알고 있는 사실이나 최근의 경험을 꿈 속에서 다시 되풀이하는가 하는 점이다. 우리말 중에 얼핏 기묘하게 들리는 '백일몽Tagtraume'이라는 말이 있다. 백일몽은 곧 공상의 산물이다. 이것은 지극히 일반적인 현상으로서 건강한 사람이나 병자를 막론하고 나타나는 현상이며, 자기 자신의 경험으로도 쉽게 연구할 수 있다. 이 공상적 영상의 가장 뚜렷한 점은, 백일몽이라는 이름을 갖고 있긴 하지만 꿈의 두 공통점과는 전혀 무관하다는 것이다. 즉, 수면 상태와 관계가 없으므로 이름이 모순되고, 또한 꿈의 두 번째 공통점에 관해서 아무런 지각도 환각도 일어나지 않으며, 다만 마음에 무언가를 그릴 뿐이므로 꿈과 모순된다. 이 백일몽은 공상하는 것이며, 보고 있는 것이 아니라 생각하고 있는 것이다. 사춘기 이전—때로 유년기의 후기—에 나타나서 성년기까지 계속되며, 그 후 사라져 버리는 경우도 있고, 만년에 이르도록 끈질기게 남는 수도 있다.

이 공상의 내용은 매우 명백한 동기에 지배되고 있다. 백일몽 속에 나타나는 사건이나 장면 속에서는 이기주의적인 공명심이나 권력욕 혹은 성적인 원망이 충족된다. 청년들에게는 대개 공명심의 공상이 가장 많고, 여성들에게는 공명심의 내용이 주로 사랑의 승리에 있으므로 에로틱한 공상이 앞선다. 그러나 남자의 경우에도 에로틱한 욕망이 그 배후에 숨어 있는 경우도 많다. 그들의 모든 영웅적 행위와 성공은 결국 여성의 찬탄과 사랑을 목적으로 하고 있기 때문이다. 이런 공상은 가지각색이며, 그 운명도 변화무쌍하다. 대부분은 금방 사라지고 그 대신 새로운 내용으로 대치되며, 어떤 것은 오랫동안 이어져간 긴 스토리를 가지며, 생활환경의 변화에 따라 그 형태를 바꾸어 간다.

백일몽은 또 문예 작품의 소재가 되기도 한다. 작가는 자기가 그리는 백일몽을 변형·분석·삭제를 가하여 단편이나 장편 소설 또는 희곡에 담는다. 백일몽의 주인공은 언제나 직접 그대로의 자기 자신이거나, 아니면 다른 사람의 모습을 빌려서 언제나 동일시하던 바로 자기 자신의 모습이다. 꿈의 내용과 마찬가지로, 백일몽의 내용도 비현실적이므로 현실에 대한 관계가 흡사하기 때문에 백일몽이라고 이름 지어진 것 같다. 그러나 이들이 꿈이라는 이름을 공통적으로 지니게 된 것은—아직 우리는 모르고 있지만—이제부터 살펴보게 될 꿈의 심리적 특성 때문일 것이다. 그러나 이들이 공통적으로 꿈이라는 명칭을 가진 점에 큰 의미를 부여하는 것은 부당하다는 말을 들을지도 모른다. 이 점에 관해서는 나중에 비로소 명백해질 것이다.

6
가설과 기법

꿈의 연구를 진전시키기 위해서는 새로운 방법이 필요하다. 그래서 나는 앞으로의 연구를 위한 큰 방침으로서 '꿈이란 신체적 현상이 아니라 정신 현상'이라는 가설을 제안하겠다.

그런데 이 가설에는, 근거는 없지만 이와 같이 가정해서는 안 될 이유도 없다. 꿈이 육체적인 현상이라면 우리와 별 관계가 없고, 그래서 꿈이 심리현상이라는 가설하에서만 꿈은 우리의 관심을 끌게 된다. 우리는 이 가설이 옳은 것이라고 가정하고 연구하여 어떤 결과가 생기는가 살펴보자.

꿈이란 꿈을 꾼 사람의 작품이며 표현이다. 그러나 우리에게는 아무런 뜻도 전달해 주지 못하고 이해할 수 없는 작품이며 애매한 표현인 것이다. 내가 만일 여러분에게 이해할 수 없는 말을 했다면 여러분은 어떻게 하겠는가? 여러분은 "뭐라고요?" 하고 반문할 것이다. 이와 마찬가지로 꿈을 꾼 사람에게 "대체 당신의 꿈은 무슨 뜻입니까?" 하고 물으면 안 될까? 우리는 이것과 똑같은 상황에 처했던 일이 있다. 즉, 오류에 관한 연구 가운데 잘못 말하기의 예에서 어떤 사람이, "Das sind Dinge zum Vorschwein gekommen"이라고 잘못 말했을 때, 우리는 즉각 그에게 질문했었다.

아니, 다행히도 질문한 것은 우리가 아니라 정신분석과는 거리가 먼 사람들이었다. 그들은 그 불가해한 실언이 대체 무슨 뜻이냐고 질문한 것이다. 그는 곧 "Das waren Schwiinereien진상은 외설이야"라고 말할 생각이었는데, 이 의향을 숨어 있던 온당한 의향이 억눌려 "Das sind Dinge zum Vorschwein gekommen결국 알았지만 말이야"라는 말이 되었다고 대답해 주었다. 나는 그때 이미, 이와 같이 보고해 주는 것이 정신분석 연구의 표본이라고 설명했다. 이제 여러분은, 정신분석의 기법은 어디까지나 피험자 스스로가 수수께끼의 해답을 말하게 하는 방법임을 알게 되었을 것이다. 따라서 꿈을 꾼 사람 자신이 자기의 꿈이 어떤 뜻인가를 우리에게 말해 주어야 한다.

그러나 사실 꿈의 경우는 그처럼 간단한 일이 아니다. 오류에서는 이 방법이 대체적으로 잘되었지만, 꿈의 경우에서는 잘될 사례가 전혀 없다고 할 수 있다. 꿈을 꾼 당사자는 그 꿈의 의미를 대부분 모르고 있다. 꿈을 꾼 사람도, 우리도 그 꿈에 대해서 전혀 아무것도 모른다. 제삼자도 물론 모른다. 이런 식으로는 도저히 해석을 내릴 수가 없다. 나는 여러분에게 이렇게 확실하게 말하고 싶다. 즉, 꿈을 꾼 사람은 자기의 꿈에 어떤 의미가 있는지 알고 있을 가능성이 있다. 아니, 십중 팔구는 알고 있다. 다만 자기가 알고 있다는 것을 의식하지 못할 뿐이다. 그래서 그는 단념해 버리고 있다.

혹자들은 나에게 제1의 가설을 내놓은 지 얼마 되지도 않아서 다시 또 하나의 가설을 제시한다면, 선생님의 기법을 믿을 수 없게 되지 않느냐고 말할지도 모르겠다. 그러나 꿈이 심리 현상이라는 가설과 인간에게는 자기가 알고 있는 것을 의식하지 못하면서 알고 있는 심적인 사상事象이 있다는 가설을 내놓게 해 주기를 바란다. 그러나 이 가설에서 나오는 결론은 주저하지 말고 내리기 바란다. 내가 여러분을 여기까지 이끌어 온 것은 여러분을 속이거나 여러분의 눈앞에 무언가를 숨기기 위해서가 아니다.

물론 나는 여러분에게 〈정신분석 입문〉이라는 제목을 내건 강의이지만 애매 모호하게 서술하여, 여러분이 '나는 산지식을 배웠다'고 확신할 수 있도록 귀찮은 대목은 적당히 감추고 대충 끌어넣고 의문점은 얼버무려서 강의 내용을 대충 연결 지을 의도는 결코 없었다. 오히려 여러분이 초심자인만큼 나는 여러분에게 곤란한 점, 부족된 점, 의심스러운 점까지도 있는 그대로의 모습을 제시하려고 한 것이다.

이런 방법은 어느 분야에서나 마찬가지이며, 특히 초심자에게는 그 이외의 길이 없다고 생각한다. 또 학문을 가르치는 선생은 보통 그 학문의 난점이나 불안정성을 우선 학생에게 숨기려고 애쓴다는 것도 알고 있다.

그러나 정신분석에서는 그런 태도는 적용되지 않는다. 그러므로 우선 나는 두 가지 가설을 내놓은 것이다. 그리고 모든 이론이 귀찮고 불확실하다고 생각하는 사람과 더 높은 확실성, 더 고상한 연역演繹을 따지는 사람은 애써 나아갈 필요가 없다. 그런 사람은 심리학의 문제에 공연히 참견하지 말아주었으면 좋겠다.

그러나 이 문제를 계속 연구하고 싶은 여러분에게 한 마디 충고해 두고 싶은 것은, 내가 내놓은 두 가설은 결코 같은 가치를 지닌 것이 아니라는 점이다. 꿈이 심리 현상이라는 제1의 가설은 우리의 연구 결과에 입각해서 입증하려고 하는 전체이다. 그리고 제2의 가설은 이미 학문의 다른 영역에서 이루어졌고, 내가 임의로 내 학설에 적용시킨 것에 불과하다.

그러면 인간이 전혀 깨닫지 못하는 것이 있다는 사실은 대체 어디서, 어느 영역에서 증명되었는가? 또 어째서 우리는 꿈을 꾼 사람에게 이 사실을 가정하고 싶은가? 실로 이 가설은 놀라운 사실로서 우리가 이제까지 내린 정신 생활에 대한 견해를 돌변시킬 만한 사실이다. 이 사실을 말살해 버릴 필요가 없다. 그리고 이 사실은 단지 이름만 말하면 사람들의 비난을 사지만 오히려 그 내용은 정반대이며, 진실성을 지닌 실재, 즉 형용의 모순Contractio in Adjecto, '둥근 삼각三角', 차가운 불 같은 모순을 가리키며,

여기서는 '알고 있지만 알지 못한다'는 모순이다. 이 사실을 숨길 필요는 없다. 이 사실에 대해서 사람들이 아무것도 모르거나, 사람들이 이 사실을 충분히 고려하지 않았다는 것도 이 사실 때문은 아니다. 또한 우리의 책임도 아니다. 왜냐 하면 이와 같은 심리학상의 문제가 모두 이것을 확증하는 관찰과 경험으로부터 거리가 먼 사람들에 의해서 최종 판결이 내려지고 있기 때문이다.

그 실증은 최면 현상의 영역에서 이루어졌다. 1889년 낭시프랑스의 도시 이름에서 리에보와 베른하임프랑스의 정신과 의사의 매우 인상적인 실물 교시에 참석했을 때, 나는 다음과 같은 실험을 보았다.

한 남자에게 최면을 걸어서 그 상태에서 그 남자에게 환각적으로 어떤 것을 경험시켰다. 그리고 그 남자는 최면에서 깨어났다. 처음에는 최면 중에 일어난 사건을 아무것도 모르는 것처럼 보였다. 그때 베른하임은 최면 중에 일어난 일을 즉각 말하라고 명령했다. 그는 아무것도 생각나지 않는다고 말할 뿐이었다. 그러나 베른하임은 반복해서 그를 독촉하면서, 당신은 틀림없이 알고 있다. 그러니 그것을 생각해 내야 한다고 그에게 강요했다. 그러자 이상하게도 그는 잠시 망설이는 듯하더니 이윽고 생각해 내기 시작했다. 먼저 그에게 암시된 경험의 하나가 희미하게 떠오르기 시작하고, 이어 다른 것이 상기되고, 드디어 기억은 점점 선명하고 완전해져서 마침내 하나도 빠짐없이 명료하게 드러났다.

그런데 이것은 최면술이 끝나고 난 뒤에 생각해 낸 것이다. 그렇다고 생각하는 동안에 옆에서 일러준 것도 아니므로, 그가 이 기억을 애당초 갖고 있었다고 단정 지을 수 있다. 단지 그는 그 기억을 자기 힘으로 어떻게 할 수 없었을 뿐이다. 그는 자기가 알고 있는 것을 모르고, 그저 그것을 모른다고만 생각하고 있었던 것이다. 즉, 우리가 꿈을 꾼 사람에게 가정한 사실과 완전히 일치되는 실험이다. 여러분은 이 사실이 입증된 데 대해 새삼 놀라서 다음과 같은 질문을 할 것이다.

"왜 선생님은 앞서 오류를 연구할 때, 이 증거를 내놓지 않았습니까?

이를테면 잘못 말한 사람의 말 속에서 본인이 모르거나 부인하는 의도가 있음을 지적했을 때 이 증명을 언급할 수 있었을 텐데요. 어떤 사람이 그 기억을 마음 속에 가지고 있음에도 불구하고 그 체험에 대해서 아무것도 모르는 줄 믿고 있다면, 그가 전혀 깨닫지 못하는 다른 정신 과정이 그의 마음속에 있다는 가설도 얼마든지 가능하지 않을까요? 지금 말한 선생님의 논증은 확실히 인상적이었습니다. 만일 선생님이 그 가설을 좀더 빨리 가르쳐 주셨더라면, 오류에 대해 더 확실히 이해할 수 있었을 겁니다."

여러분의 말대로 나는 그때 그것을 발표할 수 있었지만, 그것이 꼭 필요한 다른 기회가 올 때까지 일부러 보류해 두었던 것이다. 오류의 일부는 자연적으로 설명되었다. 그리고 나머지 오류에 관한 연구에서 우리는 현상의 상호 관계를 이해하려면 본인이 전혀 모르는 정신 과정이 있다고 가정해야 한다는 시사를 받았다. 그런데 꿈의 경우, 우리는 어떻게든 다른 영역으로부터 그 설명을 도출해 내지 않으면 안 되었다. 그래서 이것을 최면술로부터 꿈에 전용轉用하는 것을 여러분은 이해해 줄 것으로 믿는다. 여러분은 오류가 일어나는 상태를 정상이라고 생각할 것이다. 이 상태는 최면 상태와는 전혀 다르다. 이에 반해서, 최면 상태와 수면 상태는 밀접한 관계가 있다고 할 수 있다.

실제로 최면은 '인공적 수면'이라 한다. 우리는 최면술을 걸려고 하는 상대에게 "잠을 자시오." 하고 말한다. 그리고 우리가 그 사람에게 주는 암시는 자연적인 수면 중의 꿈과 비교할 수가 있다. 실제로 심리 상태는 양자가 동일하다. 자연적인 수면에서나 최면 상태에서나 똑같이 외계에 대한 모든 관심이 사라진다. 다른 점은 암시를 주는 사람〔術者〕이 있어 피실험자는 그 술자와 라포르Rapport, 치료자와 환자와의 교감 관계, 최면술에 있어서 술자術者가 피실험자에게 가지는 독점적 관계로, 후자가 전자의 암시에 의해서만 반응하는 현상이다에 있다는 것이다. 이를테면 최면 상태를 '유모가 아기를 안고 자는 잠'에 비유할 수 있다. 이때 유모와 어린아이 사이에는 끊을 수 없는 관계라포르가 있고, 어린아이는 유모에 의해서만 잠이 깨어진다. 이 상태야말로 정상 상태에 있어서의 최면과 대응되는 것이다.

그러므로 자연적인 수면의 최면 상태에서 볼 수 있는 것을 전용한다는 것이 결코 대담한 모험이라 할 수는 없다. 때문에 꿈을 꾼 사람이 자기의 꿈에 대해서 무언가를 알고는 있지만 표현하기 어렵기 때문에, 스스로 알고 있다는 그 점을 자기 자신이 믿지 않을 뿐이라는 가정은 터무니없는 것이 아니다. 여기서 꿈의 연구에 대한 제3의 열쇠가 열리는 것을 깨닫는다. 첫 번째는 수면을 방해하는 자극에서, 두 번째는 백일몽에서, 그리고 세 번째는 최면 중에 암시된 꿈에서 새로운 길이 열려오는 것이다.

꿈을 꾼 사람이 자기의 꿈에 대해서 알고 있다는 점은 매우 분명해졌다. 다만 문제가 되는 것은, 자기가 알고 있다는 것을 깨닫게 하여서 그것을 우리에게 보고할 수 있도록 만들어 주는 것이다. 우리는 당사자에게 당장 꿈의 의미를 말해야 한다고 요구하지는 않지만, 꿈을 꾼 사람은 자기의 꿈이 어떤 근거와 어떤 사고와 관심권 내에서 왔는가를 발견할 수 있을 것이다. 오류의 경우, 당신은 어째서 'Vorschwein'이라는 실언을 했느냐고 물어보았다. 그리고 이에 대한 그의 첫 연상이 우리에게 보고된 것을 기억할 것이다.

꿈의 경우, 우리가 사용하고자 하는 방법은 단지 이 예를 본받은 매우 간단한 방법이다. 우리는 꿈을 꾼 사람에게 그 꿈에 대해서 어떤 연상이 떠오르냐고 질문한다. 그리고 그때 그에게 떠오른 최초의 진술이 그 꿈의 설명으로 간주되는 것이다. 그러므로 우리는 본인이 자기의 꿈에 대해서 알고 있거나 그렇지 않거나 간에 이 두 가지 경우를 단지 하나로서 취급하는 것이다. 이 기법은 아주 간단하다. 그러나 이 기법이 오히려 여러분의 가장 심한 비난을 살지도 모르겠다. 여러분은 이렇게 말할 것이다.

"새로운 가설, 즉 세 번째 가설은 모든 가설 중에서 가장 불확실한 가설이 아닙니까? 꿈을 꾼 사람에게 그 꿈에 대해서 어떤 연상이 떠오르냐고 물었을 때, 최초에 떠오른 연상이 기대하는 설명을 가져다준다고요? 그런데 꿈을 꾼 사람이 아무것도 연상하지 않으면 어떻게 합니까? 무엇을 연상할 것인가는 오직 신만이 아십니다. 대체 어떤 연상을 믿어야 좋을지 모르겠습니다. 어떤 연상이 이 경우에 합당한가 결정하려면, 많은 비판력이 필요하겠군요. 그렇다면 더욱더 신에게 의존하지 않을 수 없지 않습니까? 게다가 꿈은 오류의 경우처럼 한 마디의 실언이 아니라, 많은 요소로 구성되어 있습니다. 그렇다면 도대체 어떤 연상을 믿어야 하는 것입니까?"

부차적인 점에서는 여러분의 말이 합당하다. 꿈이 많은 요소로 성립되어 있다는 점에서도 꿈과 오류는 전혀 다르다. 이 점만이라도 마땅히 다루는 기법을 고려하지 않으면 안 된다. 그래서 나는 꿈을 각 요소로 분해해서 각 요소를 따로따로 연구하자고 제안하고 싶다.

그러면 '잘못 말하기'에서 한 것과 같은 방법을 그대로 적용시킬 수 있을 것이다. 또한 그 꿈의 각 요소에 대해서 질문을 받은 사람이 거기에 대해서는 아무것도 떠오르지 않는다고 대답할지 모른다는 점에서도 여러분의 말은 옳다. 우리도 때로는 연상이 떠오르지 않는다는 대답을 듣는 일이 있는데, 이 설명은 나중에 하기로 한다. 아무튼 우리가 특정한 연상을 끌어낼 수 있는 경우가 있다는 것은 주목할 만하다.

그러나 일반적으로 말하면, 꿈을 꾼 사람이 아무 연상도 떠오르지 않는다고 우길 때는 그 사람의 말을 부인하고 그에게 무슨 연상이든 반드시 떠오를 것이라고 확신시켜 주어야만 한다. 그러면 과연 이쪽 말이 사실이라고 수긍하게 될 것이다. 그는 거기에 대해서 무언가 한 가지 연상을 끌어낼 것이다. 그것이 무엇이건 상관없다. 그는 "어제 경험한 그런 일이에요" 또는, "얼마 전에 있었던 일 같은 기분이 드네요" 하고 말한다. 그리하여 꿈은 우리가 처음 생각한 이상으로 전날의 인상과 관계가 있다는 것을 깨닫는다. 결국 그 꿈을 출발점으로 하여 그는 훨씬 전에 일어난, 거의 과거에 묻혀 있던 경험까지도 생각해 내게 된다.

그러나 여러분은 중요한 점을 착각하고 있다. 꿈을 꾼 사람의 최초의 연상이 바로 구하는 것에 설명을 주거나, 아니면 아무튼 실마리를 가져다줄 것이 틀림없다든가, 연상은 대단히 임의적이어서 구하는 바에 아무런 도움도 줄 수 없다든가, 자기가 다른 어떤 것을 기대하면 다만 맹목적으로 신의 묵시에 의지하는 수밖에 없다고 여러분 마음대로 단정하고 가정한다면 큰 오류를 범하는 것이 된다. 여러분의 마음 속에는 정신의 자유라든가, 마음의 임의라든가 하는 것에 대해 뿌리 깊은 신앙이 도사리고 있는데, 이 같은 신앙은 매우 비과학적이어서 정신 생활까지 지배하고 있는 결정론決定論의 권위 앞에서는 굴복하지 않을 수 없다.

꿈을 꾼 사람에게 질문했을 때 떠오르는 연상은 단 하나이며, 그외에 다른 연상은 없다는 것을 사실로써 존중해 주기 바란다. 나는 굳이 하나의 신앙을 다른 신앙으로 내세우지는 않겠다. 이와 같이 하여 떠오른 연상은 결코 제멋대로 된 것도 아니고, 규정하기 어려운 막연한 것도 아니며, 나아가서는 우리가 구하는 것과 전혀 무관한 것이 아님을 증명할 수 있다. 이 문제는 중요하므로, 여러분은 특별히 주의를 기울여 주기 바란다.

나는 어떤 사람에게 꿈의 어떤 요소에 대해서 무엇을 연상하는가 말해달라고 요구할 때, "처음의 관념에 정신을 집중시켜서 떠오르는 자유연상에 마음을 맡겨주십시오." 하고 요구하고 있다. 그러기 위해서는 숙고하는 태도를 배제하는 특별한 조심스런 태도가 필요하다.

대부분의 사람들은 쉽게 이와 같은 태도를 취하지만, 믿을 수 없을 만큼 서투른 태도를 보이는 사람도 있다. 이러한 출발점이 되는 관념을 포기시키고 고유명사라든가 숫자를 자유로이 연상시키도록 해서 연상의 성질과 종류를 한정해 버리면, 연상의 자유도自由度는 최고로 높아진다. 이때의 연상은 꿈의 연구에 사용된 연상보다 훨씬 자의적恣意的인 것이며, 예측하기 어려운 것처럼 보인다. 그런데 이때 떠오르는 연상은 오류의 원인인 방해하는 의향이나 우발적인 행동을 유발하는 의향과 마찬가지로,

연상이 작용하는 순간에는 알려지지 않은 마음 속의 중대한 내적 경향에 의해서 엄밀히 규정되어 있다.

나와 동료들의 출발점으로서 어떤 특별한 관념을 주지 않고, 숫자나 이름을 마음대로 연상시키는 연구를 거듭하여 그 중 두세 가지를 발표했다. 그 방법은, 즉 떠오르는 이름을 출발점으로 하여 연상의 흐름이 움직이기 시작한다는 것이다. 그러므로 연상은 이미 완전히 자유로운 것이 아니라 마치 꿈의 요소에 관한 연상과 결부되어 있으므로, 이 연상의 흐름은 처음에 일어난 자극이 끊어질 때까지 계속된다. 동시에 이것은 이름에 대한 자유 연상의 동기와 의의를 설명해 준다. 실험을 반복해도 결과는 같으며, 피실험자의 보고는 흔히 충분한 재료를 포함하고 있어서 다시 세밀한 점까지 연구해야 할 정도이다.

자유로이 떠오르는 숫자의 연상도 의의가 있다. 이 연상은 연속해서 매우 빠르게 나타나서, 놀랄 만큼 확실하게 숨겨진 목표점에 돌진하므로 본인도 당황하게 된다. 나는 여기서 이러한 테마의 분석에 관하여 한 가지만 예를 들기로 한다.

어떤 청년을 치료하면서 나는 이 테마에 대해 언급하기를, 얼른 보기에는 선택의 자유가 있을 것 같으나 실은 연상된 이름이 모두 피실험자와 매우 가까운 사이라든가, 피실험자의 사정이나 특질 및 그 순간의 상황에서 몹시 제한되어 있음이 확실하다는 이야기를 해 주었다. 그러나 그 청년은 내 말에 의심을 품고 당장 자기 자신에 대해서 실험해 보지 않겠느냐고 제안했다. 나는 이 청년이 특히 유부녀나 처녀들과 상당히 많이 교제하고 있다는 것을 알고 있었으므로, 만일 그가 여자의 이름을 하나만 연상하면 교제하고 있는 그 많은 여자들의 이름을 잇따라 끌어낼 수 있을 것이라고 단언했다. 청년은 이 제안에 동의했다.

그런데 결과는 놀랍게도 여자의 이름을 술술 연상하기는커녕 그는 한참 동안 잠자코 있었다. 이윽고 천천히 "겨우 하나가 떠올랐습니다. 알비네라는 이름입니다. 그 밖엔 없습니다." 하고 고백했다. "이상한 일이군.

그 이름과 자네와는 어떤 관계가 있나? 알비네라는 이름의 여자를 몇 명이나 알고 있나?" 하고 내가 물었다. 이상하게도 청년은, 알비네라는 여자를 모른다고 했다. 그에겐 이 이름에서 그 이상 아무런 연상도 떠오르지 않았다.

여러분은 분석이 실패로 끝났다고 생각할는지 모르지만, 실은 그렇지 않다. 분석은 훌륭하게 성공했다. 이 이상의 연상은 필요가 없는 것이다. 그는 남자로선 보기 드물게 얼굴이 희었으므로, 나는 치료 중에 몇 번이나 그를 알비노피부가 흰 사람라고 놀려 주었다. 그때 우리는 이 청년의 체질에 혹시 여성적인 요소가 있지 않을까를 규명하는 연구 중이었다. 그리고 그 가정은 대체로 사실로서 나타났다. 요컨대 그 당시 가장 그의 흥미를 끌고 있던 여자는 알비네, 즉 바로 그 자신이었던 것이다.

이와 마찬가지로, 갑자기 연상되는 멜로디도 어떤 생각의 흐름에 의해서 규정되며, 거기에 종속되고 있다. 그리고 자기 자신은 그 흐름의 작용을 깨닫지 못하지만, 어떤 이유 때문에 그의 마음에 자리잡고 있는 것이다. 연상된 멜로디는 그 멜로디에 붙어 있는 가사라든가, 그 노래의 유래 등에 관계되어 있음을 알 수 있다. 그러나 이 견해를 천성적으로 음악을 좋아하는 사람에게 적용하는 것은 삼가야 한다. 음악을 좋아하는 사람의 경우는 멜로디의 음악적 가치 쪽이 오히려 그 멜로디의 연상적 도구가 될는지도 모른다. 그러나 이 경우보다는 전자의 경우가 더 많다.

어느 청년이 나에게 다음과 같은 이야기를 해 주었다. 그 청년은 〈아름다운 헬레네〉의 일절인 '파리스의 노래독일 태생의 프랑스 작곡가인 오펜바흐에 의해 작곡된 오페레타'라는 아름다운 멜로디가 오랫동안 뇌리에서 떠나지 않았던 적이 있었다. 분석 결과, 결국 그 당시 그의 관심 속에서 '이다'란 여자와 '헬레네'가 다투고 있다는 것을 알게 되었다파리스·이다·헬레네는 모두 그리스 신화에 나오는 인물.

그러므로 자유로이 떠오른 연상이 이와 같이 규정되어 일정한 형태로 배열되어 있다면, 연상은 적어도 출발점이 된 하나의 관념에 의하여 엄격히 규정되어 있다고 볼 수 있다. 실험해 보면, 각 연상은 우리가 제출한 출발점이 된 관념에 고정되어 있을 뿐 아니라, 그 순간은 전혀 의식치 못하는 무의식 속에 감정을 수반하고 강하게 작용하는 사고와 관념의 영역, 즉 콤플렉스에 종속하고 있다는 것을 알게 된다.

정신분석의 역사상, 이와 같은 구속을 가진 연상은 주목할 만한 유익한 실험 연구의 주제였다. 분트 학파가 이른바 '연상 실험'을 창시했다. 이 실험에서 피실험자는, 자기에게 주어진 '자극어刺戟語'에 대해서 되도록 빨리 임의의 '반응어反應語'로 대답하라는 명령을 받는다.

이와 같이 해서 자극과 반응 사이에 소요되는 시간, 반응으로서 나온 대답의 성질, 그리고 나중에 동일하거나 비슷한 실험을 다시 했을 경우에 생기는 오차 등이 연구되었다.

블로일러Bleuler나 융Jung이 지도하는 취히리Zurich 학파가 연상 실험에서 나타나는 반응을 설명했다. 즉, 이와 같이 하여 나온 연상에 대해서 무언가 특수한 점이 있으면 설명해 달라고 피실험자에게 부탁했다. 그 결과, 이 기이한 반응은 피실험자의 콤플렉스에 의해서 가장 엄밀히 규정되는 것으로 나타났다. 이렇게 하여 블로일러와 융은 실험심리학과 정신분석학을 처음으로 연결시켜 준 것이다. 이와 같은 이야기를 들으면 여러분은 다음과 같이 말할는지도 모른다.

"우리는 자유 연상이 규정되어 있다는 것, 자유 연상이 이제까지 믿고 있던 것만큼 자의적인 것이 아니라는 것을 알게 되었습니다. 꿈의 요소에 대한 연상의 경우에도 이 사실을 인정할 수 있겠지요. 하지만 지금 우리가 문제삼고 있는 것은, 그것이 아닙니다. 선생님은, 꿈의 요소에 대한 연상은 우리가 알지 못하고 이 꿈의 요소에 대응하고 있는 심리적 배경에 의해서 규정되고 있다고 주장하셨습니다. 그러나 이에 대해서는 증명이 안 된 것으로 여겨집니다. 꿈의 요소에 대한 연상이 꿈을 꾼 사람의 콤플렉스에 의해서 규정되어 있다고 증명될 줄은 예상하고 있었습니다만, 그것이 무슨 소용이 있습니까? 그런 것을 알아봐야 꿈을 더 잘 이해하는 데 도움이 될 것 같지는 않습니다. 연상 실험과 콤플렉스의 지식을 배웠을 뿐입니다. 대체 이 콤플렉스와 꿈과 어떠한 관계가 있다는 것입니까?"

여러분의 질문은 당연하지만, 잠시만 참아주기 바란다. 나는 그 점을 생각했기 때문에 연상 실험을 이 문제의 출발점으로 선택하기를 보류했던 것이다. 이 실험에 있어서 반응을 결정하는 하나의 결정물, 즉 자극어는 우리가 임의로 고른 것이다. 그러므로 반응어는 이 자극어와 피실험자에게 야기된 콤플렉스를 연결하는 하나의 매개물이다. 그런데 꿈에서는 자극어가 꿈을 꾼 사람의 정신 생활에서 오는 어떤 것과 대치되어 있다. 말하자면 그 자극어는 즉각 '콤플렉스의 유도체'가 될 수 있는 것이다.

그러므로 꿈의 요소와 결합하고 있어 잇따라 떠오르는 많은 연상은, 꿈의 그 요소 자체를 만들어 낸 콤플렉스에 의해서만 규정되어 있다고 생각하는 것이나, 또 그 연상에서 그 콤플렉스를 발견할 수 있다고 기대하는 것은 결코 공상적인 일이 아니다. 사실 이것은 꿈의 경우에도 해당된다는 것이 다른 실험으로 입증되었다. 고유명사의 망각은 꿈의 분석에도 이용할 수 있다. 다만 망각의 경우는 한 사람의 인간이 관계하고 있지만, 꿈의 분석에서는 두 사람이 관계하고 있다는 것만이 다르다. 내가 어떤 이름을 잠시 잊었다 해도 실상 속으로는 확실히 그 이름을 알고 있다고 확신할 수 있다. 꿈을 꾼 사람도 그와 같은 확신이 있을 것이라는 것을 우리는 베른하임의 실험을 통해서 증명할 수 있었다. 그러나 알고는 있지만 잊어버린 이름은 어쩔 도리가 없다. 아무리 애를 쓰고 생각해 보아도 생각이 나지 않는다는 것은 경험을 통해 알 수 있다.

그러나 망각한 이름 대신에 다른 이름을 연상할 수는 있다. 이렇게 대리명이 자연히 생각날 때, 비로소 이 상황과 꿈 분석의 상황이 일치하게 되는 것이다. 꿈의 요소는 진짜가 아니며, 당사자가 모르는 꿈을 분석해서 발견될 본래 것의 대용물에 불과하다. 그런데 이름의 망각에서는 그 대용물이 본래의 것이 아님을 즉각 인정할 수 있는 데 반해, 꿈의 요소가 본래의 것이 아니라는 견해는 고생 끝에 비로소 얻을 수 있다는 점에서 서로 구별된다. 그런데 이름을 잊었을 때라도 그 대용물에서 무의식적인 본래의 것, 즉 잊어버린 이름에 도달하는 방법이 있다. 만일 이 대용물에 정신을 집중하여 그 대리명을 출발점으로 해서 잇따라 연상을 시도하면, 우여곡절 끝에라도 그 잊어버린 이름에 도달할 수 있을 것이다. 그리고 자연히 머리에 떠오른 잊어버린 이름과 관계가 있고, 그 잊어버린 이름에 의해서 규정되어 있다는 것을 깨닫게 될 것이다.

이런 종류의 분석의 예를 한 가지 들겠다. 어느 날 나는, 몬테카를로 Monte Carlo를 중심지로 삼는 리비에라 연안남 프랑스에서 북 이탈리아에 걸친 해안의 이름의 작은 나라의 이름이 생각나지 않았다. 초조했지만 결국 헛일이었다. 나는 그 나라에 대해서 될 수 있는 대로 아는 것을 모두 생각해 보았다. 루시니앙 가家의 알베르왕, 왕의 결혼, 그 왕이 해양 연구에 흥미를 갖고 있다는 것과, 그 밖에 그에 대해서 내가 모을 수 있는 것을 전부 생각해 보았으나 아무 소용이 없었다. 그래서 나는 생각하는 것을 포기하고 잊어버린 국명 대신 생각날 만한 나라 이름들을 연상해 보았다. 그 연상은 금방 나왔다. 먼저 몬테가를로 그리고 피에몬테Piemont·알바니아Albanien·몬테비데오Montevideo·콜리코Colico 등이었다. 알바니아는 제일 처음 내 주의를 끌었는데, 흰색과 검은색의 대조Albania의 어간 albus는 '흰색', Negro의 어간 Niger는 '흑색'임에 의해선지 금방 몬테니그로로 바뀌었다.

이어, 나는 이 네 가지 대리명이 '몬'이라는 같은 철자를 갖고 있는 것을 깨달았다. 그때 별안간 잊어버렸던 이름이 생각나서 "모나코!"라고 소리 쳤다. 즉, 이들 대리명들은 실제는 잊어버린 이름에서 나왔던 것이다. 처음에 네 가지 이름은 몬mon이라는 첫 철자에서 왔고, 다섯 번째는 철자의 순서와 코co라는 마지막 철자를 주었다. 그때 우연히 나는 모나코라는 이름을 잊어버린 이유를 깨달았다. 모나코는 독일 뮌헨의 이탈리아

이름이다. 그 뮌헨이 방해자로 작용하고 있었던 것이다.

이 예는 훌륭하지만 너무 간단하다. 다른 경우에서는 최초의 대리명에 대해서 상당히 많은 연상을 계속해 나가지 않으면 안 된다. 그 결과, 꿈의 분석과 유사하다는 것을 깨닫게 될 것이다. 나는 이런 경험을 한 적이 있다.

어느 날, 외국인이 이탈리아 포도주를 대접하겠다고 초대했다. 그런데 술집에서 그는 예전에 마시던 맛있는 포도주 이름이 생각나지 않았다. 그래서 나는 그 잊어버린 이름 대신 여러 대리명을 잇따라 연상시켜 나가는 동안에 '헤트비히'라는 사람에 대한 생각이 그로 하여금 포도주의 이름을 잊어버리게 했다는 것을 알았다. 그리고 실제로 그 사람은 이 포조주를 헤트비히라는 여자의 집에서 처음 마셨다고 이야기했을 뿐 아니라, 이 헤트비히의 이름에서 잊어버린 술의 이름이 생각났다. 그녀는 그 당시 신혼의 달콤한 생활을 하고 있었으므로, 그에게 헤트비히라는 여자는 회상하고 싶지 않은 과거의 사람이었던 것이다.

꿈의 해석에서도 대용물을 실마리로 하여 잊어버린 이름의 경우에 성공하듯이, 거기에 얽힌 연상을 계속해 나가면 마침내 본래의 것에 도달할 수 있다. 이름의 망각의 실례를 따라서, 꿈의 요소에 대한 연상은 그 꿈의 요소가 아니라, 무의식적인 본질에 의해서 규정되어 있다고 가정할 수 있다. 이렇게 해서 우리의 기법이 정당하다는 실증으로 두세 가지 점을 설명한 것이 된다.

7

현재몽과 잠재의식

오류에 대한 우리의 연구는 결코 수확이 없지 않았다. 애써서 이 방면을 개척한 덕분에—여러분이 이미 알고 있는 그 가설 아래—두 가지 수확을 얻었다. 첫째는 꿈의 요소에 대한 견해이며, 둘째는 꿈의 해석에 관한 기법이다. 꿈의 요소에 대한 견해는 다음과 같다. 꿈의 요소란 결코 본래의 것이 아니다. 마치 '오류'의 의향처럼 꿈을 꾼 사람이 의식하지 못하며, 꿈을 꾼 사람의 마음 속에 그것이 존재하기는 하지만 알기 어려운 어떤 것의 대용물이라는 것이다. 우리는 이와 같은 요소로 성립되어 있는 모든 꿈에 똑같은 견해가 적용될 수 있다고 생각한다.

다음으로, 우리의 기법의 본질은 꿈의 요소들에 대한 자유 연상에 의하여 다른 대용 관념을 떠오르게 해서, 그 관념으로부터 숨겨진 어떤 것을 추측하는 것이다.

우리의 이야기를 순조롭게 진행시키기 위하여 앞에서 말한 것을 우리가 사용하는 용어로 바꾸기를 제의한다. 숨겨져 있다든가, 알기 어려운 것이라든가, 본래의 것이 아니라고 말하는 대신, 꿈을 꾼 사람의 의식에는 이르지 않는 것이다. 혹은 "무의식적이다"라는 말을 사용하기로 한다. 잊어버린 말이나 오류의 경우, 방해하는 의향이라고 말하는 대신, 그때

'무의식적'이었다고 바꾸어 말하는 것뿐이다. 이에 반해서 꿈의 요소 그 자체와 연상에 의해서 얻어진 대용 관념은 '의식적'이라고 불러도 좋다. 그러나 이 술어에 어떤 이론적인 함축성이 내포된 것은 아니다. 적절하고 이해하기 쉬운 술어로서 무의식이라는 말을 사용하는 데에는 이의가 없을 것이다.

꿈의 단일 요소에 대한 견해를 꿈 일단에 적용시키면, 꿈이란 무의식의 왜곡된 대용물이며, 이 무의식을 발견하는 것이 바로 꿈 해석의 과제가 된다. 그런데 꿈 해석의 과정에 있어서 우리가 반드시 지켜야 할 세 가지 중요한 규칙이 있다.

첫째, 꿈이 합리적이든 불합리적이든, 선명하든 몽롱하든 간에 결코 꿈의 표면적인 뜻에 개의치 말아야 한다. 왜냐 하면 그것은 어떤 경우나 결코 우리가 추구하는 무의식이 아니기 때문이다.

둘째, 어떤 꿈의 요소에 대해서든지 그 대용 관념을 밝히는 데 연구의 초점을 모아야 한다. 대용 관념을 지나치게 숙고하거나 대용 관념이 적절한 것을 포함하고 있는지 어떤지를 음미하지 말고, 그것들이 꿈의 요소에서 아무리 동떨어져 있더라도 하등 개의할 필요는 없다.

셋째, 내가 앞에서 말한 잊어버린 말 '모나코'의 실험처럼, 우리가 목적하는 숨은 무의식이 절로 나타날 때까지 집요하게 기다리지 않으면 안 된다.

자기의 꿈에 대해서 많이 기억하고 있거나 적게 기억하고 있거나, 특별히 정확하게 기억하고 있거나, 희미하게 기억하고 있거나 간에 그것은 하등 문제될 게 없다는 것도 곧 알게 된다. 기억에 남아 있는 꿈은 결코 본래의 것이 아니며, 오히려 그 본래의 것이 왜곡된 대용물에 지나지 않는다. 그 대용물은 다른 대용 관념을 눈뜨게 하여 본래의 의미에 접근하는 것을 돕는다. 다시 말해서 꿈의 무의식을 의식하는 데 도움이 되는 것이다. 그러므로 우리의 기억이 분명했을 때, 이 대용물은 더 왜곡된 것이 된다. 그리고 왜곡이 강하면 마땅히 거기에 어떤 동기가 있는 것이다.

우리는 다른 사람의 꿈과 마찬가지로 자기 자신의 꿈도 해석할 수 있다. 자기의 꿈이라면 더 배우는 바가 많고, 그 과정에 수긍되는 점이 많다. 일단 이와 같은 방법으로 실험을 진행시키면, 이 해석의 작업에 대해서 어떤 것이 방해하고 있다는 것을 알 수 있을 것이다. 물론 연상이 떠오르지만 그 나타난 연상을 모두 있는 그대로 받아들이려 하지 않는다. 그 연상을 되새겨서 그 속에서 선택하려 한다. 하나의 연상이 떠오르면 "이것은 적당치 않아. 그리고 방향이 다르다" 하고 말한다. 제2의 연상이 떠오르면, "이것은 터무니없군" 제3의 연상이 떠오르면, "이것은 전혀 딴 방향이야" 하고 말한다.

그리고 계속 트집을 잡아서 연상이 미처 뚜렷해지기도 전에, 연상을 완전히 묵살해 버리고 마침내 떠오르지 못하게끔 만들어 버린다. 이것은 꿈의 요소에 너무나 지나치게 구애되기 때문이며, 또 한편에서는 제멋대로의 선택으로 자유 연상의 결과를 엉망으로 만들어 버리기 때문이다. 자기의 꿈을 다른 사람에게 해석케 하면, 떠오른 연상을 자기에게 유리하도록 선택시키는 동기가 무엇인지 뚜렷이 알 수 있다. 그런 경우 피실험자는 흔히 이렇게 말한다.

"이 연상은 하도 불쾌해서 말하고 싶지도 않습니다. 입 밖에 낼 수도 없습니다."

이와 같은 항변은 분명히 우리의 연구를 지연시키는 것이다. 피실험자는 이런 항변을 경계해야 한다. 그리고 그 반대의 소리에 흔들림 없이 자기의 꿈을 해석하지 않으면 안 된다. 타인의 꿈을 해석할 때는 이 연상은 별로 중요하지 않다, 터무니없다, 방향이 다르다, 이런 것은 남에게 말하기가 난처하다 하는 네 가지 소리 중의 어느 하나가 그의 마음에 생기더라도 어떤 종류건 떠오른 연상은 솔직하게 말하지 않으면 안 될 규칙을 일러준 다음 분석을 시작해야 하는 것이 순서이다.

그는 이 규칙을 지키겠다고 약속하지만, 실제로는 번번히 이 약속을 어기게 된다. 그리고 자유 연상이 아무리 올바르다고 이해시켜도, 그는 그것을 잘 납득하지 못한다고 말한다. 그래서 우선 책을 읽게 한다든가, 강연에 데리고 간다든가 하여 이론적으로 납득시킨 다음, 자유 연상에 대한 우리의 견해를 납득시켜야겠다고 생각할지 모른다. 그러나 누구보다 가장 확신을 가져야 할 자기 자신조차 어떤 종류의 연상에 대해서는 비판적인 항의가 나타났다가 훨씬 후에야 마치 제2심第二審처럼 그 항의를 제거할 수 있다는 사실을 감안하면, 그런 일은 전혀 쓸모 없는 행위이며, 할 필요도 없다는 것을 알게 된다.

꿈을 꾼 사람이 말을 따르지 않는다고 힐책하는 대신 이 경험을 활용하면, 꿈을 꾼 사람에게서 새로운 것을 배울 수 있다. 꿈을 꾼 사람이 예비 지식이 없으면 없을수록 중요한 것을 배울 수 있다. 꿈을 해석한다는 것은, 이에 반대하는 하나의 저항을 어기고 행해지는 것이며, 비판적 항의는 이 저항의 표현인 것이다. 꿈을 꾼 사람이 아무리 이론을 알고 있더라도, 이 저항은 그 확신과는 전혀 상관 없이 일어난다. 우리는 이 이상의 것을 배운다. 즉, 이런 종류의 비판적인 항의는 결코 옳은 것이 아님을 경험으로써 알 수 있다. 오히려 이런 식으로 억제하려는 연상이야말로 예외 없이 가장 중요한 것이며, 무의식의 발견에 결정적인 역할을 한다. 만일 어떤 연상에 이와 같은 항의가 뒤따르게 되면, 이 연상이야말로 주목할 만한 것이다.

지금 우리가 저항이라는 역학적인 관념을 끌어넣는 순간에 이 저항이라는 인자는 양적으로 차이가 있다고 생각할 수 있다. 즉, 큰 저항과 작은 저항이 있으며, 우리의 연구 중에도 이와 같은 대소의 차이는 나타난다. 우리가 꿈의 해석을 연구하는 도중 겪게 되는 다른 경험에도 이 저항이라는 개념을 결부시킬 수 있을 것이다. 꿈의 요소로부터 그 배후에 있는 무의식으로 들어가려면, 단 한 가지나 두세 가지 연상으로 충분할 경우도 많지만, 때로는 긴 연상의 연쇄를 더듬고 많은 비판적인 항의를 극복해야 할 때도 있다. 그와 같은 차이는 저항이 크기 때문에 나타난다고 말할 수 있다. 저항이 작을 때는 무의식과 대용물의 거리가 짧지만, 저항이 클 때에는 무의식의 왜곡이 크므로 따라서 대용물에서 무의식까지의 거리도 길다. 그러면 이제 우리의 기법을 응용하면 꿈이 어떻게 설명되는가, 실례를 들어서 설명해 보겠다.

(1) 어떤 부인이 다음과 같은 이야기를 해 주었다. "저는 어릴 때 하느님이 뾰족한 종이 모자를 쓰고 있는 꿈을 몇 번이나 꾸었어요." 여러분은 이 부인의 도움 없이, 어떻게 이 꿈을 설명할 것인가? 그것은 정말 이상하게 생각될 것이다. 그러나 부인의 얘기를 들으면, 그렇게 터무니없지는 않다. 즉, "어릴 때 내가 식탁에 앉을 때는 누군가 가족이 꼭 그런 모자를 씌워 주었어요. 왜냐 하면 나는 형제들의 접시를 들여다보고, 누구의 음식이 내 것보다 더 많이 담겨져 있나를 보는 버릇이 있었거든요." 이 모자는 분명 말의 눈을 가리는 역할을 한 것이 틀림없다. 이것으로 이 꿈의 역사적 유래가 보고된 셈이다. 이 꿈 전체의 해석은 부인이 연상되는 것을 말함으로써 더욱 해석이 용이해진다. "하느님은 전지 전능하시다고 들었습니다. 아무리 가족들이 못 하게 해도, 나는 마치 하느님처럼 모든 것을 알고 모든 것을 볼 수 있다는 것을 그 꿈은 뜻하고 있을 뿐입니다" 하고 부인은 말했다. 이 실례는 너무나 단순하다.

(2) 의심이 많은 한 여자 환자가 긴 꿈을 꾸었다. 그 꿈 속에서 어떤 사람이 그녀에게 내가 쓴 기지機知에 관한 책을 이야기해 주면서 매우 칭찬했다. 그리고 '운하運河'에 대해 대화를 나누었다. "아마, 운하라는 글자가 씌어 있는 책이었던 것 같아요. 아니, 무언가 운하에 대해서 쓴 책이었는지도 모르겠어요. 잘 모르겠어요……. 정말 뭐가 뭔지 뚜렷하지 않아요" 하고 그녀는 말했다.

여러분은 이 '운하'라는 꿈의 요소가 너무나 막연해서 해석할 수 없다고 말할지도 모른다. 여러분이 추측하는 곤란은 당연한 일이나, 그것이 막연하기 때문에 어려운 것이 아니라, 꿈의 요소를 희미하게 만든 것과 같은 것으로 인해 해석이 어려워진 것이다. 그 여자 환자는 운하에 관해서 전혀 연상이 떠오르지 않는다고 말한다. 나로서도 물론 운하에 대해서 무어라 말할 수 없는 것이 당연하다. 그 이튿날, 그녀에게 그 꿈과 관계가 있는 연상이 떠올랐다. 그 연상은 누구인지 그녀에게 이야기했다는 기지와도 관계가 있었다.

"도버와 칼레 사이의 배 안에서 어떤 유명한 저술가가 한 영국인과 이야기하고 있었어요. 그때 영국인이 무슨 말 끝에, 'Du sublime au ridiculeil n'y q' un pas위엄과 익살의 사이는 겨우 한 걸음 차이다'라는 구절을 인용했습니다. 그래서 저술가는 즉시 "Oui, Ie pas ed Calais그렇군요. 칼레로부터는 한 걸음이지요" 하고 대답했어요. 저술가는 이 대답으로 프랑스인은 정중하고, 영국인은 익살스럽다는 것을 암시할 생각이었지요. 하지만 'Pas de Calais'라는 것은 칼레에서 한 걸음이라는 뜻도 있으나 역시 하나의 운하, 즉 칼레 해협〔도버 해협〕도 되는 것이죠pas는 '한 걸음'이라는 뜻과 '해협'이라는 두 가지 뜻을 가진 말."

그런데 이 연상이 지금의 꿈과 어떤 관계가 있느냐고 여러분은 물을 것이다. 확실히 관계가 있다. 즉, 이 연상은 수수께끼 같은 이 꿈의 요소에 대한 해답이 되고 있다. 여러분은 이 우스갯소리는 꿈을 꾸기 전부터 존재하고 있었으며, 기지가 '운하'라는 요소 속에 있는 무의식적인 관념이라는 것을 의심하겠는가? 여러분은 이 기지가 나중에 발견된 것이라고 생각하겠는가? 연상은 그녀가 겉으로는 항상 하는 수 없이 감탄하지만 뒤에는 꼭 의심이 숨어 있다는 것을 나타내고 있다. 그리고 이 저항은 다음과 같은 것이 공통된 원인으로 되어 있다. 첫째 그녀에게 연상이 떠오르는 것을 주저시키고, 둘째 그에 대응하는 꿈의 요소를 그와 같이 몽롱하게 만들었다. 여기서 꿈의 요소와 그에 대응하는 무의식의 관계에 주의해 주기 바란다. 꿈의 요소는 마치 이 무의식의 단편과 같은 것이며, 이 무의식에 대한 한 암시이다. 둘을 갈라놓으면, 꿈의 요소는 전혀 이해할 수 없는 것이 되어 버린다.

(3) 한 환자가 긴 꿈을 꾸었다. 내용의 일부는 '특별한 모양의 테이블 주위에 가족들이 앉아 있었다'는 것이다. 이 테이블에 대해서 연상이 떠

올랐다. 환자는 전에 방문했던 어느 가정에서 그와 비슷한 가구를 보았다고 말했다. 그리고 자기의 집안에서는 아버지와 아들 사이에 특별한 관계가 있었다고 덧붙였다. 즉, 테이블은 이러한 관계를 그리기 위해서 꿈 속에 삽입되었던 것이다.

이 환자는 이미 꿈의 해석에 관한 학설을 믿고 있었으므로, 하찮은 식탁의 모양 같은 것을 연구의 핵심으로 하는 데 망설이지 않았다. 실상 꿈에 나타나는 모든 것은 우연이나 하찮은 것이라고 단언할 수 있는 것은 하나도 없다. 그와 같이 보잘것없고 뚜렷한 동기도 없는 사소한 현상에서 뜻밖에 꿈을 설명하게 된다. 그 꿈은 '우리의 관계도 그들의 관계와 마찬가지다'라는 생각을 나타내 주고 있는 것이다. 여러분은 아마 놀라겠지만, 방문한 그 가정이 티슐러Tischler 가家였다는 것을 알면, 이 해석은 한층 더 명백해진다. 그는 꿈 속에서 자기 가족들을 이 테이블 주위에 앉게 하여, 자기의 가정도 티슐러 가와 같다고 말하고 싶은 것이다. 꿈의 이와 같은 해석을 보고하면, 숨겨둔 비밀이 드러난다고 염려할 것이다. 따라서 실례를 고르기가 어렵다고 앞에서 말한 이유를 이해할 것이다.

이 기회에, 나는 오래 전부터 가능하면 사용하고 싶었던 두 개의 술어를 소개하기로 한다. 꿈이 이야기하는 것을 꿈의 '현재내용懸在內容'이라고 부르고, 연상을 함으로써 나타나는 감추어진 것을 꿈의 '잠재의식潛在意識'이라고 부르고 싶다. 지금부터 현재내용과 잠재의식의 관계에 주목해 보자. 이 상호 관계는 매우 다양하다. 예(1)과 예(2)에서는, 현재요소가 잠재의식의 한 성분이거나 조그만 단편에 불과했다.

무의식적인 꿈의 관념 속에 있는 커다란 조립된 정신의 합성체의 작은 한 부분이 그 단편처럼, 또 어떤 때는 암시·암호·생략된 전문처럼 현재顯在된 꿈 속에 잠겨 있는 것이다. 꿈의 해석은 이 단편적이나 암시를 완전한 것으로 만드는 일이다. 그러므로 일종의 왜곡—이것이 바로 꿈의 작업의 본질이다—은 하나의 단편 혹은 하나의 암시에 의한 일종의 대치 과정이다. 여러분은 우리가 설명하고자 하는 현재내용과 잠재의식의 다른 관계를 다음의 예에서 분명하고 명쾌하게 볼 수 있을 것이다.

(4) 한 남자가 아는 여자를 침대 뒤에서 '끌어내는' 꿈을 꾸었다. 첫 연상에 의해서 이 꿈의 요소가 의미하는 뜻을 발견할 수 있었다. 즉, 이 꿈은 그가 그녀를 좋아한다는 뜻이었다독일어에서 '끌어내다'는 hervorziehen인데, 이 단어의 her가 빠진 vor—ziechen은 '좋아하다'라는 뜻이다.

(5) 한 남자는 자기 형이 상자 속에 숨어 있는 꿈을 꾸었다. 그는 첫 연상으로, 상자를 장롱과 대치했다. 제2의 연상으로 이 꿈의 의미는 '형은 생활을 줄이고 있다'는 것이 된다'줄인다'는 sich einschranken인데, 이것은 장롱을 뜻하는 Schrank와 발음이 유사하다.

(6) 어떤 사람의 꿈이 이러했다. "산에 오르고 있는 동안에, 매우 멀리까지 경치를 전망할 수 있었다." 이 꿈은 얼핏 보아 합리적인 꿈이며, 특별한 해석이 필요 없는 것으로 보인다. 그리하여 이 꿈이 어떤 과정에서 입각해서 어떤 동기로 환기되었는가 하는 점만을 찾아내면 좋을 것이라고 생각할 것이다.

그러나 그러한 생각은 잘못이다. 이 꿈이야말로 혼란된 꿈과 마찬가지로, 아니 오히려 그 이상으로 해석이 필요하다는 것을 알 수 있다. 즉, 꿈을 꾼 사람은 등산에 관한 연상을 전혀 떠올릴 수 없었다. 그 대신 이 꿈을 꾼 사람의 아는 사람이 동양과 서양의 관계를 연구하는 《전망展望》이라는 잡지를 발행하려 준비 중에 있다는 것이 생각났다. 그러므로 꿈의 잠재의식은 꿈을 꾸고 있는 자기와 '전망자'와의 동일시라고 할 수 있다.

여러분은 이러한 예에서, 꿈의 현재요소와 잠재요소의 관계에 하나의 새로운 유형이 있다는 것을 깨달았을 것이다. 현재요소는 잠재요소가 왜곡된 것이라기보다는 잠재요소의 표상이라고 할 수 있다. 즉, 잠재요소를 조형적·구체적으로 형상화한 것이다. 그리고 그것은 발음과 관련되어 있다.

물론 이 때문에 다시 한 번 왜곡이 일어난다. 우리는 그 말이 구체적인 형상에서 발생했다는 것을 오랫동안 잊어버리고 있었다. 그러므로 말이 형상에 대치되었을 때는, 그 형상의 뜻을 알지 못한다. 대개의 현재된 꿈이 주로 시각상視覺像에 성립되어 있고, 관념이나 언어로 성립되는 경우가 드물다는 것을 생각하면, 여러분은 현재내용과 잠재의식의 이와 같은 관계가 꿈의 형성에 특히 중요한 의의를 가진다는 것을 알 수 있을 것이다. 여기서 나는 꿈의 특징을 분명히 나타내고 있는 예를 하나 골라보기로 하겠다. 수년 전에 결혼한 어느 여자가 다음과 같은 꿈을 꾸었다.

"그녀는 남편과 함께 극장에 앉아 있다. 좌석 한쪽은 비어 있다. 남편은 아내에게 엘리제와 그 약혼자도 함께 왔었더라면 하고 말한다. 석 장에 1플로린 50클로이처하는 좌석표밖에 없었다. 두 사람은 그것마저 살 수 없었다. 그녀는 두 사람이 그때 오지 못했다고 해서 결코 불행하지는 않다고 생각했다."

그녀가 말한 최초의 보고는, 그 꿈을 꾸는 동기가 된 사건이 꿈의 현재내용 속에 암시되고 있음을 나타냈다. 즉, 그녀의 남편은 엘리제라는 그녀와 동년배의 여자 친구가 약혼했다고 그녀에게 말했다. 이 꿈은 그 보고에 대한 반응이다. 그녀는 현재내용의 다른 요소에 대해서도 자진해서 비슷한 보고를 해 주었다. 좌석의 한쪽이 비어 있었다는 것은 어디서 온 것인가? 이것은 그 꿈을 꾸기 한 주에 실제로 일어난 사건을 암시하고 있다. 그녀는 연극을 보러 가려고 예매표를 샀는데 너무 일렀으므로 예약료를 치러야만 했다. 그런데 당일 두 사람이 극장에 들어가 보니, 그녀의 그런 걱정은 쓸데없는 것이었음을 알았다. 지정석의 한쪽은 거의 비어 있었기 때문이었다. 상연 당일에 입장권을 사도 충분히 들어올 수 있었던 것이다. 그래서 남편은 그녀가 지나치게 서둘러 예매한 것을 빈정댔다.

그러면 1플로린 50클로이처는 어디서 온 것일까? 이것은 지금의 연극 얘기와는 전혀 관계가 없는 것에서 오고 있는데, 역시 그 전날의 사건을 암시하고 있다. 시누이가 남편이 선물한 1백50플로린을 받고서 쏜살같이 보석상으로 뛰어가 그 돈으로 몽땅 보석을 산 일이 있었는데, 그 일에서 유래한 것이다.

3이라는 숫자는 어디서 나왔을까? 약혼녀 엘리제가 10년쯤 전에 결혼한 자기보다 3개월밖에 젊지 않다는 연상 외에는 별로 생각나는 바가 없었다. 사람이 둘밖에 없는데도 입장권을 3장 산다는 것은 어이없는 짓이 아니겠는가? 이에 대해서 그녀는 입을 다물어 버렸다.

그 부인이 얼마 안 되는 연상 속에서 제공해 준 자료로써 꿈의 잠재의식을 추측할 수가 있을 것이다. 부인의 보고는 몇 군데 시간에 대한 관계가 나타나 있고, 이 자료의 여러 부분에 일관된 공통성이 있다는 것은 주목할 만하다. 그녀는 극장의 입장권을 '너무 일찍'부터 걱정하여, '지나치게 서둘러' 사 버렸다. 그 때문에 예약료를 치러야 했다. 시누이는 쏜살같이 달려가 '서둘러서 조금의 이유도 없이' 보석을 사는 데 돈을 써 버렸다.

우리가 '너무나 일찍' '서둘러서'라는 이 강조점에다, 자기보다 불과 3개월 늦게 태어난 친구가 이제 훌륭한 남편을 얻게 되었다는 소식이 시누이에 대해 '그렇게 서두른다는 것은 어이없는 일이다'라는 꿈의 유인誘因인 경멸적 비평을 연결시키면, 꿈의 잠재의식은 저절로 다음과 같이 구성되어 떠오른다. 그 꿈은 이 잠재의식이 왜곡된 대리물이라는 것을 알 수 있다.

"그렇게 서둘러 결혼한 나는 왜 그렇게 어리석었을까요. 엘리제를 보세요. 나도 훨씬 나중에 결혼할 수도 있었을 텐데 서둘렀다는 뜻은, 그녀가 입장권을 살 때 서두르는 모양과 보석을 사려는 시누이의 급한 모습에 그려지고 있다. 결혼의 대리물로서 연극 구경이 그려져 있다."

이것이 근본 관념이었던 것이다. 그다지 확실히 단정할 순 없으나 분석을 계속해 보자 내가 확실하지 않다는 것은, 이런 대목의 분석은 꿈을 꾼 부인의 진술을 무시해서는 안 되기 때문이다. 그리고 "그만한 돈이 있으면, 이보다 백 배나 훌륭한 물건을 살 수 있었을 텐데 1백50클로린은 1플로린 50플로이처의 백 배다." 하는 말에서 우리는 그 돈을 지참금으로 대치시킨다면, 남편을 지참금으로 살 수 있다는 의미도 된다. 장식품과 보석은 남편의 대리물이 되어 있는 듯하다. 우리는 이 꿈이 현재의 남편에 대한 '경멸'과 너무 서둘러서 일찍 '결혼한' 후회를 나타내고 있다고 추측했을 뿐이다.

우리는 이 최초의 꿈 해석의 결과에 만족하기보다는 오히려 이 결과 때문에 적잖이 놀랐으며, 우리의 머리는 혼란되었다는 것이 나의 판단이다. 이제까지 얻은 것보다 많은, 도저히 감당할 수 없는 지식이 한꺼번에 우리에게 밀어닥쳤다. 나는 앞에서 꿈의 해석에는 끝이 없다고 말했었다. 여기서 확실히 새로운 지식이라고 할 수 없는 것만을 설명하기로 한다.

첫째로, 잠재의식에서는 너무 서두른다는 요소가 매우 강조되어 있는데, 현재된 꿈에서는 이에 대한 아무것도 발견되지 않는다는 점이 주목할 만하다. 만일 분석을 하지 않았더라면, 이 '서두른다'는 인자가 어떤 역할을 하고 있는지 예상도 할 수 없을 것이다. 그러므로 무의식적인 관념의 중심은 결국 현재의 꿈에 모습을 나타내지 않을 수도 있다. 이 때문에 꿈 전체의 인상이 완전히 바뀌어 버릴 것이 틀림없다.

둘째로, 꿈속에서는 1플로린 50클로이처에 3장이라는 불합리한 요소가 나타났다. 우리는 '그렇게 빨리 결혼한 것은 어리석은 짓이었다'는 구절을 꿈의 요소에서 간파했다. '어리석었다'라는 관념이 꿈 속에 하나의 불합리한 요소를 끌어넣음으로써 나타난 것이라고 결론 지을 수 없을까?

셋째로, 현재요소와 잠재요소 사이의 관계는 결코 단순하지 않다. 그러므로 둘을 비교해 보면 현재요소가 잠재요소를 대리하고 있는 것이 아니라는 것을 알게 된다. 오히려 하나의 현재요소가 몇 개의 잠재요소를 대리하거나 하나의 잠재요소는 많은 현재요소에 의해서 대치되어 있다고 볼 수 있다.

끝으로, 꿈의 의미를 알게 된 이 꿈을 꾼 부인의 태도에 대해서, 우리는 더 놀라운 말을 해두지 않으면 안 되겠다. 그녀는 이 꿈의 해석을 인정했지만, 그녀 자신이 그 꿈의 해석에 매우 놀라 버린 것이다. 그녀는 자기 남편을 그렇게 경멸하고 있었다는 것을 의식하지 못했고, 왜 자기 남편을 그렇게까지 경멸해야 되는지도 몰랐다. 그러므로 여기에는 풀리지 않는 의문점이 남아 있다. 우리는 아직 꿈 해석에 대한 준비가 완전치 못함을 인정한다. 우리는 한층 더 교육을 받아 준비하지 않으면 안 될 것으로 생각된다.

8

어린아이의 꿈

진도가 조금 빠른 듯하여, 약간 앞으로 되돌아가 보자. 우리의 기법을 사용해서 꿈의 왜곡이라는 난관을 극복하려고 한 앞서의 실험을 시도하기 전에, 여러분에게 왜곡이 없는 꿈이라든가, 왜곡이 있더라도 아주 미미해서 범위를 꿈에만 한정해서 우선 그 난관을 피하는 게 낫다고 말했었다. 그런데 이 길을 가면 우리들의 정신분석의 발달사에서 이탈하게 된다. 왜냐 하면 실제로 해석법을 철저하게 적용하여 왜곡된 꿈의 분석에 성공하고 난 후에야 우리는 그와 같은 왜곡되기 전의 꿈의 존재를 깨닫게 되기 때문이다.

우리가 구하고 있는 왜곡되지 않은 꿈은 어린아이에게나 볼 수 있다. 어린아이의 꿈은 짧고 선명하며, 이론이 조리 정연하고 쉬울뿐더러 애매모호하지도 않고 진지한 것이다. 물론 어린아이의 꿈이 모두 이와 같지는 않다. 꿈의 왜곡은 어린 시절의 매우 이른 시기에 나타나는 것으로 5세부터 8세까지의 어린아이의 꿈은 이미 후일의 꿈의 성격이 모두 내포되어 있었다는 예가 보고되어 있다. 만일 정신 활동이 나타나기 시작하는 나이에서 4, 5세까지의 연령에 한정시키면, 유아성의 특징을 갖춘 많은 꿈이 발견될 것이다. 그리고 더 커서까지도 그런 꿈이 보이는 것을 알게 될 것이다. 그리고 어른도 특정한 조건하에서는 전형적인 어린아이의 꿈과 유사한 꿈을 꾼다.

이런 어린아이의 꿈을 통해 우리는 매우 쉽고 확실하게 꿈의 본질에 대한 결론을 끌어낼 수 있다. 그리고 이 결론이 어떤 꿈에라도 골고루 적용된다는 것이 증명되기를 기대한다.

1) 어린아이의 꿈을 이해하기 위해서는 분석이 필요 없고, 또 우리의 기법을 이용할 필요도 없다. 또 자기의 꿈을 이야기하는 어린아이에게 질문할 필요도 없다. 그러나 그 아이의 생활에 대해서는 약간이라도 알아두는 것이 좋다. 꿈은 항상 그 전날 체험의 반영이다. 꿈이라는 것은 수면중의 정신생활이 전날의 체험에 반응한 것이다. 나는 어린아이의 꿈을 분석하기 위해서 몇 가지의 예를 들어보겠다.

(1) 생후 22개월 된 남자아이가 생일 선물로 버찌 한 상자가 선물로 들어온다는 말을 들었다. 가족들이 '그 중에서 조금은 주겠노라'고 약속했으나, 그 아이는 아주 시무룩해졌다. 다음날 아침, 그 아이는 "헤르만이 내 버찌를 다 먹어 버렸어" 하고 꿈 이야기를 했다프로이트 조카의 꿈이며, 프로이트의 생일에 있었던 일이다.

(2) 3년 3개월밖에 안 되는 여자 아이가 난생처음으로 호수에서 배를 타게 되었다. 물가에 닿을 때, 아이는 배에서 내리기가 싫다고 억지를 쓰며 큰 소리로 울기 시작했다. 아이에게는 배에 타고 있는 시간이 너무나 빨리 지나간 것처럼 생각되었다. 다음날 아침, "간밤에 나는 배를 타고 돌아다녔어" 하고 말했다. 여기서 우리는 '배에 타고 있던 시간이 어제보다 훨씬 길었다'고 보충해도 좋다.

(3) 5년 3개월 된 남자 아이가 할슈타트오스트리아의 잘츠부르크 근방에 있는 관광 명소 근교에 에세른탈 계곡으로 소풍을 갔다. 어린아이는 할슈타트가 타흐슈타인 산의 기슭에 있다는 말을 듣고 굉장한 호기심을 갖고 있었다. 아우스제의 집에서 본 타흐슈타인 산의 경치는 참으로 아름다웠

고 망원경으로 보면 산꼭대기에 있는 산장까지도 똑똑히 볼 수 있었다. 이 아이는 수차례 망원경으로 그 산장을 보려 했는데, 아이가 과연 산장을 잘 발견했는지 알 수 없었다. 그래서 그 아이는 소풍에 커다란 기대를 걸고 떠났으며, 새로운 산이 나타날 때마다 "저 산이 타흐슈타인이야?" 하고 물어댔다. 그런데 그 질문에 "아니"라고 대답할 때마다 어린아이는 차츰 시무룩해지더니, 종국에는 입을 다물고 함께 폭포를 구경하러 가자고 해도 거절하는 것이었다.

그러더니 이튿날 아침, 아이는 매우 즐거운 듯이 "어제 우리가 지모니 산장에 올라간 꿈을 꾸었어" 하고 말했다. 즉, 그 아이가 소풍을 가고 싶어한 것은 지모니 산장에 갈 수 있다는 기대가 있었기 때문이었다. 더 자세히 물어보니, 아이는 전에 '꼭대기까지 여섯 시간이면 올라갈 수 있다'는 말을 들은 적이 있었다는 것이다앞의 두 꿈은 1869년 여름에 프로이트 가족이 알프스에 여행 갔을 때, 3녀 안나와 차남 올리버가 꾼 꿈이다.

이 세 개의 꿈은 우리가 원하는 것을 충분히 알려주는 것이다.

2) 앞에서 말한 어린아이의 꿈이 무의미하다고는 할 수 없다. 이런 꿈들은 알기 쉽고 순수한 심리적 행위이다. 내가 꿈에 관한 의학적 비평으로, 꿈은 마치 '음악을 모르는 사람이 열 손가락으로 피아노의 건반을 두드리는 것과 같은 것'이라고 인용한 비유를 상기해 보라. 여러분은 이 비유가 방금 말한 어린아이들의 꿈의 경우와 분명히 일치하지 않는다는 것을 깨닫게 될 것이다. 그러나 어른은 잠자는 동안에 경련 같은 반응밖에 나타내지 않는 반면에, 어린아이는 정신 작용 전체를 작용시켜야 한다면, 이 비유는 상당히 아이러니컬한 것이 되어 버린다. 왜냐 하면 어린아이는 대개 어른보다 더 편하고 깊은 잠을 잔다고 생각하는 여러 가지 이유를 우리는 잘 알고 있기 때문이다.

3) 이들 꿈에는 왜곡이 없었다. 그러므로 해석의 필요도 없었다. 왜냐

하면 현재몽과 잠재몽이 일치하고 있었기 때문이다. 그러므로 꿈의 왜곡은 꿈의 본질이 아닌 것이다. 이런 말을 들으면 여러분은 아마도 뜻밖이라고 생각할지도 모른다. 그러나 좀더 파고들어가 보면, 어린아이의 꿈에도 현재내용과 잠재의식 사이에 어느 정도 차이가 있다는 것을 알게 된다.

4) 어린아이의 꿈은 분노·동경·원망 등이 충족되지 않은 전날의 경험에 대한 반응이다. 이 원망은 꿈속에서 직접적으로 그대로 채워진다. 여기서 여러분은 신체의 내적·외적인 자극이 수면을 방해하고 꿈을 자극하는 어떠한 역할을 하는가에 관하여 우리가 앞에서 논한 것을 상기 해주기 바란다. 이들 어린아이의 꿈은 이와 같은 육체적 자극이 작용했음을 나타내 주지 않는다. 그러나 그렇다고 해서 우리가 잘못되어 있다고 단정 지을 수 없다. 왜냐 하면 그 꿈들은 육체적 자극을 생각하지 않더라도 완전히 이해할 수 있었고, 그 의미를 쉽게 파악할 수 있었기 때문이다. 그렇다고 꿈이 자극에서 생긴다는 견해를 포기할 필요는 없다.

우리가 반성해야 할 것은, 수면을 방해하는 육체적 자극 외에 수면을 방해하는 심리적 자극이 있다는 것을 왜 처음부터 잊어버리고 있었느냐 하는 것이다. 이와 같은 자극에 의한 흥분이 곧 어른의 수면을 방해하는 최대의 원인이라는 것이다. 우리가 잠드는 데 필요한 정신 상태, 즉 외계에 대한 관심을 철회하게끔 하는 것을 방해하는 것은 이 흥분이다. 사람은 생활이 중단되는 것을 원치 않으므로 열중하고 있는 일을 지속하려 한다. 그래서 그는 잠들지 못하는 것이다. 어린아이의 경우에는 이와 같이 수면을 방해하는 심리적 자극은 충족되지 않은 소망이며, 이 소망에 대한 반응이 꿈이 되는 것이다.

5) 여기에서 우리는 비로소 꿈의 기능을 알게 된다. 꿈의 심리적 자극에 대한 반응이라면, 꿈의 가치는 이 심리적 자극을 해소시켜 주는 데

있다. 그 결과, 자극은 사라지고 수면을 계속할 수 있는 것이다. 꿈이라는 것이 없다면, 우리는 더 깊이 잘 수 있을 것이라고 말할지도 모른다. 그러나 그것은 잘못이다. 우리가 어느 정도 숙면을 취할 수 있는 것은 사실 꿈의 덕분이다. 마치 시끄러운 소리로 수면을 방해하는 사람을 야경꾼이 쫓아버리기 위해서는 약간의 소리를 내는 것이 부득이한 것과 마찬가지로 꿈이 얼마간 수면을 방해하는 것도 필연적인 일이라고 할 수 있다.

6) 꿈의 중요한 특질 중의 하나는, 이 원망의 충족이 꿈의 내용이라는 것이다. 꿈은 단지 관념을 표현하는 것이 아니라, 환각적인 경험의 형태로 충족시키는 것으로서 나타난다. '나는 더 오랫동안 호수에서 배는 타고 싶었는데' 하는 원망은 꿈을 자극한 내용이다. 그런데 그 꿈 자체는, "나는 호수에서 배를 타고 있었다"는 내용이 되었다. 그러므로 잠재몽과 현재몽의 차이, 즉 잠재의식의 왜곡은 이와 같이 단순한 어린아이의 꿈 속에도 존재한다. 이 꿈 속에서도 관념이 경험으로 대치되어 있다. 꿈 해석을 위해서는 먼저 이 미미한 변화까지 원상태로 되돌려야만 한다. 그러므로 방금 말한 것이 모든 꿈에 해당되는 일반적인 특징임이 판명된다.

앞서 보고한 꿈의 단편, '형이 상자 안에 숨어 있다'는 꿈은 '형은 생활을 줄이고 있다'고 풀이하기보다는 '형은 더 생활을 줄여주었으면 좋겠다', '형은 생활을 줄이지 않으면 안 된다'로 풀이해야 할 것이다. 꿈의 두 가지 일반적인 특징 중에서도 두 번째 특징이 첫 번째 특징보다 훨씬 설득력이 있다. 우리가 철저하게 연구해 나가면 꿈을 꾸게 하는 것은 언제나 하나의 원망이어야 한다는 것, 또 꿈을 일으키는 것은 근심·결의·자책이 아니라는 것을 확실히 알 수 있을 것이다. 그러나 꿈은 이 자극을 재현할 뿐 아니라, 일종의 체험을 통하여 그 자극을 분리시키고 제거하고 해소시킨다는 다른 특성에 대해서는 아직 언급하지 않았다.

7) 꿈의 이 특성과 관련하여, 다시 한 번 꿈과 오류를 비교해 보자. 오

류에 있어서는 방해하는 의향과 방해받는 의향이 구별되며, 오류란 이 두 가지 의향의 타협이라고 말했었다. 이와 같은 공식은 꿈에도 해당된다. 방해받는 의향이 꿈에서는 바로 잠자고자 하는 의향이다. 방해하는 의향은 심리적 자극, 즉 기어이 제거되기를 갈망하는 원망이다. 왜냐 하면 우리는 지금 수면을 방해하는 심리적 자극으로서의 원망밖에 모르기 때문이다. 여기서도 또한 꿈은 타협의 소산이다. 나는 잠을 잔다. 게다가 나는 하나의 원망이 충족되는 것을 경험한다. 나는 하나의 원망을 채우는 동시에 잠을 계속한다. 즉, 둘다 한편으로는 관철되고, 한편으로는 포기되고 있다.

8) 매우 분명한 공상의 산물을 백일몽이라고 부르는 데서, 꿈의 문제를 좀더 깊이 이해하는 길이 트인 것을 상기해 주기 바란다. 백일몽은 분명히 원망의 충족이며, 공명심에 찬 원망이나 에로틱한 원망의 충족이다. 그러나 가령 그것이 생생하게 표상되었다 해도 결코 환각적인 경험의 형태를 갖지 못한다. 즉, 백일몽에는 꿈의 두 가지 주요 특징 가운데, 사람들이 기꺼이 인정하지 않는 원망이라는 특징은 존재하지만, 수면 상태가 필요하여 깨어 있을 때는 얻을 수 없는 환각적 경험이라는 특징은 완전히 결여되어 있다. 그러므로 꿈이라는 용어는 원망의 충족이 꿈의 중요한 특징이라는 것을 암시하고 있다. 게다가 꿈 속의 경험을 수면이라는 조건하에서만 가능해지는 변형된 공상이라 한다면—즉, '밤에 보는 백일몽Nachtlich Tagtraum'—꿈 형성의 과정이 밤중에 작용하는 자극을 제거하고 원망의 충족을 가져다 줄 수 있다. 왜냐 하면 백일몽은 원망의 충족과 결부된 활동이며, 사람은 원망 충족을 위해서 백일몽에 잠기기 때문이다.

그런데 여러분은 어린아이의 꿈에 관한 연구에서, 너무 쉽게 많은 지식을 얻을 수 있었다. 즉, 꿈의 기능은 수면의 파수꾼이라는 점, 꿈은 서로 대립되어 갈등하는 두 의향에서 생긴다는 점, 그 중의 하나는 밤중에 계속 존재하는 것으로서 수면의 욕구이며, 하나는 심리적 자극을 채우고자 힘쓰고 있다는 점, 꿈은 의미를 포함한 심리적 행위라는 증명, 그리고 꿈의 두 가지 중요한 특징은 원망 충족과 환각적인 경험이라는 것 등이다.

이런 것들에 혼란되어 우리가 정신분석을 연구하고 있다는 사실에서 잠시 빗나갔다. 꿈을 오류와 결부시켜 연구한 외에, 우리는 정신분석 연구에 이렇다 할 특징을 내세울 것이 없다. 정신분석의 가설에 대해 아무것도 모르는 심리학자라도 어린아이의 꿈을 이와 같이 설명할 수는 있었을 것이다. 그런데도 왜 아무도 이 설명을 하지 않았을까?

어린아이의 꿈과 같은 형태의 꿈만이 꿈의 전부라면, 꿈의 문제는 이것으로 해결되고, 우리의 연구는 완성되었을 것이다. 그뿐이라면 꿈을 꾼 사람에게 질문할 필요도 없거니와, '무의식'의 힘을 빌릴 필요도 자유연상에 의존할 필요도 없다. 지금부터 우리의 연구를 이 방향으로 진행시켜 보겠다. 우리가 보편적으로 해당된다고 말한 꿈의 일반적인 특징은 어떤 종류의 꿈, 한정된 수의 꿈에만 해당되는 데 불과하다는 것은 수차례 경험했다.

그러므로 어린아이의 꿈에서 추론된 일반적인 특징은 정말로 그렇게까지 근거가 있는 것인지, 전날부터 남아 있는 원망과 현재내용과의 사이에 아무런 관계도 없는 꿈에도 이러한 특징이 적용되는지가 문제이다. 이런 종류의 꿈은 대개 몹시 왜곡되어 있어서 그 때문에 금방 판단을 내릴 수 없다. 이와 같은 왜곡을 뚜렷이 밝히기 위해서, 어린아이의 꿈을 이해하는 데에는 필요치 않았던 정신분석적인 기법이 필요한 것이다.

어린아이의 꿈처럼 원망 충족이라는 것을 쉽게 인정할 수 있는, 왜곡되지 않은 꿈이 약간 있다. 심한 육체적 욕구, 즉 굶주림·갈증·성욕 등으로 일어나는 꿈이 일생 동안 나타난다. 이러한 꿈은 내적인 자극에 대한 반응으로서 원망 충족이 그 목표이다.

나는 19개월 되는 여자 아이의 한 꿈을 기록해 두었다. 이 아이는, 자기 이름 밑에 기입된 메뉴딸기·구스베리·달걀·빵·죽의 꿈을 꾸었다. 아이의 꿈은 배탈이 나서 하룻동안의 공복의 반응으로 보여지며, 더욱이 배탈이 난 원인이 놀랍게도 꿈에 두 번 나온 과일딸기와 구스베리이었다.

같은 무렵에, 여자 아이의 할머니도—할머니의 나이와 여자 아이의 나이를 합치면 꼭 70세가 되는데—소화 불량으로 하루를 굶어야 했다. 그날 밤 할머니는 꿈에서 어느 집에 초대받아, 진수 성찬으로 차려진 음식을 보았다.

굶주린 채 버림받은 죄수나, 여행과 탐험을 하다가 식량의 부족으로 고생하는 사람들을 관찰하면, 이와 같은 조건 아래서 인간이란 거의 틀림없이 식욕을 채우는 꿈을 꾼다는 것을 알 수 있다. 1904년에 출판된 오토 노르덴스 키욀드Otto Norden Skjold, 스웨덴의 지리학자의 《남극》이라는 책에 그와 함께 극지에서 겨울을 보낸 승무원의 얘기가 실려 있다.

우리의 꿈은 마음 속 깊이 숨어 있는 의식을 매우 명확히 반영하고 있었다. 일생 동안 현재만큼 꿈이 생생하고, 그 수가 많았던 일은 없었다. 보통 때는 거의 드물게 꿈을 꾸는 승무원들조차 매일 아침이 되면, 서로 공상 세계에서 조금 전에 본 경험을 서로 긴 이야기로 들려주는 것이었다. 승무원의 꿈은 극지에서 멀리 떨어진 본국의 세계에 관한 것이었으며, 흔히 현재의 처지와 부합되는 것이었다. …… 그 중에서도 마시는 것과 먹는 것은, 우리 꿈의 가장 중심이 되는 주제였다. 언제나 밤이면 성대한 오찬회에 갈 수 있는 것을 자랑으로 삼았던 어떤 승무원이 아침에 눈을 뜨자마자, "간밤에 나는 세 접시나 나오는 식사를 했지" 하고 동료들에게 말할 때의 기뻐하는 모습은 이루 형언할 수가 없었다.

어떤 승무원은 담배가 산더미처럼 쌓인 꿈을 꾸었다. 또 어떤 승무원은 배가 돛을 높이 올리고 대양을 건너 극지를 향해서 오는 꿈을 꾸었다.

그리고 여기에 보고할 만한 가치가 있는 꿈이 있다. 한 우체부가 우편

물을 들고 와서 무슨 이유로 이 우편이 이렇게 늦었는가를 낱낱이 설명하여 주었다. 우체부는 잘못 배달해서 되찾는 데 무척 애를 썼다고 말했다. 대개 수면 중에는 실제로 있을 듯하지 않은 꿈을 꾸는 것이 보통인데, 여기서는 자기 자신의 꿈이거나 남에게 들은 꿈이거나 거의 모두 공상이 결여되어 있는 점이 두드러지게 나타났다. 그런 꿈을 일일이 기록해 두면, 아마 심리학적으로 크게 흥미가 있었을 것이다. 꿈은 우리가 미치도록 갖고자 하는 것은 무엇이든지 제공해 주므로, 우리가 얼마나 수면을 열망했는지 독자는 가히 짐작할 수 있을 것이다.

다음은 듀 프렐Du Prel의 예가 있다.

"문고 파크1771~1806년. 영국의 탐험가가 아프리카 여행을 하다가 목이 말라 죽게 되었을 때, 밤마다 물이 풍부한 고향의 골짜기며, 푸른 평원의 꿈을 꾸었다. 또한 마그데부르크독일의 도시 이름의 보루에서 굶주림에 시달리던 트랭크Trenbk, 1726~1794년. 오스트리아 군의 스파이로서 독일·프랑스 등지에 잠입하여 활약하다가 프랑스 혁명 때 사형됨는 자기가 산해 진미에 둘러싸인 꿈을 꾸었으며, 프랭클린John Franklin, 1786~1894년. 영국의 탐험가의 제1회 탐험대1819~1822년. 북아메리카 탐험에 참가한 조지 백1796~1817년. 영국의 탐험가은 식량 부족 때문에 죽어가게 되었을 때, 거의 빠짐없이 밤마다 맛있는 음식을 먹는 꿈을 꾸었다."

저녁에 짠 음식을 먹어서 밤중에 목이 마르고 타는 사람은 무언가를 마시는 꿈을 꾸는 수가 많다. 음식에의 강한 욕구가 꿈을 꾸었다고 해서 없어지는 일은 물론 없다. 이런 경우에는 목마름 때문에 꿈에서 깨어나 실제로 물을 마시게 될 것이다. 그러므로 이 경우 그다지 꿈의 효용은 없으나, 잠자는 사람을 깨워서 행동시키고자 하는 자극에 대해서 수면을 지키기 위해 꿈이 동원되었다고 생각할 수도 있는 것이다. 그런 욕구가 그다지 강한 것이 아닐 때는, 원망 충족의 꿈에 의해 대개 이 욕구를 벗어날 수 있다.

마찬가지로 성적 자극을 받았을 때도 꿈으로 원망이 채워지는데, 이런 종류의 꿈에는 특기할 만한 특징이 있다. 성충동은 굶주림이나 갈증에 비하면 대상에 의존하는 정도가 한결 낮기 때문에, 그 욕망은 몽정에 의해 실제로 채워진다. 또 대상과의 관계에 어떤 곤란이 있기 때문에 불분명하고 왜곡된 꿈의 내용과 결부되어, 실제로 성욕이 채워지는 경우가 특히 많다. 유정몽遺精夢에 이와 같은 특색이 있는 것은 오토 랑크가 주목한 것처럼, 꿈의 왜곡을 연구하는 데 좋은 자료가 된다. 또 어른에게 나타나는 원망 충족의 꿈은 욕구를 채우는 것 이외에 순전히 심리적 자극에서 나온 다른 것을 포함하고 있으므로, 그 꿈을 이해하려면 전문적인 분석이 요구된다.

또한 유아성을 띠는 어른의 원망 충족의 꿈이 배고픔·목마름과 같은 어쩔 수 없는 욕구에 대한 반응으로서만 나타난다고 주장하고 싶지는 않다. 이것과 마찬가지로 심리적 자극에서 나오는 꿈도 있으며, 어떤 지배적인 사항의 영향을 받아서 만들어진 이런 종류의 선명하고 짧은 꿈도 있다. 이를테면 무척 기다려지는 성급한 꿈이 있다. 여행이라든가, 특히 흥미 있는 연극·연설·방문 등을 성급한 기대로서 기다리고 있을 때, 그 예상이 재빨리 꿈으로 실현되면서 전날 밤의 실제 체험에 앞서서 연극을 보고 있기도 하며, 찾아간 집의 사람과 이야기를 하고 있는 경우가 있다.

그리고 또 쾌적한 꿈이라고 부를 수 있는 꿈이 있다. 더 자고 싶어 못 견딜 때, 꿈 속에서는 벌써 일어나서 얼굴을 씻기도 하고 학교에 가 있기도 하는데, 현실에서는 아직도 잠자고 있는 것이다. 즉, 현실에서가 아니라, 꿈 속에서 깨어나 있는 것이다. 꿈의 형성 속에 언제나 관여하고 있는 그 잠자고자 하는 원망은 뚜렷이 이들 꿈에 나타나 있어서 이 원망은 꿈의 형성자로서 중요한 역할을 하고 있다. 수면의 욕구는 다른 커다란 육체적인 욕구만큼 의미가 있다.

이 점과 관련해서, 나는 여러분에게 뮌헨의 샤크 화랑에 있는 슈빈트 Schwind, 1804~1871년. 오스트리아의 낭만파 화가가 그린 명화에 대해 이야기하고 싶다. 그 그림은 꿈이 그때의 지배적 상황에서 만들어진다는 사실을 화가가 정확히 파악하고 있음을 나타내 준다. 〈죄수의 꿈〉이라는 제목의 그 그림의 내용은 도망이다.

죄수가 창문으로 달아나려고 한다는 것은 좋은 착안이다. 왜냐 하면 그 창문에서 광선의 자극이 들어와 죄수의 잠을 깨우려 하기 때문이다. 어깨에 올라서 있는 난쟁이들은, 죄수가 창문까지 기어오를 때 차례로 취해야 하는 자세를 나타내고 있다. 그리고 내 생각이 정확하며 또 이 화가에게 그렇게까지 작의作意가 없다고 한다면, 창살을 톱으로 자르고 있는 제일 위의 난쟁이는 죄수 자신이 바라는 일을 행하고 있어서, 이 난쟁이야말로 죄수 자신의 모습일 것이다.

어린아이의 꿈과 유아성의 꿈에 속하지 않은 다른 꿈에는, 모두 꿈의 왜곡이 있다. 그 왜곡도 원망 충족이라고는 아직 말할 수 없다. 또 어떤 심리적 자극으로 왜곡된 꿈이 일어나는지는, 현재내용으로는 알 수 없다. 또 왜곡이 있는 꿈은 자극을 제거하여, 해소하려 한다고 입증할 수도 없다. 왜곡은 해석되지 않으면 안 된다. 즉, 현재내용을 잠재의식으로 대치하지 않으면 안 된다. 그 후에야 비로소 우리가 어린아이의 꿈에서 발견한 것이 모든 꿈에도 일괄적으로 적용되는지를 판단할 수 있게 된다.

9

꿈의 검열

어린아이의 꿈을 연구하면서, 우리는 꿈의 발생과 본질 및 기능을 배웠다. 꿈이란 수면을 방해하는 심리적인 자극을 환각적인 경험으로 만족시켜서 그 자극을 제거하는 일이다. 우리는 어른의 꿈에서 출발하여 우리가 유아성의 꿈이라고 이름 지은 꿈의 단편만을 설명할 수 있었지만, 다른 종류의 꿈은 어떤 것인지 아직 알지 못하며, 이해하는 단계에조차 이르지 못했다.

앞서 우리는 하나의 결과를 얻었는데, 즉, 우리가 어떤 꿈을 완전히 이해할 수 있었을 때는, 그 꿈은 언제나 환각적인 원망 충족이라는 것을 알았다. 이것은 우연한 일치가 아니라 중요한 일이다. 우리는 다음과 같이 가정한다. 즉, 그와 같은 꿈은 어떤 미지의 내용이 대용물로서 왜곡된 것이며, 이 꿈을 이해하려면 먼저 미지의 내용을 알아내야 한다는 것이다. 이 꿈의 왜곡을 연구하고 이해하는 것이 우리의 과제인 것이다.

우리로 하여금 꿈을 기괴하고 난해한 것으로 만드는 것은 꿈의 왜곡이다. 우리는 그 왜곡에 대해서 많은 것을 알고 싶어하고 있다. 첫째로, 왜곡은 무엇에서 기인하는가? 다시 말하면 왜곡의 역학이다. 둘째로, 왜곡은 무엇을 하고 있는가? 셋째로, 그 왜곡은 어째서 그와 같은 형태를 갖는가? 꿈의 왜곡은 꿈의 작업이 만들어 낸 산물이다. 꿈의 작업을 기술하고, 아울러 그 작업에 작용하는 힘을 살펴보자.

그러면 이와 관련하여 정신분석의 동료로서 유명한 어느 여성이 보고 폰 후크 헬무트 박사가 《국제정신분석학》지 제3권1 915년에 보고한 것 한 꿈을 예로 들어보자.

이 꿈을 꾼 사람은 교양 있는 노부인이다. 이 꿈은 분석되지 않았다.

꿈의 보고자는, 이 꿈은 정신분석가에게는 전혀 해석할 필요가 없는 것이라고 말하고 있다. 이 꿈을 꾼 부인 자신도 꿈을 해석하지는 않았으나, 비평을 하고는 마치 이 꿈이 무엇을 의미하는가 알고 있는 듯이 자기의 꿈에 대해서, "날마다 자식 때문에 머리가 터질 것 같은 쉰 살의 여자가 이런 천박하고 기막힌 꿈을 꾸다니" 하고 불쾌해 했기 때문이다. 그런데 그 꿈은 '사랑의 봉사'에 관한 꿈이었다.

그녀는 제1육군 병원으로 갔다. 그리고 문에 서 있는 보초에게, "병원장그녀는 미지의 이름을 댔다님을 뵈려고 왔습니다. 나 자신이 병원에서 무언가 봉사를 하고 싶어서 그럽니다" 하고 말했다. 그녀는 이때 '봉사'라는 말을 세게 발음했으므로, 그 말을 들은 보초 하사관은 '사랑의 봉사'를 말하는 것을 금방 깨달았다. 그녀가 나이를 먹었으므로, 하사관은 잠시 망설이다가 간신히 들어가도록 해 주었다. 그런데 그녀는 병원장실에는 가지 않고, 어두컴컴한 큰 방으로 들어갔다. 방 안에는 많은 장교와 군의관들이 긴 탁자를 둘러싸고 서 있거나 앉아 있었다.

그녀는 선임 군의관에게 자기의 용건을 말했다. 군의관은 짧은 말에서, 그녀의 뜻을 금방 알아들었다. 꿈 속에서 그녀가 한 말은, "저뿐이 아닙니다. 빈에 살고 있는 주부들이나 처녀들은 언제라도 기꺼이, 장교건 사병이건 누구든 상관없이……"라는 것이었다. 그러자 꿈 속에서 소란한 웅성거림이 일어났다. 그녀가 한 말을 사람들이 옳게 이해해 준 증거로 장교들은 이 말을 듣는 순간 당황한 듯 좀 놀라는 듯한 표정을 지었다.

그녀는 계속한다. "우리의 결심을 매우 이상하게 여기시겠지만, 우리는 진정으로 희망하고 있습니다. 전장에 나가시는 병사들은 목숨이 아깝다든가, 아깝지 않다든가 말할 수는 없지 않겠어요."

그리고 잠시 숨막히는 침묵이 계속되었다. 선임 군의관은 그녀의 허리에 팔을 두르며 말한다. "부인, 사실 이렇게 말하는 김에……"소음 '남자는 모두 똑같구나'라고 그녀는 생각하면서 남자의 팔을 풀었다. 그리고 입을 연다. "어머나, 저는 늙은 여자입니다. 저에게 그런 일이 적당치 않습니다. 한 가지 조건을 생각해 봐야겠습니다. 나이라는 것을 생각해 보면, 나이 먹은 여자와 젊은 청년이……소음 아아, 망측한 일입니다." 군의관은 "부인 말씀을 잘 알았습니다" 하고 말한다. 몇 사람의 장교들—그 가운데서는 처녀 시절에 그녀에게 구혼했던 남자의 모습도 보였다—이 한꺼번에 큰 소리로 웃어댔다.

그리고 여자는 모든 일이 잘 처리되도록 자기가 아는 병원장에게 안내해 달라고 애원한다. 그런데 그녀는, 자기가 그 병원장의 이름을 모른다는 것을 깨닫고 당황한다. 그럼에도 불구하고 선임 군의관은 그녀에게 아주 정중하게 그 방 위층으로 통하는 아주 좁으면서도 긴 철재 나선형 계단을 올라가면 된다고 가르쳐 주었다. 층계를 올라가면서 그녀는 한 장교의 말소리를 듣는다. "참으로 놀라운 결심이군. 젊었든 늙었든 그런 거야 상관 있나. 대견한 여자야." 그녀는 자기의 의무를 재빨리 완수하려는 감정으로 가득 차서 수많은 계단을 뛰어 올라간다.

꿈을 꾼 부인의 말을 들어보면—이것과 같은 꿈을 2, 3주일 동안 두 번이나 꾸었다. 물론 군데군데 중요하지 않은 무의미한 대목은 바뀌었지만— 대체로 비슷한 줄거리로 되풀이되었다고 한다.

이 꿈이 전개되는 순서는 백일몽과 일치한다. 이 꿈에는 군데군데 탈락된 부분이 있다. 그 내용에 포함되어 있는 불투명한 점은 물어보면 분명해지겠지만 굳이 그것을 묻지 않았다. 그러나 더 현저하게 우리의 흥미를 끄는 점은 꿈이 몇 군데서 탈락했다는 것인데, 그것도 기억의 탈락이 아니라 내용의 탈락이 있다는 것이다. 말하자면 세 군데에서 꿈의 내용이 말살되어 있다. 탈락된 대화는 소음으로 중단되어 있다. 우리는 아무 분석도 하지 않았으니, 엄밀히 말하면 이 꿈의 뜻에 대해서 단정을 내릴 권리는 없다. 그러나 이 꿈에서 '사랑의 봉사'라는 말은 많은 것을 시사해 준다. 게다가 소음의 바로 앞에 나타나 있는 말살된 대화는 반드시 보충할 필요가 있다. 그 대목을 보충해 보면 그 의미는 명약관화해진다.

결국 꿈을 꾼 여자는 장교·하사관·병사의 정욕을 채워 주기 위해서 마치 애국심을 발휘하듯, 자기 몸을 바쳐도 좋다는 내용의 공상이 뚜렷해진다. 이 꿈은 확실히 망측스럽고 대담한 성적 공상의 전형이다. 그러나 그 점은 이 꿈의 어디에도 나타나 있지 않다. 이야기의 순서로서, 이런 것을 고백해야 하는 바로 그 대목에서 현재내용의 표면에 이유를 알 수 없는 소음이 일어나서 어떤 것이 말살되거나 억제되어 버린 것이다. 말살된 대목에 나타나 있는 이 망측스러움이야말로 그 부분을 억제하는 동기였다고 추측할 수 있다.

이와 같은 현상은 실제로도 있는 일이다. 특히 요즘에는 굳이 먼 데서 찾을 필요가 없다. 실험적으로 아무 신문이나 손에 들고 들여다보라. 신문의 군데군데에 원문이 삭제되고, 그 자리는 백지인 채로 되어 있다. 이것은 신문 검열관의 작업이라는 것을 여러분도 알 것이다. 이 공백은 검열 기관의 노여움을 산 일이 기재되어 있었던 것이다. 아마 여러분은 백지를 바라보면서 유감스럽다고 생각할 것이 틀림없다. 왜냐 하면 그 부분에 가장 흥미 있는 '특종'이 실려 있었을 것 같기 때문이다.

완성된 문장에 검열관이 간섭하지 않는 경우도 있다. 신문 기자는 미리 검열에 저촉될 것을 예상하고 그 부분을 부드럽게 만들어, 검열에 걸리지 않게 하거나 조금 수정하고, 어떤 때는 정말 쓰고 싶은 바를 막연히 암시하거나 넌지시 제시하는 정도로 그친다. 그러므로 신문 지상에 공백은 없지만, 문장에 어떤 함축이 있거나 내용이 흐린 데서, 신문 기자가 미리 검열을 염두에 두고 있다는 것을 짐작할 수 있다. 이와 같은 유사점으로, 앞서의 그 꿈 속에서 말살되거나 소음으로 감추어진 회화는 검열이 지운 것이라고 말하고 싶다. 이와 같이 꿈을 부분적으로 왜곡되게 하는 것을 우리는 '꿈의 검열Traumze—nsur'이라고 부르고 싶다. 즉, 현재내용에 탈락이 있는 것은 언제나 이 검열 때문이다. 다시 말해서 뚜렷이 생각나는 어떤 꿈의 요소가 특별히 약하거나 희미하거나 수상쩍은 경우에는 언제나 꿈의 검열관이 간섭한 대목이라고 인정해야 한다.

앞의 '사랑의 봉사'의 꿈의 예에서처럼, 극히 드물지만 때로는 검열이 매우 노골적이고 직접적으로 나타나는 수가 있다. 그러나 대개의 경우는 위에서 말한 신문 검열의 경우처럼 본래의 뜻을 약하게 만들거나 빗대어 말하거나 암시하거나 한다. 지금까지 분석한 꿈에서 꿈의 검열의 새로운 유형을 제시해 보기로 한다. 여러분은 앞서의 'C석 3장에 1플로린 50클로이처의 꿈'이 생각날 것이다. 이 꿈의 잠재의식에는 '서둘러서, 너무나 빨리'라는 요소가 눈에 띄었다. 즉, '그렇게 빨리 결혼한 것은 어리석은 짓이었다. 그렇게 서둘러 입장권 걱정을 한 것은 바보짓이었다. 시누이가 보석을 사려고 그렇게 서둘러 빨리 돈을 써 버린 것은 바보짓이었다'라는 의미이다.

그러나 꿈의 의식의 중심적 요소로서의 현재몽에는 그림자도 나타나 있지 않다. 현재몽에서는 단지 연극 구경을 간다는 것과 입장권을 사는 것이 중심이 되어 있었다. 이와 같이 꿈의 내용 요소의 배열을 고치고 중요 부분을 이행시킴으로써 현재몽은 잠재의식과 전혀 딴판이 되어 버리고, 그 때문에 현재내용 뒤에 있는 잠재의식을 어느 누구도 짐작할 수 없게 된다. 이 강조점의 이행은 꿈에 왜곡을 일으키는 중요한 방법이며, 이 이행으로 꿈은 엉뚱한 것이 되고 꿈을 꾼 당사자조차 당황하게 된다.

그러므로 이와 같이 자료를 생략하고 변형하고 고치는 일이 꿈의 검열의 역할이며, 꿈의 왜곡을 일으키는 수단이다. 꿈의 검열이야말로 꿈의 왜곡을 일으키는 장본인, 아니 장본인의 한 사람인 것이다. 우리는 이런 수정과 배열 고치기를 '대치'라는 이름으로 총괄하고 있다.

꿈의 검열의 활동에 대해서 말했으니, 이제부터는 검열의 역학에 대해 이야기해 보겠다. 여러분은 '검열관'이라고 해서 너무 의인화시켜 엄격한 난쟁이나 정령精靈으로 상상하고, 이 난쟁이나 정령이 뇌 속의 조그만 방에 살면서 자기의 직무를 수행하고 있다고 생각하면 안 된다. 혹은 또 너무 축소시켜 생각하여 검열관은 '뇌의 중추'의 하나이며, 그 중추가 그런 검열 작용을 명령하고 있다든가, 그 중추가 장애를 받거나 제거되면 검열력이 금방 없어져 버린다고 상상하지 않기를 바란다. 우선 검열관이라는 술어는 단지 역학적인 관계를 나타내기 위해 임의로 붙인 술어에 불과하다. 물론 검열이라는 말에 대해서, 어떤 의향에 의해서 그와 같은 검열력이 발휘되는가, 또 어떤 의향에 대해서 검열력이 가해지는가 하는 의문을 가져도 좋다. 우리가 자유연상의 기법을 적용하기 시작했을 때, 우리는 놀랄 만한 경험을 접한 적이 있다. 즉, 꿈의 요소에서 그 대용물인 무의식적인 요소에 도달하려고 했을 때, 하나의 '저항'에 부닥치고 있는 것을 느꼈다. 이 저항의 크기는 가지각색이어서 거대할 수도 있고 아주 미미한 크기일 수도 있다고 말했다. 저항이 미미한 크기일 때는 해석의 작업은 다만 두세 개의 사슬만 지나면 충분했지만, 저항이 클 때는 꿈의 요소에서 출발하여 긴 연상의 사슬을 더듬으며 요소에서 멀리 떨어진 곳으로 끌려가서, 떠오른 연상에 대한 비판적 항의로서 나타나는 온갖 장애물을 극복하지 않으면 안 되었다. 해석에 있어서 저항으로 나타나는 것이 바로 작업 속에서 우리가 검열이라 고 부르는 것이다.

해석할 때의 저항이란 꿈의 검열을 객체화한 것일 뿐이다. 그래서 검열의 힘은 꿈에 왜곡을 일으키는 데 쓰여지며, 그리고 나서 없어져 버리는 것이 아니라 왜곡을 끝까지 유지하기 위해 자기의 존재를 지속시키고 있다. 그리고 해석할 때 부닥치는 저항이 각 요소마다 크기가 다른 것과 같이, 검열에 의해서 일어난 왜곡은 하나의 꿈 속에서도 요소마다 각기 크기가 다르다. 잠재몽과 현재몽을 비교해 볼 때, 어떤 잠재요소는 완전히 말살되고 또 어떤 요소는 다소 변형되며, 다른 요소는 일종의 과정으로 꿈의 내용 속에 나타나 있음을 알 수 있다. 이제부터 우리가 연구하고자 하는 것은 어떤 의향이 다른 어떤 의향에 대해서 검열을 행하는가 하는 것이다. 검열을 하는 의향은 꿈을 꾼 사람이 깼을 때의 판단으로 그 자신도 이 판단이 의향과 반드시 정확하게 일치하고 있을 때만 인정할 수 있는 것이다.

그런데 검열의 대상이 되는 의향은 내적인 비판적 태도에서 설명이 되어야 한다. 그런데 이 의향은 어디까지나 비난되어야 할 성질의 것으로 윤리적·미적·사회적 견지에서 보아 합당치 않은 사람들이 감히 생각해 보려고도 하지 않거나 생각하는 것조차 혐오스러운 것이라고 할 수 있다. 특히 검열을 당하여 꿈 속에 왜곡되어 나타나는 원망은 자기 멋대로인 이기주의의 표현이다. 게다가 꿈을 꾼 당사자는 모든 꿈에 나타나 있는데, 예컨대 현재내용에서는 은밀히 감추어져 있다 하더라도 꿈에서는 주역을 맡고 있다. 이 꿈의 '신성한 이기주의Sacro Egoismo'는 자고 싶은 의향, 즉 외계로부터 초연해진 상태와 명확한 관련이 있다.

모든 윤리적 속박에서 벗어난 자아는 성본능에서 오는 욕구와 일치하고 있다. 그런데 성본능이라는 것은 오랫동안 미적 교육美的敎育에 의해서 비난을 받고 있었던 것이고, 도덕적인 금기에 상반되고 있었던 것이다. 쾌락 추구—우리는 이것을 '리비도Libido'라고 부른다—는 그 대상을 자유롭게 선택한다. 게다가 리비도는 금지된 것을 즐겨 선택한다. 남의 아내뿐 아니라, 인류의 도덕률에 의해 신성시되고 있는 근친의 대상, 즉 남자에게는 어머니나 자매, 여자에게는 아버지나 형제앞서의 50세 부인의 꿈도 근친 상간적인 내용이며, 말할 것도 없이 자기의 리비도를 자기의 아들에게 돌리고 있는 것이다를 선택하는 것이다.

이 정욕은 인간성과는 관계가 없으며, 꿈을 일으킬 정도로 강력하다. 그리고 또 혐오감도 미친 듯이 광란하여 울부짖는다. 혈연상 가장 가깝고 인생에서 가장 사랑하는 사람들, 즉 양친·형제·자매·부부, 심지어는 자식에 대해서까지 복수나 죽음의 원망을 품는 예가 왕왕 있다. 검열을 받는 이러한 원망은, 마치 지옥 밑바닥에서 솟아오르는 것처럼 보인다. 우리가 깨어 있을 때 그 의미를 해석한다면, 어느 검열이나 절대로 지나치게 엄격하다는 소리는 못할 것이다.

그러나 내용이 사악하다고 해서 꿈 자체를 비난해서는 안 된다. 앞서 언급한 바와 같이, 꿈은 수면이 방해되지 않도록 하는 유익한 기능을 가졌다는 것을 여러분은 잊지 않았을 것이다. 내용의 흉악성은 원래 꿈의 본질이 아니다. 꿈 중에는 정당한 원망이나 절실한 육체적 욕구를 채우고 있는 것이 있다. 그때 꿈의 왜곡은 생기지 않고, 또 왜곡을 만들 필요도 없다. 이런 꿈은 윤리적·미적 의향을 해치는 일 없이 그 기능을 완수한다.

여러분은 또한 꿈의 왜곡이 두 가지 요소와 정비례한다는 것을 기억할 것이다. 즉, 검열당하는 원망이 혐오스런 것일수록 꿈의 왜곡은 그만큼 크고, 검열의 요구가 엄하면 엄할수록 꿈의 왜곡은 더욱 커진다. 그러므로 엄격한 교육을 받은 수줍은 처녀들은 온당하고 무해한 리비도적 원망이라고 인정하지 않을 수 없는 꿈의 충동을 검열에 의해 사정 없이 왜곡하고 마는 것이다. 그러나 그녀들도 10년쯤 후에야 우리처럼 꿈의 충동을 온당하다고 판단내릴 것이다.

꿈의 이러한 해석에 대해서 분개하기에는 아직 이른 듯하다. 꿈을 올바로 정확히 이해하기엔 아직 부족하지만, 언젠가 부딪칠 비난과 공격을 막아야 할 것 같다. 해석의 결과를 비난하는 것은 쉬운 일이다. 꿈에 대한 우리의 해석은 이미 말한 것처럼, 다음과 같은 가설 위에 서 있다.

즉, 꿈에는 하나의 의미가 있다는 것과 그때는 무의식적인 정신 과정을 최면 상태에서 건강한 수면 상태로 바꾸어 써도 상관 없다는 것, 또 모든 연상은 규정되어 있다는 것 등이다. 만일 이 가설을 전제로 꿈에 관한 해석에 있어서 온당한 결과를 얻을 수 있다면, 이 가설은 옳은 것이었다는 결론을 내릴 수 있는 것이다. 그런데 꿈의 해석 결과가 방금 말한 것과 같은 것이라면 어떻게 되겠는가? 이때는 마땅히 이렇게 말할 것이다.

"이 결과는 생각할 수도 없고 또 있을 수도 없는 일입니다. 그러므로 선생님의 가설에는 모순이 있을 겁니다. 결국 꿈은 정신 현상이 아닌지도 모르고, 아니면 정신 상태에서는 무의식이라는 것이 존재하지 않는지도 모릅니다. 혹은 선생님의 기법에 어딘가 결함이 있을 것입니다. 선생님이 가설을 전제로 해서 발견했다고 큰소리 치시는 그 기분 나쁜 결론보다도 더욱 만족할 만한 가정은 없는 것입니까?"

더욱 만족할 만한 가정이라는 말은 지당한 말이긴 해도, 그렇다고 해서 반드시 옳다고 말할 수는 없다. 우리가 얻은 해석의 결과가 아무리 불쾌하고 망측하다고 해도 그것은 그다지 중요하지 않다. 그보다는 꿈을 해석하여 이와 같은 원망이 꿈에 포함되어 있다고 말했을 때, 꿈을 꾼 당사자가 굳이 내린 결론을 부인하는 태도가 더 논할 가치가 있다. 어떤 사람은 이렇게 말한다.

"뭐라고요? 선생님의 꿈 해석 결과는, 내가 누나의 지참금과 동생의 교육비로 쓴 돈을 원통하게 생각하고 있단 말입니까? 그럴 리 없습니다. 나는 오직 누나와 동생을 위해서 일했으니까요. 장남으로서 돌아가신 어머니에게 한 맹세를 지키는 것 말고, 내 인생에 더 이상의 기쁨은 없습니다."

또 꿈을 꾼 여자는 이렇게 말한다.

"내가 남편이 죽기를 바라고 있다고요? 정말 기가 막히는군요. 선생님은 내 말을 외면하시겠지만, 우리의 결혼 생활은 정말 행복한걸요. 만일 남편이 죽는다면 이 세상에서 내가 가진 행복은 모두 잃어버리는 것입니다."

또 어떤 사람은 이렇게 반대한다.

"내가 내 누이동생에게 성욕을 느끼고 있다고요? 터무니없는 얘깁니다. 사실 난 누이동생에게 아무 흥미도 없어요. 누이동생과 나는 사이가 별로 좋지 않습니다. 수년간 말도 안 하고 지낸답니다."

그들은 자기들에게 있다고 지적된 의향을 시인하지 않거나 부정할 때, 그 사람의 말을 그대로 믿는다는 것은 속단이다. 그것이야말로 그들이 의식하지 못하는 것이다. 그런데 우리가 해석한 원망과 정반대의 것을 그들이 마음 속에 느끼고 있거나 그 정반대의 원망이 그들의 마음을 대부분 차지하고 있다는 것을 평소의 행위로써 증명한다면, 우리 역시 당황하지 않을 수 없다.

나는 여러분의 견해에 반대하고 싶은 것이 있는데, 첫째는 여러분이 그 결과를 간단히 하려고 아무리 애써봐야 간단함만으로는 꿈의 문제를 하나도 해결할 수 없다는 것이다. 꿈의 문제에는 매우 복잡다단한 관계가 있다는 것을 분명히 인정해야 한다. 둘째는 여러분의 마음에 들지 않는다든가, 여러분에게 혐오감을 일으키게 한다든가 하는 것 등을 과학적 판단의 동기로 삼는 것은 잘못이다. 내가 젊었을 때, 지금과 같은 경우에 샤르코 선생이 "그래도 사실은 어쩔 수 없는 것이다" 하고 말씀하시는 것을 들은 적이 있다. 이 말은 이 세상의 현상을 알고자 한다면, 겸허한 마음으로 자기의 공감과 반감을 제거해야 한다는 뜻이다.

예를 들어 물리학자가, 이 지구상은 조만간에 멸망될 운명에 있다고 증명했을 때, 여러분은 그에게 항변하여 '그런 일은 있을 수 없다. 그것은 억측이다' 하고 무조건 반대할 것인가? 즉, 여러분은 다른 물리학자가 나타나서, 그 가설이나 예상의 잘못을 증명해 줄 때까지 왈가왈부하지 못할 것이다. 꿈 해석을 불쾌하다고 부인한다면, 꿈을 형성하는 메커니즘을 이해하여 극복하기는커녕 다시 그것을 되풀이하는 셈이 된다.

여러분은 꿈의 원망에 있어서 검열받은 그와 같은 불쾌한 성격을 외면하고 싶을 것이며, 인간의 정신 구조 속에서 그토록 중요한 자리를 악에게 내주는 것은 납득할 수 없다고 반박할 것이다. 그런데 여러분은 자기 자신의 체험을 생각해 보고 그런 말을 하는 것인가? 여러분은 선배나 경쟁자에게 진심에서 우러나는 호의를 베풀고, 자기의 원수에게 인정을 베풀고, 다른 사람을 누구든지 조금도 질투하지 않고, 인간 본성의 한구석에 이기적인 악이 숨어 있다는 사실에 끝내 반대할 의무를 느낄 만큼 윤리적이라고 자신할 수 있는가? 특히 인간들이 성 문제에 있어서 얼마나 자제력이 없으며, 믿을 수 없는지 여러분은 모르는가? 그리고 우리가 꿈에서 보게 되는 악행이나 모순을 깨어 있는 사람들이 날마다 범죄로서 행하고 있다는 것을 모르는가? 정신분석이 하고 있는 것은, "선인이란 악인이 현실에서 하고 있는 것을 꿈으로 보고 만족하는 사람"이라는 옛말을 입증하는 일과 같은 것이다.

아무튼 꿈 해석에 대한 우리의 연구 결과가, 비록 풀리지 않는 의구심을 주더라도 굳이 버릴 것은 없다. 앞으로 우리는 다른 방법으로 꿈을 더 잘 이해할 수 있게 되겠지만, 현재로선 꿈의 왜곡이란 수면시 우리가 마음 속에서 꿈틀거리는 좋지 않은 어떤 원망 충동을 자아의 인정된 경향들이 검열한 결과라고 단정해 두기로 하자. 그러나 이 비난받을 원망은 왜 꼭 밤중에만 나타나는가, 또 그것은 어디서 오는 것인가? 이 문제는 다시 더 탐구해야 할 과제로서 남게 된다.

그러나 지금, 우리가 이 연구의 다른 결과를 역설하지 않는다면 잘못을 저지르게 될 것이다. 우리는 우리의 수면을 방해하려는 꿈의 원망을 의식하지 못하는 것이며, 꿈의 해석으로 비로소 그 존재를 알 수 있는 것이다. 즉 우리의 말로 하면, 꿈의 원망은 '그때에는 무의식의 것'이었다고 할 수 있다. 그런데 실제로 이 꿈의 원망은 그때 무의식 이상의 것이라고 할 수 있다. 많은 실례에서 나타난 바와 같이, 꿈을 꾼 사람은 그 꿈의 해석에 의하여 그 원망의 실체를 알게 된 후에도 계속 그것을 부정하기 때문이다.

우리가 앞서 '구토를 한다aufstossen'는 잘못 말하기를 해석했을 때 연사 자신은 은사를 경멸하는 감정을 그 당시에도 그전에도 의식한 적이 결코 없다고 단정했는데, 그와 같은 사례가 꿈의 해석에서도 계속된다. 이미 우리는 그때 그 말의 가치를 의심하고, 그 사람은 자기 마음 속에 있는 감정을 전혀 깨닫지 못하고 있다는 가설로써 그 단정을 풀이했다. 그와 같은 반대는 몹시 왜곡된 꿈의 해석에서도 반드시 나타나므로, 우리의 견해에 관하여 한층 중요한 의의를 가진다.

정신 생활에는 전혀 의식되지 않고 아주 오랫동안 전혀 의식치 못했던—아니, 아마 한 번도 의식하지 않았던—그러한 의향이 있다고 가정할 수가 있다. 그러므로 무의식이라는 말은 하나의 새로운 뜻을 갖게 된다. '그때'라든가 '일시적'이라든가 하는 것은 무의식의 본질에서 제거된다. 무의식이라는 말은 단순히 '그때 잠재해 있었다'는 뜻이라기보다 '영원히 무의식적'이라는 뜻이라고 할 수 있다. 그러나 이 무의식에 대해서는 나중에 자세히 언급해야 할 것으로 본다.

10
꿈에서의 상징

우리는 이제 꿈의 이해를 방해하는 꿈의 왜곡은 좋지 않은 무의식적 원망 충동을 검열한 결과로써 생기는 것임을 발견했다. 그러나 물론 검열이 꿈의 왜곡을 일으키는 유일한 인자라고 주장하지는 않았다. 실상 꿈을 더 파고들면, 이 검열 작용 이외에 다른 인자가 관여하고 있다는 것을 알게 된다. 이 사실은 만일 검열이 없다 해도 꿈은 역시 난해하고, 현재몽은 잠재의식과는 다르다고 말하는 것과 같다.

우리의 정신분석 기법이 내포한 점을 잘 살펴보면, 꿈을 난해하게 만드는 다른 인자를 발견할 수 있다. 앞에서 피분석자가 꿈의 각 요소에 대해 전혀 연상을 하지 못하는 경우가 있다고 여러분에게 말했었다. 그러나 실제로는 그런 예는 흔치 않다. 대개는 집요하게 강요하면 마침내 어떤 것이나 연상을 해내는데, 아무것도 떠오르지 않는 경우라든가, 아무리 추궁해도 우리가 예상하는 것을 얻을 수 없는 경우도 있다.

만일 정신분석의 치료 중 이 같은 일이 일어나면, 거기에는 어떤 특별한 뜻이 있는 것이다. 그런데 그런 일이 정상인에게나 자기 자신의 꿈을 해석할 때에도 일어난다. 그럴 때, 본인이 초조해한들 무익하다는 것을 알게 되면, 결국 사람들은 이 우연이 꿈의 특정한 요소 사이에 항시 나타난다는 것을 발견한다. 그리고 정신분석 기법이 실패하는 예외의 경우에 부닥쳤다고 생각될 때는, 거기에 어떤 새로운 법칙이 작용하고 있다고 생각하게 된다.

그래서 우리는 꿈의 이 '침묵하고 있는 요소' 자체를 해석하고, 그 요소를 특별한 방법으로 해석해 보고 싶다. 만일 여러분이, 내가 이제부터 말하는 대치를 믿고 행한다면 바람직한 의미를 얻게 되지만, 이 방법을 행할 생각이 없으면 꿈은 영원히 의미 없는 모습으로 남을 것이다. 이와 같은 비슷한 경험을 수없이 거듭해 나가는 동안에, 우리는 처음에는 주저한 시도에도 확고한 자신을 얻을 수 있다.

나는 강의의 편의를 도모하기 위해서 모든 것을 도식적으로 이야기하겠다. 그렇게 하면, 사람들이 통속적인 해몽서와 대조하여 꿈에서 본 모든 일을 번역하듯이, 꿈의 요소를 규칙적인 것으로 해석할 수 있다. 그러나 연상법으로는 꿈의 요소들이 결코 일정 불변한 것으로 대리되는 적이 없다.

꿈의 요소와 그 해석 사이의 이와 같은 일정 불변의 관계를 우리는 '상징관계'라고 부른다. 즉, 꿈의 요소 그 자체가 꿈의 무의식적인 관념의 상징이다. 앞에서 나는 꿈의 요소와 그 본래의 것과의 관계를 연구하는 과정 중에 다음의 세 가지 관계, 즉 첫째 전체를 부분으로 대리하는 관계, 둘째 암시하는 관계, 셋째 형상화하는 관계로 구별한 적이 있다. 그런데 그때 넷째의 관계가 있다는 것도 보고했으나 명칭은 붙이지 않았다. 이 넷째의 관계야말로 방금 말한 상징이다. 상징과 관련한 매우 흥미 있는 논의가 있다. 상징을 특별히 관찰하기 전에, 우선 그 논의를 다루어 보자. 아마도 상징은 꿈의 이론 중에서 가장 주목할 만한 부분일 것이다.

우선, 상징은 일정 불변한 번역이므로 우리의 기법과는 멀지만, 어떤 점에서는 고대의 해몽이나 통속적인 꿈 점占의 이상을 어느 정도는 실현시킨다. 꿈을 꾼 사람에게 아무것도 묻지 않더라도, 때로는 상징을 빌려서 꿈을 해석할 수도 있다또한 꿈을 꾼 사람이 상징에 대해서 아무런 지식을 갖고 있지 않아도 된다. 일반적으로 사용되고 있는 꿈의 상징과 꿈을 꾼 사람의 인품·생활 환경·꿈을 꾸는 계기가 되었던 인상 등을 안다면, 종이에서 눈을 떼자마자 곧바로 번역과 해석이 가능하다. 이와 같은 기교는 필경 꿈 해석자를 추어올리고 꿈을 꾼 사람을 놀라게 할 것이다. 꿈을 꾼 사람에게 하나하나 질문해 나가는 그 귀찮은 방법에 비하면, 이런 일은 얼마나 간편한가.

그러나 여러분은 그런 것으로 유혹되지 않기를 바란다. 기교를 부리는 것이 우리의 목적은 아니다. 상징에 입각해 해석은 자유 연상법을 대신할 수 있는 기법도 아니고, 그에 필적하는 기법도 아니다. 즉, 상징은 자유 연상에 대해 보조적이며, 상징에서 끌어낸 결과는 자유 연상과 병용했을 때만 효력이 발생한다. 그러나 꿈을 꾼 사람의 심리 상태를 파악하기 위해서 여러분은 다음과 같은 점을 고려해야 한다. 즉, 자기가 잘 알고 있는 사람의 꿈만을 해석의 대상으로 삼고 있지 않다는 것, 낮의 사건 중에 꿈을 일으키는 계기가 된 것을 대체로 의식하지 못한다는 것, 피분석자의 연상이야말로 심리 상태를 암암리에 가르쳐 준다는 점 등이다.

그리고 꿈과 무의식 사이에 상징 관계가 있다는 문제에 대해서 심한 반발이 일어난 것은 놀라운 일이지만, 이것은 후에 말하게 될 사항과 관련하여 주목해 두기 바란다. 왜냐 하면 지금까지 오랫동안 정신분석에 호응하여 함께 걸어온 비평자들조차 이 상징이라는 문제에 대해선 부정적인 반응을 보였기 때문이다. 그러나 첫 번째로, 상징은 꿈에서만 볼 수 있는 것이 아니고, 꿈의 특징도 아니다. 둘째로, 꿈에 나타나는 상징은 정신분석이 발견한 것이 아니라는 것—그 외의 점에서는 정신분석에 눈부신 업적이 있지만—을 생각하면, 이 태도는 매우 기묘하다. 만일 꿈의 상징 표현이 근대에 와서 일어났다면, 꿈의 상징을 발견한 사람은 철학자 셰르너K. A. Scherner, 1861년일 것이다. 정신분석은 셰르너의 발견을 입증하면서 이 발견을 완벽하게 수정한 것이다.

상징 관계의 본질은 비유이다. 그러나 이 비유는 임의적인 것은 아니다. 이 비유에는 특별한 조건이 있을 것으로 예상되는데, 그 조건이 무엇인지는 알 수 없다. 어떤 대상이나 어떤 현상에 비유할 수 있는 것이 모두 꿈 속에서 상징화되어 나타난다고는 할 수 없다. 한편, 꿈 또한 모든 것을 다 상징화시키는 것이 아니고 꿈의 잠재의식의 어느 특정 요소만을 상징화시키는 것이다. 즉, 양편 모두 어느 정도의 제약이 있는 것이다.

아직은 상징의 정의를 분명히 말할 수 없으며, 상징은 대용물이나 묘사 등과 혼동되고, 암시와도 유사하다고 고백하지 않을 수 없다. 그러나 어떤 종류의 상징은 그 밑바닥에 있는 비유를 정확히 알 수 있지만, 다른 종류의 상징에서는 이 추측된 비유의 공통점을 어디에서 찾아야 하는지 모호할 때조차 있다.

이 경우, 잘 생각해 보면 그 비유를 발견할 수 있을지 모르지만, 어떤 때는 영원히 묻혀 있는 수도 있다. 상징이 하나의 비유라면 비유된 사물을 연상으로 이끌어 내지 못하며, 또 꿈을 꾼 사람이 비유를 깨닫지도 알지도 못하면서 그 상징을 이용하고 있다는 것은 이상한 일이다. 또 꿈을 꾼 사람에게 비유된 사물을 말하면 그것을 부인하려 하는 것은 더욱 기묘하다. 그러므로 상징 관계는 아주 특수한 비유이며, 그 본질은 아직도 전혀 밝혀지지 않았다는 것을 알 수 있을 것이다. 그러나 더 연구를 진행시켜 나가면 이 뚜렷하지 않은 부분도 밝혀질 것이다.

꿈 속에서 상징적으로 묘사되는 것은 그다지 많지 않다. 신체의 모든 부분과, 그리고 부모·자식·형제·자매·분만·죽음·나체·집 등이다. 집은 전신을 묘사하는 유일한 전형적인 것이다. 이것은 이미 셰르너도 인정한 것으로, 그는 이 상징에 지나칠 만큼 의의를 부여하고 과장했다. 꿈 속에서 어떤 때는 기쁨으로, 어떤 때는 공포에 사로잡혀서 집 벽을 타고 내려온다. 이때 벽이 반들반들하면 여자의 상징이고, 툭 튀어 나온 것이나 발코니가 있으면 남자이다. 부모는 꿈 속에서 흔히 왕이나 여왕, 임금이나 왕비, 그 밖의 높은 사람으로서 나타난다. 이때의 꿈은 대단히 경건하다. 자식이나 형제 자매는 꿈 속에서는 정답게 다루어지지 않는다. 즉, 작은 동물이나 독충으로서 상징된다.

분만은 물에 뛰어들거나, 물 속에서 기어오르거나, 물 속에서 사람을 구하거나, 물 속에서 구조를 받거나 하는 식으로 대개 물과 관련하여 상징화된다. 즉, 어머니와 아이의 관계를 상징화하고 있다. 죽음은 꿈 속에서 여행을 떠나거나 철도 여행 등으로 나타난다. 죽음은 어둡고 무서운 암시로써 나타난다. 나체는 옷이나 제복으로 나타난다. 여기서 여러분은 상징적 묘사와 암시적 묘사의 한계가 애매하다고 생각할 것이다.

그런데 이에 비하여, 다른 영역의 대상이나 내용은 아주 풍부한 상징에 의하여 표현된다. 그것은 성생활, 즉 성기·생식 현상·성교의 영역이다. 꿈에 나타나는 수많은 상징은 모두 성의 상징이다. 여기에 심한 불균형이 생긴다. 왜냐 하면 표현된 내용은 극히 적은 것인데, 그 내용을 나타내는 상징은 매우 많아서 이것들은 저마다 동등한 가치를 가진 무수한 상징으로 표현되기 때문이다. 상징을 해석하면, 그 결과는 보통 사람들의 감정을 거슬린다. 즉, 상징의 해석은 꿈의 왜곡에 비해서 매우 단조롭기 때문이다. 상징의 해석을 듣고 난 사람은 기분 나쁘겠지만, 이것은 어쩔 수 없는 일이 아니겠는가?

꿈에서는 남성의 성기가 수많은 상징으로 나타난다. 그리고 그 비유 뒤에 있는 성의 공통점은 매우 뚜렷하다. 남성 성기는 전체적으로 '3'이라는 숫자로 상징된다. 가장 두드러지고 양성이 다같이 가장 흥미 있는 부분인 음경은 대체로 지팡이·양산·막대기·나무 외에도 그것과 모양이 흡사한 길고 돌출한 물건으로 상징된다. 그리고 체내에 들어가서 상처를 입히는 물건, 즉 지휘봉·단도·창·칼과 같은 끝이 뾰족한 무기로 나타나고, 또한 대포·피스톨·음경과 모양이 매우 비슷한 연발식 권총 등으로도 나타난다. 처녀들이 꾸는 악몽에는 칼이나 총을 가진 남자에게 쫓기는 장면도 흔히 있다. 이런 광경은 꿈의 상징으로서 가장 잘 나타나는데, 여러분도 이런 예를 보면 쉽게 해석할 수 있을 것이다. 또 음경이 수도꼭지·물뿌리개·분수 등 물을 뿜는 것으로 상징되는 것도 곧 이해할 수 있을 것이다. 또 길게 늘어나는 물건으로서 매다는 등잔이나 샤프 펜슬 등으로도 상징된다. 연필·펜대·손톱 소제기·망치나 그 밖의 연장도 성적인 것의 상징이다.

중력과 상관 없이 일어날 수 있는 음경의 놀라운 특징, 즉 발기 현상은 애드벌룬·비행기·비행선 등으로 상징된다. 그러나 꿈에서는 발기를 상징하는 훨씬 이상적인 방법이 있다. 꿈은 음경을 인간의 본질적인 부분으로 생각하고 이것을 날아가는 것으로 상징한다. 우리가 흔히 보는 멋진 비행기의 꿈은 일반적으로 성충동의 꿈, 발기의 꿈으로 해석되어야 한다. 정신분석자 중에서 페데른P. Federn이 모든 의혹을 극복하고 이 해석의 정당성을 수립했다. 그 외에 비판력으로 유명하고, 팔이나 다리의 위치를 인공적으로 바꾸어 그 꿈의 실험을 한 모우를리 볼트Mourly Vold도 연구 결과, 정신분석과 같은 결론에 도달했다. 여성도 남성처럼 성적인 꿈을 꾼다고 여러분은 의아해 할 것이다. 꿈은 원망 충족이라는 점과, 여성에게는 남성이 되고 싶다는 원망이 의식적으로 혹은 무의식적으로 흔히 있다는 것을 상기해 주기 바란다. 여성도 이 원망을 남성과 같은 감각으로 충족할 수 있다. 바꿔 말해서 여성 성기는 남성의 것과 비슷한 조그만 음경이 있다. 이 조그만 음경인 음핵은 유아 시절 또는 성교를 경험하기 전의 시절에 남성의 큰 음경과 같은 역할을 한다.

모든 파충류와 어류는 남성 성기의 상징이다. 특히 뱀은 남성 성기의 상징으로서 유명하다. 모자와 외투가 성의 상징으로 쓰이는 이유는 잘 알 수 없지만, 이 상징의 뜻은 명백하다. 마지막으로, 남성 성기를 발이나 손 등으로 나타내는 것도 상징으로 풀이하면 되는가 하는 의문이 남는다. 나는 전체적인 흐름에 의하여 여성 측의 대응물이 있는 경우에는 상징으로 보아야 한다고 생각한다.

여성 성기는 속이 비어 무언가를 넣을 수 있는 것을 특징으로 한 물건이 상징적으로 표현된다. 말하자면 구멍·웅덩이·동굴·항아리·병·깡통·궤짝·통·트렁크·상자·호주머니 등으로 상징된다. 또한 배〔船〕도 포함된다. 여성의 상징은 대부분 성기보다 자궁과 관계된다. 장롱이나 난로, 특히 방은 그 대표적인 것이다. 방의 상징은 집의 상징과 결부되어 있는데, 문이나 입구는 음문陰門의 상징이다. 또 목재나 종이 같은 원료도 여성의 상징이고, 그런 원료로 만드는 책상이나 책도 여성의 상징이다. 동물 중에서 달팽이와 조개는 틀림없는 여성의 상징이다. 신체의 부분 중에서 입은 음문의 대표적인 상징이며, 건물 가운데 교회와 사원은 여성의 상징이다. 물론 이런 상징들은 모두가 그리 쉽게 납득할 수 있는 것들은 아니다.

유방도 성기로 간주해야 하는데, 그것은 여성의 큰 엉덩이와 마찬가지로 사과나 복숭아 등 일반적으로 과일에 의해 표현된다. 남녀의 음모陰毛는 대부분 숲으로 나타난다. 여성 음부의 복잡한 구조는 바위·숲·물 등이 있는 풍경으로 나타나는 일이 많으며, 그에 비해 남성 성기의 당당한 이미지는 매우 복잡한 기계로 상징된다.

특히 주목할 만한 여성 성기의 상징은 보석 상자이다. 꿈 속에서도 보석이나 보물이 연인을 나타내는 데 사용된다. 미식美食은 대개 성적 쾌락을 나타내는 일이 많다. 자위는 피아노의 연주를 포함한 여러 가지 종류의 연주로 암시된다. 자위의 뛰어난 상징적 묘사는 미끄러지거나 나무를 뽑거나 하는 일이다. 특히 재미있는 꿈의 상징은 이가 빠진다든가, 이를 빼는 일이다. 이것은 아마 자위에 대한 벌로서의 거세를 뜻하는 것으로 여겨진다. 성교의 특별한 묘사는 꿈 속에서 이제까지 말한 보고로 연상될 만큼 많지는 않다. 그러나 율동적인 활동, 예를 들면 춤·승마·등산 등이 이에 속하고, 또 자동차에 치이는 등의 난폭한 행위의 경험도 성교를 나타낸다. 그리고 앞서 말한 무기에 의한 협박도 성교의 상징이다.

여러분은 이런 상징들의 해석을 간단하게 간주해서는 안 된다. 그때에는 모든 면에서 우리의 기대를 배반하는 일이 나타난다. 예컨대 이와 같은 상징적인 묘사에서는 성별이 뚜렷하지 않을 때가 많다. 어떤 상징, 이를테면 남자 아이나 어린 계집아이의 구별 없이 그냥 어린이로 나오는 것이 그것이다. 또 어떤 경우에는 남성의 상징이 여성 성기를 나타내는 데 사용되고, 반대로 여성의 상징이 남성 성기를 나타내는 데 사용되는 일도 있다. 이 점을 이해하려면 여러분이 인간의 성 발달을 이해해야만 가능하다. 대개의 경우 상징이 이와 같이 모호한 외형뿐이며, 그런 상징 중에서도 가장 뚜렷한 무기·호주머니·상자 같은 것은 양성적으로 사용되는 일이 절대로 없다.

그러면 이제부터 상징된 물건보다 상징 그 자체에 대해서 말하고자 한다. 그리고 이 성적 상징은 대체 어디에서 오는가, 아울러 이해하기 어려운 공통성을 가진 상징을 고려하면서 몇 가지 덧붙여 두고 싶다. 이런 모호한 상징은 모자, 일반적으로 머리에 쓰는 물건이다. 대개의 경우 모자는 남성을 뜻하지만, 때로는 여성을 뜻하는 일도 있다. 마찬가지로 외투는 남성을 나타내지만, 항시 성기와 관계 있는 것은 아니다. 여러분은 왜 그럴까 하고 의문을 품을 것이다. 축 늘어진, 여성은 결코 매지 않는 넥타이가 남성의 상징이다. 흰 셔츠와 린넨은 보통 여성의 상징이다. 앞서 말한 것처럼 옷이나 제복은 나체나 인체를 나타낸다. 구두라든가, 슬리퍼는 여성 성기를 나타낸다. 조금 의아스럽지만, 탁자와 목재는 이미 말한 것처럼 분명히 여성의 상징이며, 사다리·언덕·계단 그리고 이를 올라가는 일은 틀림없이 성교의 상징이다. 올라갈 때는 율동이 따르며, 높이 올라가면 갈수록 흥분이 커져서 숨이 가빠지는 것도 역시 공통점으로서 우리의 주의를 끈다.

풍경이 여성 성기의 묘사라는 것은 이미 말했지만, 산과 바위는 음경의 상징이고, 마당은 흔히 여성 성기의 상징이다. 과일은 어린아이의 상징이 아니라 유방을 뜻한다. 동물은 정욕에 고뇌하는 인간이나 아주 불순한 본능이나 정열을 의미한다. 꽃은 여성 성기, 특히 처녀성을 나타낸다. 여러분은 꽃이 실제로 식물의 성기라는 것을 잊지 않았을 것이다. 이미 말한 것처럼 방도 하나의 상징이다. 이 상징은 더 확대될 수 있다. 이를테면 창문·방의 입구와 출구는 인체의 구멍을 의미하고 있다. 방을 닫는 것과 방을 여는 것도 상징이며, 방을 여는 열쇠는 분명히 남성의 상징이다.

이상이 꿈의 상징을 연구하는 데 있어서의 재료인데, 이것만으로는 결코 충분하지 않고 더욱 광범하게 하지 않으면 안 된다. 그러나 여러분에게는 이것만으로도 충분하며, 이에 실망했을 줄 안다. 여러분은 "마치 우리의 생활은 성의 상징으로 가득 차 있는 것 같군요. 나를 둘러싸고 있는 물건, 내가 입고 있는 옷, 내가 들고 있는 물건들이 모두 성의 상징이라는 말씀입니까?" 하고 질문하고 싶은 심정일 것이다.

여러분이 이상하게 생각하는 것도 당연하다. 또한 여러분이 느끼는 최초의 의문은 "꿈을 꾼 사람 자신이 전혀 모르는 동안에, 선생님은 대체 어디서 그와 같은 상징의 뜻을 알게 되었습니까?" 하는 점일 것이다. 나는 그에 대해서 동화·신화·농담·기지譏智와 민간 전승의 풍속·관습·비어·민요, 그리고 시어詩語·속어 등이 여러 가지 자료를 제공한 원천이었다고 대답한다. 동일한 상징이 여기저기서 발견되고, 전혀 이 분야에 문외한이라도 그 상징성만은 이해할 수 있는 부분을 적지 않게 발견할 수 있다. 만일 이와 같은 원천을 세밀히 더듬어 본다면, 꿈의 상징에 대응하는 것을 발견할 수 있으므로 우리의 해석이 옳다는 것을 인정하지 않을 수 없게 된다.

신체가 꿈 속에서는 흔히 집의 상징으로 묘사된다는 셰르너의 견해는 앞에서 말한 바 있다. 이 상징을 확대하면 창문·문·문간은 신체의 입구를 의미하게 된다. 집의 정면은 밋밋할 수도 있고, 발코니 등이 돌출되어 있을 때도 있다. 우리가 양친을 꿈 속에서 황제 부처라든가, 왕 부처로 보게 되는 것은 좀 의아스런 일이다. 그러나 동화 속에서 실제로 이와 같은 일이 발견된다. 많은 동화는 "옛날 옛적에 어느 곳에 임금님과 왕비가 살았습니다"로 시작하는데, 이것은 '옛날 옛적에 아버지와 어머니가 살았습니다' 하는 것과 마찬가지가 아닌가? 가정에서는 자기 아들을 장난삼아 왕자라고 부르고, 맏아들을 황태자라고 부른다. 왕은 자신을 국부라고 말한다. 우리는 어린아이를 '구더기'라고 부르고, 좀 동정해서는 '가엾은 구더기'라고 부르기도 한다.

다시 집의 상징으로 돌아가자, 꿈에서 집의 돌출부를 붙잡는 곳으로 이용하는 것은, 흔히 잘 발육된 유방을 가진 여성을 '저 여자는 잡을 곳이 있다'고 말하는 것과 같은 것이 아니겠는가? 이와 같은 경우에 속어로, '여자는 집 앞에 재목을 많이 갖고 있다'고 말하는 것은 재목을 여성, 혹은 어머니의 상징으로 보는 우리의 해석을 뒷받침해 주고 있다.

분만은 꿈 속에서 언제나 물과 관련하여 나타난다. 물에 뛰어들거나 물에서 기어나오거나 하는 것은 아이를 분만하는 것을 의미한다. 이 상징은 두 가지 점에서 진화론에 입각해 있다는 것을 주목해야 한다. 즉 첫째, 육지에 사는 모든 포유 동물과 인류의 조상은 수서 동물水棲動物에서 진화했다는 것이다. 이것은 너무나 오래 된 사실이다. 둘째로, 모든 포유 동물과 인간은 생존의 시작을 물 속, 즉 태아로서 모체의 양수羊水 속에서 지내다가 분만으로 물에서 나오게 되는 것이다. 이것을 꿈을 꾸는 사람이 알고 있다고 주장하려는 것은 아니다. 오히려 그 반대로 꿈을 꾸는 사람은 그런 것을 알 필요가 없다는 견해이다.

아마 꿈을 꾼 사람은 어릴 때 들은 적이 있는 다른 것을 희미하게 기억하고 있겠지만, 나는 그 기억이 상징 형성에 관여했다고 주장할 생각은 없다. 우리는 어릴 때, 황새가 아기를 데리고 왔다는 이야기를 듣곤 했었다. 그러면 대체 황새는 어디서 아기를 데리고 왔을까? 호수에서나 연못에서, 즉 물에서 데리고 온 것이다. 나의 한 환자는 백작의 아들이었는데, 어릴 때 그 이야기를 듣고는 갑자기 모습을 감춰 버렸다. 집안 사람들이 간신히 행방을 찾아보니 그 아이가 성의 연못 부근에서 엎드린 채, 작은 얼굴을 수면에 대고 아이가 물 밑에서 나타나는가 지켜보고 있는 것을 발견했다.

오토 랑크가 이미 비교 연구한, 영웅의 탄생에 관한 신화가장 오래 된 것은 기원전 약 2800년의 아카드(메소포타미아의 한 도시)의 사르곤 왕의 탄생이다에서는 일단 물 속에 버려져 있는 것을 건져낸다는 것이 압도적인 주제가 되어 있다. 오토 랑크는 탄생의 이 묘사가 꿈에서의 묘사와 같으며, 이것이 온 세계에서 행해지고 있다는 것을 발견했다. 꿈 속에서 물 속의 사람을 건져올릴 때 건진 사람은 자기 어머니거나 아니면 단순히 모성으로 간주된다. 신화에서는 아이를 물 속에서 건져내는 사람이 그 아이의 실모가 된다. 잘 알려진 이야기에 이런 것이 있다.

똑똑한 유대인 남자 아이가 "모세의 어머님은 누구신 줄 아느냐?"라는 질문을 받자, "왕비이지 뭐"라고 대답했다. "아니다. 왕비는 물에서 건져 올려서 자기 아이로 삼은 거야"라고 말하자, "왕비는 일부러 그런 말을 하고 있는 거야" 하고 대답했다. 이 이야기는 그 아이가 신화를 정확히 해석했다는 것을 증명하고 있다.

꿈 속에서 여행을 떠나는 것은 죽음을 의미한다. 그와 같은 일이 어린아이를 대하는 습관에도 있다. 어린아이가 이미 죽어 버린 사람을 찾게 되면, 어른들은 그 사람은 여행을 떠났다고 말한다. 그러나 나는 꿈에서 여행을 떠난다는 상징이 어린아이에 대한 이런 구실에서 왔다고는 생각지 않는다. 시인도 같은 상징을 사용하고 있지 않은가? 저승을 '일단 발을 들여놓으면, 그 누구라도 다시 돌아올 수 없는 어둠의 나라'라고 표현한다. 이것과 똑같은 비유로서 일상 생활에서도 죽음을 '마지막 나그네길'이라고 표현하고 있다. 고대 의식을 잘 아는 사람은, 고대 이집트의 신앙에 '어둠의 나라로의 여행'이라는 죽음에 대한 관념이 얼마나 진지하게 믿어지고 있었는지 알고 있을 것이다.

여행자에게 《베데커베데커Baedeker가 발행한 유명한 여행 안내서》를 지니게 하듯, 저승길에 미라에게 주었던 《사자死者의 서書》가 지금도 남아 있다. 묘지가 주택지에서 멀리 떨어진 곳에 만들어지고부터 죽은 이의 마지막 여행길은 현실이 된 것이다. 성의 상징은 사실 꿈에 제한된 것이 아니다. 여러분은 여자를 업신여겨 '낡은 상자'라고 부르는 것을 들어 보았을 것이다. 그러나 그 말이 성기의 상징으로 사용되었다고는 설마 깨닫지 못했을 것이다. 《신약성서》에는 여자를 향해 '그는 연약한 그릇이요……'〈베드로전서〉 제3장 7절라는 구절이 있다. 《구약성서》에는 시적으로 성의 상징이 가득 표현되어 있는데, 그것은 오늘날 올바르게 해석되어 오고 있지는 않은 것 같다.

꿈 속의 경치가 왜 여성의 성기를 상징하는 데 쓰이는 것일까? 하고 여러분은 의문을 갖게 될 것이다. 그러나 여러분은 신화학자로부터 어머니인 대지가 고대 사상과 제사에서 중시되고 있었다는 사실과 경작이라는 개념은 이 상징으로 표현되어 있었다는 것을 배우게 될 것이다. 꿈 속의 방이 여자를 나타낸다는 것은 독일어로 'Frauenzimmer여자를 낮추어 칭하는 말'라는 말이 여자를 뜻하는 것임을 상기해 주기 바란다. 즉, 인간은 일상 생활의 직무에서 정해진 장소에 의해서 표현되는 모양이다. 이와 같이 우리는 'Hohen Pforte한국어의 '안'이 여자를 가리키는 것을 생각하라'라는 말을 사용하는데, 이것은 터키 황제와 그 통치를 의미한다. 고대 이집트의 군주 파라오Pharao라는 이름은 바로 '큰 안마당'이라는 뜻이다고대 동양에서는 도시의 중문 사이에 있는 광장이 그리스 로마 시대의 시장처럼 집회의 개최 장소였다. 그러나 이런 유도법은 너무 피상적이다. 방은 사람을 넣는 공간으로서 여성의 상징이 되었다는 것이 더 그럴 듯한 표현이라고 할 수 있다.

신화와 시구에 있어서 도시·성·저택·성채를 널리 여성의 상징으로 생각해도 좋다. 이 문제는 독일어를 전혀 쓰지도 못하고 알지도 못하는 사람의 꿈으로도 쉽게 결정할 수 있다. 나는 최근 외국인 환자를 치료하고 있는데, 그 외국인의 꿈 속에서도 방이—그 외국인의 국어에는 우리말과 같은 표현, 즉 여성을 의미하는 'Frauenzimmer여자의 방'라는 표현은 없지만—여성의 상징이라는 것을 깨달았다. 이미 1826년에 슈베르트Schubert가 주장한 것처럼, 상징은 언어의 국경을 넘는다는 것을 입증해 주는 다른 증거가 있다. 그러나 내 환자는 독일어를 전혀 몰랐던 것이 아니므로, 다른 나라에서 자국어밖에 말할 줄 모르는 사람들의 예를 모을 수 있는 정신분석가에게 양자의 차이에 관한 연구를 맡기는 수밖에 없었다.

남성 성기의 상징은 만담·속어·속요, 특히 고전 시가에 대부분 나타난다. 그러나 이와 같은 상징은 꿈 속에 나타나는 것만으로도 문제가 될 뿐 아니라 아직 내가 설명하지 않은 것, 이를테면 여러 가지 작업에 사용되는 연장이 문제가 된다. 그러나 남성의 상징을 말하자면, 이야기가 매우 복잡해지므로 여기서는 잠깐 '3'이라는 숫자의 상징에 대해서 언급하고 싶다. 3이라는 숫자가 그 상징적 뜻 때문에 신성시되고 있는지 어떤지는 아직 단정 짓지 않았지만, 아무튼 자연계에 존재하는 세 부분을 가진 것은 대개 이와 같은 상징적 의의에 입각해서 문장紋章이나 휘장徽章에 쓰여지고 있는 것은 확실한 것 같다.

세 잎 클로버는 그 대표적인 예이다. 세 쪽의 꽃잎을 가진 프랑스 백합이나 3각파중심에서 절반 굽은 다리가 셋 나와 있는 것는 남성 성기를 묘사한 것으로 여겨진다. 고대에는 음경의 모형이 악마를 물리치는 강력한 부적으로 사용되기도 했다. 또한 오늘날에는 행운을 가져다준다는 부적은 모두 성기, 혹은 성적 상징임을 알 수 있다. 은제 장식 모양의 작은 수집물, 예를 들면 네 잎 클로버·돼지·송이버섯·말발굽·사다리 등을 보라. 네 잎 클로버는 상징에 적합한 세 잎의 대신이다. 돼지는 고대에서부터 다산多産의 상징이었다. 송이버섯의 모양은 누가 보나 음경의 상징이다. 팔루수 임푸디쿠스Phallus Impudicus 외설스러운 음경이라는 뜻라는 분류명을 가진 송이버섯이 있는데, 이것은 그 모양이 음경과 혼동될 만큼 흡사하다. 말굽은 여성 성기의 윤곽과 비슷하다. 자위의 상징적인 묘사는 나무를 뽑는 것인데, 이것은 자위 행위의 통속적인 명칭과 일치하고 있을 뿐 아니라, 신화에서도 그와 비슷한 것을 볼 수 있다. 여기서 특히 주목할 만한 것은 자위, 아니 오히려 자위의 형벌로서의 거세를 이가 빠지는 것, 이를 뽑는 것으로서 상징하는 일이다. 이 표현을 꿈꾸는 사람이 알고 있는 일은 극히 드물지만, 민속학에서는 이와 대응하는 것을 찾아낼 수 있다. 나는 여러 민족이 행하는 할례는 거세와 상통하는 것이며, 거세의 대신이라고 믿는다. 최근 어느 보고에 의하면, 오스트레일리아의 한 미개 종족은 성년식 때 할례를 행하는데, 그 이웃 종족은 할례 대신 이를 뽑는다.

이 문제는 이 정도로 종결 짓고 싶다. 지금까지 이야기한 것은 극히 일부분의 예이다. 우리는 이에 대해서 더 많은 것을 알고 있다. 신화학·인류학·언어학·민속학의 전문가들이 제공한 이 방면의 자료가 얼마나 방대하고 흥미 있는지 여러분은 짐작할 수 있을 것이다. 이상의 연구에서 우리는 몇 가지 결론을 얻었다. 그 결론은 비록 충분치 못하나마 아무튼 여러 가지 문제를 우리에게 제공해 주었다.

첫째, 꿈을 꾸는 사람은 평소에는 전혀 의식하지 못하는 상징을 그 꿈속에서 자유 자재로 묘사하는 힘을 갖고 있다는 것을 알았다. 여러분이 고용한 가정부가 보헤미아 출생인데, 배우지도 않은 산스크리트어를 알고 있다는 것을 발견한다면, 아마 대단히 놀랄 것이다. 위에서 말한 것은 그와 마찬가지로 놀랄 만한 일이다. 우리의 심리학적 견해로 이 사실을 모두 설명한다는 것은 어려운 일이다.

그러나 상징의 지식은 꿈을 꾼 사람에게는 무의식이며, 상징은 그 사람의 무의식의 정신 생활에 속한다는 것은 주장할 수 있다. 그러나 이 가정만으로는 충분치 않다. 여태까지 우리는 사람들이 일시적으로나 영구히 깨닫지 못하는 무의식적인 의향이 있다고 부득불 가정해 왔는데 이제 그 문제는 확대된다. 무의식적인 지식, 즉 서로 다른 세상 사이의 사상 관계와의 비유이것으로 하나의 꿈이 다른 일정 불변한 것과 대치된다가 문제시된다. 이와 같은 비유는 그때마다 새로 생성되는 것이 아니라 이미 다 완성된 상태이므로, 확고부동한 것으로 되어 있다. 그것은 인종과 언어를 초월해서 일치하기 때문이다. 이 같은 상징 관계의 지식은 어디로부터 나오는 것일까? 언어로는 극히 일부분밖에 설명되지 않는다. 꿈을 꾼 사람은 다른 부분에 갖가지 유사성이 있다는 것을 잘 모르고 있다. 처음에는 우리들도 고생해서 겨우 모아야만 했을 정도였다.

둘째, 이러한 상징 관계는 꿈을 꾼 사람 또는 상징을 표현시키는 꿈의 작업에 제한된 것은 아니다. 우리는 같은 상징이 신화·동화·격언·가요·속어나 시적 공상에 사용되어 있다는 것을 알았다. 상징의 세계는 대단히 방대하다. 그리고 꿈의 상징은 그 세계의 작은 단편에 지나지 않는다. 따라서 꿈에서 이 문제를 전부 규명하려 한다는 것은 무리이다. 다른 부문에서 사용되고 있는 상징의 대부분은 꿈 속에 나타나지 않거나, 나타나더라도 극히 드물다. 한편 꿈의 상징은 다른 모든 부문에서 발견되지 않고, 여러분이 보았듯이 산발적으로 떨어져 있을 뿐이다.

셋째, 지금까지 말한 다른 부문에서는 상징이 성의 상징에 한정되어 있지 않았는데, 꿈에서는 그 상징의 거의 모두가 성적인 사물이나 성적인 관계를 나타내는 데 사용되고 있다. 이 설명도 쉽지 않다. 본래는 성적인 뜻을 가지고 있던 상징이 나중에는 다른 것에 사용되게 된 것일까? 그리고 또 상징적 묘사가 약해짐으로써 다른 종류의 묘사로 옮긴 것은 이것과 연관된 것일까? 우리가 꿈의 상징에 범위를 한정하여 연구하고 있는 이상, 이와 같은 문제에 확언할 수는 없다. 다만 본래의 상징과 성의 상징 사이에는 어떤 밀접한 관계가 있다는 것만은 확실한 것 같다.

최근 이 문제에 대해서 중요한 시사가 주어졌다. 웁살라스웨덴의 도시 이름의 언어학자 슈페르버는 정신분석과는 관계 없는 입장에서, 성욕은 언어의 기관과 그 후의 발달에 크게 공헌했다는 학설을 발표했다. 그에 의하면, 최초의 발성發聲은 의사 전달의 수단이자 성적 대상을 불러내는 것을 목적으로 했다는 것이다. 이 최초의 말은 원시인의 노동과 더불어 더욱 발달되었다. 그 노동은 공동 작업이며, 장단을 맞추어 발성을 되풀이하면서 행하여졌다. 이때, 성적인 관심은 노동으로 옮겨갔다. 원시인은 노동을 성 활동과 동등한 가치로서 성 활동의 대용으로 다루었고, 그리하여 노동을 유쾌한 것으로 삼았다.

따라서 그 언어는 두 가지 뜻, 즉 성행위의 뜻과 노동의 뜻을 가지게 되었다. 세월이 흐름에 따라, 이 말에서 성적인 의의는 상실되고 노동에만 정착하게 되었다. 그 후의 세대에서도 그 같은 일이 일어났다. 즉, 처음엔 성적인 의미를 가지고 있던 것이 새로운 종류의 노동을 가리키는 데 사용되어 그 성적인 의미를 상실해 갔던 것이다.

이렇게 하여 많은 원시적인 말이 만들어졌으나, 그것은 모두 성적인 의미를 차츰 잃어버린 것이다. 이 원시적인 특질을 가진 꿈에 나타난 성의 상징이 왜 그렇게 많은가? 또 어째서 무기나 도구가 항상 남성의 상징이며, 재료나 가공품이 여성의 상징인가 하는 것을 이것으로 이해할 수 있을 것이다. 상징 관계는 어원이 과거에는 동일했다는 것을 입증해 준다. 오랜 옛날에는 성기와 동일하게 불리어진 것이 지금은 꿈 속에서 성기의 상징이 되어 나타나는 것이다.

꿈의 상징적 표현에 대응하는 것에서, 여러분은 정신분석의 특징을 알 수 있을 것이다. 정신분석의 성격이야말로 심리학이나 정신의학에서도 아직까지 도달하지 못한 일반적인 관심의 초점으로 만드는 것이다. 정신분석은 다른 모든 정신과학과 연관되어 있다. 그리고 이 연구는 신화학·언어학·민속학·민족심리학·종교학 등에 귀중한 설명을 주었다.

1912년에 창간되어, 한스 작스Hans Sachs와 오토 랑크가 주관한 《이마고Imago》라는 잡지는 이 관계의 개척을 뚜렷한 사명으로 삼았다. 정신분석은 모든 부문에서 배운다는 것보다는 가르쳐 주는 것이 훨씬 많았다. 다른 학문의 영역에서 정신분석의 성과가 확인되었다는 점에서 정신분석이 이득을 보았지만, 전체적으로 기술상의 방법과 착안점을 제공한 것은 사실 정신분석 쪽이다. 그리고 다른 학문의 분야에서 그것을 응용하면 수확이 많다는 것을 알았다. 또한 개개인의 정신 생활은 정신분석으로 설명되는데, 그 설명으로 우리는 단체 생활의 많은 수수께끼를 풀고, 다시 그러한 문제들을 순수한 시각으로 바라볼 수 있게도 되는 것이다.

우리가 방금 가정한 '원시 언어'를 더 잘 알 수 있는 조건은 무엇인가,

또 다수의 원시 언어가 어떤 영역에서 지금도 보존되고 있는가 하는 것은 아직 한 번도 언급하지 않았다. 여러분이 이 문제를 알지 못하면, 이 주제의 의의는 평가할 수 없다. 즉, 이 영역은 노이로제 환자의 세계이다. 노이로제 환자가 나타내는 증상이나 표현이야말로 그 자료의 보고寶庫이다. 노이로제 환자를 연구하고 치료하기 위해서 정신분석이 만들어진 것이다.

넷째, 우리의 출발점으로 돌아가서 목표하는 길을 더듬는 것이다. 설사 꿈의 검열이 없더라도 꿈은 역시 이해하기 어려운 것이라는 것을 앞에서도 말했다. 그것은, 우리가 각성시의 사고 언어를 가지고 꿈의 상징 언어를 해석해야 하기 때문이다. 다시 말하여 상징은 꿈의 검열과 함께 꿈의 왜곡에 있어서 제2의 독립적인 인자이다. 그러나 상징을 이용하는 것이 꿈의 검열에 유익하다고 가정하는 것은 극히 자연스런 일이며 이들은 검열과 같은 목적, 즉 꿈을 이상하고 이해할 수 없는 것으로 만드는 데 많은 도움이 되고 있다고 말할 수 있는 것이다.

꿈을 더 깊이 연구해 들어가면, 꿈을 왜곡시키는 다른 새로운 인자가 나타나지 않을까 하는 의문은 곧 밝혀질 것이다. 상징이 신화·종교·예술·언어 속에 널리 퍼져 있다는 것은 명백한 일인데도, 지성적인 사람들 사이에서 꿈의 상징은 극심한 저항을 불러일으킨 것이다. 이 수수께끼에 대해 다시 한 번 연구를 진행시키고 싶은 까닭은 아마도 성행위에 관련되기 때문이라고 생각한다.

11

꿈의 작업

여러분이 꿈의 검열과 상징에 관한 지식에 통달했다고 하더라도, 꿈의 왜곡에 대해 완전히 이해했다고는 볼 수 없다. 그러나 웬만한 꿈은 이 정도의 지식이면 이해할 수 있을 것이다. 여러분은 서로 보충하는 두 가지 기법을 사용하게 될 것이다. 즉, 대용물에서 본래의 진상을 추출해 낼 때까지 꿈을 꾼 당사자에게 연상을 환기시키고, 또한 그 사람에 대한 여러분 자신의 지식을 토대로 해서 상징에 대한 의의를 부여할 것이다. 이때 부닥치는 불확실한 점은 나중에 기회를 보아 다루기로 하자.

다시금 앞에서 꿈의 요소와 그 본래의 것 사이의 관계를 연구했을 때, 불완전한 방법으로 시도한 작업을 다시 한 번 해 보기로 하자. 우리는 전체에 대한 부분의 관계, 암시 혹은 비유, 상징 관계, 조형적인 언어의 묘사라는 네 가지 중요한 관계를 규명했다. 그래서 이 주제를 깊이 파고들어 전체 현재몽과 해석으로 발견한 잠재몽을 비교해 보고 싶다.

여러분은 현재몽과 잠재몽을 혼동하지 않기를 바란다. 이 두 가지를 혼동하지 않는다면, 여러분은 나의 《꿈의 해석》을 읽은 독자 이상으로 꿈을 이해한 것이 된다. 잠재몽을 현재몽으로 바꾸는 일을 '꿈의 작업'이라고 이름붙인 것을 똑똑히 머릿속에 기억하기 바란다. 그리고 현재몽에서 잠재몽에 도달하려고 하는 작업은 꿈의 작업과 반대 방향으로, 우리가 하고 있는 '해석 작업'이다. 즉, 해석 작업은 꿈의 작업을 없애고자 하는 일이다. 원망 충족이 뚜렷이 나타나 있는 유치한 꿈은 그 자체가 이미 꿈의 작업이었다. 즉, 원망을 실현시키고 다시 관념을 시각적 현상으로 바꾸어 놓기 때문이다. 이 경우는 해석이 불필요하다. 서로 바뀌어진 상태를 반대로 행하기만 하면 된다. 다른 꿈에도 꿈의 작업이 관여하고 있는데, 이것을 우리는 '꿈의 왜곡'이라고 부른다. 그리고 이것은 꿈의 해석 작업으로 다시 복귀시킬 수 있는 것이다. 꿈의 해석을 비교해서, 꿈의 작업이 대체 어떻게 꿈의 잠재의식이라는 원료를 취급하는가 하는 문제를 종합해서 다루어야 할 단계가 되었다. 그러나 여러분이 너무 큰 기대를 하지 않도록 부탁해 두고 싶다. 여기서는 간략히 언급하겠는데, 그것을 냉정히 주의 깊게 들어주기 바란다.

꿈의 작업이 가진 첫 번째 작용은 '압축Verdichtung'이다. 압축이란 현재몽이 잠재몽에 비해서 그 내용이 적다는 것이다. 어떤 경우에는 압축이 결여되기도 한다. 대개의 경우 이 과정은 존재하고 때로는 지나치게 압축되기도 한다. 압축은 결코 역방향으로 되지 않는데, 즉 현재몽이 잠재몽에 비해 그 규모가 크거나 내용이 더 풍부한 적이 없다. 압축은 다음과 같이 이루어진다. 첫째, 어떤 종류의 잠재 요소가 완전히 생략된다. 둘째, 잠재된 많은 콤플렉스 중에서 그 일부만이 현재몽으로 옮겨간다. 셋째, 어떤 공통점을 가진 잠재 요소가 현재몽으로 한데 뭉쳐 하나의 종합된 것으로 융합되어 버린다. 이때 이 셋째 과정만을 '압축'이라고 불러도 좋다.

압축의 입증은 아주 용이하다. 여러분 자신의 꿈을 생각해 보면, 온갖 인물이 하나의 인물로 압축되어 있다는 것이 쉽게 상기될 것이다. 사람에 대해서와 마찬가지로, 물건이나 장소에 대해서도 합성물이 형성된다. 그러나 물건이나 장소가 현재몽이 강조하는 어떤 것을 공통적으로 나타낼 때 이와 같은 합성물이 만들어진다. 그것은 이 공통점을 핵심으로 어떤 새로운 일시적 개념이 형성되는 것과 흡사하다. 서로 압축된 각 부분이 중첩됨으로써, 마치 똑같은 필름으로 수차례 사진을 찍은 것처럼 윤곽이 분명치 않은 희미한 형상이 만들어진다.

이와 같은 합성물을 만든다는 점에 꿈 작용의 중요성이 있다. 왜냐 하면 처음에는 합성물에 필요한 공통점이 발견되지 않는데도 의도적으로 만들어진다는 것을 증명할 수가 있기 때문이다. 다시 말해서 어떤 관념을 나타내는 언어 표현을 택함으로써 만들어진다. 우리는 이런 종류의 압축과 합성을 이미 알고 있다. 그것은 잘못 말하기를 야기시키는 데 큰 역할을 한다. 처녀를 'begleitdigen'하려고 한 청년을 생각해 보라 begleiten함께 가다와 beleidigen모욕하다. 또 기지機智도 이와 같은 압축으로 일어난다. 기지의 문제는 차치하고, 압축이라는 과정은 이상야릇한 수수께끼라고 할 수 있다. 꿈 속의 합성 인물과 같은 모습이 우리의 공상의 세계에서 많이 나타난다. 이를테면 옛 신화나 뵈클린Boecklin 스위스의 화가의 회화에 보이는 반인반마半人半馬의 괴물 그림처럼, 각 부분이 현실적으로는 연관이 없으나 공상은 쉽게 그 부분들을 합성하여 하나의 종합된 모습으로 만들어 낸다. '창조적' 공상이라고는 하지만, 새로운 발명이 아니라 전혀 관계 없는 각 부분을 연결했을 뿐이다.

그러나 꿈의 작업이 하는 특수한 방법은 다음과 같다. 꿈의 작업에 사용되는 재료는 관념이다. 어떤 관념은 정당하지 않고 불쾌한 것일지도 모르지만, 그런 관념도 형성과 표현은 정확하다. 꿈의 작업에 의해 이 관념은 다른 모습으로 바뀌어지는데, 번역·대치에 있어서 다른 글자나 말로 해석하는 경우처럼 융합 또는 결합의 수단이 이용되는 것은 좀 납득하기가 어렵다. 일반적으로 언어의 번역에서는 원서상의 구별된 곳을 존중하고, 유사한 것을 엄밀히 구별하는 것이 온당하다. 그런데 꿈의 작업은 이와는 전혀 대조적이며, 두 가지 관념을 암시하는 모호한 말을 골라서 그 서로 다른 관념을 압축하려 한다. 이 특징은 꿈의 작업을 이해하는 데 중요한 것이 될 것이다.

압축은 꿈을 희미하게 만들지만, 그럼에도 압축이 검열의 결과라는 느낌은 없다. 오히려 우리는 압축을 기계적 또는 경제적인 이유라고 생각한다. 그러나 검열은 그로 인해 이득을 얻고 있다. 잠재몽과 현재몽과의 관계에도 압축은 영향을 미친다. 두 꿈이 가진 요소 사이의 관계는 매우 복잡하다. 하나의 현재 요소는 마치 서로 얽혀 있는 것처럼 동시에 많은 잠재 요소에 대응하고 있으며, 반대로 하나의 잠재 요소는 많은 현재 요소와 관련하고 있다. 꿈의 해석 중에 알게 되는 일이지만, 하나의 현재 요소에 대한 연상이 반드시 차례대로 떠오르지 않아도 된다. 오히려 우리는 꿈을 완전히 해석할 때까지 기다려야 한다.

꿈 작업의 두 번째 작용은 '대치Verschiebung'하는 과정이다. 이에 대해서는 다행히 앞서 이미 말한 바 있다. 그것은 전적으로 꿈의 검열의 일이라고 알고 있다. 대치는 두 가지 형식을 취한다. 첫째는 잠재 요소가 그 자체 중의 한 요소로가 아니라, 그것과는 동떨어진 하나의 비유에 의해서 대용되는 경우이다. 둘째는 어떤 중요한 요소에서 중요하지 않은 요소로 옮겨진 결과, 꿈의 중심점이 변화하여 꿈이 기괴한 형태를 취하게 되는 경우이다.

비유에 의한 대치는 우리의 각성시 사고에도 존재하지만, 이들은 서로 큰 차이가 있다. 각성시의 사고에서 비유는 쉽게 알 수 있고 대치된 사물은 잠재된 본래 내용과 관계가 있다. 기지도 비유를 이용하는데, 기지의 경우는 내용상의 연상은 없고 발음이 유사하거나 많은 말뜻이 있다든가 하는, 겉으로 드러나는 연합이 대개 사용된다. 그러나 기지에서는 금방 이해되어야 하는 조건이 필요하다. 비유에서 꿈의 그 본래의 것으로 돌아가는 것이 쉽지 않다면, 기지는 그 효과를 볼 수 없다. 그와 반대로 꿈의 대치에서 사용되는 비유에는 이 두 가지의 제약이 없다. 꿈의 비유는 가장 외면적이고 본래의 요소와는 그 결합력이 약하다. 따라서 꿈의 비유는 난해하고 만약 본래의 사물로 되돌아갈 수 있었다고 하더라도 그 해석은 종종 서투른 기지라는 느낌을 주며, 엉터리 해석이라는 인상을 준다.

꿈의 검열이 목적을 달성했을 때는 그 본래의 것으로 돌아가는 길을 비유에서 발견할 수 없을 때이다.

강조점을 옮기는 것은 관념을 나타내는 방법으로서는 적합하지 않다. 각성시의 사고에서 강조점의 이동은 희극적喜劇的 효과를 얻기 위해서 사용된다. 이 강조점의 이동에서 생긴 당황한 인상을 다음과 같은 예로써 여러분에게 환기시키고자 한다.

"어느 마을에 대장장이가 살고 있었다. 이 대장장이가 사형에 해당하는 중죄를 범했다. 재판은 그의 죄가 명백하다고 판결했다. 그런데 이 마을에는 대장장이가 오직 그 사람뿐이었으며, 마을의 입장으로서도 꼭 필요한 사람이었다. 그런데 이 마을에는 의류 제조 직공이 세 사람이나 있었다. 그래서 그 세 사람 중의 한 명이 대장장이 대신 교수대에 서게 되었다."

꿈의 작업의 세 번째 작업은 심리학적으로 가장 흥미롭다. 이 작용은 관념을 시각상視覺像으로 전환하는 일이다. 꿈의 관념이 전부 다 대치된다고는 할 수 없다. 그 중 많은 것은 그 원형을 보유하고 있어서, 관념 또는 지식의 형태로 현재몽 속에서 나타난다. 관념이 전환되는 데 있어서 시각상만이 유일한 방법이 아니지만, 꿈을 만드는 데 있어서는 본질적인 것이다. 이미 알게 된 비유같이, 꿈의 작업에서 이 부분은 가장 변화되기 어려운 것이다. 그리고 우리는 이미 꿈의 각 요소에 대한 '조형적 언어 묘사'를 알고 있다.

이 세 번째 작용이 결코 쉽지 않은 것은 틀림없다. 그 어려움을 이해하기 위해, 여러분은 신문의 정치란을 삽화로 바꾸라는 명령을 받았다고 가정해 보라. 즉, 여러분은 알파벳을 상형문자로 바꾸어야 한다. 그런데 인물이나 구체적인 사건은 아마도 알파벳보다 더 훌륭하고 쉽게 그림으로 그릴 수 있겠지만, 추상적인 말이나 전치사나 접속사 등과 같은 언어의 상호 관계를 이어주거나, 품사를 그림으로 그리는 것은 매우 곤혹스런 일일 것이다.

추상적인 말을 그림으로 그리려면 여러 가지 기교를 써야 한다. 즉, 여러분은 정치란 속의 말들을 더 신기하고 구체적인 그림으로 그리기 위해 적당한 구성 요소를 가진 다른 말로 바꾸려고 할 것이다. 그리고 그때 추상적인 말은 처음에는 구체적이었으나 차츰 그 구체적인 의미가 퇴색해 버렸다는 것을 알게 될 것이다. 그 결과, 여러분은 이런 추상적인 말의 기원에 해당하는 구체적인 의미로 소급해서 파악하게 된다. 그리하여 여러분은 물건을 '소유한다'는 표현을 육체 위에 올려놓는다는 식의 묘사로 대치할 수 있다는 것을 발견하게 될 것이다.

꿈의 작업도 마찬가지이다. 이런 상태하에서는 묘사의 정밀성을 요구할 수 없다. 이를테면 부부간의 이혼처럼 그림으로 그리기에 어려운 것은 다른 것의 파괴—하지下肢의 파괴, 즉 골절로 대용하게 되는 것을 이해하리라 믿는다. 이렇게 해서 여러분은 알파벳을 상형문자로 전환할 때의 부족함을 보충할 수 있게 될 것이다. 사고의 상호 관계를 나타내는 품사, 이를테면 왜냐 하면·그러므로·그러나 등과 같은 말을 그림으로 그릴 경우에는 방금 말한 대치로써 나타낼 수단이 없다. 그러므로 원문에서 이러한 구성 요소는 그림으로 바꿀 때 빠져 버린다. 이와 마찬가지로, 꿈의 관념이 가진 내용은 꿈의 작업으로 대상이나 활동이라는 원료로 분해되어 버린다. 그림으로 그릴 수 없는 상호 관계는, 그림에 있어서 흐리고 진하게 하는 것으로 대충 암시할 수 있다면, 여러분은 그것으로 만족해야 할 것이다.

꿈의 작업은 꿈의 잠재의식의 여러 가지 내용을 현재몽의 명암으로, 그리고 여러 가지 부분으로 나누는 것으로 형태상의 특징을 나타내는 것이 가능하다. 부분몽部分夢—이 경우, 하나의 꿈은 몇 개로 분할된다—의 수는 잠재몽에 있는 주제의 수와 대개 일치한다. 말하자면 짧은 서몽序夢은 곧이어 나타나는 주된 꿈에 대해서 흔히 서두나 유인誘因의 구실을 한다.

꿈의 관념 속에 있는 부차적인 문구는 장면의 전환처럼 삽입되어 현재몽 속에 나타난다. 그러므로 꿈의 형태는 결코 무의미한 것이 아니며, 그 형태도 해석할 필요가 있다. 하룻밤에 꾸는 몇 개의 꿈은 때로 하나의 의미로서 나타난 것이며, 하나의 자극을 잘 극복하기 위한 노력을 말해 준다. 개개의 꿈 속에서조차 특별히 까다로운 요소를 여러 번 중복하여 다양한 상징으로 표현된다.

꿈의 관념과 현재몽을 파고들어 가면, 이제까지 우리가 전혀 예견하지 못했던 꿈의 불합리성이나 꿈의 부적합성에도 어떤 의미가 있다. 이 점에서 꿈에 대한 의학의 견해와 정신분석의 견해는 지금까지 볼 수 없었던 정도로 서로 상반되고 있다. 의학의 견해에 의하면, 꿈은 터무니없는 것이다. 그 이유는 꿈을 꿀 때의 정신 활동은 모든 비판이 부족하기 때문이다. 그런데 정신분석의 견해에 따르면, 꿈의 관념에 포함되어 있는 비판, 즉 '이것은 어이없다'는 판단을 표현하려 할 때야말로 비로소 꿈은 어이없어진다. 앞서 예를 든 연극 구경을 가는 꿈C석 입장권 3장에 1플로린 50클로이처이 좋은 예이다. 그와 같이 표현된 판단은 그렇게 서둘러서 결혼한 것은 어리석은 짓이었다는 것을 의미하고 있다.

이와 같이 우리는 어떤 요소가 과연 꿈 속에 나타나 있었는지, 이 요소는 사실 잘못 반영된 것이 아닌가 하고 꿈을 꾼 사람이 흔히 말하는 의혹의 본체를 해석하는 도중에 발견한다. 그와 같은 의문이나 의혹은 잠재의식과는 전혀 무관하다. 그것들은 모두 꿈의 검열 작용이다. 그와 같은 의문이나 의혹은 검열의 결과로써 완전히 성공하지 못한 삭제에 비유할 수 있다.

잠재몽 속에서 꿈의 작업이 어떻게 대립점을 다루는가 연구하면, 놀라운 것을 발견하게 된다. 앞서 우리는 잠재적인 재료에 포함되어 있는 공통점이 현재몽 속에서는 압축에 의해서 표현된다는 것을 발견했다. 그런데 대립점도 공통점과 똑같이 다루어지며, 자주 동일한 현재 요소로 표현된다. 그러므로 정반대라고 추정할 수 있는 현재몽의 어떤 요소는 나타난 그대로이거나, 나타나 있는 요소의 정반대나, 아니면 그 양쪽을 동시에 의미하기도 한다. 번역에 있어서 어느 쪽을 택하는가는 꿈의 의미가 결정해 준다. 이것은 꿈 속에서 부정적인 묘사가 없다는 것, 적어도 확실한 부정의 표현이 없다는 것과 관련되어 있다.

언어의 진화는 꿈의 작업에 있어서 불투명함을 설명할 수 있게 도와준다. 많은 언어학자들은 원시 언어에서는 '강하다—약하다' '밝다—어둡다' '크다—작다'라는 대립되는 개념의 반대어가 동일한 어원으로 표현되어 있었다고 주장하고 있다.

이를테면 고대 이집트에서 'ken'이라는 말이 처음에는 '강하다'와 '약하다'의 두 가지 의미를 가지고 있었다. 이처럼 대립적 의미로 말을 할 때는 오해를 피하기 위해서 억양이라든가, 몸짓으로 두 가지 뜻을 구별해서 사용했다.

문자로 나타낼 때는 그 스스로 발음할 수 없는 것으로 되어 있던 그림을 글자에 덧붙였다. 그러므로 'ken'이 강하다는 뜻일 때는 그 글자의 뒤에 우뚝 서 있는 남자의 그림을 적게 그려 넣고, 약하다는 뜻일 때는 그 뒤에 맥없이 쭈그리고 앉아 있는 남자의 그림을 그려 넣었다. 이것이 나중에 와서 비로소 똑같은 발음을 가진 원시어가 점점 변화하여 그 중에 포함되어 있는 대립적 의미가 두 개의 기호로 표현되게 되었다. 이리하여 강하다와 약하다의 양쪽을 나타내는 'ken'에서 강한 뜻의 'ken'과 약한 뜻의 'ken'이 발생한 것이다. 이 가장 얕은 단계에 있었던 가장 오래 된 언어뿐 아니라, 훨씬 후대의 오늘날 아직 사용되고 있는 언어 역시 이와 같은 고대의 대립적 의미가 유물로서 많이 남아 있다. 나는 이에 대해서 아벨C. Abel의 저서에서 몇 가지 증거를 인용해 보기로 한다.

· 라틴어 중에 이와 같은 두 가지 대립적 의미를 가진 것

altus높다-깊다와 sacer신성한-무엄한

· 같은 어원을 변형한 것

clamare외치다와 clam조용히

siccus마른와 succus액즙

·독일어에서 같은 것

Stimme목소리와 stumm입을 다문

·같은 계통의 언어를 대조해 본 것

영어의 lock닫다과 독일어의 Loch구멍 또는 Lucke틈

영어의 cleave찢다와 독일어의 kleben붙이다

영어의 without은 본래 '~와 함께'와 '~없이'라는 두 가지 뜻을 가지고 있었는데, 오늘날에는 후자의 뜻으로 통용되고 있다. 그러나 with—draw철회하다와 with—hold차압하다와 같은 합성어에서, with에는 '덧붙이다'는 뜻 이외에 '빼앗다'는 뜻도 있었음을 알 수 있다. 독일어의 wieder도 이것과 마찬가지다wieder는 '다시'라는 뜻이지만, '되풀이해서'라는 뜻 외에 '본래와 같이'라는 뜻이 있다.

꿈의 작업의 또 다른 특징은 언어의 진화 도중에 그 대응물이 발견된다. 고대 이집트어에서나 다른 나라의 근대어에서처럼, 똑같은 의미를 나타내기 위해서 발음의 순서를 바꾸어 다른 말을 만드는 일이 나타났다.

·영어와 독일어를 비교해 보면

Topf항아리—pot항아리

boat작은 배—tub작은 배

hurry서둘다—Ruhe휴식

Balken서까래—Kloben통나무—club곤봉

wait기다리다—trauwen기다리다

·라틴어와 독일어를 비교해 보면

capere붙잡다—paken붙잡다

ren신장腎臟—Niere신장

여기서 각각의 단어에 일어난 전도轉倒가 꿈의 작업에 의해서 여러 가지 방법으로 재생되고 있다. 이것은 앞서 의미의 전도, 즉 그 반대의 것으로 대용한다고 말한 바와 같다. 그리고 이 밖에 꿈 속에서 상황의 전도라든가, 두 사람 사이의 관계의 전도가 나타난다. 즉, '뒤집어진 세계'에 있는 것 같다. 꿈 속에서는 토끼가 사냥꾼을 쏘는 일이 흔히 일어난다. 사전의 순서에도 전도가 일어나서, 그 결과 꿈 속에서는 인과 관계가 뒤집혀, 결과에서 원인이 일어난다. 그것은 주인공이 먼저 쿵 넘어지고, 이어서 주인공을 쏘는 총소리가 탕 하고 울리는 삼류 신파극을 연상시킨다. 어떤 꿈은 각 요소의 순서가 모두 뒤바뀌는 것도 있다. 그래서 하나의 뜻을 끌어내기 위해서 맨끝의 요소를 처음에, 처음의 요소를 마지막으로 뒤집어서 해석해야만 의미를 찾아낼 수 있는 경우가 있다.

여러분은 꿈의 상징에 관한 연구에서, 물 속에 들어가거나 물 속에 떨어지거나 하는 일이 꿈 속에 나오면 그것은 아이를 낳거나 태어나는 것을 의미한다는 것과, 층계를 올라가는 것이 그것을 내려가는 것과 똑같은 뜻이라는 것을 발견한 일이 생각날 것이다.

꿈의 왜곡이 이렇게 각양 각색의 묘사를 함으로써 어떤 이득이 있는가는 여기서 새삼스레 다시 설명할 필요는 없을 줄 안다. 꿈의 작업에서의 이 특징을 한 마디로 '태고적'이라고 불러도 좋다. 이 태고적 특징은 고대의 표현 양식, 즉 언어나 문자에서도 발견할 수 있는 것이며, 꿈을 해석할 때와 같은 어려움이 있지만 어떤 점이 있는가는 이 문제를 비판적으로 논할 때 재론하기로 한다.

그러면 다른 두세 가지 점을 설명하기로 한다. 꿈의 작업에서는 분명히 말로써 표현되는 잠재의식을 시각상으로 바꾸는 일이 중점적이다. 그런데 관념이라는 것은 이 같은 지각상知覺像에서 생겨난 것이다. 관념의 첫번째 재료와 그 발달의 전단계前段階는 감정적인 인상의 기억상記憶像이었다. 나중에야 비로소 이 상에 언어가 붙고 관념이 결합된 것이다. 그러므로 꿈의 작업은 관념에 퇴행적으로 처리를 하여 관념 발달의 길을 되돌아가게 하는 일이다. 그리고 이 퇴행의 과정에서 기억상이 관념으로까지 발달할 때에 새로이 얻게 된 획득물은 모두 떨쳐 버려져야 하는 것이다. 꿈의 작업은 바로 이 퇴행적 과정을 일컫는 것이다. 현재몽은 우리가 직접 알 수 있는 유일한 것이므로, 현재몽에 대해서 몇 가지 더 부여하고 싶다.

이제 현재몽은 더 이상 우리에게는 의의가 없는 것이 되었다. 현재몽이 잘 구성되어 있다든가, 서로 아무 관련도 없는 몇 개의 개별적인 상像으로 해체되어 있다든가 하는 것은 별 문제가 아니다. 비록 외견상 뜻깊은 꿈이라도 그 외관은 꿈의 왜곡으로 생긴 것이며, 꿈 그 자체의 내용과는 전혀 유기적인 관계가 없다. 예컨대 이것은 이탈리아 교회의 정면 모습이 교회 전체의 구조나 양식과 전혀 관계가 없는 것과 같다. 그러나 간혹 이 꿈의 외관에 특별한 의미가 있는데, 그것은 꿈의 잠재의식의 중요한 부분이 어떤 때는 조금만 왜곡되고, 어떤 때는 전혀 왜곡되지 않은 채 다시 나타나기 때문이다. 하지만 그것은 우리가 꿈을 해석해서 얼마만큼의 왜곡이 일어났는지 판단하기 전에는 알 수 없다. 현재몽 속의 두 가지 요소가 서로 긴밀한 관계가 있는 것처럼 여겨지는 경우에도 똑같은 의문이 생긴다.

일반적으로 꿈이 마치 합리적이고 실용적인 표현으로 나타났다고 해서, 현재몽의 일부분을 가지고 다른 부분으로 설명하려고 하는 일은 삼가야 한다. 오히려 꿈은 여러 종류의 다른 돌조각으로 구성된 각력암角礫岩에 비할 수 있다. 즉, 그 외관은 그것을 구성하고 있는 본래 돌조각과는 전혀 다른 종류의 것이 되어 있다. 이처럼 꿈의 작업의 일부에 소위 '2차적인 가공'이라고 부르는 것이 있다. 이 작용은 1차적인 작업의 결과를 구성하여 전체적으로 정리하는 것이다. 이 2차적 가공시, 1차적인 결과는 대개 전체의 뜻이 배열될 때 오해되기 쉽고 필요할 때는 다른 것이 삽입되기도 한다.

한편, 꿈의 작업을 과대 평가하여 그것이 대단히 많은 일을 할 수 있다고 생각하는 것은 금물이다. 꿈의 활동은 여기서 나열한 것만으로 국한되어 있다. 즉, 압축·대치·조형 묘사, 그리고 꿈 전체의 2차적 가공 외의 활동은 없다. 그런데 꿈 속에 판단·비판·놀람·추리가 나타날 경우가 있다. 그러나 이것들은 꿈의 작업이 아니다. 잠을 깬 뒤 꾼 꿈을 생각하면서 덧붙여진 것인데, 대개의 잠재의식의 일부가 약간 변형되어 적절히 꿈 속에 끼여들어서 현재몽으로 옮겨진 것이다. 그리고 꿈 속의 회화도 꿈의 작업으로서는 불가능한 일이다. 다소 예외는 있지만, 그것은 전날 자기 가신이 행한 회화의 묘사이거나 그런 회화를 변형한 것이며, 이것이 꿈의 재료로써 자극이 되어 잠재의식 속에 들어간 것이다.

마찬가지로 꿈의 작업은 수의 계산도 하지 못한다. 만일 현재몽에 계산하는 것이 나타나는 경우, 대개 그것은 숫자의 나열이며, 완전히 엉터리 계산이고 잠재의식에서의 단순한 계산의 복사에 불과하다. 상태가 이러하니 꿈의 작업에 대한 주제가 마침내 거기서 벗어나 현재몽으로 다소 왜곡된 모습을 보여주는 잠재의식으로 향하는 것은 지극히 당연한 일일 것이다. 그러나 방향 전환이 너무나 지나쳐서 이론적으로 전체의 꿈을 대신해서 꿈의 잠재의식만을 국한하고, 잠재의식에만 적용되는 것을 꿈 전체에 대해 억지로 적용시키려 하는 것은 부당한 일이다. 이것은 정신분석의 성과가 남용되어 양자 사이에 그런 혼동이 생긴 것 같다. 우리는 '꿈'이라는 말을 꿈의 작업의 결과, 즉 잠재의식이 꿈의 작업의 작용을 받아서 된 형식에 한정하여 사용해야 함을 염두에 두길 바란다.

꿈의 작업은 아주 특이한 과정으로서 정신 생활에서와 비슷한 것은 아직 발견되지 않았다. 이와 같은 압축·대치·관념으로부터 형상이나 퇴행적으로 대치되는 현상은 정신분석의 새로운 발견이다. 이러한 사실을 인식한 것만으로도 정신분석의 노력은 그 결실을 얻은 것이라고 할 수 있다. 그리고 꿈의 작업을 다른 것과 비교해 보면, 정신분석의 연구가 다른 영역—특히 언어와 관념의 발달에 관한 영역—과 매우 밀접한 관계가 있다는 것을 알 수 있을 것이다. 또 꿈 형성의 메커니즘이 노이로제 증상의 발생 과정에 적용된다는 것을 알게 된다면, 여러분은 정신분석의 견해가 한층 더 의의 있다는 것을 인정하게 될 것이다.

이와 같은 연구가 심리학에 얼마만큼 새로운 이익을 주었느냐 하는 것을 따져보기에는 아직 이른 것 같다. 그러나 이것으로 무의식적인 정신 작용—꿈의 잠재의식—이 있다는 새로운 증거를 제시했다는 것과, 꿈의 해석이 무의식적인 정신 생활을 아는 데 얼마나 놀라운 많은 시사를 주는가를 지적하는 것만으로 충분하다고 생각한다. 그러나 지금까지 전체적으로 얘기해 온 바를 여러 가지 꿈의 실례를 통해 여러분에게 보여줄 때가 온 것 같다.

12

꿈의 분석 사례

방대한 꿈 해석에 대해 언급하지 않고 또다시 단편적인 꿈의 해석을 다룬다고, 여러분은 너무 실망하지 않기를 바란다. 여러분은 이 정도로 준비를 해 왔으므로, 우리에게 방대한 꿈을 해석할 자격이 있지 않느냐고 말할 것이다. 또 실제로 무수한 꿈의 해석이 성공했으므로 꿈의 작업과 꿈의 관념에 관한 정신분석의 주장을 증명할 수 있는 실례들을 벌써 모을 수 있었을 것이라고 여러분은 확신에 차서 말할는지 모른다. 그 말은 맞다. 그러나 여러분의 요구를 충족시키기에는 아직 많은 난관이 기다리고 있다.

우선 어떤 사람도 꿈의 해석을 본업이라고 생각하고 있지 않다고 말하고 싶다. 그렇다면 사람들은 왜, 언제 꿈을 해석하는 것일까? 우리는 종종 뚜렷한 목적도 없이 친구의 꿈을 연구하거나 정신분석 연구를 연습할 양으로 한때 자기의 꿈을 연구하기도 하지만, 보통은 분석 치료를 받고 있는 노이로제 환자의 꿈을 연구의 대상으로 삼는다. 그와 같은 꿈은 좋은 재료이며, 어느 점으로 봐도 결코 건강한 사람의 꿈에 못지않지만, 치료의 기법상 치료를 첫째 목표로 삼고 꿈의 해석을 둘째로 하지 않으면 안 되기 때문에, 우리는 치료에 필요한 것만을 뽑아내고 불필요한 꿈은 버리고 만다.

또 치료 과정에 나타난 많은 꿈도 대개는 충분한 해석을 하지 않는 경향이 있다. 그러한 꿈은 우리들이 아직 알 수 없는 많은 정신적 재료로 구성되어 있음을 치료가 끝나야만 비로소 이해할 수 있는 것이다. 치료 중에 나타나는 꿈을 이야기하는 것은 결국 노이로제의 모든 비밀을 폭로하는 결과도 되겠지만, 그런 노이로제 연구의 준비로써 꿈을 다루게 된 이상, 우리는 그렇게 할 수도 없다.

그러면 여러분은 쉽게 그 같은 재료, 즉 노이로제 환자의 꿈을 다루려 하지 않고 오히려 건강인이나 자기 자신의 꿈에 대한 해석을 듣고 싶어할 것이다. 그러나 이것은 꿈의 내용상 어쩔 수 없는 일이다. 대부분의 사람은 자기 자신이나 자기를 철저하게 신뢰하고 있는 다른 사람을 무자비하게—이것은 꿈을 완벽하게 해석할 때 필연적으로 따르는 것인데—폭로하지는 못한다. 여러분도 아는 바와 같이 꿈은 인격의 가장 은밀한 것에 관한 것이기 때문이다. 이와 같은 재료를 입수하기가 어려운 점뿐만 아니라, 보고할 때도 다른 것까지 고려해야만 한다. 꿈은 꿈을 꾼 당사자에게조차 묘한 형태를 나타낸다. 그런데 꿈을 꾼 사람의 인품을 모르는 다른 사람의 눈에는 더 기묘하게 보일 것이 당연하기 때문이다.

우리의 문헌에는 훌륭하고 상세한 분석의 예가 충분하다. 나 자신도 어떤 환자의 병력의 일부로서 그런 상세한 꿈의 분석 내용을 발표한 적이 있다. 오토 랑크는 한 처녀로부터 얻은 서로 관련이 있는 두 가지 꿈을 발표했는데, 이것은 가장 훌륭한 실례일 것 같다. 꿈의 내용은 불과 2페이지였지만, 그 분석은 무려 76페이지에 이르렀다. 이와 같이 방대한 꿈의 분석을 여러분에게 강의하려면, 아마도 한 학기 전부가 다 소요될지도 모른다. 만일 심하게 왜곡된 긴 꿈을 예로 든다면, 더 풍부한 설명과 그 꿈에 대한 연상이나 기억으로부터 많은 재료를 끌어내야 하며, 여러 가지 주석이 필요하므로 그로 인해 강의는 전체적인 전망이 어렵게 되고 불만스런 결과가 될 것이다.

그러므로 가장 쉬운 방법을 택해서 꿈의 단편들이 개별적으로 분리되어 파악하기 쉬운 노이로제 환자의 꿈으로부터 일부의 꿈을 보고하는 것으로 만족해 주기를 바란다. 가장 용이하게 증명할 수 있는 것은 꿈의 상징이며, 그 다음은 꿈의 퇴행 묘사의 특징들이다. 지금부터 제시하는 꿈에 대하여, 내가 왜 보고를 할 만한 가치가 있다고 여겼는지 여러분에게 하나씩 설명하기로 한다.

1) 다음의 꿈은 단지 2개의 짤막한 장면으로 되어 있다.

숙부가 토요일인데도 불구하고 담배를 피우고 있다.—한 여자가 제 아이처럼 숙부를 애무하고 있다.

이 꿈을 꾼 사람은 유대인으로서 그는 첫 번째 장면에 관해서, 자기 숙부는 착실한 신자이며, 토요일유대인에게 토요일은 안식일이다에 담배를 피우는 죄를 지은 적이 없고 또 지으려고 생각지도 않았을 것이라고 말했다. 두 번째 장면에 나타난 여자에 대해서 그에게 어머니 이외에 아무런 연상도 떠오르지 않았다.

이 두 개의 장면, 즉 두 가지 관념은 분명히 서로 관계가 있는 것 같다. 그러면 그 관계란 도대체 어떤 것일까? 그는 자기의 숙부가 현실적으로 그런 짓을 할 리가 없다고 완강히 부인했으므로, '만일'이라는 가정을 삽입시켜 보면 이 대목은 해석된다. '만일 독실한 내 숙부가 토요일에 담배를 피운다면, 나도 어머니에게 애무를 받아도 괜찮을 것이다.' 즉, 독실한 유대인에게는 토요일에 담배를 피우는 것과 마찬가지로 어머니의 애무가 허용되지 않는다는 것을 이 꿈은 뚜렷이 나타내고 있다. 앞에서 나는 꿈의 작업으로써 꿈의 관념 사이에 있는 관계는 모두 탈락되고 꿈의 관념은 그 소재로 분해된다고 말했었다. 그러므로 해석의 사명은 이 탈락된 관계를 본래대로 해 주는 일이다.

2) 꿈에 관한 나의 저술《꿈의 해석》, 1900년을 출판한 이래, 나는 이 문제

에 대해 한정된 범위 내에서 사람들의 의논 상대가 되었다. 그래서 수년 전부터 내게 꿈을 보고하거나 내 비판을 구하거나 하는 편지를 각계 각층의 사람들로부터 받아 왔다. 물론 나는 그 모든 편지들을 감사히 여기고 있지만, 거기에는 해석이 가능할 만큼 많은 자료를 첨부하여 보내준 사람도 있고, 자기 스스로 꿈에 어떤 해석을 내린 사람도 있다. 1910년에 뮌헨의 어느 의사가 보내준 다음과 같은 꿈은 이 종류에 속하는 것이다.

내가 이 꿈을 발표하는 이유는, 꿈을 꾼 당사자가 분석자에게 그것에 관한 정보를 제공해 주지 않을 때는 꿈이라는 것이 얼마나 난해하게 되는가를 여러분에게 실증하기 위함이다. 나의 억측인지는 모르지만, 여러분은 꿈에 상징적 의미를 적용하는 것을 이상적인 꿈의 해석으로 생각하고, 자유 연상의 기법을 사용하지 않으려 하는 것 같기 때문이다. 그와 같은 여러분의 착오로부터 나는 여러분을 구해 주고 싶다.

1910년 7월 13일, 새벽에 나는 이러한 꿈을 꾸었다. 나는 자전거를 타고 튜빙겐의 거리를 내려간다. 그때 갈색 닥스훈트사냥개의 일종가 사납게 쫓아와서 내 발뒤꿈치를 물었다. 나는 좀더 달리다가 자전거에서 내려 층계에 앉아, 발뒤꿈치에 매달린 개를 떼어놓기 시작했다개가 물었다는 사실과 그 장면들이 불쾌감을 주지는 않았다. 마침 맞은편에 중년 부인 두 사람이 앉아 있다가 싱글거리면서 나를 쳐다보고 있다. 순간, 나는 눈을 떴다. 그리고 전에도 자주 경험한 것처럼 잠을 깨려고 하는 순간에 여태까지의 꿈의 장면이 똑똑히 눈앞에 펼쳐졌다.

이 꿈에서는 상징이 거의 소용 없다. 그러나 꿈을 꾼 사람은 내게 다음과 같이 보고해 주었다.

"최근에 나는 어떤 여자를 좋아했으나 거리에서 지나는 것을 바라볼 뿐, 도무지 접근할 방도가 없었습니다. 그래서 그 여자가 데리고 있는 닥스훈트가 그녀와 나를 맺어 주지 않을까 생각했죠. 사실 나는 매우 개를 좋아했고, 그 여자도 역시 개를 좋아하는 것같이 보였기 때문이었습니다."

게다가 그는 전부터 개싸움을 잘 말려 구경꾼들이 깜짝 놀랄 정도였다고 했다. 즉, 그가 반한 처녀가 언제나 이 특이한 사냥개를 데리고 다녔음을 알 수 있다. 그런데 현재몽에서 그 여자는 사라지고, 단지 그녀를 연상시키는 사냥개만이 현재몽에 남아 있다. 싱글거리면서 그를 바라보고 있는 중년 부인은 아마도 그 여자를 상징하는 것 같다. 그런데 그가 내게 보고해 준 얘기는 이 점을 충분히 설명해 주지 않는다. 꿈 속에서 자전거로 달리고 있는 것은, 그가 기억하는 경험의 직접적인 되풀이다. 다시 말해서 그가 자전거를 타고 있을 때에만 개를 데리고 있는 그 여자를 만났기 때문이다.

3) 가까운 사람과 사별하고 나면 수년간 특수한 꿈을 꾼다. 그 꿈 속에 그 사람의 죽음에 대한 인식과 죽은 사람을 소생시키고 싶다는 욕구가 미묘하게 뒤섞여 나타난다. 분명 그 사람이 죽었음에도 불구하고 어떤 때는 자기가 그 사람의 죽음을 모르기 때문에 아직까지 살아 있는 것처럼 보이며, 아니면 그 사람이 죽은 것을 자기가 알았을 때 비로소 그 사람은 정말로 죽었다는 식으로 꿈 속에 표현된다. 또 어떤 때는 그 사람이 반은 죽고 반은 살아 있는 듯이 나타나기도 한다.

그리고 이와 같은 상태는 모두 뚜렷한 특징을 갖고 있다. 여러분은 이와 같은 꿈을 어이없다고 간단히 취급하면 안 된다. 왜냐 하면 죽은 사람을 소생시킨다는 것은, 우리가 동화에서 흔히 보듯이 꿈에서는 얼마든지 있을 수 있는 일이기 때문이다. 나는 이와 같은 꿈을 분석한 결과, 죽은 사람의 부활에 합리적인 설명을 할 수 있다는 것과 죽은 사람을 되살리고 싶다는 간절한 소망이 더욱 기묘한 방법으로 표현된다는 것을 알았다.

여기서 그런 꿈의 예를 하나 들겠다. 그와 같은 꿈은 너무나 기묘하고 어처구니없는 것 같지만, 이 분석은 우리가 이미 이론적으로 상세하게 설명하여 알게 된 것을 다방면에서 다시 한 번 가르쳐 줄 것이다. 다음의 꿈은 몇 해 전에 부친상을 당한 어떤 남자의 예이다.

나의 아버지는 죽었는데 그 시체가 다시 발굴되었으며, 그 안색은 나빴다. 아버지는 그 후 계속 살아 있었던 것이다. 나는 아버지가 이 꿈을 알아차릴까 염려하였다그리고 이 꿈은 다른, 얼른 보기에 완전히 동떨어진 사건으로 옮겨간다.

아버지가 죽었다는 것은 사실이다. 그러나 시체가 무덤에서 발견된 것은 현실적으로 불가능한 일이다. 또 계승되는 다른 일도 결코 현실과는 일치되지 않는 일이다. 아버지를 매장하고 돌아온 후, 그는 갑자기 치통을 앓기 시작했다. 그는 이 치통을, "아픈 이는 뽑느니만 못하다"라는 유대의 율법대로 뽑아 버리기 위해 치과 의사를 찾아갔다. 그런데 치과 의사는, "아프다고 금방 이를 빼면 큰일 납니다. 좀더 참아야 합니다. 아픈 이의 신경을 죽이기 위해서 약을 투여하겠습니다."라고 말했다. 치아를 '뽑는다'라는 것이 발굴을 뜻하는 것이라고 그는 소리 쳤다.

그의 말이 옳을까? 두 가지가 완전히 일치하지는 않지만, 어느 정도 그럴듯하다. 왜냐 하면 뽑히는 것은 멀쩡한 치아가 아니라, 상한 치아이기 때문이다. 그러나 다른 경험으로 미루어 꿈의 작업에는 이런 종류의 부정확성이 있다고 생각해도 좋다. 꿈을 꾼 이 사람은 죽은 아버지와, 신경을 죽인 채로 아직 뽑지 않고 남겨둔 치아를 압축하여 하나로 융합시킨 것이다.

이와 같이 현재몽에 어이없는 일이 나타났다고 해서 별로 이상할 것은 없다. 왜냐 하면 이에 대해서 들은 말이 모두 아버지에게 그대로 적용된다고 할 수 없기 때문이다. 그렇다면 이와 같은 압축을 가능하게 만든 아버지와 이와의 '제3의 입장, 즉 공통점'은 어디에 있는 것일까?

여기에 공통점이 있었던 것은 틀림없다. 왜냐 하면 꿈을 꾼 사람은 '이가 빠지는 꿈을 꾸면, 가족 중의 누군가가 죽는다'는 얘기를 들은 적이 있었다고 보고해 주었기 때문이다. 우리는 이런 통속적인 해석이 옳지 않거나, 적어도 어떤 우스꽝스러운 의미에서만 옳다는 것은 알고 있다.

그런데 그는 내가 더 깊이 추궁하기 전에 아버지의 병으로 인한 죽음과 아버지와 자기의 관계를 이야기하기 시작했다. 아버지는 오랫동안 앓고 있어서, 아들인 그는 간호와 치료에 많은 돈을 썼다. 하지만 그에게는 그것이 결코 거액은 아니었다. 그는 한 번도 아버지를 귀찮게 여기지 않았고, 더구나 어서 죽어주었으면 좋겠다고 생각해 본 적은 전혀 없었다. 그는 아버지에 대해서 유대인다운 효심으로써 유대의 율법을 엄하게 지키고 있음을 스스로 자랑으로 여기고 있었다.

이런 점에서 꿈의 관념 속에는 어떤 모순이 있다는 것을 추측해 볼 수 있다. 그는 치아와 아버지를 동일시했다. 그는 유대의 율법에 따라 이를 빼려고 했다. 즉, 유대의 율법은 이가 아파서 괴로울 때는 이를 뽑게 되어 있다. 그는 아버지에 대해서도 유대의 율법에 따라 행동하려고 했다.

유대의 율법은 아버지의 경우, 어떠한 경제적 희생이 따르더라도 온갖 무거운 짐을 자진하여 짊어지고 고통을 주는 것에 대해 불평을 해서는 안 된다. 만일 그가 아픈 이에 대해서 품고 있던 것과 같은 감정을 자기 아버지에게 품고 있었다면, 다시 말해서 아버지가 빨리 죽었으면 좋겠다고 바랐다면, 치아와 아버지의 일치는 저절로 설명된다.

이러한 태도는 오랫동안 병으로 누워 있는 아버지에 대한 그의 태도였으며, 그가 자신의 극진한 효성을 내세우는 점으로 미루어 아버지의 죽음을 바라는 생각을 감추려는 의향이 있었음은 두말할 나위 없다. 그러한 조건하에서 친아버지에 대한 죽음의 원망은 쉽게 솟는다. 그리고 이것은 '죽는다는 것은 아버지에게는 하느님의 구원이다' 하는 동정적인 가면을 쓰고 있다.

하지만 여러분은 내가 여기서 꿈의 잠재의식 자체에서 한 걸음 뛰어넘은 점에 주의해 주기 바란다. 이 잠재의식의 최초의 관심은 꿈이 형성되는 동안만 무의식 속에 있었을 뿐이지만, 아버지에 대한 적개심의 충동은 내내 무의식적이었을 것이다. 그것은 아마도 어린 시절에 시작되어 아버지의 병환중에도 가끔씩 위장되어 의식 속에 스며들었는지도 모른다. 적개심은 꿈 속에서 전혀 발견되지 않는다. 이와 같은 아버지에 대한 적개심의 근원을 어린 시절의 생활 속에서 찾아보자.

일반적으로 아버지에 대한 공포심은, 보통의 아버지는 사춘기 전후에 여러 사회적인 동기로 아들의 성적 행동을 감시하는 데 반해, 유년기 때부터 그런 감시적 태도를 취하면 그와 같은 공포심을 유발시킬 수 있다. 아버지와 이런 관계는 이 남자의 경우에도 적용될 것이다. 아버지에 대한 사랑에는 어릴 때의 성적 위협 때문에 생긴 경외심과 공포가 섞여 있다.

현재몽의 다음과 같은 부분은 '자위 콤플렉스Onanie Complex'로 설명이 된다. '아버지의 안색이 나빴다'는 것은 '이빨을 뽑아 버리면 안색이 변합니다'라는 치과 의사의 말을 암시하고 있다. 치과 의사의 말은, 사춘기의 청년이 자위 행위에 너무 몰두하면 안색이 나빠져서 자위가 폭로되거나 폭로될 것임을 경고한 것이므로 그것을 걱정한 것이다.

꿈을 꾼 사람이 현재몽 속에서 나쁜 안색을 자기에게로 옮겼다는 것은 마음의 부담을 덜기 위해서이다. 그것은 여러분도 잘 알다시피 꿈 작업의 전도轉倒의 하나이다. '아버지는 계속 살아 있었던 것이다.'라는 것은 아버지의 소생을 바라는 원망과 동시에, 치아를 빼지 않고 그대로 둔다는 치과 의사와의 약속과도 일치하고 있다.

여기서 '나는 아버지가 그것을 깨닫지 못하도록 모든 수단을 다 하고 있다'는 말은 훨씬 더 교묘하다. 이 글은 '아버지는 죽었다는 것을'이라는 글을 보충하고 싶은 기분이 들게 한다. 그런데 이 의미 심장하고 유일한 보충도 역시 자위 콤플렉스에서 나온 것이다. 즉, 그가 자기의 성생활에 관해서 아버지의 눈을 속이려고 온갖 짓을 다 했던 것은 당연한 일이다. 결론으로서 이른바 치통의 꿈이 언제나 자위와 자위에 대한 징벌의 공포를 나타내고 있다는 것을 기억해 주기 바란다.

여러분은 이제 이와 같이 난해한 꿈이 어떻게 해서 생겨났는가를 알게 되었을 것이다. 즉, 이 꿈은 위장한 압축의 힘을 빌리고, 또 잠재적인 사고 과정에서 여러 가지 관념이 탈락하고, 다시 이들 관념 중에서 제일 깊고 시간적으로 가장 멀리 떨어져 있는 것에 대해서 애매 모호한 대용물을 많이 만들어 내어 완성된 것이다.

4) 우리는 앞서 터무니없거나 기괴하지 않은, 평범한 꿈을 연구하려고 몇 번이나 시도했다. 그러나 '그런 꿈들에 있어서는 왜 사람은 이렇게 아무렇지도 않은 것을 꿈에 보는가?' 라는 의문이 일어난다. 그러므로 나는 이런 종류의 새로운 예를 들어보기로 하겠다. 내가 말하는 꿈은 어느 젊은 여성이 하룻밤 사이에 본, 서로 관련이 있는 세 가지의 꿈이다.

(1) 그녀는 자기 집에서 응접실을 걷다가 낮게 매달려 있는 샹들리에에 머리를 세게 부딪혀서 피가 났다.

이 꿈에 대해서는 아무것도 연상되는 게 없었다. 현실에서는 이런 일은 한 번도 일어나지 않았다. 그녀의 이야기는 이 꿈과는 정반대의 방향으로 향한다.

"선생님도 짐작하셨듯이, 저는 요즈음 머리카락이 빠져서 애를 먹고 있답니다. 어제도 어머님이 이제 그렇게 머리가 빠지다가는 내 머리가 마치 엉덩이같이 만질만질해지겠다고 말씀하셨어요."

그러므로 이 꿈에서 머리는 신체의 다른 끝부분을 대신하는 것이다. 여기서 샹들리에를 상징적으로 해석하기는 용이하다. 즉, 길게 늘어뜨릴 수 있는 것은, 음경의 상징이다. 그렇다면 음경과 부딪혀서 나온 신체 하단부의 출혈이 문제가 된다. 이 여성에게 좀더 연상을 시켜본 결과 이 꿈은, 월경은 남성과의 성교 결과로 일어난다는 믿음과 연관되어 있다는 사실을 알았다. 이 생각은 나이 어린 소녀들이 믿고 있는 성에 대한 견해를 나타내 주는 단편이다.

(2) 그녀는 포도밭에서 도랑이 깊이 팬 것을 보고 있다. 그 도랑은 그녀가 나무 한 그루를 뽑았기 때문에 생긴 것으로 알고 있다.

그러나 이 꿈에 대하여 그녀는 '내게는 그런 나무가 없다'는 것이었다. 그녀는 꿈 속에서는 나무를 보지 못했다고 말하지만, 이 말은 상징적으로 해석될 수 있는 다른 관념을 나타내고 있다. 이 꿈은 유치한 성이론性理論의 한 견해와 관계가 있다. 즉, 여자아이는 태어날 때 남자아이와 같은 성기를 가지고 있었는데, 그 후의 모양은 거세나무를 뽑는 일에 의해서 생겼다는 생각이다거세라는 뜻의 castration은 원래 라틴어의 castrat 자르다라는 말에서 유래했다.

(3) 그녀는 책상 서랍 앞에 앉아 있다. 이 서랍 속은 누가 봐도 금방 알 수 있도록 그녀가 가지런히 잘 정돈하고 있다.

서랍은 장롱·궤짝·종이상자와 마찬가지로 여성 성기의 상징이다. 그녀는 성교를 한그녀의 생각에 의하면, 다만 남자에게 닿기만 해도 증거가 성기에 나타난다는 것을 알고 있었으며, 이러한 증거가 나타나는 것을 오래도록 두려워하고 있다.

이 세 가지 꿈에는 '안다'는 것이 특히 강조되어 있음을 알 수 있다. 그녀는 어린아이다운 성적 호기심에 차 있었을 때, 자기의 독특한 발견을 매우 자랑으로 생각하던 시절을 상기하고 있는 것이다.

5) 다시 한 번 상징의 다른 예를 이야기하기로 한다. 그러나 이번에는 꿈이 나타난 당시의 심리 상태를 대강 미리 말해 두어야겠다. 어떤 여자와 사랑의 하룻밤을 보낸 남자의 말로는, 그녀는 남자와의 성교 중에도

아이를 갖고 싶은 소망으로 가득 차는 모성적인 성격의 여자였다. 그러나 두 사람은 단순한 연애였으므로, 성교를 하더라도 수태되지 않도록 주의하지 않으면 안 되었다. 날이 새자 눈을 뜬 그녀는 다음과 같은 꿈 이야기를 했다.

빨간 모자를 쓴 한 장교가 거리에서 내 뒤를 따라왔다. 나는 그 사람에게서 달아나려고 층계를 뛰어 올라갔다. 장교는 여전히 뒤를 따라왔다. 숨을 헐떡이며, 나는 내 방으로 뛰어들어 문을 닫아 걸었다. 장교는 문 밖에 있는 것 같았다. 내가 열쇠 구멍으로 내다보니 남자는 벤치에 앉아 울고 있었다.

빨간 모자를 쓴 장교에게 쫓겨서 헐레벌떡 층계를 뛰어오르는 것은 성교의 상징임을 여러분도 이미 알고 있을 것이다. 꿈을 꾼 여자가 쫓아온 남자를 들어오지 못하게 문을 닫는 것은 꿈에서 흔히 사용되는 전도의 예로 간주할 수 있다. 왜냐 하면 실제로는 사랑의 행위가 끝나기 전에 몸을 잡힌 것은 남자 쪽이었기 때문이다. 마찬가지로 여자의 슬픔은 남자와 대치되어 있다. 즉, 꿈속에서 울고 있는 것은 남자이며, 동시에 눈물은 정액을 암시하는 것이다.

정신분석의 주장에 의하면, 모든 꿈은 성적인 뜻으로 해석된다는 것을 여러분은 이미 알고 있을 것이다. 이 견해가 옳지 않다는 판결을 이제 여러분 자신이 내릴 수 있는 입장에 와 있다. 여러분은 더 뚜렷한 욕구, 즉 배고픔·목마름·자유에 대한 동경 등의 충족을 주제로 하는 원망의 꿈이라든가, 기분 좋은 꿈이나 안절부절못하는 꿈, 나아가서는 오로지 탐욕과 이기심의 꿈 등이 있음도 배웠다.

그러나 여러분은 정신분석의 연구 결과로써 강하게 왜곡된 꿈이 주로 —여기에도 물론 예외가 있지만—성적 원망을 나타내는 것임을 알게 되었을 것이다.

6) 내가 꿈에 상징이 이용되고 있는 예를 많이 든 것은 특별한 이유가 있기 때문이다. 내가 강의를 처음 시작할 때, 정신분석의 발견에 대해 여러분에게 쉽게 설명한다는 것이 얼마나 어려운 일인가 호소해 두었는데, 여러분도 그 이후 어렵다는 내 말에 동의했을 줄 안다. 나는 여러분에게 이미 어딘가에서 발표한 적이 있는 꿈 이야기를 하기로 한다. 그것은 남편이 수위인 어느 서민층 여자의 꿈을 예로 들려고 한다. 이 여자는 지금까지 한 번도 꿈의 상징이라든가, 정신분석이라든가 하는 것을 들은 적도 없었다. 꿈을 성적 상징으로서 해석하는 것이 억측인지 아닌지는 여러분 스스로가 판단할 수 있을 것이다.

……누군가 집을 부수고 들어왔다. 그녀는 공포에 가득 차서 수위인 남편을 불렀다. 그러나 수위는 두 악한과 짜고 교회로 가 버렸다. 교회로 가려면 몇 층의 계단을 올라가야만 했다. 교회 뒤에는 산이 있고 산 위에는 울창한 숲이 있었다. 수위는 헬멧을 쓰고 넥타이를 매고 외투를 입고 있었다. 그리고 갈색 수염을 더부룩하게 기르고 있었다.

말없이 수위를 따라가는 악한들은 허리에 바람으로 부풀어진 부대 모양의 앞치마를 두르고 있었다. 교회에서 산까지는 하나의 길이 나 있었다. 이 길 양쪽에는 풀숲과 나무숲이 무성했는데, 그것이 차츰 짙어져서 산꼭대기는 거의 밀림이 되어 있었다.

이 꿈에서 사용된 상징이 무엇인가는 여러분도 쉽게 알 수 있을 것이다. 남성 성기는 세 사람의 인물로서 나타나 있다. 여성 성기는 교회와 산과 숲이 있는 풍경으로 나타나 있다. 여기서도 계단은 성교의 상징이다. 꿈에서 산이라고 하는 것은 해부학에서도 비너스의 산Mons Veneris, 즉 음부陰部라고 부르고 있다.

7) 또 하나의 상징으로 풀 수 있는 꿈의 예를 보자. 꿈의 해석에 대해

서 전혀 이론적 예비 지식이 없는데도 꿈을 꾼 사람은 제멋대로 자기 꿈의 모든 상징을 번역한 것은 주목할 만한 일이고 수긍이 가는 일이다. 이런 태도는 매우 보기 드문 일이며, 그 조건에 대해서는 상세히 알려져 있지 않다.

나는 아버지와 함께 어딘가를 걷고 있다. 그 장소는 플라테르 공원인 것 같다. 왜냐 하면 멀리 둥근 건물이 보였기 때문이다. 이 둥근 지붕 앞에 조그만 건물이 하나 있고, 그 건물에 에드벌룬이 매여져 있다. 그러나 그 애드벌룬은 약간 바람이 빠진 듯이 보인다.

아버지가 그에게 저런 것은 모두 무엇 때문에 있느냐고 묻는다. 그는 아버지의 질문에 조금 당황해 했지만, 무엇 때문이라는 것을 쉽게 설명해 준다. 그리고 두 사람은 안마당으로 들어간다.

거기에는 커다란 함석이 깔려 있다. 아버지는 그 함석을 찢으려다가 누가 볼까 봐 먼저 주위를 둘러본다. 아버지는 아들에게, 무조건 관리인에게 말하기만 하면 괜찮다고 말한다. 그리고 아버지는 서슴지 않고 함석을 찢어버렸다.

이 안마당에서 아래쪽으로 사다리가 수직갱垂直坑까지 걸려 있었다. 이 수직갱의 벽은 마치 가죽을 씌운 안락의자처럼 푹신하고 부드러웠다. 이 수직갱 끝에는 긴 플랫폼이 있고, 다시 또 새로운 수직갱이 시작되고 있었다.

꿈을 꾼 사람은 스스로 해석했다.

"둥근 지붕은 내 성기입니다. 둥근 지붕 앞의 애드벌룬은 내 페니스인데, 나는 불능증으로 인하여 심히 고민하지 않으면 안 되었습니다."

이 꿈을 좀더 자세히 해석해 보면 둥근 지붕의 건물은 둔부이며어린아이들은 둔부를 항상 성기의 일부로 간주한다, 그 건물 앞의 조그만 건물은 음낭이다. 꿈속에서 아버지는 아들에게 저런 것은 모두 무엇 때문에 있는가?

하고 성기의 목적과 기능에 대해서 질문했다.

이 상황은 아들이 질문하는 것으로 바꾸어 생각해도 좋을 것이다. 아버지가 그런 것을 아들에게 묻는다는 것은 현실에서는 있을 수 없으므로, 꿈의 관념을 원망으로 보거나 아니면 조건법으로 해서 '만일 내가 아버지에게 성에 대해서 설명해 달라고 부탁한다면'으로 해석해야 한다.

이 관념의 계속은 다음 장소에서 발견할 수 있다. 함석이 깔린 안마당은 처음부터 상징적으로 해석되지 않는다. 이것은 아버지의 직업에서 유래한 것이다. 나는 임의로 이 '함석'을 아버지가 거래하고 있는 다른 금속과 바꾸었지만, 그외에는 꿈 속의 말은 달라진 것이 아니다.

꿈을 꾼 사람은 일찍이 아버지의 장사를 돕고 있었다. 그리고 거기서 막대한 이윤을 남기고 있는 부정에 가까운 상술에 대해 몹시 분개하고 있었다. 따라서 앞의 꿈의 관념의 계속은 '만일 내가 아버지에게 묻는다면, 마치 아버지가 단골 손님을 속이듯이 나를 속일 것이다'라는 것이 된다.

장사의 부정을 나타내기 위해서 사용된 '찢는다'라는 사실에 대해서는 꿈꾼 사람 자신이 또 다른 설명으로서, 그것은 자위를 뜻한다고 말했다.

우리는 이미 그에 대해 잘 알고 있었으며, 게다가 비밀스러운 자위는 그것과 정반대자위를 공공연히 해도 상관 없다로 표현된다. 자위 행위를 다시 아버지에게 전가시키고 있는 것은 우리의 예상과는 일치하는 것이다.

꿈의 첫 장면에 나오는 질문과 마찬가지로, 그는 수직갱의 벽이 푹신하고 부드러웠기 때문에 여자의 질이라고 금방 해석했다. 여기서 나는, 내려간다는 것은 다른 경우의 오른다는 동작과 마찬가지로 성교라 해석하고 싶다.

첫 수직갱에 긴 플랫폼이 이어 나가고, 거기서 다시 새로운 수직갱이 계속되는 광경을 그는 자신의 이력으로 설명해 주었다. 그는 한동안 성교를 해 왔지만 장애 때문에 그것을 단념하고 치료를 받으면서 다시 할 수 있게 되기를 기다리고 있었다.

8) 다음에 예를 드는 두 가지 꿈은 일부 다처의 경향이 뚜렷한 어느 외국인의 꿈이다. 여러분은 이 꿈을 통해 현재몽에서는 교묘히 감추어져 있더라도 자아는 어떤 꿈에나 나타난다는 것을 깨달을 수 있을 것이다. 꿈 속의 트렁크는 여성의 상징이다.

(1) 그는 이제 막 여행을 떠나려 하는 참이고, 짐은 차에 실려 역으로 보내진다. 차에는 많은 것이 실려 있는데, 그 중에는 견본 같은 크고 검은 것이 두 개 있다. 그는 위로하듯 누군가에게 말한다. “지금 저 트렁크는 역까지 함께 운반될 뿐이야” 하고.

실제로 그는 많은 짐을 갖고 여행했는데, 치료 중에 내게 많은 여자의 이야기를 고백했다. 두 개의 검은 트렁크가 현재 그가 교제하고 있는 두 흑인 여자이다. 그 중 한 여자는 그를 따라 멀리 빈에까지 오고 싶어했지만, 그는 나의 권고에 따라 여자에게 전보로 관계를 끊었다.

(2) 세관의 한 광경이다. 동행의 여행자가 자기 트렁크를 열고서, 담배를 피우면서 태연스럽게 “신고할 만한 것은 들어 있지 않습니다” 하고 말한다. 세관 관리는 그 말을 믿는 듯이 보였으나 다시 한 번 속을 뒤져보고 하나의 금제품禁制品을 발견했다. 여행자는 단념한 듯이 “할 수 없군” 하고 말한다.

이 여행자는 그 자신이다. 그리고 내가 그 세관 관리가 되어 있다. 그는 나에게 모든 것을 사실대로 고백하고 있었는데, 최근에 맺은 어느 여자와의 관계에 대해서는 입을 다물고 있었다. 왜냐 하면 자기가 말하지 않더라도 내가 그 여자에 관한 것을 눈치 채고 있다고 생각했기 때문이었다. 그는 그 사실이 발견되어 당황하게 될 상황을 미지의 사람과 대치했다. 그러므로 그 자신은 꿈 속에 나타나 있지 않은 것이다.

9) 다음의 것은 아직 언급하지 않은 어떤 상징의 실례이다.

그는 두 여자 친구와 함께 걷고 있는 자기 누이동생을 만난다. 그 두 여자 친구도 자매였다. 그는 이 두 사람에게 악수를 청했으나 자기 누이동생에게는 청하지 않았다.

이 꿈은 현실의 사건과 전혀 무관하다. 그의 생각은 오히려 어떤 시절로 거슬러 올라간다. 그 무렵, 그는 누이동생의 유방이 왜 그렇게 늦게 발육할까 하고 궁금했었다. 그러므로 두 자매는 유방의 대용이다. 만일 자기 누이동생 것이 아니었더라면, 틀림없이 그 유방을 만져보고 싶어했을 것이다.

10) 꿈 속에 나타난 '죽음의 상징'을 보여주는 꿈도 있다.

그는 두 사람과 함께 매우 높은 급경사의 철교를—그 사람의 이름은 알고 있었으나 잠이 깼을 때 잊어버렸다—건너간다. 별안간 두 사람의 모습은 사라지고, 그는 모자를 쓰고 린넨 옷을 걸친 귀신 같은 사람을 보았다. 그는 그 사람에게 "당신은 전보 배달부요?" 하고 묻는다……. "아니오." "그러면 마차를 모는 마부인가?"…… "아니오." 그는 계속하여 저쪽으로 걸어갔지만, 꿈 속에서 매우 두려움을 느꼈다. 잠을 깨고 난 뒤에도 별안간 철교가 허물어져서 자기가 심연으로 떨어지지나 않을까 하는 공상으로 이어졌다.

꿈을 꾼 사람이 자기가 모르는 사람이다, 혹은 이름을 잊어버렸다고 강조하는 인물이야말로 대개는 꿈을 꾼 사람과 매우 친근한 사람이었다. 이 꿈을 꾼 사람에게는 두 명의 형제가 있었다. 만일 그가 두 사람의 죽음을 몰래 바라고 있었다면, 마땅히 그 벌로써 그는 죽음의 공포에 휩싸일 것이다. 그는 전보 배달부는 언제나 불길한 소식을 전해 주는 것으로 연상했다. 제복으로 미루어 볼 때, 그 사람은 점등부點燈夫, 가로등이 가스

등이었던 시대에 이 등불을 켜고 끄는 일을 하는 사람였는지도 모른다. 그러나 점등부는 또한 불을 끄기도 하는 직업이다. 다시 말해서 죽음의 정령이 생명의 불을 끄는 것을 상징한다.

한편, 마부에 대해서 그는 독일의 낭만파 시인 우란트가 쓴 〈칼 왕의 항해〉라는 시를 연상해서 두 친구와의 위험한 항해를 생각했다. 그는 시 속의 칼 왕의 역할을 한 것이다. 철교의 붕괴는 최근에 일어난 사고와 '생명이란 달아 놓은 다리와 같은 것'이라는 속담을 연상시켰다.

11) 다음의 꿈은 죽음의 묘사에 관한 또 하나의 예이다.

미지의 신사로부터 검은 테를 두른 명함을 받았다.

12) 다음의 꿈은 여러 가지 점에서 흥미로운 것이다. 흥미가 있다는 것은 노이로제 상태도 물론 그 속에 포함된다.

그는 기차를 타고 있다. 열차가 넓은 들판에 서 버렸다. 그는 무슨 사고가 일어난 모양이다, 도망쳐야겠다고 생각하면서 차장이건, 기관사이건 만나는 사람을 모조리 죽이면서 계속해서 찻간을 빠져나간다.

이 꿈의 연상으로는 어떤 친구의 이야기를 생각했다. 이탈리아의 어느 선로에서의 일인데, 한 미치광이가 조그마한 차칸에 갇혀서 호송되고 있었다. 한 손님이 모르고 그 차칸을 열었다. 그러자 미치광이는 이 열차의 많은 손님을 죽였다.

즉, 꿈꾼 사람은 자기를 그 미치광이와 동일시하고 있었던 것이다. 이것은 자기의 비밀을 알고 있는 사람은 남김없이 죽여 버려야 한다는 강박 관념에서 나오고 있다.

그런데 그는 이 꿈에 관한 더 좋은 동기를 스스로 발견했다. 그 전날 그는 극장에서 한 처녀와 재회했다. 그는 전에 그녀와 결혼하려고 했었는데, 여자가 그에게 질투를 일으킬 만한 짓을 함으로써 단념했었다. 만일 그가 그녀와 결혼했다면, 질투가 차츰 더 심해져서 실제로 미쳐 버렸을지도 모른다.

즉, 그는 질투 끝에 그 여자와 관계 있는 남자들을 모두 죽여 버릴까 하고 생각했을 만큼 그 여자를 무절제한 여자로 간주하고 있었던 것이다. 도망치기 위해 잇따라 차칸을 빠져나가는 것을 우리는 계속해서 결혼하는 것일부일처제의 반대의 상징으로 해석하고 있다.

열차가 넓은 들판에 정지하고 사고가 일어날 듯한 공포를 품은 점에 대해서 그는 이렇게 말했다. 전에 그가 철도 여행을 했을 때, 역이 아닌 곳에서 별안간 열차가 서 버렸다. 그때 "열차가 충돌한 모양이에요. 이런 때는 두 다리를 높게 쳐드는 것이 가장 안전해요" 하고 옆에 앉은 젊은 여자가 설명했다. 그런데 '다리를 높이 쳐든다'는 말은, 그가 그 여자와의 행복한 첫사랑 시절에 즐긴 산책과 소풍을 연상시켰다. 이것은 그 젊은 여자와 결혼했더라면 틀림없이 미쳤을 것이라는 점을 입증하는 또 하나의 설명이다.

그러나 그럼에도 불구하고 이 꿈은, 그에게 아직 그와 같은 미치광이가 되고 싶다는 원망이 남아 있다는 것을 말해 주고 있음을 나는 확실히 말할 수 있다.

13

꿈의 태고성과 유연성

꿈의 작업은 검열의 영향을 받아서 꿈의 잠재의식을 어떤 다른 표현으로 대처하는 일이라는 것을 염두에 두기 바란다. 그런데 잠재의식은 각성시의 잘 알고 있는 의식적인 관념과 동일한 데 반해 새로운 표현은 여러 가지 특징 때문에 무척 난해하다. 이미 말한 것처럼, 이 표면 양식은 인류가 아주 먼 옛날에 극복한 지적 발달의 한 단계, 즉 우리의 사고 언어思考言語가 아직 발달하지 않았던 상형문자 상징 관계의 시대에 씌어지던 것에서 유래하고 있다. 그러므로 우리는 꿈 작업의 이와 같은 표현 양식을 태고적 또는 퇴행적이라고 부르고자 한다.

여러분은 이런 것에서 꿈의 작업을 좀더 깊이 연구해 보면, 아직도 충분히 알려지지 않은 인류의 지적 발달의 기원에 관해서 귀중한 설명을 얻을 수 있을 것이라고 추측할지도 모른다. 나도 그런 기대를 하고 있지만, 이를 연구하는 사람은 아직 아무도 없다. 꿈의 작업에 의하여 우리가 거슬러 올라가는 원초 시대는 두 가지가 있는데, 하나는 '개체個體'의 원초 시대, 즉 유아기이며, 또 하나는 모든 개체가 그 유아기에 인류의 모든 진화를 되풀이한다는 의미에서 '계통 발생적' 원초 시대이기도 하다. 그런데 잠재하는 심적 과정들의 어느 부분이 개체의 원초 시대에 유래하며,

또 어느 부분이 계통 발생적 원초 시대에 유래하는지를 구별하는 것이 반드시 불가능한 것만은 아니라고 생각한다. 이를테면 개체가 전혀 배운 적이 없는 상징 관계는 분명히 계통 발생적 유산으로 계승됐다고 간주해도 좋으리라 여겨진다.

그러나 상징이 꿈의 유일한 태고성이라고 할 수는 없다. 여러분 자신의 경험으로써 유아기의 뚜렷한 '기억 상실'을 상기할 것이다.

여러분은 1세 때부터 5, 6세 혹은 8세 때까지의 경험이 훗날 성인이 되어서의 경험만큼 기억에 남지 않는다는 것을 인정할 것이다. 물론 개중에 유아기로부터 현재까지의 기억을 빠짐없이 기억하고 있다고 자랑하는 사람이 있긴 하지만, 그러나 기억을 못 하는 사람 쪽이 훨씬 많은 것이 사실이다. 그런데 이 사실을 이상하다고 여길 사람은 거의 없을 것이다. 어린아이는 두 살이 되면 곧잘 말을 하고 이내 복잡한 심적 상황에 잘 적응해 나가는 능력을 나타내며, 그 몇 해 후에 다른 사람이 들려주어도 전혀 기억해 내지 못하는 것을 그 당시에 이미 지껄이고 있었던 것이다. 그리고 유아기의 기억은 후년에 비해서 정신적 부담이 훨씬 덜하므로 능률이 좋다. 기억 기능은 특별한 고도의 정신적 행위가 아니고, 오히려 그런 명석한 기억력은 지능이 매우 낮은 사람들에게서도 발견되는 것이다.

그러나 이 첫 번째 특징에 대해서 나는 두 번째 특징을 들지 않을 수 없다. 두 번째 특징은, 유아기의 초기에 해당하는 기억의 탈락에서부터 모든 기억이 잘 보존되어 조형적인 상으로 선명하게 떠오르지만, 그렇다고 해서 그 보존을 정당화시키는 것은 아니라는 점이다. 우리의 기억은 후일에 경험하는 인상의 재료에 대해 선택적으로 다룬다. 다시 말해서 기억은, 중요한 것은 보존하고 중요하지 않은 것은 떨쳐 버린다. 그러나 보존되어 온 유아기의 기억은 이런 선택을 받지 않는다. 그런데 유아기의 기억은 반드시 유아기의 중요한 체험도 아니고, 확실히 어린아이 자신이 중요하다고 여긴 체험도 아니다. 오히려 그것들은 너무도 평범하고 무의미하며, 왜 이런 하찮은 것을 지금까지 잊어버리지 않고 있었을까 하고 놀랄 정도의 것들이다.

나는 전에 유아기의 기억 상실의 의문과 기억의 단편이 머릿속에 남게 되는 수수께끼를 분석으로써 규명하려고 시도한 적이 있다. 그 결과, 어린아이라도 중요한 인상만이 기억 속에 남는다는 결론에 도달했다. 이 중요한 인상은 여러분이 이미 알고 있는 압축 작용, 특히 대치 작용으로서 얼른 보기에 별로 중요하지 않은 것 같은 모습으로 바뀌어 나타날 뿐이다. 그래서 나는 이와 같은 유아기의 기억을 '은폐 기억'이라고 부르는 것이다. 만일 철저하게 분석한다면, 이 은폐 기억에서 잊어버린 것을 빠짐없이 기억해 낼 수 있을 것이다.

정신분석 요법에서는 유아기의 결손된 기억을 보충할 것을 항상 제일의 목적으로 한다. 만일 분석 요법이 어느 정도까지 성공한다면대개는 성공하지만, 잊혀진 유아기의 기억을 다시 완전하게 드러낼 수 있을 것이다. 이 유아기의 인상들은 실제로는 결코 잊혀진 것이 아니라, 깊이 잠재하고 있어 접근하지 못했을 뿐인 무의식의 하나였던 것이다. 경우에 따라서는 이 잠재한 기억이 절로 무의식 속에서 떠올라오는 수도 있다. 게다가 그것은 꿈과 결부되어 떠오른다. 이렇게 보면 꿈이 이 잠재적인 유아기의 경험에 이르는 길을 밝혀줄 수 있음을 알 수 있다.

이 점을 입증하는 좋은 실례가 정신분석의 문헌에 실려 있는데, 나 자신도 이에 어느 정도 공헌했다고 생각한다. 언젠가 나는 무슨 일로 신세를 진 적이 있는 어떤 사람의 꿈을 꾸었는데, 그 사람은 꿈 속에서 매우 분명하게 내 눈앞에 나타났다. 그 사람은 애꾸눈으로 몸집이 작고 통통했으며, 어깨가 넓은 남자였다. 나는 꿈의 전후 관계에서 그 남자가 의사라고 생각했다. 다행히도 나는 그 당시 아직 생존해 계시던 모친에게 나의 출생지—나는 고향을 3세 때 떠나왔었다—의 의사가 어떻게 생겼는가 물어볼 수 있었는데, 어머니는 그 의사가 애꾸눈이고 몸집이 작고 통통하게 살이 쪘으며, 어깨가 딱 벌어진 사람이라고 가르쳐 주었다.

그리고 그 의사에게 내가—나는 완전히 잊고 있었지만—치료받은 적이 있다는 것을 알았다. 즉, 유아기 초기의 잊어버렸던 재료가 이렇게 꿈에 다시 나타나는 것이 또 하나의 꿈의 태고성인 것이다. 우리가 앞서 부닥쳤던 다른 수수께끼 중의 하나도 이것과 같이 설명할 수 있다. 꿈을 일으키는 것은 반드시 꿈의 검열과 꿈의 왜곡으로서만 설명될 수 있는 잠재적인 성적 원망이라는 사실을 알고 나서, 여러분이 얼마나 놀랐는지 생각날 것이다. 우리가 그런 꿈을 꾼 사람을 위해서 납득할 수 있도록 해석해 준 경우, 그 사람이 해석 자체에 항의하지 않더라도 언제나 이와 같은 질문을 한 것을 기억할 것이다.

"나는 오히려 그런 원망과는 전혀 거리가 멀고 그것과 정반대의 것을 의식하고 있었는데, 어째서 그런 원망이 나타났을까요?"

우리는 이 원망의 유래를 지적하는 데 망설일 필요는 없다. 이 나쁜 원망의 충동은 그다지 멀지 않은 과거에서 유래하고 있다. 현재에는 이 원망 충동이 있다는 것을 알지도 의식하지도 않지만, 전에는 그런 원망이 있었다는 것을 알고 있었고 의식하고 있었다는 것이 증명된다.

어떤 부인의 꿈은 17세인 외동딸이 죽었으면 좋겠다는 원망으로 해석되었다. 그리하여 그녀에게 그 꿈의 해석을 상기시켰더니, 그녀는 한때 자기 딸에 대해서 죽음의 원망을 품은 적이 있었다는 것을 깨달았다. 그 딸은 이혼한 전 남편의 소생이었다. 그녀가 임신하고 있을 때 남편과의 심한 말다툼을 하고 격분하여 뱃속의 아이까지도 죽어 버렸으면 하고 주먹으로 힘껏 자기 배를 때린 적이 있었다.

현재는 자기 아이에게 온갖 애정을 다 쏟으며, 개중에 너무 지나치다는 평을 들을 정도로 사랑하고 있는 어머니들이 과거에는 마지못해 수태했고, 또 그 당시 자기 뱃속의 생명이 태어나지 않기를 바란 경우가 우리 주변에는 얼마든지 있다. 실제로 어머니들은 다행히도 그와 같은 원망을 무해한 여러 가지 다른 행동으로 대처하는 것이다. 그러므로 사랑하는 사람에 대한 죽음의 원망은 나중에는 불가사의하게 느껴지겠지만, 그 사람과의 초기의 관계에서 유래하고 있다는 것을 알 수 있다.

어떤 아버지의 꿈을 해석한 결과, 매우 애지중지하는 장남의 죽음을 바라고 있었다는 해석이 나왔다. 이 아버지는 앞서의 어머니와 마찬가지로 그러한 원망이 마음 속에 있었을 것이 틀림없다. 현재의 아내를 택한 데 대한 불만을 품고 있던 한 남자가 그 아내와의 사이에서 출생한 아이가 아직 젖먹이였을 때, 성가신 이 아이가 죽어야 아내와 헤어져서 내 뜻대로 살 수 있을 텐데 하고 생각한 적이 있었다. 미움의 충동은 대부분 이와 같은 원인에서 생긴다는 것을 증명할 수 있다. 이런 증오심의 충동은 과거의 생활에서 언젠가 한 번은 의식되고, 그리하여 정신 생활 속에서 작용한 일이 있는 사건의 추억이다.

그런데 만일 처음부터 어떤 사람과의 관계가 냉담한 것이었을 때에는 그와 같은 원망이나 그러한 꿈은 나타날 이유가 없다고 여러분은 말하고 싶을 것이다. 이미 나는 그 추론이 옳다고 인정했다. 다만 여러분에게 경고해 두고 싶은 것은, 꿈의 문맥 그대로의 뜻이 아니라 해석 후의 꿈 전체의 의미를 고려해야 한다는 것이다. 사랑하는 사람이 죽었다는 현재몽은 단지 무서운 가면에 불과하며, 실제로는 완전히 다른 것을 뜻하고 있든지 아니면 그 사랑하는 사람은 다른 사람의 대신이며, 우리가 속고 있을 수도 있는 것이다. 이런 경우에 부닥치면 여러분의 마음 속에 더 진지한 다른 의문이 솟아날 것이다. 여러분은 다음과 같이 말할는지도 모른다.

"설사 과거에는 그 죽음의 원망이 존재해서 기억으로써 그 존재가 증명되었다고 해도, 그것만으로는 충분한 설명이 되지 않습니다. 이미 오래 전에 억압된 그 원망은 현재로선 단지 무의식 속에 무력한 기억으로서 남아 있을 뿐이지, 강한 충동으로서 존재하는 것이 아니잖습니까? 그것이 강한 충동으로서 존재해 있다는 증거는 아무것도 없습니다. 어떻게 그런 원망이 일반적으로 꿈 속에서 상기되는 것입니까?"

여러분이 품는 이런 의문은 물론 당연하다. 이 의문에 대한 대답을 위해 다시 이야기를 거슬러 올라가서 꿈의 학설 중 가장 중요한 점의 하나에 대한 우리의 의견을 밝혀야 할 줄 안다. 그러나 부득이 나는 여기에서 당분간 이야기를 중단하고 이 의문도 잠시 보류하기로 한다. 우선 여러분도 이 의문에 대해 참아주기 바란다. 이 억눌린 충동이야말로 꿈을 일으키는 것이라는 입증으로 만족하고, 다른 잘못된 나쁜 원망도 역시 과거에서 유래하는가 하는 연구를 진척시켜 보자.

계속해서 우리는 배척排斥 원망타인의 죽음을 바라는 원망에 관한 설명을 하기로 한다. 배척 원망이 바로 꿈의 형성자라고 간주하는 경우가 많다. 어떤 사람이 인생에 있어서 우리의 길을 방해한다면—이것은 인간 관계가 복잡해질수록 많아진다 —꿈은 그 방해자가 아버지이든 어머니이든 또한 형제 자매이든, 부부이든 그 사람을 죽이려고 잔뜩 벼르고 기다린다. 우리는 마음 속에 숨어 있는 이 악의에 크게 놀라 이러한 꿈에 관한 해석이 옳다고 그대로 인정하고 싶지 않았다. 그러나 이와 같은 원망의 기운이 과거에서 유래한다는 것을 알고 나면, 이와 같은 이기심이나 원망 충동이 가까운 사람에게 향해지더라도 전혀 이상하지 않게 생각된다.

우리는 그러한 납득을 하게 되는 과거의 한 시기를 발견하게 되는데, 그 시기란 바로 유아기 초기이다. 이 시기는 나중에 생각하면 모두 망각 속에 갇혀 있지만, 이 시기의 아이는 종종 적나라한 이기심을 발휘한다. 대개의 경우는 현저한 이기주의 소질의 흔적을 발견할 수 있다. 어린아이는 우선 자기를 사랑하고 좀 큰 후에 비로소 타인을 사랑하며, 자아의 일부를 남을 위해 희생하는 것을 배운다. 어린아이가 처음부터 다른 사람을 사랑하는 것처럼 보이는 것은 실상 그 사람이 필요하기 때문이거나 그 사람이 없으면 살아갈 수 없기 때문이다. 즉, 그것은 이기적인 동기인 것이다. 후년에 이르러서야 비로소 사랑의 충동은 이기심과 무관해진다. 실제로 어린아이는 자기의 이기주의로부터 타인을 사랑하는 것을 배우게 되는 것이다.

자기의 형제 자매에 대한 어린아이의 태도와 부모에 대한 태도를 비교해 보면, 이 이기심에 대해서 좀더 이해하게 된다. 어린아이는 반드시 자기의 형제 자매에 대해서 사랑의 감정을 품고 있지는 않으며, 자주 직설적으로 싫다고 토로한다. 어린아이의 마음 속에서 경쟁자를 미워하고 있다는 것은 의심할 바 없으며, 이런 태도가 성인이 될 때까지, 아니 더 후년에까지 얼마나 자주 나타나는지는 잘 알려져 있는 일이다. 하기야 증오심은 대개 애정과 대치된다. 오히려 우리는 증오심 위에 애정이 싹튼다고 말하고 싶다. 그러나 적개심은 일반적으로 애정보다 빨리 생기는 모양이다. 적개심은 2세 반에서 4, 5세까지의 어린아이가 새로 동생이 태어났을 때 자주 나타내 보인다. 어린아이는 대개 갓난아기를 진심으로 반갑게 받아들이지 않는다.

"이번에 난 아기는 싫어. 황새가 다시 어디로 데려가 버렸으면 좋겠어." 하는 것이 대부분의 어린아이가 하는 말이다. 그 결과 모든 기회가 새로 난 아기를 비난하기 위해서 이용되며, 직접 행동하여 갓난아기를 상처 입히는 일도 종종 일어난다. 아기의 나이 차이가 적을 때는, 정신 활동이 더 활발해질수록 어린아이는 경쟁심을 일으켜서 상대방과 맞선다.

만일 나이 차가 클 경우는, 갓난아기를 재미있고 살아 있는 인형으로 생각하여 일말의 동정심을 일으키는 경우도 있다. 갓난아기와 어린아이의 나이차가 여덟 살 또는 그 이상일 때, 특히 여자아이의 경우는 갓난아기에 대해서 친절한 어머니 같은 충동이 쉽게 드러난다. 그러나 해석 결과 꿈 속에서 형제 자매에 대한 죽음의 원망이 나타났을 때 이상하다고 놀랄 것은 없다. 그 이유는 배척 원망의 원형을 유아기의 초기나 때로는 서로 함께 지내던 후년의 생활 속에서 쉽게 증명할 수 있기 때문이다.

한 집안에서 어린아이들끼리 심하게 싸우지 않는 경우는 아마 없을 것이다. 대체로 싸움의 동기는 부모의 사랑을 서로 독차지하려 한다든가, 함께 가지고 놀게 되어 있는 장난감이나 집안의 자리를 서로 빼앗으려 하는 일 등이다. 이러한 적개심은 형제 자매의 누구에게나 향한다. "영국의 젊은 여성이 어머니 이상으로 누구를 미워한다면, 그것은 그 사람의 제일 손위 언니일 것이다"라고 말한 것은 버나드 쇼였다고 생각된다. 버나드 쇼의 이 말에는 우리를 놀라게 하는 점이 내포되어 있다. 형제 자매 사이의 증오심과 경쟁심은 웬만큼 이해할 수 있다고 하더라도, 그렇다면 어째서 딸과 어머니, 부모와 자식 사이의 관계에 증오심이 끼여드는 것일까?

아이 쪽에서 볼 때, 부모에 대한 관계는 형제 자매에 대한 관계에 비하여 확실히 사이가 더 좋은 것이며, 우리도 그래야 한다고 생각하고 있다. 부모와 자식 간에 애정이 없을 때, 우리는 형제 자매의 경우보다도 훨씬 부당하게 받아들인다. 우리는 형제 자매 사이의 사랑은 세속적인 것이라 생각하고 부모 자식 간의 사랑은 신성하게 여긴다. 그럼에도 불구하고 임상적인 관찰 결과는 부모와 다른 자식들 간의 감정 관계가 사회에서 이상적으로 내건 것과 얼마나 거리가 멀며 그 감정 관계에 얼마나 많은 적개심이 작용하고 있으며, 그 적개심을 효심이나 사랑으로서 참아내지 않는다면 겉으로 드러나기가 얼마나 쉬운가 하는 것을 알 수 있다.

아버지와 아들, 어머니와 딸이라는 동성이 서로 반발하려고 하는 데 그 적개심의 동기가 있다. 딸은 어머니에 대해서 자기의 의지를 속박하고 자기로 하여금 성적 자유를 억압하는 사회 규범을 준수하게 하려는 사명을 지닌 하나의 권위로 생각한다. 그리고 경우에 따라서는 어머니를 경쟁자로 의식하여 경쟁에서 지지 않으려고 대립한다. 이와 똑같은 일이 아버지와 아들 사이에서는 한층 더 심하게 나타난다. 아들의 입장에서 볼 때, 아버지는 무조건적인 사회적 구속의 화신이다. 아버지는 아들에게 있어서 제멋대로 행동하는 것, 성적 향락에 빠지는 것, 또 무절제한 돈의 사용 등을 방해하는 존재이다. 만일 재산 상속권이 아들에게 있을 경우, 아버지가 어서 죽어주었으면 하는 기대감은 비극적으로 높아진다. 이에 반해서 아버지와 딸, 어머니와 아들의 관계는 원만하게 이어지는 것처럼 생각된다. 모자간의 관계는 이기심으로 변질되지 않고 영원히 불변하는 사랑의 전형이다.

사람들이 꿈 속에서 부모, 특히 동성의 부모를 제거하려고 하는 원망을 발견했다고 해서 그다지 놀랄 것은 없다. 이 원망은 각성시에도 존재해서 또 다른 동기에 의해 위장되며, 종종 의식되기도 한다. 이를테면 앞에 든 꿈의 분석 실례의 세 번째 예에서는 죽음의 원망이 아버지의 무익한 고통에 동정한다는 형태를 위장하고 나타났다. 꿈의 경우, 적개심이 사랑의 가면을 쓰고 결국에는 억제되는 경우이다. 이 경우 꿈이 적개심을 격리어떤 경험을 잊지는 않지만 그 감정적 요소는 떼어내는 것할 때까지, 적개심은 조용히 기다리고 있어야 한다. 그와 같은 격리로 인해 꿈이 우리 눈에 엄청난 것으로 보일지라도 해석 결과를 꿈을 꾼 사람의 실생활 속에 삽입시키면 본래대로 수축해 버린다. 이 죽음의 원망은 현실에서는 전혀 터무니없게 받아들여지고, 또 어른은 각성시에는 결코 그런 부당한 소망을 품고 있다고 인정하지 않을지라도 꿈 속에서는 발견될 수는 있다. 이것은 유아기에 특히 동성의 부모와 자식 사이를 떼어놓으려는 뿌리 깊은 동기가 벌써부터 잠재해 있었기 때문이다.

애정에 있어서의 경쟁은 성적인 면에서 해석될 수 있다고 생각한다. 남자아이는 이미 유아기 때부터 어머니에 대해서 특별한 애정을 보이기 시작한다. 또 아들은 어머니를 자기의 독점으로 보고 아버지를 자기와의 경쟁자로 느끼기 시작한다. 이와 마찬가지로 여자아이는 어머니에 대해 자기 스스로 잘 해낼 수 있는 지위를 빼앗으려는 도전자로 생각하고, 마치 자기와 아버지와의 애정 관계를 방해하려는 방해자처럼 생각한다. 이런 태도를 우리는 오이디푸스 콤플렉스Oedipus Complex라고 부르는데, 사실상 이 태도의 기원은 무척 오랜 옛날로 거슬러 올라간다.

그 말은 오이디푸스의 신화에 의하면, 아버지를 죽이고 어머니를 자기 아내로 삼으려는 아들의 감정에서 나온 이 두 가지 극단적인 원망을 충족시켜 준다는 의미에서 유래한 것이다. 나는 오이디푸스 콤플렉스가 자신과 부모의 관계를 전부 완전히 표현할 수 있다고는 주장하고 싶지 않다. 사실 자식과 부모의 관계는 이보다 훨씬 복잡하기 때문이다. 오이디푸스 콤플렉스는 다소 강하게 발달하는 수도 있고, 또 그 반대로 되는 수도 있다. 그러나 오이디푸스 콤플렉스는 일반적으로 자식의 정신 생활에서 매우 중요한 인자임은 분명하다. 우리는 이 콤플렉스의 결과로 생기는 발전의 영향을 과대 평가하기보다 오히려 과소 평가하기가 쉽다. 실제로는 부모 쪽에서 오이디푸스적 태도로 반응하게끔 자식을 유도하기도 한다. 즉, 부모는 자식의 성별에 의해 사랑의 테크닉을 바꾼다. 그래서 아버지는 딸을, 어머니는 아들을 더 귀여워하며, 또 부부간의 애정이 식을 경우에는 자식이 잃어버린 사랑의 대체가 되는 것이다.

이 오이디푸스 콤플렉스의 발견에 대해서 세상 사람들은 정신분석의 연구에 크게 찬사를 보내지 않았다. 오히려 이 발견에 대해서 어른들은 심한 반발을 나타내기도 했다. 한편 엄하게 금지되어 있거나 터부Taboo, 禁忌로 되어 있는 이 감정의 존재를 부정하지 않은 사람들도 점차 오이디푸스 콤플렉스에 새로운 해석을 내리고 늦게나마 그 본래의 가치를 인정했다. 나는 내 견해를 바꿀 생각은 전혀 없다. 내 견해에는 부정해야 할 것도, 변명해야 할 것도 없다. 그리스 신화에 의해서 피할 수 없는 숙명으로 인정된 이 사실을 있는 그대로 보지 않으면 안 된다. 더 흥미 깊은 것은 실생활에서 외면된 이 오이디푸스 콤플렉스가 문학 작품 속에 남아 있다는 것이다.

그것은 마치 문학의 세계에 안주한 것처럼 보인다. 오토 랑크는 그의 면밀한 연구 속에서 이 콤플렉스가 극시劇詩 속에 변형되고 완화되거나 위장된 모습으로 풍부한 소재가 되어 있음을 증명해 주었다. 그러므로 이 오이디푸스 콤플렉스가 나중에 부모와 마찰 없이 평화롭게 살고 있는 성인의 꿈에 나타나는 것은 별로 이상할 것이 없다. 또 그 거세 콤플렉스Kastrations Complex, 즉 아버지의 성생활에 대한 위협이나 자식이 일찍부터 성생활을 하는 데 대한 반대도 결국 이 오이디푸스 콤플렉스와 밀접한 관계가 있다는 것을 알 수 있다.

우리는 많은 근거에서 다음과 같은 것을 알았다. 우선 어린아이에게는 성생활이 없다든가, 성욕은 반드시 사춘기에 성기가 성숙해야 나타난다는 가설은 전혀 근거 없는 잘못이라는 점이다. 반대로 어린아이는 태어날 때부터 내용이 풍부한 성생활을 누리고 있다. 물론 그 성생활은 정상이라고 간주되는 성인의 그것과는 현저히 구별된다. 그런데 우리가 성인으로서 '도착倒錯'이라고 부르는 것은 정상인의 성생활과는 사뭇 다르다. 그 차이점은 첫째는 종種이라는 경계동물과 인간의 경계를 무시하는 것이다. 둘째는 불결함에 대해 무감각하다는 것이며, 셋째는 근친 상간이라는 제한을 깨뜨린다는 것이다. 넷째는 드러내놓고 동성애를 행하는 것이며, 다섯째는 성기로써 할 수 있는 역할을 신체의 다른 부위가 대신한다는 점 등이다. 이와 같은 제한은 태어나자마자 비롯되는 것이 아니고, 발육과 교육의 과정 중에 서서히 구축된다. 어린아이에게는 이와 같은 제한이 없다. 어린아이는 아직도 인간과 동물 사이에 있는 엄격한 구별을 모른다. 인간과 동물과는 다르다는 생각은 성장하면서 비로소 느끼게 된다.

처음에 어린아이는 배설물에 대해서 혐오감을 나타내지 않는다. 이 혐오감은 교육의 영향으로 서서히 배운다. 어린아이는 성의 구별에 무관심하며, 오히려 남녀 양성은 같은 모양의 성기를 가졌다고 상상한다. 어린아이는 최초의 성적 욕망과 호기심을 자기와 가장 가깝고 가장 사랑하고 있는 사람, 즉 부모·형제·자매·유모에게로 돌린다. 그리고 어린아이는 쾌감을 얻는 데 성기로만 만족하지 않고 몸의 다른 여러 부위에도 성적 감각이 있어 그 부위에서 같은 쾌감을 얻을 수 있다는 것을 발견한다. 따라서 그 부위가 성기의 역할을 할 수 있다는 사실을 깨닫는다.

그러므로 어린아이는 '다형성 도착多形性倒錯'이라고 할 수 있는데, 어린아이가 이 모든 충동을 행위에 나타내는 데 몰두하지 않는 까닭은, 이와 같은 충동이 아직은 미약하기 때문이며, 또 교육이 어린아이의 성적 표현을 강하게 억제하기 때문이다. 이 억제는 이론화되어 있어서 성인들은 종종 어린아이의 성적 표현의 어느 부분을 관대하게 보며, 다른 부분에는 새로운 해석을 내려 성적인 성질이 없다고 여기고 전체를 인정하지 않는다. 이를테면 어린아이의 방에 들어가면 그 아이의 성적인 장난을 엄하게 꾸짖으면서도, 대외적인 이론에서는 어린아이의 성적 순결을 변호하는 사람이 많다. 어린아이는 자유로울 때나 유혹당했을 때, 사람의 눈을 끄는 도착을 잘 나타낸다. 물론 성인은 이것을 '어린이다운 짓'이라든가, '장난'이라고 간단히 일축해 버린다. 왜냐 하면 어린아이에게는 도덕이나 법률에 대해서 한 개체로서의 책임을 지울 수 없기 때문이다.

그러나 역시 성욕은 존재하며, 그것은 타고난 체질의 징후로나 나중 발달의 추진력으로서도 의의를 가진다. 따라서 어린아이의 성욕과 어린아이의 성생활로써 인간의 성생활을 설명할 수 있다. 그러므로 왜곡된 꿈 뒤에 이 모든 도착된 원망 충동이 나타났을 경우에는, 이 점에서도 꿈이 완전히 유아적 상태로 되돌아간 것을 의미하는 것이다.

금지된 원망 중에서 특히 두드러진 것은 근친 상간의 원망이다. 즉, 부모나 형제 자매와 성관계를 하려는 원망이다. 인간 사회에서 근친의 성관계가 얼마나 혐오감을 불러일으키는가, 진정으로 혐오를 느끼지 않더라도 표면적으로 사람들이 얼마나 혐오를 나타냈는가, 또 얼마나 강력하게 그것이 금지되었는가를 여러분은 잘 알고 있을 것이다. 근친 상간을 설명하기 위한 노력이 오늘날까지 오래 지속되어 왔다. 어떤 사람은 종족을 보존하고자 하는 자연의 은사이다, 즉 다시 말해서 근친 상간은 질적으로 종족의 타락을 가져오기 때문에 그것은 금제를 통해 마음에 나타나는 것이라고 주장한다.

또 어떤 사람은 어릴 때부터 가족과 공동 생활을 하고 있기 때문에, 성적인 호기심이 그 가족에게 돌려질 수 없게 된 것이라고 말한다. 그런데 이 두 가지 주장에서는 근친 상간의 금제가 저절로 달성된다고 되어 있다. 그렇다면 왜 엄격한 금제가 필요한지 알 수 없다. 이것을 역으로 생각하면, 이 엄격한 금제야말로 강한 욕망이 내재해 있다는 것을 증명해 준다. 정신분석 연구의 결과, 근친 상간적인 애정의 선택은 인간이라면 누구에게나 있을 수 있고, 그것이 후년에 이르러서야 비로소 그에 대해 저항이 나타나는데, 그 저항이 어디에서 유래하는지는 개인심리학으로는 충분히 설명할 수 없다는 것을 알게 되었다.

아동심리학을 연구한 결과, 우리는 꿈을 한층 더 잘 이해할 수 있게 되었다. 그 결과를 종합해 보면, 잊어버린 유아기의 경험이 성인의 꿈에 나타난다는 것과, 어린아이의 정신 수준인 이기심과 근친 상간적인 애정의 선택 등은 무의식이라는 꿈에 있어서는 계속 존재하고 있다는 것, 그리고 꿈에 의해서 우리는 밤마다 이 어린아이의 단계로 되돌아갈 수 있다는 것이다. 이 일로 해서 우리는 정신 생활에 있어서 무의식적인 것이란 유아적인 것이라는 것을 알 수 있었다. 그리고 이 발견으로써 인간에게는 수많은 악이 내재해 있다는 생각을 점차 떨쳐 버릴 수 있다. 그런 무시무시한 악은 정신 생활에 있어서의 원초적이고 원시적이며, 유아적인 것에 불과한 것이다. 그리고 일부분은 어린아이에게서 활동하고 있으나 그다지 뚜렷하지 않으므로 무시되며, 일부는 어린아이에게 별로 윤리적인 기준이 요구되지 않기 때문에 중시되지 않는 것이다.

꿈은 이 어린아이의 단계로 퇴행하기 때문에, 우리의 마음 속의 숨은 악을 표출시킨 듯한 외관으로 보인다. 그러나 우리를 당황케 하는 이 외관은 위장한 가면에 지나지 않는다. 꿈의 해석으로 상상되는 것만큼 인간을 악으로만 평가할 수 없기 때문이다. 꿈의 옳지 않은 충동이 유아적인 흔적에 지나지 않고, 또 사고와 감정 속에서 꿈이 우리를 다시 어린아이로 만들어, 우리를 윤리적 발달의 본래의 단계로 되돌아가게 하는 것뿐이라면, 이와 같은 나쁜 꿈을 꾸었다 하더라도 그다지 부끄러워할 필요는 없다. 이성理性이라는 것은 정신 생활의 일부분에 불과하다. 정신에는 이성적이 아닌 다른 많은 것이 존재하기 때문이다.

우리는 이와 같은 꿈을 꿈의 검열에 맡기는데, 만일 이 원망이 왜곡되지 않은 노골적인 형태로 의식 속에 들어올 때는—그런 일은 거의 희박하지만 —얼굴을 붉히거나 분개하게 된다. 게다가 간혹 우리는 왜곡된 꿈에 대해서도 그 꿈의 뜻을 알고 있는 것처럼 얼굴을 붉히는 경우도 있다. 여러분은 앞서의 '사랑의 봉사'의 꿈에 대해서 본인에게는 해석해 주지도 않았는데, 꿈꾼 노부인 스스로가 판단을 내리고 분개한 것이 생각날 것이다.

이것으로써 이 문제가 끝난 것은 아니다. 우리가 만일 꿈에 등장하는 악을 더 깊이 파고든다면, 인간성에 대해서 다른 각도로 새로운 판단을 내릴 수 있을지도 모른다. 연구 전체의 결과로써, 우리는 다음과 같은 두 가지 견해를 얻었다.

첫째, 꿈이 하는 일의 퇴행성은 형식적인 동시에 실질적이다. 즉, 이 퇴행성에 의하여 우리의 관념이 원시적인 표현 양식으로 해석될 뿐 아니라, 원시적인 생활에서의 여러 가지 특징들이 다시 소생되며, 만일 상징 관계를 태고적인 것으로 생각해도 좋다면 우리의 태고의 지적 소산도 소생시킬 수 있는 것이다.

둘째로, 지배적이고 독재적이었던 옛날의 유아적 특징은 오늘날에 와서 모두 무의식화되어 은연중에 우리의 관념을 변화시키고 확대하지 않으면 안 된다. 무의식은 이제 그때 잠재하고 있던 것을 지칭하는 이름이 아니다. 무의식은 독자적인 원망 충동, 독자적인 표현 양식, 평소에는 발동하지 않는 개성적인 심적 메커니즘을 가진 특수한 심적 영역이다. 그러나 우리의 해석으로 명백히 드러난 꿈의 잠재의식은 이 영역에 속해 있는 것은 아니다. 잠재의식이란 오히려 우리가 꿈을 꾸지 않는 각성시에 가지고 있는 관념의 일종이다. 그러나 잠재의식도 역시 무의식이다. 그렇다면 어떻게 이 모순을 해결해야 하는가? 여기서 우리는 이 두 가지를 구별해야 할 필요성을 느낀다.

우리는 의식 생활意識生活로부터 나오고, 의식 생활의 성격을 지닌 그 무엇 —우리는 이것을 '낮의 잔재Tagesreste'라고 부른다—과 무의식의 영역으로부터 나오는 어떤 것이 결부되어 꿈이 되는 것이다. 그리고 이 둘 사이에 꿈의 작업이 이루어진다. 나중에 덧붙여지는 무의식에 의하여 낮의 잔재가 어느 정도 영향을 받는가가 퇴행의 조건이 된다.

수면 중에 정신 생활을 이와 같이 퇴행시키는 것은 무엇일까? 어째서 심적 활동은 반드시 퇴행이라는 것으로써 수면을 방해하는 심리적 자극을 방출하지 않으면 안 되는 것일까? 그리고 만일 심적 활동이 꿈의 검열의 간섭 아래 예전의 표현법을 사용해서 위장해야 할 정도라면, 어째서 인류가 극복한 옛 심적 충동과 원망의 특징을 소생시키는 것일까? 다시 말해서 형식적이고 실질적인 퇴행은 정신 활동에 무슨 도움을 주는가? 그에 대한 유일한 해답은 다음과 같다. 즉, 그 같은 방법에 의해서만 꿈이 형성될 수 있고, 역학적으로는 꿈의 자극을 도저히 제거할 수 없기 때문이다. 그러나 아직 우리는 그와 같은 대답을 할 자격이 없다.

14
원망 충족

여태까지 우리의 연구가 어떻게 진행되어 왔는지, 여러분은 다시 한 번 상기해 주기 바란다. 우리가 발견한 기법을 응용했을 때 꿈의 왜곡이라는 난관에 부닥쳤는데, 거기서 우리는 잠시 어린아이의 꿈에 대한 본질로 방향을 돌렸었다. 그리고 그 연구의 결과로써 우리는 꿈의 왜곡에 대해 직접적인 공격으로 그것을 정복하기를 바랐다. 그러나 우리는 이 두 가지 방법에서 별도로 발견한 것이 반드시 합치하지 않음을 고백하지 않을 수 없다. 이 두 가지 결과를 결부시켜서 비교하는 것이 지금부터 우리가 할 일이다.

두 방면으로부터 연구 결과, 꿈 작업의 본질은 관념의 환각적인 경험으로 전환시키는 일이라는 것이었다. 그것이 어떤 방법으로 이루어지는가는 알 수 없지만, 이런 유형은 오히려 일반 심리학에 속하는 문제이므로, 여기서는 간략하게 다루고자 한다. 어린아이의 꿈에서 우리는 꿈 작업의 목적은, 잠을 방해하는 심리적 작용을 원망 충족으로 제거하는 일이라는 것을 배웠다. 왜곡된 꿈에 대해서는 그 꿈을 해석하는 방법을 알기 전에는 어린아이의 꿈과 동일하다고 결론 지을 수 없었다. 그러나 왜곡된 꿈이라도 어린아이의 꿈과 같은 견지에서 설명할 수 있다고 우리는 예상했다. 모든 꿈은 실제로 어린아이의 꿈이며, 어느 꿈이든지 유아적 재료로서 어린아이다운 심적 충동과 메커니즘을 가지고 활동하고 있다는 견해에 우리가 도달했을 때, 이 예상은 비로소 적중했다.

이제 우리는 원망 충족이 왜곡된 꿈에도 적용되는지 어떤지에 대해 연구해 보기로 하자. 우리는 앞에서 꿈의 예를 하나씩 분석했는데, 그때는 조금도 원망 충족의 문제를 언급하지 않았다. 그러나 그 해석을 하고 있던 중 여러분의 마음 속에는 '꿈 작업의 목적인 그 원망 충족은 대체 어떻게 되는 것입니까?' 하는 궁금증이 솟아올랐을 줄 안다.

우리는 그런 사람들에게, 왜곡된 꿈에는 원망 충족이 공공연히 나타나지 않는다. 그것은 찾아내야 하므로 꿈을 해석하기 전에는 거의 눈에 띄지 않는다고 대답할 것이다. 왜곡된 꿈에 포함된 원망은 검열에 의하여 억제된 원망이며, 이 원망이 바로 꿈의 왜곡된 원인이 된 것이고, 검열이 간섭하는 동기가 된 것임을 알고 있기 때문이다. 원망 충족의 견해를 부정하고자 하는 태도는 확실히 꿈의 검열의 결과에 불과하다. 즉, 검열을 받은 이 원망을 부정하는 태도를 보상하려는 것이다.

물론 우리는 어째서 고통스럽고 불안한 내용의 꿈이 많은가에 대해 설명하고 싶다. 이때 비로소 우리는 꿈 속의 감정이라는 문제에 부딪치게 되는데, 이것은 독자적인 연구의 가치가 있는 문제이기는 하지만, 유감스럽게도 여기서는 자세하게 다룰 수 없다. 만일 꿈이 원망 충족이라면, 꿈속에는 고통스러운 감정이 있을 수 없다는 아마추어 비평가의 항의는 있을 법하다. 그러나 그들이 미처 생각지 못한 세 가지 혼란에 대해 먼저 고찰해야 한다.

첫째로, 꿈의 작업이 원망 충족을 이룩하지 못한 결과로 꿈의 잠재의식의 고통스러운 감정이 현재몽에 남는 경우이다. 그 꿈을 분석해 보면 이와 같은 꿈의 잠재의식은 나타난 꿈보다 훨씬 심한 고통을 가지고 있었음을 알게 될 것이다. 이것은 마치 물을 마시는 꿈을 꾸더라도 실제로는 갈증을 해소하지 못하는 것처럼 우리는 그때 꿈의 작업이 그 목적을 달성하지 못한 것을 인정한다. 즉, 물을 마시는 꿈을 꾸어도 여전히 갈증을 느끼고 물을 마시기 위해서 잠을 깨지 않으면 안 된다. 그러나 그래도 역시 하나의 어엿한 꿈이었으므로, 이 꿈은 꿈의 본질을 내포하고 있다. 그것은 로마의 오비디우스가 "설령 그 힘은 미치지 못하더라도 의도는 언제나 칭찬할 만하다"라고 말한 것과 같다.

확실히 인정되는 의도는 적어도 칭찬할 만하다. 이와 같은 실패의 예는 종종 있다. 꿈의 작업으로 봐서 그 실패의 원인은 내용의 뜻을 고치는 것보다 다른 감정으로 바꾸는 것이 훨씬 어렵다는 점이다. 감정은 때로 매우 완강한 것이기 때문이다. 그러므로 꿈의 작업은 꿈의 관념에 포함되어 있는 고통스러운 내용을 전환시켜 원망 충족으로 바꾸지만, 고통스러운 감정은 여전히 변하지 않고 남는 것이다. 이런 꿈에서는 감정과 내용이 완전히 일치하지 않는다.

이에 대해서 꿈은 본래 원망 충족이 아니므로 꿈 속에서는 무해한 내용까지도 고통스럽게 느껴진다고 말할 사람이 있을 것이다. 그에 대해서는, 꿈 작업의 원망 충족 경향은 바로 그 꿈에 있어서 내용과 감정이 서로 떨어져 있기 때문에 가장 뚜렷이 나타난다고 항의할 수 있다. 이런 잘못된 생각은, 노이로제에 대해 전혀 모르는 사람이 꿈에서도 내용과 감정의 결합을 밀접하다고 생각하고, 그 때문에 내용은 변해도 내용에 속하는 감정은 변하지 않고 그대로 표현된다는 것을 이해하지 못하기 때문에 일어난 것이다.

둘째로, 대부분의 아마추어가 등한시하는 매우 중요하고 심오한 인자이다. 즉, 원망 충족은 분명히 누구에게나 쾌감을 가져다줄 것인데, 대체 누구에게 쾌감을 주느냐 하는 것이다. 물론 그 원망을 품고 있는 사람에게 가져다주는 것인데, 꿈을 꾼 사람이 자기의 원망에 대해서 갖는 태도는 아주 특수한 관계를 가지고 있다. 꿈을 꾼 사람은 자기의 원망을 비난하고 검열한다. 말하자면 꿈을 꾼 사람은 그 원망을 부정한다. 또한 원망 충족은 꿈을 꾼 사람에게 아무런 쾌감도 가져다주지 않으며, 도리어 불쾌감만 가져다준다. 이 쾌감과 정반대의 것이 무엇인지 아직 알 수 없지만, 경험상 그것이 불안한 형태로 나타난다는 사실을 우리는 알고 있다. 그러므로 꿈을 꾼 사람과 그 꿈의 원망과의 관계는, 굳은 결속력으로 합쳐진 두 사람의 합체合體와 같다. 이 사실과 관련해서 여러분에게 유명한 동화의 예를 들겠다.

어떤 가난한 부부에게 신이 세 가지 소원을 들어주겠다고 약속했다. 부부는 매우 기뻐하며 세 가지 소원을 신중히 고르려고 생각했다. 그런데 아내가 옆집에서 풍겨오는 소시지 냄새에 현혹되어 '아아, 저런 소시지를 두 개만 얻었으면' 하고 생각했다. 그러자 금방 소시지가 눈앞에 나타났다. 이것으로 첫째 소원이 채워졌다. 이것을 보고 남편은 화가 나서 격분한 끝에 "제기랄, 이 따위 소시지, 여편네 코끝에나 붙어 버려라" 하고 소리 쳤다. 그러자 소시지는 아내의 코끝에 붙어 도무지 떨어지지가 않았다. 이것이 두 번째 소원이 되고 말았는데, 이 소원은 남편이 품은 소원이었다.

이 소원의 충족이 아내 쪽에서는 매우 불쾌한 일임은 말할 나위도 없다. 이제 여러분은 이 동화의 끝 장면을 예상할 것이다. 두 사람이 결국 부부로서 일심 동체라면, 세 번째 소원은 당연히 소시지가 아내의 코끝에서 떨어지도록 바랐을 것이다. 여러분은 이 동화를 통해서 양쪽의 의견이 서로 일치하지 않으면 한쪽의 원망 충족은 다른 쪽의 사람에게는 불쾌한 것이 된다는 것을 이해했을 줄 안다.

이제 불안한 꿈을 이해하는 데 훨씬 용이해졌을 것이다. 또 다른 관찰을 통해서 여러 가지로 타당성이 있는 가설을 세워보기로 하자. 그 관찰이라는 것은, 불안한 꿈은 전혀 왜곡되지 않고 검열의 눈을 피한 내용을 가지고 있는 경우가 종종 있다는 것이다. 불안한 꿈은 대개 위장되지 않은 원망의 충족이며, 꿈을 꾼 사람이 완강히 부정하는 원망의 충족이다. 즉, 검열 대신에 불안이 나타난 것이다. 어린아이의 꿈은 꿈을 꾼 당사자가 인정하는 공공연한 원망의 충족이며, 보통의 왜곡된 꿈은 억압된 원망의 위장된 충족이라고 할 수 있다. 여기서 '불안한 꿈은 억압된 원망의 직접적인 충족이다'라는 공식이 성립된다.

불안은, 억압된 원망이 검열보다 더욱 강하다는 증거이다. 즉, 억압된 원망이 검열에 대항해서 그 원망 충족을 관철했거나 관철하려고 한 흔적의 표시가 바로 불안이다. 꿈에서는 원망 충족이지만, 꿈의 검열 쪽에 서 있는 우리는 고통의 감정과 함께 방어가 시작되는 이유이다. 그때 꿈에 나타난 불안은 평상시 억눌려 있던 원망들의 막강한 힘에 대한 불안이라고 말할 수 있다. 이 막강한 원망에 대한 방어가 어떻게 해서 불안이라는 형태로 나타나는가를 꿈의 연구만으로 설명할 수는 없다. 불안에 대해 우리는 다른 각도로 연구해야 한다.

대개 왜곡되지 않은 불안한 꿈에 적용되는 이 가설은, 일부만 왜곡된 꿈이나 고통의 감정이 불안스럽게 나타나는 다른 불쾌한 꿈에도 적용된다. 흔히 불안한 꿈을 꾸면 잠이 깬다. 즉, 꿈의 억압된 원망이 검열에 대항해서 완전히 충족되기 전에 잠이 깨게 되는 것이 상례이다. 이럴 때 꿈은 그 목적 달성에는 실패했지만, 그 때문에 꿈의 본질이 변화되는 것이 아니다. 우리는 꿈을, 수면의 방해를 감시하는 야경꾼이나 수면의 파수꾼에 비유했었다. 그런데 야경꾼이라도 자기 혼자서 방해물이나 위험을 쫓아 버릴 자신이 없을 때에는 자고 있는 사람을 깨우는 경우가 있다. 그러나 꿈이 위험성을 띠고 불안으로 향하기 시작했을 때라도, 운 좋게 수면으로 계속하는 경우도 있다. 우리가 수면 중에 '꿈이었구나' 하고 중얼거리고는 다시 잠에 빠져버리는 것은 바로 이때이다.

꿈의 원망은 언제 검열에 대항하여 완전히 충족되는 것일까? 그것은 꿈의 원망과 검열에 있다. 원망은 어떤 불분명한 원인으로 언제든지 강해질 수 있지만, 대개는 검열의 방법 쪽이 이 힘의 균형의 이동에 책임이 있는 듯하다. 우리는 앞에서 이미 검열의 강도는 꿈마다 각기 다르며, 또 꿈의 요소마다 그 엄격함의 정도가 다르다는 점을 말했다. 여기서 나는 검열의 힘은 매우 가지각색이며, 온당치 못한 것 같은 요소에 대해서도 항상 동일한 엄격함으로 맞서지 않는다는 가설을 덧붙여 두고 싶다. 검열은 자기를 위협하는 어떤 원망과 맞설 힘이 없음을 깨닫게 되면, 왜곡을 이용하지 않고 자기에게 남아 있는 최후의 수단으로써 불안을 자극해서 잠에서 깨어나게 만든다.

그런데 여기서 우리의 관심사는 왜 이 나쁜 원망이 밤에만 나타나 우리의 수면을 방해하느냐 하는 이유이다. 그에 대한 대답으로 우리는 수면상태의 본성에 그 이유가 있다는 가설을 세울 수밖에 없다. 낮에는 검열관의 무거운 압력이 이들 원망을 억압하고 있으므로, 그 원망은 자기의 힘을 발휘하지 못한다. 그러나 밤에는 이 검열도 쉬고 싶다는 유일한 원망에 부응하여 그 압력을 거두거나 현저하게 저하시킨다. 다시 말해서 금지되어 있는 원망이 재활동을 하는 것은 검열이 간섭력을 저하시켰기 때문이다. 불면증을 호소하는 노이로제 환자 중에는 처음에는 불면을 바랐다고 고백하는 사람이 있다. 그런 환자는 꿈을 꾸는 것이 두려워서, 즉 검열이 간섭을 저하시키는 것을 두려워하여 편안하게 수면을 취하지 못하는 것이다.

그러므로 여러분은 검열의 간섭력 저하가 결코 큰 잘못을 뜻하는 것이 아님을 쉽게 알 수 있으리라. 수면 상태는 우리의 운동 기능을 마비시킨다. 그러므로 설령 나쁜 의도가 마음 속에 움직이기 시작하더라도 실제로는 전혀 무해한 꿈을 만드는 일밖에 하지 못한다. 그리고 밤에 속하면서 결코 무해한 꿈의 생활에는 속하지 않는 '꿈이었구나' 하는 가장 이성적인 말은 사태가 평온하다는 것을 말해 준다. 즉, 우리는 그 꿈을 방치해 두고 계속 잠을 자는 것이다.

셋째로, 자기의 원망에 대항하여 꿈을 꾸고 있는 당사자를 다른 두 사람이 서로 밀접하게 결합되어 있는 것에 비유한 것을 상기한다면, 어째서 원망 충족에 의해 불쾌한 일, 즉 징벌이 이루어지는가 하는 이유를 다른 관점에서 이해할 수 있을 것이다. 여기서도 앞서 언급한 그 세 가지 소원에 관한 동화를 다시 한 번 예로 들기로 하자.

쟁반 위의 소시지는 첫 번째 인물, 즉 아내가 품은 원망의 직접적인 충족이며, 아내의 코끝에 붙은 소시지는 두 번째 인물, 즉 남편의 원망 충족인데, 그것은 동시에 아내가 품은 어리석은 원망에 대한 징벌이기도 하다. 이 동화에 남아 있는 세 번째 원망의 동기가 되는 것을 우리는 노이로제 환자에게서 재발견할 수 있다. 그런데 인간의 정신 생활에는 이와 같은 징벌의 의도가 많이 있다. 이것은 매우 강한 의도이므로 몇몇 고통스러운 꿈의 책임이 이 징벌 의도에 있다고 해도 과언이 아니다.

이상으로 여러분은 유명한 원망 충족의 학설이 완전히 설명되었다고 할는지 모른다. 그러나 자세히 보면, 여러분은 착각에 빠져 있다는 것을 깨닫게 될 것이다. 원망 충족·불안 충당·징벌 실현이라는 이 세 가지 해결로는 나중에 말할 여러 가지 꿈의 방식에 대한 설명이 너무나 미흡하다. 여기에 덧붙이고 싶은 것은, 불안이란 소망과 반대되는 대립물이며, 이 대립은 연상에서는 서로 긴밀한 관계가 있어 이미 말한 것처럼 무의식 속에서는 합치한다는 점이다. 그리고 징벌도 사실을 원망 충족이며, 이것은 검열을 하는 사람의 원망 충족이라는 것이다.

전체적으로 나는 원망 충족의 이론에 대하여 여러분의 항의에 완강히 맞섰다. 그러나 왜곡된 꿈에 대해서 하나하나 그 원망 충족을 입증할 의무가 있으므로, 나는 이 과제에 대해 과감히 맞서겠다. 그래서 앞에서 해석한 그 1플로린 50클로이처로 3장의 C석 입장권을 산 꿈의 예를 상기해 주기 바란다. 어느 날 남편이 아내에게, 아내보다 불과 석 달 손아래인 엘리제라는 여자 친구가 약혼을 했다고 말한다. 그날 밤, 아내는 남편과 함께 극장에 있는 꿈을 꾼다. 좌석의 한쪽은 거의 비어 있다. 남편은 아내에게 엘리제와 그 약혼자도 오고 싶어했으나, 3장에 1플로린 50클로이처 하는 C석을 사야 했으므로 올 수 없었다고 말한다. 그녀는 두 사람이 오지 못한 것을 결코 불운이 아니라고 생각한다.

우리는 이 꿈의 관념 속에, 너무 서둘러서 결혼해 버렸다는 후회감과 남편에 대한 불만이 포함되어 있는 것으로 해석했다. 그렇다면 마음을 우울하게 하는 이 관념이 어떻게 원망 충족의 형태로 발견되는 것인가 하고 궁금해 할 것이다. 그런데 우리는 그 꿈에서 '너무 일찍, 서둘러서'라는 요소는 검열에 의해 꿈에서 삭제되었다는 것을 알았다. 빈 좌석이 그것을 암시해 준다. '1플로린 50클로이처에 3장'이라는 이상한 표현은 앞서 연구한 상징을 통하면 더 잘 이해할 수 있을 것이다. 3은 남자를 의미한다. 그리고 현재요소는 '지참금으로 남자를 산다 나만큼의 지참금이라면 훨씬 훌륭한 남자를 살 수 있다'로 즉각 해석할 수 있다. 꿈에서 결혼은 연극 구경으로 대치되어 있다. 즉, 너무 서둘러 입장권 걱정을 했다는 것은 너무 빨리 결혼했다는 것을 대신하고 있다. 그러나 이 대용은 원망 충족이 한 일이다.

그녀의 여자 친구가 약혼했다는 소식을 듣기 전에는 자기의 조혼에 불만을 느끼지 않았다. 당시 그녀는 자기가 일찍 결혼한 것을 자랑으로 여겼고, 그녀의 친구 엘리제보다 자기가 훨씬 행복하다고 생각하고 있었다. 순박한 처녀들은 약혼을 하면 여태까지 허락되지 않았던 연극 구경을 함께 가도 좋다는 기쁨을 표현하는 경우가 많다고 한다. 마찬가지로 이 꿈에서 보고 싶다는 호기심은 원래 성생활에 대한 성적 호기심이며, 특히 부모의 성생활을 향하고 있었다. 또한 이 호기심은 처녀가 조혼을 하게 되는 강한 동기가 된다. 이렇게 하여 연극 구경은 결혼했다는 것을 뚜렷이 나타내는 대용물이 된다. 즉, 그녀는 현재는 일찍 결혼한 것을 후회하고 있지만, 일찍 결혼한 것이 원망 충족—결혼으로 그녀의 호기심이 채워졌으므로—이었던 그 시절로 되돌아가 있는 것이다. 그리고 이 옛날의 원망의 움직임에 이끌려서 결혼이 연극 구경으로 대치된 것이다.

숨겨진 원망 충족을 입증하기 위한 앞의 실례는 그렇게 이상적인 것은 아니다. 우리는 다른 왜곡된 꿈도 이것과 같은 방법으로 다루어야만 한다. 우리와 함께 꿈의 해석을 세밀하게 연구하고 꿈의 해석의 모든 성과를 인정한 사람도 흔히 원망 충족의 문제에 대해서는 이렇게 질문했다.

"비록 꿈이 반드시 의미를 가지고 있어서 그 의미를 정신분석의 기법으로 밝혀낼 수 있다 하더라도, 왜 항상 뚜렷한 증거가 있는데도 꿈은 언제나 원망 충족이라는 틀에 끼워맞추어야 합니까? 왜 밤의 사고는 낮의 사고만큼 다양한 의미가 있어서는 안 되는 것입니까? 다시 말해서 어떤 때는 충족된 원망과 일치하고, 어떤 때는 선생님 자신이 말씀하시는 것처럼 그것과는 정반대의 현실화된 공포와 일치할 수 없는 것입니까? 어째서 의도·경고·찬부贊否에 대한 숙고·비난 및 양심의 가책, 시급한 일을 준비하는 노력 등도 표현할 수 없는 것입니까?"

다른 모든 점에서 의견의 일치를 보았다면 이 문제의 의견 차이는 상관 없다고 여러분은 생각할 것이다. 꿈의 의미와 그 의미를 아는 방법을 발견한 것만으로는 충분하지 않은가? 만일 우리가 꿈의 의미를 편협하게 한정했다면, 전진이 없이 퇴보했을 것이다. 하지만 그렇게 되지는 않는다. 그에 대한 오해는 잘못된 인식이며, 노이로제를 이해하는 데 필요한 꿈의 가치를 손상시키는 것이다. "왜 다양한 의미가 꿈에 나타나면 안 됩니까?"라는 질문에 대해 나는 우선 왜 안 되는지 모른다고 대답하고 싶다. 설사 꿈에 많은 의미가 있더라도 나는 이의가 없다. 오히려 내가 아는 한, 꿈이 많은 의미를 가지고 있더라도 그것은 상관 없는 일이다. 다만, 어떤 사소한 일이 꿈의 폭넓고 편리한 견해, 즉 실제로는 꿈의 의미가 매우 다의적多義的이라는 견해와 어긋나는 것뿐이다. 또 나의 두 번째 대답은 꿈을 가지각색의 사고 형식과 지적인 산물과 견줄 수 있다는 가설을 들 수 있다.

나는 앞에서, 어느 환자의 병력에 3일간 계속해서 나타났다가 그 후는 나타나지 않았던 한 꿈을 보고했다. 나는 이것을 해석하여, 꿈이 이런 식으로 나타난 까닭은 이 꿈이 하나의 의향이나 결심에 대응하는 것이며, 의향이 이루어지고 나면 두 번 다시 나타날 필요가 없는 것이라고 말했다. 그 후 나는 고백에 합치하는 꿈을 공표했다. 그런 내가 왜 꿈의 다의성에 반대되는 모순된 말을 할 수 있겠는가?

내가 그렇게 주장하는 이유는, 꿈에 대해서 우리가 애써 얻은 성과를 무산시킬지도 모르는 단순한 오해, 즉 꿈과 잠재의식을 혼동하여 잠재의식에만 적용되는 것을 꿈에까지 적용시키려는 오해를 허용하고 싶지 않았기 때문이다. 꿈은 의도·숙고·준비, 또는 어떤 일을 해결하려는 시도 등을 대리할 수 있으며, 또 그것들에 의하여 대리될 수 있다는 것은 매우 지당한 말이다. 그러나 여러분이 좀더 주의한다면, 이러한 것들은 모두 꿈의 원천이 되는 잠재의식에만 적용된다는 것을 알게 될 것이다.

여러분은 꿈의 해석에서 인간의 무의식적인 사고는 이와 같은 의도·준비·숙고 등을 다루며, 꿈은 그것들을 재료로 사용해서 꿈의 작업으로 이루어진다는 것을 배우게 될 것이다. 만약 여러분이 분석하는 중에 꿈의 작업에는 관심이 없고 인간의 무의식적인 사고 쪽에 더 큰 관심을 가졌다면, 여러분은 꿈의 작업 같은 것보다 꿈의 경고·의도 등이 꿈에 해당한다는 판단을 내리게 될 것이다. 정신분석을 연구하다 보면 이런 경우가 흔히 일어난다. 우리는 대개 꿈의 형태를 부수어, 그 꿈의 원료가 되는 잠재의식을 꿈 대신에 서로 짝을 지우고 연결을 지으려 한다.

그러므로 여러분은 꿈의 잠재의식에 관한 평가에서, 우리가 열거한 복잡다단한 정신 행위는 모두 무의식적으로 일어날 수 있다는 것을 자연스럽게 배우게 된 것이다.

이는 놀라운 일이지만 애매한 느낌을 준다. 그러나 문제를 되돌리자. 여러분이 '꿈'이라고 말할 때 그 말은 현재몽, 즉 꿈 작업의 산물을 의미하거나 꿈 작업 그 자체를 의미하는 두 가지 중의 어느 한 편이어야 한다.

꿈이라는 말을 다른 뜻으로 사용하면 개념이 혼란되어 그것은 전혀 의미 없는 일이 된다. 만일 여러분이 말하는 꿈의 의미가 꿈 속에 있는 잠재의식만을 가리킨다면, 여러분은 그것을 인정하고 모호한 표현을 사용해서 꿈의 문제를 대충 넘겨서는 안 된다. 꿈의 잠재의식은 꿈의 원료가 된다. 이 원료가 꿈의 작업이 의해서 현재몽으로 전환되는 것이다. 여러분은 왜 이 원료가 원료를 처리하는 꿈의 작업을 혼동하려 하는가?

꿈에서 유일하게 본질적이라고 할 수 있는 것은 관념이라는 원료를 가공하는 꿈의 작업이다. 어떤 특수한 실제 상황에 있어서는 꿈의 작업을 무시하여도 상관 없지만, 이론상으로는 그것을 무시하면 안 된다. 정신분석적으로 볼 때, 꿈의 작업은 잠재의식을 태고적 혹은 퇴행적 표현 양식으로 번역하는 일에만 있는 것이 아니다. 또한 꿈의 작업은, 항상 그 위에 낮의 잠재의식에 속하지는 않지만, 꿈 형성의 원동력이 되는 어떤 것을 첨부한다. 꿈을 만드는 데 필수적인 이 첨가물은 역시 무의식적인 원망이며, 이 원망을 채우기 위해서 꿈의 내용이 변형되는 것이다. 그러므로 꿈 속에 나타난 관념만을 고려한다면 꿈은 경고·의도·준비 등 어떤 일이라도 할 수 있다.

또한 꿈은 여러분이 꿈을 꾼 작업의 결과로 인정할 때에만 무의식적인 원망이 충족된다. 따라서 꿈은 그저 단순한 의도나 경고가 아니라, 항시 어떤 무의식적인 원망의 도움으로 의도나 경고 등을 태고적 표현 양식으로 번역하여 이 원망을 채우도록 그것을 변형한 것이다. 원망 충족이라는 성격만은 반드시 존재하는 것이지만, 다른 성격들은 바뀔 가능성이 있다. 그러나 이것도 하나의 원망이다. 이때 꿈은 무의식적인 원망의 도움으로 낮의 잠재적 원망 충족을 나타내는 것이다.

여기서 나는 한 가지 예만 더 여러분에게 설명하고 그것을 새로운 각도에서 고찰해 보기로 한다. 다시 한 번 지금까지 여러 번 언급했던 1플로린 50클로이처로 3장의 입장권을 산 꿈을 한 번 더 예로 들고 싶다. 그런데 내가 처음에는 사실 깊이 생각하지 않고 이 꿈을 실례로 골랐다는 것을 고백해야겠다. 여러분은 이미 이 꿈의 잠재의식을 알고 있을 것이다. 즉, 자기의 여자 친구가 약혼했다는 소식을 듣고 자기의 마음 속에 너무 서둘러서 결혼해 버렸다는 후회감과 남편에 대한 불만, 즉 좀더 기다렸더라면 더 좋은 남자를 만날 수 있었을 텐데 하는 생각을 말이다.

이와 같은 관념을 원료로 해서 하나의 꿈을 이룬 원망도 우리는 이미 알고 있다. 그것은 연극을 보러 가고 싶다는 호기심, 극장에 갈 수 있게 됐으면 하는 원망이다. 이 원망은 처녀 시절, 결혼하면 어떤 일이 일어나는가 하고 마음 속에 품었던 호기심의 일종이다. 어린아이의 경우, 이런 호기심은 언제나 부모의 성생활로 향해 있으므로, 이 호기심은 유아적이라고 할 수 있고, 성인이 되어 여전히 이 호기심이 존재한다면 그 원망은 유아적인 것에 깊이 뿌리를 박은 본능적인 소산이다. 그러나 그 전날 들은 소식이 그녀로 하여금 보고 싶다는 원망을 불러일으킨 유인誘因이 된 것은 아니다. 단지 분노와 후회를 불러일으킨 데 불과한 것이다. 보고 싶다는 원망 충동은 애초에는 꿈의 잠재의식에 속해 있지 않았다. 그러나 이 분노와 후회는 그 자체만으로는 꿈을 형성할 수가 없었다. '너무 서둘러서 결혼한 것은 어리석은 짓이었다'라는 하나의 관념만으로는 결코 꿈이 만들어지지 않는다.

이 관념에서, 결혼하면 어떤 일이 일어나는지 보고 싶다는 처녀 시절의 원망이 일깨워져서 비로소 이 꿈이 만들어진 것이다. 그리고 이 꿈의 내용은 일깨워진 원망이 결혼을 연극 구경으로 대치하여 만들어진 것이며, 거기에 '나는 이제 극장에 가서 지금까지 보지 못하게 한 것을 무엇이든 다 볼 수 있지만, 너는 아직 안 돼. 나는 결혼했지만 너는 더 참아야 해'라는 원망 충족의 형태를 부여했던 것이다. 이와 같은 방법으로 현재의 상황이 정반대의 상황으로 바뀌어서 현재의 실망감이 과거의 승리와 대치되었던 것이다. 또한 이 호기심의 충족은 이기적인 경쟁심의 충족과 관련되어 있다.

그리하여 이기적인 경쟁심의 충족이 꿈의 잠재 내용을 결정하고 있다. 즉, 현재 내용 속에서 그녀는 극장의 좌석에 앉고, 반면에 여자 친구는 극장에 들어갈 수 없는 상황으로 나타나 있다. 이렇게 호기심과 경쟁심에 충족을 주는 장면에는 꿈의 내용들이 부적당하고 난해한 형태로 얽혀 있다. 꿈의 해석은 원망 충족을 나타내는 점을 도외시하고 고통스러운 꿈의 잠재의식을 재편성하는 일이다.

나는 이제부터 여러분의 주의를 꿈의 잠재의식으로 돌리는 데 목적을 둔 고찰을 해 보고자 한다. 그러나 다음 세 가지 점을 기억해 주기 바란다. 첫째, 이 잠재의식은 꿈을 꾼 당사자에게는 무의식이라는 점이다. 둘째, 이 잠재의식은 조리 정연하고 합리적이기 때문에 꿈을 야기시키는 자극에 분명한 반응으로서 이해될 수 있다는 점이다. 셋째, 이 잠재의식은 어떤 심리적 충동이나 지적인 산물로서의 가치가 있다는 점이다.

나는 이 관념을 전보다 엄밀한 의미에서 낮의 잔재라고 부르고 싶다. 그래서 낮의 잔재와 잠재의식을 뚜렷이 구별하려 한다. 즉, 이제까지 사용했던 용어와 일치시켜서 꿈의 해석시 알게 되는 모든 것을 꿈의 잠재의식이라고 부르며, 한편 낮의 잔재는 꿈의 잠재의식의 일부에 불과하다는 것이다.

그러면 우리 주장의 결론은 이렇게 된다. 낮의 잔재 위에 억압되었던 강렬한 어떤 원망 충동이 덧붙여진다. 그래서 결국에는 이 원망 충동만이 꿈을 만들 수 있게 된다. 낮의 잔재에 이 원망 충동이 작용하여 잠재의식의 다른 부분이 만들어진다. 이 다른 부분은 불합리한 것이라 각성시에만 이해가 가능한 것이라도 좋다. 무의식적인 원망과 낮의 잔재와의 관계를 설명하기 위하여, 나는 이런 경우에 가장 접합하다고 생각되는 하나의 비유를 들겠다. 모든 기업은 자본을 제공하는 자본가와 계획으로써 그것을 실행에 옮길 만한 기업가가 필요하다. 꿈의 형성에 자본가의 역할은 무의식적인 원망이 맡고 있다. 무의식적인 원망은 꿈의 형성에 필요한 정신적인 에너지를 제공한다. 기업가의 역할을 하고 있는 것은 낮의 잔재이며, 자본가가 제공한 자본을 어떻게 이용할 것인가를 결정한다.

물론 자본가 자신도 계획과 전문 지식이 있는 경우가 있고, 기업가 자신이 자금을 소유하는 수도 있다. 실제의 상황을 간결하게 설명해 주는 이 비유는 이론을 설명하기에는 부적합하다. 경제학에서는, 자본가의 역할을 하는 사람과 동일한 그 사람이라 할지라도 경영자의 역할을 하는 사람과 구별해서 생각한다. 그러므로 이 비유의 근본은 잘못된 것이 아니다. 꿈의 형성에서도 이와 같은 변이가 나타난다. 이 문제에 대해서 우리는 이제 더 이상 나아갈 수 없다. 왜냐 하면 여러분은 오래 전부터 마음 속에 어떤 의문을 가득 품고 있을 것이기 때문이다. 여러분은 "낮의 잔재는 꿈을 만들기 위해서 꼭 부가되어야 하는 무의식적인 원망과 같은 의미로써의 무의식적이라는 말입니까?"라고 묻고 싶을 것이다. 여러분의 이 의문은 당연하다. 여기에 문제 전체의 핵심이 있다. 그 두 무의식은 동일한 의미가 아니다. 꿈의 원망은 유아적인 것으로서 특별한 메커니즘을 갖춘 그 무의식에 속한다.

이런 무의식의 종류를 구별하기 위해서 각기 다른 이름으로 부른다면 매우 편리하겠지만, 우리가 노이로제라는 현상에 정통할 때까지는 이에 대한 명명을 보류하자. 나는 여기서 일단 강의를 멈추기로 한다. 여러분이 지금까지 들은 것은 불완전한 것이었지만, 이 지식에 대한 계속적인 탐구가 우리들 자신이나 우리 뒤를 따르는 사람들에 의해서 이루어질 것이라고 생각하는 것은 무리한 욕심일까? 그리고 우리 자신도 확실히 놀랄 만한 새로운 지식을 얻었다고 할 수 있지 않을까?

15
의문점과 비판

이제 꿈의 설명을 마쳐야 할 시점이 되었으니 우리가 지금까지 설명해 온 새로운 개념과 견해에 관한 일반적인 의문점과 불확실한 점을 논해야겠다. 여러분 중에서 내 강의에 깊은 흥미를 갖고 들은 사람은 스스로 다음과 같은 자료를 두세 가지 모았을 줄 안다.

1) 꿈의 해석에 있어서 작업의 여러 결과는 분석 기법을 아무리 응용해도 불확실한 점이 많아서, 여러분은 아마 현재몽을 잠재의식으로 정확히 번역하려 한 시도는 실패가 될지도 모른다고 느꼈을 것이다. 여러분은 그에 대해서 다음과 같이 지적할 것이다.

첫째로, 꿈의 요소를 본래의 뜻으로 해석할 것인지, 아니면 상징으로 해석해야 할 것인지 알 수 없다. 왜냐 하면 상징으로서 사용된 것도 그 자체의 의미만은 아니기 때문이다. 그러나 그 어느 쪽인가를 결정하는 객관적인 증거는 없으니, 꿈 해석은 오로지 해석자의 임의에 맡겨지게 된다.

둘째로, 꿈의 작업에서는 상반되는 것이 일치되도록 하기 때문에 어떤 꿈의 요소를 우선적으로 풀이하고 어떤 요소를 부차적인 의미로 풀이해야 할 것인가는 결정되어 있지 않다. 여기서도 해석자가 마음대로 택할 수 있는 기회가 주어진다.

셋째로, 꿈에서는 여러 가지 전도가 사용되므로 해석자는 자기 마음대로 그와 같은 전도를 강제적으로 적용시킬지도 모른다.

마지막으로, 어떤 꿈에 대해서 발견된 해석이 반드시 유일한 올바른 해석이라고 확신할 수는 없다. 또 '똑같은 꿈을 여러 가지 의미로 해석할 수 있다는 가능성을 배제할 위험이 있지 않을까?' 하는 점을 지적할 것이다. 이와 같은 상황에서는 해석자가 얼마든지 자기 뜻대로 해석할 우려가 있고, 그래서 꿈 해석의 객관성·확실성의 특질과는 부합되지 않는다고 여러분은 항의할 것이다. 아니면 "꿈에는 잘못이 없습니다. 그러므로 선생님의 견해와 가정이 옳지 않기 때문에 꿈에 관한 선생님의 해석이 불충분한 것입니다" 하고 결론을 내릴지도 모른다.

여러분의 의문은 참으로 지당하다. 그러나 첫째로, 우리가 행하는 꿈 해석 방법이 해석자의 주관적인 뜻에 좌우된다는 의견과 우리의 방법이 옳지 않아서 해석의 결과에 결함이 있는 것이라는 주장은 정당하지 않은 의견이라고 생각한다.

만일 여러분이 해석자의 주관적인 뜻이라는 말 대신 해석자의 기능·경험·이해력을 문제삼는다면, 나는 여러분의 말에 찬성할 것이다. 물론 이와 같은 개인적인 요소도 완전히 무시할 수는 없다. 게다가 꿈 해석이 매우 어려울 경우에는 더욱 그러하다. 그러나 이 점에서는 다른 학문의 경우도 마찬가지이다. 어떤 사람이 다른 사람보다 어떤 기법의 사용을 능숙하게 하거나 서투르게 하기 위한 방법은 없다.

예를 들면 상징을 해석할 때 독단적이라는 비난을 받는 것은 대체로 꿈의 관념과 그 각 부분과의 관계, 꿈과 꿈을 꾼 사람의 생활과의 관계, 꿈이 나타난 심리 상태 등을 고려해서 유추해 볼 수 있는 해석 가운데 하나를 고르고, 나머지 다른 해석은 소용 없다고 버리게 되면 제거할 수 있다.

꿈의 애매성이나 불확실성은 오히려 필연적으로 예측되는 꿈의 특정이라는 것을 여러분이 안다면, 꿈 해석의 불완전성이 연구상의 잘못으로 비롯된 것이라는 의문은 자연적으로 풀리게 될 것이다.

꿈의 작업은 꿈의 관념을 상형문자와 유사하게 원시적으로 변역하는 일이라고 했던 말을 상기해 주기 바란다. 물론 이 원시적인 표현 양식에는 이와 같은 불확실성과 모호성이 필연적으로 뒤따르지만, 그 때문에 표현 양식이 실용성이 없을지도 모른다고 의심할 수는 없다.

언어학자 아벨—이 착안은 그의 업적이다—은, 한 사람이 다른 사람에게 두 가지 의미를 가진 단어를 사용하여 전달했다고 해서 그 때문에 전달이 모호한 것은 아니라고 경고하고 있다.

오히려 억양이나 몸짓은 이야기의 줄거리와 더불어 말하는 사람이 두 가지 대립되는 의미 중 어느 한쪽을 전하려 하는지 의심의 여지가 없을 정도로 분명했을 것이다. 문자로 쓸 때는 몸짓으로 나타낼 수 없으므로, 그 태고언어만으로는 발음할 수 없는 어떤 그림을 그렸다.

이를테면 상형문자의 'ken'이라는 두 가지 의미를 가진 말은 '강하다' 또는 '약하다'라는 뜻에 따라서 그 문자 다음에 우뚝 서 있는 남자라든가, 맥없이 쭈그리고 있는 조그만 남자의 그림을 덧붙였다. 이와 같이 함으로써 발음이나 문자에 대립되는 의미가 포함되어 있는 경우의 오해를 피할 수 있었다.

태고어에는 그 문자와 같이, 표현 체계 또한 현대어에서는 찾아 볼 수 없는 많은 애매성이 발견된다. 이를테면 셈 어족語族, 히브리·아라비아·이디오피아 어 등의 문자는 자음밖에 표시되지 않은 것이 많았다. 읽는 사람은 자기의 지식과 문맥의 전후 관계를 근거로 생략된 모음을 보충해야 했다.

상형문자는 대체적으로 이와 비슷한 원칙을 따르고 있었다. 그로 인해 고대 이집트어語의 발음은 우리들에게 오래도록 전해지지 않았던 것이다. 이집트어의 문자에도 또 다른 애매성이 있었다. 예를 들면 쓰는 사람의 독단에 의해서 덧붙이는 그림을 오른쪽에서 왼쪽으로 늘여놓느냐, 왼쪽에서 오른쪽으로 늘여놓느냐가 결정되었다.

그러므로 이것을 읽으려면 사람이나 새 등의 얼굴이 향한 방향을 위주로 해서 읽어야 한다는 규칙을 반드시 유념해야만 했다. 그러나 문자를 쓰는 사람은 상형문자를 수직으로 늘어놓아도 되었으므로, 아주 작은 물건에 새겨 넣을 때는 모양과 글자의 배열 등을 고려해서 문자의 배열을 다른 식으로 바꿀 수 있었다.

상형문자에서 가장 곤란했던 점은 단어와 단어 사이를 띄어놓는 것을 몰랐다는 점일 것이다. 예컨대 그림은 책장 위에 같은 간격으로 배열되어 있다. 그래서 어떤 문자가 앞말에 연결되는지 다음 말의 시작인지 알 수 없었다.

이에 반해서 페르시아어의 설형문자에서는 각 낱말을 떼어놓기 위해서 사선斜線의 쐐기가 사용되고 있다. 가장 오래 되고 오늘날 아직도 수많은 사람들이 사용하고 있는 언어와 문자는 중국어이다. 나는 중국어를 잘 모른다. 나는 중국어 속에서 꿈의 부정확과 비슷한 점을 발견할 수 있지 않을까 하는 기대로 중국어를 좀 공부했을 뿐이다. 나의 기대는 적중했다. 중국어는 우리를 놀라게 하는 애매성으로 가득 차 있다. 잘 알려져 있듯이 중국어는 많은 음절음한자어의 하나하나의 발음으로 되어 있으며, 이와 같은 음절음은 하나나 둘이 결합하여 발음된다.

주요 사투리북경어·경동어 등의 하나는 약 4백 개의 음절음을 가지고 있다. 그런데 이 사투리의 어휘가 약 4천이므로 각 음절음은 평균 열 개의 다른 뜻을 가진 셈이 된다. 그 중 두세 가지는 열 개 이하이지만, 다른 것은 열 개 이상의 뜻을 갖는다.

따라서 온갖 수단을 동원하여 다의적인 말의 뜻을 구분하고 있다. 그것은 글의 전후 관계만으로는 화자話者가 청자廳者에게 그 열 가지 음절음의 뜻 중에서 어느 것을 나타내려 하고 있는지 알 수 없기 때문이다. 이러한 수단에는 두 가지 음절음을 결합시켜 하나의 단어를 만드는 법과 다른 네 가지 음조音調:四聲을 말함를 이용하여 이 몇 가지 음절음을 발음하는 방법이 있다.

중국어에는 마치 문법이 전혀 없는 것과 같다. 그것을 꿈과 비교하면 더 한층 흥미가 있다. 한 음절의 말2개 이상의 한자의 어느 것이나 그것이 명사인지, 형용사인지, 동사인지 알 수 없다.

성性·수數·격格·시제時制·화법話法을 알 수 있는 낱말의 변화가 없다. 그러므로 말하자면 중국어는 원료만으로 이루어져 있는 것이다. 마치 그것은 우리의 사고 언어思考言語가 꿈의 작업에 의해 관계를 나타내는 표현이 빠져 버려 그 원료로 분해되는 경우와 같다.

중국어에서 의미가 애매한 경우에는 듣는 사람의 이해에 따라 그 뜻이 결정되는 셈인데, 대개 전후 문맥으로 미루어 판단을 내린다. 중국어의 속담 하나를 독일어로 옮기면, Weing was sehen viel wunderbar라는 말이 있다. 이것은 '보는 것이 적은 사람일수록 많은 일에 더욱 놀란다' 또는 '보는 것이 적은 사람에게는 놀라는 것이 많다'라는 뜻으로 이해된다.

단지 문법상에서 차이가 나는 이 두 가지 번역 가운데 어느 쪽을 택하는가는 그다지 문제가 되지 않는다. 이와 같은 불확실성이 있긴 하지만, 중국어는 관념을 표현하는 데 있어서 뛰어나다고 생각한다. 그러므로 불명료함 때문에 뜻이 혼동된다고는 단정할 수 없는 것이다.

그러나 사실상 꿈의 표현 체계는 이들 고대 문자보다 더욱 불리한 입장에 있다는 사실을 우리는 인정하지 않으면 안 된다. 왜냐 하면 고대어나 고대문자는 어쨌든 전달의 수단으로서 만들어진 것이기 때문이다.

다시 말해서 어떤 방법 또는 어떤 보조 수단을 사용해야 더 관념이 전달되는가 하는 것을 주안점으로 해서 만들어진 것이다. 그런데 이런 특징이 꿈에는 없다. 꿈은 누군가에게 무엇을 말하려고 한 것이 아니다. 꿈은 전달의 수단이 아니고, 오히려 이해되지 않는다는 점에 꿈의 본질이 있다.

그러므로 꿈에는 애매하고 불확실한 점이 많기 때문에, 그 의미를 결정할 수 없다 하더라도 이상할 것은 없다. 앞에서의 비교로 우리가 얻게 된 수확은 다음의 견해이다. 즉, 우리의 꿈에 대해 사람들이 해석의 정당성을 공격하기 위해 이용하고 있는 그런 불명료함이야말로 오히려 모든 원시적인 표현 체계에 공통되는 특징이라는 점이다.

실제로 꿈을 어느 정도까지 이해할 수 있는가는 숙련과 경험에 달려 있지만, 꿈의 이해는 얼마든지 깊이 파고들어갈 수 있다고 생각한다. 정식으로 훈련을 받은 분석자로부터 얻은 결과를 비교해 보면, 내 견해가 옳다는 것이 입증된다. 많은 아마추어들은—모든 학문계의 아마추어들조차도—학문상의 어떤 난제와 의문점에 직면하게 되면, 점잖게 회의적인 태도를 보이며 으스대는 광경을 여러분은 종종 보았을 것이다. 그러나 그것은 잘못된 것이다. 그와 같은 상황이 사빌론·앗시리아 문자 해독의 역사에도 있었다는 것을 듣게 되면 여러분은 아마 놀랄 것이다.

설형문자서남아시아에서 쓰인 쐐기 모양의 글자를 해독하는 사람을 두고 공상가라느니, 그런 연구는 모두 엉터리라느니 하고 공박하던 시대가 있었다. 그런데 1857년 왕립 아시아협회가 결정적인 실험을 했다. 이 협회는 새로 발굴된 비문을 유명한 설형문자 연구가인 로린슨·힌스크·폭스 탤봇 및 오페르 등 4명을 위촉하여 각기 독자적으로 번역하게 하고, 그 결과를 밀봉하여 보내라고 지시했다.

그리하여 각기 다른 네 가지 번역을 비교해 보았더니, 네 사람 사이에 많은 일치점이 발견되었다. 그것으로 여태까지 달성된 것이 신뢰할 만한 것임이 입증되었을 뿐 아니라, 발전성의 기대가 인정되었다. 그로부터 학자라고 자칭하던 아마추어들의 비난도 차츰 사라지고, 설형문자 문헌을 해독하는 방법도 정확해져서 그 후 이 방면이 한층 진보하게 됐던 것이다.

2) 두 번째의 의문은 우리의 꿈의 해석법으로 풀이한 결과가 부자연스럽고 어색하고 억지처럼 보이며, 장난 같은 인상을 준다는 점이다. 이와 같은 비평을 많이 들어온 터라, 최근의 보고들 중의 하나를 예로 들겠다. 자유의 나라라고 자칭하는 스위스에서, 최근 어느 학교 교장이 정신분

석을 연구했다는 이유로 파직했다. 그는 이에 불복하였고, 그래서 베른의 한 신문이 이 판결에 대한 문교 당국의 견해를 다음과 같이 발표했다.

우리들은 그가 참고로 하고 있는 취리히의 프피스터 박사의 책도 보았는데, 그 속에 실린 많은 실례가 독단적이며 부자연스러운 것임에 놀랐다. 적어도 사범학교 교장쯤 되는 사람이 정신분석의 터무니없는 주장과 증명을 무비판적으로 받아들였다는 사실에 놀라지 않을 수 없다.

이 글은 '냉정한 판단자'가 내린 판결로서 신문 지상에 발표된 것이다. 나는 오히려 그 냉정이라는 말을 '조작된 것'이라고 말하고 싶다. 이 말을 좀더 상세히 검토해 보기로 하자. 어떤 사람이 심리학의 미묘한 문제에 대해 그의 첫인상으로 빠르고 단호하게 판단을 내린다면 분명 통쾌감을 느낄 것이다.

그에게 있어서 해석은 모두 작의적인 억지로 보이며, 해석들도 전혀 그의 마음에 들지 않는다. 그래서 비평가는 해석은 모두 엉터리이며, 전혀 무익한 것이라고 주장할 것이다. 그런데 그 점에서 그는 이런 해석이 자기에게 그렇게 보이는 것은 어떤 그럴 만한 이유가 있기 때문일지도 모른다는 가능성은 생각조차 하지 않는다. 그렇게 하는 이유는 무엇일까? 그것은 더 큰 문제와 결부된다.

이와 같은 비판을 초래하게 된 것은 여러분이 꿈의 검열의 가장 강력한 무기라고 배운 대치 작용과 본질적인 관계가 있다. 꿈의 검열은 대치 작용의 도움을 받아 비유라는 대용물을 만든다. 그런데 비유라도 도무지 알 수 없는 비유가 있다. 즉, 비유에서 그 본래의 것으로 거슬러 오르는 방법은 쉽게 발견되지 않으며, 또한 매우 기괴하고 보통은 사용되지 않는 외면적인 연상발음의 유사에 의한 연상에 의해서 본래의 것과 결부되어 있다. 이런 경우의 대치의 대상은 모두 감추어야 하는 것, 감추게 되어 있는 것이 된다.

실제로 꿈의 검열의 작용은 감추는 일이다. 숨겨져 있는 것은 당연히 그 장소를 찾으면 발견되는 것이 아니다. 이 점에 있어서는 국경 감시원 쪽이 스위스의 문교 당국보다 훨씬 완벽하다. 그들은 문서나 설계도를 찾기 위해서 서류철이나 수첩만을 뒤적이지는 않는다.

그들은 간첩이나 밀수입자가 보석을 가장 눈에 띄지 않는, 구두의 이중창 틈과 같이 본래는 물건을 넣을 수 없는 은밀한 장소에 감추고 있을지도 모른다는 가능성을 생각한다. 만일 감춘 물건이 거기에서 발견되면, 그것은 일종의 횡재가 되기도 하는 것이다.

최근에 경험한 한 가지 예를 여러분에게 이야기하기로 한다. 내가 담당하던 어떤 여자 환자가 치료 중에 부친상을 당했다. 그 후부터 그녀는 꿈 속에서 모든 기회를 이용하여 부친을 소생시키려고 했다. 그러다가 한번은 꿈의 전후 내용으로 보아 나타나지 않을 부분에 죽은 아버지가 나타나, "11시 15분이다. 11시 반이다. 12시 15분 전이다"라고 말했다.

이 묘한 꿈에 대한 연상은 아주 미미했다. 즉, 그녀의 부친은 생시에 점심 식사때는 자식들이 정확히 시간을 지켜서 앉으면 상당히 좋아했다는 연상이었다.

이 연상도 분명히 꿈의 요소와 관계가 있지만, 이것만으로는 이 꿈의 유래를 설명할 수가 없었다. 그런데 치료 중에 이 꿈과 어떤 관계가 있을 듯하게 여겨지는 충분한 근거가 나타났다. 그것은 그녀가 사랑하고 존경하는 부친에 대해서 품은 반항심을 아주 깊숙이 감추고 있다는 점이었다.

꿈과는 전혀 무관한 것이라고 설득시키면서 그녀에게 계속 연상을 하게 했더니, 그녀는 다음과 같은 이야기를 고백했다. 자기 집에서 심리학의 문제에 관해 토론하고 있었는데, 그때 친척 한 사람이 "원시인 Urmensch은 우리 모두 속에 살아 있다"고 말했다는 것이다.

나는 이 이야기에서 금방 해결의 열쇠를 찾았다. 즉, 그 일이 그녀에게 죽은 아버지를 다시 소생하게 하는 적절한 기회를 주었던 것이다. 즉, 꿈 속에서 그녀는 아버지에게 12시 15분 전이라는 말을 하게 함으로써 아버지를 '시계 인간Uhrmensch'으로 만들었던 것이다.

아마 여러분은 이런 예가 기지와 비슷하다고 말할지도 모른다. 실제로 꿈을 꾼 사람의 기지가 해석자의 기지로 간주되는 경우가 흔히 있다. 게다가 기지를 문제로 삼고 있는 건지, 꿈을 문제로 삼고 있는 건지 알 수 없는 경우도 종종 있다.

강의의 초반부에, 잘못 말하기의 많은 예에서 이와 같은 의문이 생겼다는 것을 여러분은 기억할 것이다. 어떤 남자가 숙부의 자동차Auto를 타고 있었을 때, 숙부가 자기에게 키스한 꿈을 꾸었다. 그는 자기 꿈을 금방 해석하고 이렇게 말했다. "꿈의 뜻은 다름 아닌 자기 성애이성의 대상 없이 만족을 받는 일입니다." 그 말이 농담일까? 그의 마음 속에 있는 기지를 꿈이라고 말한 것일까? 나는 그렇게 생각지 않는다. 실제로 그는 그런 꿈을 꾼 것이다. 그렇지만 꿈과 이 기지와의 사이에 있는 놀랄 만한 유사성은 어디에서 오는 것일까?

나는 이 의문을 풀기 위해 한때 내 전문으로 삼았던 연구에서 좀 빗나갔었다. 왜냐 하면 나는 기지를 깊이 파헤쳐야 할 필요성이 있었기 때문이다. 그 연구의 결과, 기지는 다음과 같이 발생한다는 것을 알았다. 즉, 의식 이전의 사고의 흐름이 한 순간 무의식적으로 가공된다. 이러한 가공으로 인해서 전의식은 기지의 형태로 떠오르는 것이다.

전의식적인 사고의 흐름은 무의식의 영향으로 무의식을 지배하는 메커니즘, 즉 압축과 대치의 작용을 받는다. 기지와 꿈이 비슷한 것은 이 공통점 때문이다. 이와 같은 의도적이 아닌 꿈의 기지는 일반적인 기지와 같은 쾌감을 주지 않는다. 그것은 어째서일까? 그 이유는 여러분이 기지를 깊이 연구하면 저절로 알게 될 것이다.

'꿈의 기지'는 한편으로 서툴게 보인다. 그것은 우리를 웃게 하거나 어떤 감흥을 느끼게 하지 않는다. 그러면 여기서 고대에는 어떻게 꿈 해석이 이루어졌는지 알아보기로 하겠다.

고대의 꿈 해석은 쓸모없는 것이 많았지만, 우리들보다 훨씬 훌륭하게 해석한 실례도 많이 남아 있다. 역사적으로 유명한 꿈의 예를 여러분에게 소개해 보겠다. 그것은 알렉산더 대왕의 꿈인데, 플루타르크와 다르디스의 알테미도로스가 그 꿈을 해석하여 보고하고 있지만, 물론 약간의 차이는 있다.

대왕이 티로스 시를 포위하고 있던 어느 날BC 322년, 그는 사티로스 신이 미친 듯이 춤을 추고 있는 꿈을 꾸었다. 그때 마침 대왕의 군대에 종군하고 있던 해몽가 아리탄도로스가 이 꿈을 해몽하여 '사티로스Satyros'라는 말을 '티로스노라그대'로 해석하여 티로스 시가 곧 함락될 것이라고 예언했다. 대왕은 이 해몽에 의거하여 전투력을 강화하고 침공한 결과, 시를 함락했다. 이 해몽은 억지같이 보이긴 하지만 실제로는 옳았던 것이다.

3) 정신분석가로서 꿈의 해석에 정통한 사람이 꿈에 대한 우리의 견해에 반박을 하고 나선다면, 여러분은 묘한 인상을 받을 것이다. 이처럼 선동성이 풍부한 말이 새로운 잘못을 저지르기 위해 이용되었던 것은 지극히 당연한 일이었다. 이 주장의 개념을 혼동하고 부당하게 일반화시킨 결과로서, 꿈의 의학적 견해와 거의 동일한 잘못된 여러 주장이 나왔다. 여러분은 이미 그 주장의 하나를 알고 있을 것이다. 즉, 꿈은 현재에 적용하고자 하는 계획과 장래의 과제를 해결하려고 하는 계획을 움직인다.

다시 말해서 '예상 경향豫想傾向'을 추구하고 있다마에더의 견해. 이 견해는 이미 말한 바와 같이 꿈과 그 꿈의 잠재의식을 혼동한 데서 연유한 것이다. 즉, 꿈의 작업을 무시하는 것을 전제로 한다.

예상 경향은 무의식적인 정신 활동—꿈의 잠재의식은 그 일부이다—의 특징으로서 하등 새로운 것이 아니고, 또 그것으로 모두 설명이 될 수도 없다. 왜냐 하면 무의식적인 정신 활동은 미래의 준비 말고도 많은 것을 지배하고 있기 때문이다. 그리고 '사자의 서'가 어느 꿈에서나 발견된다는 믿음의 뿌리에는 훨씬 심한 혼란이 있는 것처럼 여겨진다. 이러한 공식 뒤에는 꿈과 꿈을 꾼 사람의 전 인격과의 혼동이 숨겨져 있다고 추측된다.

몇몇의 편리한 예만을 근거로 부당한 일반화를 시도한 주장은 다음과 같다. 즉, 어느 꿈이든지 두 가지로 해석할 수 있다. 그 하나는 정신분석적 해석이며, 또 하나는 본능적인 경향을 도외시하고 지고한 정신 작용의 표현을 목표로 하는 신비적인 해석이다질버러의 견해. 개중에 후자에 해당하는 꿈도 더러 있지만, 여러분이 이 견해를 다른 꿈에 적용하는 것은 불가능한 것이다. 여러분이 매우 석연치 못하다고 생각하는 주장은, 모든 꿈은 남녀 양성적인 면에서 해석해야 한다는 주장일 것이다. 즉, 남성적 또는 여성적이라고 불러야 할 두 가지 경향의 합체가 꿈이라는 주장이다아들러의 견해. 물론 이런 꿈도 간혹 있다. 앞으로 여러분은 이와 같은 꿈은 어떤 히스테리와 동일한 구조를 가지고 있음을 배우게 될 것이다.

4) 분석요법을 받고 있는 환자가 자기를 치료하는 의사의 학설에 자기 꿈의 내용을 맞추려고 하기 때문에, 꿈 연구의 객관적인 가치가 의심스러운 것으로 보이게 된다고 말하는 사람이 있다스테켈의 견해. 이를테면 어떤 사람은 오로지 성적인 충동이 일어나는 꿈을 꾸고, 어떤 사람은 권력 추구의 꿈을 꾸며, 또 다른 사람은 다시 이 세상에 소생하는 꿈까지 꾸는 수도 있다. 그러나 꿈을 좌우한다는 정신분석 요법이 존재하기 전부터 인간은 꿈을 꾸고 있었으며, 현재 치료를 받고 있는 사람도 역시 치료 전에도 꿈을 꾸고 있었다는 것을 생각하면, 이 주장은 그다지 신뢰할 수 없다.

이 꿈을 일으키는 동기가 되는 낮의 잔재는 평상시에 강한 흥미를 유발시킨 찌꺼기이다. 만일 의사의 이야기나 의사가 준 자극을 환자가 의미심장하게 받아들였다면, 그것들은 낮의 잔재와 결합한다. 그리하여 마치 강한 감정을 가지고 아직 소멸되지 않은 전날의 다른 흥미처럼 꿈을 만드는 심리적 자극이 될 수 있을 것이다. 그리고 그것은 수면 중의 사람에게 작용하는 육체적 자극과 똑같은 작용을 할지도 모른다. 꿈을 유발시키는 다른 동기와 마찬가지로, 의사에 의해서 자극된 사고 역시 꿈의 현재 내용에 나타나거나 잠재 내용 속에 존재해 있을 것이다.

사람은 꿈을 실험적으로 만든다. 좀더 정확히 말해서, 꿈의 원료의 일부를 꿈 속에 넣을 수도 있다. 그러므로 분석자는 환자에게 영향을 준다는 점에서, 피실험자에게 사지四肢를 어떤 일정한 위치에 두게 하는 모우를리 볼트와 같은 역할을 하고 있는 것이다. 어떤 사람이 '무엇에 관해서' 꿈을 꾸느냐 하는 점에서는 그 사람에게 영향을 끼칠 수도 있지만, 그 사람이 '무엇을' 꿈꾸느냐 하는 점에서는 영향을 줄 수 없다. 꿈 작업의 메커니즘과 꿈의 무의식적인 원망은 어떤 외부적인 영향과도 무관하다. 앞에서 육체적인 자극을 주는 꿈을 고찰했을 때, 우리는 꿈 속에서의 어떤 특징과 자주성은 수면 중인 사람에게 가해진 육체적·심리적인 자극에 대한 반응으로써 표시된다는 점을 알 수 있었다. 따라서 꿈 연구의 객관성을 의심하는 앞서와 같은 주장은 꿈과 재료를 혼동하는 데서 발생하는 것이다.

나는 여러분과 많은 꿈의 문제를 다루려고 했다. 내가 이야기하려다가 단념했다는 내용을 여러분도 직감적으로 느끼고 있을 것이다. 모든 점에서 매우 불완전한 설명이었다고 느꼈을지도 모르겠다. 그러나 꿈의 현상이 노이로제 현상과 깊이 관계되어 있는 한, 완전하게 설명할 수가 없었다. 우리는 꿈을 노이로제 연구의 입문으로서 고찰한 것이다. 노이로제의 연구에서 꿈으로 넘어가는 것보다 꿈에서 노이로제 연구로 들어가는 편이 확실히 올바른 과정이다. 그러나 노이로제를 이해하는 데 꿈이 도움이 된 것처럼, 노이로제의 현상을 안 후에야 비로소 꿈을 올바르게 이해할 수 있을 것이다.

노이로제 증상이 독자적인 의미로서 어떤 의도에 소용되고, 그리고 환자의 운명에서 비롯된다는 것을 증명하려면, 수개월 아니 수년간에 걸쳐 꾸준히 연구할 필요가 있다. 이에 반해서 이것과 같은 상태를 얼른 보기에 불가해한 꿈의 작용으로 증명하고, 그것을 발전시켜 분석학의 모든 전제, 즉 정신과정의 무의식성과 그것이 따르고 있는 메커니즘과 거기에 나타나는 본능의 힘을 입증한다면, 불과 몇 시간의 노력으로도 놀라운 성과를 볼 수 있다.

그리고 꿈의 구조와 노이로제 증상의 구조에 있어서의 유사성을, 꿈꾸고 있는 사람이 잠에서 깨어 이성적인 사람으로 바뀌는 데 그다지 많은 시간을 요하지 않는다는 점과 대조해 보면, 노이로제도 역시 정신 생활에 작용하는 여러 가지 힘이 변화하는 데 따른 것에 불과하다는 것을 확신하게 될 것이다.

제3장 노이로제 총론

Three. Introduction of The Neurosis

S. 프로이트 지음

16

정신분석과 신경의학

이제 1년 만에 여러분을 다시 만나서, 정신분석의 강의를 계속하게 되어 매우 기쁘다. 지난해에는 오류와 꿈의 정신분석적인 취급 방법에 대해 강의했는데, 이제 올해는 노이로제의 현상에 대해 여러분과 함께 고찰해 보기로 하겠다. 나중에 알게 되겠지만, 노이로제라는 현상은 오류나 꿈과 매우 유사하다. 그러나 이번에는, 여러분이 지난해와 같은 태도를 보여서는 안 된다는 점을 환기시켜 두겠다. 나는 여러분의 의견과 일치하지 않으면 앞으로 나아가지 않으려고 했다.

여러분과 자주 토론하고, 여러분의 주장을 받아들여 여러분의 '건전한 인간 오성悟性'이 최후의 판결이라는 것을 고스란히 인정해 주었다. 그러나 이번에는 그렇게 하지 않으려 한다. 그 이유는 오류와 꿈은, 여러분에게 친숙한 현상이었다. 거기에 대해서는 나와 마찬가지로 여러분도 많은 경험을 갖고 있고, 생활에서 쉽게 경험할 수 있다. 그러나 노이로제라는 영역은, 여러분과는 아주 동떨어져 있다. 내가 말하지 않으면 여러분이 의사가 아닌 이상 거기에 접근할 길이 없고, 앞으로 내가 비판하게 될 재료를 완전히 알지 못하면 아무리 놀라운 판단이라도 아무 소용이 없는 것이다.

그러나 내가 독단적인 강의를 한다거나, 여러분에게 무조건적인 요구를 하겠다는 것으로 내 말을 오해해서는 안 된다. 그와 같은 오해를 받는 것은 뜻밖의 일이다. 나는 확신을 심어주겠다는 생각은 전혀 없다. 단지 나는 여러분의 연구심을 고양시키고 여러분의 편견을 바로잡아 주고 싶은 것이다. 여러분이 비판하는 입장에 있지 않은 이상, 무조건적으로 믿거나 무조건적으로 거부해도 안 된다. 여러분은 주의를 기울이고, 나의 강의를 순순히 받아들이지 않으면 안 된다. 확신은 쉽사리 얻어지는 것이 아니다. 아무런 노력도 없이 얻어진 확신은 쉽게 흔들리고 그 가치를 상실하고 만다. 오랜 세월 동안 같은 주제를 연구하고, 새롭고 경이로운 체험을 한 사람만이 확신을 가질 권리가 있다.

지식이라는 영역에서 그와 같은 급속한 확신과 전향轉向, 순간적인 반발은 대체 어디서 온 것일까? 여러분은 첫눈에 반한다는 것이, 지식과는 완전히 별개인 감정의 영역에서 온다는 것을 알지 못하는가? 우리는 한 번도 환자에게 정신분석을 신뢰하라든가, 정신분석의 추종자가 되라고 요구한 적이 없다. 만약 그렇게 하면, 환자는 흔히 회의적인 눈으로 우리를 바라볼 것이기 때문이다. 호의적인 회의야말로, 우리가 환자에게 가장 요구하고 있는 태도이다. 그러므로 여러분도 평범한 일반적인 견해나 정신의학적인 견해를 여러분의 마음 속에 조용히 받아들이도록 노력해 주기 바란다. 그러면 그 두 견해는 서로 영향을 미치고 우열을 서로 겨루며, 서로 융합하여 종국에는 하나의 결론에 도달할 기회가 찾아올 것이다.

그러면 이제, 노이로제 현상에 대한 정신분석인 이론을 여러분에게 설명하기로 하겠다. 방법상에 있어서 유추와 비교를 위해, 나는 이미 다룬 현상과 결부시켜 이야기하는 것이 바람직하리라 생각한다. 우선 내 진찰실을 찾는 많은 환자들이 범하는 징후적 행동을 한 가지 예로 들겠다. 자기의 긴 일생의 고민을 단 15분 만에 고백하기 위해 의사의 진찰실을 찾는 사람을 정신분석가는 어떻게 이해해야 좋을지 잘 모르겠다. 대개의 의사들은 환자를 보고, '나쁜 곳은 없군요' 하고 진단을 내리거나, '글쎄요, 물리 치료를 좀 해보십시오' 하고 제안하겠지만, 정신분석가는 깊은 지식이 있기 때문에, 오히려 그렇게 말하기가 어려울 것이다.

나의 동료 한 사람이 "대체 자네는 외래 환자를 어떻게 치료하는가?" 하는 질문을 받았을 때, 그는 목을 움츠리면서, "나는 환자에게 몇 만 크로네Krone : 1크로네는 10마크의 이유 없는 벌금만 부과해 줄 뿐이야" 하고 대답했다는 일화가 있다. 그러므로 이름난 정신분석가라고 해서 그 치료 시간이 그다지 복잡한 것은 아니라는 말을 들어도 여러분은 놀라지 않을 것이다.

나는 대기실과 진찰실 겸 치료실 사이에 문을 이중으로 하여, 거기에 펠트를 씌워두었다. 이 조그마한 장치의 목적이 무엇인지는 분명하다. 그런데 내가 대기실에 있는 환자를 불러들였을 때, 대개의 환자는 자기 뒤의 문을 열어둔 채 들어온다. 게다가 거의 이중의 문을 닫는 것을 잊어버린다. 나는 그럴 때는 점잖은 신사든 말쑥한 부인이든 간에 들어온 환자에게 다시 가서 문을 닫고 오라고 명령한다.

나의 방법은 이상하고 매우 까다로운 인상을 준다. 그런데 나는 명령을 내려서, 종종 나 자신이 창피를 당한 적이 있었다. 왜냐 하면 자기 스스로 손잡이를 잡지 못하고, 환자의 동행인이 대신 문을 닫아주어야 하는 사람도 있었기 때문이다. 그러나 대부분 나의 방법은 옳았다. 왜냐 하면 대기실과 진찰실 사이의 문을 열어놓은 채 들어오는 사람은 하류에 속하는 사람이며, 그와 같은 사람들은 냉대를 받아도 할 수 없다. 그러나 여러분은 다음의 이야기에 주목하는 것이 좋다. 즉, 환자의 이와 같은 부주의한 행동은 그가 혼자 대기실에 기다리고 있다가 호명되고 나서, 대기실에 아무도 없을 경우에만 나타난다. 다른 사람이 기다리고 있을 때는 결코 나타나지 않는다. 후자의 경우, 그는 자기가 의사와 이야기하는 것을 들으면 곤란하기 때문이다. 그래서 이중문을 조심스레 닫는 것을 결코 잊어버리지 않는다.

이 실험 결과는, 환자의 부주의는 우연도 아니고 무의미한 것도 아님을 말해 준다. 아니, 오히려 중요한 것이라고 할 수 있다. 이 부주의로써 의사를 대하는 환자의 태도를 알 수 있다. 환자는 세계적으로 이름난 사람과 대가의 이름에 현혹되며, 대가에게 환심을 사고 싶은 보통 사람 중의 한 사람이다. 아마 환자는 미리 전화해서 몇 시에 찾아뵈면 좋을지를 문의했을 것이다. 그는 율리우스 마인르당시는 제1차 대전 중이라 식료품이 부족했을 때, 그 앞에 줄을 지어 물건을 샀던 식료품 가게의 이름의 분점에 몰려들 듯이, 외래 환자가 떼구름으로 몰려 기다리고 있으리라 예측했던 것이다. 그러나 막상 찾아와 보니, 기다리는 사람은 하나도 없고 초라한 대기실을 보고 적이 실망한다. 환자는 넘칠 듯한 존경심을 품고 있던 의사에게 실망하여 분풀이를 해야만 속이 시원해질 것 같다. 그래서 이때, 그는 대기실과 진찰실 사이의 문을 닫는 것을 게을리하는 것이다. 이 동작으로써 '흥, 여긴 아무도 없잖아. 내가 진찰을 받는 동안에도 누구 하나 찾아오지 않겠지' 하는 조소를 나타내는 것이다. 그러므로 만일 의사가 따끔하게 환자의 불손함을 처음부터 공격해 두지 않으면, 환자는 이야기하는 도중에도 오만불손한 태도를 취할 것이 분명하기 때문이다.

이런 사사로운 징후적 행동의 분석에서는, 여러분이 이미 알고 있는 것밖에는 발견하지 못한다. 즉, 그러한 행동은 우연이 아니라 하나의 동기로서 뚜렷한 의미와 목적을 가지며, 또 그것은 그 어떤 정신의 연쇄에 해당하고, 또한 중요한 정신과정의 표시인 것이다. 그러나 특히 이와 같이 표면에 나타난 과정이 그것을 행한 당사자의 의식에는 없다는 것을 보여주고 있다. 왜냐 하면 이중문을 닫는 것을 잊어버린 환자는 누구든지 이 부주의가 의사에 대한 경멸감을 나타내는 것이라고 스스로 인정하지 않을 것이기 때문이다. 그들 중의 많은 사람들은 아무도 없는 대기실에 들어왔을 때 느꼈던 실망감을 상기할 수는 없겠지만, 그 인상과 연속해서 나타난 징후적 행동과의 연결은 그의 의식에서 생각하지 못할 것이 분명하다.

그런데 여기서 징후적 행동의 이 조그마한 분석을 환자의 관찰에 이용해 보자. 이 실례는 비교적 짧게 묘사할 수 있는데, 될 수 있는 대로 상세하게 설명하는 것이 이번 강의에서는 필요하리라 여겨진다.

며칠간의 휴가를 얻어 고향에 돌아온 젊은 장교가, 내게 자기 장모의 치료를 부탁해 왔다. 그의 장모는 매우 단란한 가정을 꾸미고 살고 있었는데, 기막힌 어떤 생각 때문에 자기의 가정을 저주하기 시작했다. 내가 만난 그녀는 53세의 교양 있는 부인이었으며, 상냥하고 소박한 것처럼 느껴졌다. 그녀는 망설이지 않고 다음과 같은 이야기를 털어놓았다. 그녀는 시골에서 남편과 함께 매우 행복한 가정을 꾸리고 있었으며, 그녀의 남편은 큰 공장을 경영하고 있었다. 그리고 그녀는 남편의 애정에 대해 진심으로 칭찬하고 있었다. 두 사람은 30년 전에 연애 결혼을 했으며, 그 후 그들에게는 어떤 불화라든가 질투의 기회라곤 없었다. 두 자녀도 행복한 결혼을 했다. 남편으로서, 또 가장으로서의 책임감 때문에 그는 아직 일을 계속하고 있었다. 그런데 1년 전에 그녀 자신도 이해할 수 없는 하나의 사건이 일어났다. 그녀가 그토록 신뢰하는 남편이 묘령의 여자와 연애 중이라는 익명의 편지를 받았기 때문이다. 그녀는 그 편지에 대해 의심하지 않았다. 그런데 그런 후부터 그녀의 행복은 완전히 깨어져 버렸다.

이야기의 전모는 대략 다음과 같다. 그녀의 집에는 가정부가 한 사람 있었다. 그녀는 가정부와 집안일을 터놓고 얘기하는 사이였다. 이 가정부는 어떤 여자를 굉장히 증오하고 있었다. 그 이유는 그 여자가 출신이 좋지 않은데도 불구하고 자기보다 훨씬 성공했다는 것이다. 실제로 그 여자는 실업 교육을 받아 공장에 취직하였으며, 대전 중에는 사원들이 출정하자, 일손이 부족하여 좋은 자리로 승진까지 하였다.

그리하여 지금은 공장 기숙사에 기거하면서 신사들과 교제하고, 사람들은 그녀가 요조 숙녀라고 부르고 있었다. 출세하지 못한 이 가정부가, 과거의 동창생에 대해 지독히 험담을 하는 것은 당연하였다. 어느 날, 부인은 가정부와 함께 이 집에 손님으로 방문했던 한 노신사에 대해 이야기를 나누었다. 그 노신사는 아내와 별거 중이며, 첩을 두고 있다는 소문이었다. 그때 어찌된 일인지 부인은 갑자기 "만일 내 남편에게 애인이 있다는 말을 듣게 되면, 얼마나 끔찍스런 일일까?" 하고 말했던 것이다.

그 다음날, 부인은 익명의 편지 한 통을 받았다. 그 사연인즉, 그녀가 어제 한 말과 같은 내용이었다. 그녀는—반신 반의했지만—이 편지가 짓궂은 가정부의 소행이라고 단정 지었다. 왜냐 하면 남편의 애인 이름은 가정부가 몹시 미워하고 있는 그 여자의 이름이었기 때문이다. 그녀는 음모임을 즉각 간파하고, 여러 가지 주변 사정으로 미루어 그 사실을 전혀 근거 없는 일이라고 생각했다. 그러면서도 이 편지는 완전히 그녀를 압도해 버리고 말았다.

부인은 무서운 흥분에 싸여, 즉각 남편을 만나서 심한 비난을 퍼부었다. 남편은 그런 사실을 완강히 부인했다. 그리고 최선의 정성을 다 했고, 주치의인 공장 의사를 불러 불행한 부인을 진정시키려고 노력했다. 그 후 두 사람이 취한 조치는 매우 합당하였다. 가정부는 파면되었지만, 애인이라는 말을 들은 상대의 그 여자 쪽은 파면되지 않았다. 그 후, 환자는 그 익명의 편지를 더 이상 믿지 않을 만큼 냉정해졌다고 거듭 말했지만, 마음 속에서부터 평정을 되찾은 것은 아니었다. 다른 사람이 그 여자의 이름을 들먹이거나 길거리에서 그 여자만 보아도 질투·고통·굴욕의 발작들이 폭발하는 것이었다.

이와 같은 부인의 병력을 미루어, 그녀가 다른 노이로제 환자에 비해서 자기의 병증을 너무나 간단히 묘사했다는 것즉, 우리의 말을 사용하면 병력을 속이고 있다는 것과 잠재의식 속에 익명의 편지 내용을 아직도 간직하고 있으며, 그 생각을 떨쳐 버리지 못하고 있다는 사실들을 알아내는 것은 정신의학의 경험 없이도 아주 용이한 일이다.

그러면 정신과 의사는 이와 같은 증례에 접했을 때, 어떤 태도를 취해야 하는가? 대기실의 문을 닫지 않는 환자의 행동에 대해서, 정신과 의사가 어떤 태도를 취할 것인지를 우리는 이미 알고 있다. 의사는 심리학적인 관심이 없으며, 그 환자와는 전혀 무관한 우연일 뿐이라고 말할지도 모른다. 그러나 이 태도를 질투에 고민하는 방금 말한 부인의 경우에도 적용시키지는 못한다. 징후적 행동은 별로 중요하지 않은 것처럼 생각되지만, 이 증상은 매우 의미 깊은 것으로 여겨진다. 증상은 심한 자각적인 고뇌를 수반하며, 객관적으로 볼 때 가정의 공동 생활을 위협한다. 그러므로 증상은 훌륭한 정신의학적 관심의 대상이다. 정신과 의사는 먼저 증상을 본질적인 특징에 의해 분류하려고 한다. 이 부인을 괴롭히고 이해하는 일은 생각 자체를 나무랄 수는 없다. 나이 든 남편이 젊은 여자와 연애하는 일은 세상에서 흔히 있을 수 있는 일이다.

그러나 그와 관련된 어처구니없는 일은 쉽게 이해할 수 없는 일이다. 환자가 왜 그렇게 신사인 남편을 세상에서 흔히 있는 남자로 평가하고 있는지에 대한 증거는 익명의 편지 이외에 아무것도 없다. 부인은 그 편지가 완전히 조작된 것임을 믿고 있다. 또한 부인은 이 편지의 출처를 증명할 수 있었으므로, 그녀의 질투에 대한 정확한 근거가 없는 셈이다. 부인은 자기 자신에게도 그렇게 말할 수 있다. 그럼에도 불구하고 부인은 이 질투에 뚜렷이 근거가 있는 것처럼 고민하는 것이다. 사실과는 거리가 먼 이런 종류의 관념을 망상이라고 부른다. 그러므로 이 부인은, 질투 망상에 사로잡혀 있다고 볼 수 있다.

먼저 이것을 밝혀내면, 우리의 정신의학의 관심은 다시 활발해질 것이다. 망상이 현실과 전혀 무관하다면, 그 망상이 현실에서 만들어진 것이라고 할 수 없다. 그렇다면 망상은 어디에서 유래하는 것일까? 망상은 많은 복잡 다단한 내용을 갖고 있다. 그 부인의 예에서 나타나듯이, 어째서 망상의 내용이 질투일까, 질투 망상은 어떤 사람에게 나타나는 것일까 하는 점에 대해서는 정신과 의사들의 견해를 듣고 싶은데, 정신과 의사는 외면하고 있다. 대개 정신과 의사는 이런 질문에 대해 한 마디로 단언해 버린다. 그는 이 부인의 가족 사항을 조사해 본 후에, '망상은 그 증상과 유사한 정신 장애나 다른 어떤 정신 장애가 되풀이해서 나타난 집안의 사람들에게 나오는 증상입니다' 하고 대답할 것이다. 다시 말해서, 이 부인이 망상을 일으킨 것은 그녀의 집안에 유전적인 소인이 있기 때문이라는 것이다. 물론 타당성이 있는 견해이지만, 그것으로 우리가 알고 싶은 의문이 모두 풀릴까?

어떤 다른 망상 대신에 이 질투 망상이 발생한 것이라든가, 임의적이라든가, 애매 모호하다는 식의 말만으로 우리는 만족해야 할 것인가? 또한 유전적인 영향으로만 몰아붙이는 그 증례에 대해, 그녀는 언젠가 한 번은 어떤 망상을 일으킬 운명을 숙명적으로 갖고 있다는 식의 소극적인 방법으로 해석해도 좋은가? 여러분은 과학이라고 지칭하는 정신의학이 분명한 해답을 내리지 못하는 이유에 대해 궁금할 것이다. 그러나 나는 적절하지 않은 진단을 내리는 사람은 사기꾼이라고 말하고 싶다. 정신과 의사는 이와 같은 증례를 좀더 폭넓게 볼 수 있는 방법을 전혀 모른다. 그들은 진단과 그리고 풍부한 경험에도 불구하고, 불확실한 병후의 결과를 판정하는 데 그치고 있을 뿐이다.

그렇다면 정신분석은 그 이상의 것을 할 수 있단 말인가? 물론 할 수 있다. 이와 같이 근접하기 어려운 증례에 있어서조차도 정신분석은 더 세밀하게 이해시켜 줄 수 있다. 우선 여러분은 앞의 부인의 예에서 별로 드러나지 않은 미미한 점, 즉 망상의 토대가 되어 있는 그 익명의 편지는 바로 환자 자신이 자극한 결과라는 사실을 주목해 주기 바란다. 그녀는 그 전날, 가정부에게 만일 내 남편이 젊은 여자와 연애를 하고 있다면 정말 끔찍한 일이라고 말한 것이다. 이것은 그녀 자신이 가정부로 하여금 그런 편지를 보내도록 자극을 준 것이다. 그러므로 그녀의 망상은, 어떤 점에서 문제의 편지와 전혀 관계가 없다고 해도 좋다. 즉, 망상은 전부터 이미 그녀의 마음 속에 잠재해 있었던 것이다.

그리고 이 밖에 불과 2시간 동안의 분석 결과, 더 조그만 징후가 발견되었다. 환자가 자기 자신에 대하여 이야기를 마친 뒤에, 내가 그 밖의 관념·연상·기억 등을 얘기해 달라고 청하자, 부인은 매우 냉담한 태도를 나타냈다. "아무 연상도 떠오르지 않습니다. 더 이상 할 말은 없습니다" 하고 입을 다물어 버렸다. 그리고 2시간 후, 실제로 나는 그 부인에 대한 분석을 중단해야 했다. 왜냐 하면 부인이, "나는 다시 건강해진 것 같은, 개운한 기분이 들어요. 그런 병적인 생각은 이제 두 번 다시 떠오르지 않을 거예요" 하고 말했기 때문이다. 물론 그렇게 말한 의도는 나에게 저항하기 위해서, 그리고 분석을 더 계속할 것이 두려웠기 때문이었다. 그런데 이 2시간 동안에, 그녀는 해석의 열쇠가 될 만한 몇 마디 말을 흘렸다. 그 말을 해석해 보니, 그녀의 질투망상이 발생한 원인에 대해 뚜렷한 윤곽을 나타낼 수 있었다. 부인은 그녀를 나에게 데려온 자기 사위에게 깊은 연정을 품고 있었던 것이다. 그녀는 이 연정을 전혀 의식하고 있지 않았다. 혈연 관계 때문에 부인의 연정은 사위에 대한 순수한 애정이라는 가면을 쓰고 있었다.

우리가 여태까지 보아온 사실을 근거로 결론을 내리면, 53세의 이 정숙하고 선량한 부인의 정신 생활에, 우리의 감정을 이입하는 것은 그리 어렵지 않을 것이다. 그녀에게 연애는 무섭고 있을 수 없는 일이므로 의식의 표면에 나타날 수는 없었지만, 계속 무의식 속에서 존재하여 무거운 압력을 가하고 있었던 것이다. 그 결과, 그녀의 마음 속에는 어떤 일이라도 일어나지 않을 수 없었다. 즉, 무언가 어떤 구제책을 찾지 않으면 안 되었던 것이다. 그리하여 가장 손쉬운 해결책으로서 대치가 이루어진 것이다. 대치는 망상적 질투와 항상 관련되어 있다. 자기의 늙은 남편이 젊은 여자와 연애를 하고 있다면, 나이 든 여자인 자기가 젊은 남자를 사랑하고 있다 하더라도, 부정不貞이라는 그녀의 양심의 가책은 가벼워질 것이다.

따라서 남편의 부정에 대한 공상은 자신의 마음 속에 있는 괴로움을 덜기 위한 약의 역할이었다. 그녀는 자기 자신의 사랑을 의식하지 못했지만, 남편의 부정에 관한 망상—그것은 앞서 말한 것처럼 그녀에게 도움이 되었지만—은 이제 뚜렷한 강박 관념으로서 의식적인 것으로 나타나게 된 것이다. 당연히 이 연정을 부정하는 증명은 아무 소용이 없다. 왜냐 하면 그런 증명은, 그 영상에만 향하고 영상을 뚜렷이 하는 데는 도움이 되지만, 철두철미한 무의식 속에 깊이 잠겨 있는 본래의 영상과는 동떨어져 있었기 때문이다.

짧은 시간이었지만, 힘들었던 정신분석적 시도의 결과로써 파악해 낼 수 있었던 것을 종합해 보기로 한다. 물론 우리의 발견이 타당했다고 전제하고 나서의 일이다. 이 점에 대한 여러분의 비판이 있다면 난 결코 굴복할 수 없다. 첫째로, 망상은 이미 무의미하거나 난해한 것이 아니다. 망상은 의미 심장하고 훌륭한 동기를 가진 것이며, 환자가 겪은 강한 감동의 체험과 인간관계를 갖고 있다. 둘째로, 망상은 반드시 다른 징후로 추측되는 어떤 무의식적인 정신 과정의 반응으로서 나타난 것이며, 합리적이고 현실적인 반대에 대한 망상의 저항은 바로 위와 같은 관계 때문에 일어난다. 망상은 그 자체로서 희망했던 것이며, 위안의 일종이다. 셋째로, 이 망상이 다른 어떤 것도 아닌 질투 망상인 것은 질병 속에 숨어 있는 체험 때문이다.

그러나 여러분은 그 부인이 사건 바로 전날 가정부에게 "만일 내 남편에게 애인이 있다는 말을 듣게 되면 그처럼 끔찍한 일이 있을까?" 하고 말한 것을 상기해 주기 바란다. 여러분은 또 우리가 분석한 그 질투 행동과의 두 가지 중요한 유사점, 즉 징후 행동 뒤에 숨어 있는 뜻과 그 의도의 해명이 무의식과 관계가 있다는 것을 간과할 수 없을 것이다.

그런데 사실 우리가 이 증례에 대한 해결로써 모든 의문을 풀었다고는 할 수 없다. 오히려 이 증례는 계속해서 의문을 안겨준다. 의문 중의 어떤 것은 아직 해결될 수 있는 단계까지 이르지 않았고, 또 다른 문제들도 특수한 사정 때문에 해결되지 않았다. 이를테면 행복한 부부 생활을 보내고 있던 부인이 어째서 사위에게 연정을 느끼게 되었을까? 그리고 자기 마음의 상태를 자기 남편에게 투사함으로써만 그 괴로움을 완화하려

했을까? 이와 같은 의문을 쓸데없다라든가, 좋지 않은 일이라고만 생각해서는 안 된다. 이 질문에 대답할 만한 필요한 자료를 우리는 많이 준비해 놓고 있다.

이 부인은 갱년기였다. 갱년기에는 본의 아니게 여성의 성욕이 갑자기 증대한다. 이것만으로 대답이 충분할는지 모르겠다. 아니면, 그녀의 착하고 성실한 남편은 수년 전부터 원기 왕성한 아내의 욕구를 채워줄 정력이 없어졌다고 덧붙여도 좋다. 우리는 경험에 의해서 이런 경우의 남편은 더 할 수 없이 품행이 방정한 데다가 아내에게 온갖 정성을 쏟으며, 아내가 겪는 노이로제의 괴로움을 남달리 걱정한다는 것을 알고 있다. 또 병인病因이 되는 연정의 상대가 다름 아닌 자기 딸의 남편이라는 사실은 아무래도 그냥 넘겨 버릴 성질이 아니다.

딸에 대한 심한 성적인 애착이것은 모친의 성 체질에 기인한다은 흔히 이렇게 변형하여 계속된다. 이와 관련해서 한 가지 상기해 둘 것은, 장모와 사위의 관계는 인간 사회에서 예부터 특별히 묘한 사이로 간주되어 왔으며, 이 관계는 원시인들에게 있어서 매우 강력한 터부를 만드는 동기가 되었다는 것이다《토템과 터부》, 프로이트, 1913년. 두 사람의 관계는 자칫하면 여러 가지 면에서 빗나가기 쉽다. 부인의 증례에서는 이 세 가지 요소 중 어느 하나가 작용했는지, 아니면 두 가지, 세 가지의 요소가 동시에 작용했는지 정확히 단언할 수 없다.

그것은 증례의 분석을 두 시간 이상 계속하지 못한 이유 때문만은 아니다. 이제 깨달았지만, 내가 여태까지 말한 사항은 여러분이 아직 납득하기 어려운 것이었다. 나는 정신의학과 정신분석을 비교해 보려는 의도로 위의 이야기를 했던 것임을 밝혀둔다.

그러나 나는 여러분에게 한 가지 질문을 하고 싶다. 즉, 정신의학과 정신분석학 사이에서 어떤 모순을 느꼈느냐 하는 것이다. 정신의학은 정신분석의 기법을 응용하려고 하지 않으며, 정신의학은 어떤 것을 결부시켜서 망상의 내용을 알려 하지 않는다는 것이다. 그리고 정신의학은 우리의 주변에 있는 특수한 원인을 제시하는 대신, 유전이라는 것을 연관시켜 일반적이고 거리가 먼 병인病因을 강조한다.

여기에 어떤 모순점이나 대립이 있지 않을까? 오히려 그 둘은 상호 보완적으로 완전한 것이 되는 것은 아닐까? 유전적인 요소는 체험과는 상반되는 것일까? 오히려 그 둘이 서로 협력하여 작용하는 것이 아닐까? 여러분은 정신의학적 연구의 본질에는 정신분석의 결과가 아니라고 할 것은 없다는 나의 의견에 동의할 것이다. 즉, 정신분석학에 반대하는 것은 정신과 의사이지, 정신의학은 결코 아니다. 정신분석학과 정신의학과의 관계는 마치 조직학과 해부학과의 관계와 같다.

해부학은 기관器官의 외부 형태를 연구하고, 조직학은 조직과 세포로 구성된 기관의 구조를 연구하는 곳이다. 이 두 연구 방법에 모순이 있다고는 생각할 수 없다. 한쪽의 연구는 다른 쪽의 연속이다. 오늘날 해부학은 과학적 의학의 근간으로 평가되고 있긴 하지만, 과거의 어느 때에는 몸의 내부 구조를 알기 위한 시체의 해부가 금지되어 있었다. 이것은 오늘날 정신생활의 심층을 연구하기 위한 정신분석의 사용이 금지되어 있는 것과 마찬가지다. 아마도 앞으로는 정신 생활의 심층에 있는 무의식 과정에 대한 지식이 없다면, 과학적이고 심원한 정신의학의 연구는 불가능하게 될는지도 모른다. 그런데 여러분 중에는 주변의 조소를 사고 있는 정신분석학에 대해서 깊은 신뢰감을 갖고 있는 사람도 있을지 모른다. 그런 사람은 정신분석학이 의학적 치료에 있어서도 옳다고 받아들여질 것이라고 예상할는지도 모른다.

종래에는 정신의학에 의한 치료법으로 망상 같은 것은 해결할 수 없었다. 그렇다면 망상의 메커니즘에 대해서 독특한 견해를 갖고 있는 정신분석은 과연 망상을 치료할 수 있겠는가? 그에 대한 대답은 부정적이다. 정신분석학은 이런 병에 대해서—적어도 당분간은—다른 치료법과 마찬가지로 무력하다. 우리는 환자의 마음 속에 어떤 일이 일어나고 있는가를 이해할 수 있지만, 그것을 환자 자신에게 이해시켜 주는 방법은 아직 모른다. 내가 망상의 분석에 있어서 처음에 예상했던 것 이상의 진척을 볼 수 없었다는 것은 인정한다. 그렇다고 해서 여러분은 앞서의 분석에 대해서, 그 결과가 신통치 않으니 비난받아 마땅하다고 주장하겠는가? 물론 그렇지 않으리라고 나는 믿는다.

지식의 단편들이 자꾸 쌓여져서 언젠가는—언제, 어디서인지는 모르지만—하나의 힘, 즉 치료의 힘을 발휘할 시대가 올 것이다. 망상의 경우와 같이 정신분석이 다른 형태의 신경질환이나 정신질환에 쓸모가 없다 해도, 과학 연구를 위한 하나의 큰 무기로서 그 정당성은 길이 남을 것이다. 그러나 그런 경우엔, 물론 우리는 정신분석을 행할 수 없을 것이다. 우리들이 연구 자료로 하여 거기서 배우려고 하는 인간은 생물체인 동시에 그 자신의 의지를 갖고 있으므로, 작업에 동조하기 위해서는 그만한 동기가 필요하다. 그러므로 효과가 없다는 것을 알면 우리를 외면할 것이다. 이것으로 오늘의 강의는 다음 사실을 결론으로서 맺고 싶다.

이 세상에는 수많은 신경장애가 있는데, 이런 신경장애에 대해 지식을 쌓아가면, 이 지식이 실제로 치료의 힘으로 바뀐다는 사실이다. 또 그렇게도 접근하기 어려운 병이 어떤 특수한 조건하에서는 어떤 내과적인 치료법에 상응하는 뛰어난 효과를 볼 수 있다는 것이다.

17
증상의 의미

지난번 강의에서, 임상 정신의학은 개별적으로 나타나는 증상의 형식과 내용에는 소홀히 했지만, 정신분석학은 이러한 것을 기점으로 하여, 증상은 의미 심장하고 환자의 체험과도 깊은 관련이 있다는 견해를 처음으로 수립했다고 말했었다. 노이로제 증상이 의미를 갖고 있다는 것은, 브로이어J. Breuer 1842~1925년. 프로이트의 스승가 히스테리의 증례를 연구하여 치료에 성공했을 때 비로소 발견되었다1880~82년. 그리고 그때부터 이 히스테리의 증례는 유명해졌다. 그런데 브로이어와는 관계 없이 자네P. Janet 1859~1947년. 프랑스의 정신병리학자. 샤르코의 문하생으로 프로이트와 동문도 같은 사실을 입증했다. 그러므로 문헌상으로는 자네의 업적이 최초이다. 왜냐 하면 브로이어는 자기의 연구로 자네보다 10년 이상이나 뒤늦게1893~95년 나와 공동 연구를 하고 있을 무렵에 발표했기 때문이다. 아무튼 이 발견이 누구에 의해서 이루어졌는가 하는 것은 큰 문제가 되지 않는다. 여러분도 알다시피 어떤 발견이든지 반드시 한 번에 그쳐 버리고 단번에 이루어지는 것도 아니며, 성공자에게만 그 업적이 남는 것도 아니다.

미국은 콜럼버스의 이름을 따서 명명되지는 않았다. 브로이어와 자네

이전에 위대한 정신의학자 류레가, 정신병자의 섬망譫妄도 그것을 해석할 수 있으면 어떤 의미를 갖고 있음을 발견할 수 있을 것이라는 견해를 발표했다. 나는 자네의 노이로제 증상에 대한 견해를 오랫동안 거의 신봉하고 있었음을 고백한다. 왜냐 하면 자네는 히스테리 증상의 환자를 지배하고 있는 '무의식적 관념'의 표현으로 풀이했기 때문이다. 그런데 그 후 자네는 무의식은 단지 낱말에 불과한 방편이며, 억지에 지나지 않는다고 생각한 것처럼 매우 회의적인 반응을 보였다. 자네는 무의식의 존재를 생각지 못했다. 이때부터 나는 자네의 말을 의심하기 시작했다. 엉뚱한 그 한 마디를 하는 바람에 자네는 그 위대한 공적을 무산시켜 버린 것이다.

그러므로 노이로제 증상은 오류나 꿈과 같은 의미가 있으며, 또 그것을 나타내는 사람의 생활과 관계가 있다. 여기서 이 중대한 견해에 대한 실례를 두세 가지 들어서 여러분에게 상세히 설명하기로 한다. 그러나 어떤 경우에라도 항상 의미가 있다는 것이 입증된다고는 주장할 수 없다. 하여튼 자기 스스로가 관찰을 시도한 사람은 내 말을 수긍할 수 있을 것이다. 그러나 나는 히스테리의 직접적인 예가 아니고 히스테리와 매우 가까운, 아주 주목할 만한 다른 노이로제를 예로 들겠다. 이 노이로제에 대해 관찰하기 전에 나는 여러분에게 몇 가지 전제를 해두고 싶다. 내가 지금 택하는 노이로제는 강박 노이로제에 해당한다. 강박 노이로제는 일반적인 히스테리라고 볼 수 없다.

오히려 강박 노이로제는 집요하고 소란한 것이 아니라 환자의 사사로운 일같이 보이며, 신체적인 현상도 거의 나타내지 않고 모든 증상은 정신의 영역에서 만들어진다. 강박 노이로제와 히스테리에 대한 연구 결과를 기반으로 해서 비로소 정신분석이 구축되고, 정신분석적 치료법으로도 큰 성과를 올렸다. 강박 노이로제에는 정신적인 것에서 육체적인 것으로 옮겨 가는 미묘한 비약성은 나타나지 않지만, 정신분석의 공적 덕택에 우리에게는 히스테리 증상보다 더 뚜렷하고 친근한 것이 되었다. 또

한 강박 노이로제에서는 히스테리 환자의 어떤 극단적인 특징을 매우 명확하게 볼 수 있음을 알았다.

강박 노이로제는 다음과 같은 형태를 갖는다. 환자 자신은 전혀 무관심한 관념에 사로잡히고 자기와는 도무지 관련도 없는 어떤 충동을 느끼며, 자기는 아무런 기쁨을 느끼지 못하면서도 하지 않고는 못 배기는 행동에 몰리고 만다. 이런 강박 관념은 그 자체로는 무의미하고 환자 쪽에서도 관심 밖의 일이다. 이 관념은 터무니없는 경우가 많으며, 대부분의 관념이 작용함으로써 환자는 자꾸 생각에 빠져들고, 그로 인해 지쳐 버려서 어쩔 수 없이 그 관념의 포로가 되어 버린다. 환자는 자기의 의지와는 반대로 마치 그것이 자기의 가장 중대한 인생 문제로 간주하고 고민한다.

환자가 마음 속에 느끼는 충동 또한 기막히고 어이없다는 인상을 주지만, 대개는 범죄에 대한 유혹처럼 무서운 내용을 갖고 있으므로, 환자는 그 생각에 대해 완강히 부정하는 동시에 그 관념으로부터 달아나기 위해 전전긍긍하면서 혹시 그 관념을 실행에 옮기게 되면 어쩌나 걱정한 나머지 자기의 자유를 억압하고 포기하고 제안하며, 자기 몸을 도사린다. 그러나 실제로 그 충동은 결코 실행에 옮겨지지는 않는다. 그 결과, 항상 도피와 경계심이 자리잡게 된다. 환자가 실제로 행하는 일—소위 강박 행위—은 전혀 무해한, 아주 사소한 일이며, 흔히 일상 생활에서 하는 동작의 반복과 의례적인 활용에 지나지 않는다.

그러나 그 때문에 수면·세안·화장·산보 같은 반드시 필요한 동작이 극도로 짜증나고 귀찮은 의무로 되어 버린다. 이 병적인 관념과 충동과 행동이 어떤 종류의 강박 노이로제의 형태나 증례에 있어서 똑같은 비율로 섞여 있는 것은 아니다. 오히려 대개 이들 요소 중의 어느 하나가 그 병상病像을 크게 지배하며, 그에 따라 병명이 정해진다. 그러나 그 모든 형태의 공통점은 매우 분명하다. 그런 병은 확실히 미친 듯이 보인다.

아무리 극단적인 정신병적 공상이라도, 그와 같은 것을 만들어 낼 수는 없다고 나는 믿고 있다. 그리고 눈앞에서 매일 그런 광경을 보지 않고는 도저히 믿으려 하지 않을 것이다. 그렇다고 그런 환자를 설득하여, 이성을 되찾아서 그런 어리석은 생각에 빠지지 말고, 그런 일보다는 좀더 실질적인 일을 해 보는 것이 어떻겠느냐고 충고한다고 해서 환자에게 도움이 되지는 않는다. 사실은 환자 자신도 그렇게 하고 싶은 마음이 간절한 것이다. 환자 자신도 자기의 강박증에 대해서 뚜렷이 알고 있고, 오히려 환자 쪽이 자진해서 그렇게 하고 싶다고 여러분에게 제의하기도 한다. 단지 환자 자신도 어떻게 해야 좋을지를 뚜렷하게 모를 뿐이다. 강박 노이로제의 경우, 표면적으로 행동에 나타나지 않는 경우는 일종의 에너지에 의해서이다. 정상적인 정신 생활에서 이 에너지에 대응할 만한 것은 없다. 환자는 단 한 가지 일, 즉 대치하거나 교환할 수 있을 뿐이다.

어이없는 어떤 관념을 약화된 다른 관념으로 바꿀 수 있고, 어떤 조심이나 금지에서 다른 조심이나 금지로 옮길 수 있다. 또한 하나의 의례儀禮 대신 다른 의례를 할 수도 있다. 환자는 강박 관념을 대치할 수는 있지만, 결코 강박 관념을 제거하지는 못한다. 모든 증상을 그 원형과 거리가 먼 것으로 대치할 수 있는 것이 이 병의 중요한 특징이다. 또 이 상태에서 정신 생활을 일관하고 있는 양극성兩極性이 특히 뚜렷하게 나타난다. 바꿔 말해서 양성과 음성의 내용을 가진 동시에 강박 관념과 병행하여 가장 확실하다고 여겨지는 것까지 서서히 침식해 들어간다. 그리하여 마침내 모든 것은 더욱 결단력이 없어지고 무기력해져서, 환자는 자기 자신의 자유를 스스로 구속하고 만다.

그러나 강박 노이로제 환자는 천성적으로 매우 정력적이라거나 남달리 완고하고, 지성적으로는 다른 사람보다 뛰어나다. 그는 대개 높은 도덕적인 수준에 도달해 있으며, 양심이 강하고 보통 사람보다 정의감이 강하다. 이처럼 성격상의 특징과 병의 증상이 모순되는 가운데, 양자와의 올바른 관련성을 발견하기 위해서는 열심히 연구하는 길밖에 없다고 여러분도 생각할 것이다. 그러나 우리는 먼저, 이 병의 두세 가지 증상을 이해하고 해석하는 것으로 만족해야 하겠다.

아마 여러분은 우리가 앞서 토론했던 것을 상기하고, 현대의 정신의학이 이 강박 노이로제를 어떻게 취급하고 있는지 알고 싶을 것이다. 그런데 그것은 정신의학의 보잘것없는 한 부분이다. 정신의학은 여러 가지 강박 관념을 명명했다. 그리고 그 이상의 언급은 없다. 그대신 정신의학은 그런 증상을 가진 사람을 '변질자變質者'라고 강조한다. 이 말은 그다지 시원한 설명이 아니다. 실제로 변질자란 하나의 가치 판단이며, 설명이 아니라 판결이다. 사람에게는 당연히 풀 수 없는 어떤 많은 일들이 일어난다고 생각해야 한다.

우리는 그런 증상을 나타내는 사람은, 날 때부터 보통 사람과는 어딘가 다를 것이라고 믿고 있다. 그런데 이와 같은 사람이 다른 노이로제 환자, 이를테면 히스테리라든가 정신병 환자 이상으로 '변질자'인지 반문하고 싶다. 강박 노이로제의 특징에 대한 설명은 일반론에 그치고 만다. 이런 증상이 매우 고명하고 사회에 뜻깊은 기여를 한 사람들에게도 나타난다는 사실을 안다면, 단순히 그런 특징으로 규정해 버리는 것이 과연 타당한 일인지 의심스러워진다. 그 사람 자신의 분별 있는 태도와 전기 작가傳記作家의 조작 덕분에 그 사람의 진실된 사생활에 대해서 우리는 거의 아는 바가 없지만, 그 중에는 에밀 졸라 같은 진리의 광신자도 있다. 졸라가 한평생 많은 기괴한 강박적인 습관 때문에 괴로워했다는 것은 널리 알려진 일이다《에밀 졸라—의학적·심리학적 조사》, F.툴루스, 파리, 1896년.

정신의학은 이런 사람을 '우수 변질자優秀變質者'라고 불러서 스스로 돌파구를 만들어 놓았다. 그러나 정신분석에 의해서 우리는 이 기괴한 강박증을 다른 변질적이 아닌 사람과 마찬가지로 완전히 제거할 수 있다는 것을 경험했다. 나 자신도 이와 같은 일에 몇 번이나 성공했다. 그러면 지금부터 강박 증상의 두 가지 예를 들어서 이야기하겠다. 하나는 오래 전의 관찰이지만, 그것은 여기서 아주 적합한 실례이다. 나머지는 최근에 연구한 것이다.

환자는 30세쯤 되는 부인이며, 매우 완고한 강박 관념에 괴로워하고 있었다. 만일 내 연구가 운명의 장난으로 수포로 돌아가지 않았다면—이 일은 나중에 얘기하겠다—아마 나는 그 부인을 치료할 수 있었을 것이다. 그 부인은 하루에도 몇 번씩 자기 거실에서 옆방 거실로 달려간다. 그리고 그 방에 들어가면, 한가운데 놓여진 탁자 옆에서 일정한 자세를 취한다. 그리고 하녀를 불러서 쓸데없는 일을 시키거나, 어떤 때는 아무 일도 시키지 않고 돌려보낸다. 그리고 다시 자기 거실로 돌아온다. 이런 증례는 결코 심한 증상은 아니었지만, 확실히 우리의 호기심을 끌기에 충분했다.

그리고 의사로서 내가 손을 쓰기 전에 환자 자신이 아주 빠르고 명료하게 설명해 주었다. 왜 내가 이 강박 행위의 의미를 알 수 있었는지, 왜 그 해석을 말하게 되었는지는 알 수 없다. 나는 환자에게, "어째서 그런 행동을 하십니까? 거기에 어떤 의미가 있습니까?" 하고 되풀이해서 다그쳤다. 그때마다 그녀는, "난 몰라요" 하고 대답할 뿐이었다. 그런데 어느 날, 나는 그녀의 마음 속에 크고 뿌리 깊은 망설임이 있음을 지적했다. 그 순간, 갑자기 그녀는 깨달았다. 그리고 자기의 강박 행위와 관계 있는 어떤 이야기를 들려주었다.

10년 전에, 그녀는 매우 나이 든 남자와 결혼을 했다. 그런데 첫날밤에 그가 발기 불능임을 알았다. 남자는 그날 밤 몇 번이나 되풀이해서 시도하기 위해 신부의 방으로 뛰어들어 왔지만, 번번히 실패했다. 아침이 되자 남자는 "잠자리를 치우는 하녀에게 창피를 당하게 됐군" 하면서, 마침 그 방에 있던 붉은 잉크병을 요에 쏟았다. 그런데 붉은 잉크의 얼룩은 마땅히 묻어야 할 자리에 묻지 않았다.

나는 처음에 이 기억과 현재의 강박 행위에 어떤 관계가 있는지 알 수 없었다. 왜냐 하면 자기의 거실에서 다른 거실로 몇 번이나 달려가는 것과, 하녀가 나타나는 것과는 약간 비슷할 뿐이었기 때문이다. 그때 환자는 나를 옆 거실의 탁자로 이끌고 갔다. 나는 그 탁자 위에 큼직한 얼룩

이 있는 것을 발견했다. "나는 하녀가 저 얼룩을 보게 하려고 탁자 옆에 서는 거예요" 하고 부인이 설명했다. 첫날밤의 그 광경과 그녀의 현재의 강박 관념 사이의 밀접한 관계가 그때서야 비로소 의심할 여지가 없게 되었고, 이 강박 행위에서 다음과 같은 것을 배우게 되었다.

우선 첫째, 이 환자는 분명히 자기를 남편과 동일시하고 있다. 그녀는 남편의 역할을 하고 있었다. 즉, 그녀는 남편이 이쪽 거실 옆에서 거실로 달려가는 흉내를 내고 있는 것이다. 이에 맞추기 위해서 침대와 시트가 탁자와 덮개로 대치되었다고 가정해야 한다. 이것은 억지처럼 여겨지지만, 우리는 공연히 꿈의 상징을 연구한 것이 아니다. 꿈에서도 흔히 탁자가 나타나는데, 탁자는 침대로 해석할 수 있다. 탁자와 침대는 한 쌍이 되어 결혼을 의미하므로, 탁자는 쉽게 침대를 대신한다.

강박 행위가 의미를 내포하고 있다는 증명은 이것으로 충분하다. 강박 행위는 그 중대한 광경의 묘사이자 반복이다. 그러나 우리는 이것만으로 만족할 수 없다. 만일 이 둘 사이의 관계를 더 깊이 연구한다면, 우리는 강박행위의 목적에 대해 알아낼 수 있을 것이다. 이 부인의 강박 행위의 핵심은 분명히 하녀를 불러다가 그녀에게 얼룩을 보이고, "하녀 앞에서 창피를 당하게 됐군" 하고 말한 남편의 말과 정반대의 것을 입증하는 데 있다. 그러므로 남편—그녀는 남편의 역할을 흉내내고 있다—은 하녀 앞에서 창피를 당하지 않아도 되는 것이다.

확실히 얼룩은 제자리에 묻어 있다. 그러므로 그녀는 그 광경을 그저 되풀이한 것이 아니라, 그 광경의 후속편을 연출하고 정정하고 올바른 방향으로 돌린 것이다. 동시에 이것으로 그녀는 그날 밤에 일어난 몹시 안타까운 일, 즉 붉은 잉크까지 필요로 한 남편의 발기 불능증까지도 고친 셈이 된다. 즉, 이 강박 행위는 '아니에요. 내 남편이 하녀 앞에서 왜 창피를 당해야 하나요? 남편은 결코 그렇지 않아요' 하고 반박하고 있는 것이다. 그녀는 이 원망을 현재의 행동 속에서 실현된 것으로 묘사하고 있다. 이 행동은 그날 밤의 불행에서 남편을 건져내는 목적을 달성하고 있는 것이다.

내가 이 부인에 대해서 말할 수 있는 것은 모두 이것과 완전히 일치하고 있다. 더 정확히 말하자면, 우리가 그녀에 대해서 알고 있는 사실이 강박 행위 자체로는 이유를 알 수 없는 행위에 대해, 방금 말한 해석이 옳다는 것을 입증하고 있다. 부인은 수년 전부터 남편과 별거 중이었다. 그리고 정식으로 남편과 이혼해야 할 것인가 하는 문제로 고민하고 있다. 그렇다고 그녀가 남편에게 해방되었다고는 말할 수 없다. 그녀는 정숙해야 하고, 유혹에 빠지지 않도록 세상에서 도피해 있다. 그녀는 자기의 공상 속에서 남편을 정력적으로 과장하고 남편의 인격을 이상화하고 있다. 그녀의 병에 숨어 있는 깊은 비밀은, 그녀가 자기 병을 이유로 사회의 악평으로부터 남편을 보호하고 남편과의 이혼을 합법적인 것으로 만들며, 그가 생활을 편안히 보낼 수 있도록 해 주는 데 있다. 그러므로 겉으로 전혀 무해한 강박 행위의 분석은 그 병의 핵심을 직접적으로 적중시킨 셈이다. 그리고 강박 노이로제의 일반적인 비밀도 알아낸 것이 된다.

또 하나의 실례를 들기로 한다. 여러분은 아주 미소한 강박 행위에서, 그 여자 환자의 비밀이 드러난 것을 보고 깜짝 놀랐을 것이다. 여성으로서 첫날밤의 일만큼 극비는 없다. 게다가 우리 연구에 있어서 다름 아닌 성생활의 비밀에 이르렀다는 사실로 이렇다 할 의미가 없는 것일까? 아니면 성생활의 비밀에 이른 것은 실제로 내가 실례를 잘 선택했기 때문인지도 모른다. 이 두 번째의 예는 방금 말한 예와는 아주 다른 양상을 띠며, 흔히 볼 수 있는 전형적인 예로써 취침 의례就寢儀禮의 예이다.

환자는 19세의 건강한 부잣집 외동딸이다. 그녀는 교양이나 지식욕이 부모보다 강했다. 어릴 때는 말괄량이였고 명랑했지만, 최근에 뚜렷한 원인도 없이 완전히 신경질적으로 변해 버렸다. 어머니에게 말대답을 잘하고 언제나 불만이었으며, 우울하고 우유 부단하고 시기심이 강해졌다. 그리하여 마침내, 자기 혼자서는 광장이나 길을 걸어다닐 수 없다고 호소하기 시작했다. 우리는 이와 같은 복잡한 증상에서 광장 공포와 강박 노이로제라는 적어도 두 가지 진단을 내릴 수 있다. 그런데 그녀는 취침 의례를 나타내기 시작하여, 부모를 무척 당황시키게 되었다. 어떤 의미에서는 정상적인 사람에게도 누구나 취침 의례가 있다.

사람은 적어도 자기의 취침을 방해받지 않도록 어떤 조건을 만든다. 사람은 대개 일정한 형식으로 각성 생활에서 수면 상태로 옮긴다. 그리고 이 형식을 매일 밤마다 똑같이 되풀이한다. 그런데 정상인이 취침하는 데 필요한 조건은 모두 타당한 것들이다. 만약 어떤 사정 때문에 변경해야 할 때에도, 보통 사람은 쉽사리 거의 적응한다. 그런데 병적인 취침 의례는 너무도 완고해서 극한의 희생을 치르더라도 실행되어야 하며, 동시에 정상인과 같이 타당한 동기가 있는 것처럼 위장되어 있어서 표면적으로 정상인과 다른 점은 없는 것 같다. 그런데 좀더 자세히 관찰해 보면, 그 위장은 약간 모자라서 의례는 타당한 동기로 볼 수 없고, 게다가 합리적인 동기와는 거리가 먼 다른 것을 갖고 있다.

그녀는 밤마다 되풀이하여 조심하는 동기로서, 자기는 조용해야만 잠들 수 있으므로 모든 소음의 근원을 제거해야 한다고 주장하고 있다. 그래서 그녀는 우선적으로 자기 방에 있는 괘종시계를 멎게 하고 다른 시계는 모두 방 밖에 내놓으며, 서랍 속에 넣어 둔 손목시계까지 마음에 걸려서 밖에 내놓는다. 둘째로, 화분과 꽃병이 밤중에 뒤집어지거나 부서져서 잠이 깰까봐 그것들을 책상 위에 조심스레 늘어놓는다. 그런데 그녀는 자신도 조용하게 하기 위한 이와 같은 방법이 겉으로 보기에만 타당하다는 것을 알고 있다. 손목시계는 머리맡 책상 위에 두어도 똑딱거리는 소리가 들리지 않는다. 우리의 경험으로 미루어 벽시계가 규칙적으로 똑딱거리는 소리는 수면을 방해하기는커녕 오히려 수면으로 재촉하도록 작용한다는 것을 알고 있다. 또 그녀는 화분이나 꽃병에 다리가 생겨서 밤중에 저절로 굴러 떨어지거나 부서지거나 할지도 모른다는 자기의 걱정이 터무니없다는 사실을 충분히 알고 있다.

그리고 취침 의례의 이 밖의 규정을 조사해 보면, 조용하게 만든다는 구실은 희미해져 버린다. 이를테면 자기의 방과 부모의 방 사이에 있는 문을 반쯤 열어놓게 하여 열어둔 문에 여러 가지 도구를 세워 닫히지 않게 한다. 이러한 요구는 조용하게 하기 위한 방책이 아니라, 오히려 소음을 일부러 들으려는 거나 다름없다. 그런데 가장 중대한 규정은 침대에 관한 것이다. 침대 머리맡에 놓아두는 베개 받침이 목제 침대의 가장자리에 닿아서는 안 된다. 작은 베개는 커다란 쿠션 위에, 반드시 마름모꼴이 되도록 놓아야 하고 자기의 머리를 정확히 이 마름모꼴의 세로의 대각선상 위에 놓는다. 새털이불오스트리아에서는 '듀헨트Duchent'라고도 한다은, 덮기 전에 털지 않으면 직성이 풀리지 않는다. 그러면 속의 깃털이 다리 쪽으로 모두 모이게 되는데, 그녀는 이 새털이불을 눌러서 반드시 다시 한 번 편편하게 만든다.

그 밖의 자질구레한 점에 관한 설명은 생략하기로 한다. 여러분은, 그녀가 이 모든 일을 결코 순조롭게 하지 않았다는 점을 주의해 주기 바란다. 모든 것이 깨끗하고 정확하게 되었을까 하는 걱정이 언제나 뒤따랐다. 그래서 의례를 다 한 뒤에는 다시 한 번 확인해 보고 나쁜 데가 있으면 되풀이해야만 했다. 어떤 때는 이것에, 어떤 때는 저것에 의혹이 생겨 일일이 그것을 확인하러 다니기 때문에 2시간씩이나 소비해 버린다. 물론 그 동안에는 그녀도 조마조마해 하고 부모도 잠을 잘 수 없다는 것이다.

이 고민의 분석은 아까 말한 여자 환자의 강박 행위에 관한 분석처럼, 그리 간단히 되지는 않는다. 나는 그녀에게 여러 가지 암시를 주어 해석의 실마리를 찾아야 했다. 그런데 그녀는 이 암시나 실마리를 언제나 완강히 부정하거나 경멸하거나 의심했다. 최초의 부정적인 반응이 어느 정도 지나자, 다음에는 내가 암시한 여러 가지 일에 대해서 신중히 생각하고, 그에 대한 연상을 수집하고 기억을 상기해서 연결하는 듯하더니, 마침내 모든 해석을 스스로 해내기에 이르렀다. 이렇게 하여 그녀는 마침내 그 강박적인 의례를 치료가 끝나기 전에 모두 그만두어 버렸다. 이 예로서 여러분은 분석이라는 작업이, 우리가 지금 하고 있는 것처럼 개개의 증상이 명백하게 드러날 때까지 완벽하게 추구하지 않아도 된다는 사실을 알아야 한다. 그렇지 않으면 제시된 주제를 할 수 없이 여러 번 버려야 한다. 그러면 다른 많은 연관에서 다시 앞의 주제로 되돌아올 수 있는 자신감이 생긴다. 즉, 내가 지금 여러분에게 이야기한 증상의 해석은 결과의 종합이지만, 다른 작업으로 중단되어 이러한 결과를 내기까지는 수개월이 걸렸던 것이다.

이 환자는 시계를 여성 성기의 상징으로 여기고 모두 침실에서 추방했다는 것을 차츰 깨닫게 되었다. 보통 때 우리는 시계를 다른 상징으로 해석하고 있지만, 시계가 이처럼 마치 성적인 의미를 갖게 되는 때는 주기적인 과정에 관련이 있다. 여성은 마치 시계처럼 자기의 월경이 규칙적으로 오는 것을 자랑스럽게 여긴다. 그런데 이 환자의 불안은 시계의 똑딱거리는 소리 때문에 잠이 방해되는 것에 집중되어 있었다. 시계의 똑딱거리는 소리는 성적 흥분시 음핵의 움직임에 비유할 수 있다. 실제로 그녀는 이 괴로운 감각 때문에 자주 잠에서 깼으며, 이제 자기의 음핵 발기에 대한 불안이 움직이고 있는 시계를 밤이면 멀리 내쫓으라는 강력한 명령이 되어 나타났다.

또 화분과 꽃병도 모든 그릇과 마찬가지로 여성의 상징이다. 그러므로 화분이나 꽃병이 밤중에 떨어지거나 부서지거나 하면 안 된다는 조심성에는 그럴 만한 뜻이 있는 것이다. 여러분은 약혼 때 그릇이나 쟁반을 깨는 습관에 대해 들은 적이 있을 것이다. 우리는 이 관습을 일부일처제의 견지에서, 신랑은 신부에게 청구권을 내세우지 않겠다는 서약의 상징으로 풀이해도 좋다. 그녀는 자기가 한 의례의 이 부분에 대해서 또 하나의 기억을 끌어냈으며, 그 기억으로부터 여러 가지 연상을 불러일으켰다.

어릴 때 그녀는 유리병이나 찻잔을 떨어뜨려 손가락을 베고 몹시 피를 흘린 적이 있었다. 어른이 되고 성교에 관한 것을 알았을 때, 그녀는 만일 첫날밤에 출혈하지 않고 처녀의 증거가 없다면 어떻게 하나 하는 불안을 느꼈다. 그러므로 꽃병을 깨지 않으려고 조심하는 행위를 처녀성과 첫 성교시의 출혈과 관련된 콤플렉스를 물리치려는 것을 의미한다. 그것은 출혈한다는 불안과 함께 반대로 출혈하지 않으면 어쩌나 하는 불안감의 격퇴도 포함한다. 그리고 사소하지만 이 조심과 그녀가 의례를 행할 때 소리내지 않으려고 주의했다는 것과 관련이 있다.

그녀가 마침 쿠션과 베개 받침을 침대의 가장자리에 닿아서는 안 된다는 명령의 뜻을 깨달았을 때였다. 그녀는 "쿠션은 나에게는 언제나 여성이며, 똑바로 서 있는 목제 침대 테두리는 남성입니다" 하고 말했다. 다시 말해서 그녀는—마술적 의례에 의해서라고 말해도 좋다—남성과 여성을 갈라놓고 싶었던 것이다. 즉, 성교를 하지 않도록 부모를 떼어놓으려 한 것이다. 그녀는 훨씬 어릴 때 이와 똑같은 목적을 의례가 아닌 직접적인 행동으로 달성하려 했었다. 즉, 무섭다는 구실을 만들거나 실제로 무거운 기분을 구실로 해서 부모의 방과 자기 방 사이의 문을 닫지 않도록 했다.

이 명령은 그녀의 현재의 의례 속에도 남아 있다. 이러한 방법으로 그녀는 부모의 동태를 엿보는 기회를 만들었는데, 엿보기 위해 어떤 때는 몇 달이나 계속 불면증에 걸려버렸다. 이와 같이 부모를 방해하는 것에만 만족하지 않고, 이번에는 가끔 부모의 침대에서 두 사람 사이에 재워 달라고 졸랐다. 그 결과, 실제로 '쿠션' 과 '침대 가장자리'는 닿을 수 없었다. 마침내 그녀가 성장하여 이제는 부모의 침대에서 편히 잘 수 없게 되었다. 그래서 그녀는 불안이라는 가면을 위장하여 어머니 대신 아버지 곁에서 자게 되었다. 확실히 이 상황은 여러 공상의 계기가 되었다. 그 공상의 결과는 이 의례 속에서 발견할 수 있다.

'쿠션'이 여성의 대치였듯이, 새털이불을 흔들어서 속의 털을 모두 아래로 모아 불룩하게 만드는 것도 어떤 의미를 갖고 있었다. 이것은 임신을 상징하고 있었다. 그런데 그녀는 이불이 불룩해지면 열심히 도로 피곤 했다. 그것은 곧 부모의 성교 결과, 또 다른 아이가 태어나서 자기의 경쟁자가 되지 않을까 하는 불안감으로 오랫동안 걱정하였기 때문이다.

그런데 큰 쿠션이 여성으로서 어머니라면, 작은 베개는 딸을 의미한다. 왜 이 작은 베개를 밑받침 쿠션 위에 마름모꼴로 놓고, 다시 자기의 머리를 정확히 이 마름모꼴의 중앙선에 놓지 않으면 안 되었을까? 흔히 벽에 그려진 낙서에서 마름모꼴은 여성의 벌린 음부를 의미한다는 것을 그녀는 쉽게 생각했다. 이 경우, 그녀 자신은 남성, 즉 아버지의 역할을 하여 자기의 머리로서 음경을 대용하고 있었던 것이다《거세를 표현하는 두부절단의 상징성 Die Symbolik des Kopfrns fur Kastration》 참조.

정숙한 여자가 그런 불순한 생각을 할 수 있을까 하고 여러분은 의문을 가질 것이다. 나는 그것을 인정하지만, 여러분은 이와 같은 나의 생각을 조작했다기보다 폭로했다고 받아들여 주기 바란다. 이와 같은 취침 의례는 아무리 봐도 기괴하다. 그리고 여러분은 공상과 이 의례의 일치—이 의례는 해석에 의해서 분명해진 것이지만—를 간과해서는 안 된다. 그러나 나에게 더 중요한 것은 다음과 같은 것이다. 즉, 의례 속에는 단지 하나의 공상이 잠재해 있는 것이 아니라, 필시 어느 한 점과 연결되어 있는 일련의 공상이 내재되어 있다는 것이다. 또 하나 중요한 것은 의례의 명령은 어떤 때는 적극적으로, 어떤 때는 소극적으로 성적 원망을 반영하고, 일부는 그 원망의 대리로, 일부는 그 원망의 방위로 되어 있다는 것이다.

여러분이 만일 환자의 이 의례와 다른 증상을 올바르게 결부시키면, 이 의례의 행동에서 많은 것을 배울 수 있을 것이다. 그러나 이것은 지금 우리의 목적이 아니다. 그러므로 여러분은 아버지에게 성적인 애착을 품고 있었다는 사실과 그 애착은 유아기 초기부터 시작되었다는 것만으로 만족해 주기 바란다. 그녀가 모친에게 그와 같이 차갑게 대했다는 것은 이 때문일 것이다. 이 증상의 분석으로 다시 환자의 성생활에 귀착되었다는 것을 간과해서는 안 된다. 노이로제 증상의 의미와 목적을 규명하는 일이 잦아지면, 우리는 아마도 그것을 기묘하게 생각지 않게 될 것이다.

요컨대 나는 앞의 두 가지 실례로써 노이로제의 증상은 오류나 꿈과 같이 어떤 의미를 갖고 있다는 것과 그 증상은 환자의 체험과 밀접한 관계가 있다는 것을 증명했다. 물론 나는 이 두 가지 예로부터 도출한 이 중대한 명제를 여러분이 금방 믿을 것이라고 생각지는 않는다. 또 여러분은 충분히 납득이 갈 때까지 여러 가지 많은 실례를 들어달라고 나한테 요구할 수도 없다. 왜냐 하면 만일 내가 개개의 증례에 관한 치료를 자세히 말하게 되면, 노이로제 이론의 여러 가지 문제를 하기 위해 일주일에 적어도 5시간을 강의해야 하기 때문이다. 그러므로 나는 여기서 위의 두 가지 예를 드는 것으로 그치기로 한다.

그리고 더 상세한 것을 알고자 하는 사람은, 다음과 같은 문헌을 참고하라고 권하고 싶다. 고전에 해당하는, 브로이어의 첫 증례히스테리에 관한 해석, 융에 의한 조발성치매정신분열증의 몽롱한 증상에 대한 훌륭한 해명이 무렵 융은 단지 정신분석가였으며, 예언자가 될 생각은 없었다 및 정신분석 잡지에 발표된 많은 연구 보고이다. 이런 연구 보고는 이 밖에도 많이 있다. 노이로제 증상의 분석·해석·번역은 정신분석가들의 마음을 강하게 사로잡아서 한때 노이로제 환자의 다른 문제는 도외시되었을 정도였다.

여러분들 가운데 이 같은 노력을 경주하는 사람은 증상에 의미가 있음을 입증해 주는 재료가 많이 있음을 보고 틀림없이 강한 인상을 받을 것이다. 그러나 또 어떤 난관에도 부닥치게 될 것이다. 우리가 앞서 배운 것처럼 증상의 의미는 환자의 체험과 어떤 관계를 갖고 있다. 그 증상이 다른 사람에게선 볼 수 없는 개인적인 색채를 강하게 띠고 있으면 있을수록, 체험과 관련 지을 수 있는 가능성이 커진다. 따라서 우리는 현재로는 무의미하고 목적 없는 행동이지만, 그것이 정당하다고 여겼고, 목적에 부합된다고 여겼던 과거의 상황을 찾아주어야 한다. 앞의 예에서, 탁자로 달려가 하녀를 부르는 여자 환자의 강박 행위는 이런 종류의 증상의 전형적인 예이다. 그러나 이것과는 전혀 다른 성격의 증상도 있다. 게다가 이런 예는 매우 흔하다. 이와 같은 증상은 이 병의 정형적定型的인 증상이라고 불러야 한다.

그리고 이 정형적인 증상은 어떤 경우에도 대개 같으며, 개인차가 없거나 있을 때는 거의 퇴색되어 있다. 그로 인해 증상을 환자의 개인적인 체험과 연결하거나, 개인이 체험한 상황과 연관시키기가 어렵다. 다시 강박 노이로제로 돌아가 보자. 두 번째 예의 여자 환자가 한 취침 의례에는, 역사적인 해석우리는 이렇게 불러도 좋다을 할 수 있을 정도로 개인적인 특질을 가지고 있지만, 한편으로는 정형적인 증상도 많이 나타난다. 이와 같은 강박 노이로제 환자에게는 반복성, 율동적인 동작, 분리된 동작 등의 경향이 있다. 그들은 대부분 손을 자주 씻는다. 광장공포 혹은 공간공포에 괴로워하는 환자이런 경우, 강박 노이로제라고 분류하는 대신 불안 히스테리라고 구분한다는 지쳐 버린 단조로움으로 같은 증상을 반복하는 일이 매우 많다.

환자는 밀폐된 공간, 넓은 장소, 긴 외길이나 가로수 길에선 겁을 낸다. 그를 아는 사람이 같이 다니거나 뒤에서 차가 오면 비로소 안심하고 갈 수 있다. 이런 기본적인 증상은 대부분 환자의 공통점인데, 이 공통점 위에 환자마다 개개인의 조건—또는 기분—을 둔다. 이 개인적인 조건은 각 증례마다 전혀 다르다. 예를 들면, 어떤 환자는 좁은 길만 두려워한다. 또 어떤 환자는 인적이 드문 길만 걸을 수 있지만, 어떤 환자는 복잡한 길만 걷는다. 이와 마찬가지로, 히스테리에서도 개인에 따라 여러 가지 양상이 있음에도 불구하고 역사적인 유래에 대한 해석을 막는 증상이 많이 있다.

그리고 우리는 이와 같은 정형적인 증상에 의해 진단의 방침을 세운다는 것을 여러분은 기억해야 한다. 그런데 히스테리의 한 증례에 있어서, 하나의 정형적인 증상을 하나의 체험이나 유사한 체험의 연쇄에 결부시켰다고 하자. 예컨대 히스테리성 구토가 일어나는 이유를, 그것을 일으키게 만드는 어떤 인상으로 돌렸다고 하자. 그런데 히스테리성이 아닌 구토의 증례를 분석한 결과, 자극으로서 작용했다고 생각한 체험과는 전혀 별개의 체험을 발견했을 때, 우리는 당황하게 된다. 그러나 곧 이 히스테리 환자는 어떤 불분명한 이유로 구토를 하지 않을 수 없었다는 것과, 분석 결과로 나타난 어떤 역사적인 유인은 유효 적절하게 단순히 내부의 요구에 이용되었을 뿐이라는 사실을 알 수 있다.

이와 같이 개인적인 노이로제 증상은 환자의 체험을 연관시키면 설명이 가능하지만, 정신분석의 기법은 훨씬 더 자주 그 증례로 나타나는 정형적인 증상을 도무지 설명할 수 없다는 비관적인 결론을 내릴 수밖에 없게 된다. 게다가 증상의 역사적인 해석을 철저히 하게 되면 많은 곤란에 부닥친다는 사실을 나는 여러분에게 언급하지 않았으며, 또 그럴 생각도 없다. 왜냐 하면 나는 여러분에게 대충 설명해 버리거나 감출 의도는 없지만, 총론總論이라고 이름 붙인 이 연구의 시초부터 여러분을 혼란에 빠뜨리고 싶지 않기 때문이다. 실지로 우리는 증상의 의미를 이제 간신히 알았을 뿐이다. 나는 이제까지 얻은 결과에 힘입어 아직 미개척의 것을 하나하나 극복하지 않으면 안 된다. 그러므로 나는 결국 정형적인 증상과 개인적인 증상 간의 근본적인 차이를 인정할 수 없다고 말하고 싶다. 확실히 개인적인 증상이 환자의 체험과 연관되어 있다면, 정형적인 증상은 그 자체로서 이미 정형적인 모든 인간의 공통적인 어떤 경험의 탓으로 돌릴 수 있을지도 모른다.

노이로제에서 항상 나타나는 특징, 말하자면 강박 노이로제 환자는 병적인 변화로서 반복과 회의懷疑를 어쩔 수 없이 내보여야 하는 일반적인 반응인지도 모른다. 그렇다고 쉽사리 실망할 필요는 없다. 우리는 이제부터 앞으로 일어날 일을 주목해 보자. 우리는 꿈의 학설에서도 지금과 똑같은 난점에 부닥친 적이 있었다. 꿈의 현재 내용은 양상이 각기 다르고 개인차가 크다. 그리고 우리는 분석에 의해 현재 내용에서 얻은 것을 여러분에게 상세히 이야기했다. 그런데 이 밖에 '정형적'이라고 부를 수 있는, 모든 사람들에게 공통되는 꿈의 모습이 있다. 이런 꿈은 항상 똑같은 형태를 갖고 있으며, 그 해석에서도 똑같은 곤란이 따른다. 그것은 추락의 꿈, 날고 있는 꿈, 떠 있는 꿈, 수영하는 꿈, 방해받는 꿈, 발가벗은 꿈 등이다. 그리고 그것은 악몽의 일종이다.

이와 같은 꿈들은 개인에 따라 적절한 해석이 내려지고 있지만, 왜 이런 꿈들이 한결같이 일치되는지, 또 왜 정형적으로 나타나는지에 대해서는 설명이 없다. 그런데 우리는 이러한 꿈에서도 어떤 공통적인 기반이 각 개인에 따라 다른 어떤 부가물이 첨가되기 때문에 더욱 명확해지는 것을 알 수 있다. 그리고 우리의 견해를 넓히기만 한다면, 이 정형적인 꿈도 다른 종류의 꿈에서 얻은 꿈에 대한 지식에 자연스럽게 적용시킬 수 있을 것으로 보인다.

18

외상에 대한 고착

지난번 강의에서 나는, 우리가 품은 의문이 아닌 우리의 연구 결과와 결부시켜 우리의 연구를 계속하고 싶다고 말했었다. 그 전형적인 예를 분석해서 얻은 가장 흥미로운 두 가지 결론에 대해서 아직 나는 언급하지 않은 것으로 기억한다.

첫째, 두 사람의 환자는 마치 그녀들의 과거의 한 부분에 고착되어, 거기로부터 벗어나는 방법을 알지 못하기 때문에 현재와 미래가 단절되어 버린 것 같은 느낌을 받게 된다. 말하자면 옛날에 어떤 사람들은 수도원에 은둔하여 고난을 짊어지고 인생의 운명에 순종했듯이, 그녀들은 자기의 병 속에 은둔해 있다.

첫 번째 예에서의 여자 환자의 경우, 그녀가 고착된 이유는 현실적으로 이미 오래 전에 포기한 결혼이었다. 그녀는 자기의 병을 통해서 남편과 유대관계를 지속하고 있다. 우리는 그 증상 속에서, 자기의 남편을 변호하고 용서하고 존경하고 남편의 불행에 애태우는 소리를 들었다. 그녀는 젊고 다른 남자를 매료시킬 매력이 있으면서도, 남편에게 정절을 지키기 위해 현실적으로나 공상적으로나 주의를 게을리하지 않았다. 그녀는 세상과 단절하고 옷맵시에도 신경 쓰지 않는다. 그리고 자기가 앉아 있는 의자에서 쉽게 일어나려 하지 않고 자기의 이름을 서명하기를 거부하며, 자기가 가진 것이 무엇이건 간에 다른 사람이 가지면 안 된다는 이유로 그 누구에게도 선물을 하지 못한다.

두 번째 예의 젊은 처녀의 경우, 사춘기 이전에 아버지에 대해서 나타난 성적인 애착이 그녀를 고착시켰다. 그녀는 '내가 이렇게 병들어 있으므로 결혼할 수 없다'고 스스로 결론 내린 것이다. 그러나 사실은 그녀가 미혼인 채로 부친과 함께 있고 싶어서 그런 병에 걸렸다고 추측할 수 있다.

그런데 우리는 이러한 의문을 품지 않을 수 없다. 어떻게, 어떤 방법으로, 어떤 동기에 의해서 그와 같은 놀랍고 해로운 태도를 일생을 통해서 갖게 되는가? 그런 태도는 실제로 노이로제의 일반적인 특징이며, 결코 이 두 환자에게만 한정된 특징이 아니다. 실제로 그것은 모든 노이로제에서 공통적으로 발견할 수 있으며, 또 매우 중요한 특징이다. 브로이어가 치료한 첫 히스테리 환자는, 중병으로 누워 있던 부친을 간호하던 시기에 고착되어 있었다. 병이 회복되었는데도, 그녀는 그 후 세상과 담을 쌓아 버렸다. 물론 그녀의 건강을 되찾고 충분히 일할 수 있게 되었지만, 정상적인 여성이 누리는 생활을 누릴 수는 없었다. 분석을 통해서, 우리는 어느 환자이든지 증상과 그 증상의 결과에 의해 과거의 어떤 시기로 되돌아가 있다는 것을 발견했다. 많은 증례에서 환자는 인생의 가장 초기의 단계, 즉 수유기나 좀 기묘하지만 유아기幼兒期에 고착되어 있었다.

특별히 전쟁으로 발생이 잘 되는 병, 소위 외상성外傷性 노이로제는 지금 우리가 취급한 노이로제 환자가 보여주는 태도와 가장 비슷하다. 물론 외상성 노이로제는 전쟁이 아니라도 열차 충돌 사고 후라든가, 생명이 달린 위험한 사건 뒤에 발생했다. 근본적으로 외상성 노이로제는 우리가 분석을 시도하고 치료하려는 자연 발생적인 노이로제와는 다르다. 우리는 아직 외상성 노이로제를 정신분석의 견지에서 설명하지 못하고 있지만, 어떤 점이 우리의 견해로 풀리지 않는 일인가 나중에 밝힐 수 있게 되리라고 생각한다. 그런데 실상 어느 점에 있어서는 양자가 완전히 일치한다고 말해도 좋다. 외상성 노이로제에서는 분명히 외상을 일으킨 사고의 순간에 대한 고착이 그 병의 근원이다.

환자는 반드시 꿈 속에서 외상의 상황을 되풀이한다. 분석이 가능한 히스테리성 발작은 그 외상의 상황을 완전히 재현한 것임을 알 수 있다. 환자는 아직까지 외상의 상황을 처리하지 못한 것처럼 보이며, 또 그 상황은 눈앞에 가로놓인 아직 극복되지 않은 절박한 작업으로 보인다. 우리는 진정으로 이렇게 생각하고 있다. 또 그것은, 우리가 정신 과정에서 경제적이라고 부르는 것에 대한 길을 제시해 준다. 그렇다. 외상적이라는 표현은 이와 같은 경제적인 의미일 뿐이다. 단시간에 정신 생활의 자극이 극도로 증대하여, 이 자극을 정상적인 방법으로는 극복할 수 없기 때문에 그 결과 에너지 활동에 계속적으로 장애가 발생하는 것을 우리는 외상적이라고 지칭하는 것이다.

그렇다면 앞서 말한 노이로제 환자가 고착된 듯한 체험도 외상적이라고 불러도 무방하리라는 생각이 든다. 이렇게 하면 노이로제에 대한 조건이 한 가지로 귀착될 것이다. 노이로제는 외상적인 병과 똑같이 비교할 수 있고, 또 심한 감정을 동반하는 체험을 처리할 수 없기 때문에 발생한 것이다. 실제로 브로이어와 내가 1893년부터 2년 동안, 새로운 관찰을 이론적으로 설명한 첫 공식도 그와 같은 내용이었다. 앞에서 말한, 남편과 헤어져 있는 젊은 부인의 증례는 이 견해를 충분히 입증해 주고 있다. 부인은 결혼의 파탄에 이기지 못하고, 줄곧 이 외상에 매달려 있었다. 그런데 아버지에게 고착한 딸의 예에서는, 이 견해만으로 충분히 이해되지 않는다.

어린 딸이 이와 같이 아버지에게 호감을 갖는 일은 아주 보편적이고 대개는 극복되므로, '외상적'이라는 말을 붙일 수 없다. 한편, 환자의 병력을 보면 이 최초의 성적인 고착은 처음에는 외관상 별탈 없이 지나갔으며, 몇 해가 지난 후에야 강박 노이로제의 증상이 되어 재발했다는 것을 알게 된다. 그러므로 우리는 노이로제가 되는 조건은 매우 복잡할 뿐 아니라, 천차만별이라고 생각한다. 그러나 우리는 외상설外傷說에 대해 무조건 회의적일 수만은 없을 것 같다. 외상설은 다른 어떤 관점과 연결되는 동시에 그것에 포함되어 있는 것임에 틀림없다.

여기서 또다시 그것에 우리가 지금까지 해 온 논의를 중단하기로 한다. 그 논의는 더 이상 진척시킬 수 없으므로 옳은 방법을 발견할 때까지, 우리는 여러 가지 다른 것을 경험해야 한다. 그리고 과거의 어느 시기에 대한 고착의 현상은 노이로제 이외의 영역에서 많이 발견된다는 사실에 주목하고 싶다. 어느 노이로제에나 이와 같은 고착이 포함되어 있다. 그러나 고착이 있다고 해서 반드시 노이로제가 되는 것이 아니다. 고착과 노이로제는 항상 일치하지 않으며, 어느 고착이나 노이로제에서 출발하는 것도 아니다. 과거의 어떤 일에 대한 감정적인 고착의 전형은 슬픔이다. 슬픔에 빠져 버리면 현재와 미래에서 완전히 떨어져 나간다. 그러나 아마추어의 판단으로도 슬픔과 노이로제가 다르다는 것을 알 수 있다. 또한 병적이라고 불러도 좋은 슬픔의 노이로제가 있다.

사람들은 이제까지 구축한 생활의 기반을 뒤흔들어 놓은 외상적인 어떤 사건에 의해서 완전히 활동이 정지당하면, 현재와 미래의 희망을 완전히 포기하고 영원히 과거의 추억에 묶여 버리는 일이 있다. 그러나 이 불행한 사람들이 반드시 그 때문에 노이로제가 되는 것은 아니다. 그러므로 설사 이러한 특징이 아무리 결정적이고 아무리 중대한 의의를 갖는다 하더라도, 단순히 그것을 과대 평가하고 싶지는 않다. 그리고 우리 분석의 두 번째 결과는 다음과 같다. 이 결과에 대해서 나중에 제한을 둘 필요는 없다. 앞에서 예를 든 부인 환자가 얼마나 무의미한 강박 행위를 했고, 그리고 감추어진 과거의 추억이 그 강박 행위와 얼마나 밀접한 관계가 있었는가를 여러분은 충분히 알게 되었을 것이다.

다음에 우리는 강박 행위의 기억과의 관계를 연구하여, 기억과 행위와의 관계에서 강박 행위의 목적을 추측했다. 그런데 이제까지 보류해 두었던 주목할 만한 한 가지 요소가 있다. 그 부인 환자는 강박 행위를 되풀이하고 있는 중에는 자기의 행위가 그 경험과 연관이 있는지 알지 못했다. 그 둘 사이의 관련은 조심스레 감추어져 있어서, 솔직히 그녀는 자기의 어떤 충동으로 이런 강박 행위를 하게 되는지 알 수 없다고 대답하지 않을 수 없었다. 그러다가 치료를 하던 중 그녀는 돌연 양자 간의 관계를 발견하고서 말하게 되었다. 그러나 환자는 자기가 그 강박 행위를 하고 있는 목적, 다시 말해서 과거의 애타는 사건을 바꾸고 사랑하는 남편을 과대 평가하려는 목적에 대해서는 여전히 아무것도 알지 못했다. 이러한 동기만이 강박 행위를 일으킨 원인이라는 것을 깨닫고 내게 고백하기까지에는 상당한 시간과 노력이 요구됐다.

그 불행한 첫날밤 뒤에 일어난 장면이 환자의 남편에 대한 사랑의 동기와 연관되어서 만들어진 것은, 우리가 강박 행위의 '의미'라고 부르는 것을 입증해 준다. 그러나 그녀가 강박 행위를 하고 있는 동안은 의미의 두 가지 방향, 즉 그 유래어디에서와 목적어디로을 그녀는 알지 못했다. 그러므로 그녀의 마음 속에 어떤 심적 과정이 작용하게 되었고, 강박 행위는 그 심적 과정의 소산이었다. 그녀가 정상적인 심리 상태일 때는 이 산물을 인정했지만, 심적인 내력에 대해서는 전혀 의식하지 못했다. 예를 들면 베르네임의 최면술에 걸린 사람이, 병실에서 깨어나자마자 5분 후에 우산을 펴라는 명령을 받고, 깨어난 후 곧 이 명령을 실행하긴 했지만, 왜 자기가 그런 행위를 하고 있는지에 대해선 그 동기를 말하지 못한 경우와 같다고 할 수 있다.

우리가 무의식적인 심적 과정이 존재한다고 말할 때는, 이와 같은 상태를 가리키는 것이다. 이 상태에 대해서 더 이상 과학적으로 정확하게 설명할 수는 없다. 그리고 만일 이 이상 훌륭한 설명이 있다면, 그때야말로 우리는 기꺼이 무의식적 심적 과정이 있다는 주장을 철회하겠다. 그러나 그때까지는 이 가설을 밀고나갈 것이다.

두 번째 예의 여자 환자의 경우도, 근본적으로 우리는 동일한 문제와 만난다. 그녀는 쿠션이 침대의 가장자리에 닿아서는 안 된다는 규정을 세웠다. 그리고 이 규정을 준수해야만 했다. 그러나 그녀는 그러한 규정이 유래하고 있는 곳이나 의미, 또한 그것을 수행시키는 힘은 어디서 오는지를 알지 못했다. 이 규정에 대해 그녀 스스로 별 신경을 쓰지 않고 있는지, 아니면 하나의 반항인지, 그렇지 않으면 반항하여 그것을 파괴하려고 결심한 것인지의 여부는 그것을 실행하는 것과 전혀 관계가 없다.

이 규정을 지키지 않고는 참을 수 없기 때문에, 왜 그러느냐고 자문해 보아도 별수 없다. 그럼에도 불구하고 강박 노이로제의 이 증상, 즉 관념과 충동은 어디에서 나타나는지도 모르게 솟아올라 정상적인 모든 정신 생활의 영역에 완강히 거부하여, 환자에게는 낯선 세계에서 온 막강한 권력자나 마땅히 죽어야 하는 소용돌이에서도 죽지 않는 불사신과 같은 느낌을 준다. 그리고 다른 것에서 격리된 정신 생활의 특수한 영역이 있다는 것을 명백히 보여주고 있음을 알 수 있다.

강박 노이로제의 관념과 충동으로 미루어, 정신에는 무의식의 존재가 있다는 것을 확신할 수 있다. 그리고 그 이유로 의식심리학意識心理學밖에 모르는 정신의학은 단지 이와 같은 병은 특수한 변질의 표지라고 단언할 뿐이다. 그렇긴 하지만 물론 강박 관념이나 강박 충동은 그 자체가 무의식이 아니다. 또한 강박 행위를 수행하는 데 있어서 의식적인 지각이 결여되어 있을 리가 없다. 만일 그러한 것이 의식과 영합하지 않았다면, 그것들은 증상으로 나타나지 않았을 것이다. 그러나 우리가 분석으로 추론한 심리적 내력이나 해석으로써 그것들을 지나가는 연쇄는, 실상 우리가 분석을 해서 그것을 환자의 의식으로 떠올려 줄 때까지는 무의식이라고 할 수 있다.

그런데 여러분은 그 두 가지 실례로써 입증된 이 사실이 모든 노이로제의 증상이라고 단정할 수 있고, 언제 어느 때라도 이 증상의 의미를 환자가 알 수 없다는 사실을 분석으로 배울 수 있다고 말할 것이다. 그리고 이 증상은 무의식적인 과정을 유도하는 것이며, 게다가 이 무의식적인 과정은 온갖 편리한 조건으로 의식에 떠올릴 수 있다는 것을 분석으로 배울 수 있다고 덧붙일지도 모른다. 그것에 대해서 정신분석에서는 무의식적인 정신 요소가 없으면 아무것도 처리할 수 없으며, 무의식을 감각으로 파악해 낼 수 있는 것과 같이 그것을 다루는 데 익숙해진다는 사실을 알 수 있게 될 것이다.

그러나 무의식을 단지 하나의 개념으로 생각하고 있는 사람, 즉 분석을 해 본 적도 없고 꿈 해석의 경험도 없으며, 노이로제 증상을 의미나 목적으로 번역해 보지 못한 사람은 이 문제를 비판할 자격이 없다는 것을 아마 여러분도 이해할 것이다. 다시 말해서 분석적 해석에 의해 노이로제 증상에 어떤 의미를 부여할 수 있다는 사실은 다름 아닌 무의식적인 정신 과정이 존재한다는 것을 반박의 여지 없이 입증해 주는 것이다.

그러나 이것이 전부는 아니다. 브로이어의 두 번째 발견—이 발견의 공로자는 그뿐이며, 나는 이 발견이 처음의 발견보다 더 내용이 풍부하다고 생각한다—덕택에, 무의식과 노이로제 증상과의 관계에 대해서 우리는 더 많이 알 수 있었다. 증상의 의미는 항상 무의식적이라는 것을 알았을 뿐 아니라 실제로 무의식과 존재 가능성 사이에는 대리적인 연관성도 있다. 여러분은 곧 내 말을 이해하게 될 것이다. 나는 브로이어와 함께 환자의 어떤 증상이라든지, 거기엔 그 환자의 마음 속에 언제나 특정의 무의식 과정이 존재하고 있다고 주장하고 싶다.

그리고 증상을 성립시키려면, 이 증상의 뜻은 반드시 무의식이어야 한다. 의식으로는 증상이 만들어지지 않는다. 무의식적인 과정이 의식적으로 되자마자 그 증상은 사라져 버린다. 여러분은 여기에서 치료에 대한 실마리를 깨달을 것이다. 즉, 증상을 소멸시키는 방법이 있다는 것이다. 브로이어는 이 방법으로 히스테리 환자를 치료했다. 그는 증상의 뜻을 포함하고 있는 무의식적 과정을 어떻게 환자에게 의식시키는가를 발견한 것이다. 그 결과, 증상이 사라져 버린 것이다.

브로이어의 이 발견은 사고思考의 결과가 아니라, 환자의 협력으로 얻어진 결과였다. 이 새로운 사실에 대해 여러분은 이미 알고 있는 어떤 다른 사실과 결부시켜 이해하려고 하면 안 된다. 오히려 여러분은 이 새로운 사실 속에 있는 하나의 새로운 근본적인 사실을 알아야 한다. 그리고 이 근본적인 사실로 말미암아 다른 일들도 뚜렷하게 밝혀질 것이다. 그러므로 나는 이것을 다른 표현으로 좀더 고찰해 보고 싶다.

증상은 밖으로 드러나지 않고 감추어져 있는 어떤 다른 것의 대상물이다. 어떤 종류의 과정은, 정상 상태에서 의식이 이 정신 과정의 존재를 인식하고 있을 때 강하게 발달한다. 그런데 실제로는 그렇게 되지 않았다. 증상은 방해받고 저지되고 무의식에 머물러 있지 않으면 안 되었던 과정에서 나타난 것이다. 그래서 치환이라는 것이 생겼다. 만일 이 과정을 역으로 거슬러 올라갈 수 있게 되면, 노이로제 증상의 치료는 그 임무를 다 한 것이 된다.

브로이어의 발견은 오늘날에도 여전히 정신분석 요법의 기초가 되고 있다. 증상의 무의식적인 조건이 의식화되면 그 증상이 사라진다는 견해는 실제로 시험해 보면 너무도 어이없는 복잡 다단한 점이 발견되지만, 그 후의 폭넓은 연구로써 충분히 실증되었다. 정신분석의 요점은 무의식을 의식으로 바꿈으로써 효력을 발휘하고, 변화를 수행할 수 있을 때에만 유효하다.

그런데 이 치료 요법이 경시되는 것을 방지하기 위해서 잠시 다른 이야기를 하겠다. 내가 지금까지 행한 설명에 따르면, 노이로제는 사람이 당연히 알아야 할 정신 과정을 모르는 무지 때문에 일어나는 결과였다. 이 사고 방식은 유명한 소크라테스의 이론과 매우 흡사하다. 소크라테스는 부덕不德도 무지의 결과에서 온다고 말했다. 그런데 숙련된 분석의로서는 개개인의 환자의 마음에 어떤 움직임이 무의식으로 머물러 있는가를 알아내는 것이 매우 쉽다. 그러므로 환자가 알고 있는 것을 보고하게 함으로써 그를 무지에서 해방시켜 주는 것은 의사의 입장에서 결코 힘든 일이 아니다. 그러면 이 방법에 의해서 무의식적인 의미가 있는 증상이 부분적으로나마 해결된다. 그러나 다른 일면, 즉 증상과 환자의 과거의 체험이 어떻게 연관되어 있는가에 대해서는 사실 의사도 많은 것을 추측할 수 없다. 왜냐 하면 의사는 환자의 과거의 경험을 모두 알 수 없기 때문이다. 때문에 의사는 환자가 자기 체험을 회상하여 보고해 줄 때까지 참고 기다려야 한다.

그러나 의사는 환자의 체험 대신, 그 체험에 대한 대용물을 발견하게 되는 경우도 있을 것이다. 결국 의사는 환자의 가족으로부터 환자의 체험을 듣게 될 경우도 있다. 가족들은 대개 환자의 체험 중에 외상적인 사건을 분별하는 입장이므로, 환자가 모르는 유년기에 일어난 체험까지도 이야기해 줄 수 있는 것이다. 그러므로 이 두 가지 방법을 종합하면 환자의 병인病因이 된 무지를 쉽게 제거할 방법을 얻을 수 있을지 모른다. 물론 그렇게 순조롭다면 이야기는 다르다. 그런데 당초에 생각지도 않았던 것을 알게 되었다. 즉, 지식도 나름대로 다르다는 사실이다. 실제로 지식에도 여러 종류가 있다. 지식이라고 해도, 특히 심리학적으로는 결코 동등한 가치를 가지고 있지 않다.

몰리에르도 "같은 것 같지만 갖가지로 다르다"라고 말한 바 있다. 의사의 지식은 환자의 지식과 일치하지 않으며, 또한 같은 작용을 발휘할 수도 없다. 의사가 자기의 지식을 말로써 환자에게 전해 줘도, 그런 지식은 전혀 효과가 없다. 그러나 실제로는, 그것은 증상을 제거하는 작용은 못하지만 분석을 진행시키는 작용은 한다. 항변의 소리는 그것을 입증하는 최초의 징후이다. 그때 환자는 자기가 이제까지 의식하고 있지 않았던 자기 증상의 의미를 이해하게 된다. 그러나 그는 그 의미를 전과 같은 정도로만 알 뿐이다.

이렇게 하여 우리는 무지에도 여러 가지 종류가 있다는 것을 알았다. 그 차이가 어디에 있는지 여러분에게 보여주려면, 우리의 심리학적 지식을 어느 선까지 끌어올려야 한다. 그러나 증상의 의미를 아는 동시에 증상이 없어진다는 견해는 어디까지나 맞는 말이다. 다만 이 지식은 환자의 내부적인 변화에 의거해야 한다는 필수 조건이 있으며, 또한 그것은 목적을 가진 마음속의 작업에 의해서만 일어날 수 있다.

내가 여러분에게 설명한 표현들이 지나치게 모호하고, 지나치게 복잡함에 대해 여러분에게 묻고 싶다. 내가 자꾸 앞에서 언급한 말을 취소하고, 제한하고, 사고의 흐름을 짜맞추기도 하고, 중간에서 잘라 버리기도 하여 여러분의 머리가 혹시 혼란스러워지지는 않았는가? 만일 혼란시켰다면 참으로 송구스럽게 생각한다. 그러나 나는 진리를 희생하면서까지 이 일을 단순화하는 것은 결코 원치 않는다. 내 강의 속의 근본적인 것, 즉 증상의 뜻과 무의식 및 양자와의 관계를 여러 가지 부차적인 것은 빼놓고 명확히 파악해 두기 바란다. 우리의 노력은 다음 두 가지 방향을 향하고 있다. 즉, 첫째로 인간은 왜 병에 걸리는가, 다시 말해서 노이로제라는 태도는 왜 취하게 되는가? 이것은 임상의 문제이다. 둘째는 노이로제라는 조건에서 어떻게 증상이 발전하는가? 이것은 역시 정신 역학精神力學의 문제이다. 이 두 문제는 마땅히 어느 점에선가 맞닿는 점이 있어야 한다고 생각한다.

이번 강의는 여기서 그치고 싶지만 아직 시간이 있으므로, 나는 여러분에게 앞의 두 가지 증례의 분석에 관한 다른 특징인 건망증에 대해 말해 두고 싶다. 이미 말한 바와 같이 정신분석 요법의 사명은 모든 병의 유인인 무의식을 의식으로 바꾸는 일이라고 요약될 수 있다. 그런데 여러분이 이 공식이 다른 공식으로 대치될 수 있다는 말을 듣게 되면 아마도 크게 놀랄 것이다. 그 공식이란 환자의 기억의 결손을 메꾸어 그의 건망증을 제거한다는 공식이다. 그러나 결국은 마찬가지이다. 즉, 노이로제 증상의 발생에 중대한 영향을 미치는 것은 사실 노이로제 환자의 건망증이다.

그러나 여러분이 그 첫 번째 예에서의 분석을 고찰한다면, 건망증을 이렇게 평가하는 것이 잘못이라는 것을 깨달을 것이다. 그 부인은 자기의 강박행위와 관련되어 있는 첫날밤의 광경을 잊어버리기는커녕 완벽하게 기억하고 있었다. 그리고 이 증상의 발생에는 그 밖의 잊어버린 다른 것과는 관계가 없다. 두 번째 예에서 강박적인 의례를 행한 처녀의 경우는, 부인의 경우에 비하면 별로 뚜렷하지는 않지만, 상황은 대개 비슷하다. 그녀 또한 어렸을 때 한 행위, 즉 부모와 자기 침실 사이의 문을 열어 놓으려 했던 사실과 자기가 모친 대신 부친과 함께 자려 했던 사실을 결코 잊어버리지 않고 있었다. 내키지 않는 마음으로 주저하면서 말한 것이지만, 처녀는 이 사실을 매우 분명하게 기억해 냈다.

이 점에 대해서 주목할 만한 것은 첫 번째의 부인 환자이다. 그녀는 그 강박행위를 수없이 되풀이하고 있었음에도 불구하고, 단 한 번도 그 행위가 첫날밤의 나중에 일어난 체험과 비슷하다는 것을 전혀 깨닫지 못했고, 또 강박 행위의 동기를 알아내기 위해서 직접 그녀에게 질문했을 때조차 이 회상은 결국 한 번도 떠오르지 않았다. 또한 두 번째 예에서, 의례뿐만 아니라 그 의례를 하는 동기까지 밤마다 똑같이 반복하는 그 처녀에게도 적용된다. 두 사람의 경우, 기억의 탈락은 없었지만, 기억의 재생과 기억의 상기를 가져다주는 연결이 중단되어 있다. 강박 노이로제의 경우는 이런 종류의 기억 장애로 충분히 이해될 수 있지만 히스테리의 경우에는 다르다.

히스테리라는 노이로제의 특징은 대개 심한 건망증이다. 히스테리의 증상을 개별적으로 분석해 보면 환자는 반드시 과거의 체험과의 관련에 부딪친다. 그리고 그 체험에 대한 인상이 되돌아왔을 때까지는, 그 인상이 까맣게 잊혀지고 있었던 것이라고 해도 무방하다. 이 잊혀진 일련의 인상은 부분적으로 극히 어릴 때까지 소급되는 것이 있어서, 히스테리성 건망증은 정신 생활에 있어서 어렸을 때의 인상을 숨기고 있는 유아형 건망증의 직접적이며 계속적인 것으로 생각할 수 있다.

또 한편, 환자는 극히 최근의 경험마저도 잊어버릴 수 있다. 그런데 여기서 우리는 병을 유발시키든가, 악화시키든가 하는 동기는 사실상 건망증에 의해서 전부는 아닐지라도 그 일부가 침식된다는 것을 알고 놀라게 된다. 이와 같은 전체적인 기억의 새로운 이미지에서 중요한 부분이 빠져 있다든가, 잘못된 기억에 의해서 대치되는 일은 매우 흔한 일이다. 또는 분석이 끝나기 바로 전에, 오랫동안 억제되어 뚜렷한 공백으로 남아 있던 생생한 체험이 웬만큼 기억에 떠오르는 경우도 흔하다.

회상 능력이 이렇게 침범된다는 것은, 앞서 말한 것처럼 히스테리의 한 특징이다. 히스테리의 경우, 기억 속에 아무런 흔적도 남기지 않는 상태가 증상발작으로서 나타난다. 그러나 강박 노이로제의 경우는 이것과는 다르므로, 이들 건망증은 히스테리성 변화의 심리학적 특징이지, 노이로제의 일반적인 특징은 아니라고 추론할 수도 있다. 그러나 이렇게 상반되는 의의도, 다음과 같은 것을 생각하면 무색해진다. 우리는 두 가지 뜻을 모아 하나의 증상 속에 들어 있는 하나의 '의미'를 만들었다. 이 두 가지 뜻이란 증상의 유래어디서와 목적어디로, 또는 이유무엇 때문에이다. 바꾸어 말하면, 첫째는 증상을 발생시킨 인상과 체험이며, 둘째는 증상이 의도하고 있는 목적이다.

증상의 유래란 결국 외부로부터 와서, 꼭 한 번은 의식된 후에 망각되어 무의식이 된 인상을 말한다. 그런데 증상의 목적과 의향은 애초에는 혹시 의식되었는지 모르겠지만, 한 번도 의식에 떠오르지 않은 과정으로서 처음부터 끝까지 무의식에 머물러 있는 내부의 심리적인 과정이다. 그러므로 히스테리의 경우처럼, 증상을 지탱하고 있는 체험유래까지도 건망증에 먹혀들어갔는지의 여부는 별로 중요하지 않다. 실로 처음부터 무의식적이었는지도 모르는 증상의 목적이야말로 증상이 무의식적인 것에 좌우되고 있다는 근거라고 할 수 있다. 게다가 강박 노이로제에서의 증상은 히스테리의 경우만큼 무의식과 강하게 접속되어 있지는 않다.

그러나 정신 생활에 있어서의 무의식을 이처럼 중요시하는 바람에, 우리는 가장 신랄한 비판을 감수해야 했다. 이 말에 놀랄 것은 없다. 또한 정신분석에 대한 반대의 이유가, 오로지 무의식을 쉽게 끌어낼 수 없고 무의식을 입증할 경험에 접근하기가 비교적 어렵다는 점에 있을 뿐이라고 단정해서는 안 된다. 반대의 이유는 더 깊은 데서 온다고 생각한다. 인간은 과학 때문에 그 역사의 과정에서 두 번이나 소박한 자기애에 멸시당했는데, 그것을 인간은 참고 견뎌야만 했다. 최초의 멸시는, 지구는 우주의 중심이 아니라 상상할 수 없을 만큼 거대한 우주계의 아주 작은 한 조각이라고 들었을 때였다. 이미 오래 전에 알렉산드리아의 학문기원전 4세기부터 기원후 4세기까지 이집트의 알렉산드리아에서 일어난 학문은 이와 같은 말을 하고 있지만, 이런 주장을 들으면 우리는 유명한 코페르니쿠스의 이름이 먼저 생각난다.

두 번째의 멸시는 생물학상의 문제로서, 인간이 신의 섭리에 따라 특별히 창조되었다는 특권이 무효가 되어 인간은 동물계에서 진화한 것이며, 그 동물적인 본성이 뿌리 깊이 박혀 있다는 것을 지적받았을 때였다. 현대에 와서는 이 가치의 전도는 다윈과 웰레스1823~1913년. 영국의 박물학자로서 동물의 분포에 대해 '웰레스 선'을 규정했다가 그 선구자의 영향을 받아 동시대인의 격렬한 비판을 받으면서 성취한 것이다. 그러나 인간의 과대망상은 현대의 심리학적 연구에 의해서 세 번째의 가장 심한 멸시를 받게 될 것이다. 즉, 자아는 정신 생활의 주인이면서도, 그 곳에서 무의식적으로 일어나고 있는 일에 대해서는 아주 적은 보고에 만족하고 있다는 사실을 오늘날의 심리학이 증명하려 하고 있다는 점이다. 우리 정신분석가가 유일하게 가장 먼저 인간의 반성을 일깨우는 이러한 경고를 한 것은 아니지만, 나는 이 경고를 가장 강력히 주장하고, 모든 사람에게 공감을 줄 수 있는 경험의 재료에 의해 그것을 증명하는 것이 우리에게 주어진 사명이라고 생각한다.

이러한 점에 있어서 우리의 학문에 대해서 온 세상이 극력 반대하는 원인이 있고, 좀더 학구적인 자세가 상실되어 가는 원인이 있으며, 또한 이 공평한 논리를 한낱 반대 때문에 모두 무시해 버린 원인이 있는 것이다. 이외에도 우리는 다른 방법으로 이 세계의 평화를 혼란시켰는데, 이에 대해서는 앞으로 여러분들에게 말할 기회가 있을 것이다.

19

저항과 억압

노이로제에 대한 이해를 더 깊이 하기 위해서는 새로운 경험이 필요한데, 이 경험에는 두 가지가 있다. 이 두 가지는 주목할 만한 색다른 경험으로서 간혹 초심자를 당황시킨다. 그러나 지난해의 강연을 들은 여러분은 이 두 가지의 경험을 받아들일 자격을 이미 갖춘 셈이다.

첫째로, 우리가 환자의 병을 고쳐서 그 괴로운 증상으로부터 해방시켜 주려고 하면, 환자는 치료 기간 동안 의사에게 집요한 저항을 보인다. 이 현상은 매우 기괴한 사실이므로 환자의 가족들에게는 말하지 않는 편이 낫다. 왜냐 하면 가족들은 우리의 치료법이 오래 걸리고 성공하지 못한 데 대한 변명으로만 받아들이기 때문이다. 그런데 사실은 환자 자신도 그것이 저항인 줄 모르고 있다. 우리가 환자에게 그것이 저항이라는 것을 일깨워 주고, 그것을 예상할 수 있게 해 줄 수 있다면, 그것만으로도 성공한 셈이다.

자기의 증상에 괴로워하고 주위 사람들까지도 괴롭히며, 그 괴로움에서 달아나기 위해 많은 시간·돈·노력·자제력을 희생하면서도, 자기가 병들어 있는 것에 오히려 안주하여 자기의 구제자에게 극구 반항하려고 하는 환자를 여러분은 한번 상상해 보라. 이런 우스꽝스러운 일은 믿기 어려울 것이다. 그러나 사실이다. 만일 여러분이 믿기지 않는다고 우리를 비난한다면, 우리들로서는 이와 같은 예로써 대답해 줄 수 있다. 즉, 너무나 이가 아파서 치과를 찾아온 사람이라도 의사가 충치에 핀셋을 갖다 대면, 불쑥 의사의 손을 밀쳐 버리기 마련이다. 환자의 저항은 가지각색이면서도 매우 미묘하고 파악하기 어렵다. 또한 그 모습은 변화 무쌍하게 바뀐다. 의사는 항시 주의를 가지고 속지 않도록 조심해서 접근하지 않으면 안 된다. 우리는 꿈의 해석에서 언급했던 그 기법을 정신분석 요법에서도 응용한다. 우리는 환자가 생각에 너무 집착하거나 반성하지 않도록 하고 조용히 자기를 관찰할 수 있는 상태에 두어 그때 마음 속에 떠오르는 감정·사념·기억 등을 생각나는 대로 말해 줘야 한다고 명령한다.

그때 우리는 환자에게 떠오른 연상이 입에 담기에 불쾌해서, 점잖지 못해서, 대수롭지 않아서, 무저항하여, 말할 필요가 없어서라는 식의 이유를 대고, 그 연상을 선택하거나 버리면 안 된다고 진지하게 충고해 둔다. 환자는 항상 의식상에 떠오르는 것만 따라가며, 일단 떠오른 연상에 대해서 어떤 종류의 비판을 가해서도 안 된다고 명령한다. 또한 치료의 효과, 특히 치료 기간의 길고 짧음은 환자 자신이 알아서 이 기본적인 규칙을 얼마나 잘 지켜주느냐에 달려 있다고 말해 둔다. 우리는 꿈의 해석에 관한 기법으로, 많은 의혹과 반대를 나타내는 연상이야말로 언제나 무의식을 발견할 수 있게 해 주는 자료를 포함하고 있다는 것을 알고 있다.

그런데 이렇게 기법상의 기본적인 규칙을 세우면, 먼저 그 규칙이 저항의 공격점이 된다. 환자는 어떤 수단과 방법으로든지 이 규칙에서 벗어나려고 한다. 어느 때는 연상 같은 것은 아무것도 떠오르지 않는다고 주장하고, 어떤 때는 이것저것 한꺼번에 밀어닥쳐 뭐가 뭔지 도무지 모르겠다고 주장한다. 그때 우리들은, 환자가 어떤 종류의 비판적 항의에 굴복해 버린 것에 대해 몹시 당혹하게 된다. 즉, 환자는 말문을 열 때까지 오래 함구함으로써 굴복해 버렸다는 자기의 마음을 겉으로 드러낸다.

그런 다음 도저히 말할 수 없다고 하든가, 입 밖에 내기가 수치스럽다고 고백함으로써, 이 동기에 굴복하여 당초의 언약을 파괴시켜 버린다. 아니면 어떤 연상이 떠오르기는 했지만, 그것은 자기 일이 아닌 남의 일에 관련된 것이므로, 얘기할 필요가 없다고 한다. 또는 방금 떠오른 연상은 아무 쓸모 없는 하찮은 것이며, 기가 막혀서 이런 관념에 신경 쓰고 싶지 않다고 말한다. 그리하여 우여곡절을 겪으면서 일은 진행되어 간다. 그러나 환자의 변화에 대해서 정확하게 모든 것을 말할 수 없는 것이 사실이다.

우리들이 만나는 환자 가운데 치료가 진행됨에 따라, 자신의 비밀이 드러날 것을 두려워하여 어딘가 숨겨두고 있는 영역을 유보하려는 환자가 매우 많다. 어느 모로 보나 최고의 지식층이라고 생각되는 환자가 어떤 은밀한 연애 관계에 대해서 몇 주간이나 함구하고 있었다. 어째서 신성한 규칙을 어기느냐고 내가 항의했더니, 그는 그 이야기가 사사로운 일로 생각되었기 때문이라고 변명했다.

분석 요법에서는 이와 같은 신성한 영역의 특권을 결코 인정할 수 없다. 빈에 사는 도시 사람들은 호엘 마르크트 광장빈의 도심지 광장이나 성 스테판 교회 같은 장소에서는, 범인 체포가 허용되지 않는 예외를 인정하고 있다. 그러므로 그 곳에서는 범인을 체포하기가 퍽 힘이 들 것이다. 범인은 당연히 이 성역의 장소에 숨어 있으려 할 것이다. 나는 전에 객관적으로 업무 능력을 높이 평가받고 있는 어떤 사람에게 이러한 예외권을 허용해 주기로 작정한 적이 있었다. 왜냐 하면 그는 어떤 사항에 대해서 제삼자에게 비밀을 지키겠다는 복무 선서를 하고 있었기 때문이었다. 물론 환자는 치료의 효과에 만족하고 있었지만, 나는 불만이었다. 그래서 차후로는 그와 같은 조건하에서는 결코 분석을 하지 않겠노라고 내심 결심했었다.

강박 노이로제 환자는 종종 이 기법상의 규칙에 대해 지나친 양심과 의문을 불러일으킴으로써 그 규칙을 백지화시키는 요령을 터득하고 있다.

때때로 불안 히스테리 환자는 치료에 전혀 엉뚱하고 분석에도 아무런 소용이 없는 연상만을 제시함으로써, 마치 이 규칙이 불합리한 것처럼 만들어 버리는 경우가 있다. 결국 결단과 인내로 저항을 제거하고 규칙에 어느 정도 따르게 하는 것은 가능한 일이다. 그러나 그렇게 되면 환자의 저항은 다른 영역으로 옮겨간다. 즉, 저항은 지적인 저항으로 나타나고 예증적으로 도전하고 나서는데, 비정상은 아니지만 아직 강의를 듣지 않은 사람이 정신분석을 비판할 때 하는 식으로 으레 어렵다든가, 믿어지지 않는다는 말로 얼버무린다.

바로 그때 우리는 온갖 비판과 항변을 듣게 된다. 외부에서 몰아치는 비평 따위는 사실 별로 새삼스러운 것이 아니다. 실제로 그것은 '컵 속의 폭풍'과 같은 것일 뿐이다. 환자는 계속 비협조적이지만, 시간이 지남에 따라 우리의 강연·설명·반박을 기꺼이 받아들이고, 또 지식을 얻기 위해서 문헌을 가르쳐 달라고 말하게 된다. 또 분석이 개인적으로 자기를 괴롭히지만 않는다면, 환자는 기꺼이 정신분석의 동조자가 된다. 그러나 우리는 이 지식욕 역시 저항으로 본다. 이와 같은 지식욕은 우리의 특수한 사명과 어긋나는 것이므로 우리는 그것을 배격한다.

강박 노이로제 환자에게 있어서 어떤 특수한 저항을 가해 올 것을 예기하고 있어야 한다. 환자는 흔히 분석을 방해하지 않고 저항을 진행시킨다. 그래서 그 증례의 애매한 면은 분석에 의해서 점차 밝혀지지만, 그러나 우리는 어째서 그에 대응해서 실생활에서는 효과가 나타나지 않느냐 하는 점이 이상하게 생각된다. 환자는 대개 다음과 같은 말을 하려한다.

"모든 이론이 지당하고 흥미롭다. 기꺼이 연상을 계속해 나가겠다. 만일 그것이 사실이라면, 내 병은 낫게 될지도 모른다. 그러나 도무지 사실처럼 여겨지지 않는다. 그리고 내가 사실이라고 믿지 않는 한, 나와는 아무 관계가 없다."

오랜 기간 동안 노력한 결과가 겨우 이런 냉담한 태도였으므로, 바야

흐로 환자와 의사 사이에 암투가 전개된다. 지적 저항이 가장 다루기 힘든 것은 아니다. 의사는 언제나 지적 저항을 물리칠 수 있지만, 환자도 분석적인 면에서 저항하는 방법을 알고 있다. 그리고 이 저항을 극복하는 것이 기법상의 한 과제이다. 환자는 감정의 '전이'에 의해서 연상을 생각해 내는 대신, 의사나 치료에 대해 저항하는 태도와 감정을 실생활 속에서도 되풀이한다. 환자가 남성일 경우, 그는 필시 이 재료를 자기 아버지와의 관계와 대치시키고, 아버지의 지위에 의사를 놓는다. 그리고 인격과 판단의 독립을 구가하려는 노력과, 아버지와 동등해지고 싶다는 그의 중요한 목적, 그리고 아버지를 압도하려는 공명심과, 감사해야 할 인생에서 몇 번씩 무거운 짐을 져야 한다는 불쾌한 감정에서 환자의 저항이 만들어진다. 이러한 환자는 병을 치료하려는 의사의 지시에 따르면서도 의사로 하여금 잘못을 저지르게 하여 과오를 인정하게 할 뿐 아니라, 무력감을 느끼게 함으로써 의사를 이기고자 하는 의도가 마음 속에 완전히 대치되어 버린 것 같은 인상을 주는 때가 있다.

여성의 경우는 의사에 대해 천부적으로 타고난 유혹적인 전이법으로 저항한다. 의사에 대한 이 애착이 어느 선에 다다르면, 현재의 치료 상황에 대한 관심이라든가, 환자가 분석 요법을 받을 때 약속한 의무 같은 것은 이미 사라져 버린다. 그리고 환자의 강한 질투심과 의사가 거절하는 말—비록 의사가 아주 정중하게 한 말이라도—로 상처받은 마음은 의사와의 개인적인 친밀감을 손상시키고, 그 결과 분석의 가장 중요한 원동력을 상실해 버린다.

의사는 이런 종류의 저항을 일방적으로 나무라서는 안 된다. 그런 저항에는 환자의 과거 생활에 대한 의미 심장한 재료를 많이 포함하고 있기 때문에, 우리가 이 저항을 치료적인 올바른 방향으로 돌리는 적절한 방법을 알고만 있다면, 이 저항이야말로 가장 훌륭하게 분석을 돕는다. 이 재료는 처음에는 항상 저항에 사용되며, 또 치료를 반대하는 가면을 쓰고 나타난다는 것이다. 저항은 강요된 변화에 반항하기 위해서 동원

된 그 사람의 독특한 성격이며, 자아의 태도라고 할 수 있다. 그때, 노이로제에 결부된 성격적 특성들이 어떻게 형성되었는지, 또 노이로제의 요구에 반응하여 어떻게 발전했는지를 알게 될 것이고, 또 평상시에는 거의 나타나지 않거나 뚜렷이 나타나지 않는 잠재성의 성격 특징들을 알 수 있을 것이다.

그런데 여러분은, 이와 같은 저항이 나타나는 것을 우리들이 분석을 방해하는 위험물로 여긴다고 생각하면 곤란하다. 오히려 우리는 저항이 나타나지 않으면 안 된다는 것을 알고 있다. 게다가 만일 우리가 저항을 뚜렷하게 일으킬 수도 없고, 환자에게 저항을 뚜렷이 인정시킬 수도 없다면 곤란하다. 마지막으로 이와 같은 저항의 극복은 분석의 본질적인 작업인 동시에 환자를 위해서 무언가 했다는 것을 우리에게 보장시켜 주는 작업의 한 부분인 것이다. 더욱이 치료 중에 나타나는 모든 우연적인 일, 즉 환자의 마음을 변화시키는 외부적인 사건이나, 환자의 유력한 측근의 여러 가지 얘기라든가, 어떤 우연적인 질환이나 노이로제에 병발하고 있는 기질적氣質的 질환 등을 환자는 분석을 방해하기 위해서 이용한다는 것, 그리고 환자는 병이 점차 치료되는 것조차도 자기의 노력을 포기하는 동기로 삼는다는 사실을 기억해 볼 때, 여러분은 어떠한 분석에서도 싸우지 않으면 안 된다는 저항의 여러 가지 형태와 방식에 대해서, 불완전하기는 하지만 어느 정도는 알 수 있을 것이다.

나는 이 점에 대해 매우 상세하게 다루었다. 그 이유는 증상의 치료 도중 완강히 맞서는 노이로제 환자의 저항에서 우리가 얻는 경험이야말로 노이로제에 대한 정신분석의 역학적인 견해의 기초가 되는 것임을 분명히 인식시켜 주고 싶었기 때문이다.

브로이어와 나는 처음에는 최면술을 이용하여 심리 요법을 했다. 브로이어가 치료한 첫 환자는 처음부터 끝까지 최면술을 적용했다. 나도 이것을 한동안 본떴었다. 그 결과 작업은 생각보다 쉽고 순조로웠으며, 더욱이 단시간에 진행되었다. 그런데 효과에 있어서는 믿을 만하지 못했고 오래 지속되지도 않았다. 그래서 결국 나는 최면술을 포기해 버렸다. 그리고 최면술을 사용해서는 노이로제의 역학적인 통찰 같은 것은 얻을 수 없음을 깨달았다. 최면 상태에서 의사는 저항의 존재를 알 수가 없다. 최면 상태는 저항을 쫓아 버리고 분석 작업에 용이하도록 어떤 영역을 열어 주지만, 그 이상 나아가려고 하면 이 영역의 경계점에서 걸려 한 걸음도 나아가지 못한다. 그것은 강박 노이로제 경우의 의혹과 비슷하다. 그러므로 진정한 정신분석은 최면술을 사용하지 않음으로써 비로소 시작되었다고 해도 과언이 아니다.

그러나 저항을 확인하는 것이 이처럼 중대한 문제가 된 이상, 우리는 저항이라는 것을 가정하는 데 너무 경솔하지 않았는지 신중히 검토해 보아야 한다. 다른 이유로 연상이 떠오르지 않는 노이로제의 증례가 실제로 있을지도 모르고, 우리의 가설에 반대하는 의논이 내용면에서 실제로 음미할 만한 가치가 있을지도 모르며, 또 분석받은 사람의 지적인 비판을 단순히 저항이라고 처리해 버리는 것은 잘못일는지도 모른다. 그러나 우리들은 그렇게 간단히 환자의 지적 비판을 저항이라고 판단한 것은 아니다. 이렇게 비판적인 어느 환자도, 저항이 나타났을 때와 소멸한 뒤에 관찰하는 기회를 가졌다. 저항은 치료하는 중에 끊임없이 그 강도를 바꾼다.

우리가 새로운 주제에 대해 접근을 시도하면 반드시 저항이 커지고, 그 주제를 한창 진행시키고 있을 때 저항은 제일 강해지는데, 이 주제가 처리되면 저항은 저절로 없어져 버린다. 그러므로 치료 중에 특별히 실수하는 일이 없다면, 환자의 극심한 저항에 부딪치는 일은 결코 없다. 우리는 한 환자가 분석 과정 중에 여러 번 반복해서 저항을 버렸다가는 다시 갖는 것을 볼 수 있었다. 환자는 우리가 그에게 특별히 고통스러운 어떤 무의식적 재료를 조금이라도 의식상에 떠오르게 하면 심히 저항한다. 그 환자가 전에 비록 여러 가지를 이해하고 포옹했던 사람이라도, 이런 경우에 직면하면 지금까지의 이해심과 노력은 씻은 듯이 잊어버린다. 환자는 모든 희생을 감수하고서라도 반항하려고 발버둥치며, 완전히 이성을 잃어버린 듯한 때도 있다.

만약 의사가 이 새로운 저항을 성공적으로 극복하면, 환자는 다시금 본래의 통찰과 이해력을 갖게 된다. 그러므로 그의 저항은 그 자체가 존중할 만한 독립된 기능은 아니다. 그 비판은 그 사람의 감정적인 태도에 굴복하여 저항의 뜻대로 움직인다. 어떤 일이 싫어지면, 그는 매우 교묘하게 자신을 방위하고 겉으로 매우 신랄한 비판을 서슴지 않는다. 반대로 어떤 일이 마음에 들면, 그는 일변하여 아주 쉽게 믿게 된다. 보통 우리들도 이 점에서 흡사할 것이다. 그러나 분석 도중에 피분석자가 아주 불리한 입장에 처하게 되므로, 피분석자에게 있어서는 이성이 감정에 완전히 지배되어 버리곤 만다.

그렇다면 환자 자신의 증상을 제거하고 그의 심적 과정에 있어서의 정상적인 흐름을 회복시켜 주는 것에 이토록 심하게 저항하는 사실을 우리는 어떻게 받아들여야 할 것인가? 그것은 상태의 변화에 대한 저항이 강력한 힘으로 거기에 작용하기 때문이라고 말할 수 있다. 이 힘은 사실 과거에 이 상태를 만들어 낸 것과 동일한 힘이라고 볼 수 있다. 증상이 없어져 갈 때, 우리가 경험으로 재구성할 수 있는 것은 증상 형성 때 일어난 것이 틀림없다. 우리가 브로이어의 관찰로 알고 있듯이, 증상이 존재한다는 것은 그 전체로 뭔가 어떤 심적 과정이 정상적인 방법으로 완료될 수 없었기 때문에 그것이 의식에 나타났음을 알 수 있다.

그러므로 증상은 거기에 멈추어 버린 어떤 것의 대용품이다. 즉, 문제에 심적 과정이 정상적인 방법으로 그 목적을 달성하지 못할 때 의식상에 떠오르게 된다고 할 수 있다. 그 결과, 이 심적 과정은 언제까지나 무의식에 머물러서 증상을 만드는 힘을 갖고 있다. 이와 유사한 반항이 분석 요법 중에도 작용하며, 무의식에서 의식으로 바꾸려는 노력에 대해 다시 반항하는 것이다. 이를 우리는 저항으로 느끼게 된다. 저항으로 나타나는 이 병원적病原的인 과정을 우리는 억압이라고 부른다.

그런데 우리는 이 억압이라는 과정에 대해서 좀더 분명하게 알아야 한다. 억압은 증상 형성의 전제 조건으로서, 동시에 유례 없는 용어이다. 어떤 충동을 행동화하려는 하나의 심적 과정을 예로 들어보자. 우리는 이 충동이 종종 거부되는 것을 알 수 있는데, 그것을 기피라든가 부인否認이라고 부르고 있다. 그런데 이 충동에서 에너지가 없어져 버리면, 그 결과 충동은 무력해지기는 하지만 기억으로 되어 존속한다. 그 충동을 거부하느냐를 결정하는 전 과정은 자아의 양해 아래서 이루어진다. 그런데 이 충동이 억압을 받을 때는, 양상이 완전히 다르다. 즉, 억압받은 충동은 여전히 그 에너지를 보유하며, 기억으로서 충동이 존속되지도 않는다. 또 억압 과정은 자아에 인식되지 않고 행해진다. 그러므로 이 비유에 의해서는 억압의 본질을 알 수 없다.

이 억압이라는 개념을 분명히 하기 위해서 좀더 상세히 설명하기로 한다. 우선 '무의식적'이라는 말의 기술적記述的인 의미에서, 이 말의 체계적인 의미로 나아갈 필요가 있다. 즉, 심적 과정의 의식성이라든가, 무의식성은 그 과정의 속성에 불과하고 반드시 뚜렷한 속성은 아니다. 이와 같은 과정이 계속해서 무의식에 머물러 있었다 해도 의식으로부터 이렇게 차단되어 있는 것은, 이 과정이 받은 운명의 한 표시에 지나지 않으며, 결코 운명 그 자체라고는 할 수 없다.

이 운명을 알기 쉽게 하기 위해, 모든 심적 과정—예외가 하나 있지만 나중에 설명하기로 한다—은 처음에는 무의식적인 단계나 위상으로 있다가, 의식적인 위상으로 옮겨간다고 가정하자. 이를테면 사진의 상은 처음에는 음화陰畫이지만, 인화에 의해 양화陽畫로 되는 것 같다. 그러나 모든 음화가 전부 양화로 되어야 할 필요는 없는 것처럼, 무의식적인 심적 과정이 모두 의식적인 심적 과정이 될 필요는 없다. 개개의 과정은 처음에는 무의식이라는 심적 체계에 속해 있으며, 경우에 따라 의식이라는 체계로 옮겨갈 수 있다고 말하는 편이 보다 적절한 표현이다.

이 체계에 대해 우리는 지극히 평범한 가정을 해 보는 것이 훨씬 이해하기 쉬울 것이다. 즉, 공간적으로 가정해서 무의식 체계를 하나의 큰 대기실에 비유해 보자. 이 대기실 안에는 많은 심적인 움직임이 하나하나의 인간처럼 소용돌이치고 있다. 이 대기실에는 제2의 좁은 방, 즉 일종의 응접실 같은 것이 붙어 있는데, 이 응접실에는 의식이 도사리고 있다. 그런데 두 방의 문지방에 한 사람의 문지기가 버티고 서서, 개개의 심적인 움직임을 검사하고 검열하면, 그것이 마음에 들지 않을 때는 응접실로 들어가지 못하게 한다. 이때 문지기가 개개의 심적인 움직임을 문지방에서 쫓아 버리든, 일단 응접실에 들어온 뒤에 다시 내쫓든 별 차이는 없다.

그것은 문지기의 경계의 정도와 인지에 대한 속도만이 문제시된다. 그런데 이와 같은 비유를 잘 유념해 두면, 우리의 용어를 이해하는 데 도움이 될 것이다. 무의식이라는 대기실 안에서의 모든 심적 움직임은 다른 방에 있는 의지의 눈에는 띄지 않는다. 즉, 그 움직임은 처음에는 무의식적일 수밖에 없는 것이다. 만일 움직임이 문지방까지 밀려왔다가 문지기에 의해 쫓겨났을 경우, 이 움직임은 의식화될 수가 없다. 우리는 이 상태를 '억압되었다'고 부른다.

그 심적인 움직임이 이미 문지방 앞까지 다가온 것을 문지기가 밀어낸 경우에도 반드시 의식화되는 것은 아니다. 그것이 다행히 의식의 눈에 띄었을 때만 의식화된다. 그러므로 이 제2의 방을 전의식 체계라고 부를 수 있다. 이렇게 하여 의식화되는 과정은 순전히 기술적인 의미를 지닌다. 그런데 심적인 움직임에 있어서의 억압의 운명은, 그것들이 무의식 체계로 들어가는 것을 문지기가 허용하지 않는 데 있다. 우리가 분석 요법으로 억압을 없애려고 할 때, 저항이라는 형태로 알게 되는 것이 바로 이 문지기에 해당된다.

여러분은 이와 같은 비유가 공상적인 조잡한 방법이며, 학문적인 표현으로서는 전혀 허용되지 않는 것이라고 말할 것이다. 나도 여러분의 말에 충분히 동의한다. 아니, 오히려 이것이 옳지 않다는 것도 알고 있다.

그리고 만일 이것이 완전히 틀린 것이 아니라면, 우리는 이와 같은 표현 방법을 대신할 더 훌륭한 것을 준비할 것이다.

그러나 관찰을 이해하는 데 도움이 되는 한, 이와 같은 표현 방법을 너무 경멸해서는 안 된다. '두 개의 방, 그리고 그 경계선인 문지방 앞에 있는 문지기, 제2의 방에 머물러 있는 구경꾼으로서의 의식'이라는 이 유치한 가설은, 실제로는 매우 타당성 있는 상황이라고 장담할 수 있다. 그리고 우리가 붙인 무의식·전의식·의식이라는 이름은 여태까지 제창되었거나 현재 사용되고 있는 다른 이름, 즉 하의식下意識·부의식副意識·내의식內意識 등과 같은 것보다는 훨씬 합리적이고 인정하기 쉽다는 것을 여러분도 인정해 주길 바란다.

그런데 여러분은 무의식 및 전의식의 두 개의 체계 사이의 관계에 대한 우리의 주장이 무엇에 입각해 있는지 전혀 깨닫지 못하겠는가? 무의식과 전의식 사이에 있는 문지기는 현재몽의 형성에서 간섭한 바로 그 검열에 지나지 않는다. 우리들이 꿈을 일으키는 것으로 인정한 '낮은 잔재'는 전의식적인 재료였다. 이 전의식적인 재료는 밤의 수면 상태에서 억압된 무의식적인 원망 충동의 영향을 받아, 다시 그 원망 충동과 함께 그 충동이 가지는 에너지의 힘으로 잠재몽을 만들 수 있었다. 무의식 체계의 지배 아래서, 이 재료는 하나의 가공—압축과 대치—을 받았다. 그러나 이 가공은 정상적인 심적 생활, 즉 전의식 체계에서는 알려져 있지 않거나 예외적으로만 허용되어 있다.

이와 같은 기능의 차이로, 우리는 두 체계를 구별하고 있다. 어떤 과정이 전의식과 무의식의 체계에 속하느냐는 의식과의 관계로써 알 수 있는데, 그것은 의식이 전의식에 속하기 때문이다. 꿈은 병적인 현상이 아니다. 꿈은 모든 건강인에게 수면 상태라는 조건에 따라 나타난다. 심적 장치의 구조에 관한 앞의 가설은 꿈의 형성과 노이로제 증상 형성을 동시에 우리에게 이해시켜 주는 것이지만, 또한 정상적인 정신 생활에도 고려해 볼 것을 단호히 요구하고 있는 것이다.

이번에는, 억압에 대해 많은 것을 이야기하고 싶다. 그러나 억압이란 증상 형성의 전제 조건에 지나지 않는가. 증상이 억압에 의해서 방해된 어떤 것의 대용물이라는 것은 우리들도 이미 알고 있다. 그러나 억압에서 이 대용물을 어떻게 형성하는가를 이해하려면 아직도 많은 어려움이 따른다. 억압이라는 문제와 관련해서, 문제의 다른 측면에서 의문이 일어날 수 있다. 말하자면 어떤 종류의 심적인 움직임이 억압에 굴복하는가, 어떠한 힘에 의해 어떠한 동기에서 억압이 관철되는가 하는 것이다. 이 의문에 대해서는 아직까지 유일 무이한 대답밖에 없다. 앞에서 저항을 고찰하면서 저항은 자아의 힘, 즉 우리가 잘 알고 있으면서도 잠재하고 있는 성격적 특성에서 나온다고 말했었다. 즉, 억압을 하는 것도 이 힘이다. 아니면 적어도 이 힘이 억압에 관여하고 있는 것이다. 그 이상의 대답은 현재로선 무리이다.

내가 앞서 말한 두 개의 증례를 기억할 것이다. 우리는 분석을 통해 언제나 노이로제 증상의 목적을 발견할 수 있다. 이것도 여러분에게는 새삼스러운 말이 아니다. 나는 여러분에게 노이로제의 그 두 가지 증례로써 이 목적을 보여주었다. 그러나 실제로 단 두 가지 예로써 무슨 주장을 할 수 있겠는가? 여러분은 그것을 입증할 예를 2백 가지, 아니 더 많이 보여달라고 요구할 권리가 있다. 그러나 나는 여러분의 요구에 응할 수가 없다. 그러므로 여러분은 이에 대해서 자기 자신이 경험하거나, 아니면 이 점에 대해 모든 정신분석가가 동의하고 있는 보고를 믿는 수밖에 없다.

우리가 상세하게 증상을 연구한 그 두 가지 증례에서 분석을 통해 환자의 성생활의 가장 은밀한 부분이 드러난 것이 생각날 것이다. 그리고 첫 번째 예에서 우리는 증상의 목적, 즉 증상의 의도라든가, 의향을 뚜렷하게 알았다. 아마 두 번째의 예에서는 증상의 목적이 나중에 언급하게 될 어떤 요소 때문에 어느 정도 감추어져 버린 모양이다. 어떤 예를 분석하더라도 이 두 가지 증례에서 발견한 것과 동일한 것이 발견될 것이다. 우리는 언제나 분석에 의해서 환자의 성적 체험과 성적 원망에 도달할 것이고, 또 언제나 환자의 증상은 동일한 목적을 지향하고 있다. 증상은 환자의 입장에서 성적 만족을 얻는다는 목적을 지향하고 있다고 확신하게 될 것이다. 이 목적이란 성적 원망을 채우는 일이다. 증상은 곧 실생활에서는 결여되어 있는 성적 만족의 대용이다.

앞서 제시한 첫 번째 부인의 예에서, 환자의 강박 행위를 생각해 보라. 부인은 열렬히 사랑하는 남편과 헤어지지 않으면 안 되었다. 부인은 남편의 성적 결함과 허약 때문에 남편과 함께 살 수가 없었다. 그러나 그녀는 남편을 위해 줄곧 정절을 지켰으며, 남편 대신으로 다른 남자는 생각할 수도 없었다. 그녀의 강박 행위는 그녀가 원하던 것을 그녀에게 주었으며, 남편의 허약과 성적 결함을 부인하고, 정정해 주고 있다. 이 증상은 근본적으로 꿈과 완전히 일치하는 원망 충족이다. 더욱이 성적인 원망 충족이다. 그러나 꿈의 경우 원망은 언제나 반드시 성적인 것만은 아니다.

두 번째의 여자 환자에게 있어서, 그녀의 취침 의례는 부모의 성적 교섭을 방해하거나, 성교의 결과로 나타날 새 아기의 출생을 방해하려는 것을 목표로 하고 있다는 것을 여러분은 쉽게 짐작할 수 있었다. 나아가서 이 의례는 결국 자기 자신을 어머니의 위치에 놓으려는 것을 목표로 삼고 있는 것임을 추측했을 것이다. 따라서 이 경우에도 성적 만족의 방해물을 제거하고 자신의 성적 원망을 충족시키려는 것이 문제가 된다. 그런데 여기서 미리 말해 두고 싶은 것은, 지금까지 억압·증상 형성 및 증상의 해석에 대해서 이야기한 것은 모두 노이로제의 세 가지 형, 즉 불안 히스테리·전환 히스테리·강박 노이로제에서 얻은 것이며, 당분간은 이 세 가지 형태에만 적용되는 것이라는 점이다.

이 세 가지 유형을 하나로 묶어 우리는 '전이 노이로제'라고 부르는데, 이 세 가지 질환은 정신분석 요법이 적용되는 영역이기도 하다. 이들에 비해 다른 노이로제는 정신분석 연구의 대상으로 활약하고 있지 않다. 그 중의 어떤 종류의 노이로제는 아무리 정신분석 요법을 시도해 봐도 낫지 않았고, 그것이 정신분석을 배제시킨 이유의 하나가 되었다.

그러나 정신분석은 아직도 극히 새로운 학문이며, 정신분석이 형성되려면 많은 노력과 시일이 필요하고, 그리고 불과 얼마 전까지만 해도 정신분석을 하는 사람은 단 한 사람밖에 없었다는 것을 기억해 주기 바란다. 그러나 우리는 모든 방면에서 전이 노이로제가 아닌 다른 병에 대해 더 깊이 연구하고 있다. 그리하여 이 새로운 재료에 적용시킬 때, 우리의 가설과 결과가 어떻게 확대되는가를 여러분에게 이야기할 수 있을 것이다. 또 이에 대해 더 연구하는 것이 우리의 지식을 더욱 고도로 통일시켜 주었다는 사실을 여러분에게 알려주고 싶다. 그러므로 지금 여기서 말한 것 모두가 세 가지 전이 노이로제에 해당된다면, 우선 하나의 새로운 보고를 덧붙여서 증상의 가치를 높이기로 한다. 즉, 발병의 원인을 비교 연구하면 하나의 결과를 얻을 수 있다.

이 결과는, 성적 원망의 만족을 현실에서 얻을 수 없으면 '욕구 불만' 때문에 발병한다는 공식이 나올 수 있다. 여러분은 이 두 가지 결과가 얼마나 잘 일치하는가를 인정할 수 있을 것이다. 이제야말로 증상은 실생활에서 채워지지 않는 원망의 대리 만족이라고 해석할 때이다. 노이로제의 증상이 성의 대상적 만족이라는 명제는 아직도 빗발치는 항의를 받고 있다. 나는 오늘, 그 중의 두 가지 항의를 음미해 보고 싶다. 우선 여러분은 이렇게 항의할 것이다.

"선생님이 하시는 말씀은, 어떤 종류의 증례에는 전혀 적용되지 않습니다. 오히려 증상은 성적 만족을 들어오지 못하게 한다든가, 빼앗는다든가 하는 정반대의 목적을 갖고 있는 것 같습니다."

나는 여러분의 옳은 해석에 이의를 제기할 생각은 없다. 정신분석에서는, 우리가 이러했으면 좋았을 걸 하고 원하는 것보다 사물은 훨씬 복잡한 것이 보통이다. 그렇게 간단하다면, 그것을 규명하는 데 정신분석 같은 것은 필요 없었을 것이다. 앞에서 언급했던 두 번째 예에서의 여자 환자의 경우, 취침 의례의 두세 가지 특징은 분명히 성적 만족에 반대되는 금욕적인 성질을 띠고 있다. 이를테면 시계를 밖에 내놓는 것은 음핵 발기를 두려워하고 있다는 의미이며, 꽃병이 떨어지거나 깨지지 않도록 주의하는 것은 처녀성을 지키려는 의미이다.

내가 분석한 다른 여러 취침 의례의 증례에서는 이와 같은 소극적인 성질이 더 뚜렷하게 나타나 있었다. 그 의례는 모두 성적인 기억이나 유혹에 대해 자기 몸을 지키는 수단이 되어 있었다. 그런데 우리들은 자주 정신분석에서는, 상반성이 모순을 의미하는 것은 결코 아님을 알 수 있었다. 그러므로 증상은 성적 만족이나 성적 만족의 방위를 목표로 하고 있다고 우리의 주장을 확대할 수 있을 것이다. 더욱이 히스테리에 있어서는 적극적인 원망 충족이라는 성질이 우세하며, 강박 노이로제에서는 소극적·금욕적인 성질이 우세하다. 만일 증상이 성적 만족이라는 목적과 동시에 그것과 정반대의 목적을 지향할 수 있다면, 이 양면성은 우리가 아직 해명할 수 없는 어떤 증상의 메커니즘에 훌륭한 논거가 될 것이다.

즉, 증상은 이제부터 이야기하려는 바와 같이 두 가지 상반되는 지향이 충돌함으로써 생긴 타협의 소산이다. 그리고 증상은 증상의 성립에 협력한 억압된 것과 억압당한 것을 동시에 나타내고 있다. 이 경우, 한쪽이나 다른 쪽이 증상 속에 우세하게 나타나서 둘 중 한쪽의 영향이 완전히 소멸되는 일은 매우 드물다. 히스테리에서는 대개 하나의 증상 속에 두 가지 목적이 동시에 들어 있고, 강박 노이로제에서는 두 가지 목적이 대개 따로따로 떨어져 있다. 그러므로 후자에서는 증상이 두 시기로 나타나며, 서로 죽이고 서로 전후하는 연속된 두 행위로 성립된다. 제2의 의혹을 해결하는 것은 그리 쉬운 일이 아니다.

만일 여러분이 증상의 해석에 대한 많은 예를 보게 되면, 먼저 증상을 해석할 때 성의 대상적 만족이라는 개념을 최대한으로 확대할 수 있을지 모른다고 말할 것이다. 이러한 증상은 아무런 현실적인 만족을 주지 않으며, 성적 콤플렉스를 근거로 해서 감각을 유발시키는 정도의 어떤 공상적 묘사에 한정되어 있다. 그리고 성적 만족은 흔히 유치하고 하찮은 성질을 나타내며, 어느 점에서는 자위 행위와 비슷하거나 모든 어른들이 어린아이에게는 금지시키고 있는 음흉한 장난을 상기시킨다는 것을 여러분은 잊어서는 안 된다. 또 잔인하거나 무참하며, 욕망의 만족 또는 부자연스럽다고 할 만한 욕망의 만족까지를 성적 만족이라고 말하면 여러분은 아마 깜짝 놀랄 것이다.

우리가 인간의 성생활을 철저하게 연구하여 성이라고 불러도 좋은 것을 뚜렷이 규명하기 전에는, 위와 같은 점에 대해서 여러분이 이해하기를 바란다는 것은 아마도 무리일 것이다.

20

인간의 성생활

'성'이라는 말은 대체 무엇을 의미하는가? 여러분은 그에 대해 굳이 말하지 않더라도 다 아는 일이라고 생각할지 모른다. 그건 맞는 말이다. 성이란 적어도 사람이 입에 담지 못할 외설스러운 것이다. 나는 이런 말을 들은 적이 있다. 어떤 유명한 정신과 의사의 제자들이, 히스테리 증상은 흔히 성적인 것의 표현이라는 것을 스승에게 납득시켜 주려고 했다. 이런 목적으로 제자들은 스승을 한 여자 히스테리 환자의 병상으로 데리고 갔다. 그 환자의 발작은 누가 보아도 분만의 흉내였다.

그런데 스승은, "해산이로군. 하지만 해산은 성이 아니지" 하고는 제자들의 주장을 깨끗이 꺾어 버렸다. 확실히 그렇다. 분만은 어디에 내놓아도 외설일 까닭이 없다. 이런 신성한 문제에 대해서 농담을 했기 때문에 여러분은 기분이 언짢았을 것이다. 그러나 결코 농담은 아니다. '성'이라는 개념이 무엇을 포함하고 있는가 아무리 엄숙하게 생각해 보아도 그리 쉽게 그 내용을 들 수는 없다. 남녀 양성의 차이에 관련된 것을 모두 성이라고 한다면, 아마 적절한 정의일 것이다. 그러나 여러분은 이 정의로는 너무나 불명확하고 막연하다고 생각할 것이다. 여러분이 성교에 중점을 둔다면, 성이란 이성의 육체, 특히 성기로부터 쾌감을 얻는 목적에 부합되는 일체의 것을 의미한다고 말할 수도 있다. 좁은 의미로 말하면, 성기의 결합과 성교의 수행을 목적으로 하는 일체의 것이라고 여러분은 말할 것이다.

그러나 이런 정의를 내린다면, 여러분은 성이란 외설스러운 것이라든가, 분만은 성에 속하지 않는다든가 하고 말하는 사람들과 거의 다를 바가 없다. 한편, 여러분이 생식 기능을 성의 핵심에 두고 생각한다면, 생식을 목적으로 하지는 않더라도 확실히 성적인 것들, 이를테면 자위나 키스조차도 제외될 우려가 있다. 성이라는 개념의 발전에는, 질베러의 뛰어난 표현을 빌리면, "어긋난 사고 방식"을 초래한 어떤 일이 일어나고 있었던 것 같은 느낌이 든다. 일반적으로 인간이 무엇을 성이라고 부르는지 전혀 짐작하지 못하는 것은 아니다.

일상 생활에서 실제적인 필요에서 성이란 양성의 차이·쾌감 획득·생식 기능 및 비밀스러운 외설에 관련된 것 등으로 충분할는지 모른다. 그러나 학문에서는 이것으로 불충분하다. 왜냐 하면 자기 일신을 희생하고 오직 사욕을 버림으로써 완수할 수 있었던 신중한 연구에 의해서, 우리는 정상적인 모습에서 아주 빗나간 성생활을 영위하는 개인이 있다는 것을 알게 되었기 때문이다. 이와 같은 '성도착자' 가운데는 양성兩性의 구별 개념을 완전히 망각한 것처럼 보이며, 동성의 사람만이 그들이 성적 원망을 자극한다. 이성이나 이성의 성기는 결코 성적 대상이 되지 못한다. 극단적인 경우에는 오히려 혐오감마저 느낀다.

따라서 그들은 생식에 관여하는 것은 일체 거부하게 된다. 우리는 이와 같은 사람을 동성애자, 혹은 성전도자性轉倒者라고 부른다전도는 성 대상의 이상, 도착은 성 목표의 이상.

동성애라든가, 성전도라든가 하는 점만을 제외하면, 흔히—반드시 그렇지는 않지만—지적으로나 도덕적으로나 누구에게 뒤지지 않는 사람들도 이 숙명적인 이상異常으로부터 빠져나오지 못하는 경우가 있다. 그들은 자칭 자기들은 인간의 변종이며, 다른 성과 동일한 권리가 있는 '제3

의 성'이라고 주장하고 있다. 나중에 그들의 주장을 검토할 기회가 있을 것이다. 물론 그들이 주장하듯 그들은 인류의 '선택된 자'는 아니다. 선택되기는커녕 성적 견지에서는 오히려 변태자와 마찬가지로 열등하며, 적어도 무능한 개인도 포함되어 있다.

이와 같은 도착자는, 정상인이 그 성 대상자기에게 성적 만족을 느끼게 하는 사람 또는 물건을 향하는 것과 동일한 태도로 그들의 성 대상에 접근한다. 그러나 성도착자들 뒤에는 언제나 이상자異常者들이 따른다. 이와 같은 이상자의 성행위는, 정상적인 사람이 매력을 느끼는 것과는 점점 달라져 간다. 그것이 나타내는 가지각색의 모습은 마치 브뤼겔이 〈성 안토니우스의 유혹〉이라는 제목으로 그린 기형이나, 플로베르가 경건한 속죄자의 눈앞에 묘사한, 지칠 대로 지친 신과 그를 추종하는 신앙자들의 긴 행렬을 연상케 한다.

우리는 그런 이상자들을 둘로 나눈다. 하나는 동성애자처럼 성적 대상이 변화되어 있는 것이고, 하나는 성적인 목표성욕을 만족시키는 행동가 변화된 자들이다. 성기의 결합을 외면하는 사람들은 전자의 그룹에 속한다. 이런 사람들은 성행위 때, 상대방의 성기를 몸의 다른 기관으로 대용한다. 이때 구조상 꼭 맞지 않는다든가, 불결함 같은 것은 일절 안중에 없다입과 항문으로 질을 대신한다. 그리고 어떤 사람에 있어서는 성기가 여전히 성 대상이 되어 있지만, 그것은 성적 기능 때문이 아니라 해부학적으로 닮았다는 이유나 가까이에 있다는 이유 때문이다. 이와 같은 사람에게 있어서는, 유년 시절의 교육시 더럽다고 추방한 배설 기능이 여전히 성적 관심을 끌고 있음을 알 수 있다.

또 어떤 사람에게 있어서는, 성기는 전혀 성적 자극이 되지 않고 몸의 다른 부분, 말하자면 여성의 유방·다리·땋은 머리카락 등이 욕구의 대상이 된다. 더 나아가서는 신체 부위는 하등 의미가 없고 몸에 지니고 있는 물건, 말하자면 구두라든가 속옷의 일부에서 성적 욕구를 채운다. 이런 사람들을 일컬어 페티시스트Fetischist : 무생물 숭배자라고 부른다. 더 극단적이 되면 그 대상에 아주 특수하고 기묘한, 때로는 전율할 만한 요구를 하는 사람이 있다. 어떤 사람에게는 방어력이 없는 시체가 대상이 되고, 어떤 사람은 대상의 쾌감을 맛보기 위해서 범죄적인 강박 행위를 감행하기까지 한다. 이와 같은 소름 끼치는 이야기는 이 정도로 끝내고 싶다.

성적 이상자의 두 번째 유형에는, 정상인으로서는 단순한 준비 단계에 불과한 전희적인 행위를 성적 원망의 목표로 삼는 도착자가 해당된다. 즉, 이성을 바라보고 싶어한다든가, 이성을 만지고 싶어한다든가, 이성의 비밀한 곳을 들여다보고 싶어서 안절부절못하는 사람, 혹은 숨겨두어야 할 자기 자신의 육체의 일부를 노출하여 상대편도 같은 행동으로 자기에게 응해 줄 것을 은근히 기대하는 사람 등이다. 이에 비해서 수수께끼 같은 가학자加虐者 : Sadist가 있다. 그들이 갖는 성적 충동은 상대방에게 고통과 괴로움을 주려는 목적을 향해 있으며, 거기에는 단순히 모욕적인 일에서부터 육체를 매우 상하게 하는 것까지 여러 단계가 있다.

이것과 대조적인 피학자彼虐者 : Masochist가 있다. 피학자의 유일한 쾌감은 사랑하는 대상으로부터 상징적·현실적 형태의 모든 모욕과 고통을 받는 데 있다. 여러 가지 이상 성격이 복합적으로 얽혀 있는 사람도 있다. 마지막으로 제1의 그룹과 제2의 그룹 중에도 다시 두 가지 유형으로 나뉜다. 즉, 자기의 성적 만족을 현실에서 구하고자 하는 유형과, 머릿속에서만 그리는 데 만족하여 일반적으로 실제의 대상을 하등 필요로 하지 않고 공상으로 대응할 수 있는 유형이 그것이다.

이처럼 미친 듯한 기괴하고 무서운 행위가 실제로 그런 사람들의 성활동을 구성하고 있다는 것은 이제 의심할 여지가 없다. 그들 자신도 그렇다고 간주하여 그 대용 관계를 인정하고 있을 뿐 아니라, 그것이 그들의 실생활에서 정상적인 사람들의 성적 만족과 동일한 역할을 맡고 있으며, 또 그들은 그로 인해 우리들과 같은, 아니 더 과중한 희생을 무릅쓰고 있음을 인정해야 한다. 우리는 그런 이상 상태가 정상 상태와 어디서

접하고 있는가, 그 이상 상태는 정상 상태의 어디서 발생한 것인가를 살펴볼 수 있다. 여기서 성적 활동에 귀찮게 따라다니는 외설이라는 성질과 다시 마주치는 것은 불가피한 일이다. 게다가 이 외설의 성질은 대개 파렴치한 정도까지 이르렀다.

그런데 이런 종류의 비정상적인 성적 만족에 대해서 우리는 어떤 태도를 가져야 하는 것일까? 화를 내거나 개인적인 반감을 나타내거나, 그런 정욕과 전혀 관계가 없다고 으스대는 것은 아무 소용 없다. 그렇다. 우리는 그런 것에 신경 쓰지 않는다. 말하자면 이것도 다른 것과 같이 현상의 한 구역이다. 이것이 기묘하고 진귀한 것에 불과하다는 도피적인 구실은 쉽게 반박할 수 있다. 아니, 그것과 반대로, 그것은 우리가 흔히 보는 이 세상에 널리 존재하는 현상이다.

그러나 사람들이, 이런 현상은 모두 성본능의 혼란이며 탈선을 나타내고 있는 것이므로, 굳이 그런 것 때문에 일부러 성생활에 대한 지금까지의 견해를 정정할 필요는 없다고 말한다면, 우리는 다음과 같이 대답해 두겠다. 즉, 만일 우리가 성욕의 이와 같은 병적 상태를 이해하지 못하고, 또 그것과 정상적인 성생활을 종합하여 설명하지 못하면, 마땅히 정상적인 성생활도 이해하지 못하고 있는 셈이다. 한 마디로 말해, 위에서 말한 성도착은 세상에 흔히 있을 수 있는 일이며, 이른바 정상적인 성욕과의 관련을 이론적으로 정립하는 것은 마땅히 져야 할 우리의 사명인 것이다.

이와 관련된 하나의 통찰과 두 가지 새로운 경험이 있다. 전자에 대해서는 이반 블로호Ivan Blocho 1872~1923년. 독일의 피부과 의사로서, 성과학 창시자 중의 한 사람에게서 얻은 바가 크다. 블로호는 성적 목표가 이와 같이 탈선하고 있다는 것과 성 대상에 대한 관계가 흔들리고 있는 예는 아득한 옛날의 원시 민족에게도, 고도의 문명을 가진 민족에게서도 볼 수 있으며, 시대에 따라 관대하게 보았거나 일반적으로 성행했다는 근거로서 이런 도착을 모두 변질적 징후라고 간주하는 것은 잘못이라고 주장하고 있다. 다음으로 두 가지 새로운 경험이라는 후자의 것은 노이로제 환자의 정신분석 연구에서 얻은 것으로서, 이 경험은 우리들의 성적 도착관에 결정적인 영향을 끼친 것이다.

우리는 앞서, 노이로제 증상은 성의 대상적인 만족이라고 말했다. 그리고 나는 이 명제를 증상의 분석으로 입증하려면 많은 곤란에 부닥칠 것이라고 여러분에게 암시해 두었다. 이른바 도착된 성욕을 '성적 만족' 속에 포함할 때 비로소 앞의 명제는 타당한 것이 된다. 왜냐 하면 무슨 일이 있더라도 증상을 이렇게 해석하지 않을 수 없는 경우가 놀랍도록 많기 때문이다. 동성애적인 충동이 어느 노이로제 환자에게서나 증명될 수 있다는 것, 대다수의 증상은 이와 같은 잠재성 도착의 표현이라는 것을 알면 동성애자나 성 전도자가 이례적인 인간이라는 주장은 금방 무효가 되어 버린다. 동성애자라고 자칭하는 사람은 바로 의식적인 현재성顯在性 성도착자에 지나지 않으며, 잠재성 동성애자의 숫자에 비하면 문제도 되지 않는다.

그런데 동성에서 대상을 고른다는 것은 연애 생활에서 흔히 보이는 한 갈래라고 볼 수 있으므로, 그것에 특별한 의의를 부여하지 않으면 안 된다는 것을 깨닫게 된다. 그러나 이렇게 생각해도 현재성 동성애와 정상 상태의 구별은 여전히 남는다. 이 구별은 실생활에서는 매우 중요하지만, 이론적으로는 그 가치가 감소된다. 전이 노이로제 속에는 포함되지 않는 어떤 병, 이를테면 편집증Paranoia은 언제나 지나치게 강한 동성애적 충동을 방지하려는 시도에서 발생한다고 가정하기도 한다.

여러분도 알고 있겠지만, 히스테리성 노이로제는 모든 기관계신경계·호흡계·소화계 등에 증상을 나타내며, 그 결과 모든 기능이 침범당한다. 분석을 해 보면 도착적이라고 불러도 좋은 모든 충동이 이때 모습을 나타내어, 다른 기관을 성기의 대신으로 삼으려 하고 있다는 것을 알 수 있다. 즉, 이 기관들은 대용 성기 같은 역할을 한다. 우리는 이 히스테리 증상에 관한 연구를 통해서 신체의 기관은 그 본래의 기능 외에 성감적인 의의를 갖고 있으며, 만일 그 기관에 성감적인 요구가 너무 커지면 본래의 기능이 손상된다는 견해에 이르렀다.

히스테리 증상으로서 우리가 부딪치는, 겉보기에는 전혀 성과 무관한 기관에 나타나는 무수한 감각과 신경 흥분은 도착된 성충동의 충족으로서의 히스테리의 본성을 우리에게 보여주는데, 이 도착된 성충동에서는 성기의 의의가 다른 기관에 빼앗기고 있다. 그리고 또 우리는 영양 섭취 기관이나 배설 기관이, 성적 흥분의 담당자가 되는 일이 매우 많다는 것도 알고 있다. 그러므로 이것은 도착에서 볼 수 있었던 것과 똑같다. 그런데 도착에서는 전혀 힘들이지 않고 매우 뚜렷하게 알 수 있었던 것이, 히스테리에서는 증상 해석이라는 우회를 통해서야 비로소 알 수 있다. 그리고 도착된 성충동은 그 사람의 의식 속에 있는 것이 아니라, 무의식 속에 들어 있다.

강박 노이로제의 많은 증상 가운데서 가장 중요한 것은 매우 강한 사디슴적인 성충동, 즉 성목표가 도착되어 있는 성충동에서 생긴 증상이다. 게다가 이러한 증상은—강박 노이로제의 구조와 일치되는 것처럼—주로 그런 원망을 방지하고 있거나 만족과 방지와의 싸움을 나타내고 있다. 이 경우 반드시 만족을 얻는다. 만족은 환자의 행동 속으로 우회해서 들어가며, 그 사람에게 반항하는 것을 즐기며, 환자를 가학자로 만든다.

노이로제의 다른 유형, 이를테면 천착증에서 보통은 정상적인 성적 만족을 얻기 위한 준비에 지나지 않는 행위나 성적 만족을 얻는 도중에 행하는 행위, 즉 보고 만지고 탐색해 보고 싶어하는 행위 등에 과도한 성적 색채를 띤다. 접촉 불안이라든가, 세탁 강박의 큰 의의는 이것으로 충분히 설명된다. 강박 행위의 상상도 못 할 큰 부분은 자위의 변장된 반복과 변형이다. 그리고 여러분도 알다시피 자위는 행위로서는 단순한 것에 지나지 않지만 여러 가지 성적 공상을 수반하고 있다.

도착과 노이로제와의 관계를 더 상세하게 설명하는 것은 나로서는 매우 쉬운 일이지만, 우리의 목적에는 지금까지 말한 것으로 충분하다고 생각한다. 그러나 증상 해석의 이와 같은 설명을 듣더라도 인간의 도착 경향의 빈도나 강도를 과대 평가하지 않도록 조심해야 한다. 정상적인 성적 만족이 저지당하면, 사람은 노이로제에 걸린다. 그러나 그것이 현실적으로 저지될 경우, 욕구는 성욕을 흥분시키기 위한 비정상적인 길로 간다. 왜 그런 일이 일어나는가는 나중에 알게 될 것이다.

그러나 아무튼 이와 같은 측지성側枝性의 역류 정체逆流停滯 때문에 도착 충동은 정상적인 성적 만족이 현실에서 전혀 방해를 받지 않은 때보다 훨씬 강하게 나타나게 된다. 이와 유사한 영향은 현재성 도착에 있어서도 쉽게 찾아볼 수 있다. 현재성 도착은 일시적인 상황이나 영속적인 사회 제도 때문에 정상적인 방법으로는 성적 욕구를 채울 수 없을 때 유발되며 활발화되는 경우가 많다. 그러나 도착 경향이 실제로 이와 같은 조건과는 전혀 관계 없이 나타나는 경우도 있다. 이때의 도착은, 당사자의 생각으로는 정상적인 성생활이다.

정상적인 성욕과 도착된 성욕의 관계를 설명하는 바람에 여러분은 오히려 혼란을 일으키게 되었을지도 모르겠다. 그러나 여러분은 다음의 사항을 한번 생각해 주기 바란다. 정상적인 성적 만족을 현실에서 얻기 어려워지거나 전혀 얻을 수 없게 되면, 보통 때는 도착 경향이 나타나지 않던 사람에게도 도착 경향이 나타난다. 이 말이 옳다면 도착을 쾌히 받아들이는 그 무엇인가가 사람들 속에 있다고 가정해야 한다.

또 도착 경향은 잠재된 형태로 이런 사람에게 존재하고 있는 것이 틀림없다고 말해도 좋다. 이렇게 하여 우리는 앞서 여러분에게 보고한 제2의 새로운 사실에 도달했다. 즉, 정신분석 연구는 어린이의 성생활에 대해 관심을 가질 필요가 생겼다. 더욱이 증상을 분석할 때에는 환자의 추억과 연상이 언제나 유아기의 아주 초기 때까지 거슬러 올라갔기 때문이다. 우리가 추론한 것은 어린이를 직접 관찰한 결과 입증되었다. 여기서 도착 경향은 유아기에 근원을 두고 있다는 사실과, 어린이에게는 도착될 경향의 소인이 있어서 미성숙의 정도에 따라 그 소인을 발휘하고 있다는 것, 다시 말해서 도착적인 성욕이란 개개의 충동으로 분해된 유아 성욕의 확대라는 점 등이 명백해졌다.

이제 여러분은 도착을 다른 눈으로 보게 될 것이다. 그리고 인간의 성생활과 도착과의 관련을 무시하지 못할 것이다. 그러나 이 결론을 인정하려면, 여러분은 대단한 경이와 심한 감정적인 고통을 참아내야만 한다. 어린이에게도 성생활이라고 불러도 좋은 것이 있다는 사실과 우리들의 관찰의 올바름, 그리고 어린이의 행동 속에는 나중에 도착이라고 단정 지을 만한 것과 밀접한 관계가 있는 점이 발견된다는 주장의 근거 등에 대해서 여러분은 아마 이의를 내세우고 싶을 것이다. 그러므로 나는 먼저 여러분이 느끼는 반대 의향의 동기를 밝히고, 이어 우리의 관찰을 종합하여 말하려 한다.

어린이에게는 성생활—성흥분·성욕 및 어떤 종류의 성적 만족—이라는 것이 없으며, 그것은 12세부터 14세 사이에 눈뜨기 시작한다는 주장은 모든 관찰을 무시한, 생물학적으로도 믿을 수 없는 것이다. 이 주장은 마치 어린아이의 성기가 없이 태어나는데, 사춘기가 되어서야 비로소 성기가 생긴다는 주장과 마찬가지로 불합리하다. 실제로 사춘기에는 그들의 생식 기능이 눈뜬다. 이 기능은 이미 존재하고 있는 육체적·정신적인 재료를 자기의 목적을 위해서 이용하는 것이다. 여러분은 흔히 성욕과 생식 충동을 혼동하는 실책을 범하고 있다.

이 실책 때문에 여러분은 스스로 성욕·도착·노이로제에 대한 이해를 막고 있는 것이다. 그러나 이러한 실책은 교육의 결과이다. 여러분 자신이 예전에는 어린이였고, 어린 시절부터 교육의 영향을 받았다는 데에 이 실책의 근원이 있다. 왜냐 하면 사회는 성본능이 생식 충동으로서 나타나게 되면, 이것을 제어하거나 구속하거나 마치 사회적 명령과 같은 개인의 의지에 복종시키는 것을 가장 중대한 교육 방침으로 삼고 있기 때문이다. 어린이가 어느 정도 지적 성숙을 이룰 때까지, 성본능의 발달을 지연시키는 것은 사회로서 이득이 된다. 왜냐 하면 성본능이 그대로 나타나 버리면, 교육에 상당히 어려움이 따르기 때문이다.

만일 그렇게 하지 않으면, 성본능은 어렵게 이룩한 분화의 전당도 무너뜨려 버리고 말 것이다. 그러나 성본능을 제어하기란 결코 쉬운 일이 아니다. 거의 성공하지 못하는 경우도 있고, 완전히 성공을 거두는 경우도 있다. 인간 사회를 움직이는 힘은 궁극적으로는 경제이다. 사회는 그 구성원이 노동하지 않고도 생활할 수 있을 만큼 풍족한 식량을 확보하기 힘들기 때문에 그 구성원의 인구를 제한하고 성활동의 에너지를 노동으로 돌려야만 한다. 그러나 원시 시대로부터 현대에 이르기까지 생활의 영위는 어렵게 지속되어 있다.

신세대의 성적 원망을 쉽게 움직일 수 있게 하는 작업은 아주 어릴 때부터 교육적 영향을 주기 시작하여 준비 단계인 어린이의 성생활에 미리부터 간섭하여야만 사춘기의 태풍을 미연에 방지할 수 있다는 것을 교육자들은 오랜 경험으로써 알고 있었을 것이다. 이때에 거의 모든 어린이의 성생활은 금지되며, 나쁜 것으로 취급된다. 어린이의 생활을 성이 아닌 것으로 인식시키려는 이상적인 목적을 세우고, 시대의 흐름에 따라 마침내 사람들은 어린이에게는 성이 없다고 간주하게 되어, 학문까지도 그것을 학설로서 보고하게 되어 버린 것이다. 이와 같은 그들의 믿음과 의도에 부합시키기 위해서, 어린이의 성생활은 간과되고 있다. 놀라운 수완이다. 또 학문은 어린이의 성생활을 다른 식으로 해석해 놓고 만족스러워 한다. 어린이는 순결하고 죄가 없는 것으로 간주되고 있다. 그리고 그렇지 않다고 말하는 사람은 인간성의 고상하고 신성한 감정을 훼손시키는 불손한 인간으로서 지목된다.

그러나 어린이는 이런 관습과는 무관하게 천진 난만한 그 동물성을 발휘하고, 또 자기들이야말로 순결한 자들임을 계속해서 보여주고 있다. 그렇기 때문에 유아 성욕을 부정하는 사람은 교육의 강력한 힘으로 어린이의 성생활은 악습이라고 부르며, 자기들이 부정하려고 하는 성욕의 발현을 엄중하게 단속한다. 성이 없는 유아기라는 편견에 가장 모순되는 시기, 즉 5, 6세까지의 나이가 대개의 사람에게 있어서 기억 망각의 베일에 싸여 있다는 것은 이론적으로 매우 흥미롭다. 그러나 이 베일은 분석 연구로 완전히 벗길 수 있지만, 이미 앞에서 본 것처럼 개개의 꿈은 베일도 통과해 버리고 형성되었다.

여기서 어린이의 성생활 중에서 가장 주목되는 점을 여러분에게 이야기하기로 하자. 아울러 리비도라는 개념을 소개하는 것도 편리할 것이다. 리비도란 기아와 매우 유사하며, 본능—굶주렸을 때의 섭식 본능처럼, 여기서는 성본능—을 발견시키는 힘을 말한다. 성흥분이라든가, 성적 만족 같은 다른 개념을 설명할 필요는 없다. 그 중에서도 어린 아이의 성활동의 경우, 가장 많은 해석을 해야 한다는 것은, 여러분도 쉽게 알 수 있을 것이다. 그리고 여러분은 혹시 이 점을 우리에게 항변의 자료로 이용할는지 모른다. 이 해석은 분석적 연구를 기초로 하여 증상을 거슬러 올라감으로써 얻어진다. 어린아이에게 있어서는, 성의 첫 충동이 생활에 필요한 다른 기능에 의존해서 나타난다. 여러분도 알다시피 어린아이의 가장 중요한 관심은 영양섭취에 있다.

어린아이가 젖을 배불리 먹고 어머니의 젖가슴에서 잠이 들 때, 가장 행복한 표정을 짓는다. 그 표정이야말로 후일 어른이 되어 성적인 절정에 도달했을 때 나타나는 것이다. 이것만으로 어떤 추론을 내린다는 것은 무모할지도 모른다. 그러나 실제로는 먹고 싶은 생각도 없으면서 영양 섭취의 동작을 되풀이하려 하는 어린아이를 우리는 관찰할 수 있다. 그때 아이는 배고픔의 충동을 결코 느끼지 않는다. 우리는 어린아이가 젖꼭지를 '빤다lutschen 또는 Indelun. 이 말은 원래 쭉쭉·쩝쩝에 해당하는 의성어에 지나지 않았으나, 나중에 린드너에 의해서 뚜렷한 개념을 갖게 되었다. 즉, 자기 입술·손가락·속옷·고무 젖꼭지 등을 빨거나 핥는 것을 말한다'고 말한다. 어린아이는 이런 동작을 한 다음, 다시 만족한 표정으로 잠든다는 것을 근거로, 빤다는 행위 그 자체가 어린아이에게 만족감을 주었다는 것을 보여주고 있다. 마침내 어린아이에게는 젖꼭지를 빨지 않으면 잠들지 못하는 습관이 생겨 버린다. 부다페스트의 소아과 의사 린드너가 처음으로 이와 같은 행위에 성적인 색채가 있다고 주장했다.

어린아이를 돌보는 사람들도 이론적인 주장을 내세울 수는 없지만, 똑같은 생각을 하고 있는 것 같다. 이런 사람들은 젖꼭지를 빤다는 행위가 쾌감을 획득하기 위한 것이라는 점을 확인하면, 그것을 어린아이의 나쁜 습관으로 간주하고 어린아이가 스스로 그 나쁜 습관을 고치지 않으면 따끔하게 제재를 가해 억지로 그만두게 하려고 한다. 그러므로 우리는 어린아이가 오로지 쾌감을 얻기 위해 행동을 하고 있음을 알게 된다. 어린아이는 이 쾌감을 영양 섭취 때에 처음 체험하게 되는데, 교육으로서 쾌감과 영양 섭취의 조건을 떼어놓는 것을 배운 것이라고 우리는 믿고 있다. 이와 같이 하여 얻은 쾌감은 입과 입술 부분에만 관계가 있다. 우리의 견해는 몸의 이 부분을 성감대라고 이름 짓고, 젖꼭지를 빠는 것으로 얻어진 쾌감을 성적 쾌감이라 부르고 있다. 이와 같은 주장이 정당한 것인지의 여부는 확실히 더 논의가 있어야 될 것이다.

만일 어린아이가 말을 할 줄 안다면, 어머니의 젖꼭지를 빠는 행위는 인생에서 가장 중대한 것이라고 말할 것이다. 어린아이는 이것을 나쁜 짓이라고 생각하지 않는다. 왜냐 하면 젖을 빤다는 행위는 아이의 두 가지의 커다란 생활 욕구를 채우고 있기 때문이다. 그리고 우리는 일생을 통해서 이 행위의 심리적 의의가 훨씬 뒤에까지 얼마나 크게 작용하게 되는가를 알고 크게 놀랄 것이다. 어머니의 젖꼭지로 젖을 빠는 것은 성생활 전체의 출발점이 되며, 훗날 성적 만족에 다시없는 표본이 된다. 젖을 빤다는 행위는 성의 첫 대상인 어머니의 유방이 포함되어 있다.

이 최초의 대상이 후일의 어떤 대상 발견에 얼마나 중대한 영향을 미치고 있는지, 또 이 첫 대상이 전환되고 대리되어 우리의 정신 생활에 얼마나 심대한 영향을 미치는가에 대해서는 여러분에게 납득할 만큼 설명하기가 어렵다. 그러나 우선 어린아이가 젖을 빤다는 행위를 하게 되면, 어머니라는 대상은 버려지고 자기 자신의 몸의 일부로 그것을 대용하게 된다. 즉, 어린아이는 자기의 엄지손가락이나 혀를 빤다. 그래서 외적인 동의 없이도 쾌감을 얻을 수 있을 뿐 아니라, 신체에서 제2의 성감대를 강화하려고 한다. 물론 성감대라고 모두 동일한 정도의 쾌감을 주는 것은 아니다. 그러므로 린드너가 보고한 것처럼, 어린아이가 자기 자신의 몸을 만지작거리다가 성기 부분에서 쾌감을 느끼고는, 그로 인해 빠는 동작에서 자위에 이르는 길을 발견하게 되면 그것은 실로 중대한 체험이라고 할 수 있다.

우리는 이로써 유아 성욕의 두 가지 결정적인 특징을 알 수 있다. 유아 성욕은 근본적으로 인간의 성적 원망의 만족과 결부되어 나타나서, 자기 성애적으로 표출된다. 즉, 유아 성욕은 대상을 자기 자신의 몸에서 찾고 자기 자신의 몸에서 발견한다. 영양 섭취에서 가장 뚜렷이 나타난 현상은, 배설에서도 웬만큼 실현된다. 어린아이는 소변이나 대변의 배설 때 쾌감을 느끼며, 또 성감대의 점막을 자극하여 더욱 많은 쾌감을 얻으려 하다가 마침내 배설 행위를 잘 조절할 수 있게 되는 것이라고 우리는 추론한다. 이 점에 대해서 니체의 연인이자 릴케의 친구인 루 안드레아스 살로메가 상세하게 말한 것처럼, 먼저 외부 세계는 어린아이에게 쾌감 추구를 방해하는 강한 힘으로써 막아서는데, 이것은 커서 경험하게 될 내부와 외부의 대립을 희미하게나마 예감하게 한다.

어린아이에게는 자기가 하고 싶을 때 배설하는 것이 허용되지 않고, 타인이 정한 때에 배설해야 한다. 어린아이가 이 쾌감의 원천을 포기하도록 유도하기 위해서 배설 기능에 관한 모든 것을 나쁘고 창피한 것으로 인식시킨다. 여기서 비로소 어린아이는 쾌감을 사회적 품위로 바꾸어야 한다. 배설물 자체에 대한 어린아이의 태도는 처음부터 매우 다르다. 즉, 어린아이는 자기의 배설물에 대해서 전혀 혐오감을 느끼지 않는다. 오히려 대변을 자기 몸의 일부라고 생각하여 자기 몸에서 떼어놓기를 싫어한다. 그리고 간혹 자기에게 특별히 중요한 사람이라는 표시로서 최우선의 '선물'은 대변이다. 어린아이의 이런 경향을 교육의 영향으로 자각시킨 후에도 어린아이는 역시 계속해서 대변을 '선물'이라든가, '돈'으로 평가하려 한다. 게다가 어린아이는 배설 동작을 매우 자랑스럽게 생각하고 있는 듯하다.

여기서 여러분들은 내 말에 항의하여, 다음과 같이 외치고 싶은 심정일 것이다.

"무척 놀랍군요. 대변의 배설이 어린아이가 이용하는 쾌감 만족의 원천이며, 또한 대변이 매우 귀중한 물질이고, 항문은 성기의 일종이란 말입니까? 믿어지지 않는 이야기입니다. 소아과 의사나 교육자들이 정신분석과 그 결과에 대해 신랄하게 배척한 이유를 이제 겨우 납득할 수 있겠군요."

그것은 잘못된 생각이다. 여러분은 내가 성적 도착의 사실과 연관하여, 유아 성욕에 대해 이야기하려 하고 있다는 것을 잊어버리고 있다. 예컨대 동성 연애자나 이성 연애자를 불문하고, 항문이 많은 어른들에게 있어서 성교시의 질과 같은 역할을 하고 있다는 사실을 여러분이 외면해야 할 이유는 없다. 그리고 대변 배설 때의 쾌감을 일평생 잊지 못하고, 그런 쾌감을 상당히 중대시하는 사람이 있다는 것을 여러분은 어째서 알아서는 안 되는 것일까? 배변 행위에 대한 관심과 남의 대변을 들여다볼 때의 기쁨에 대해서는, 만일 어린아이가 두세 살이 되어 보고할 수 있게 되면 그들 자신의 이야기로 직접 듣고 확인할 수 있을 것이다. 물론 여러분은 이 어린아이를 미리 꾸짖어서는 안 된다. 꾸짖으면 어린아이는 그런 것을 입 밖에 내서는 안 되는 일인 줄 알게 되기 때문이다. 그리고 여러분이 믿고 싶지 않은 다른 일에 대해서는, 분석의 결과와 어린아이의 직접 관찰에서 얻은 결과를 참조해 주기 바란다. 여러분이 유아 성욕과 성적 도착의 관련성을 기묘하게 생각해도, 나는 전혀 이의를 말하고 싶지 않다. 이 밀접함은 실제로 명백하다. 만일 어린아이에게 성생활이라는 것이 있다면, 그것은 도착적인 성질의 것이다. 왜냐 하면 두세 가지 애매한 전조前兆를 제외하고는, 성욕이 생식 기능으로 바뀌기에는 아직 불충분한 점이 많기 때문이다. 한편 생식 목적이 포기되어 있는 것은, 모든 도착에 공통된 특징이다. 성활동이 생식의 목적이 아닌 독립된 목표로서 쾌감 획득만 추구할 경우, 이 성활동을 우리는 도착이라고 부른다. 그러므로 여러분은 성생활의 발달에 있어서의 전환점은, 생식목표 아래 성생활을 종속시키는 데 있음을 알았을 것이다. 이 전환을 거부하고 쾌감 획득만을 목표로 하는 것은 모두 '도착'이라는 명예롭지 못한 이름이 붙어서 추방되는 것이다.

그러므로 유아 성욕에 대해서 간결한 설명을 계속하기로 한다. 내가 두 개의 기관을 언급한 것은 다른 기관 계통을 참조하면 더 완전한 것이 될 것이다. 어린아이의 성생활은 바로 일련의 부분 본능의 활동에 국한되어 있는데, 이 부분 본능이란 서로가 독립적으로, 일부는 자기 자신의 몸에서, 일부는 일찌감치 외적 대상에서 쾌감을 얻으려는 본능이다. 이러한 기관 중에서도 성기는 매우 빨리 눈에 띈다. 타인의 성기나 그 밖의 대상 없이 자기 자신의 성기로 쾌락을 찾고, 유아기의 자위로부터 사춘기의 필연적인 자위에 이르기까지 줄곧 자위를 계속하여, 사춘기가 지난 후에도 언제까지나 이것을 그만두지 못하는 사람들이 흔히 있다. 아무튼 자위 문제는 그리 간단하게 논할 수는 없다. 자위는 다방면에서 관찰해야 하는 문제이다.

나는 이 문제를 더 간략하게 말하고 싶지만, 어린아이의 성적 호기심에 대해서 좀더 이야기해야겠다. 성적 호기심은 유아 성욕의 특징을 잘 나타내고 있으며, 또 노이로제 증상의 연구에도 중요한 것이다. 어린아이의 성적 호기심은 매우 이르고, 때로는 3세 이전에 시작된다. 성적 호기심은 성별과 무관하다. 어린아이에게는 성별이 하등 의미가 없다. 왜냐 하면 어린아이—적어도 남자 아이—는 남녀가 모두 같은 성기, 즉 남성 성기를 갖고 있는 줄 알고 있기 때문이다. 그런데 남자 아이는 어린 누이동생이나 소꿉동무에게 질이 있음을 발견했을 때, 그는 자기가 알게 된 그 증거를 부정하려고 한다.

왜냐 하면 남자 아이로선 자기에게 매우 귀중한 것으로 여겨지는 성기라는 부분을 자기와 같은 모습을 한 다른 사람이 갖고 있지 않다고는 전혀 믿을 수 없기 때문이다. 남자 아이는 후일에 만일 자기의 성기가 어떤 기회에 없어지지나 않을까 하고 걱정한다. 그리고 어린아이가 자기의 조그마한 고추에 대해 너무 신경 쓴다고 해서 일찍부터 엄하게 꾸짖으면, 그것은 후일에 줄곧 영향을 끼친다. 그는 마침내 거세 콤플렉스에 지배당하게 된다. 이 거세 콤플렉스는, 그가 건강하면 그 성격 형성에 크게 관계되며, 그가 병에 걸려 있는 경우라면 노이로제에, 그리고 분석 요법을 받는 경우라면 그 저항에 크게 관계된다.

여자 아이의 경우는, 자기가 분명하게 눈으로 확인할 수 있는 큼직한 음경을 갖고 있지 않기 때문에 매우 손해를 보고 있다고 생각하며, 그것을 가진 남자 아이를 시기하고 그로 인해 남자가 되고 싶다는 원망—이 원망은 후일 불행히도 여자로서의 역할을 잘 할 수 없을 경우에 발생하는 노이로제 속에 다시 나타난다—을 품는다. 또 여자 아이의 음핵은 유아기에는 음경과 똑같은 역할을 하고 있다. 그것은 특히 흥분하기 쉽고, 또 자기 성애적인 만족이 얻어지는 부위이다. 여자 아이가 성숙한 여성이 되려면, 음핵의 이 민감함을 적당한 시기에 완전히 질구膣口에 양도하는 것이 중요하다. 이른바 여성의 불감증의 증례에서는, 음핵이 이 민감함을 완강히 지속하고 있음을 알 수 있다.

어린아이의 최초의 성적 호기심은, 아기는 어디에서 나오느냐 하는 문제이다. 그런데 이 호기심은 대개 새 아기가 태어날 때의 이기적인 근심에 의해 눈뜬다. 황새가 아기를 데려온다는 어른의 상습적인 대답은, 우리의 상상 이상으로 어린아이에게 의문을 심어준다. 어른들에게 완전히 속고 있다는 느낌은, 어린아이의 고독과 독립심의 발달을 크게 자극한다. 그러나 어린아이는 이 문제를 자기 스스로 해결할 수 없다. 성적 체질이 발달하지 않았기 때문에 그것을 이해하는 능력에는 한계가 있다.

그래서 어린아이는 어른이 어떤 특별한 것을 먹기 때문에 아기가 생기는 것이라고 가정해 본다. 그리고 여성만이 아기를 낳을 수 있다는 것을 모른다. 그러나 얼마 후에 여성만이 아기를 낳을 수 있다는 것을 알고는 아기가 음식물에서 만들어진다는 생각을 버린다.

다 큰 아이는 이윽고 아버지가 아이를 만드는 데 어떤 역할을 하고 있다고 확신하지만, 구체적으로 어떤 역할을 하는지는 짐작하지 못한다. 만일 우연히 아이가 성교를 목격하면, 그는 그것을 넘어뜨리고 있는 것이라든가, 싸우고 있는 것으로 여기고 성교를 사디슴적으로 오해해 버린다. 그리고 아직은 그 행위를 아기가 생기는 일과 결부시키지 못한다. 만일 어린아이가 어머니의 침대나 속옷에서 핏자국을 발견하면, 그것은 아버지의 의해서 가해진 부상의 증거라고 생각한다.

유아기의 후반기에서 어린아이는 남자의 성기가 아기가 생기는 것과 근본적인 관계를 갖고 있다고 어렴풋이 느끼지만, 그것은 배뇨 이외의 다른 작용을 하고 있다고는 믿지 못한다. 어린아이는, 아기가 창자에서 생겨서 대변처럼 나오는 것이라고 생각한다. 이 생각은 항문에 대한 흥미가 없어졌을 때 비로소 사라지며, 그 다음에는 배꼽이 찢어진다든가, 좌우 유방의 한가운데 부분에서 아기가 나온다는 식으로 상상한다. 이렇게 호기심에 가득 찬 어린아이는 점차 성적 지식에 접근해 가거나, 잘 모르는 채로 그런 지식에 접촉하지 못하고 성장하게 된다. 그러나 사춘기에 다다르기 전에는 어느 정도의 지식을 갖게 된다. 그리고 이 지식은 대개 외상적으로 작용한다.

여러분은 노이로제가 성적인 의의가 있다는 견해를 고집하기 위해서 정신분석에서 성이라는 개념이 매우 확대되어 있는 것을 보았다. 이 확대가 타당한 것인지 아닌지는 여러분 스스로 비판할 수 있을 것이다. 우리는 성이라는 개념의 영역을 확대함으로써, 이 개념은 도착자와 어린아이의 성생활까지 포함할 수 있게 되었다. 즉, 우리는 성이라는 개념에 올바른 규정을 내려준 셈이다. 정신분석 이외에서 성이라고 부를 때, 그것은 생식과 관련되어 있으며, 보편적으로 인식되는 성생활을 가리키고 있는 것뿐이다.

21

리비도의 발달과 성性의 체계

성에 대한 우리의 견해에 '도착'이라는 것이 매우 중요하다는 것을 여러분에게 명확히 납득시켰는지 의문이다. 그래서 이번 강의에서도 되도록 그 문제에 대해서 보완하려 한다.

그렇게 심한 반대를 불러일으킨 성이라는 개념을 단지 도착 때문에 그와 같이 변경해야 했던 것은 아니다. 유아 성욕의 연구를 도착에 관한 연구 이상으로 성의 개념을 뒤바꿔 놓았다. 그리고 우리들은 이제 도착과 유아 성욕이 합치한다는 것을 확실히 알게 되었다. 유아기의 후기에는 유아 성욕이 뚜렷이 눈에 띄지만 초기에는 단지 막연하게 형성되는 것으로 여겨진다. 개체 발달의 연구 분석적 관련에 주의를 기울이지 않는 사람들은, 유아기 초기에 성이라는 특질이 있다는 데 반대하고, 그 대신 무언가 분화되지 않은 특질을 인정하려 할 것이다.

우리가 편협하다는 이유로 거부하는 성이라는 생식 기능의 일부를 이루고 있다는 정의 이외에는, 하나의 현상이 성이라는 성질을 갖고 있는지 없는지를 결정하는 일반적인 기준이 아직 없다는 것을 잊지 말아주기 바란다. 이를테면 플리츠W. Flieβ가 주장한 23일과 28일의 주기성이라는 생물학적인 기준도 아직은 매우 의심스럽다. 성현상의 화학적 특징에 대해서는, 가정은 할 수 있으나 아직 발견되지는 않고 있다성호르몬이 발견된 것은 1931년 이후의 일이다.

이에 반해서, 어른의 성적 도착은 구체적으로 알려져 있고 또 명백한 사실이다. 이미 보편적으로 인정되고 있는 명칭이 가리키듯이, 성적 도착은 의심할 바 없이 성이다. 사람들이 도착을 변질 징후라고 부르든지, 아니면 또 다른 이름으로 부르든지, 그것을 성생활의 현상이 아닌 다른 현상이라고 우기는 사람은 없었다. 이런 견지에서 보더라도, 성과 생식이 일치하지 않는다는 우리의 견해는 정당한 것이 된다. 왜냐 하면 도착자가 모두 생식이라는 목적을 부인하고 있는 것은 뚜렷하기 때문이다.

여기서 흥미로운 하나의 예를 살펴보자. 많은 사람들은 '의식적'과 '심적'이라는 뜻을 같은 의미로 생각하지만, 우리는 심적이라는 개념을 확대시켜 본 결과, 의식되지 않은 심적인 영역이 있다는 것을 인정하지 않을 수 없었다. 이와 마찬가지로, 또 많은 사람들은 '성적性的'과 '생식 작용에 속하는 것' —또는 '생식기적生殖器的'이라고 해도 좋다—을 동일한 것으로 간주하고 있는데, 우리는 생식 작용과 전혀 무관한 성적인 것을 생각하지 않을 수 없다. 그것은 표면적인 유사성에 지나지 않지만 깊은 근거가 있다.

그러나 성적 도착 존재의 문제가 부동의 증거라고 한다면, 어째서 이미 오래 전에 성적 도착의 본질이 연구되어 이 문제가 해결되지 않았던 것일까? 나는 그 이유를 확인할 수는 없지만, 추론하건대 그 이유는 대충 다음과 같다. 즉, 성적 도착은 옛날에 아주 특수한 사회적 제약을 받았는데, 그것이 학문적으로 간섭하여 그 평가를 막은 모양이다. 성적 도착은 더러울뿐더러 무섭고 위험한 것임은 누구나 인정하고 있는 것 같다. 그러면서 또 한편으로는 성적 도착을 매력적인 것으로 여기고 있는 것처럼 보인다. 또 성적 도착자들에게 은근한 질투를 느끼며 마음 속에서 억제하고 있는 것도 같다. 유명한 탄호이저 속에서, 재판관이 된 영주가 이와 거의 같은 감정을 고백하고 있다.

베누스 산베누스 산이란 몬스 베네리스비너스의 산, 즉 여자의 음부를 가리키는 말이다에 이르러, 그는 명예도 의무도 잊었노라!

그와 같은 일이 내 몸에서 일어나지 않는 것이 참으로 신기하도다.

사실 도착자는 획득하기 어려운 만족을 얻기 위해서 매우 가혹한 벌을 받고 있는 불쌍한 인간이라고 할 수 있다. 그 대상과 목표가 부자연스러움에도 불구하고 도착적 활동을 성적인 것으로 이끄는 것은, 도착적인 만족 행위가 대개 완전한 오르가슴과 사정을 가능하게 하기 때문이다. 이것은 물론 그 도착자가 어른이기 때문이다. 어린아이에 있어서는, 물론 오르가슴이나 성기의 발기는 불가능하다. 또한 성선性線의 분비도 불가능하며, 그것의 대치가 인정될 뿐이다. 이것 또한 확실히 성적인 것이라 할 수 없다. 성적 도착의 평가를 완벽하게 하기 위해서, 나는 다시 다른 사항을 덧붙여야겠다.

성적 도착이 배척되어야 하는 것이든, 정상적인 성생활과 엄연히 구별되어야 하는 것이든 간에 정상인의 성생활을 잠깐 관찰해 보면, 그들에게도 한두 가지 도착된 특징이 있다는 것을 알 수 있다. 먼저 키스는 도착 행위라고 불릴 만하다. 왜냐 하면 키스는 쌍방의 성기 대신 성감대라고 할 수 있는 두 입을 접합시키는 행위이기 때문이다. 그러나 아무도 키스를 성적 도착이라고 비난하지는 않는다. 연극에서는 키스를 성행위의 은근한 암시로서 허용하고 있다. 그러나 키스도 사정과 오르가슴에 직접 결부될 만큼 심해지면 완전한 성적 도착이라고 할 수 있다. 그러나 이것도 결코 드물지 않은 예이다.

그리고 대상에 접촉하거나 은근히 바라보는 행위는 성적 향락에 필수적인 조건이라는 것과, 어떤 사람은 성흥분의 절정에 이르면 상대편을 꼬집거나 물거나 한다는 사실, 또 반드시 성기에 의해서만 오르가슴이 불러일으켜지는 것이 아니라, 오히려 상대방 몸의 다른 부분에 의해서 불러일으켜진다는 것 등을 사람들은 흔히 경험으로 인정하고 있다. 그러나 이와 같은 하나의 특징만 가진 사람을 정상인들 속에서 끌어내어 도착자들 속에 넣는다는 것은 아주 무의미하다. 도착의 본질은 성적 목표를 잘못 갖거나 성기를 다른 것으로 대용하는 것이 아니다.

그것은 대상이 좀 어긋난 정도가 아니고 다른 것은 모두 제쳐놓고 도착이라는 이상 행위異常行爲를 실현시키며, 생식 목적의 성행위를 배타하려는 특성이 있다. 이것을 사람들은 확실하게 인식하고 있다. 이를테면 도착 행위라도 그것이 정상적인 성행위를 강화시키는 수단이라면즉, 전희 그것은 실제로 도착이 아니다. 이 사실로 인해 정상적인 성욕과 도착된 성욕 사이의 구분점이 분명해진다. 이상의 것을 통해 정상적인 성욕은 그 이전에 존재하고 있었던 어떤 재료에서 각 특징을 쓸모없는 것으로 배제하고, 한 가지 새로운 목표, 즉 생식이라는 목표에 종속시키는 것으로서 만들어진 것임이 확실해진다.

우리는 이제까지 얻은 도착의 지식을 이용해서 뚜렷한 가설을 가지고 다시 한 번 유아 성욕의 연구에 몰두할 작정이지만, 그전에 도착 성욕과 유아 성욕의 중요한 차이에 대해 살펴보자. 일반적으로 도착 성욕은 집중적인 것이 특징이다. 모든 행동은 하나의 목표를 향해서 달리고, 거기에는 하나의 부분 본능이 우세하다. 단 하나의 부분 본능이 우세하여 그것이 증명할 수 있는 유일한 것이거나, 하나의 부분 본능이 자기의 목적에 다른 부분 본능을 종속시키고 있는 경우가 있다.

이 점에서는 지배적인 부분 본능, 즉 성적 목표가 달라진 것 외에는 도착성욕과 정상 성욕 사이에 하등 차이가 없다. 이를테면 둘 다 훌륭히 조직된 전제 정치專制政治라고 할 수 있다. 다만 다른 것은 전자는 한 일족이, 후자는 다른 일족이 지배권을 독점하고 있다는 점이다. 이에 반해서 유아 성욕에는 일반적으로 이와 같은 집중과 조직Organization이 없다. 즉, 각 부분 본능이 각기 동일한 권리를 주장하고, 저마다 자기 식대로 쾌감을 추구하고 있다. 물론 집중이 없다거나 있다는 것은 도착 성욕과 정상

성욕 둘 다 유아 성욕에서 발생한 것이라는 사실에 일치한다.

그리고 또 유아 성욕과 닮은 도착 성욕의 예가 있다. 이 경우 많은 부분 본능이 서로 독립하여 각각의 목표를 관철하려 하고 있다. 좀더 잘 표현한다면 각각의 목표를 계속 추구하고 있는 것이다. 이런 예는, 도착이라기보다는 성생활의 유아성이라고 말하는 편이 더 적절하다. 이와 같은 예를 준비해 두면 그대로 지나칠 수 없는 어떤 제의에 관해 상세하게 논한다 해도 상관 없을 것이다. 여러분은 우리에게 이렇게 말할 것이다.

"선생님, 자신이 불확실하다고 인정하시는 유아기의 발현—거기서 후년에 성욕이 생긴다고 합니다만—을 어째서 선생님은 성욕이라고 이름 지어야 한다고 완강히 주장하시는지요? 오히려 선생님이 생리학적인 표현으로 만족하고, 이미 어린아이에게서 관찰되는 젖을 빤다든가, 배설 욕구를 참는다든가 하는 행동들은 간단히 어린아이가 기관의 쾌감을 구하고 있는 증거라고 말할 수는 없을까요? 그렇게 하신다면, 선생님은 어린아이에게도 성생활이 있다는 주장으로 모든 사람들의 감정을 상하게 하는 일은 피하실 수 있었을 것 같은데요."

옳은 말이다. 나는 기관 쾌감에 대해서 하등 반대하지 않는다. 그리고 성적 결합의 최고의 쾌감이 성기의 활동에 결부된 기관 쾌감에 지나지 않는다는 것도 잘 알고 있다. 그렇다면 처음에는 미분화된 채였던 이 기관 쾌감이 발달된 후의 단계에서도 확실히 존재하는 그 성적 특질을 언제 얻게 되는 것인지, 여러분은 나에게 대답할 수 있겠는가? 또 여러분은 성욕에 관한 지식 이상으로 기관 쾌감에 관한 지식을 갖고 있는가? 여러분은 성기가 그 역할을 하기 시작하는 바로 그때, 이성적 특질이 첨가되는 것이라고 대답할지 모른다. 그렇다면 성은 생식과 같은 뜻이 된다. 여러분은 대개의 도착이 성기의 결합과는 다른 방법으로 성기의 오르가슴을 달성하는 것이라고 내게 맞서면서, 도착이라는 방해물마저 거부할지도 모른다.

그러면 도착이라는 것이 있으므로 '성은 생식이다'라는 정의의 근거가 없어지는 것이니, 성의 특질을 말할 때 이 불리한 생식의 관계를 삭제하고 그대신 성기의 활동을 가져온다면, 실제로 여러분의 입장은 유리해진다. 그러나 이때, 여러분의 견해나 나의 견해가 그다지 동떨어진 것은 아니다. 성기와 다른 기관의 차이에 지나지 않는다. 그러나 정상적인 키스나 도착 행위, 또는 히스테리의 증상처럼, 쾌감 획득을 위해서 다른 기관이 성기를 대신하고 있다는 것을 나타내는 많은 증거를 여러분은 어떻게 처리할 수 있는가? 히스테리라는 노이로제에서는 자극 현상·감각·신경 지배, 그리고 성기에 속하는 발기 현상까지도 멀리 떨어진 신체의 다른 부위—이를테면 뒤쪽으로는 머리나 얼굴—로 대치되는 일이 흔히 있다. 이와 같은 논법으로 나간다면, 여러분이 말하는 성이라는 개념을 고집하더라도 아무 소용 없다는 것을 깨닫게 될 것이다. 그리하여 여러분은 나처럼, '성'이라는 이름을 유아기의 기관 쾌감을 추구하는 활동으로까지 확대하려고 결심하지 않으면 안 되게 될 것이다.

그런데 내 주장이 정당하다는 것을 변호하기 위해서, 다른 두 가지를 고려해 두었으면 한다. 여러분도 알다시피, 우리는 쾌감을 얻으려고 하는 유아기 초기의 불확실한 활동을 성적이라고 불렀다. 우리는 분석으로서, 증상을 출발점으로 하여 이론의 여지가 없을 만큼 명료한 성적 재료를 통해서 쾌감 활동에 도달했기 때문이다. 그러므로 이 활동은 성 그 자체라고 해서는 안 될는지 모른다.

그러나 여러분은 이와 비슷한 경우를 한번 생각해 주기 바란다. 두 가지 쌍자엽식물雙子葉植物, 이를테면 감나무와 완두콩이 씨앗에서 어떻게 성장하는가를 관찰할 방법은 없었지만, 이 두 개로 완전히 성장된 식물의 개체에서 두 개의 배엽胚葉을 가진 첫 배종胚種으로까지 거슬러 올라갈 수 있다고 가정해 보자. 양쪽의 배엽은 분간하지 못한다. 둘 다 똑같기 때문이다. 그렇다고 해서 양쪽의 배엽은 실제로 똑같으며, 감나무와 완두콩 사이와의 특성이 식물의 성장 후기에야 비로소 나타난다고 가정하겠는가? 그렇지는 않을 것이다. 생물학적으로 볼 때, 배엽으로는 분간하지 못하더라도 배종 속에 이미 차이가 있다고 생각하는 편이 옳을 것이다.

우리가 쾌감을 얻으려고 하는 어린아이의 활동을 성적이라고 이름 지을 경우도 이와 같다. 그런데 나는 여기서 기관 쾌감을 모두 성적이라고 이름지어도 좋은지, 또는 성적인 기관 쾌감이 아닌 다른 기관 쾌감이 있는지에 대해 확실히 말할 수 없다. 나는 기관 쾌감과 그 조건에 대해서는 거의 모른다. 또 분석이라는 것은 과거로 소급되는 특성이 있기 때문에 당장에는 뚜렷이 분류할 수 없는 입장에 처하게 되더라도 나는 조금도 놀라지 않는다.

또 설령 여러분이 어린아이에겐 성활동은 없다고 간주하는 편이 낫다고 나를 납득할 수 있다고 하더라도, 어린아이가 성적으로 완전하다고까지는 주장하지 못할 것이다. 어린아이는 3세 때부터 분명히 성생활이 있기에 이 나이가 되면 이미 성기의 발기가 시작된다. 이 결과, 성기에 의한 만족이라는 유아성 자위幼兒性自慰의 시기가 오는 것이 보통이다. 그리고 성생활에 대한 심적·사회적 표현이 허락되지 않는 것을 탓할 필요는 없다. 즉, 대상을 선택하는 특정 개인에 대한 애착, 아니 오히려 남녀 양성 중 어느 한쪽으로 정하는 것이라든가, 질투를 나타내는 것 등은 정신분석이 생겨나기 이전에 정신분석과는 무관하게 편견 없는 사람들에 의해서 관찰된 사실이며, 주의 깊은 관찰자라면 누구나 입증할 수 있다. 이에 대해서 여러분은 이렇게 반대할 것이다.

"아주 어렸을 때 애정에 눈뜬다는 것은 이해가 가지만, 그런 애정이 성적인 특질을 갖고 있다는 데는 의문이 갑니다."

물론 어린아이는 3세부터 8세 사이에, 일찍이 이성적인 특징을 감추는 방법을 터득하고 있다. 그러나 이 애정에는 '관능적인' 의도가 있다는 것을 입증할 많은 증거를 볼 수 있다. 여러분이 주의해 본다면 그것을 볼 수 있고, 또 여러분의 눈에 아직 띄지 않은 것은 분석적 연구에 의해서 쉽게 분명해질 것이다. 이 시기의 성적 목표는 성적 호기심과 가장 밀접한 관계가 있다. 이에 대해서 나는 앞서 두세 가지 증거를 말했었다. 이러한 두세 가지 목표가 도착의 특징을 갖고 있는 것은, 성교의 목적을 아직 발견하지 않은 어린아이의 체질적인 미숙성 때문이라는 것은 자명하다.

약 6세 때부터 8세 이후에 성적 발달의 정지와 후퇴를 볼 수 있다. 문화가 발달된 민족에게는 이 시기를 잠재기라고 이름 붙여도 좋을 것이다. 그러나 이 잠재기가 전혀 인정되지 않는 때도 종종 있다. 잠재기라 하더라도, 성활동이나 성적 호기심이 완전히 중단되는 것은 아니다. 잠재기가 시작되기 전의 대부분의 경험이나 심적 흥분은 유아성 건망증으로 잊혀지고 만다. 정신분석의 사명은 잊어버린 이 시기를 기억 속에서 회생시키는 데 있다. 그러므로 우리는 잠재기 이전의 시기에 성생활이 시작되었다는 단정만이 이 망각을 일으키는 동기라는 것, 즉 망각은 억압의 결과라고 추론하지 않을 수 없게 된다.

어린이의 성생활은 3세 이후부터 여러 가지 점에서 어른의 성생활과 흡사해진다. 이미 말한 것처럼, 어린이의 성생활은 다음과 같은 점에서 어른의 성생활과 구별된다. 즉, 어린이에게 있어서는 '성기를 우선적으로 하는 견고한 체제'가 결여되어 있으며, 도착의 특징이 뚜렷하고 물론 욕구 전체의 강도가 약하다. 그러나 성의 발달 단계, 즉 리비도의 발달이 이론적으로 가장 흥미 있는 시기는 이 시기 이전이다. 리비도는 대단히 급속히 발달하기 때문에, 직접 관찰로써 이 변하기 쉬운 모습을 정확히 포착하지 못한다. 정신분석으로 노이로제를 철저히 연구함으로써 비로소 리비도의 발달 훨씬 이전의 단계를 추측할 수 있다. 분명 이것은 유아기 때의 상황의 구성에 지나지 않지만, 여러분이 정신분석을 직접 하게 되면, 그것이 아무래도 유익한 필수적인 구성이라는 것을 알게 될 것이다. 우리가 정상적인 대상의 경우라면 지나쳐 버릴 상태도, 병리적인 상태에서는 분명히 해두어야 하는 이유에 대해서 여러분은 이제 곧 알게 될 것이다.

이제 우리는 성기기性器期 전에 어린이의 성생활이 어떻게 영위되고 있는가를 말할 수 있다. 이 성기기는 잠재기 이전의 유아기 초기에 준비되어, 사춘기 때부터 형성되어 간다. 그런데 이 유아기에는 전성기적前性器的이라고 할 수 있는 일종의 완만한 체제가 존재한다. 그리고 이 시기에는 성기적인 부분 본능이 아니라, 사디슴적인 부분 본능과 항문적인 부분 본능이 매우 뚜렷하게 나타난다. 이 시기에는 남성적이라든가 여성적이라는 대립 관계는 아무 역할도 하지 않으나, 능동적·수동적이라는 대립 관계는 존재한다. 이 대립을 성적 양극성의 전조라고 부를 수 있다. 즉, 이성적 양극성과 남성적·여성적이라는 대립 관계가 나중에 가서야 합쳐지는 것이다.

성기기의 단계에서 관찰해 보면, 이 시기의 활동으로서 남성적인 것으로 판단되는 것은 소유욕의 발현인데, 그것은 종종 잔인성으로 쉽게 이행해 버린다. 이 시기에서는 수동적인 목적을 가진 충동은 매우 중대한 의의가 있으며, 항문의 성감대와 연관되어 있다. 이때 호기심의 충동이 매우 강력하게 나타난다. 그러나 성기는 성생활에 있어서 실제로 배뇨기관으로서의 역할만을 하고 있을 뿐이다. 이 시기의 부분 본능에는 항상 대상이 있지만, 그 대상이 반드시 하나의 대상과 합치하는 것은 아니다. 사디슴인 항문적 체제는 성기기의 바로 전 단계이다.

좀더 깊이 연구하면, 이 체제 중에서 후년의 최종적인 구성 중에 남는 것이 얼마나 되는지, 또 어떻게 해서 이 단계의 부분이 새로운 체제 속에 억지로 갇히게 되는지 알 수 있다. 우리는 리비도 발달의 이 사디슴적 항문기 이전에 초기의 더 원시적인 단계가 있다는 것을 발견했다. 이 단계에서는 입의 성감대가 주로 활약한다. 빤다는 성활동은 이 단계에 속한다고 생각해도 좋다. 게다가 홀스 신神, 손을 입에 물고 태어났다고 하는 이집트의 태양신까지도 입으로 손가락을 빨고 있는 것을 묘사한 고대 이집트인의 기지에 여러분은 놀랄 것이다. 에이브러햄1887~1925년. 프로이트가 독일 최초의 정신분석의라고 부른 뛰어난 정신과 의사은 최근에 이 원시적인 구순기口

脣期가 후년의 성생활에 어떤 영향을 미치는지에 대해 여러 가지를 보고 했다.

성의 체제에 관한 이 마지막 보고는 여러분의 이해를 고무하기보다 오히려 무거운 짐을 지운 것같이 생각된다. 그래서 다시 한 번 상세히 설명하려고 한다. 우선 성생활—우리는 리비도 기능이라고 말하지만—이라는 것은 애당초 완전 무결하게 나타나는 것이 아니며, 또 항상 동일한 모습으로 형성되어 가는 것도 아니다. 다만 서로 다른 일련의 단계들을 하나씩 통과해 가는, 이를테면 애벌레가 나비가 되는 것처럼 발달 단계를 여러 번 되풀이한다는 것을 기억해 주기 바란다. 그리고 발달의 전환점은 모든 성적인 부분 본능이 성기기의 위력에 종속될 때 이루어지며, 모든 성욕이 생식 기능에 쓰여지는 때이다. 말하자면 그 이전의 성생활은 분리된 성생활로서, 각 부분 본능이 제각기 독립하여 활동하고 있는 때이다. 이런 혼란 상태는 전성기적前性器的인 체제—먼저 사디슴적 항문기가 되지만, 그 이전의 가장 원시적인 구순기가 있다—가 나타남으로써 변형된다.

이 밖에 오늘날 아직도 명백하게 규정 짓지 못하는 여러 과정이 있는데, 이 과정을 지난 하나의 단계가 방금 말한 나중 단계로 옮겨가는 것이다. 리비도가 이렇게 오랜 발달 단계를 거치는 것이 노이로제를 이해하는 데 어떤 의의를 갖는가는 나중에 다시 거론하겠다.

지금은 리비도 발달의 다른 면, 즉 성적인 부분 본능과 대상의 관계를 살펴보자. 그런데 나는 이 발달보다 훨씬 나중에 나타나게 될 사건에 대해 자세히 언급할 생각이므로, 이 발달에 대해서는 간략히 설명하고자 한다. 다시 말해서 성본능 중의 몇 가지 성분, 즉 소유욕·호기심·지식욕 등은 애초부터 하나의 대상을 갖고 있고 그것을 계속 지속해 나간다. 그런데 몸의 어떤 특정 성감대와 결부되어 있는 부분 본능은, 성적 기능이 아닐 때만 대상을 갖고 있다. 그러나 이 기능에서 독립하면, 그 대상을 버린다. 그러므로 어린이에게 있어서 성본능의 구순적 요소의 최초의 대상은 영양 섭취 욕구를 만족시켜 주는 어머니의 유방이다.

그러나 빠는 동작에 있어서, 젖을 빨 때 동시에 만족되는 성적인 성분은 독립하여, 유방이라는 외부의 대상은 포기되고 대신 자기 자신의 몸으로 대치한다. 그리하여 구순애적 본능은 자기 성애적이 된다. 항문적 충동이나 다른 성감대의 충동은 처음부터 자기 성애적인 것이긴 하지만, 그 후의 발달은 두 가지 목적을 갖고 있다. 첫째는 자기 성애를 버리고 자기 자신의 몸에 있는 대상을 외부의 대상과 대치시킨다. 둘째, 각 본능의 분리된 대상을 결합시켜 하나의 대상에 착수한다. 이것은 물론 이 유일한 대상이 자기 자신의 몸과 비슷한 다른 신체 부분일 때에만 이루어진다. 그리고 이 일은 자기 성애적 본능 충동이 쓸모없는 것으로 포기되기 전에는 결코 이루어지지 않는다.

대상을 발견해 가는 이 과정은 매우 복잡하므로, 아직까지 쉽게 설명된 적이 없다. 만일 이 과정이 잠재기 이전의 유아기에 어느 정도 도달하게 되면, 거기에서 선택된 대상은 구순기 쾌감 본능의 첫 대상과 다른 기능에 의존하여 얻은 대상과는 거의 동일한 것이라고 역설하고 싶다. 이 최초의 대상은 어머니의 유방이 아니지만, 역시 어머니이다. 우리는 어머니를 최초의 '사랑의 대상'이라고 부른다. 그렇다면 우리는 연애에 대해 어떻게 보고 있는가? 성충동의 심적인 면을 중시하고 성충동의 기반이 되어 있는 육체적 혹은 '관능적' 충동의 욕구를 억제하거나 잠시 잊고 싶을 때, 우리는 연애라는 표현을 쓴다.

어머니가 연애의 대상이 될 때쯤 어린이의 마음에 이미 억압이라는 심적 적용이 시작되어, 이 억압이 성적 목표의 일부라는 것을 알지 못하게 되는 것이다. 이와 같이 연애의 대상으로 어머니를 선택하는 것은, 우리가 '오이디푸스 콤플렉스'라고 부르고 있는 것과 밀접한 관계가 있다. 오이디푸스 콤플렉스는 노이로제의 정신분석적 설명 중에 중요한 의의를 지니고 있으며, 정신분석에 대한 반대에도 적지 않게 기여하고 있다.

제1차 세계 대전 동안에 일어난, 한 작은 사건을 예로 들겠다. 정신분석의 열성적인 지지자인 어떤 의사가 폴란드의 어느 독일군 전선에 있었다. 이 의사가 환자에게 놀라운 치료 효과를 준다는 것이 동료들의 주의를 끌었다. 동료들이 그에게 놀라운 치료법에 대한 이유를 묻자, 사실은 정신분석을 환자에게 응용하기 때문이라고 대답했다. 그리고 동료들에게 자기의 지식을 나누어 주기로 쾌히 승낙했다. 그래서 밤마다 군의관·동료·상관이 모여서 정신분석의 신비로운 내용에 귀를 기울였다. 한동안은 매우 순조롭게 이야기가 진행되었는데, 어느 날 그가 오이디푸스 콤플렉스에 대한 이야기를 하자, 갑자기 한 상관이 일어나서 "나는 오이디푸스 콤플렉스인가 뭔가 하는 것을 믿을 수 없다. 조국을 위해서 싸우는 용사이며, 한 가정의 가장인 우리들에게 그런 말을 한다는 건 모욕적이야" 하고 소리 쳤다. 그리고 상관은 이 강의를 중단시켜 버렸다. 그래서 강의는 중단되었고, 물론 이 의사도 다른 진지로 좌천되었다.

여러분은 여기서 말한 오이디푸스 콤플렉스가 무슨 뜻인지 알고 싶을 것이다. 그러나 이 명칭이 이미 여러분에게 모든 것을 말하고 있다. 여러분은 그리스 신화에 있는 오이디푸스왕의 전설을 알고 있을 것이다. 오이디푸스는 본래 아버지를 죽이고 어머니를 아내로 삼는다는 저주받은 운명을 지니고 태어났다. 이 신탁神託에서 벗어나기 위해 그는 갖은 노력을 다 했다. 그럼에도 불구하고 운명이 오이디푸스에게 이 두 가지 죄를 다 짊어지게 했음을 깨달았을 때, 그는 스스로 자기 눈을 빼내어 자기를 징벌한다. 여러분 가운데 많은 사람들은 이것을 소재로 한 소포클레스기원전 5세기의 그리스 극작가의 비극을 보고 깊은 감명을 받았을 것이다.

이 아테네의 시인이 만든 작품은, 오래 전에 저질러진 오이디푸스의 행위가 교묘하게 지연되는 심문審問의 결과, 그때마다 나타나는 새로운 증거에 의해서 차츰 명백히 폭로되는 과정을 묘사하고 있다. 이 묘사법은 어느 점에서는 정신분석의 진행 방법과 매우 흡사하다. 대화의 진행 중에, 오이디푸스의 어머니이자 아내인 이오카스테가 심문에 반대하는 장면이 나온다. 그녀는 많은 사람들이 꿈 속에서 어머니와 성교를 하지만,

그들은 그런 것을 전혀 문제삼지 않고 있지 않느냐고 호소한다. 사실 우리는 꿈을 경시하지는 않는다. 오히려 많은 사람들이 꾸는 전형적인 꿈은 매우 중요하다고 본다. 그리고 이오카스테가 얘기한 이 꿈이, 실로 이 실화의 기괴하고 무서운 내용과 밀접한 관계가 있다는 것을 의심치 않는다.

소포클레스가 쓴 이 비극에 대해서, 관객이 분개하지 않는 것이 이상하다. 오히려 관객은 앞서의 단순한 상관과 같은 반응을 나타내는 것이 당연할 것이다. 왜냐 하면 이 비극은 그 저변에 부도덕한 것을 내포하고 있으며, 인간의 도덕적인 책임을 회피하고, 또 신이야말로 범죄의 명령자이며, 죄를 짓지 않으려고 노력하는 인간의 도덕적인 충동도 신의 힘 앞에서는 무력하다는 것을 나타내고 있기 때문이다. 이 신화는 마치 신과 운명에 대한 비판을 목적으로 하고 있는 듯한 느낌을 주고 있다. 만약 이것이 여러 신들과 불화를 일으킨 에우리피데스소포클레스·아이스킬로스와 함께 그리스의 3대 비극작가. 그러나 신에 대한 태도는, 소포클레스가 절대적이었던 것에 비해, 에우리피데스는 비판적이었다의 손에 의해 씌어졌다면, 아마 그와 같은 비판의 대상이 되었을 것이다.

그러나 독실한 소포클레스로서는 그와 같은 의도가 전혀 없었다. 그는 설사 신들의 의지가 범죄를 명령하더라도, 그 의지에 복종하는 것이야말로 최고의 도덕이라는 매우 신앙적인 구실로 이 궁지를 모면하고 있다. 나는 이 도덕성이 이 극의 장점이라고는 생각지 않는다. 사실 이 도덕은 극의 효과면에서 아무래도 좋다. 관객은 도덕에 반응하는 것이 아니라, 신화 자체의 신비로운 내용에 반응하는 것이다. 마치 그들은 자가 분석에 의해서 자기 안에 있는 오이디푸스 콤플렉스를 인정하고, 위장하고 있는 자신의 무의식을 신의 의지와 신화가 폭로해 버린 듯한 느낌을 갖는다. 관객은 아버지를 제거하고 아버지 대신 어머니를 아내로 삼으려 했던 마음 속의 원망을 상기하고, 그 생각에 자못 놀라게 된다. 그들은 또 이 시인의 소리가 마치, '너는 책임을 회피하고, 이 범죄적인 의도를 피하려고 얼마나 애를 썼는지 모른다고 아무리 주장해 봐야 소용 없다. 너는 죄인이다. 너는 이 범죄적인 의도를 아직 버리지 못했다. 그 의도는 아직도 무의식이 되어, 네 마음 속에 도사리고 있지 않느냐' 하고 말하고 있는 것처럼 들릴 것이다. 그리고 이 말 속에 바로 심리학적인 진리가 포함되어 있다.

인간은 자기의 옳지 않은 충동을 무의식 속으로 억압해 버리고, 그 충동에 대해 책임이 없다고 떼를 쓰지만, 역시 자기도 알 수 없는 어떤 죄악감으로서 그 책임을 느끼지 않을 수 없다. 이 오이디푸스 콤플렉스는, 종종 노이로제 환자가 괴로워하는 죄의식의 가장 중요한 원천이 됨은 확실하다. 내가 1913년에 《토템과 터부》라는 제목으로 발표한 인류의 종교와 도덕의 기원에 대한 논문 속에서, 인류의 종교와 도덕의 궁극적인 원천인 죄의식을 인류 역사의 시초에 오이디푸스 콤플렉스에 의해서 얻은 것으로 추측하게 되었다고 말했다. 이 문제에 대해 이야기할 기회가 따로 있으리라 여겨지므로, 여기서는 언급하지 않기로 하겠다.

잠재기 이전의 대상 선택을 하는 시기에 오이디푸스 콤플렉스의 견지에서 어린이를 직접 관찰하면 무엇이 인식될까? 여러분은 어린 남자 아이가 어머니를 독점하려고 아버지를 방해자라고 느끼며, 만일 아버지가 어머니에게 애정을 보이면 싫어하고, 아버지가 여행을 떠나거나 집에 없으면 좋아하는 것을 쉽게 볼 수 있을 것이다. 종종 어린이는 이 같은 감정을 직접 표현하여, 자기는 어머니와 결혼하겠다고 말한다. 이런 것을 오이디푸스의 행위와 비교하는 것은 타당치 못하다고 사람들은 말하겠지만, 그러나 실제로 그것은 충분히 비교할 수 있는 것이며, 그 본질은 동일하다. 이 관찰을 모호하게 하는 것은 동일한 어린이가 어떤 시기에는 어머니보다 아버지에게 친밀한 애정을 보이기 때문이다. 그러나 이와 같이 서로 상반되는, 좀더 적절히 표현해서 양가성兩價性 같은 사람을 사랑하고 동시에 미워하는 것의 감정은 어른의 경우는 흔히 갈등을 일으키지만, 어린이에게 있어서는 마치 후년에 무의식 속에 병존하듯이 사이좋게 공존할 수 있다. 여러분은 이렇게 반대하고 싶을 것이다.

"어린 남자 아이의 행동은 이기적인 동기에서 나오므로, 성적인 콤플렉스라는 개념을 내세우기엔 무리가 있다. 어머니는 어린이의 모든 욕구를 성취시켜 주고, 자기 이외에 다른 사람을 그렇게 해 주지 않는 데에 이끌린 것이다."

과연 이 견해는 옳다고 할 수 있지만, 이 경우에나 이와 비슷한 경우도 이기적인 흥미는 성적인 충동이 결부되는 기둥에 지나지 않는다는 것이 곧 분명해질 것이다. 어린아이가 어머니에 대해서 노골적인 성적 호기심을 나타내고 밤마다 어머니와 함께 자겠다고 조르며, 또 어머니가 화장실 갈 때도 같이 가겠다고 우긴다면, 이것이 지나친 경우에—이것은 종종 어머니가 실제로 웃으면서 말하는 것인데—어린아이가 어머니를 유혹하려고까지 한다면, 어머니에 대한 어린아이의 애착이 성적인 성질을 띤다는 견해는 더욱더 확고한 것이 된다.

어머니가 여자 아이에게 남자 아이와 똑같은 애정을 보인다 해도 동일한 결과가 되지 않으며, 아버지가 어머니와 대립하여 남자 아이를 돌봐 주는 경우에도, 남자 아이의 눈에는 아버지가 자기를 어머니처럼 중요한 인물로 보이지 않는다는 것을 깨닫게 될 것이다. 요컨대 어린아이가 이성異性의 대상을 좋아한다는 사실은 어떤 비판으로도 부인할 수 없다. 사실 우리는 부모 중의 어느 한 사람보다 두 사람이 함께 자기를 시중들어 주는 편이 좋을 것임에도 불구하고, 남자 아이는 오히려 그렇게 해 주는 것을 좋아하지 않는 사실을 단순히 어리석다고 볼 수만은 없다.

여러분도 알 수 있듯이, 나는 남자 아이와 부모에 대한 관계만을 이야기했지만, 여자 아이에 대해서도 필요한 대목만 바꾸면 똑같은 경우가 된다. 아버지에 대한 애틋한 정, 어머니를 배척하고 어머니의 지위를 빼앗고 싶어하는 욕망, 일찍부터 후일의 여자다움과 비슷한 수법을 쓴 애교들은 여자 아이를 귀엽게 만들지만, 우리는 그것에 중대한 뜻이 있고 이 상황에서 나중에 중요한 결과가 일어날 수 있다는 사실을 지나쳐 버리고 만다. 특히 강조하고 싶은 것은, 부모 스스로가 어린아이의 오이디푸스적인 태도를 눈뜨게 하는 데 결정적인 영향을 미치고 있는 경우가 많다는 것이다.

즉, 부모 자신이 성적 매력에 끌려 자녀가 여러 명일 경우에는 아버지는 딸을, 어머니는 아들을 더욱 귀여워한다. 그러나 이처럼 부모가 일깨워 주는 영향력에 의해서도 어린아이의 자연 발생적인 오이디푸스 콤플렉스의 본질은 흔들리지 않는다. 다른 아이가 태어나면, 오이디푸스 콤플렉스는 확대되어 가족 콤플렉스가 된다. 가족 콤플렉스의 동기에 의해서 어린아이는 또다시 질투를 느끼어 남동생이나 누이동생을 증오하게 되고 배척하고자 하는 의향을 갖는다. 어린아이는 대개 부모 콤플렉스에서 나온 증오심보다 이 증오심을 말로써 표현하는 일이 많다.

이와 같은 원망이 이루어져서 자기가 싫어하던 어린아이가 태어나자마자 죽어 버리면, 이 죽음은 비록 어린아이이의 기억으론 남아 있지 않지만 사실 그에게 그 일이 얼마나 중대한 사건이었나를 후일의 분석으로 알 수 있다. 아기가 태어남에 따라 제2의 자리로 밀려가 처음으로 어머니에게 버림받은 어린아이는, 이와 같은 못마땅한 취급을 하는 어머니에게 증오심을 품는다. 어른이라면 심한 원한이라고 불러도 좋을 감정이 어린아이의 마음에 싹튼다. 이것은 후일까지 계속되는 불화의 원인이 되기도 한다. 성적 호기심의 결과와 어린아이의 인생 경험과의 연관성에 대해서는 앞에서 이미 언급했다.

남동생이나 누이동생이 성장해 감에 따라, 그들에 대한 태도는 더 뚜렷한 변화를 갖는다. 남자 아이는 어머니에 대한 증오심을 누이동생에 대한 애정으로 보상한다. 누이동생 한 사람의 사랑을 얻기 위해서 남자 아이들은 벌써 치열한 경쟁을 벌인다. 그리고 이것은 후년의 생활에서도 커다란 영향을 끼친다. 반대로 여자 아이는, 오빠를 옛날처럼 귀여워해 주지 않는 아버지의 대용물로 삼으려 하며, 남자 아이는 또 제일 나이어린 누이동생을 아버지에게서 바랐지만 얻지 못했던 갓난아기의 대상으로서 택하기도 한다.

어린아이를 직접 관찰하거나 분석의 영향을 받지 않은 유아기의 명료한 기억을 연구해 보면, 방금 말한 그런 일이나 그와 유사한 일들을 많이 볼 수 있다. 그리고 여러분은 이러한 사실로 미루어, 형제의 서열에서의 어린아이의 위치가 그 아이의 후일의 생활을 형성하는 데 매우 중요한 요소이며, 이 요소는 어떤 사람의 전기를 쓸 때도 고려되어야 함을 알아야 할 것이다. 그런데 이와 같이 자명한 논리를 쉽게 얻을 수 있는 데도 근친 상간의 금제禁制를 설명하려 하는 학문상의 여러 학설을 생각하면, 여러분은 아마 조소를 금치 못할 것이다. 실제로 근친 상간의 금제를 설명하기 위해서 여러 학설이 분분했다. 예를 들면 어릴 때부터 함께 살고 있기 때문에 가족의 이성에게는 성적 매력을 느끼지 않는다든가, 생물학적으로 근친 교배를 피하고자 하는 경향이 심리적으로 선천적인 근친 상간에 대한 혐오감을 준다는 설이 있다.

그런데 만일 근친 상간의 유혹을 물리칠 어떤 확실한 자연적인 방어막이 있다면, 굳이 법률이나 관습으로 엄하게 금지할 필요가 없지 않았겠는가? 학설의 창시자들은 이 점을 잊고 있다. 오히려 반대의 것 속에 진리가 있는 것이다. 인간에게 있어서 최초의 대상 선택은 언제나 근친 상간적이다. 대상은, 남자 아이의 경우에는 어머니나 자매이다. 그 후에도 늘 잠재해 있는 이 유아성의 경향을 배제하기 위해서 매우 엄한 금제가 필요했던 것이다. 오늘날 아직 생존하고 있는 미개인이나 야만인에 있어서는 근친 상간의 금제가 우리들보다 훨씬 엄하다. 그리고 최근 라이크 Theodor Reit, 의사는 아니었지만, 프로이트 제자의 한 사람가 발표한 어떤 연구 속에는, 재생을 상징하는 야만인의 성인식成人式은 다름 아닌 어머니와 남자 아이의 근친 상간적 결합을 파기해 버리고 아버지와의 화합을 구한다는 뜻을 갖고 있다고 설명되어 있다.

그러나 여러분은 신화를 통해서, 인간이 이토록 경계하는 근친 상간이 여러 신神들 사이에서는 허용되고 있었다는 것을 알 것이다. 또 여러분은 고대의 역사에서 누이동생과 근친 상간적인 결혼이 왕자에게는 가장 신성한 법도고대 이집트·페루·잉카 제국 등의 왕들에게서 볼 수 있었다였다는 것을 알 수 있다. 즉, 그것은 왕족들만의 특권이었다. 어머니와의 결혼은 오이디푸스의 하나의 범죄이고, 아버지를 죽인 것이 또 하나의 범죄이다.

이것들은 또한 인류 최초의 사회적·종교적 제도인 토테미즘Totemism이 금지한 2대 범죄이다. 우리는 어린아이에 대한 관찰을 그치고, 이번에는 노이로제에 걸린 어른들의 분석적 연구로 옮겨보자.

정신분석학은 오이디푸스 콤플렉스를 좀더 깊이 이해하는 데 어떤 역할을 했을까? 그것은 간단하다. 신화에 나타나 있듯이 분석에도 이 콤플렉스가 나타나 있다. 분석은 이들 노이로제 환자 자신이 오이디푸스였다는 것, 또는 결국 같은 말이지만, 콤플렉스에 대한 반응에서 '햄릿'이 되어 있다는 것을 보여주고 있다.

물론 오이디푸스 콤플렉스에 대한 정신분석적 표현은 거의 유아기에 국한된 묘사를 방대하게 확대한 것이다. 아버지에 대한 미움이나 아버지가 죽어주었으면 하는 원망은 이미 은근한 암시 정도가 아니다. 어머니에 대한 애정은 어머니를 아내로 소유하려는 목적을 공공연히 나타내고 있다. 우리는 이 불쾌하고 극단적인 감정을 단순히 귀여운 유년기의 탓으로만 돌려도 좋은가? 아니면 분석에 의해 새로운 요소가 섞여서 우리가 속은 것일까? 이러한 요소의 혼입混入을 발견하는 것은 쉬운 일이다. 어떤 사람이 자신의 과거에 대해서 보고할 때, 이를테면 그가 역사가라 하더라도 자기 자신도 모르는 사이에 현재에서 과거로, 혹은 그 중간에 가로놓인 시대에서 과거로 옮겨서 바꾸어 놓은 것을 우리들은 고려하지 않으면 안 된다.

그는 그렇게 바꾸어 놓음으로써 과거를 위장해 버린다. 노이로제 환자의 경우, 과거에 대한 이입移入이 의도적인지 아닌지는 분명히 알 수 없다. 뒤에 가서 그 동기를 이야기하기로 하겠다. 우리는 먼 과거로 거슬러 올라가는 '역행 공상逆行空想'에 대해 옳게 평가해야 한다. 또 우리는 아버지에 대한 증오심이 후일 다른 관계에서 온 많은 동기에 의해 심해지고, 한편 어머니에 대한 성적 원망이 어린아이에게 아직 부적당한 형태로 주어진다는 것을 어렵지 않게 발견했다. 그러나 오이디푸스 콤플렉스를 전부 역행 공상으로 설명하여 후년의 시대와 결부시키는 것은 결국 헛일일 것이다. 어린아이의 직접 관찰이 입증하고 있듯이, 유아기의 핵심과 약간의 그 부속물은 계속해서 남아 있는 것이다.

분석에 의해 확인된 오이디푸스 콤플렉스 형식의 이면에서 드러난 임상적인 사실은 이제 실제적인 의의를 지니고 있다. 성본능이 강력하게 용솟음치는 사춘기에 어릴 때 흔히 있는 근친 상간적인 대상이 다시 부각되고 리비도에 의해 새롭게 충당된다. 유아기의 대상 선택은, 미미하지만 방향을 결정하는 사춘기의 대상 선택의 전주곡에 지나지 않았다. 그리하여 사춘기에는 오이디푸스 콤플렉스의 방향을 취하든가, 아니면 그 반동의 형태로서 일어나기 시작한다. 그러나 이러한 감정의 흐름에 견딜 수가 없게 되므로, 이들 감정은 대부분 의식에서 멀리 떨어져 있어야 한다. 사춘기 이후부터 사람은 부모에게서 떨어진다는 큰 과제에 몰두하지 않으면 안 된다.

부모님에게 분리됨으로써 비로소 어린아이는 유아기를 마치고 사회라는 공동체의 구성원이 된다. 아들에게 있어서 이 과정은 자기의 리비도적 원망을 어머니에게서 돌려, 어떤 현실의 알지 못하는 연애 대상을 선택하기 위해서 사용하는 것이다. 이때 만일 아들이 아버지와 반목 상태에 있다면 아버지와 화해하고, 또 만일 유아성 반항에 대한 반동으로서 아버지의 지배를 받고 있다면 아버지의 압박에서 해방되는 것이 된다. 이러한 과제는 누구에게나 주어져 있지만, 이 해결이 심리적으로나 사회적인 면에서 이상적으로 행해지는 일이 쉽지 않다는 것은 주목할 만하다. 노이로제 환자는 일반적으로 이 해결이 잘 되지 않는다. 아들은 한평생 아버지의 권위 아래서 굴복하고, 자기의 리비도를 가족 이외의 성 대상으로 옮기지 못한다. 관계는 다르지만, 딸의 경우에 대해서도 같은 말을 할 수 있다. 이런 뜻에서 오이디푸스 콤플렉스가 노이로제의 핵심으로서 간주되는 것도 당연하다.

여러분들도 눈치 챘겠지만, 나는 오이디푸스 콤플렉스와 관련된 실제적이고도 이론적인 중요한 많은 관계를 매우 조급하게 처리했다고 생각한다. 나는 오이디푸스 콤플렉스의 변종이라든가, 역전형逆轉型에 대해서는 언급하지 않겠다. 그러나 오이디푸스 콤플렉스와 비교적 동떨어진 관계 가운데서 하나만을 여러분에게 시사해 두고 싶다. 즉, 오이디푸스 콤플렉스는 문학 작품의 창작에 결정적인 영향을 미쳤다는 것이다.

오토 랑크는 그의 책 속에서, 모든 시대의 극작가는 희곡의 재료를 주로 오이디푸스 콤플렉스·근친 상간 콤플렉스 및 그것의 변형과 위장을 사용했다는 것을 제시해 주었다. 그리고 오이디푸스 콤플렉스의 두 개의 범죄적인 원망은, 정신분석이 발달되기 훨씬 이전부터 활발한 본능의 표현으로서 알려져 있었다는 견해는 주목할 만하다. 백과전서파인 디드로 Diderot, 1713~1784년. 프랑스의 계몽사상가·문학가의 저서 속에 〈라모의 조카〉라는 유명한 대화편이 있다. 이 책은 괴테에 의해 독일어로 번역되었는데, 내용 중에 다음과 같은 놀라운 글이 있다.

"만일 야생적으로 자란 어린아이가 계속 그대로 자유롭게 무지인 채로 산다면, 그 젖먹이와 같은 무지 몽매함에 30세 남자의 정욕의 불꽃을 붙이기라도 한다면, 아마 그 아이는 아버지를 죽여 버리고 어머니와 잘는지도 모른다."

그러나 여기 그대로 넘길 수 없는 또 다른 일이 있다. 오이디푸스의 아내이며, 동시에 어머니인 여자가 꿈을 상기시켜 준 것은 쓸모없는 일이 아니다. 여러분은 꿈의 분석 결과에서, 꿈을 형성하는 원망이 대개 도착적이거나 근친 상간적인 것이며, 자기가 사랑하고 있는 가장 가까운 사람에게 가공할 적대감을 나타내고 있다고 한 사실이 생각날 것이다. 나는 이 나쁜 충동이 어디서 유래했는가를 그때 설명하지 않았지만, 지금 여러분은 스스로 대답할 수 있을 것이다. 그것은 유아기의 훨씬 초기에 속하며, 의식적 생활에서는 벌써 버려진 리비도의 대상 충당이라고 볼 수 있다.

이 대상 충당은 밤에 여전히 존재하며, 어떤 의미에서는 그 능력을 발휘할 수 있다. 그러나 노이로제 환자만이 아니고 모든 인간이 이처럼 도착적·근친 상간적·살인광적인 꿈을 꾸고 있으므로, 우리는 다음과 같은 결론을 내려도 좋을 것이다. 즉, 오늘날 정상적인 사람이라 할지라도 실제로 성적 도착과 오이디푸스 콤플렉스의 대상 충당이라는 길은 거쳐 왔고, 이 길은 정상적이라고 할 수 있으며, 노이로제 환자는 단지 정상인의 꿈의 분석에서도 나타나는 것을 확대하여 보여준 것뿐이라고 추론해 볼 수 있다. 그리고 이 사실은 우리가 꿈의 연구를 노이로제 증상의 연구보다 앞서 행한 이유인 것이다.

22

발달과 퇴행의 관점

우리는 앞에서, 리비도의 기능이 계속적인 발달로서 마침내 정상적인 방법으로 생식에 기여할 수 있게 된다고 말했다. 이제 나는 여러분에게 이 사실이 노이로제 원인에 어떤 의의를 가지고 있는지 이야기하기로 하겠다.

리비도의 발달은 두 가지 위험성을 갖고 있다. 즉, 첫째는 제지의 위험이고, 둘째는 퇴행의 위험이다. 그런데 그와 같은 위험성이 언제나 수반되는 것이라고 가정한다면, 우리의 입장은 병리학의 이론과 일치된다고 생각한다. 즉, 생물학적인 현상에는 일반적으로 변이가 있을 수 있기 때문에, 반드시 모든 준비 과정이 완전히 순수하게 진행되고 완벽하게 극복된다고 할 수 없다. 그래서 기능의 모든 부분은 영원히 이 조기의 단계에 억제된다. 그러므로 전체적인 발달 과정에는 어느 정도의 제지가 포함되어 있다는 보는 것이다.

이와 유사한 것을 다른 분야에서 찾아보자. 인류 역사상 흔히 있던 일로서 온 민족이 신개척지를 찾아 본래의 땅에서 떠났다고 하자. 이 경우, 그 민족 중에서 한 사람도 빠짐없이 새로운 땅에 도착한다고는 할 수 없다. 물론 다른 원인으로 도착하지 않는 사람도 있겠지만, 그것은 제쳐두고 어떤 소수의 무리라든가 소단체는 중간지에서 정착하는가 하면, 주된 이민자들은 더 전진을 해나갈 경우도 있었을 것이다. 생물학적인 비유도 있다.

여러분도 알고 있듯이, 고등 포유동물에 있어서는 성선性腺, 고환을 가리킴이 원래는 복강腹腔의 훨씬 안쪽에 있었던 것인데, 태내의 어느 시기에 이동하기 시작하여 마침내 골반 끝부분의 피부 아래 정착한다. 이와 같이 성선이 이동함으로써 몇몇 남성들은 성선의 어느 한쪽이 골반강骨盤腔에 멈추어 있기도 하고, 또는 이동 중에 통과해야 하는 서경관鼠徑管에 영원히 정지해 버리기도 한다. 그런데 정상적인 경우에서 서경관은 성선이 통과해 버리고 나서 곧 폐쇄해 버리는데, 그것이 열린 채 남는 기형이 발견되기도 한다외서경外鼠徑 헤르니아는 이 기형의 결과로서 장에서 나온 것이다.

나는 학생 때, 브뤼케 선생의 지도 아래 처음으로 과학 연구를 시작했는데, 그때의 주제는 구조가 매우 원시적인 작은 어류칠성장어에 있어서의 척추에 있는 신경 감퇴의 기원에 관한 것이었다. 연구 결과, 그 감퇴의 신경섬유는 회백질灰白質의 각층 안에 있는 큰 신경세포에서 나와 있다는 것을 발견했다. 이와 같은 일은 다른 척추동물에게선 볼 수 없다. 그런데 나는 이어서 이 신경세포가 회백질 이외의 곳에 퍼져서, 뒷부분의 척추 신경절에까지 뻗어나가 있는 것을 알게 되었다. 그래서 나는 이 신경절의 신경세포는 후근後筋을 따라 척추에서 이동한 것이라고 결론 지었다. 발생사도 이 사실을 뒷받침하고 있는데, 이 작은 어류에서는 정지한 세포에 의해서 이동의 자취가 명백히 드러난 것이다. 그러나 자세히 살펴보면, 여러분은 쉽게 이 비유의 약점을 알아낼 수 있을 것이다. 그래서 나는 설령 성충동의 어떤 부분이 결승점에 도달해 버려도, 다른 부분은 발달의 조기 단계에서 정지해 있을 수 있다는 사실만을 비유로써 사용하고 싶다.

이런 경우, 여러분은 우리가 그러한 충동을 인생의 초반부터 연속되고 있는 흐름으로 간주하고 있다는 것과, 그리고 연속해서 일어나고 있는 이 흐름을 인위적으로 분해했다고 생각할 것이다. 여러분의 이와 같은 생각에 상세한 설명을 하고 싶지만, 이야기가 본제와 자꾸 멀어지므로 생략하기로 한다. 여기서 부분 충동이 이와 같이 조기 단계에 정지하는 것을 '고착'이라고 부르기로 하겠다. 단계적인 리비도 발달의 두 번째 위험성은 앞서 나간 부분에 후퇴 운동이 작용해서 초기의 단계로 쉽게 되돌아갈 수 있다는 점이다. 우리는 이것을 퇴행이라고 부르고 있다. 더 고도로 발달한 형태에 있어서 충동의 기능이—바꿔 말해서 만족이라는 목적에 도달하는 것—외부의 강한 방해 때문에 발휘되지 못하면 이렇게 퇴행하는 동기가 된다. 고착과 퇴행이 서로 연관성이 있다고 보는 것은 우리로서는 당연한 일이다. 발달 도상에서 고착이 강하면 강할수록 기능은 그 고착점까지 퇴행하여 외부의 장애물을 점점 더 피하게 된다.

즉, 고착이 강하면 강할수록 발달 도상에 나타나는 외부의 장애물에 대한 완성된 기능의 저항은 적어진다. 이를테면 이동해 가는 민족이 그 도중의 주둔지에 대부대를 남겨놓고 왔다고 하자. 이때 더 전진해 가는 민족이 패배하거나 강적에 부딪쳤다면, 주둔지까지 퇴각하는 것이 당연하다. 그러나 또 민족이 그 대부분을 이동 도중에 남겨두면 둘수록 패배의 위험성은 커진다.

노이로제를 이해하려면, 고착과 퇴행의 이 관계를 계속 주의하는 것이 중요하다. 그러면 여러분은 우리가 머지않아 언급하려고 하는 노이로제의 원인 문제, 즉 노이로제의 병인론病因論에 튼튼한 발판을 갖게 된다. 그러나 우리는 아직 퇴행의 문제를 고찰해야 한다. 퇴행에는 두 가지 종류가 있다. 첫 번째 유형은, 리비도에 의해서 충당된 첫 대상으로 역행하는 일이다. 이 대상은 근친 상간의 성질을 갖고 있다. 두 번째 유형은, 성의 체제 전부가 초기의 단계로 되돌아가는 일이다. 이 두 가지 퇴행은 전이 노이로제에 나타나서, 그 메커니즘에 큰 역할을 한다. 특히 리비도가 근친 상간적인 최초의 대상으로 돌아가는 일은 노이로제 환자에 있어서 두드러지게 나타나는 특징이다.

만일 노이로제의 다른 종류, 즉 자기애적인 노이로제를 고려해 넣는다면 리비도의 퇴행에 대해서 더 많은 이야기를 하지 않을 수 없게 되는데, 우선 그것은 우리의 목적이 아니다. 이와 같은 병으로 이제까지 언급하지 않은 리비도에 있어서 다른 발달 과정이 분명해질 것이다. 그렇게 되면 퇴행의 새로운 종류도 알 수 있게 될 것이다. 그러나 나는, 여러분이 퇴행과 억압을 혼동하지 않도록 경고해 두고 싶다. 이 두 과정의 관계를 여러분의 머릿속에 뚜렷하게 남기기 위해서, 내가 여러분을 위해서 도와주어야 한다고 생각한다.

여러분도 알다시피, 억압은 의식될 수 있는 전의식 체계에 속하는 행위가 무의식 체계로 다시 되돌아가는 과정이다. 그리고 만일 일반적으로 무의식적인 심리 행위가 아주 근접해 있는 전의식 체계로 들어가지 못하고 검열로 인해 밀려날 때도, 우리는 억압이라고 부르고 있다. 그러므로 억압이라는 개념은 성과 아무런 관계가 없다. 이 점을 특히 주의해 주기 바란다. 억압은 완전한 심리학적인 과정이다.

그런데 우리는 이제까지 '퇴행'이라는 말을 일반적인 뜻이 아닌, 아주 특수한 뜻으로 사용해 왔음을 알게 될 것이다. 퇴행에 일반적인 뜻, 즉 발달의 높은 단계에서 낮은 단계로 되돌아가는 일이라는 뜻을 부여한다면, 억압도 퇴행 속에 포함된다. 왜냐 하면 억압이란 심적 행위에서 그 발달이 더 빠르고, 더 깊은 단계로 역행하는 일이라고도 말할 수 있기 때문이다. 그러나 억압의 경우, 우리는 이 심리적 행위가 후퇴하는 방향을 문제시하지 않는다. 그 이유는, 어떤 심적 행위가 무의식의 아주 낮은 단계에 속해 있는 경우도 우리는 역학적인 의미로 억압이라고 부르기 때문이다.

그러므로 억압은 국부적·역동적인 개념이며, 퇴행은 기술적記術的인 개념이다. 그러나 우리가 지금까지 고착과 연관 지어 고찰한 퇴행이라는 것은 오로지 리비도가 그 발달의 초기 단계로 되돌아가는 것을 의미한 것이었다. 즉, 억압은 본질적으로 억압과 전혀 관계가 없는 다른 어떤 것을 가리키고 있었다. 우리는 리비도의 퇴행을 완전한 심리학적 과정이라고 부를 수도 없고, 또 그것을 심적 구조의 어떤 위치에 놓아야 하는지도 정확히 알지 못한다. 만약 리비도의 퇴행이 정신 생활에 지대한 영향을 끼치더라도, 그 속의 기질적인 요소가 역시 가장 뚜렷한 요소이다.

이 문제를 임상으로 방향을 바꾸어 좀더 인상적으로 다루어 보자. 여러분은 히스테리와 강박 노이로제가 전이 노이로제에서 볼 수 있는 대표적인 예임을 알고 있을 것이다. 그런데 히스테리에 있어서, 근친 상간적인 첫 대상에 대한 리비도의 퇴행은 항상 있지만 성적 체제의 초기 단계로의 퇴행은 없는 것과 같다고 볼 수 있다. 그 대신 히스테리에 있어서는 억압이 큰 역할을 한다. 만일 히스테리라는 노이로제에 대한 지금까지의 확고한 지식을 이론적으로 구성하여 완전하게 만들라고 한다면 나는 지금 논하고 있는 상태를 다음과 같이 설명하고 싶다.

즉, 각 부분 본능은 통일되어 성기기性器期의 상태가 완성되는데, 그 결과로 형성된 것이 의식에 결부되어 있는 전의식 체계의 저항과 맞부딪치게 된다. 즉, 성기적 체제는 무의식으로부터는 인정을 받지 못한다. 그 통일이 전의식 측에서 거부되므로, 어떤 점에서는 성기기가 나타나기 전의 상태와 흡사한 하나의 형태가 생겨난다. 그러나 비슷하다고는 하지만, 물론 그것과는 아주 다르다. 즉, 후자에서는 리비도의 두 가지 퇴행 가운데, 성체제의 초기 단계로의 퇴행 쪽이 훨씬 뚜렷하다.

그런데 우리들은 히스테리에서는 그와 같은 퇴행이 없고, 또 노이로제에 대한 우리의 견해가 모두 이전에 먼저 이루어진 히스테리 연구의 영향을 받고 있기 때문에, 리비도 퇴행의 의의를 억압의 의의보다 훨씬 나중에야 밝힐 수 있었다. 만일 우리가 히스테리나 강박 노이로제 외의 다른 노이로제, 즉 나르시시즘적 노이로제를 고찰하게 되면, 우리의 견해는 확대·수정될 것이다. 이에 반해서 강박 노이로제에서는 전단계前段階인 사디슴적·항문적 체제에 대한 리비도의 퇴행이 가장 뚜렷하고, 또 이것이 증상의 형태를 결정한다.

그런데 사랑의 충동은 사디슴적 충동의 가면을 쓰게 된다. '나는 너를 죽이고 싶다'는 강박 관념은—이 관념에서 필연적으로 부가되어 있는 혼합물을 없애면—결국 '나는 너를 사랑하고 싶다'는 뜻이 된다. 그리고 대상의 퇴행이 동시적으로 일어나서 그 결과 이 충동이 그에게 가장 가깝고 가장 사랑하는 사람에게만 향한다고 가정해 본다면, 이러한 강박 관념으로 이 환자가 얼마나 놀라게 될 것인지, 또 의식에는 얼마나 기묘하게 느껴지게 될지 짐작할 수 있을 것이다.

억압도 이 노이로제의 메커니즘에 크게 관여하고 있지만 그에 대해서는 물론 쉽게 설명할 수 없다. 리비도의 퇴행에서 억압이 없이는 노이로제가 아닌 도착倒錯이 되어 버린다. 그러므로 여러분은 노이로제와 도착을 확실하게 구별시키는 것이 억압이며, 또 억압은 노이로제의 가장 두드러진 특징이라고 생각할 것이다. 그러나 앞으로 도착의 메커니즘에 대해서 여러분에게 얘기할 기회가 있겠지만, 도착 역시 우리가 이론적인 정립에 있어서 그리 간단한 과정이 아니라는 것을 알게 될 것이다.

리비도의 고착과 퇴행에 대해서 이제까지 길게 이야기한 이유는 노이로제의 병인론病因論을 연구하기 위한 준비라고 생각하면 좋을 것이다. 나는 이 문제에 대해서, 단 한 가지를 보고했을 뿐이다. 즉, 리비도를 만족시킬 기회를 빼앗기면, 다시 말해서 '욕구 불만'—내 용어로 부르자면—에 빠지면 사람은 노이로제가 되는데, 그 증상은 바로 충족되지 않은 만족에 대한 대용물이다. 물론 리비도의 욕구 불만에 빠진 사람이라고 다 노이로제가 되는 것은 아니다. 단지 노이로제의 증례를 연구해 본 결과, 모든 경우에 있어서 욕구 불만이라는 인자가 공통적으로 발견된다는 뜻이다. 그러므로 이 명제의 역이 반드시 진리는 아니다. 여러분도 이 명제가 노이로제의 병인론에 관한 의문점을 완전히 풀어준 것이 아니라, 그 필수 조건을 부가시킨 것뿐이라는 사실을 인정할 것이다.

이 견해에 대해서 좀더 자세히 논의하기 위해서, 욕구 불만의 본성, 또는 욕구 불만에 찬 사람의 특징에 대해 언급하는 것이 도움이 될는지 모르겠다. 전면적·절대적인 욕구 불만은 매우 드물다. 그것이 병인적으로 작용하려면 당사자가 열렬히 구하고 있는 만족을 취하는 방법, 다시 말해서 그 당사자가 만족을 위해 그렇게밖에 할 수 없는 방법을 막아야 한다. 병에도 안 걸리고 리비도의 불만족을 견뎌 나가는 방법은 보편적으로 아주 많다. 특히 우리들 주변에 이와 같은 상황을 잘 극복할 수 있는 사람들이 있다. 물론 그 사람들은 행복하게 여기지 않고 어떤 동경으로 상심하지만, 결코 병이 낫지는 않는다. 그러므로 성의 본능 흥분本能興奮, 육체적인 과정 혹은 상태를 말한다. 미국 심리학에서 말하는 욕구에 해당한다. 이것이 심리적으로 나타난 것, 즉 심적 대표물이 프로이트가 말하는 본능이고, 미국 심리학에서 말하는 동인動因이다은 매우 융통성이 있는 것이라고 할 수 있다.

그러므로 이런 성적 본능 흥분은 다른 것으로 대치할 수 있고, 그것은 다른 것만큼의 강도를 넘겨받을 수 있다. 만일 어떤 것이 현실 때문에 만족을 얻지 못하면, 다른 움직임을 만족시켜서 완전히 보상할 수 있다. 성의 본능흥분이라는 것은 액체를 채운 관이 서로 연결되어 있는 것과 같은 상태이다. 게다가 성기기의 지배하에 종속되어 있으면서도, 이와 같은 상태에 있는 것이다. 이 상태는 쉽게 상상할 수가 없다. 그리고 성의 부분 충동은 그것들의 부분 충동으로 합성되어 있는 성충동과 완전히 일치하는 것처럼, 그 대상을 교환하고 대치하는 능력을 충분히 지니고 있다.

이와 같이 대치할 수 있는 능력과 대용품을 쉽게 받아들이는 특징은 욕구 불만의 병인적 요소를 강력히 막을 것이다. 리비도가 불만스러워서 병이 되는 것을 막아주고는 이 과정 중의 하나는 문화적으로 특히 기여하고 있다. 이 과정의 본질은 성충동이 부분 쾌감 또는 생식 쾌감의 목표를 단념하고, 본질적으로 포기된 목표와 관계가 있지만, 이미 그 자체는 성적이 아니고 오히려 사회적인 다른 목표를 갖는다. 우리는 이 과정을 '승화작용'이라고 부른다. 결국 우리는 이기적인 성적인 목표보다 사회적인 목표 쪽을 한층 높이 평가하는 일반의 견해에 따르고 있는 셈이다. 하여튼 승화 작용은, 성충동이 성적이 아닌 다른 영역을 향하고 있는 특별한 경우이다. 여기서 우리는 다른 것과 관련시켜서 승화 작용에 대해 다시 한 번 살펴보기로 하자.

이제 여러분은, 리비도에 대한 불만족을 인내할 수 있는 이와 같은 여러 가지 방법이 있기 때문에, 리비도의 만족에 대한 충동이 무의미하게 되어 버렸다고 생각할 것이다. 그러나 그렇지 않다. 그것은 아직 특유의 병원病原 작용을 갖고 있다. 일반적으로 대항 수단 같은 것은 충분한 것이 못 된다. 사람이 보통 짊어질 수 있는 불만스런 리비도의 양에는 한도가 있다. 리비도의 가소성可塑性 혹은 유동성은 결코 모든 사람에게 완전한 형태로 유지되어 있는 것이 아니고, 많은 사람들에게는 실지로 승화 능력이 조금밖에 없다는 것은 제쳐두고라도, 승화 작용은 항상 리비도의 일부분만을 방출시킬 뿐이다. 이와 같은 한계 중에서 리비도의 유동성의 한계가 가장 중요하다. 왜냐 하면 유동성에 한계가 있기 때문에, 사람은 아주 사소한 목표와 대상에 의해서만 만족을 얻을 수 있기 때문이다.

리비도의 발달이 불완전하면, 리비도는 체제와 대상 발견의 초기 단계에 매우 크게 복합적으로 겹쳐서 고착되고, 그 결과 현실에서는 만족을 얻을 수 없게 된다. 여러분이 이 점을 상기한다면, 리비도의 고착은 욕구불만과 화합하여 질환의 제2의 유인으로서 강력한 인자라는 것을 깨닫게 될 것이다. 다시 말해서 노이로제의 병인론에서 볼 때 리비도의 고착은 소인적素因的·내적인 인자이며, 욕구 불만은 우발적·외적인 인자라고 할 수 있다.

이 기회에 나는 여러분에게 쓸모없는 논쟁에 휘말리지 말라고 경고해 두고 싶다. 학문의 세계에서는 진리의 일부를 빙자하여 전체의 진리로 부당하게 확대하고, 적잖이 자기에게 편리하도록 진리의 다른 부분에 반대하는 경우가 많다. 이렇게 해서 벌써 정신분석학도 여러 갈래로 분열된 것이다. 이를테면 어떤 사람은 성본능을 부정하고 이기주의적인 본능만 인정했으며, 어떤 사람은 현실적인 인생 문제의 영향만 존중하고 과거로 소급한 개인의 영향을 무시했다. 그런데 여기서, 이것과 같은 반대의 논쟁점이 나타난다. 즉, 노이로제는 외부적 요인으로 나타나는 질환인지,

아니면 그와 반대로 내부적 요인으로 파생되는 질환인지, 또는 특수 체질에만 국한되는 결과인지, 아니면 어떤 외상적인 인상의 산물인지 하는 점이다.

그 중에서도 특히 노이로제는 리비도의 고착에 의해서 일어나느냐, 아니면 욕구 불만의 압력으로 일어나느냐 하는 논쟁이었다. 이 논의는 마치 아기는 아버지의 생식으로 만들어지느냐, 아니면 어머니의 수태受胎로 만들어지느냐 하는 모순된 논의보다 더 하찮은 것으로 생각된다. 두 조건 모두 필수적인 것임은 자명한 일임을 여러분도 충분히 알 것이다. 이것과 완전히 같다고는 할 수 없지만, 노이로제의 원인에도 매우 비슷한 조건이 있다. 노이로제의 원인을 이 관점에서 보면, 노이로제의 증례는 하나의 계층을 이루어 나란히 있다는 것을 알 수 있다. 이 급수에서는 두 가지 인자, 즉 성 체질과 체험 — 여러분이 다르게 부르고 싶다면, 리비도의 고착과 욕구 불만 — 이 어느 한쪽이 감소할 때는 다른 한쪽은 증가하여 나타난다. 계층 내에서의 극단적인 증례가 있다. 이 증례에 대해서 여러분은, 그들은 리비도의 발달이 매우 독특하기 때문에 인생에서 어떤 것을 경험하건, 또는 아무리 조심하더라도 병을 만들어 낸다고 말할 수 있다. 이 계층의 다른 증례는 다음과 같은 것이 있다.

즉, 인생에 있어서 "이 사람이 인생에서 그와 같은 상황에 처하지만 않았다면, 확실히 그 병에 걸리지 않았을 것이다" 하고 그 반대의 단정을 내릴 수 있는 증례이다. 이 계층의 중간에 해당하는 증례에서는 약간의 소인적인 성 체질과 인생의 나쁜 상황이 부합하여 작용하고 있는 것이다.

그들이 이와 같은 상황을 체험하지 않았더라면 그들의 성 체질은 노이로제를 일으키지 않았을 것이고, 또 리비도가 다른 상태였더라면 이 체험은 결코 그들에게 외상적으로 작용하지는 않았을 것이다. 나는 이 계층에서 소외적인 인자 쪽을 다소 중시하고 있지만, 이것은 인정이나 부정은 여러분이 노이로제의 구분점을 어디에 두느냐에 달려 있는 것이다. 나는 이와 같은 계층을 보충 급수補充級數, 보충이라는 두 인자가 서로 보충하여 노이로제가 발병한다는 뜻 라고 부르겠다. 그리고 우리는 앞으로 이와 유사한 다른 급수를 다룰 기회가 있다는 사실을 말해 두고 싶다.

리비도의 특정 방향과 붙어서 떨어지지 않는 리비도의 점착성粘着性은 개인에 따라 변화하는 독립적인 것이다. 이 인자가 무엇에 좌우되고 있는지 모르지만, 이 인자가 노이로제의 병인으로서 중요하다는 점에 대해 과소 평가하지 않기를 바란다. 그렇다고 이 관계가 지나치게 밀접한 관계에 있다고 과대 평가해서도 안 된다. 이와 같은 리비도의 점착성은 까닭은 모르지만 여러 조건하에서 정상인에게도 나타나며, 또 어느 의미에서는 노이로제 환자의 정반대의 사람, 즉 도착자에게서 결정적인 인자로 나타난다. 도착자의 병력에서는 본능의 비정상적 방향이나 비정상적 대상 선택을 가진 매우 초기의 인상을 흔히 볼 수 있고, 또 그의 리비도가 일생을 통해서 아주 유아기의 인상에 집착하고 있다는 것은, 정신분석이 발견되기 이전부터 알려져 있었다.

우리는 그와 같은 인상에 과연 무엇이 리비도를 그토록 심하게 자극하는 힘을 주었는지 단언할 수 없는 경우가 흔히 있다. 나는 여러분에게 내가 관찰한 이런 종류의 실례를 이야기하고자 한다. 어느 남자가 여성의 성기나 다른 부분의 매력은 안중에도 없었고, 단지 신을 신은 어떤 모양과 발만 보면 견딜 수 없는 성적 흥분을 불러일으켰다.

그는 리비도를 고착시킨 6세 때의 어떤 체험을 회상하게 되었다. 그는 그에게 영어를 가르쳐 주던 여자 가정 교사와 나란히 의자에 앉아 있었다. 그녀는 무척 말랐고, 못생긴 얼굴에다가 물처럼 푸른 눈과 사자 코를 가진 노처녀였다. 어느 날, 그녀는 다리를 다쳐서 벨벳 슬리퍼를 신고 쿠션 위에 다리를 뻗어 놓고 있었다. 다리는 아주 가지런히 놓여 있었다. 그때 본 여자 가정 교사의 힘줄이 드러난 야윈 다리는 사춘기의 어설픈 성활동이 시작된 그에게 있어 결국 유일한 성대상이 되어 버렸던 것이다.

만일 이와 같은 다리에 그 영국인 여자 가정 교사의 모습을 연상시키는 다른 특징이 덧붙여지면, 그는 억누를 수 없는 흥분을 느꼈던 것이다.

그런데 이 같은 리비도 고착의 결과, 그는 노이로제 환자가 되지 않고 도착자, 즉 우리의 용어를 사용하면 다리 페티시스트Fetishist가 된 것이다. 그러므로 리비도의 극심한 초기의 고착은 노이로제를 일으키는 중대한 원인이 되며, 그것이 작용하는 범주는 노이로제의 영역보다 훨씬 방대하다는 것을 알 수 있을 것이다. 이 조건도 이것만으로는 앞에서 말한 욕구 불만의 조건과 마찬가지로 결정적인 것이 아니다.

여기서 여러분은 노이로제의 원인에 대한 문제는 더욱 복잡하다는 것을 알 수 있을 것이다. 사실, 정신분석의 연구로 우리는 하나의 새로운 인자를 발견했다. 이 인자는 병인론의 계열에서는 고려하지 않았지만, 여태까지 건강했던 사람이 돌연 노이로제에 걸려 교란당하는 증례에서 가장 뚜렷하게 나타난다. 이와 같은 사람들에게서는 반드시 원망 충동의 대립, 즉 우리의 표현으로 말하면 심적 갈등이 시작된다. 인격의 일부는 어떤 원망을 옹호하고 다른 부분은 그 원망에 반항하고 방지한다.

이와 같은 갈등이 없으면, 노이로제와 같은 것은 생기지 않는다. 그런데 이런 것은 새삼스럽게 말할 필요도 없는 것처럼 보일는지 모른다. 여러분도 알다시피, 인간의 정신 생활은 항상 갈등에 의해 움직여지고, 그 갈등의 해결을 자기 자신이 찾아내지 않으면 안 된다. 그러므로 이 갈등이 병원적 인자가 되려면 특별한 조건이 붙어야 한다. 우리는 그 조건과 그 병원적 갈등은 어떤 심적인 힘 사이에 일어나며, 그 갈등과 병을 일으키는 다른 인자와의 사이에 어떤 관계가 있는지를 살펴보지 않으면 안 된다.

이 의문에 대해서, 나는 충분한 대답을 할 수 있다고 생각한다. 갈등은 욕구 불만에 의해서 생겨난다. 그때 충족을 박탈당한 리비도는 다른 통로와 다른 대상을 찾을 수밖에 없다. 그런데 이 다른 대상과 통로는 인격의 다른 부분에 거슬리게 된다. 그래서 거부권이 행사되면 만족을 얻는 새로운 방법이 불가능해진다. 이것이 갈등의 조건이다. 여기서 증상이 형성되기 시작하는데, 이에 대해서는 나중에 말하기로 한다. 욕구 불만에 빠진 리비도는 이러저러해서 어떤 다른 통로를 찾는다. 그래도 물론 왜곡되고 완화한 모습으로 일어난 거부에 비위를 맞추어야 한다. 이러한 우회가 증상을 형성한다. 증상이란 욕구 불만에 의해서 필연적으로 생긴 새로운 만족, 즉 대리적 만족이다.

이 심적 갈등의 의의는 또 다른 표현으로 나타낼 수 있다. 즉, 그것이 병인이 되려면 외적 욕구 불만에다가 내적 욕구 불만이 덧붙여지지 않으면 안 된다. 물론 이때 내적 욕구 불만과 외적 욕구 불만은 그 방법과 대상에 있어서 서로 다르다. 외적 욕구불만은 만족의 한쪽 가능성을 제거하고, 내적 욕구 불만은 만족의 다른 쪽의 가능성을 제거한다. 그 결과로 갈등이 나타난다. 이런 표현이 훨씬 낫다고 생각한다. 즉, 내적인 방해는 인류의 태고적부터 현실의 외적 장애에서 발생한 것임을 암시하고 있기 때문이다.

그렇다면 리비도의 흐름에 반대하는 힘, 즉 병원적 갈등에 있어서 강력히 반대하는 것의 정체는 무엇일까? 일반적으로 말해서 그 힘은 성적이 아닌 충동이다. 우리는 이 힘을 '자아 충동自我衝動'이라는 명칭으로 총괄한다. 전이 노이로제의 경우에서는 이 성분을 세밀히 분석할 기회가 주어지지 않는다. 우리는 분석에 대항하는 저항에서 이 자아 충동의 모습을 약간 알 수 있을 뿐이다. 그러므로 병원적 갈등은 자아 충동과 성본능의 중간에 있는 갈등이다. 많은 증례에서는 대다수의 성충동의 사이에 있는 갈등 같은 외관을 띠고 있지만, 그 근본은 모두 동일하다. 즉, 갈등에 있는 두 성충동 중에서 한쪽은 자아와 규합하고, 나머지 한쪽은 자아의 보호를 요구하고 있는 것이다. 그러므로 그것은 어디까지나 자아와 성욕 사이의 갈등이 된다.

정신분석학이 어떤 심적인 사건도 모두 성충동으로부터 나오는 것이라고 주장했을 때, 세상 사람들은 분개하여 인간은 성욕만으로 만들어진 것이 아니라는 둥, 심적 생활에는 성욕 외에도 다른 본능이나 흥미가 얼마든지 있다는 둥, 모든 것을 성욕에 결부시킨다는 것은 억지라고 비난했다. 그런데 이런 반대 주장과 일치하는 한 가지 점이 있다는 사실은 매우 유쾌한 일이다. 정신분석은 성적이 아닌 다른 충동의 힘도 존재한다는 것을 인정하고 있다. 다시 말해서 정신분석은 성충동과 자아 충동의 뚜렷한 구별 위에 세워진 것이다. 정신분석은 온갖 반대에도 불구하고 노이로제는 성욕에서 나오는 것이 아니라, 자아와 성욕 사이의 갈등 때문에 발병하는 것이라고 주장한 것이다.

또 정신분석은 자아 충동의 존재나 의의를 부정하려 한 적은 한 번도 없었다. 정신분석은 성충동이 병과 인생에서 어떤 역할을 하고 있는가를 연구하고 있는 것이다. 그런데 먼저, 성본능의 연구가 정신분석의 대상이 되었을 뿐이다. 그 이유는 성충동을 연구하는 데 있어서 전이 노이로제가 가장 빨리 그 의문점을 풀어주었기 때문이고, 또 보통 사람들이 등한시하는 것을 연구하는 것이 정신분석의 사명이기 때문이다.

정신분석학이 사람의 성격이 아닌 다른 영역을 전혀 고려하지 않는 것은 아니다. 우리는 자아와 성욕을 구별함으로써 자아 충동을 알아냈고, 또는 중대한 발달을 이루었다는 사실과, 이 발달은 리비도의 발달과 관계가 있을 뿐 아니라 리비도의 발달에 반작용을 미쳤다는 것을 확실하게 알게 되었다. 물론 우리는 리비도의 발달에 비하면 자아의 발달에 대해서는 알고 있는 것이 별로 없다. 왜냐 하면 자기애적인 노이로제를 연구함으로써 비로소 자아의 메커니즘에 대한 가능성을 얻을 수 있었기 때문이다.

그러나 이미 자아의 발달 단계를 이론적으로 구성하려 했던 산도르 페렌치S. Ferenczi, 1873~1893년. 헝가리의 정신분석학자의 주목할 만한 연구가 있다. 그리고 우리는 두 군데에서 자아의 발달을 검토하는 확고한 기반을 얻었다. 인간의 리비도적인 흥미가 애초부터 그 사람에게 있어서 자기보존적인 흥미와 대립하고 있다고는 여겨지지 않는다. 오히려 자아는 어떤 단계에서든지 그에 따르는 성의 체제와 협조하고 스스로 성의 체제에 적응하기 위해 발버둥치고 있다. 리비도의 발달에 있어서 단계적인 순서는 아마 앞서 말한 대로이겠지만, 이 순서는 자아 쪽에서 영향을 받는다.

자아와 리비도의 발달 단계에 어떤 대응을 이입해도 좋다. 실제로 이 대응의 장애는 충분히 병원적 인자가 될 수 있다. 리비도가 발달하는 도중에서 어떤 곳에서 강한 고착을 남겼을 때, 자아가 어떤 태도를 취할 것인가 하는 의문은 우리들에게는 매우 중요하다. 자아는 대개 이 고착을 묵인하고 그에 따른 정도로 도착되거나—결국은 같은 말이지만—유아성이 될 것이다. 그러나 이 리비도의 고착에 대해서 자아가 찬성하지 않을 수도 있다. 그때 자아는 리비도가 고착받은 곳에서 억압을 하는 것이다.

이 통로를 지나서 노이로제 병인론의 제3요인인 갈등 경향은 리비도의 발달에 좌우되는 것과 마찬가지로, 자아 발달에도 관계가 있다는 결론에 이른다. 이리하여 노이로제를 일으키는 원인에 대한 우리의 견해는 모두 나온 셈이 된다. 첫째로, 가장 일반적인 조건은 욕구 불만이다. 둘째는 리비도의 고착인데, 이 때문에 리비도는 일정한 방향으로 밀려간다. 셋째로, 리비도의 이름을 거부하는 자아의 발달에서 생긴 갈등 경향이다. 그러므로 나의 강의를 통해 여러분이 느낀 것만큼 실제로는 그렇게 복잡한 것도, 전망이 희미한 것도 아니다. 그러나 솔직하게 말해서, 우리의 지식은 아직 미완성이다. 우리는 여기에 다시 더 새로운 사실을 연구하여 이미 주지한 사실까지도 분석해야 할 필요성을 느낀다.

자아의 발달이 갈등 형성, 즉 노이로제를 유발시키는 데 미치는 영향을 여러분에게 보여주기 위해서 한 가지 예를 들겠다. 이 예는 가상적인 것이지만, 어느 점으로 보나 현실적으로 가능한 일이다. 나는 오스트리아의 극작가 네스트로이의 희극의 제목을 빌려 〈1층과 2층〉이라는 제목을 붙이고 싶다. 1층에는 문지기가 살고, 2층에는 귀족이며 부인인 집주인이 살고 있다. 두 사람에겐 자식이 있다. 그런데 집주인의 딸은 문지기의 딸과 마음대로 노는 것이 허락되어 있었다고 가정하자. 그러면 아이들의 놀이가 짓궂은 놀이, 즉, 성적인 색채를 띠는 것이 다반사이다.

즉, 아이들은 '아빠 엄마 놀이'를 하고 사이좋게 놀면서, 은근히 서로를 바라보거나 성기를 자극한다. 문지기의 딸은 아직 5, 6세밖에 안 되었지만 어른의 성생활을 많이 보아 왔으므로, 이 놀이에서도 당연히 유혹하는 역할을 하게 될 것이다. 비록 이 놀이는 오래 계속되지 않더라도, 두 아이에게 성적인 어떤 흥분을 눈뜨게 하는 데 충분할 것이다. 그들은 서로 헤어진 후 2, 3년 동안 줄곧 자위의 형태로 성적 흥분을 나타낸다. 여기까지는 두 사람이 같지만, 결국 그들은 매우 달라지게 된다. 문지기의 딸은 아마도 월경이 시작될 때까지 자위를 계속하겠지만, 그 후 아무런 장애 없이 그 습관을 버린다. 그리고 수년 후 연인을 만나고 아기를 낳게 될 것이다.

그리고 인생의 우여곡절을 겪고 마침내 인기 여배우가 되어 일약 귀족의 부인이라도 되었을지 모른다. 아니면 그 반대로, 운명은 그리 화려하지 않을지도 모른다. 아무튼 어릴 때의 그 성활동에 의해 아무 장애를 받지 않고, 물론 노이로제에도 걸리지 않고 일생을 보내게 될 것이다.

한편, 집주인의 딸은 이와는 전혀 다르다. 그녀는 아직 어린아이에 불과한데, 벌써 자기가 나쁜 짓을 하지 않았나 하고 걱정한다. 그리고 매우 걱정한 나머지 겨우 자위에서 벗어난다. 단념은 했지만, 소녀의 마음 깊숙이 억압된 무엇이 줄곧 남는다. 처녀가 되어, 성교에 대해서 무슨 말이라도 듣게 되면, 그녀는 말할 수 없는 두려움에 휩싸여 그런 이야기에 귀를 막고 언제까지나 아무것도 모르는 채 있고 싶다고 생각한다.

이제 그녀는 다시 고개를 든 억제할 수 없는 자위의 충동에 굴복하게 될지도 모른다. 그녀는 이 충동에 대해서 고백할 용기가 없다. 이윽고 성숙한 여자로서 결혼을 해야 할 나이에 갑자기 노이로제가 터져나온다. 그 때문에 그녀는 결혼도, 인생의 행복도 다 놓쳐 버린다. 이 노이로제를 임상적으로 분석해 보면, 지적이고 교양 있는 그 처녀가 완전히 성충동을 억압해 버리고 있다는 사실과 그 성충동은 그녀에게는 무의식이지만 어린 시절 소꿉동무와의 하찮은 성적 체험과 결부되어 있다는 것을 알 수 있다.

똑같은 성적 체험에도 이렇게 완전히 다른 운명을 맞게 되는 것은, 한쪽 소녀의 자아는 다른 쪽 소녀에게는 나타나지 않은 발달의 길을 경과했기 때문이다. 즉, 문지기의 딸에게는 그 어린 시절과 마찬가지로 성활동이 후일에도 자연적이고 죄 없는 순수한 것으로 보였지만, 집주인의 딸은 교육의 영향으로 인해 그녀의 자아가 이 자아에 주어진 요청을 기초로 해서 여성의 순결과 금욕이라는 이상을 만들어 냈다. 그러나 성활동은 결코 이 이상에 합치하지 않는다. 그런데 그녀의 자아는 지적으로나 도덕적으로나 높이 발달해 있었기 때문에 성욕의 갈등에 빠진 것이다.

이제 자아의 발달에 대해서 또 한 가지 점을 고찰하고 싶다. 왜냐 하면 좀더 폭넓은 이해와 그 결과가 바로 자아 충동과 성충동 사이에 우리가 제시하고 싶어하는 뚜렷한—물론 금방 눈에 나타나지는 않지만—경계선이 정당한 것임을 입증해 주기 때문이다. 자아와 리비도의 두 발달 과정을 고찰함에 있어서, 우리는 지금까지 전혀 주목하지 않았던 하나의 묘안을 말해 두어야겠다. 두 발달 과정은 모두 인간이 원시 시대로부터 매우 오랜 세월 동안 더듬어 내려온 발달을 이어받은 것이며, 그 발달을 단축하여 되풀이한 것이다.

나는 리비도의 발달에는 이 계통발생적인 유래가 뚜렷이 나타나 있다고 생각한다. 어떤 동물의 생식기는 입과 가장 밀접한 관계가 있고, 또 어떤 동물의 생식기는 배설기와 연관성이 있으며, 다른 동물의 생식기는 운동기와 결합되어 있다는 사실에 주목해 주기 바란다. 이런 일들은 벨세Belsse의 저서《자연의 애정 생활, 사랑의 진화사1900년》 참조에 흥미롭게 다루어져 있다. 여러분은 많은 동물에 있어서, 모든 도착이 그 성의 체제에 깊이 뿌리 박혀 있다는 것을 보게 될 것이다. 그런데 인간에게 있어서는 계통발생적인 관점의 일부는 분명하지 않은데, 그 이유는 유전성이 있다 해도 개체의 발달 과정에서 새로이 획득한 것이기 때문이다.

그리고 새로 획득하는 것은, 아마도 그 당시 획득하지 않을 수 없었던 필연적인 상황과 같은 상황이 오늘날에도 계속되어 결국 그 자체에 영향을 미치고 있기 때문일 것이다. 이 상황은 그 당시에는 새로운 것을 창안하도록 영향을 주었지만, 오늘날에는 잠재해 있는 것을 일깨우는 작용을 하고 있는 것이다. 그리고 이 밖에 앞에서 말한 각 개체의 발달 과정이, 외부로부터의 영향으로 방해받아 자주 변경되고 있는 것은 분명하다. 그러나 우리는 인간에게 이와 같이 발달을 강요하고, 지금까지 발달의 방향으로 유도하고 있는 힘을 알고 있다. 그것은 바로 현실에 의해 파생되는 욕구 불만이다.

만일 우리가 그것에 정당한 이름을 붙인다면 궁지窮地, 즉 아낭케 Anancke이다. 이 궁지야말로 매우 엄격한 교사였으며, 우리에게 많은 지식을 주었다. 노이로제 환자는 교육이 너무도 엄격해서 불행한 결과를 초래한 어린아이와 같은 것이다. 이는 어떤 교육이라도 피할 수 없는 일이다. 위에서 말한 바와 같이, 궁지를 발달의 원동력으로 평가했다고 해서, 우리는 '내부 발달의 동력' —가령 이런 것이 존재한다면—의 의의를 경시하고 있는 것은 아니다.

그런데 주목할 만한 점은 성본능과 자기보존본능이 현실의 궁핍에 대해서 똑같이 반응을 보이지는 않는다는 점이다. 자기보존본능과 이 본능에 결부되어 있는 모든 본능은 훨씬 교육하기가 쉽다. 자기보존본능은 일찍부터 궁핍에 순응하여, 현실의 요구에 부합하는 것을 순조롭게 배운다. 이것은 당연한 일이다. 왜냐 하면 이 본능은 자기가 원하는 대상을 그 외의 수단으로는 믿을 수 없고, 그 대상이 없으면 개체는 멸망할 수밖에 없기 때문이다.

그것은 처음에는 대상의 결핍을 모르기 때문이다. 즉, 성충동은 육체의 다른 기능에 기생하여, 자기 자신의 육체로 자기 성애적인 만족을 얻는다. 그러므로 현실적 욕구로 인한 교육적 감화를 받지 않는다. 대개의 인간에게 있어서 이 성욕은 한평생을 통해서 이기적·배타적인 특징, 즉 우리가 '무분별'이라고 부르는 것을 줄곧 지속한다. 성의 욕구가 결정적인 선에 도달하면, 젊은 남자에 대한 교육의 가능성도 무시된다. 교육자는 이것을 알고 이 사실에 입각하여 행동한다. 그러나 교육자는 정신분석의 결과에 영향을 받아 앞으로 교육의 중점을 유아기에 두게 될 것이다. 흔히 너댓 살 때부터 벌써 작은 인간이 완성된다. 그리고 그 후에는 그의 속에 숨어 있던 것이 점차 겉으로 드러나는 것뿐이다.

두 본능 사이의 이런 차이점이 어떤 의미를 갖고 있는가를 충분히 평가하기 위해서, 여기서 잠시 경계적이라고 부를 만한 하나의 고찰법을 소개하겠다. 이로써 우리는 정신분석 중에서 가장 중대한 것임에도 불구하고 유감스럽고도 가장 불분명한 영역에 발을 들여놓게 되는 것이다. 즉, 우리들의 심적 활동에 중요한 목적이 있느냐는 의문이다. 그리고 이 질문에 대해서 나는 그 목적은 쾌감의 획득을 향하고 있다고 대답하고 싶다. 실제로 우리의 심적 활동은 모두 쾌감을 모색하고 불쾌감을 회피하는 방향으로 향하고 있으며, 그 활동은 저절로 쾌감 원칙에 의해서 규제받고 있는 듯이 보인다.

그런데 이 세상의 모든 것에 대해서 쾌감과 불쾌를 일으키는 조건이 무엇인가를 알고 싶지만, 우리는 아직 그에 대해서 전연 모르고 있는 상태이다. 다만 우리는 쾌감이 심적 장치 속에 있는 자극량의 감소·저하·소실과 관계가 있으며, 한편 불쾌는 자극량의 증가와 관련이 있다고 주장할 수 있을 뿐이다. 인간이 획득할 수 있는 최고의 쾌감, 즉 성교시의 쾌감을 연구하면 이 점이 명백해진다.

이와 같은 쾌감 과정에서는 심적인 흥분이나 심적 에너지의 양이 문제가 되므로, 이런 종류의 고찰을 우리는 경제론적이라고 부른다. 우리는 심적 장치의 역할과 작용을 쾌감 획득의 강조와는 다른 방식으로, 또 그보다 훨씬 보편적으로 묘사할 수 있다는 것을 알 수 있다. 심적 장치는 내부 또는 외부에서 오는 자극량과 흥분을 조절하고 방출하는 것을 목적으로 한다. 그런데 성충동은 시종 일관 쾌감 획득이 목적인 것은 자명하다. 성충동은 이 원시적인 기능을 고수하고 있다. 자아 충동도 처음에는 이것과 같은 것을 목적으로 하지만, 생활의 궁핍에 자극되어 이내 쾌감 원칙을 하나의 대용물로 삼는 것을 배운다. 자아 충동에 있어서의 불쾌를 막는 임무는 쾌감 획득의 임무만큼의 가치가 있다.

자아는 직접적인 만족 획득을 포기하고 쾌감의 획득을 지연하며, 불쾌를 참고 어떤 쾌감의 원천을 완전히 포기해야 된다는 것을 깨닫게 된다. 이와 같이 교육된 자아는 이성적으로 변모된다. 그리고 이제 쾌감 원칙에 좌우되지 않고 현실적인 원칙을 따르게 된다. 물론 이 현실 원칙도 결국은 쾌감을 지향하지만, 그 쾌감은 비록 지연되고 감소된 것이라도 어디까지나 현실을 고려해서 보장된 쾌감이다.

쾌감 원칙에서 현실 원칙으로 이행하는 것은 자아 발달에서 가장 중요한 진보의 하나이다. 우리는 성충동이 탐탁치 않은 마음으로 뒤늦게 자아 발달 단계에 뒤쫓아온다는 것을 이미 알고 있다. 그리고 여러분은, 성욕이 외부적인 현실에 별로 견고하지 않은 관계로 연관되는 것에 만족하고 있는 것이 인간에게 어떤 결과를 가져다주는가를 나중에 알게 될 것이다. 그러면 결론으로서, 이것과 관계 있는 것을 또 하나 설명해 두기로 한다. 인간의 자아가 리비도와 동일한 발달사를 이루고 있다면, 당연히 자아의 퇴행이 있어야 할 것이다. 이제 여러분은 자아가 초기의 발달 단계로 역행하는 것이, 노이로제에서는 어떤 역할을 하는가 궁금할 것이다.

23

증상 형성의 길

대부분의 사람들은 증상을 병의 본질로 간주하여, 증상을 제거하면 병은 완치되는 거라고 생각한다. 그러나 의사는 병과 증상을 구별하는 데 큰 의의를 부여하고 증상을 제거한다 해서 병이 완치되는 것은 아니라고 말한다. 그러나 증상을 제거한 뒤에도 남아 있는 것으로서 뚜렷이 병이라고 할 만한 부분은 새로운 증상을 만들 수 있는 힘뿐이다. 그러므로 우선은 이 아마추어의 관점에서 증상을 규명하는 것이 병을 이해하는 데 있어서 올바른 견해라고 받아들이기로 하자.

증상—여기서는 물론 정신적·심인성心因性의 정신 질환을 다루는 것이지만—은 전체 생활을 통해 해롭고 적어도 무익한 행동이며, 불쾌감이나 고통이 결부된, 흔히 환자들이 불쾌하다고 호소하는 증상 때문에 빚어지는 중대한 손해는, 증상 자체로 소비되는 심적 에너지의 소모와 증상의 극복에 요구되는 심적 에너지의 소모이다. 증상 형성이 심해지면, 이 두 에너지의 소모 때문에 환자가 쓸 수 있는 심적 에너지는 극도로 줄고, 그 결과 인생에 있어서의 중대한 일은 전혀 손도 대지 못하게 된다.

이와 같은 결과는 주로 위에서 말한 방법으로 빼앗긴 에너지의 양에 좌우되므로, 여러분은 '병'이라는 것이 본래 실용적인 개념이라는 것을 알게 될 것이다. 그러나 여러분이 이론적인 견지에서 이 에너지의 양을 문제삼지 않는다면 우리는 모두 병들어 있다고, 아니 노이로제에 걸려 있다고 말할 수 있다. 왜냐 하면 증상이 형성되는 조건은 정상적으로도 증명할 수 있기 때문이다. 우리는 앞에서, 리비도가 새로운 종류의 만족을 찾을 때 생기는 갈등의 결과로서 노이로제의 증상이 나타난다는 것을 보았다. 상반된 두 힘은 한 증상에서 다시 만나 증상 형성이라는 타협으로 화해하는 영상을 띤다. 그리하여 증상은 양쪽에서 지지를 받고 강력하게 저항한다.

우리는 갈등과 결부된 양자 중의 한쪽은 현실에서 거부되고 채워지지 않는 리비도이며, 그것은 이제 만족의 다른 길을 찾아야 한다는 것을 알고 있다. 만약 리비도가 좌절당한 대상 대신에 다른 대상을 맞이할 준비가 되어 있더라도, 현실이 이를 거부하면 리비도는 결국 퇴행의 길을 걸어 전에 포기한 대상에서 다시 만족을 구하지 않으면 안 된다. 즉, 리비도는 그것이 발달했을 때 어딘가에 남기고 온 고착에 의해서 재생이 가능하게 된다.

그런데 도착에의 길과 노이로제에의 길은 뚜렷이 분리되어 있다. 이 퇴행이 자아의 반대를 불러일으킬 경우에만 노이로제가 일어난다. 그리고 리비도는 정상적인 만족은 아니더라도, 결국 어떤 현실적 만족을 얻게 된다. 그러나 의식뿐만이 아니라 운동신경과 정신적인 의향을 자유 자재로 움직일 수 있는 자아가 이 퇴행에 동조하지 않을 때는 갈등이 생긴다. 리비도는 쾌감 원칙의 요청에 따라 에너지를 충당하기 위해 도피할 것이다. 리비도는 자아에서 떨어지지 않으면 안 된다. 그러나 이와 같은 도피의 길은 리비도가 퇴행적으로 밟고 있는 발달의 길에 고착되어야만 주어진다. 그런데 이 고착은 전에 이미 자아의 억압으로써 방어한 것이다. 리비도는 거슬러 올라가면서 이 억압된 장소에 충돌함으로써 자아와 자아의 법칙에서 벗어난다.

그러나 그때 자아의 지배하에 받은 교육도 모두 포기하기에 이른다. 리비도는 만족이 전제되는 한 온순하다. 그러나 내외적으로 욕구 불만의 이중 압력을 받으면, 리비도는 순종하지 않게 되어 과거의 추억에 잠긴다. 이것이 리비도의 근본적인 불변성이다. 리비도가 에너지를 쏟고 있는 표상은 무의식에 속해 있으므로, 이 체계로서만 가능한 압축과 대치의 과정을 겪는다. 여기서 꿈의 형성과 아주 흡사한 상태가 된다. 즉, 무의식적인 원망 공상의 충족을 위해 무의식으로 만들어진 잠재몽이 의식적 혹은 전의식적인 검열의 활동과 접촉하여 이 검열 활동과 타협함으로써 현재몽이 되게끔 무의식에 있는 리비도의 전형리비도가 충당된 무의식에 있는 표상도 또한 전의식적인 자아의 권위를 고려해야만 한다.

자아 속에서 일어난 리비도에 대한 반대는 '반대 충당어떤 욕구가 의식에 떠오르지 않도록 자아가 끊임없이 압력을 가하는 것을 말한다'으로서의 리비도를 좇아가며, 그리고 자기 자신의 표현이라도 할 수 있는 어떤 표현을 억지로 리비도가 선택케 한다. 그리하여 증상은 무의식적인 리비도의 원망 충족에 심하게 왜곡된 하나의 유도체가 되고 서로 상반되는 두 가지 의미를 지닌 모호한 형태가 된다. 그러나 꿈 형성과 증상 형성과는 이 후자의 점에 의해서만 구별된다. 왜냐 하면 꿈 형성시의 전의식적인 의향은 수면의 방해물은 의식에서 떼어놓고 수면을 계속시키는 것을 목적으로 하고 있기 때문이다. 이 전의식적인 의도는 무의식적인 원망 충족에 날카롭게 반대 의사를 표명하지 않는다. 이렇게 전의식적인 의도가 관대한 이유는 수면 중인 사람은 전혀 위험성의 존재가 아니기 때문이다. 다시 말해서 수면 상태에서는 현실로의 출구가 닫혀져 있기 때문이다.

고착이 있기 때문에, 갈등이라는 전제하에 리비도의 회피가 가능하게 된다. 고착이라는 이 퇴행적인 충당은 결국 억압을 피하고 리비도를 방출—혹은 만족—시키게 되는데, 그때도 역시 타협이 이루어져야만 가능하다. 무의식과 낡은 고착이라는 우회를 하여 리비도는 마침내 현실적인 만족을 충당한다. 그러나 이 경우의 현실적인 만족은 제한이 심해 거의 알아볼 수 없을 정도의 것이다. 이 결말에 대해서 여러분에게 두 가지 사실을 주지시키고 싶다. 첫째 여러분은, 한편에서는 리비도와 무의식이, 다른 한편에서는 자아와 의식과 현실이 얼마나 밀접하게 결부되어 있는가 주목해 주기 바란다. 물론 이 양자가 애초부터 연관되어 있었던 것은 아니다. 둘째로, 여기서 방금 말한 것과 지금부터 말하는 것은 모두 히스테리라는 노이로제의 증상 형성에 관계하고 있다는 것이다.

그런데 리비도는 억압을 돌파하기 위해 필요한 고착을 어디에서 찾는 것일까? 그것은 유아 성욕의 활동과 체험 속에서, 그리고 유아기에 포기한 부분 본능과 대상 속에서 발견한다. 즉, 리비도는 그러한 것들로 되돌아간다. 그런데 이러한 유아기의 의의는 이중성을 갖고 있다. 먼저 어린아이가 선천적으로 갖고 태어난 본능의 방향이 유아기의 모습을 나타내고, 다음으로 다른 본능이 외적 영향과 우연한 체험으로 자극을 받아 활동하기 시작한다. 이와 같이 둘로 나누는 것이 지당하다고 나는 생각한다. 선천적인 요인이 외부적으로 나타난다는 데는 물론 이의가 없지만, 우리의 분석적 경험을 통해 볼 때 유아기의 우연적인 체험은 리비도의 고착을 훨씬 후에까지 남긴다고 가정하지 않을 수 없다.

나의 견해에는 이론적인 문제 같은 것은 전혀 없다고 생각한다. 체질적인 요인은 확실히 먼 옛날 조상들이 겪은 체험의 여운이며, 또 이미 옛날에도 획득된 것이다. 이와 같은 획득된 특질이 없다면 유전이라는 것은 없었을 것이다, 그리고 이와 같이 유전하는 획득물이, 우리가 관찰하고 있는 현대에 갑자기 사라진다고는 상상조차 할 수 없다. 하지만 조상의 체험이나 성숙기의 체험보다 유아기의 체험을 너무 무시해 버려서는 안 된다.

아니 오히려, 이 유아기의 체험이야말로 특히 중시해야 할 영역이다. 유아기의 체험은 발달의 미완성 시기에 일어나기 때문에 중대한 결과를 남긴다. 그리고 바로 그 때문에 유아기의 체험은 외상적으로 작용한다. 독일의 해부학자 로프와 다른 학자가 시도했던 발생의 메커니즘에 대한 연구에 의하면, 세포 분열이 진행 중인 배아를 바늘로 찌르면 발생에 중대한 장애가 일어난다. 그런데 애벌레나 성숙한 동물한테 같은 상해를 입히면 아무런 장애도 발생하지 않는다. 그러므로 우리가 노이로제의 병인에 대한 체계 속에 삽입한 어른의 리비도의 고착은 체질적 인자의 대표로서 두 가지 인자, 즉 유전적인 요인과 유아기 초에 획득한 요인으로서 또다시 분해할 수 있다. 이 관계를 하나의 도식으로 종합해 보면 다음과 같다.

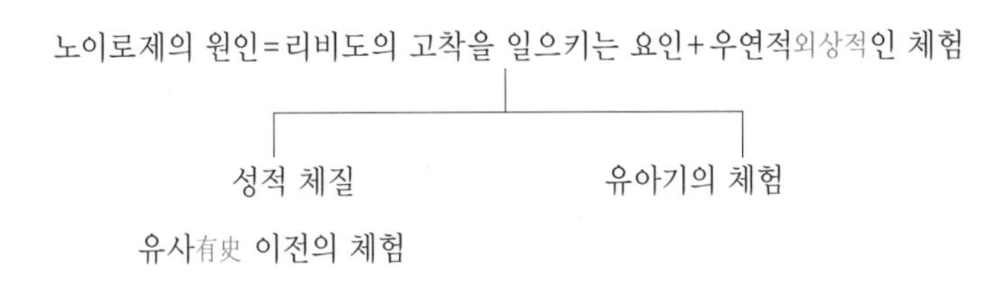

유전적인 성 체질은 갖가지 부분 본능이 개별적으로, 혹은 다른 부분 본능과 결부하여 매우 강해짐에 따라 많은 소인이 된다. 그런데 분석적 연구에 의하면, 노이로제 환자의 리비도는 그 환자의 유아기의 성 체험과 결부되어 있음이 명백하다. 이 사실을 좀더 관찰해 보기로 하자. 이 견지에서 보면, 유아기의 성 체험은 인간의 삶과 병에 매우 지대한 영향을 끼치는 것 같다. 치료라는 점에서 보면 그 의의가 없어지는 일은 절대 없다. 그러나 치료의 작업에서 각도를 바꾸면, 우리는 노이로제라는 병의 각도에서 인생을 너무 일방적으로 보고 있다는 오해를 받을 우려가 있다는 것을 깨닫는다.

리비도는 그 이후의 지위에서 쫓겨난 후에 퇴행적으로 유아기의 체험으로 되돌아간다는 것을 감안하면 유아기 체험의 의의는 역시 감소될 것이 틀림없다. 그러나 반대로 유아기에는 하등 중요하지 않았던 리비도의 체험이 퇴행함으로써 중대해졌다는 결론은 타당한 것으로 보인다. 여러분은 앞서 오이디푸스 콤플렉스를 논했을 때, 우리가 이와 같은 양자 택일에 대해서 뚜렷하게 반응한 것을 상기할 수 있을 것이다.

이번에도 이 점을 결정하는 데 그리 어렵지는 않다. 리비도의 퇴행이 유아기의 체험에 대한 리비도의 충당, 즉 병원적 의의를 매우 강화시킨다는 주장은 옳은 것이다. 그러나 이 주장만이 결정적인 것은 아니다. 이외에도 다른 것을 고려해야만 하는데, 첫째로 유아기의 체험은 그 자체로서 의의를 가지면, 관찰 결과 유아기에서도 그 의의는 이미 발견된다. 실제로 유아 노이로제라는 것도 있다. 물론 유아 노이로제에서 시간적인 퇴행의 요인은 매우 희미하거나 전혀 없다. 즉, 이 병은 외상적인 체험의 결과로 일어난다. 이와 같은 유아 노이로제를 연구하면, 마치 어린이의 꿈이 어른의 꿈을 이해하는 실마리가 된 것처럼, 어른의 노이로제에 대한 오류를 범하지 않게 된다, 그런데 실상 어린이의 노이로제는 보통 사람들이 생각하고 있는 것보다 훨씬 많다.

유아 노이로제는 대개 어리광이 심하다든가 개구쟁이로 판단되어 버리며, 아동 연구가조차도 문제삼지 않는다. 그러나 나중에 돌이켜보면 금방 깨닫게 된다. 유아 노이로제는 대개 불안 히스테리의 형태로 나타난다. 이 불안 히스테리에 대해서는 다른 기회에 이야기하기로 하겠다. 노이로제가 발병하여 분석하다 보면, 그 노이로제는 유아 노이로제가 베일을 쓰고 작용하는 직접적인 계속의 결과임을 알 수 있다. 그러나 앞에서 말한 것처럼, 이 유아 노이로제가 사라지지 않고 한평생 동안 줄곧 계속되는 경우가 있다.

이런 예는 드물지만, 우리는 실제로 병에 걸려 있는 상태의 어린이를 대상으로 유아 노이로제를 분석할 수 있었다. 그러나 어디까지나 노이로제에 걸린 어른 환자에게서 얻은 지식을 기초로 해서 유아 노이로제에 대한 견해를 얻어야 했던 경우가 훨씬 많았다. 이 경우 우리는 바로잡고 주의하는 것을 게을리해서는 안 된다. 둘째로, 리비도를 유아기로 잡아당기는 막강한 힘이 없는데도, 리비도가 항상 이 유아기로 퇴행하는 것은 기묘한 일이라고 생각할 것이다. 발달 도상의 어느 지점에서의 고착—우리가 가정하듯이—이라는 말이 내용을 갖게 되는 것은, 어느 일정

량의 리비도의 에너지가 그 장소에 고정되는 일이라고 생각할 때만 성립된다. 마지막으로, 유아기와 후일의 체험의 강도와 병원적인 의의 사이에는 마치 우리가 앞에서 연구한 바와 같은 어떤 보충 관계가 있다는 것을 여러분에게 지적해 두고 싶다.

병의 모든 원인이 유아기의 성 체험으로 귀착되는 증례가 있다. 이 경우, 성 체험의 인상은 분명히 외상적인 작용을 한다. 그리고 보통의 성 체질과 그 미완성품만으로 이것을 보충하기에 충분하다. 이와 같은 증례와 병행해서 후일의 갈등이 보다 크게 작용한 증례도 있다. 이 경우, 분석에서는 유아기의 체험에 역점을 두게 되어도 그것은 퇴행의 결과로서 받아들여진다. 그러므로 발달의 정지와 퇴행이라는 극단적인 두 영역이 있고, 그 둘 사이에서 이 두 가지 인자가 뒤섞여 함께 작용하고 있는 것이다.

이것은 일찍이 어린이의 성적 발달에 관여하여, 노이로제를 막기 위해 애쓰는 교육자에게는 어느 정도 흥미를 끌 것이다. 그런데 사람들이 유아기의 성 체험에만 관심을 둔 나머지 성의 발달을 늦추게 하거나 어린이가 이런 체험을 못 하게 막으면, 노이로제의 예방에는 성공한 셈이 된다. 그러나 우리는 이미 노이로제를 발생시키는 조건은 대단히 복잡해서 단 하나의 인자를 고려하는 것만으로는 일반적으로 무의미하다는 것을 알았다. 유아기의 엄격한 예방은 오히려 역효과를 볼 수도 있다. 왜냐 하면 이와 같은 예방은 체질적인 요소에 대해서는 힘이 없기 때문이다. 그리고 이와 같은 예방은 교육자가 생각하는 것만큼 그리 쉽게 실행되지 않는다. 또 그것에는 반드시 두 가지 새로운 위험성이 뒤따르는데, 그 위험성 또한 무시 못 할 일이다.

그 첫째는, 도가 지나친 예방이다. 이와 같은 예방은 성의 억압을 야기시키는 것으로서 대단히 해로운 결과를 가져오게 된다. 둘째, 이와 같은 예방 때문에 어린이는 사춘기에 마땅히 찾아오는 성적 욕구에 대해서 아무런 저항도 없이 인생의 길을 간다. 그러므로 유아기의 예방이 유효한지는 의문의 여지가 있고, 또 노이로제를 예방하는 데 있어서 현실에 대한 태도를 바꾸는 것이 과연 옳은 수단이라고 할 수 있는지도 쉽게 단정할 수 없다.

그러면 증상 문제로 되돌아가기로 하자. 증상은 현실에서 얻을 수 없었던 만족의 대용물이다. 리비도가 대상 선택의 초기 단계나 체제의 초기 단계와 밀접하게 결부되어 있는 어린 시절로 퇴행하기 때문에, 증상은 만족의 대용물이 되는 것이다. 우리는 이미 노이로제 환자는 그의 과거의 어디쯤에 붙잡혀 있는 것이라고 말했다. 이제 그 과거의 어느 시기란 바로 리비도가 만족을 얻고 있었던 시기, 다시 말해서 리비도가 행복했던 시기라는 것을 알 수 있다. 환자는 오랫동안 자기 과거의 생활을 헤쳐보고 나서 마침내 그와 같은 행복한 시대를 발견한다.

어떤 경우엔 유아기로까지 거슬러 올라간다. 그는 그 시기를 회상하는 것처럼, 또는 후일의 사건에서 받은 자극으로 그 시대를 공상하고 있는 것처럼 보인다. 그러나 어쨌든 증상은 그 유아기적인 만족을 얻는 방법을 반복한다. 그리고 그 만족은 갈등에서 생긴 검열에 의해서 왜곡되고 대개 고통스러운 감각으로 바뀌어 있으며, 또 발병의 원인이 된 것에서 온 요인과 뒤섞여 있다. 증상으로 얻게 되는 만족은 매우 기묘한 종류이다. 이 만족은 대개 당사자가 깨닫지도 못하고 오히려 당사자는 우리가 만족이라고 말하는 것을 고통으로 느끼고, 실제로 고통으로 호소한다. 그러나 우리는 이렇게 생각할 수 있다.

이렇듯 만족이 고통으로 바뀌는 것은 압력으로서 증상을 야기시키는 심적 갈등 때문이다. 과거에 만족스러웠던 것은 현재에 와서는 그의 반항이나 혐오감을 일깨워 줄 것이다. 이와 같은 감각의 변화에 대해서, 우리는 그다지 뚜렷하지 않지만 적절한 실례를 알고 있다. 예를 들면, 어머니의 유방에서 만족스럽게 젖을 먹은 아이도 2, 3년이 지나면 흔히 우유에 대해 심한 반감을 품는다. 이것은 교육으로 극복되지 않는다. 만일 우유라든가, 우유가 든 음료에 얇은 껍질이 덮여 있으면 이 반감은 혐오감으로 발전한다. 이와 같은 껍질이 옛날에 그토록 원하던 어머니의 유방을 연상시켰다는 것은 아마 부정할 수 없을 것이다. 그리고 거기다 외상적으로 작용한 이유離乳의 체험이 섞여 있음은 당연하다.

그리고 증상에 주목한 결과, 리비도를 만족시키는 수단으로서의 증상을 해석하지 못하게 하는 다른 것도 있다. 증상은 우리에게 보통 만족이라고 부르는 것을 상기시키지 않는다. 증상은 흔히 대상과 완전히 별개이며, 또 외적 현실과도 무관하다. 이것을 우리는 현실 원칙을 버리고 쾌감 원칙으로 돌아간 결과라고 간주하지만, 그것은 또 넓은 의미로는 일종의 자기성애自己性愛로 돌아가는 것이기도 하다. 사실 자기 성애는 성본능에 처음으로 만족을 준 것이다. 자기 성애는 외적 변화를 일으키는 대신 육체에 변화를 일으킨다. 즉, 외부의 활동 대신에 내부의 활동, 그리고 행동 대신에 적응을 가져온다. 또한 이것은 계통발생적 견지로 볼 때 매우 중요한 퇴행과 합치한다. 이것은 우리가 증상 형성에 대한 분석적 연구에서 앞으로 배워야 하는 새로운 사실과 결부시킬 때 비로소 뚜렷하게 이해될 것이다. 그리고 우리는 증상의 형성에서 꿈 형성의 경우와 같은 무의식 과정, 즉 압축과 대치가 공동으로 작용하고 있는 것을 상기하게 된다.

증상은 꿈과 마찬가지로 실현된 어떤 종류의 유아적인 만족을 나타내고 있는데, 이 만족은 극단적인 압축 작용으로 인해 유일한 감각이 신경흥분으로 압축되어 버리고, 또 극단적인 대치 작용으로 전체의 리비도적 복합체의 일부분에만 한정되어 버린다. 그러므로 예상되고 언제라도 입증되는 리비도의 만족을 증상 속에서 발견하기가 어려운 것은 당연한 일이다.

우리는 아직 어떤 새로운 사실에 대해 더 배워야 한다고 언급했었다. 새로운 사실이란 매우 놀랄 만한 것이고, 또한 우리를 당황케 하는 것이다. 증상의 분석으로 우리는 리비도가 고착되어 있다는 것과 유아기의 체험이 증상과 관련되어 있다는 것을 알았다. 그런데 놀랄 만하다는 것은, 유아기의 인상은 반드시 진실한 것이 아니라는 점이다. 대부분의 경우 진실하지 않을 뿐더러, 어떤 경우는 역사적 진실과 정반대이다. 진실이 아니라는 이 발견만큼 여태까지의 분석의 신용을 완전히 실추시키거나 분석과 노이로제 이론의 기초가 된 환자의 진술에 대한 신뢰도를 떨어뜨리는 것은 없다고 여러분은 생각할 것이다.

그러나 그 외에도 우리를 매우 당황케 하는 것이 또 있다. 만일 분석으로 드러난 유아기의 체험이 항상 실재의 것이었더라면, 우리는 우리의 견해에 안도감을 느낄 것이다. 그러나 유아기 체험이 실상은 거짓으로서 환자가 공상한 것임을 알게 되면, 우리는 이 위태로운 불안정한 기반을 버리고 다른 튼튼한 장소를 모색하지 않으면 안 될 것이다. 그러나 그 어느 쪽도 아니다. 분석으로 구성되었거나 분석 중 밝혀진 유아기의 체험은, 어떤 때는 의심할 바 없이 조작된 이야기이고, 어떤 때는 확실한 사실이며, 또 대개의 경우는 진실과 거짓을 혼합한 것임을 알 수 있다. 그러므로 증상은 어떤 때는 실제로 있었던 체험의 묘사이며, 그 체험이 영향을 끼쳐서 리비도가 고착한 것이라고 말할 수 있다.

또 어떤 경우는 병인적인 아무런 의의도 없는 환자의 공상을 묘사한 것이다. 여기서 나아갈 길을 찾기는 어렵다. 그러나 아마도 이와 유사한 발견 속에 최초의 단서가 있을 것이다. 즉, 인간이 아직 아무런 분석도 하기 전인 태고적부터 의식에 갖고 있었던, 개별적으로 분리된 어린 시절의 기억은 이것과 마찬가지로 거짓이거나, 아니면 적어도 많은 거짓과 진실을 혼합한 것이다. 이 경우 기억 속에 있는 진실이 아닌 것을 지적하는 것은 그리 어렵지 않다. 그러므로 지금과 같은 뜻밖의 실망은 분석의 탓이 아니라, 어느 점에서 환자의 탓이라고 생각하면 조금 위안이 될 것이다.

좀더 신중히 생각해 보면, 사태를 이렇게 복잡하게 만든 것이 무엇인지 알 수 있다. 그것은 현실을 경시하고 현실과 공상의 구별을 등한히 했기 때문이다. 이런 환자의 조작된 내용을 열심히 연구한다는 것은 실로 굴욕적인 느낌이 든다. 현실과 조작된 이야기는 하늘과 땅만큼 차이가

난다. 그리고 우리는 현실과 조작된 이야기를 아주 다른 방법으로 평가하고 있다. 아무튼 환자 또한 정상적으로 생각할 때는 이것과 동일한 견지에서 볼 수 있다. 만일 환자가 열렬히 원하고 있는 상황—그것은 증상의 이면에 있으며, 유아기 체험의 묘사이다—인 재료를 보고할 때, 처음에는 물론 그 재료가 과연 실재의 것인지 아닌지를 분간하지 못한다.

어떤 특징이 나올 때에야 비로소 어느 쪽이라고 정할 수 있다. 그리고 우리는 환자에게도 이 결정권을 주는 작업에 착수한다. 그러나 이것을 어느 환자에게나 적용할 수 있는 것은 아니다. '마치 모든 민족이 잊어버린 태고를 전설로 실증하려는 것처럼, 당신은 어린 시절의 역사를 감싸려고 지금 바야흐로 공상을 펼치려 하고 있다'고 우리가 솔직히 지적해 주면, 이 주제를 깊이 추구하려던 환자의 관심이 갑자기 식어 버리는 것을 알 수 있다. 환자도 사실을 추구하며 '상상'을 경멸한다. "우리는 당신의 어린 시절에 실제로 일어난 일에 대해 연구하고 있는 중입니다" 하면서 연구가 어느 정도 해결될 때까지 그가 믿도록 해 주면, 환자는 나중에 우리의 착각을 비난한다.

현재 문제시하고 있는 유아기의 체험이 공상과 현실 중의 어느 쪽에 속하는가 하는 따위는 그다지 개의할 필요가 없다는 것을 환자가 납득하려면 오랜 시일이 걸린다. 그러나 의사가 그런 제안을 하는 것은 분명히 공상이라는 정신의 산물에 대한 옳은 태도이다. 공상도 일종의 실재이다. 환자가 이와 같은 공상을 창작했다는 것 역시 하나의 사실이다. 그리고 노이로제에 있어서 이 사실은 환자가 공상의 내용을 실제로 체험한 경우와 같은 의의를 갖고 있다. 이와 같은 공상은 물질적 실재에 대한 심리적 실재라고 볼 수 있다. 그리고 우리는 노이로제 영역에서는 심리적 실재가 결정적인 것임을 차츰 깨닫게 될 것이다.

노이로제 환자의 어린 시절의 이야기 속에서 항상 되풀이되고 거의 공통적으로 볼 수 있는 사건 중에서 두세 가지 특기할 만한 것이 있다. 나는 다른 사건 이상으로 이 사건들을 가치 있는 것으로 평가한다. 이런 사건의 전형적인 예로써 부모의 성교 장면 목격, 어른에 의한 유혹, 거세 위협이라는 세 가지를 들겠다. 이와 같은 사건들이 결코 물질적 실재가 아니라고 가정하는 것은 대단한 착오이다. 나이 든 어른들을 대상으로 조사해 보면 이와 같은 사건이 실재했다는 것을 뚜렷하게 증명할 수 있다.

이를테면 어린아이가 자기의 성기를 만지작거리면서도 그런 짓을 사람들 앞에서 하면 안 된다는 것을 아직 모르고 있는 시기에 부모나 유모가, "또 그러면 고추를 떼어 버리겠다" 라고 하든가, "손을 잘라 버릴 테야" 하고 위협하는 일이 종종 있다. 부모들 측에서도 이런 일이 흔히 있었다는 것을 인정한다. 그들은 이와 같은 위협이 가장 좋은 방법이라고 믿고 있다. 많은 사람들은 성장한 후에도 이 위협을 정확히 기억하고 있다. 더욱이 아이가 좀 커서 이런 위협을 듣게 되면 아주 똑똑하게 기억한다.

어머니나 다른 여자가 이와 같이 위협할 때는 아버지가 안 된다고 했다든가, 의사의 명령이라든가 하면서 대개 다른 사람의 핑계를 댄다. 프랑크푸르트의 소아과 의사 호프만유아기의 성적 콤플렉스에 정통함이 1747년에 쓴 유명한 그림책 《더벅머리 남자아이》 속에서, 여러분은 '빠는 것'을 그만두지 않은 대가로서, 거세 대신 엄지손가락을 자르는 것으로 대치된 장면을 볼 수 있을 것이다. 그러나 노이로제 환자를 분석했을 때 발견되는 것만큼, 어린아이에게 거세 위협이 자주 가해지는 일은 있을 수 없을 것이다.

어린아이는 타인의 암시나 자기 성애적인 만족이 금지되어 있다는 지식, 또는 여성 성기를 발견했을 때 받은 인상을 기초로 하여 공상 속에서 이와 같은 위협을 구상한 것이라고 우리는 생각하고 있다. 물론 어린아이의 이해나 기억은 믿을 수 없다고 하지만, 엄격하고 교양 있는 가정의 어린이라도 부모나 어른의 성교 장면을 보았을지 모른다는 추측은 가능한 것이다. 그리고 나중에 그 아이가 더 깊은 뜻을 깨닫고 그때의 인상에 반응하는 것은 부정할 수 없다.

그러나 만일 어린아이가 관찰할 수 없는 성교의 세밀한 부분까지 묘사하거나, 뒤에서의 성교—동물 성교 형태라고 말할 수 있는—였다고 보고한다면, 이 공상은 동물특히 개의 교미 장면을 관찰한 데 기인하고 있으며, 그 공상의 원동력이 사춘기의 채워지지 않는 호기심으로부터 나왔다는 것은 의심할 여지가 없다. 이런 종류의 공상 속에서 가장 극단적인 예는, 자기가 아직 태어나지 않고 어머니의 태내에 있을 때 부모의 성교를 보았다는 공상이다. 특히 흥미로운 것은 유혹 공상이다. 그런데 이것은 사실 공상이라기보다 차라리 현실의 기억이라고 할 수 있다.

다행인 것은 분석 결과에 의거할 때, 이 꿈이 모두 실재적인 공상 같지만 대부분은 비현실적인 것이다. 나이가 위인 어린아이라든가, 같은 또래의 어린아이에게 유혹받는 경우가 어른에게 유혹받는 경우보다 언제나 많다. 어린 시절의 이야기 속에서 이런 사건을 묘사하는 여자 아이의 경우에는, 틀림없이 아버지가 유혹자가 되어 나타나는데, 그때에는 이와 같이 아버지에게 죄를 전가하는 이 공상의 본질과 그 동기를 뚜렷이 알 수 있다. 어린아이는 언제나 유혹 공상—현실에서는 유혹 같은 것이 없지만—으로 자기 성애적인 시기를 위장해서 감추는 것이다.

어린아이는 자기가 연모하던 대상을 유아기의 초기로 소급하여 공상함으로써 자위에 대한 수치심으로부터 벗어나려 한다. 어쨌든 어린아이가 자기와 가장 가까운 친척 남자에게 성적으로 유혹을 받았다고 말할 때는, 무조건 그것을 공상의 나라에서 본 것이라고 무시해 버리면 안 된다. 대개의 분석가는 이와 같은 일이 현실적으로 일어나서 그것을 명백하게 확증할 수 있었던 환자를 치료한 적이 있다. 그러나 물론 그때에도 이런 일은 유아기의 가장 후기에 속해 있다가 아동기로 옮겨진 것에 지나지 않는다.

여러분은 이와 같은 유아기의 사건은 어린아이에게는 꼭 필요했던 것이며, 또 노이로제에서 부동의 성분이라는 인상만을 받았을 것이다. 이와 같은 사건이 현실에 있었다면 할 말이 없지만, 현실에 없었다면 그것은 암시에 의해서 만들어지고 공상으로 보충된 것이다. 결과는 어느 쪽이라도 마찬가지이다. 우리는 공상 혹은 현실이 이와 같은 유아기의 사건 속에 큰 비중을 차지하고 있더라도, 현실이냐 공상이냐에 따라서 그 결과가 어떻게 달라지는지 아직은 증명할 수 없다. 그것은 여기에도 또한 몇 번이나 언급한 그 보충 관계가 관련되어 있기 때문이다.

물론 이 보충 관계는 우리가 배운 것 중에서 가장 기묘한 것이다. 그러면 이런 공상으로 이끌어가는 욕구와 그 공상을 만드는 재료는 어디에서 온 것일까? 그것이 본능의 원천에서 나왔다는 것은 의심할 바 없지만, 동일한 공상이 동일한 내용을 가지고 만들어진다는 점은 설명되지 않으면 안 된다. 나는 이에 대한 대답을 미리 마련해 놓고 있다. 내 대답을 들으면, 여러분은 그 대담함에 놀랄 것이다. 물론 다른 이름으로 불리어질지도 모르지만, 나는 이것을 원시 공상이라고 부르고 있다. 이 원시 공상은 계통발생적인 소산이라고 생각한다. 인간은 자기 자신의 체험으로 충분치 못하면 자기 자신의 체험을 초월해서 이 원시 공상에 의해서 태고의 체험으로 들어가는 것이다.

나는 우리에게 공상이라는 형태로 이야기되는 것, 이를테면 어린아이를 유혹하는 것이나 부모의 성교를 보고 성적 흥분이 일어난 것, 또는 거세 위협 등은 원시 시대에는 실제로 인간의 가족에게 한 번쯤은 있었음직한 것이라는 사실과, 또 공상을 마음대로 하는 어린아이는 사실 개인적인 진실로 부족되는 부분을 유사 이전의 어떤 진실의 체험으로 메우고 있는 것뿐이라는 사실이 어디까지나 믿을 만한 것이라고 여겨진다. 여기에서 우리는 노이로제에 관련된 심리학에는 다른 모든 원천보다 더 많은 인류 진화의 유물이 보존되어 있는 것이 아닐까 하고 의심하게 되었다.

이상 말한 것 때문에 우리는 아무래도 '공상'이라고 이름 지어진 정신 활동의 기원과 의의를 더 깊게 연구해야 할 필요성을 절감한다. 여러분도 알고 있듯이, 정신 생활에 있어서의 공상의 위치는 밝혀져 있지 않다. 그러나 공상이라는 것은 일반적으로 높은 평가를 받고 있다. 나는 여러분에게 이 점에 대해서 다음과 같은 말을 할 수 있다. 인간의 자아는 외적인 궁핍의 작용을 받아 점차적으로 현실을 존중하고 현실 원칙을 지키게 되어, 그때 자아의 모든 쾌감 추구—성적인 것만은 아닌—의 대상과 목표를 일시적으로 또는 영구적으로 포기하지 않으면 안 되었다.

그런데 쾌감 추구를 포기한다는 것은 인간에게는 매우 어려운 일이다. 일종의 보상이 없다면, 인간은 쾌감 추구를 완전히 단념하지 못한다. 그러므로 인간은 하나의 정신 활동을 보류해 놓고 있었다. 그리고 이 정신 활동 속에서는 그 단념된 쾌감의 원천과 쾌감 획득으로의 버려진 방법이 오랫동안 존속하도록 허용된 것이다. 다시 말해서 우리가 현실의 고통이라고 부르는 것과 현실의 요청으로도 속박되지 않는 존재의 한 형식을 갖도록 허용된 것이다. 어떤 쾌감 추구도 즉각 실현된 표상의 형태를 갖는다. 공상에 의한 원망 충족에 시간을 소비하는 것은, 그것이 현실적인 것이 아님을 비록 뚜렷이 알고 있더라도 일종의 만족감을 주는 것임은 분명하다.

그러므로 인간은 공상이라는 활동 속에서, 현실에서는 오랫동안 단념해 온 외적 속박으로부터의 자유를 향락하는 것이다. 이리하여 인간은 마침내 번갈아 가면서 어떤 때는 지성적 존재로서 살아가게 되었다. 인간은 현실에서 얻을 수 있는 만족만으로는 살아가지 못한다. 독일의 소설가 폰타네Fontane는 "인간 세상에 오락 기관이 없으면 발전할 수 없다"고 말했다.

공상이라는 정신 영역의 창조물은 농업·교통·공업 때문에 오늘날 지구의 원시적인 면모가 순식간에 흔적도 없이 사라져 버리려 하고 있는 곳에 구성된 '보호림'이나 '천연 자원 보호 공원'과 같다. 거기에서는 원시적인 모습을 그대로 볼 수 있다. 천연 자원 보호 공원은 옛 상태를 그대로 간직하고 있지만, 그 밖의 곳에서는 유감스럽게도 필요에 의해서 그런 상태를 제거해 버렸다. 거기에서는 쓸데없는 것도, 해로운 것도 모든 것이 제멋대로 무성하게 자라고 있다. 공상이라는 정신의 영역도 현실 원칙의 속박을 벗어나 이와 같은 보호림이다.

공상의 가장 유명한 산물은 '백일몽'이다. 그것은 명성에 대한 원망, 과대망상적 원망, 성적인 원망이 마음 속에 그려진 만족이다. 현실이 체념과 인내를 강요하면 할수록 이와 같은 원망은 점점 더 강해진다. 현실의 동의를 얻지 않더라도 공상을 통해서 쾌감을 다시 획득할 수 있다는 것은 이 백일몽 속에 뚜렷이 나타나 있다. 이와 같은 백일몽이야말로 꿈의 핵심이며, 표본이라는 것을 우리는 이미 알고 있다. 꿈이란 결국 밤이 되어 본능 흥분이 자유로이 되었기 때문에 활동하기 시작한 백일몽, 또는 밤의 정신 활동의 형태에 의해서 왜곡된 백일몽이다. 우리는 앞에서 백일몽도 또한 반드시 의식적이 아니라도 가능하며, 무의식인 백일몽도 존재한다는 것을 이해했다. 즉, 이와 같은 무의식적인 백일몽은 꿈의 근원인 동시에 노이로제 증상의 근원이다.

공상이 증상 형상에 어떤 의의를 갖고 있느냐 하는 것은 다음과 같은 이야기로 분명해질 것이다. 욕구 불만을 받으면, 리비도는 퇴행하여 옛날에 비워둔 장소에다 에너지를 충당하는데, 그 장소에는 어떤 양의 리비도가 아직도 고착되어 남아 있다고 앞에서 말했었다. 우리는 이이야기를 취소하거나 정정할 생각은 없지만, 거기에 삽입해야 할 문제가 있다. 리비도는 어떻게 하여 그 고착점으로 되돌아가는 길을 발견하는 것일까 하는 점이다.

한편, 포기되었다는 리비도의 대상이나 방향은 어떤 의미에서 아직도 포기되고 있지 않다. 그 대상과 방향 혹은 그러한 것들의 유도체는 어떤 강도를 가지고 아직도 공상 표상 속에 살아 있다. 그러므로 억압된 모든 고착을 끄집어내려면 리비도가 공상으로 물러나기만 하면 된다.

이 공상은 일종의 인내를 즐기고 있었던 것이다. 이 공상과 자아 사이에 비록 심한 대립이 있더라도 어느 일정한 조건이 지켜지고 있는 한, 양자 사이에 갈등은 발생하지 않는다. 이 조건은 양적인 성질의 것이며, 그 조건은 이제 리비도가 공상으로 물러남으로써 방해당한다. 리비도의 보급 때문에 공상에의 에너지 충당은 높아지고, 그 결과 공상은 활기를 띠어 끊임없이 실현시키는 방향으로 향한다. 그러나 이 때문에 공상과 자아 사이의 갈등은 피할 수 없게 된다. 공상이 이전의 전의식적이었든, 의식적이었든 간에 이제 공상은 자아 쪽의 억압에 지고 또 무의식 속의 인력에 끌린다. 이리하여 리비도는 이제 무의식적이 된 공상에서 무의식 속에 있는 공상의 원천, 즉 리비도 자신의 고착점으로 되돌아가는 것이다.

리비도가 공상으로 되돌아가는 것은 증상 형성에 이르는 길의 중간 단계이다. 이 단계는 특별한 이름을 붙일 가치가 있을 것이다. 융은 이에 대해서 '내향內向'이라는 매우 적절한 이름을 붙였다. 그리고 융은 이 이름을 적절하지 않은 다른 뜻으로 사용했다. 우리는 내향이라는 말을, 리비도가 현실적인 만족의 가능성을 포기하고 지금까지 무해한 것으로서 너그럽게 보아온 공상에 그 에너지를 지나치게 충당한다는 뜻으로 사용하고 싶다. 내향자는 아직 노이로제 환자는 아니지만, 어떤 불안정한 상태에 놓여 있다. 만일 그가 막혀 있던 리비도를 위해서 다른 배출구를 발견하지 못한다면, 힘의 균형이 조금만 깨져도 증상이 발생하게 된다. 이에 반해서 신경증적 만족의 비현실성과, 공상과 현실의 차이가 없다는 것은 내향의 단계에 걸음을 멈추면 얻을 수 있는 것이다.

이 마지막 논의에서, 내가 병인론의 연쇄의 연결점에 하나의 새로운 인자, 즉 지금 문제로 삼고 있는 에너지의 양과 크기를 덧붙인 것을 여러분은 아마 깨달았을 것이다. 우리는 이 인자를 앞으로 어디서나 고려해 넣지 않으면 안 된다. 병인론적 조건을 오로지 질적으로 분석하는 것만으로는 충분치 않다. 다시 말해서 이러한 정신적 과정을 단지 역동적으로 파악하는 것만으로는 부족하다. 즉, 여기에다 경제적인 관점을 포함시켜야 한다. 두 충동 사이의 갈등은 비록 내용적인 관계가 오래 전부터 있었다 해도, 에너지의 충당이 어느 강도에 도달하지 않으면 폭발하지 않는다. 이와 마찬가지로, 체질적인 인자가 병원적인 의의를 가지는지 어떤지는, 소질 속에 있는 하나의 부분 본능이 다른 부분 본능보다 훨씬 많으냐 적으냐에 따라 정해진다.

모든 인간의 소질은 질적으로는 같은 종류이지만, 이 양적 관계에 있어서만은 각기 다르다고 생각할 수 있다. 노이로제에 대한 저항력으로 볼 때, 이 양적인 인자는 매우 결정적인 것이다. 그것은 사람이 이용할 수 없는 리비도를 어느 정도 허공에 띄어둘 수 있느냐, 또 리비도의 어느 정도의 부분을 성에서 승화의 목적으로 돌릴 수 있느냐에 달려 있다. 질적으로는 쾌감을 얻고 불쾌를 피하려고 하는 것이라는 정신 활동의 최종 목적도 경제적인 관점에서 보면, 정신 기관 속에 작용하고 있는 흥분량을 처리하고 불쾌감을 주는 정체 현상을 막는 사명이라고 표현할 수 있다.

나는 노이로제에 있어서의 증상 형성에 대해서 여러분에게 많은 것을 이야기하고 싶었다. 그러나 여기서 이야기한 것은 모두 히스테리의 증상 형성에 관한 것뿐임을 다시 한 번 밝혀둔다. 강박 노이로제의 경우에도 근본 원칙은 마찬가지이지만, 많은 점에 있어서 히스테리와는 구별된다. 본능적인 욕구에 대한 반대 충당은 강박 노이로제에서는 더 강하게 나타나서 이른바 '반동 형성'에 의해서 임상적인 표상을 지배한다. 우리는 이것과 같은 변이, 그리고 좀더 큰 변이를 다른 노이로제에서 발견할 수 있다. 그와 같은 노이로제에서는 증상 형성의 메커니즘의 연구는 어느 점으로 보나 아직도 미완성이라고 할 수 있다.

오늘의 주제를 종결 짓기 전에, 나는 흥미 있는 공상의 일면에 대해 여러분에게 이야기하고 싶다. 즉, 공상에서 현실로 돌아가는 길이 있다고 하는 것이다. 그것은 다름 아닌 예술이다. 예술가는 내향자가 될 소질을 다분히 갖고 있다. 내향자는 노이로제 환자와 그리 떨어져 있지 않다. 예술가는 너무 강한 충동의 욕구에 쫓겨서 명예·권력·재물·여성의 사랑 등을 얻고 싶어한다. 그러나 그는 이것을 만족시키는 수단을 갖고 있지 않다. 그래서 예술가는 현실을 버리고 그의 모든 흥미를—심지어 리비도까지—노이로제의 입구라고 할 수 있는 공상 생활의 원망 형성에 돌린다.

그러나 노이로제가 그의 발전의 결말이 되지 않도록 하기 위해서는 여러 가지 인자가 서로 결합되어 있어야 한다. 예술가가 노이로제 때문에 그 능력이 부분적으로 억압되고 괴로워한 예가 많다는 것은 잘 알려져 있는 사실이다. 아마 예술가의 체질 속에는 승화하는 능력이 강하고, 갈등의 해결 수단인 억압은 어느 정도 약화된 모양이다. 그러나 예술가는 현실로 돌아가는 길을 다음과 같은 방법으로 발전한다. 공상 생활을 하는 자는 예술가뿐이 아니다. 공상이라는 중간 영역은 인류 전체가 한결같이 인정하고 있다. 그리고 궁핍을 개탄하는 자는 모두 이 공상에서 기쁨과 위안을 얻고 싶어한다. 그러나 예술가가 아닌 일반 사람들은 공상의 도움으로 쾌감을 얻는 것에 제한을 받고 있다. 이런 사람들은 매우 혹독한 억압으로 인해서, 간신히 의식으로 올라갈 수 있는 유치한 백일몽으로 대신하여 만족을 얻지 않으면 안 된다.

그런데 진정한 예술가는 그 이상의 것을 뜻대로 할 수 있다. 예술가는 첫째로, 자기의 백일몽을 가공하는 방법을 알고 있다. 그리하여 타인의 마음에 거슬리는 독단적인 백일몽은 삭제하고 누가 봐도 재미있는 것으로 만든다. 둘째로, 예술가는 또한 백일몽이 억압된 샘에서 왔다는 것을 타인이 쉽게 알지 못하도록 완화시키는 방법도 알고 있다. 셋째로, 그는 어떤 일정한 소재가 자기의 공상 표상과 동일한 것이 되도록 이 소재에 형태를 부여하는 뛰어난 능력을 갖고 있다. 넷째로, 그는 무의식적인 공상의 표현에 많은 쾌감 획득을 결부시키는 방법도 알고 있어서, 그 결과 억압은 잠깐 동안의 표현에 압도되어 포기되고 만다.

만일 예술가가 이와 같은 일을 모두 해낼 수 있다면, 그는 타인들이 쉽게 접근할 수 없는 무의식이라는 쾌감의 샘에서 그들이 다시 기쁨과 위안을 퍼올릴 수 있게 해 주고 그들로부터 흠모와 경탄을 받게 된다. 그리하여 처음에는 단지 자기의 공상 속에서만 획득할 수 있었던 명예·권력·여성의 사랑 등을 공상에 의해서 실제로 획득할 수 있게 되는 것이다.

24
일반적인 신경증

우리는 지난번 강의에서 정신분석에 있어서 매우 어려운 국면을 극복했다. 이제 〈정신분석 입문〉이라는 제목은 노이로제를 다루려 하는 이번 주제에는 적합하지 않다. 정신분석 입문은 오류나 꿈의 연구에 있으며, 노이로제는 이미 정신분석 그 자체이다. 이렇게 제한된 시간으로는, 이처럼 압축된 형태에 의하지 않고는 노이로제의 내용을 여러분에게 가르칠 수 없다. 그러므로 문제는 증상의 의미와 의의, 증상 형성의 내부 조건과 외부 조건 및 그 메커니즘을 연관시켜 강의하는 것이다. 나는 그것을 시도했고, 그것은 정신분석이 제시해야 할 핵심에 상당히 가깝다고 생각한다. 그때 나는 리비도의 발달에 대해서는 많은 것을 언급했지만, 자아의 발달에 대해서는 몇 가지밖에 언급하지 못했다.

여러분은 입문에 의해서 이미 우리의 기법에 대한 가설, 즉 무의식과 억압이라는 개념에 포함된 큰 관점에 대해 알았다. 여러분은 앞으로의 강의에서 정신분석의 연구는 그것과 어디에서 유기적으로 연결되어 있는가를 알게 될 것이다. 우리의 보고는 모두 노이로제라는 병의 한 가지 부류, 즉 전이 노이로제의 연구로부터 나오고 있다는 것을 여러분에게 미리 말해 두었다. 그런데 나는 증상 형성의 메커니즘을 히스테리 속에서만 추구해 왔다. 여러분이 혹시 확고한 지식을 얻을 수 없고 또 자세한 것을 알지 못하더라도, 정신분석이 다루는 방법과 문제, 그리고 어떠한 업적을 이루었는지에 대해서는 하나의 개념을 얻었을 줄 안다.

나는 노이로제를 묘사함에 있어서 먼저 노이로제 환자의 행동, 즉 환자가 어떻게 그 병에 대해 괴로워하고, 어떻게 그것에서 몸을 지키고, 어떻게 그것에 적응하려 하는가 하는 데서 시작하고 싶다고 말해 두었다. 그것은 확실히 흥미롭고 보람이 있는 연구의 주제이며, 또 다루기도 그리 어렵지 않다. 그러나 거기서 시작한다는 것은 좀 생각해 봐야 할 문제이다. 왜냐 하면 그렇게 되면 무의식을 발견할 수 없고 리비도의 중대한 뜻을 놓치게 되며, 모든 상태는 노이로제 환자 자신의 '자아의 발현'이라고 단정 지을 위험성이 있기 때문이다.

환자의 자아가 신뢰할 만한 공정한 증인이 아닌 것은 확실하다. 이 자아는 무의식을 부정하고, 그것을 억압해 버린 힘이다. 무의식을 그에 알맞게 다루는 데 있어서 어떻게 이 자아에 의지할 수 있겠는가? 우리는 성욕의 거부된 욕구가 가장 먼저 억압된 것으로 본다. 우리가 자아의 입장에서 이 욕구의 크기와 의의를 알 수 없는 것은 분명한 일이다.

억압이 희미하게 나타나기 시작할 때부터 우리는 훨씬 더 서로 시기하는 두 당파의 한쪽을, 게다가 완승을 거둔 당파를 이 투쟁의 재판관으로 세우지 말라고 했었다. 우리는 이미 자아의 진술에 속지 않는다. 만일 우리가 자아의 주장을 믿는다면, 자아는 모든 점에서 능동적이었던 것처럼 보여서 결국 자아 자체가 증상을 만든 셈이 된다. 그러나 우리는 자아가 매우 수동적인 역할이었고, 그때 자아는 이 수동성을 감추거나 대충 얼버무리려 한 것을 알고 있다. 물론 자아는 줄곧 허영을 부릴 수만은 없다.

강박 노이로제의 증상에서 본 자아는, 어떤 다른 분자가 자기를 적대시하므로 그저 겨우 자기 자신을 지키고 있는 것이라고 할 수 있다. 나의 이런 주의를 듣고도 자아의 거짓말에 현혹되기를 주저하지 않는 사람은 대단한 호인이다. 그런 사람은 정신분석이 무의식과 성욕과 자아의 수동성을 강조했기 때문에 받은 일체의 저항을 받지 않고 있다. 아들러Alfred Adler, 1870~1937년. 오스트리아의 정신분석학자 처럼, 그런 사람은 '신경질적인 성격'이 노이로제의 결과를 초래하는 것이 아니라고 주장할 수 있을 것이다. 그러나 그는 증상 형성의 미세한 부분이나 꿈에 대해서도 제대로 설명할 수 없는 것이다.

여러분은 이렇게 질문할 것이다. "정신분석이 발견한 요소를 경시하지 않고, 신경질이나 증상 형성에 자아가 관여하고 있다고 적당히 자아를 인정할 수는 없습니까?" 이에 대한 대답은 다음과 같다. '분명코 그렇게 할 수 있을 것이 틀림없고, 또 어느 때 어느 장소에선지 그렇게 될 것입니다. 그러나 거기서 시작하는 것은 정신분석의 연구 방침이 아닙니다.' 이 작업이 언제 정신분석 속에 들어올 것인가는 미리 말할 수 있다. 그런데 우리가 지금까지 연구해 온 노이로제보다 더 심하게 자아가 관여하고 있는 노이로제가 있다. 우리는 이 노이로제를 '나르시시즘적' 노이로제라고 부른다. 이 병을 분석적으로 연구하면, 노이로제에 자아가 관여하고 있다는 것을 분명히 알 수 있다.

그러나 자아와 노이로제와의 관계는 매우 뚜렷하므로, 처음부터 고려해 넣을 수 있다. 이 관계는 항시 있는 것처럼 여겨진다. 오늘날의 정신분석에 관한 지식으로는 아직 근접하기 어려운 질환인 외상성 노이로제에서 이 관계를 가장 뚜렷이 발견할 수 있다. 즉, 여러분은 갖가지 유형의 노이로제의 원인과 메커니즘에서는 항상 똑같은 요소가 활동하고 있으며, 어떤 유형의 노이로제에서는 그 중의 한 요소가, 다른 유형의 노이로제에서는 다른 요소가 증상 형성에 주요한 역할임을 알아야 한다.

이것은 연극단의 단원과 같은 것이다. 이 극단에는 각기 영웅·부하·악당과 같은 각기 주특기로 하는 일정한 배역이 있다. 그러나 자선 공연에서는 배우들이 다른 역을 고를 것이다. 마찬가지로 증상으로 바뀌는 공상은 히스테리의 경우만큼 뚜렷한 일은 없다. 강박 노이로제에서는 자아의 반대 충당, 혹은 자아의 반동 형성이 병의 형태를 지배한다. 파라노이아편집증에서는 우리가 꿈의 연구에서 2차적 가공이라고 부른 것이 망상이라는 형태로 상위를 차지하고 있다.

외상성 노이로제, 특히 전쟁의 공포에서 발생한 외상성 노이로제에서는 보호와 이기주의적인 자아의 동기가 인상적이다. 물론 자아 동기만으로 병을 만들 수는 없지만, 자아 동기는 그 병에 동조하여 일단 병이 형성되면 그것을 지속시킨다. 또 이 동기가 병의 유인이 될 우려가 있는 위험으로부터 자아를 지키고 있다. 그리고 그 위험이 반복되지 않게 될 때까지, 혹은 받은 위험에 대한 배상이 손에 들어올 때까지 이 병이 회복될 가망은 없다.

그러나 자아는 다른 모든 경우에 있어서도 노이로제가 발생하고 지속하는 데에 똑같은 관심을 나타낸다. 증상이 자아에게서도 지지를 받는 것은, 그것이 억압을 행한 자아의 의향에 만족을 주는 일면을 갖고 있기 때문이라는 것은 여러분도 이미 알고 있을 것이다. 더욱이 증상으로써 갈등을 해결한다는 것은 가장 편리한 방법인 동시에 쾌감 원칙에도 최적의 방법이다.

사실 증상 형성은 자아가 매우 혹독한 내부 작업에 종사하지 않아도 되게 한다. 의사는 간혹 노이로제가 갈등의 결과가 되는 것은 가장 무해하고 사회적으로도 가장 안전한 해결법이라고 고백해야 하는 때가 있다. 그러므로 의사 자신이 자기가 제거하려 하는 병을 옹호하는 일이 있다고 말해도 여러분은 놀라서는 안 된다. 오히려 인생의 갖가지 상황에서 의사는 자기의 역할을 지나치게 건강을 신봉하는 자로만 한정하지 말아야 한다.

이 세상에는 노이로제보다 더욱 비참한 일이 존재하고 있어서 현실적으로 필연적인 고민이 따르며, 또 필요라는 것은 인간에게 건강을 희생하도록 요구를 할 수도 있다는 것을 의사도 알고 있다.

또 의사는 한 개인으로서의 이와 같은 희생으로 많은 다른 인간에게 접근하려 하고 있는 극한의 불행을 막을 수 있다는 사실도 알고 있다. 그러므로 노이로제 환자는 갈등에 직면할 때마다 항상 질병 속으로 도피를 하는 것이라고 말할 수 있다면, 많은 경우 그와 같은 도피는 완전히 정당한 것으로서 인정해 주지 않으면 안 될 것이다. 이와 같은 상황을 이해한 의사는 위안하는 마음으로 조용히 물러날 뿐이다.

그러나 우리는 이러한 예외적인 예에서 눈을 돌려, 더 논의를 진행시켜 보고자 한다. 일반적인 상태에서 우리는 노이로제로 달아남으로써 어떤 내부적인 이득질병이 자아에게 주어진다는 것을 인정하고 있다. 어떤 조건에서는 현실에서 다소 높이 평가되고 있는 외부적인 이익이 이 내부적인 이익에 부가된다. 이런 종류 중에서 가장 흔한 실례를 고찰해 보도록 하자.

자기 남편에게 난폭하게 취급되고 냉혹하게 혹사당하고 있는 아내가 있다고 하자. 그녀가 노이로제가 될 소인을 갖고 있으며, 또 너무 내성적이거나 도덕적이어서 몰래 다른 남자의 위안을 얻을 수 없고, 또한 모든 외부적인 속박에 저항하여 남편과 헤어질 용기도 없고, 재활을 할 가능성이나 현재의 남편 이상으로 훌륭한 남자와 재결합할 가능성도 없고, 그리고 잔인한 이 남편에게 성적인 감각으로 결부되어 있는 경우라면 그녀는 도피구로서 반드시 노이로제에 걸린다. 그리하여 그녀의 병은 강압적인 남편에게 도전하는 무기가 된다.

그녀는 이 무기를 자기 몸을 지키기 위해서 사용하고, 복수하기 위해서 남용할 수 있다. 그녀는 자기의 결혼 생활의 불행을 호소하지 않겠지만, 자기 병을 호소할 수 있다. 그녀는 의사와 함께 결탁한다. 보통 때는 인정을 베풀 줄 모르는 남편도 별수 없이 그녀에게 관대한 태도를 보이고 그녀를 위해서 돈을 쓰며, 그녀에게 외출의 여가를 준다. 즉, 부득이 그녀를 결혼 생활의 압박에서 풀어주지 않을 수 없게 된다. 이와 같은 외부적인 혹은 우연적인 질병 이득이 매우 엄청나고, 또 그에 대신할 만한 것이 현실에서 발견되지 않을 경우에는 치료로써 노이로제에 영향을 줄 수 있다고 생각해서는 안 된다.

지금 질병 이득에 대해서 여러분에게 이야기한 것은 내가 부정한 견해, 즉 자아가 그 자체가 노이로제를 원하고 노이로제를 만든다는 견해에 편리한 것이 아니냐고 여러분은 반박할는지도 모른다. 이것은 자아가 노이로제를 막을 수 없어서 감수하는 것으로, 만일 노이로제로 어떤 것이 이루어진다면, 자아는 그것을 재료로써 가장 잘 사용하고 있다는 것이다. 이것은 반쪽인 방패에 불과하다. 물론 바람직한 반쪽이다. 노이로제가 이득을 갖고 있는 한, 자아는 노이로제에 동의하고 있어야 할 것이다. 그러나 노이로제에는 이득만 있는 것이 아니다.

자아는 노이로제와 관련을 맺어서 공연한 손해를 보게 되었음을 금방 깨닫는다. 자아는 갈등 해결의 보상을 너무 크게 치른 것이다. 증상에 따르는 고통은 아마도 갈등의 번민과 같은 가치의 대용물일 것이며, 더욱이 불쾌감까지 곁들여 받은 셈이 된다.

자아는 증상에 수반하는 이 불쾌감으로부터 벗어나고 싶지만, 질병 이득을 버리고 싶지도 않다. 그러나 그렇게 마음대로 되지 않는다. 그러므로 자아는 자기가 이제까지 믿고 있었던 것만큼 능동적이 아니었다는 것을 나타낸다. 우리는 이 점을 유의해야 한다.

만약 여러분이 의사로서 노이로제 환자를 대하게 되면, 자기의 병을 가장 심하게 한탄하고 호소하는 환자가 의사의 도움을 자발적으로 구하는 사람이고, 또 의사의 도움에 전혀 저항하지 않는 사람이라는 예상을 곧 버리게 될 것이다. 오히려 그 질병 이득에 반대이다. 기여하는 것은 모두 억압으로부터 나온 저항을 강화하고 치료상의 어려움을 증대시키는 것임을 여러분은 곧 알게 될 것이다. 말하자면 우리는 증상과 더불어 생긴 질병 이득 외에도 나중에 생긴 다른 질병 이득을 덧붙이지 않으면 안 된다.

병 같은 심리적 조직이 장기간 계속 존재한다면, 그 조직은 종국에는 독립된 존재처럼 거동할 것이다. 그것은 자기 보존 본능 같은 것을 발휘할 것이다. 이 조직과 정신 생활의 다른 성분, 근본에 있어서는 이 조직에 적대하고 있는 것같이 다른 성분과의 사이에도 일종의 가조약假條約

이 맺어진다. 그리고 이 조직이 유익하고 가치 있는 것임을 알 기회가 올 것이다. 말하자면 이 조직은 2차적인 기능을 획득하고, 이 2차적인 기능으로 자기의 지위를 새삼 강화한다.

병리학이 아닌 일상 생활에서 적합한 실례를 들어보자. 자기의 생활비를 벌고 있는 한 기능공이 있었다. 이 기능공이 작업 중에 다쳐서 불구가 되어 다시는 노동을 할 수 없게 되었다. 그러나 그는 매일 얼마간의 상해 보험을 받게 되었다.

그리하여 이번에는 자기가 불구임을 이용해서 편히 먹고 살 수 있다는 것을 알았다. 그래서 그는 새로운 생활이 전에 비하면 타락된 것이긴 해도 그의 본래 생활을 파괴한 바로 그 이유에 의해서 유지되게 되었다.

만일 여러분이 그의 불구를 본래대로 돌려준다면, 이 상태에서 아마도 그것은 그에게서 생활비를 빼앗아 버리는 셈이 될 것이다. 왜냐 하면 그가 그전의 일을 다시 할 수 있게 될지 보장할 수 없기 때문이다. 노이로제에 있어서 병의 이와 같은 2차적 이익에 해당되는 것을 1차적 질병 이득에 대해 2차적 질병 이득이라고 부를 수 있다.

그러나 일반적으로 말해서 여러분이 질병 이득의 실제적인 의의를 과소 평가하지 않고, 또한 이 이론적인 관점에서는 그 의의에 경탄하지 않도록 말해두고 싶다. 전에 본 예외는 일단 제쳐놓고 질병 이득이라는 것은 오베르렌더가 《프리겐데 브레터오스트리아의 풍자 만화 잡지》에 그린 〈동물의 지혜에 대해서〉라는 만화를 연상시킨다. 그것은 다음과 같은 내용으로 되어 있다.

어떤 아라비아 인이 낙타를 타고 좁은 외길을 걸어온다. 길 한쪽에는 험준한 산이 치솟아 있다. 길모퉁이에서 그는 뜻밖에도 사자를 만난다. 사자는 으르렁거리며 그에게 덤벼들려고 한다. 남자는 아무 데도 달아날 길이 없음을 알았다. 한쪽은 완전히 산으로 둘러싸여 있고, 한쪽은 천길 낭떠러지이다. 뒤돌아설 수도 없고 달아날 수도 없다. 그야말로 진퇴 유곡이었다. 그러나 낙타는 그를 등에 태운 채 골짜기를 향해서 뛰어내린다.

그리고 사자는 멍하니 그 뒤를 쳐다보고 있다아라비아 인을 자아自我, 낙타를 인간 전체, 사자를 갈등, 골짜기를 노이로제로 대치해 보라.

노이로제라는 구조 수단은 대개 환자에게 좋은 결과를 가져다주지는 않는다. 그 이유는 증상 형성으로 갈등을 해결하는 것은 자동적인 과정이지만, 이 과정은 생활의 요구에 어긋나는 형태를 갖기 때문이며, 또 그것은 인간의 최고·최선의 힘을 그가 이용할 수 없게 만들기 때문이다. 만일 취사 선택을 할 수 있다면, 인간은 오히려 운명과의 정정당당한 싸움에 뛰어드는 쪽을 택할 것이다.

그러나 나는 노이로제 총론에 대한 이야기를, 신경질에서 시작하지 않은 이유를 여러분에게 좀더 들려주고자 한다. 아마도 그렇게 하면 여러분은 노이로제가 성으로부터 파생된다는 것을 입증하기가 어려워지기 때문에 지금까지의 그런 설명법을 쓴 것이라고 생각할 것이다. 그러나 그런 생각은 잘못된 것이다. 전이 노이로제의 경우, 노이로제가 성에서 출발한다는 가설에 도달하려면 먼저 증상을 해결해야 한다. 이른바 보편적인 현실 노이로제에서는 성생활의 병인론적 의의는 관찰에도 부합하는 하나의 중요한 사실이다.

20여 년 전의 일이지만. 사람들은 노이로제 환자를 조사하면서도 어째서 환자의 성활동을 고려하지 않는 것일까 하는 의문을 품었을 때, 나는 이것을 깨달았다. 그 당시, 나는 그와 같은 것을 조사했기 때문에 환자로부터 미움을 사고 말았다. 그런데 조금 연구해 보니, 정상적인 성생활의 경우에는 현실 노이로제가 일어나지 않는다는 사실을 알게 되었다. 확실히 이 명제는 인간의 개인차를 너무나 경시하고 있었으며, 또 '정상적'이라는 말에 붙어다니는 모호함에 난점이 있었다. 그러나 이 명제는 대강의 방향을 제시해 주고 있는 점에서 오늘날에도 그 가치를 여전히 지니고 있다.

그때 나는 좀더 나아가서, 노이로제의 어떤 유형과 어떤 성적 장애와의 특수한 관계를 발견하기 위해 노력했다. 만일 내가 재료로써 같은 유형의 환자를 자유로이 만날 수 있다면, 아마 오늘날에도 동일한 관찰을 되풀이할 수 있을 것이다.

나는 어떤 종류의 불완전한 성적 만족, 이를테면 자위로 만족을 얻고 있던 사람은 어떤 특이한 현실 노이로제에 걸려 있었다는 것, 그리고 만일 그 사람이 자위 대신 만족하지 못하는 그것과 동일한 다른 어떤 성적 습관을 갖게 되면, 이 노이로제는 금방 사라지고 다른 노이로제로 대치되는 것을 흔히 볼 수 있었다.

그리고 나는 환자의 증상 변화로써 환자의 성생활 방식의 변화를 추측할 수 있게 되었다. 그 당시 나는 내 추측을 관철시키는 데 확고한 자신이 있었으므로, 마침내 내 환자들의 속임수를 무너뜨리고 환자에게 억지로 사실을 실토시켰다. 그 결과, 환자들은 나를 떠나서 자기의 성생활을 나처럼 묻고 늘어지지 않는 다른 의사 쪽으로 옮겨간 것은 당연한 일이었다.

나도 물론 그 당시에 병의 모든 원인이 언제나 성생활에 있는 것이 아님을 잘 알고 있었다. 어떤 환자는 재산을 잃었거나, 심각한 기질적 질환을 경험하여 노이로제가 되어 있었다. 이와 같은 원인의 차이는, 자아와 리비도 사이에서 우리가 가정한 상호 관계에 대해 어떤 가능성을 얻었을 때에야 비로소 설명이 가능했다. 그리고 이 견해가 깊어짐에 따라 점점 만족할 만한 설명을 할 수 있게 되었다.

자아가 어떤 방법으로 리비도를 다루는 능력을 잃었을 때만 노이로제가 되는 사람도 있다. 자아가 강하면 강할수록 자아의 임무 수행은 쉽다. 그러나 어떤 원인 때문에 자아가 약화되면, 리비도의 요구가 상당히 높아졌을 때와 같은 작용을 미치게 된다. 즉, 노이로제가 발병한다. 그리고 자아와 리비도의 사이에는 그 밖에 더 긴밀한 관계가 있는데, 이 관계는 아직 이야기할 단계가 아니다.

그러나 어떤 경우에 어떤 방법으로 발병하든, 노이로제 증상은 리비도에 의해서 일어나고, 따라서 리비도의 비정상적인 이용이라는 것은 우리들에게는 역시 가장 근본적이고 가장 교훈적인 일이다.

여기서 나는 현실 노이로제의 증상과 정신 노이로제 증상의 결정적인 차이에 대해 이야기해야 할 필요성을 느낀다. 정신 노이로제 가운데 첫 번째 유형은, 우리가 이제까지 매우 자세하게 연구해 온 전이 노이로제이다. 그런데 두 경우 모두 다 그 증상은 리비도에서 나온 것이다.

그 증상은 리비도의 비정상적인 이용이며, 만족의 대용물이라고 할 수 있다. 그러나 현실 노이로제의 증상인 머리가 무겁다라든가, 몸이 쑤시고 아프거나 어떤 기관의 자극 상태, 어떤 기능의 쇠약이나 장애 등은 하등 의미를 갖고 있지 않다. 즉, 그런 것에는 전혀 정신적인 의의가 없다. 이를테면 히스테리의 증상처럼 그 증상은 육체에만 나타나는 것이며, 그 자체가 육체적인 과정이다.

그리고 이 과정은 우리가 여태까지 배운 복잡한 심적 메커니즘이 결여되어 있어도 일어난다. 실제로 이 육체적인 과정은 오랫동안 정신 노이로제 증상의 원인으로 간주되어 왔다.

그렇다면 우리가 정신 속에서 작용하고 있는 힘으로서 알게 된 리비도의 이용과 이 증상을 어떤 식으로 일치시킬 수 있을까? 그것은 매우 간단하다. 이와 관련하여 정신분석에 대해서 제기된 최초의 항의를 회상해 보고자 한다.

당시 세상 사람들은, 정신분석은 노이로제라는 현상을 심리학적인 견지에서의 이론만 세우려 하고 있는데, 어떤 병도 그와 같이 심리학적 이론으로는 결코 설명할 수 없으므로 정신분석의 전도는 가망이 없다고 말했었다.

보통 사람들은 성기능이 순전히 정신적인 것도 아니고, 단순히 육체적인 것도 아니라는 것을 자칫 잊어버리기 쉽다. 성기능은 육체에도 정신에도 영향을 미친다. 만일 우리가 정신 노이로제의 증상 속에 성기능의 심리학적 장애가 나타나는 것을 인정했다면, 현실 노이로제가 성적 장애의 직접적인 육체적 결과라는 것을 발견했다고 해서 놀랄 것은 없을 것이다.

현실 노이로제를 이해하는 데 있어서 임상 의학은 각 방면의 학자에게 인정된 유익한 시사를 제공해 주었다. 현실 노이로제는 그 증상의 세부에 있어서나 모든 기관 계통과 기능에 영향을 미치는 점에서나 외부적인 독극물의 만성적 작용으로 일어나는 병의 상태, 즉 중독이나 독극물의 투여를 갑자기 멈추었을 때 생기는 금단 현상禁斷現象, 예를 들어서 몰핀 중독자에게 몰핀의 투여를 갑자기 끊어 버리면 금단 현상으로서 오한·하품·두통·신경통·설사·구토·불안·불면증·환각 등이 나타난다과 분명히 흡사하다. 이 두 병은 바제도우씨 병처럼 이물異物로서 몸 안에 도입되는 것이 아니라, 그 사람 자신의 물질 대사에서 생긴 독극물의 작용과 관계가 있다고 알고 있는 병적 상태를 중개시키면 더 닮아질 것이다.

이와 같은 유추에 따르면, 우리는 노이로제를 성물질 대사 장애의 결과로 간주하지 않을 수 없게 된다. 어떤 때는 그 사람이 처리할 수 있는 것 이상으로 다량의 성적 독극물이 만들어지기 때문에 노이로제가 일어나고, 또 어떤 때는 내부 상태와 심리적 상태로 말미암아 이 독극물이 올바른 방향으로 이용되는 것이 저해되기 때문에 일어난다.

보통 사람들은 아득한 옛날부터 성욕의 본질에 대해 이와 비슷한 가정을 갖고 있었다. 그들은 사랑을 도취라고 이름 짓고 음약淫藥을 사용하면 사랑의 마음이 생긴다고 보았는데, 그들은 이와 같이 생각함으로써 작용하는 원동력을 어느 정도 외부 쪽으로 옮긴 것이다. 여기서 우리는 성흥분이 여러 가지 기관에서 일어난다는 주장과 성감대라는 것이 생각날 것이다. 그러나 아무튼 '성 물질 대사'라든가 '성의 화학 작용'이라는 말은 우리들에게 껍질에 불과하다.

이에 대해서 우리는 아무것도 알지 못한다. 과연 '남성'과 '여성'이라고 부를 수 있는 두 가지 성 물질을 가정해야 할 것인지, 리비도의 모든 자극작용의 담당자로서 단 하나의 성적 독극물을 가정하는 것만으로 만족해야 할 것인지도 결정하지 못한다. 우리가 창조한 정신분석이라는 학설은 실제로 언젠가는 기질적인 토대 위에 두어야 한다. 그러나 우리는 이에 대해 아직 아무것도 모르고 있다이 저술 당시에는 아직 성호르몬이 발견되지 않았다.

학문으로서의 정신분석의 특징은 그것이 취급하는 재료들에 있는 것이 아니라, 그것을 구사하는 기법에 있다. 정신분석의 기법은 그 본질을 손상하지 않고 문화사·종교학·신화학神話學·노이로제론에 응용할 수 있다. 정신분석은 정신 생활 속에 있는 무의식을 발견하는 것만을 목적으로 하고, 그 외에는 아무것도 하지 않는다. 독극물의 직접 상해로 증상이 일어나는 것처럼 여겨지는 현실 노이로제의 문제를 정신분석으로 공격할 수는 없다. 이 문제에 대해 정신분석으로서 설명하는 것은 매우 국소적이다. 이것을 설명하는 작업은 오히려 생물학적·의학적인 연구에서 이루어져야 한다. 여러분은 내가 왜 여태까지 연구의 재료를 늘여놓지 않으면 안 되었는가 하는 이유를 충분히 알 수 있을 것이다.

만일 내가 여러분에게 〈노이로제 이론의 입문〉을 이야기하려 했었다면, 현실 노이로제의 간단한 증례에서 시작하여 리비도의 장애로 일어나는 복잡한 정신 질환으로 들어가는 것이 분명히 옳은 방법일 것이다. 나는 전자의 현실 노이로제에 대해서는 내가 각 방면에서 경험한 것, 혹은 내가 알고 있다고 믿는 것을 모으지 않으면 안 되었을 것이다. 그리고 후자의 정신 노이로제에 대해서는 정신분석이야말로 이 상태를 분명히 하는데 있어서 가장 중요한 기법상의 보조 수단이라고 선언했을 것이다.

그런데 나는 〈정신분석 입문〉에 대해 이야기했다. 여러분이 노이로제에 대한 지식을 얻는 것보다 정신분석에 대해서 하나의 개념을 얻는 편이 나로서는 훨씬 중대한 일이기 때문이었다. 따라서 나는 정신분석에서는 별로 소용이 되지 않는 현실 노이로제에 대해 그렇게 집중할 필요가 없었다.

그러나 나는 여러분에게 편리하도록 재료를 골라주려고 생각하고 있다. 왜냐 하면 정신분석은 그 심오한 전제와 광범위한 관련 때문에 모든 교양 있는 사람들의 흥미를 끌 가치가 있기 때문이다. 그러나 노이로제는 역시 의학의 일부분일 뿐이다. 그러나 여러분이 현실 노이로제에 대해서도 얼마간 흥미를 가져야 한다고 기대하는 것은 잘못이 아니라고 생각한다.

현실 노이로제는 정신 노이로제와 임상적으로 밀접한 관계가 있으므로, 우리는 부득이 현실 노이로제에 흥미를 갖지 않을 수 없게 된다. 그러므로 나는 현실 노이로제를 세 가지 형태, 즉 신경쇠약·불안 노이로제·심기증心氣症으로 구별하고 있음을 밝혀둔다. 이 분류도 반대가 없는 것은 아니었다. 현실 노이로제의 세 가지 명칭은 일반적으로 사용되고 있지만, 그 내용은 불확실하며 아직도 정설이 없기 때문이다.

노이로제라는 혼란된 현상계를 분류하거나 임상적인 단위의 병의 형태에 대한 구별에 반대하고, 현실 노이로제와 정신 노이로제의 구별조차 인정하려 하지 않는 의사도 종종 있다. 그렇게 극단적인 의사는 진보에의 길을 저해할 사람이다. 앞에서 든 노이로제의 형태는 때로 순수한 것으로 나타난다. 물론 그 증상들은 서로 섞이거나 정신 노이로제적인 질환과 섞이는 수도 있다. 이런 형태로 나타났다고 해서 분류하려는 시도를 단념할 것은 없다.

여러분은 광물학이라는 학문이 광석학과 암석학으로 구별됨을 생각해 보라. 광물은 하나의 개체로서 기술記述된다. 그것은 물론 광물들이 흔히 결정체로서 뚜렷이 구별된 상태로 발견되기 때문이다.

암석은 광물의 혼합물로 된 것인데, 그 성분이 광물은 확실히 우연히 혼합된 것이 아니라, 그 생성 조건 때문에 혼합된 것이다. 노이로제에서 우리는 아직도 노이로제의 발전 과정을 잘 알지 못하므로, 암석학과 비슷한 학설을 내세울 수 있는 단계는 아니다. 그러나 개개의 광물 정도로 식별이 쉬운 임상상의 개체를 질환의 큰 덩어리에서 분리한다면, 이것은 확실히 올바른 방향을 향하고 있을 것이다.

현실 노이로제와 정신 노이로제의 증상 사이에 있는 주목할 만한 관련은 다시 정신 노이로제의 증상 형성에 대한 우리의 지식에 중요한 공헌을 할 것이다. 즉, 현실 노이로제의 증상은 흔히 정신 노이로제 증상의 핵심이며, 그 앞단계이다. 신경쇠약과 우리가 전환 히스테리라고 부르는 전이 노이로제 사이에, 불안 노이로제와 불안 히스테리 사이에, 그리고 심기증과 장차 파라프레니조발성 치매와 파라노이아로서 설명하게 될 병의 유형과의 사이에 이와 같은 관련이 가장 분명하게 나타난다.

예를 들면 히스테리성 두통, 혹은 히스테리성 요통 등을 들 수 있다. 분석 결과 이와 같은 동통疼痛은 압축과 대치에 의해서 모든 종류의 리비도적 공상이나 리비도적 회상을 만족시키기 위한 대용물이 되어 있다는 것을 알 수 있다. 그러나 이 동통은 전에는 현실에 있었던 것이다. 그 당시 그것은 직접적인 성적인 독극물 증상으로서, 성흥분의 육체적인 발현이었다.

우리는 결코 히스테리의 모든 증상이 이와 같은 핵심을 갖고 있다고 주장하는 것이 아니다. 그러나 이런 경우는 매우 흔하며, 성적 흥분—정상적이든 병적이든—이 육체에 미치는 영향은 히스테리의 증상을 만드는 데 편리한 것임은 명백하다. 성교에 따르는 성적 흥분의 일시적인 발현은 증상 형성에 가장 편리하고 적절한 원료로서 정신 노이로제에 의해 똑같은 방법으로 이용되고 있다.

이와 유사한 과정은 진단상으로, 또 치료상으로 특별히 흥미로운 것이다. 노이로제가 되는 소인을 갖고 있으면서도 노이로제에 아직 걸리지 않은 사람들은 병적인 육체 변화—염증이라든가, 외상 등—에 의해서 증상 형성에 서서히 눈뜨게 되고, 그 결과 현실에서 주어진 증상에 매달려 이것을 하나의 표출 방법을 찾고 있는 무의식적인 공상 전체로 즉각 전환시키는 일은 흔히 볼 수 있다.

이와 같은 경우에 의사는 어떤 때는 이 치료법을, 어떤 때는 저 치료법을 시도하여 기질적인 토대만 제거한 후 노이로제라는 복잡 다단한 가공들은 방치해 두거나, 아니면 경우에 따라 그 노이로제를 극복하여 기질적인 유인을 과소 평가하고 있다. 그래서 결국 어떤 방법을 써도 성공과 실패를 예측할 수 없다. 사실 이와 같이 혼합되어 있는 경우에는 일반적인 규칙을 세울 방법이 거의 전무하다.

25

불 안

여러분은 '일반적인 신경증'에 대한 지난번 강의는 아마도 내 강의 중에서 가장 불완전하고 불충분한 것이라고 생각할 것이다. 그것은 나 자신도 시인하겠다. 또 여러분은 많은 노이로제 환자들이 호소하는 이른바 '불안'이라는 것에 대해 일언 반구의 언급도 없었던 점을 매우 궁금하게 여길 것이다.

환자들 자신이 최악의 고통이라고 부르는 불안, 그것은 사실 환자들에게 맹렬한 힘을 떨쳐서 환자들은 거의 미칠 정도로 시달리게 된다. 이러한 문제는 내가 노이로제 환자의 불안 문제에 집중하여 특별히 보다 더 세밀하게 설명하게 된 동기이다. 불안이라는 것이 어떤 것인가는 새삼 말할 필요도 없을 것이다.

여러분은 누구나 이 감각, 옳게 말하면 이 감정 상태를 언젠가, 어느 곳에선가 직접적으로 체험했을 것이다. 그러나 어째서 노이로제 환자만이 보통 사람보다 더 많고 심한 불안을 느껴야 하는가 하는 이유를 진지하게 생각해 본 적은 없었을 것이다. 아마도 사람들은 이것을 당연한 일로 받아들이는 모양이다.

보통 '신경증적인'이라는 말과 '불안한'이라는 말이 같은 뜻으로 혼용되고 있다. 그러나 그것은 잘못된 것이다. 어느 면에서는 신경증적이 아닌 사람이 불안을 느끼고 여러 가지 증상에 괴로워하고 있으나 불안 경향은 전혀 발견되지 않는 노이로제 환자도 있다.

하지만 분명한 것은 불안이란 바로 갖가지 가장 중요한 문제가 겹쳐져 있는 매듭이라는 것이다. 불안이란 확실히 하나의 수수께끼이다. 우리의 정신 생활은 이 수수께끼를 풀면 자연히 윤곽이 드러날 것이다. 여러분은 아마 내가 이 수수께끼를 완전히 풀 수 있다고 말하지 않더라도, 정신분석은 이 문제를 대학에서 강의하는 의학과는 전혀 다른 방법으로 다룰 것이라고 예상할 것이다. 학교 의학에서는 먼저 불안 상태가 야기되는 동기를 해부학적 견지에서 찾아내려고 한다.

즉, 학교의 의학은 불안이 일어나는 이유는 연수延髓:숨골가 자극을 받고 있기 때문이라고 말한다. 그리고 의사는 환자에게, 당신은 미주신경迷走神經의 노이로제에 걸려 있다고 말한다. 한편 연수는 매우 놀랍고 훌륭한 연구 대상이다. 나 또한 몇 해 전에 이 연수의 연구에 많은 시간과 노력을 기울였던 적이 있었다. 그러나 이제 나는 불안을 심리학적으로 이해하는 데 있어서 불안이라는 흥분이 달리는 신경 전달로의 지식보다도 더 중요한 것은 없다고 말하지 않을 수 없다.

앞으로 나는 노이로제를 제외해 두고 불안에 대해서만 설명하겠다. 내가 이제부터 말하고자 하는 종류의 불안을 노이로제적 불안과 대립시켜 '현실 불안'이라고 부른다면, 여러분은 금방 내 말을 이해할 것이다. 사실 우리에게는 현실 불안이 매우 합리적이고 이해하기 쉬운 것처럼 여겨진다.

불안이란 먼저 외부의 위험을 감지한 데 대한 반응으로서 도주 반사逃走反射와 결부되어 있으며, 또 자기 보존 본능의 발현으로 간주해도 좋을 것이다. 어떤 상황에서 어떤 대상에게 불안이 나타나는가는 물론 거의가 당사자의 지식의 상태와, 외부에 대한 그의 민감성의 정도에 달려 있다. 야만인은 대포를 무서워하고 일식日蝕에 놀라지만, 대포를 조종하고 일식을 예언할 수 있는 백인은 그런 동일 조건하에서도 결코 불안을 느끼지 않는다.

하지만 지식이 더 많아서 오히려 불안이 일어나는 경우가 있는데, 그것은 위험을 빨리 인정하기 때문이다. 이를테면 밀림 속의 발자국을 본 야만인은 떨지만, 아무것도 모르는 사람은 동요되지 않는다. 왜냐 하면 야만인의 경우에는, 그 발자국은 곧 맹수가 가까이에 있다는 표시가 되기 때문이다. 또 수련된 선원은 수평선 상에 떠오르는 한 조각의 구름을 보고도 두려워하지만, 승객에게는 구름 따위는 아무렇지도 않게 생각된다. 선원에게 그 구름은 태풍의 접근을 알려주는 것이기 때문이다.

현실 불안이 합리적이고 타당하다는 판단에 근본적인 수정이 필요한 것 같다. 즉, 임박한 위험에 대처해서 취하게 되는 타당하고도 유일한 태도는 그 위험의 크기와 자기의 힘을 비교해서 냉정히 평가해 본 다음 도망치는 것이 좋을지, 방어하는 것이 좋을지, 또는 오히려 공격하는 것이 좋을지에 대해 어느 것이 최선의 대책인가를 결정하는 일이다. 그런데 대부분의 경우, 불안은 이 범주에서 벗어나 있다. 그러한 태도는 아마도 불안이 발생하지 않은 사람 쪽에서 더 현명하게 될지는 모른다.

여러분도 알다시피, 불안이 극심해지면 그 불안은 거의 목적에 맞지 않는다는 것을 알게 된다. 즉, 불안이라는 것은 모든 행위, 심지어 도주 행위까지 마비시켜 버리는 힘을 갖고 있다. 위험에 대한 반응은 보통 불안이라는 감정과 방어 반응의 혼합이다. 깜짝 놀란 동물은 무서워서 달아나 버리는데, 이 경우의 타당한 목적은 '무서워한다'는 것이 아니라 '달아난다'는 것이다.

그러므로 불안의 발생은 결코 목적에 부합되지 않는다고 주장하고 싶다. 불안의 상황을 자세히 분석해 보면, 불안에 대해서 아마 더 좋은 견해를 얻을 수 있을 것이다. 불안 현상에서 나타나는 위험에 대한 준비 상태는 지각적인 주의의 항진亢進과 운동성 긴장의 항진이라는 형태로 나타난다.

이와 같은 준비 상태는 사실 유익한 것이라고 인정할 만하다. 왜냐 하면 준비 상태가 결여되어 있으면, 중대한 결과가 닥친다. 그런데 이 준비 상태에서는 한편으로 운동성의 활동도주이 나타나고, 더 높은 단계에서는 활발한 방어가 나타나며, 다른 편에서는 우리가 불안 상태로서 느끼는 것이 나타난다.

불안의 발생이 단순히 하나의 싹이나 신호라면, 불안 준비 상태가 활동으로 바뀌는 것은 그만큼 순조롭게 이루어지고, 또 모든 과정도 그만큼 목적에 맞게 진행되어 간다. 그러므로 불안에서 생기는 준비 상태는 합목적合目的이지만, 우리가 불안이라고 부르는 것 속에서는 합목적이 아닌 것처럼 여겨지는 것이다.

불안·공포·놀람이라는 용어가 동일한 뜻으로 쓰이느냐 아니냐의 문제는, 여기서는 불안은 다만 상태에 관계되어 있어서 대상을 무시할 때 사용하고, 공포는 주의가 대상을 향했을 때 사용하는 말이라고 생각한다. 이에 반해서 놀람은 분명히 특별한 뜻을 갖고 있는 것 같다. 즉, 놀람은 불안 준비 상태가 미리 만들어지기 전, 다시 말해 갑작스런 위험에 부닥쳤을 때 사용된다. 그러므로 불안으로 놀람을 방지하는 것이라고 해도 좋다. 여러분은 '불안'이라는 말에서 어떤 애매모호한 느낌을 받을 것이다. 사람은 흔히 불안이라는 말을 '불안 발생'을 지각함으로써 생긴 주관적인 상태의 뜻으로 해석하고, 이 상태를 감정이라고 부르고 있다. 그러면 감정이란 무엇인가? 그것은 매우 복잡한 것이다. 감정은 첫째 어떤 운동성의 신경 흥분이나 방출을 뜻하며, 둘째 두 종류의 어떤 감각, 즉 발생한 운동성 활동의 자각·쾌감·불쾌감을 포함하고 있다. 그러나 이와 같이 세부적으로 요소를 헤아린다고 해서 감정의 본질에 접근하는 것은 아니다.

몇몇 감정에서는 전체와 연관된 핵이 어떤 중요한 체험의 반복이라는 것을 간파할 수 있고, 또 그것을 인정할 수도 있다고 생각한다. 이 체험은 개체의 선사 시대先史時代가 아니라, 종족의 선사 시대에 받은 매우 일반적인 성질의 극히 초기의 인상에 지나지 않을지도 모른다. 좀더 쉽게 말하자면, 이 감정 상태는 마치 히스테리 발작과 같은 구조를 가진 것, 즉 상기想起의 침전물이라고 해도 좋을지 모른다. 그러므로 히스테리 발작은 새로 형성된 개인적인 감정에 비교할 수 있고, 정상적인 감정은 이어받은 보편적인 히스테리에 비교할 수 있다.

지금 내가 감정에 대해 말하는 것은 심리학에서 보편적으로 인정하고 있는 학설이라고 생각해서는 안 된다. 이 견해는 정신분석만의 유일한 견해이다. 여러분이 심리학에서 감정에 대해 듣는 것, 이를테면 제임스 랑케James Ranke의 학설은 우리들 정신분석가에게는 매우 불가해한 것이고 논할 가치조차 없는 것이다. 그렇지만 우리는 감정에 대한 주장을 확실하게 입증할 수는 없다. 그것은 불확실한 분야에서 단지 빙산의 일각을 짐작케 해 준 첫 시도에 지나지 않기 때문이다.

그러면 이야기를 계속하자. 우리는 불안 감정의 경우, 유아기의 어떤 인상을 되풀이하는 것이라고 믿고 있다. 그것은 분만의 경험이다. 분만에서는 불쾌감, 흥분의 방출, 육체의 감각 등 일련의 느낌이 동시에 일어난다. 이것은 생명의 위험을 초래하는 모든 경우의 표본이 되는 것으로, 그 후에는 불안 상태로 되풀이된다. 혈액 신생血液新生의 중단에 의한 심한 자극의 증가는 출생 당시의 불안을 체험하는 원인이었다. 그러므로 최초의 불안은 독물성毒物性이었다. 불안이라는 말은 호흡이 좁아진다라틴어 angustiae는 '좁다'라는 뜻는 특징을 특히 강조하고 있다. 그때 이 특징은 현실 상황의 결과로써 생긴 것이었지만, 오늘날에는 감정 속에서 거의 언제나 반복되고 있다.

또한 이 최초의 불안 상태는 어머니에게서 떨어졌기 때문에 일어났다는 사실은 매우 뜻깊은 일이다. 그래서 최초의 불안 상태를 반복하는 소질은 오랜 세월이 지나서도 생체에 깊이 뿌리 박고 있으므로, 비록 전설의 맥더프Mcduff, 셰익스피어의 《맥베스》에 나오는 인물처럼 '어머니의 배를 가르고 나와서' 분만 행위를 스스로 체험하지 않는다 하더라도, 모든 개체가 불안 감정에서 벗어날 수는 없다. 그러나 우리는 포유 동물 이외의 동물에 있어서는 무엇이 불안 상태의 표본인지를 말할 수 없다. 또한 그들에게 있어서 어떤 감각의 복합체가 우리의 불안에 해당하는지도 우리는 모르고 있다.

이제 여러분은 분만 행위가 불안 감정의 원천이며, 표본이라는 설을 어떻게 해서 착상하게 됐는지 궁금해 할 것이다. 이것은 사변思辨이 아니다. 오히려 나는 대중적인 생각에서 비롯했다. 오래 전, 같은 병원에서 근무하던 젊은 의사끼리 점심 식사를 하던 중 산부인과의 한 조수가 최근에 산파 시험 때의 에피소드를 들려주었다. 선생이 한 수험생에게 분만 때 태변胎便이 양수 속에 나오는 것은 어떤 뜻이냐고 물어보았다. 그러자 그 수험생은 "아기가 불안했기 때문입니다" 하고 대답했다. 그래서 그녀는 놀림감이 되고 보기 좋게 낙제하게 되었다. 그러나 나는 마음 속으로 혼자 그녀의 편을 들었다. 그리고 나는, 순수한 서민 출신의 이 가엾은 여자의 어떤 중대한 연관성을 끄집어 낸 것이라고 느꼈다.

그러면 이제 노이로제 불안의 문제로 전환하자. 노이로제 환자의 불안에는 어떤 새로운 현상의 관계가 나타나는 것일까? 이에 대해서는 이야기할 것이 태산 같다. 첫째로 일반적인 불안, 즉 부동浮動하는 불안이 있다. 이 불안은 적당한 표상만 있으면, 어떤 관념의 내용에나 금방 붙어서 판단을 좌우하고 예상을 선택하며, 모든 기회를 포착하여 자기를 정당화하려고 한다. 우리는 이 상태를 '예상 불안豫想不安' 혹은 '불안한 예상'이라고 부른다.

이런 종류의 불안에 괴로워하는 사람은 모든 가능성 중에서 언제나 최악의 상태를 예상하고, 우연의 사건을 모두 재앙의 전조로 해석하며, 불확실한 사건을 모조리 나쁜 의미로만 받아들인다. 이와 같이 불길한 것을 예상하는 경향은 흔히 건강한 사람에게도 볼 수 있는 성격 특성이다.

그들은 '겁쟁이'라든가 '비관자'로서 불린다. 그러나 너무 지나친 예상 불안은 대개 노이로제에 나타난다. 나는 이 노이로제를 '불안 노이로제'

라고 명명해서 현실 노이로제 속에 포함시키고 있다.

불안의 두 번째 유형은, 방금 말한 것과는 반대로 오히려 심리적으로 경계가 정해져 있어서 어떤 일정한 대상과 상황에 결부되어 있다. 이것은 갖가지 대상에 대한 '공포증'에서 오는 불안이다. 미국의 유명한 심리학자 스텐리 홀Stanley Hall, 제임스의 제자로서 프로이트를 미국에 초청한 사람이 처음으로 이 공포증을 분류하고, 거기에 당당한 그리스어로 이름을 붙여주었다. 이 분류는 이집트의 10가지 재액을 세는 방법과 비슷하나, 그 수가 10가지 이상인 점이 다르다. 공포증의 대상으로는 어둠·야외野外·광장·고양이·거미·송충이·뱀·쥐·벼락, 그리고 날카로운 끝과 피, 밀폐된 방, 혼잡함, 혼자 있는 것, 다리를 건너는 일, 항해·기차 여행 등이다. 이와 같은 잡다한 것들 가운데 방향을 잡기 위한 첫 시도로써 우선 이들을 셋으로 분류하는 것이 좋을 것 같다.

첫 번째 부류는, 위와 같은 공포의 대상과 상황의 대부분이 정상인에게도 소름 끼치는 것들이며, 위험과 관계가 있는 경우이다. 그러므로 이와 같은 공포증은 설사 그 강도가 매우 강하더라도, 우리가 충분히 이해할 수 있는 것처럼 여겨진다. 뱀과 마주쳤을 때는 보통 사람들도 기분이 나빠진다. 뱀 공포증이라고 불리는 것은 모든 사람에게서 볼 수 있는 것이며, 다윈도 이 공포증을 매우 생생하게 그리고 있다《인간 및 동물의 표정》, 제1장 참조. 즉, 두꺼운 유리판으로 단단히 칸막이를 해놓은 줄 알면서도, 뱀이 실제로 자기 쪽으로 머리를 쳐들고 다가올 때는 역시 공포감을 누를 수 없다고 말하고 있다.

두 번째 부류는, 위험과의 연관성은 여전히 있지만 보통은 그 위험을 경시하거나 예상을 하지 않는 습관이 붙어 있는 경우이다. 개개의 상황 공포증은 이 부류에 해당한다. 기차 여행을 하고 있을 때는 집에 있을 때보다 불행이 일어날 기회, 즉 열차 충돌의 위험이 많다는 것을 우리는 잘 알고 있다. 또 배는 침몰하는 경우가 있으며, 침몰하면 승객은 대개 다 익사한다는 것도 우리는 충분히 알고 있다. 그런데도 우리는 대개 이와 같은 위험을 전혀 예상치 않고 예사롭게 기차나 배를 탄다. 다리를 건널 때, 다리가 갑자기 무너져 물 속에 떨어져 버릴 수도 있지만, 그런 일은 특별한 사건이므로 보통 때는 위험하다고 생각지 않는다. 혼자 있는 것에도 마찬가지로 위험은 따르며, 또 우리는 어떤 상황에서는 혼자 있는 것을 피한다.

하지만 어떤 조건하에나 한 순간도 혼자 있는 것을 견디지 못한다는 일은 있을 수 없다. 혼잡함, 밀폐된 방, 벼락 등에 대해서도 똑같은 말을 할 수 있다. 노이로제 환자의 이와 같은 공포증에 대해서 우리가 이상하게 느끼는 점은 일반적으로 공포증의 내용이 아니라 그 강도에 있어서이다.

공포증이라는 불안은 정말 얼마나 표현하기 어려운 것인가! 그런데 어떤 때는 정상인에게 불안을 불러일으키는 일이 있는 대상이나 상황이 노이로제 환자 쪽에는 오히려 전혀 불안을 느끼게 하지 않는 듯한 인상을 받을 경우가 있다.

공포증의 세 번째 부류는 좀 이해하기가 어렵다. 어떤 건강한 남자가 자기가 자란 고향길을 불안해서 걸어가지 못한다든가, 당당하고 건강한 여성이 고양이가 옷자락을 스쳐 지나갔다든가, 쥐가 방 안을 지나갔다든가 하는 이유로 의식을 잃을 정도로 불안을 느낄 경우, 이 사람의 눈에 분명히 존재하는 위험과 공포를 우리는 어떻게 해석해야 좋을까? 이 동물 공포증이라는 종류는 그 핵심이 인간에게 보통 있는 혐오의 항진은 아니다.

왜냐하면 고양이를 보면 그냥 지나치지 못하여 쓰다듬어 주거나 애무해 주지 않고는 못 견디는 사람이 많다는 반증도 있기 때문이다. 여성들이 무서워하는 쥐는 동시에 제1급의 애칭이 되어 있다.

자기 연인이 '생쥐 아가씨'라고 불러주면 좋아하는 처녀가, 그 이름을 가진 조그만 동물이 살살 기어나올 때는 무섭다고 비명을 지르는 것이다. 가로 공포街路恐怖나 광장 공포를 가진 남자에 대해서는 꼭 어린애 같다는 말밖에 할 수 없다. 그렇지만 광장 공포의 남자도 누구와 동행해서 그 곳을 지날 때는 대체적으로 불안을 느끼지 않는다.

이제까지 말한 불안의 두 가지 유형은 각기 다른 것이다. 이 유형은 저 유형이 심해진 것이라고 말할 수도 없다. 양자는 아주 드물게 우연인 것처럼 결부되어 나타난다. 일반적인 불안이 아주 심하다고 해서 반드시 공포증이라는 혐오로 나타나는 것은 아니다. 생활 전체가 광장 공포라는 병으로 묶여 있는 사람에게 비관적인 예상 불안은 찾아볼 수 없는 경우도 있다. 광장 공포라든가, 기차 공포와 같은 공포의 대부분은 어른이 되어 비로소 나타나는 것이고, 어둠·벼락·동물에 대한 공포는 어려서부터 존재하는 것으로 여겨진다.

전자의 경우는 중대한 병증이라는 의의를 갖고 있지만, 후자의 공포증은 오히려 성격이나 소질에서 오는 것 같다. 후자의 경우, 인간에게는 일반적으로 이와 비슷한 다른 공포증도 있다고 예상해도 좋다. 우리는 이와 같은 공포 등을 일괄해서 불안 히스테리 속에 넣고 있다고 덧붙여야겠다. 즉, 우리는 이런 공포증을 전환 히스테리와 아주 유사한 병으로 간주하고 있는 것이다.

노이로제적 불안의 세 번째 부류는 하나의 수수께끼처럼 보인다. 즉, 불안과 임박한 위험 사이의 관련을 전혀 볼 수가 없다. 이를테면 이 불안은 히스테리의 경우에, 히스테리 증상에 수반되어 나타나거나 흥분의 여러 가지 조건하에 나타난다. 그리고 흥분할 때 어떤 감정이 나타날 것으로 우리는 예상했지만, 적어도 불안감이나 다른 어떤 상태와 결부시키지 않는 한, 그것은 이해할 수 없는 자연 발생적인 불안 발작이다. 이 불안 발작을 설명하기 위해서 자칫 과장될 우려가 있는 위험이나 원인을 발견하지 않더라도 우리는 폭넓게 논할 수 있다.

이와 같은 자연 발생적인 발작의 경우, 우리는 불안 상태라고 부르는 복합체를 개개의 성분으로 분해할 수 있다. 모든 발작은 강하게 발달한 개개의 증상, 즉 떨림·현기증·심계항진心悸亢進·호흡 곤란 등으로 대표할 수 있다. 그리고 우리가 불안이라고 말하는 감정은 대개 그 증상들과 병행하지 않는다. 그러나 우리가 '불안 대리증不安代理症'이라고 명명한 이 상태는 모든 인상적·병인론적 관계에서 불안만큼의 의의가 있다. 임상적인 관찰은 노이로제적 불안을 이해하는 데 훨씬 효과적이다. 임상적인 관찰로써 얻은 효과적인 실마리에 대해 고찰해 보기로 하자.

첫째 예상 불안 혹은 일반적인 불안이 성생활에서의 어떤 과정—우리는 리비도의 어떤 종류의 사용이라고 말하고 있지만—과 밀접한 관계가 있다. 이런 종류의 실례 중에서 가장 단순하면서도 유익한 것은 이른바 욕구 불만으로 끝나는 흥분에 직면한 사람, 즉 성적인 흥분을 풀 배출구가 없어서 만족한 결말에 이르지 못하는 사람의 경우이다. 예컨대 약혼 중인 남자라든가, 정력이 부족한 남편의 아내라든가, 어떤 조심 때문에 성교를 빨리 끝내거나 불완전하게 행하는 여성의 경우가 이에 해당한다.

이런 조건하에서는 리비도의 흥분이 소실되고 그 대신 불안이 발생한다. 이런 경우, 불안은 예상 불안이나 불안 발작이나 불안 대리증의 형태를 갖는다. 조심스럽게 행하는 성교나 더욱이 타성적으로 하는 행위는 남성, 아니 특히 여성에 있어서는 언제나 불안 노이로제의 원인이 된다. 그런데 이와 같은 증례에 부닥쳤을 때는 먼저 이 방면의 원인을 찾아야 한다고 임상가에게 충고해 두는 것이 현명하다. 성적인 불만이 해소되면, 불안 노이로제 역시 소실되는 증례는 무수히 많다.

금욕과 불안 상태가 관계 있다는 사실은 내가 아는 한, 이제는 정신분석에 인연이 먼 의사도 이의를 제기하지 않는다. 그러나 의사들은 이 두 관계를 역으로 하여 '그럼 환자는 처음부터 불안의 경향이 있었다. 그래서 성적인 일에 소극적인 태도를 갖는 것'이라고 주장하기도 한다. 그러나 여성의 태도는 이와 반대의 것을 말해 준다. 여성의 성활동은 본래가 수동적이다. 바꾸어 말하면 남성 쪽의 태도에 따라서 결정된다. 아내 쪽이 정열적일수록 아내 쪽이 성교를 원하는 일이 많고, 성교에서 만족을 얻는 능력이 크면 클수록 아내는 남편의 불능증 혹은 중절 성교에 대해 불안 현상으로 반응할 것은 분명하다. 한편, 불감증의 여성이나 리비도가 적은 여성의 경우는 그와 같은 경우에서 영향을 받지 않는다.

오늘날 의사들이 권하는 금욕이 불안 상태를 유발시키는 데 중요한 의의를 가지는 경우는, 만족을 위한 배출구에 이르는 것을 거부당한 리비도가 강해지고, 게다가 대부분이 승화 작용에 의해서 방출되지 않을 때에 한한다. 병이 되고 안 되고 하는 것은 항상 리비도의 양적인 문제에 달렸다. 병은 차치하고 성격 형성을 고찰하면, 금욕은 어떤 종류의 두려움이나 망설임과 평행하며, 한편 두려움을 모르는 것과 자유 분방함은 성性의 자유 방임에 수반된다는 것을 알 수 있다. 이 관계는 온갖 문화적인 영향을 받아 변화되고 복잡한 것이 되었다고는 하지만, 보통 사람에게 불안은 역시 금욕과 밀접한 관계가 있다.

둘째로, 불안은 흔히 증상에 수반하여 나타난다고 말했지만, 이 병에서는 증상과 결부되지 않고 불안이 발작되거나 지속 상태가 되어 나타나는 경우도 있다. 환자는 자기가 무서워하고 있는 것에 대해 말하지 못한다. 환자는 명백한 2차적 가공으로 불안을 신변에 가까운 공포증, 이를테면 죽음·광란·졸도 등과 같은 공포증과 결부시킨다. 만일 우리가 불안이나 불안을 수반하는 증상이 발생한 상황을 분석한다면, 정상적인 어떤 심적 흐름이 막혀서 불안 현상으로 바뀌었는지 보고할 수 있을 것이다. 이것을 다르게 표현해서 무의식 과정은 아무런 억압도 받지 않고 자유롭게 의식으로 진행하고 있는 것이라고 생각해 보자.

이 과정은 어느 일정한 감정을 수반하고 있었을 것이다. 그런데 의식으로의 정상적인 흐름에 수반되는 이 감정이 억압을 받으면, 본래의 성질이 무엇이든지 상관하지 않고 모든 경우에 불안으로 바뀐다. 그러므로 히스테리성 불안 상태에 직면했을 때의 무의식의 대응물은 불안·수치·당황 같은 그와 유사한 것일 수도 있지만, 능동적인 리비도의 흥분이나 격분 또는 분노 같은 적대적·공격적인 흥분일 수도 있다. 그러므로 불안은 어디에 내놓아도 통용되는 화폐와 같다. 만일 감정 흥분에 딸려 있는 관념의 내용이 억압을 받으면, 그 감정 흥분은 어떤 것이라도 모두 불안이라는 화폐로 교환되고 또 교환할 수 있다.

세 번째의 관찰은, 어떤 특별한 방법으로써 불안으로부터 탈출하려고 강박 행위를 하는 듯한 환자에게서 얻을 수 있다. 만일 우리가 환자의 강박 행위, 이를테면 세탁이나 의례儀禮를 방해하려고 하거나 환자 스스로 자진해서 그 강박행위를 그만두려고 하면, 환자의 마음 속에는 무서움과 같은 불안이 고개를 쳐들어 부득이 그 강박 행위를 하지 않고는 못 견딘다. 따라서 우리는, 불안은 강박 행위의 뒤에 숨어 있고, 환자는 불안에서 달아나기 위해서만 이 강박 행위를 한다는 것을 알 수 있다.

그러므로 강박 노이로제에서는 보통 때면 발생해야 할 불안이 이 증상 형성에 의해서 대치되고 있는 셈이다. 그리고 히스테리에서도 이와 같은 관계가 발견된다. 즉, 억압 과정의 결과로서 어떤 때는 순전한 불안으로, 어떤 때는 증상 형성을 수반한 불안으로, 또 어떤 때는 불안 없는 완전한 증상 형성이 발견된다. 그래서 일반적으로 증상은 여느 때라면 피할 수 없는 불안 발생을 면하기 위해서만 만들어진다고 해도 그리 틀린 말은 아닐 것 같다. 결국 불안은 노이로제 문제에 대한 우리의 관심에 있어서 핵심적인 역할로 대두된다.

불안 노이로제의 관찰을 통해서 우리는, 리비도가 정상적으로 이용되는 길에서 방향 전환을 하는 것은 육체적인 과정이라는 기반 위에서 행해진다고 결론 내렸다. 또 히스테리와 강박 노이로제의 분석으로 위와 동일한 결과를 수반하는 동일한 방향 전환은 마음 속의 '재판소'로부터의 거부 작용이라고 덧붙일 수 있다. 그러므로 우리는 여태까지 노이로제 불안의 발생에 대해서 많은 것을 안 듯하지만, 아직도 모호한 점이 상당히 많다. 그러나 나는 이 이상 전진하는 길을 발견하지 못하고 있다. 우리에게 부여된 제2의 사명, 즉 비정상적으로 어떠한 것을 결부시킨다는 것은 훨씬 해결이 어려운 것으로 여겨진다.

여러분은 이 둘이 완전히 별개의 것이라고 생각할지도 모른다. 그러나 우리로서는 현실 불안과 노이로제적 불안을 감각에 의해 구별하는 수단은 갖고 있지 않다. 하지만 우리가 지금까지 몇 번이나 주장한 자아와 리비도의 대립을 잘 관찰하면 그 둘 사이의 연결도 마침내 이루어질 수가 있다. 우리가 알고 있듯이 불안 발생은 위험에 대한 자아의 반응이며, 도주에의 신호이다. 그러므로 노이로제적 불안에서는, 자아는 리비도의 요구에 대해서 이와 같은 도주를 시도하고 이 내부의 위험을 마치 외부의 위험인 양 취급하는 것이라고 추론할 수 있다. 이 견해로서 불안이 있는 곳에는 모두 사람이 두려워하는 것이 있다고 한 우리의 예상은 실현되었는지도 모른다. 그러나 이 유추는 더 진행될 수가 있다. 외적 위험에서 도피하려는 시도가 진지陣地를 지키는 일이나 합목적의 방위책을 세우는 일로 바뀌듯이, 노이로제적 불안의 발생 또한 불안을 구속하는 증상 형성으로 양보하는 것이다.

이제 다른 경지에서 난해한 점이 나타난다. 리비도에서의 자아의 도주를 뜻하는 불안은 이 리비도 자체에서 생긴 것이어야 한다. 이것은 막연한 주장이지만, 어떤 사람의 리비도이든지 결국 그것은 그 사람의 일부분이며, 무언가 외부에 있는 것처럼 리비도가 그 사람과 대립하고 있는 것은 아니다. 우리가 아직 모르고 있는 것은 불안의 발생에 있어서 어떤 종류의 심적 에너지가 소비되고, 또 그것은 어떤 심적 체계에 속하느냐 하는 문제이다. 나는 여러분에게 이에 대해서도 답변할 수 있다고 장담할 수는 없지만, 다른 두 가지 단서를 더듬어서 우리의 견해를 돕기 위해 직접적인 관찰과 분석적인 연구를 다시 한 번 이용하고 싶다. 이제부터는 어린아이에게 있어서의 불안과 공포증과 연관된 노이로제적 불안의 시범으로 돌아가 보겠다.

어린아이가 품는 무서움은 매우 흔한 것으로서 그 무서움이 노이로제적 불안인지, 현실적 불안인지 구별하기가 여렵다. 오히려 어린아이의 태도를 보면 이런 구별을 할 가치가 있는지조차 의심스러워진다. 그것은 우리는 대부분의 낯선 사람, 새로운 장소, 새로운 물건에 대해 무서워하더라도, 그것을 이상하게 생각지 않기 때문이다. 그리고 우리는 대개 이 반응을 어린아이의 연약함과 무지로 쉽게 설명한다.

그래서 우리는 어린아이가 강한 현실 불안을 갖고 있다고 말하고, 만일 어린아이의 이 불안이 천성적인 것이라면 그것은 참으로 목적에 맞는 것이라고 간주한다. 어린아이는 이때 단지 원시인이나 오늘날의 미개인의 태도를 되풀이하고 있는 것이다. 원시인이나 미개인은 무지하고 무력하기 때문에, 오늘날의 우리에게는 이미 아무런 불안을 느끼게 하지 않는 여러 가지 낯익은 사물에 대해서도 불안을 품는다. 만일 어린아이의 공포증 가운데 적어도 그 일부가 인류 진화의 태고에 있었던 것과 동일한 것이라면 우리의 예상과 완전히 적중하는 것이다.

하지만 다른 한편으로 우리는 모든 어린아이가 무서워하는 정도는 동일하지 않다는 것, 모든 사물과 상황을 특별히 무서워하는 어린아이야말로 후일에 노이로제 환자가 된다는 것을 간과할 수 없다. 그러므로 노이로제의 소인은 현실 불안에 대한 뚜렷한 경향으로도 간파할 수 있다. 즉, 무서움이 첫 징조로써 나타난다. 그리고 우리는 그 사람이 어릴 때뿐만 아니라, 어른이 되어서도 모든 사물을 무서워하는 것으로 보아 자기의 리비도가 높아짐을 무서워하는 것이라고 결론 짓는다.

그리고 이와 같은 결론으로써는 리비도에서 불안이 발생한다고는 할 수 없다. 그리고 만일 우리가 현실 불안의 조건을 살펴본다면, 자기의 약함과 무력함—아들러는 열등성이라고 불렀다—은 만일 그것이 유아기에서부터 성숙기까지 줄곧 계속되는 것일 경우, 반드시 노이로제의 궁극적인 원인이 된다는 견해에 이르게 될 것이다.

이 사실은 매우 간단하고 그럴 듯하여 재삼 우리의 관심을 끈다. 물론 이 사실에 의해서 노이로제라는 수수께끼도 서서히 풀리기 시작한다. 어른이 되어서도 열등성이 줄곧 계속된다—따라서 불안 조건과의 증상 형성이 지속한다—는 것은 확실시되는데, 여기서 우리는 건강과 충돌이 생기고, 건강이라는 예외에 대해 설명을 가할 필요성마저 느끼게 된다.

그러나 어린아이가 갖고 있는 무서움을 자세히 관찰해 볼 때, 거기서 우리가 또 알 수 있는 것은 무엇일까? 어린아이는 우선 낯선 사람을 무서워한다. 상황은, 그것이 사람을 포함하고 있을 때 비로소 중요한 것이 되고, 사물은 더 나중이 되어서야 비로소 문제가 된다.

그러나 어린아이가 타인을 두려워하는 이유는, 타인이 자기에게 악의를 갖는다거나, 그 사람과 자기를 비교해서가 아니다. 다시 말해서 타인을 자기의 생존이나 안전 및 위협하는 자로 인식하기 때문이 아니다. 예컨대 공격 본능에 위협받고 있다고 할 정도로 시기심이 강한 어린이가 있다는 견해는 하잘것없는 이론적 구성에 지나지 않는다. 결코 그렇지는 않다. 어린아이 자신이 낯선 사람을 무서워하는 것은 어린아이가 믿고 사랑하는 사람—즉, 어머니—만을 안중에 두고 있기 때문이다. 불안으로 바뀌는 것은 어린아이의 절망이며, 동경이다. 즉, 이용할 수 없는 리비도가 더 이상 허공에 떠 있을 수가 없어서 불안으로 발산되고 마는 것이다. 어린아이의 불안에 대한 전형적인 이 상황 속에서 분만 행위 중의 첫 불안 상태의 조건, 즉 모체母体에서 떠나는 일이 반복되고 있는 것도 우연이라고만은 할 수 없다.

어린아이의 첫 상황 공포증은 어둠과 혼자 있다는 것에 대한 공포증이다. 그리고 어둠에 대한 공포증은 일평생 지속되는 수가 많다. 그 두 가지의 공통적인 특징은 자기를 돌봐주는 사랑하는 사람, 즉 어머니를 놓쳐 버리는 것에 있다. 어둠을 무서워하는 어린아이가 옆방에서 외치는 말을 들은 적이 있다. "아줌마, 얘기해 줘, 나 무서워." "하지만 얘긴 해서 뭘 하니? 날 볼 수도 없는데." 어린아이는 이에 대해서 "누가 얘기를 해주면, 이 근처가 밝아지는걸" 하고 말했다. 어둠에 대한 동경은 이리하여 공포로 변한다. 여기서 우리는 노이로제적 불안이 단지 2차적인 것이며, 현실 불안의 특수한 경우에 지나지 않는다는 사실을 넘어서, 오히려 어린아이의 경우는 이용되지 않는 리비도에서 발생한 노이로제적 불안의 그 본질적 특징이 현실 불안이라는 형태로 행동하고 있음을 알게 된다.

어린아이는 진정한 의미의 현실 불안을 전혀 지니지 않은 채 이 세상에 태어난 것같이 여겨진다. 후일에 공포증의 조건이 될 수 있는 모든 상황, 즉 고지高地, 강에 걸려 있는 외다리, 기차 여행, 승선乘船 등은 어린아이에게 아무런 불안도 일으키지 않는다. 게다가 어린아이가 아무것도 모르면 모를수록 무서워하는 강도가 적다.

생명을 보호하는 이와 같은 본능의 대부분이 유전된다면, 그것은 매우 유익한 일일 것이다. 만일 그렇다면 어린아이를 위험에서 보호하는 감시 임무는 그 때문에 훨씬 편해질 것이다. 그러나 실제로 어린아이가 처음에 자기 힘을 믿고 무서운 것이 없는 것처럼 행동하는 것은 위험을 모르기 때문이다. 어린아이는 강변을 달리고, 창가에 기어오르며, 뾰족한 물건이나 불을 갖고 논다. 즉, 어린아이는 자기가 다치거나 부모를 놀라게 하는 어떤 일도 주저하지 않는다. 그런 후 어린아이의 마음이 현실 불안에 눈을 뜨는 것은 오로지 교육의 결과이다.

그런데 만일 불안에 대한 이러한 교육을 매우 순순히 받아들이고, 이어 어른이 주의시켜 주지 않은 위험까지도 자기 힘으로 발견하는 어린아이가 있다면, 그런 아이는 태어날 때부터 그 체질에 많은 리비도의 욕구를 갖고 있다거나, 어려서부터 리비도의 만족이라는 악습에 물들어 있었다는 셈이 된다. 이런 어린아이 중에서 후일에 노이로제 환자가 나온다 해도 하등 이상할 것이 없다.

노이로제의 발병을 쉽게 만드는 것은 오랫동안 막대한 리비도의 축적을 견뎌내지 못하는 데 있음은 우리가 이미 알고 있는 바이다. 이 경우에 체질적 인자 역시 그 원인 중의 하나이며, 또 우리가 그 사실을 부정할 수 없다는 점은 여러분도 인정할 것이다. 그러나 체질적 인자만 역설하고 다른 모든 인자를 등한시하거나, 관찰과 분석 쌍방에서 일치하고 있는 결과로 보아 체질적인 인자 같은 것은 전혀 없거나, 있어도 극히 흐릿한 경우에 이것을 들고 나오려 한다면, 우리는 거기에 대해서 단호히 반대할 뿐이다.

어린아이의 무서움을 관찰한 결과, 다음과 같은 결론을 끌어낼 수 있었다. 어린아이의 불안은 현실 불안과 하등 관계가 없지만, 어른의 노이로제적 불안과는 매우 비슷하다. 또 어린아이의 불안 노이로제적 불안처럼 이용되지 않는 리비도에서 발생하여 잃어버린 사랑의 대상을 외부의 사물이나 상황으로 대응하고 있는 것이다.

우리는 공포증을 분석해 봐야 더 이상 새로운 사실을 배울 수 없다. 즉, 공포증에서도 어린아이의 불안과 같은 일이 일어난다. 말하자면 방출되지 않고 이용되지 않는 이 리비도는 표면적으로만 현실 불안으로 바뀐다. 그 결과, 사소한 외부의 위험이 리비도의 요구를 대표한다.

이 일치는 결코 놀랄 일이 아니다. 왜냐 하면 유아성 공포증은 우리가 '불안 히스테리' 속에 넣고 있는 후일의 공포증의 원형일 뿐 아니라, 그 직접적인 준비 조건인 동시에 전주곡이기 때문이다. 히스테리성 공포증을 거슬러 올라가면 모두 어린아이의 불안에 도달한다. 비록 내용이 다르기 때문에 굳이 다른 이름을 붙여야 하는 경우에도 히스테리성 공포증은 어린아이의 불안의 연속이다. 두 병의 차이가 있다면 그것은 메커니즘의 문제이다. 어른에게 있어서 리비도가 불안으로 바뀌는 것은, 동경憧憬과 같이 리비도를 순간적으로 이용할 수 없게 만드는 것만으로는 충분치 않다.

어른은 오래 전에 이와 같은 리비도를 허공에 둥둥 띄워놓거나 다른 방법으로 이용하는 것을 배운 것이다. 그러나 만일 리비도가 억압을 받은 정신 흥분에 속한다면, 아직 의식과 무의식의 구별이 없는 어린아이와 같은 상태가 재형성되고, 그리하여 유아성 공포증으로 퇴행함으로써 하나의 다리가 만들어지며, 이 다리를 지나서 리비도는 쉽게 불안으로 바뀐다. 우리는 이미 억압에 대해서 많은 것을 이야기했다. 그러나 그때는 항상 억압되는 관념의 운명만 연구하고 있었다. 우리는 억압된 관념을 내포한 감정이 어떻게 되느냐 하는 문제는 보류해 두었었다. 지금에

와서 우리는 비로소 불안으로 변하는 것이 이 감정의 주어진 운명임을 알게 된다. 그러나 이 감정의 전화轉化는 억압 과정 속의 훨씬 중요한 부분이다.

우리는 무의식적인 감정을 무의식적인 관념과 같다고 입증할 수 없으므로, 이 점을 상세히 논하기는 쉬운 일이 아니다. 의식적이든 무의식적이든 관념은 역시 관념이다.

우리는 무엇이 무의식적인 관념에 해당하는가 말할 수는 있다. 하지만 감정은 관념과는 전혀 다른 식으로 판단해야 하는 하나의 방출 과정이다. 무의식으로서 감정에 해당하는 것이 무엇인가 말하려면, 먼저 심적 과정에 관한 우리의 전제에 대해서 깊이 고찰해 보고 명백히 해두어야 하는데, 우리로서는 아직 그와 같이 할 수는 없는 상황이다. 그러나 어쨌든 불안 발생이 무의식 체계와 밀접한 관계가 있다는 사실만은 분명하다.

나는 불안의 형태로 방출하는 것은 억압을 받은 리비도의 직접적인 운명이라고 말했다. 그러나 이것이 유일한 최종적인 운명은 아니라고 덧붙여 두고 싶다. 노이로제에서는 어떻게든 이 불안의 발생을 막는 과정이 진행되고 있다. 그리고 이 과정은 갖가지 방법으로 성공한다. 이를테면 공포증에서는 노이로제적인 과정의 두 단계를 뚜렷이 구별할 수 있다. 첫 단계는, 억압하여 리비도를 불안으로 바꾸고 불안을 외부의 위험으로 결부시키는 일이다. 두 번째 단계는, 외부에 존재하고 있는 것처럼 인정된 위험을 온갖 조심성과 안전 수단으로 피하는 일이다. 억압이라는 것은 위험한 것으로 느껴진 리비도에 직면하여, 자아가 도주하는 시도에 해당된다. 그리고 공포증은 외부적 위험에 대비하여 요새를 구축하는 일에 비유할 수 있을 것이다. 이 경우, 외부의 위험은 두려워했던 리비도와 대치된다.

공포증에 있어서의 이 방어 조직의 약점은 물론 외부를 향해서는 매우 강한 요새가 내부에서 붕괴를 일으키는 일이다. 외부에 리비도라는 위험물을 투사하는 일은 결코 쉽게 성공하지 못한다. 그러므로 다른 노이로제에서 발생할지 모를 불안에 대해서 다른 방어 조직이 사용되고 있다. 이것은 노이로제 심리학의 흥미로운 영역인데, 유감스럽게도 이것을 설명하려면 주제에서 벗어나게 되고, 또 이것을 이해하기 위해서는 미리 전문적인 기초 지식을 가져야 한다. 나는 다만 몇 가지만 더 부언하겠다.

나는 여러분에게 억압 때 자아가 행하는 '반대 충당'에 대해서 이미 이야기했다. 자아는 억압이 줄곧 계속되듯이 반대 충당을 그만두어서는 안 된다. 억압 후의 불안 발생에 대해서 여러 가지 형태의 방어를 하는 것은 실로 이 반대 충당의 임무가 된다.

다시 공포증으로 돌아가서, 공포증의 내용은 현재몽의 내용만큼 중요하다. 스탠리 홀이 강조한 것처럼, 공포증의 이와 같은 내용 속에는 계통발생적으로 계승함으로써는 불안의 대상이 된 것이 많다는 것을 인정해야 한다. 그러나 인정한다고 하더라도, 거기에는 어느 정도의 제한이 필요하다. 그러나 이와 같이 불안을 일으키는 많은 것은 상징 관계뿐이며, 위험과 결부되어 있다는 것은 계통발생적으로 계승했다는 그의 주장과 일치한다.

이리하여 우리는 불안 문제가 노이로제 심리학의 핵심을 차지할 수 있다고 확신하게 된다. 또 우리는 불안의 발생이 리비도의 운명과 무의식 체계에 결부되어 있다는 사실을 알았다. 물론 우리는 아직도 단 한 가지 사실만은 결부시키지 못했다. 즉, 현실 불안은 자아를 자기 보존 본능의 발현이라고 보아야만 한다는 명명백백한 사실을 말이다.

26

리비도 설과 나르시시즘

지금까지 우리는 이미 여러 번 자아 본능과 성본능의 구별에 대해서 이야기해 왔다. 즉, 우선 두 본능은 억압 작용에서 서로 대립해 있고 외형상으로는 성본능이 자아 본능에 지고 있는 듯하지만, 퇴행의 우회로를 거쳐 어떻게든 만족을 구하려 하며, 결국은 성본능이 정복되지 않는다는 점에서 억압은 패배의 보상을 찾는다. 또한 이 두 본능은 그 필요성이라는 교사와의 사이에 처음부터 다른 입장을 취하므로 똑같이 발달하지 않으며, 현실 원칙에 대해서도 동일한 관계를 갖지 않는다는 것을 배웠다.

나아가 성본능은 자아 본능보다 불안이라는 감정에 훨씬 긴밀히 연결되어 있음도 알았다이 점에서는 아직도 불완전한 것처럼 생각된다. 그 증거로서 우리는 주목할 만한 심적 사실, 즉 가장 기본적인 자기 보존 본능인 굶주림과 목마름이 채워지지 않는다고 해서 불안해지는 일은 없지만, 채워지지 않는 리비도는 불안으로 바뀐다는 사실은 잘 알려져 있고, 또 자주 관찰되는 현상의 하나라는 점을 내놓고 싶다. 그러나 자아 본능과 성본능을 구별하려 하는 우리의 주장이 정당하다는 사실에는 조금도 변동이 없다.

이와 같은 구별의 근거는 개체의 특별한 활동으로서 성활동이라는 것이 있다는 데 뿌리를 둔다. 다만 이와 같은 구별이 어떤 의의가 있는가, 우리는 어느 정도 뚜렷이 양자를 구별하고 싶은가가 문제일 뿐이다. 이 문제는 성본능의 육체적·정신적인 발현이 우리가 성본능에 대립시킨 다른 본능의 발현과 어떻게 다른가, 또 이 차이의 결과가 얼마나 중요한가는 확인되는 대로 대답할 수 있다.

우리는 물론 이 두 본능 사이에 본질적인 차이가 있다고 주장할 수 없고, 그 차이도 알지 못한다. 이 두 본능은 개체의 에너지 원源에 대한 이름으로서 우리 앞에 나타난 것에 지나지 않는다. 또 그 두 본능이 결국 하나의 것인지, 아니면 근본적으로 다른 것인지, 만일 하나의 것이라면 언제 둘로 갈라졌는지에 관한 논의는 성본능이라든가 자아 본능이라는 개념 위에서 할 수 있는 것이 아니라, 이 개념 뒤에 있는 생물학적인 사실에 입각해서 해야 한다. 그에 대해서는 아직 우리는 아무것도 모른다. 또 설사 우리가 많은 것을 알고 있다 하더라도, 그런 것은 정신분석 연구의 사명이 아니다.

융과 같이 모든 본능이 애초에는 하나였다고 강조하고, 모든 것에 나타나는 에너지를 '리비도'라고 불러보아도 우리로서는 얻는 것이 별로 없다. 또 아무리 잔재주를 부려봐야 정신 생활에서 성기능을 제거할 수는 없으므로, 우리는 성적인 리비도와 성적이 아닌 리비도를 나눌 필요에 쫓길는지도 모른다. 그러나 리비도라는 이름은 우리가 지금까지 사용해온 것처럼, 어디까지나 성생활의 본능력을 뜻한다고 보는 것이 역시 옳다.

그러므로 나의 견해로는 정신분석상 성본능과 자기 보존 본능을 얼마만큼 옳게 구별할 수 있느냐는 문제는 별로 중요하지 않다. 정신분석은 그런 문제를 다룰 자격이 없다. 물론 생물학에서 보면 이 구별이 중요하다는 것을 나타내는 여러 가지 근거가 있다. 왜냐 하면 성욕은 개체를 초월하고 종鐘의 보존을 이어주려는 생체의 유일한 기능이기 때문이다. 이 기능을 작용시키는 것은 다른 기능을 작용시키는 것과 마찬가지로 개체에 반드시 이득을 가져다주지는 않는다. 아니, 이익을 가져다주기는커녕

이 기능이 갖고 있는 황홀한 쾌감 때문에 개체는 그 생명의 위협을 받으며 때로는 생명까지 빼앗길 위험에 직면한다.

개체는 자기 생명의 일부를 자손을 위한 소질로써 제쳐놓기 때문에, 다른 모든 것과 다른 아주 특수한 물질 대사의 과정도 필요로 할 것이다. 그리고 마지막으로 개체는 자기 자신을 가장 소중한 것으로 간주하고 성욕을 다른 수단과 마찬가지로 자기 만족에 대한 하나의 수단으로 보고 있다. 그러나 생물학의 입장에서 보면 개체라는 것은 영원히 지속되는 세대에 있어서 한 삽화에 불과하며, 마치 사후에까지 남는 세습 재산世襲財産의 일시적인 소유주처럼 실질적인 불사不死가 주어진 생식 세포에 매달려 있는 단명短命한 부속품에 지나지 않는 것이다.

그러나 노이로제를 정신분석적으로 설명하려면 위와 같은 요란스런 관점은 불필요하다. 우리는 성본능과 자아 본능을 개별적으로 연구하여 전이 노이로제라는 부류를 이해하는 열쇠를 손에 넣었다. 그리고 우리는 이전이 노이로제를 성본능과 자기 보존 본능이 대립하고 있거나, 생물학적으로 말하면 독립된 개체로서의 자아라는 하나의 위치와 세대의 구성원으로서의 다른 위치가 반목하고 있는 근본적인 상황으로 귀착시킬 수 있었다. 이와 같은 불화는 아마도 인간에게만 해당되는 것이다. 그러므로 어느 면에서 노이로제는 실로 동물보다 우수한 인간의 특권이라고 할 수 있을지도 모른다.

인간의 리비도가 지나치게 강하게 발달했다는 것과, 아마도 리비도가 이와 같이 발달했기 때문에 인간의 정신 생활 구조가 복잡해졌다는 것이 바로 이러한 갈등이 발생하는 조건이 된 것 같다. 이것은 또한 분명히 인간이 동물과의 공통점을 한 걸음 넘어서 일대 진보로 이룩한 조건이기도 하다. 그러므로 인간이 노이로제를 지닐 수 있다는 것은, 인간이 가진 다른 천부 능력의 한쪽 일면에 불과한 것인지도 모른다. 이와 같은 견해는 우리가 논하고자 하는 주제에서 빗나가게 할 뿐이다.

우리의 연구는 지금까지 자아 본능과 성본능은 그 발현으로 구별할 수 있다는 가설하에서 진행되어 왔다. 전이 노이로제에서는 이 가설에 대한 입증이 가능했다. 우리는 자아가 성충동의 대상에 주는 에너지 충당을 '리비도'라고 이름 짓고, 자기 보존 본능에서 나온 다른 모든 에너지 충당을 '흥미'라고 불렀다. 그리고 리비도의 충당과 리비도의 전환 및 리비도의 최후의 운명을 추궁해 봄으로써 처음으로 정신력의 작용을 이해할 수 있었다. 전이 노이로제는 이 분야의 연구에 매우 편이한 자료를 제공해 주었다. 그러나 갖가지 조직으로 된 자아의 구성과 기능은 밝힐 수가 없었다. 그래서 우리는 다른 노이로제적인 장애를 분석해야만 이 점에 대해 이해할 수 있을 것이라고 상상했다.

오래 전에 우리 정신분석의 견해를 이용하여 이와 같은 다른 질환의 분석이 시도되었다. 1908년에 에이브러햄은 나와 의견을 교환한 뒤 조발성 치매의 중요한 특징은 리비도가 대상에 충당되지 않고 있는 점이라는 것을 발표했다《히스테리와 조발성 치매의 성심리적 차이》 참조. 그런데 여기서 한 가지 의문점은 조발성 치매의 환자에게 있어서 대상에서 빗나간 리비도는 대체 어떻게 되는 것일까 하는 것이다. 에이브러햄은 그에 대해 즉각 이렇게 대답했다. "이 리비도는 자아로 되돌아간다. 그리고 그 반사적인 복귀가 조발성 치매의 과대 망상의 원천이다." 연애 관계에서 흔히 볼 수 있듯이 대상을 성적으로 과대 평가하는 것은 모든 점에서 이 과대 망상과 아주 닮았다. 이렇게 하여 우리는 정신병의 한 특징을 정상적인 연애와 관련시킴으로써 이해할 수 있다는 것을 알았다.

에이브러햄의 이 최초의 견해가 정신분석에 채용되어, 정신병에 대한 우리 입장의 토대가 되었다는 것을 여러분에게 미리 말해 두고 싶다. 이리하여 우리는 점차 대상과 관련되어 그 대상으로 만족을 얻으려는 노력의 표현인 리비도가 이들 대상을 포기하고 그 대신 자아를 취할 수 있다는 주장을 하기에 이르렀다. 그리고 이 주장은 꾸준히 지속해 왔다. 리비도가 이와 같이 충당되는 것을 우리는 나르시시즘이라고 부른다. 이 명칭은 독일의 정신과 의사인 내케P. Nacke가 기록한 어떤 도착 이론에서 빌려온 것인데, 보통의 경우 성장한 개체는 타인이라는 성 대상을 향해 애정을 쏟는 데 반해, 이 도착에서는 모든 애정이 자기 육체로만 쏠린다.

리비도가 다른 대상 대신에 자기 자신의 육체와 인격에 고착하는 것은 희귀한 일도 아니고 결코 하찮은 일도 아니라는 것을 깨닫게 된다. 오히려 나르시시즘이야말로 흔히 있고 또 최초에 있었던 상태이며, 이 상태에서 비로소 후일 대상에 대한 애정이 생겨나는 것이다. 그러나 이 때문에 나르시시즘이 소멸해 버릴 필요는 없다. 많은 성본능은 처음에는 자기 자신의 육체로—즉, 자기 성애적—만족을 얻고 있으며, 또 이와 같이 자기 성애적으로 만족을 얻을 수 있기 때문에 교육은 현실 원칙에 복종시키고자 성욕을 묶어두게 된다. 그러므로 자기 성애라는 것은 리비도 충당의 나르시시즘적인 단계의 성활동이었던 것이다.

이와 관련해서 우리는 자아 리비도와 대상 리비도의 관계에 대해서 하나의 관념을 만들어 보았다. 이 관념은 동물학의 비유로써 구체적으로 여러분에게 제시할 수 있다. 여러분은 거의 미분화한 원형질의 작은 덩어리에서 생긴 가장 단순한 생물, 즉 아메바를 생각해 보라. 이 생물에게는 의족擬足이라고 불리는 돌기가 있어서 그 속에 몸의 원형질을 흘려보낼 수가 있다. 그리고 또 그 돌기를 다시 집어넣어 하나의 덩어리가 될 수도 있다. 이 돌기를 뻗칠 수 있는 작용을, 대상에 리비도를 보내는 것에 비유해 보자. 그러나 리비도의 대부분은 자아 속에 남을 수 있다. 그리고 우리는 정상적인 상태에서는 자아 리비도는 아무런 방해 없이 대상 리비도가 되며, 또 이 대상 리비도를 다시 자아 속에 받아들일 수 있다고 가정하고 싶다.

그런데 이 관념에 입각해서 우리는 많은 정신 상태를 설명할 수 있을 것이다. 보다 소극적으로 말하자면, 우리는 정상적인 생활의 하나로 간주해야 하는 상태, 이를테면 연애할 때라든가, 기질적 질환의 경우라든가, 수면 중일 때의 심적 상태 같은 것을 리비도의 술어로 설명할 수 있는 것이다. 우리는 앞에서 수면 상태는 외부에서 몸을 격리시키는 것, 자고 싶다는 원망에 마음을 집중시키는 것이라고 가정했었다.

밤의 정신 활동으로서 꿈 속에 나타나는 것은, 자고 싶다는 원망에 도움이 되고 있는 것이며, 또한 그것은 완전히 이기적인 동기에 지배되고 있다는 것을 알았다. 바꾸어 말해서 리비도 설의 관점에서 보면 수면이란 모든 대상충당, 즉 리비도적인 대상 충당과 이기적인 대상 충당이 모두 포기되고 자아 속에 들어가 버린 상태라고 말할 수 있다. 이렇게 말하면 수면에 의한 휴식과 피로의 일반적인 본질을 새로운 관점으로 볼 수 있지 않겠는가?

이렇게 생각하면 자고 있는 사람에게 밤마다 찾아오는 태내 생활의 안정된 격리의 모습은 심리적인 측면에서 보아도 완전한 것이 될 것이다. 수면 중인 사람에게 있어서의 리비도의 분포는 원시 상태, 즉 자기 자신에 만족하고 있는 자아 속에서 리비도와 자아에 대한 흥미가 아직 분리되지 않은 채 하나가 되어 살고 있는 완전한 나르시시즘이 다시 만들어지고 있는 것이다.

그런데 여기서 우리는 두 가지 문제를 고찰해야 한다. 첫째, 나르시시즘과 이기주의는 개념상 어떻게 구별되느냐 하는 문제이다. 나는 나르시시즘이란 이기주의에 리비도를 보충한 것이라고 생각하고 있다. 이기주의라고 말할 때는 개인의 이익에만 주의가 집중되는 반면, 나르시시즘이라고 말할 때는 개인의 리비도적 만족도 고려하는 것이다. 실생활의 동기로서는 그 둘을 완전히 떼어놓고 추구할 수 있다. 사람은 절대적인 이기주의자가 될 수 있지만, 대상으로 리비도를 만족시키는 것이 자아의 욕구인 이상, 동시에 강한 리비도적 대상 충당을 계속해서 지속할 수 있다.

따라서 이기주의란 대상을 추구하면서도 자아에 아무런 손상을 주지 않도록 조심하는 일이다. 사람은 이기주의이며, 동시에 거의 대상 욕구를 갖지 않는 나르시시즘적일 수도 있다. 나르시시즘은 또 직접적인 성적 만족이나 성욕에서 유래하지만, 그보다 더 고차원적인 충동, 즉 우리가 종종 '관능'에 대해서 '연애'라고 부르는 충동 속에 나타난다. 이 모든 경우에 이기주의는 명확하고 일정 불변한 것이지만, 나르시시즘은 변화성이 많은 요소이다. 그런데 이타주의利他主義는 개념상 리비도적 대상 충당과 같은 것이 아니고 성적 만족을 추구하지 않는다.

그러나 연애 상태가 그 극에 이르면 이타주의와 리비도적 대상 충당은 합치된다. 성적 대상은 보통 자아의 나르시시즘의 일부를 자기 쪽으로 끌어당긴다. 이것은 이른바 대상의 '성적 과대 평가상대의 성기 같은 것을 불결하게 생각하지 않는 것'로써 나타난다. 그리고 성대상을 이기주의에서 나아가 이타주의로 다루는 것이 덧붙여지면, 성 대상은 강력한 것이 된다.

그리하여 성 대상은 말하자면, 자아를 흡수해 버린 것처럼 된다. 나는 여기서 나르시시즘과 연애를 잘 대조시킨 괴테의 《서동 시집西東詩集》에 실린 시를 소개하겠다.

주라이카

노예도, 승리를 거듭하는 왕후도
또한 군중도 물으면 대답하리라.
온전히 자기 자신을 되찾는다는 것은
인간의 진정한 행복일 것이라고.
진실한 자신을 상실하지만 않는다면
어떤 삶도 괴롭지 않으리라.
나 자신이 나일 수만 있다면
모든 것을 잃어도 아까울 리 없을 것이라고.

하템

그렇게 말한다면, 그것도 좋으리라.
그러나 다른 길을 나는 가노라.
이 세상이 가져다 주는 모든 복을

주라이카에게서 발견하면서
그이가 그 몸을 제공한다면
이 몸도 가치 있는 것이 되리라.
그이에게 버림받게 되는 그때야말로
이 몸은 아무런 의미도 없게 되리라.
그날이야말로 하템의 전부는 끝나리라.
나는 변하리라.
그이가 행복한 남자에게 정을 주게 될 때,
나는 그 몸으로 옮겨가리라.

두 번째의 고찰은 꿈의 학설을 보충하는 것이다. 억압된 무의식은 어떤 점에서 자아로부터 독립한다. 그 때문에 비록 자아에 종속하고 있는 대상충당이 모두 수면에 편리하도록 물러가더라도, 억압된 무의식은 자고 싶다는 원망에 항복하지 않고 줄곧 그 충당을 계속한다는 가설을 덧붙이지 않는다면 우리는 꿈의 발생을 설명하지 못할 것이다. 이때 비로소 우리는 무의식이라는 것은 검열관의 힘이 밤에 없어지거나 저하되는 것을 기회로 삼는다는 것과, 무의식은 낮의 잔재로 붙잡아 이것을 재료로 금지된 꿈의 원망을 만들 수 있다는 것을 처음으로 이해할 수 있다. 또 다른 한편에서는, 낮의 잔재와 이 억압된 무의식 사이에 이미 연결이 있기 때문에, 리비도는 수면의 욕구에서 물러나라는 명령을 받고도 물러가지 못하겠다고 반항하고 있는지도 모른다. 그래서 우리는 이 중대한 역동적 특징을 지금 꿈의 형성에 대한 우리의 견해에 삽입하고 싶은 것이다.

기질적인 질환이나 아픈 자극이나 기관의 염증은 리비도를 그 대상에서 뚜렷이 격리시키는 작용이 있다. 이처럼 분리되어 나온 리비도는 다시 자아로 되돌아가서 병이 난 신체 부위에 훨씬 더 강하게 충당된다. 이와 같은 조건 아래서는 리비도가 대상에서 물러나는 것은 이기적인 흥미가 외부에서 물러나는 것보다 더욱더 사람의 눈을 끌게 된다. 여기에 심기증心氣症을 이해하는 실마리가 있는 것 같다. 심기증에서는 겉으로는 건강한 기관이 자아自我의 걱정의 씨가 된다. 나는 심기증을 더 연구하고 싶은 유혹에서, 또는 대상 리비도가 자아로 되돌아온다고 가정할 경우에 우리가 이해할 수 있거나 묘사할 수 있는 다른 상황을 논하고 싶지만, 이제부터는 여러분이 궁금해 하리라 여겨지는 두 가지 문제를 이야기하겠다.

첫째는, 자유로이 운동하여 어떤 때는 대상에, 어떤 때는 자아에 충당하고, 또 하나의 본능 혹은 다른 본능을 움직이는 데 사용되는 오직 하나의 에너지를 가정한다면 관찰된 현상을 충분히 설명할 수 있다. 그런데 어째서 수면이나 병, 그리고 이와 비슷한 상황을 설명할 때는 리비도와 흥미, 성본능과 자아 본능을 끝내 구별하려 하는가 여러분은 묻고 싶을 것이다. 둘째는, 만일 대상 리비도에서 자아 리비도—혹은 일반적으로 자아 에너지—로의 이와 같은 전환이 정신 역학에서 밤마다 되풀이되는 정상적인 과정의 하나라면, 어째서 리비도가 대상에서 떨어져 나가는 것을 병리 상태의 근원이라고 말하게 되었는지 알고 싶다고 말할 것이다.

그러면 이 두 의문에 대답하기로 한다. 여러분의 처음의 항의는 타당하다. 수면·병·연애의 상태를 자세히 살펴보아도 자아 리비도와 대상 리비도, 리비도와 흥미를 구별할 필요는 없는 것 같다. 그러나 여러분이 그와 같은 항의를 제기한 것은 우리의 출발점이 된 연구를 무시한 것이다. 실로 이 연구를 길잡이로 해서 우리는 지금 문제가 되어 있는 정신 상태를 고찰하고 있다는 것을 기억해 주기 바란다. 즉, 전이 노이로제의 원인인 갈등을 고찰하기 위해서 부득이 우리는 리비도와 흥미, 즉 성본능과 자기 보존 본능을 구별하지 않으면 안 된다. 그래서 우리는 이 구별을 버릴 수 없게 되었다.

대상 리비도는 자아 리비도와 바뀔 수 있다는 가설, 바꾸어 말하면 자아 리비도를 고려해 넣지 않으면 안 된다는 가설은 나르시시즘적 노이로제, 이를테면 조발성 치매의 수수께끼를 풀어주는 유일한 열쇠처럼 여겨진다. 그리고 또 이 가설에 의해서 나르시시즘적 노이로제가 히스테리나 강박 노이로제와 비슷한 점과 다른 점을 설명할 수 있는 것이다. 그러면 우리가 이와 같은 증례에서 부정할 수 없을 정도로 확실하게 된 것을 그대로 병·수면·연애에 응용해 보자. 분석적 경험에 직접 입각해 있지 않는 유일한 주장은, 설령 리비도가 대상을 향하거나 자기 자신을 향하거나 간에 리비도는 역시 리비도일 뿐 결코 이기적인 흥미가 되지 않으며, 또 반대로 이기적인 흥미는 리비도가 되지 않는다는 점이다. 그러나 이 주장은 이미 비판적으로 평가한 그 성본능과 자아 본능의 구별을 말만 바꾸어 놓았을 뿐이다. 그러나 우리는 우리가 발견한 이와 같은 구별이 가치가 없다는 말을 들을 시대까지 이것을 줄곧 지속해 가고 싶다.

여러분의 두 번째 항의도 그럴 듯하지만 그것은 과녁이 빗나가 있다. 확실히 대상 리비도가 자아로 물러가는 것은 병의 원인은 되지 않는다. 이와 같이 물러간다는 것은 매일 밤 잠들기 전에 일어나서 눈을 뜨면 다시 본래대로 돌아가는 것임을 우리는 알고 있다. 아메바는 돌기를 집어넣지만, 다음 순간 그것을 다시 내민다. 그러나 일정하고 매우 강력한 어느 과정 때문에 리비도가 대상에서 강제적으로 격리되었을 때는 상황이 완전히 달라진다.

이때 나르시시즘적이 된 리비도는 대상으로 되돌아가는 길을 찾지 못한다. 그리고 리비도의 운동성이 이와 같이 방해되는 것은 병인으로서 작용한다. 정체 현상이 나르시시즘적인 리비도를 넘어서는 것은 견디지 못하는 것 같다. 우리는 이것이 처음에 대상 충당을 가져온 것이고, 또 리비도의 정체 때문에 병이 낫지 않도록 자아가 이 리비도를 놓아주지 않으면 안 된다고 생각해도 좋다.

조발성 치매의 병의 형태는 리비도가 강제로 대상에서 격리되어, 그것이 나르시시즘적 리비도가 된 자아 속에 쌓였기 때문에 생긴 증상은 아니다. 오히려 다른 현상이 큰 위치를 차지하고 있다. 그리고 이와 같은 현상은 다시 원대상에 도달하려고 하는 리비도의 노력 때문이다. 이 리비도의 노력은 회복과 치유의 시도와 일치하고 있다. 이런 증상이야말로 겉으로 나타나는 것이고 소란스러운 것이며, 히스테리의 증상이나 간혹 강박 노이로제의 증상과 닮았지만, 어느 점으로 보나 분명히 구별된다.

조발성 치매에 있어서는 다시 한 번 대상에, 즉 그 대상의 표상에 도달하려고 애쓰는 리비도가 실제로 대상에서 어떤 것을 붙잡고는 있지만 사실은 그 대상의 그림자, 즉 그 대상에 소속하는 언어의 표상만 붙잡고 있는 데 불과한 것이다. 그에 대해서 여기서는 이제 더 이상 설명할 수는 없지만 대상으로 되돌아가려고 애쓰는 리비도의 이러한 거동에서 우리는 의식적인 표상과 무의식적인 표상의 구별을 실제로 결정하는 것이 무엇이냐 하는 의문에 대해 어떤 가능성을 얻을 수 있었다고 생각한다.

나는 분석적 연구의 다음 단계의 진보를 기대할 수 있는 영역에 여러분을 안내했다. 우리가 자아 리비도라는 접근할 수 있게 되었다. 그래서 이 질환을 역동적으로 해명하고, 동시에 정신 생활에 대한 우리의 지식을 자아의 연구로 완전하게 만드는 것이 우리의 사명이 되었다. 우리가 추구하고 있는 자아 심리학은 우리 자신을 바라봄으로써 얻은 자료 위에 구축되어야 할 것이 아니라, 리비도의 경우처럼 자아의 장애와 붕괴의 분석 결과에 입각해야 한다. 전이 노이로제에서 얻은 리비도의 운명에 대한 지금까지의 지식도 더 위대한 이 연구가 완성될 때는 아마도 보잘것없는 것이 되어 버릴 것이다. 그러나 우리는 아직 거기까지는 도달하지 못했다. 우리가 전이 노이로제에서 이용한 기법을 사용한다 해도 나르시시즘적 노이로제에 대한 문제는 거의 풀지 못한다. 그 이유는 머지않아 밝히게 될 것이다.

나르시시즘적 노이로제에서는 우리가 조금만 진전해도 벽에 부딪쳐서 정지해 버린다. 여러분도 알다시피, 전이 노이로제에서도 우리는 이와 같은 저항에 부딪쳤지만 그것을 하나하나 깨쳐나갈 수가 있었다. 그러나 나르시시즘적 노이로제에서는 그 저항을 깨뜨릴 수가 없다. 기껏해야 막아서는 벽에 호기심을 갖고 벽 저쪽에서 무엇이 일어나고 있는가 살필 수 있을 뿐이다. 그러므로 우리의 기법은 다른 방법으로 바꾸지 않으면 안 된다. 그러나 과연 잘 바꿀 수 있을는지 아직은 알 수 없다. 물론 이런 환자에 대한 증례를 제시할 수 없는 것은 아니다. 흔히 환자는 여러 가지 표현을 하기 때문에, 우리는 우선 전이 노이로제 증상에서 얻은 지식의 도움을 빌려서 그 표현을 해석할 수는 있다. 양자의 일치가 커서 좋은 출발이라는 것을 보장해 주지만, 이 기법으로 어디까지 나아갈 수 있는지는 역시 알 수 없다.

그 밖에 또 다른 난점이 있다. 나르시시즘적 질환과 이에 관련되어 있는 정신병의 수수께끼는 전이 노이로제를 분석적으로 연구하는 훈련을 받은 관찰자에 의해서만 풀릴 수 있다. 그런데 현대의 정신과 의사는 정신분석을 연구하지 않고, 우리들 정신분석가는 정신의학의 증례를 거의 보지 못하고 있다. 준비 과학으로서의 정신분석에 관한 훈련을 받은 새로운 정신과 의사들이 먼저 성장해야 한다. 오늘날 미국에서는 많은 지도적인 정신과 의사가 학생들에게 정신분석을 강의하고, 연구소장이나 정신병원 원장은 환자를 정신분석적으로 관찰하려 하고 있다. 그러나 이런 사람들과 마찬가지로 우리도 나르시시즘적 노이로제의 연구에서 몇 가지 사실을 포착했는데, 그것은 다음과 같다.

만성의 계통적인 정신착란병인 파라노이아Paranoia, 편집증의 병형病型은 아직까지 현대 정신의학의 분류에 있어 정확하지 못하다. 그러나 이것이 조발성 치매와 어떤 관계에 있다는 것은 분명하다. 나는 전에 파라노이아와 조발성 치매를 종합해서 파라프레니Paraphrenie라는 이름으로 부르자고 제의한 적이 있다. 파라노이아의 유형을 그 내용별로 분류하면, 과대 망상·피해 망상·연애 망상〔色情狂〕·질투 망상 등이 있다. 정신의학은 이와 같은 망상을 설명하고 있지 못한다.

나는 이와 같은 예로써 지적 합리화知的合理化에 의해 하나의 증상을 다른 증상에서 끌어내는 시도를 여러분에게 이야기하겠다. 즉, 본래의 성격적 경향으로 자기가 박해받고 있다고 믿고 있는 환자는 이 박해에서 '나는 분명 특별히 중요한 인물이다'라는 결론을 끌어내고 이 결론에서 과대 망상을 발전시킨다. 정신분석의 견해에 의하면, 과대 망상은 리비도적 대상 충당이 자아로 물러감으로써 자아가 확대되는 직접적 결과이며, 원시적인 유아성으로 되돌아가는 결과로서 일어나는 2차적인 나르시시즘이다.

그러나 피해 망상의 증례에서 우리는 몇 가지를 관찰했는데, 이것은 어떤 단서를 찾는 계기가 되었다. 우선 압도적으로 많은 증례에서 우리는 박해하는 사람은 박해받는 사람과 동성이라는 데에 주목했다. 이것은 그다지 어렵지 않게 설명할 수 있었다.

그런데 자세히 연구된 몇 가지 증례에서 건강할 때 자기가 가장 사랑하던 동성의 사람이, 병이 난 후로는 박해자로 되어 버린다는 것이 밝혀졌다. 그리고 이것이 발전하면 사랑하고 있던 그 사람이 다른 인물로 대치되는 수도 있다. 예컨대 아버지가 선생이라든가 상관으로 대치되는 경우이다. 우리는 날로 증가하는 이와 같은 경험으로 피해 망상성 파라노이아라는 것은 과대해진 동성애적 충동에 대하여 자기 자신을 방위하기 위해서 갖는 수단이라는 결론에 도달했다. 사랑이 미움으로 바뀌는 것은, 흔히 알려져 있듯이 전에는 사랑했지만 지금은 미워하는 대상의 생명을 위협하는 것이 될 수 있는데, 이것은 리비도적 충동이 불안으로 바뀌는 것과 상응한다.

이에 관해서 내가 관찰한 최근의 실례를 들겠다. 어느 젊은 의사가 고향에서 추방당하게 되었다. 그는 자기의 친구였던 그 곳의 한 대학 교수의 아들의 생명을 위협했기 때문이다. 그는 자기의 옛 친구가 분명 흉악한 의도와 악마적인 힘을 갖고 있어서, 최근 자기의 신변과 가정에 온갖 불행이나 불운이 덮치게 된 것이라고 단정 지었다. 그뿐 아니라 이 얄미운 친구의 부친인 대학 교수가 전쟁을 일으켜서 러시아 군을 국내에 침입시켰다고 생각했다. 그 때문에 '그는 사형에 처해야 마땅하다. 이런 나쁜 사람만 죽으면 모든 불행이 소멸될 것이다'라고 확신했다.

그러나 그에 대한 옛 우정은 아직도 강해서 친구를 가까이에서 쏘아 죽일 기회가 있었지만, 그때마다 손이 마비되어 뜻을 이루지 못했다. 나는 이 환자와 짧은 대화를 나눈 후 두 사람의 우정 관계는 멀리 고등학교 시절까지 거슬러 올라간다는 사실을 알았다. 과거에 한 번은 우정의 선을 넘었다. 어느 날 밤, 둘은 완전한 성적 교섭을 가졌었다. 이 환자는 그의 나이와 매력에도 불구하고 여성을 연모한 적이 한 번도 없었다. 그는 한 번 아름다운 부잣집 딸과 약혼했으나, 그가 냉담하다는 이유로 처녀가 약혼을 파기해 버렸다.

몇 해 후, 그가 한 여자에게 생전 처음으로 완전한 만족을 주는 데 성공한 바로 그 순간, 그는 발병하게 되었다. 그 여자가 절정에 달해서 정신 없이 그를 껴안았을 때, 별안간 그는 이상한 아픔을 느꼈다. 그 아픔은 예리한 칼로 머리를 자르는 듯했다. 그는 이 감각에 대해 말하기를 시체 해부 때 뇌를 꺼내기 위해서 하는 바로 그 절개가 자기 머리에서 행해진 것 같다고 표현했다. 그리고 병리해부학자였던 자기의 친구가 자기를 유혹하기 위해서 여자를 보낸 것이라고 생각했다. 그는 이때부터 옛 친구의 음모 때문에 자기가 갖가지 희생을 당하게 되었다고 생각하게 된 것이다.

그러면 박해자가 박해당하는 사람과 동성이 아닌 증례, 바꾸어 말하면 동성애적 리비도의 방위라는 우리의 설명과 외면적으로 모순되어 보이는 증례는 대체 어떻게 풀어야 하는가? 나는 또 그런 증례를 연구했었는데, 그 결과 외면적인 모순에서 하나의 확증을 끌어낼 수 있었다.

한 젊은 처녀가 어떤 남자—그녀는 이 남자와 두 번 데이트를 했다고 고백했다—에게 박해당하고 있다고 믿고 있었다. 그러나 실제로 처녀는 처음에는 어머니의 대용이라고 생각할 수 있는 한 여자에게 망상을 품고 있었다. 남자와의 두 번째 데이트 직후, 그 망상 관념은 그 여자에게서 남자에게로 옮겨갔다. 그러므로 박해하는 사람이 동성이라는 조건은 이 증례에서도 애초부터 갖추어져 있었던 것이다. 이 여자 환자는 망상의 이 앞단계를 고백하지 않았다. 그러므로 이 증례는 파라노이아에 대한 우리의 견해와 모순되는 듯한 외관을 띠었던 것이다.

동성애적인 대상 선택은 본래 이성애보다 나르시시즘과 훨씬 더 깊은 관계가 있다. 그래서 몰두한 동성애적 충동이 거부되면, 나르시시즘으로 돌아가는 길은 더욱 쉽게 발견된다. 나는 이제까지 애정 생활의 근거에 대해서는 여러분에게 이야기할 기회가 없었고, 앞으로도 그런 기회는 없을 것이다. 나는 다만 나르시시즘의 단계 뒤에 나타나는 대상 선택과 리비도의 발달은 두 가지 다른 형태를 갖는다는 것만은 강조해 두고 싶다. 두 가지 형태란 자기 자신의 자아 대신 될 수 있는 대로 자아와 닮은 것을 대상으로 선택하는 나르시시즘형과 또 하나의 의존형依存型이다. 의존형이라는 것은 다른 욕구를 채워주기 때문에 중요해진 인물—이를테면 어머니—을 리비도가 대상으로서 선택하는 일이다. 나르시시즘형의 대상 선택에 리비도가 강하게 고착되는 것은 현재성 동성애에 들어 있는 소인 중의 하나이다.

나는 여러분에게 어떤 부인의 질투 망상에 관한 증례에 대해서 이야기한 적이 있다. 그런데 여러분은 정신분석에는 망상을 어떻게 설명하는가 듣고 싶을 것이다. 그러나 나는 여러분이 기대하는 것을 충분히 채워줄 수가 없다. 마치 강박 관념과 마찬가지로, 논리적인 증명과 현실적인 경험으로 망상을 공격하지 못하는 것은 무의식과의 관계로 설명된다. 다만 망상 관념과 강박 관념이 다른 것은 두 질환의 국소론과 그 역학이 다르기 때문이다.

파라노이이아의 경우와 마찬가지로 여러 가지 임상적인 병형으로 분류되고 있는 우울증의 경우에도, 우리는 이 질환의 내부 구조를 살펴볼 수 있는 한 장소를 발견했다. 우리는 이런 우울증 환자를 심하게 괴롭히는 자책은, 그들이 이미 잃어버린 성 대상이나 자신의 과실로 가치가 떨어진 성 대상과 관계가 있다는 것을 발견했다. 이것으로 우리는 우울증 환자는 리비도를 대상에서 퇴치시켰지만, '나르시시즘적 동일시'라고 불러야 할 하나의 과정에 의해서 대상이 자아 자체 속에 만들어진 것이라든가, 대상이 자아에 투사되었다고 결론 지을 수 있다.

즉, 자기 자신의 자아는 마치 버려진 대상처럼 취급되고, 또 자아는 대상으로 돌려져야 할 모든 복수의 표현과 공격을 기꺼이 받는다. 우울증 환자에게 볼 수 있는 자살 경향도 사랑하는 동시에 미워하는 대상을 괴롭힌 것과 똑같이 격렬하게 자기 자신의 자아를 괴롭히고 있다고 생각하면 이해하기가 쉬울 것이다. 다른 나르시시즘적 질환과 마찬가지로 우울증에서도 브로이어 이래 우리가 양가성兩價性이라고 불러 온 감정 생활의 한 특징이 매우 현저하게 나타난다. 양가성이라는 것은 동일 인물에 대해서 정반대의 감정을 품는 일이다. 감정의 양가성에 대해서는 이쯤 이야기를 멈추어야겠다.

나르시시즘적 동일시 이외에 훨씬 전부터 우리에게 알려져 있는 히스테리성 동일시가 있다. 우울증의 주기적·순환적인 병형病型에 대해서는 여러분이 확실히 듣고 싶어하고 있는 사실을 이야기할 수 있을 것이다. 나는 두 번 이와 같은 일을 했다. 즉, 편리한 조건 아래서는 발작이 없는 중간 시기에 분석 요법을 했는데, 전과 동일하거나 전과 정반대의 기분으로 되돌아가는 것을 막을 수 있었다. 이것으로 우리는 우울증에서나 조병躁病에서나 갈등의 특별한 종류의 해결책이 강구되어 있으며, 그 갈등의 전제 조건은 어디까지나 다른 노이로제의 갈등의 전제 조건과 일치한다는 것을 알았다. 여기서 여러분은 정신분석이 이 영역의 연구에 있어서도 미흡하다는 것을 발견할 것이다.

우리는 나르시시즘적 질환의 분석으로, 인간의 자아의 조성과 갖가지 재판소로 되어 있는 자아의 구조에 대한 지식을 얻고 싶다고 여러분에게도 말해 두었다. 어떤 곳에서 이것에 손을 댄 적이 있었다. 관찰 망상의 분석에서 우리는 실제로 자아 속에는 하나의 '재판소'가 있으며, 이것은 줄곧 관찰하고 비판하고 비교하여 자아의 다른 부분에 대립하고 있다는 결론을 끌어냈다. 즉, 환자가 자기의 모든 행동들이 치밀하게 감시당하고 있다거나 자기의 생각조차 밀고되고 비판받고 있다고 호소한다면, 이 환자는 아직 충분히 그 가치가 인정되지 않은 진리를 우리에게 가져다주었다고 생각한다. 환자는 이 불쾌한 힘을 밖으로 옮겨서 자가와는 아무런 관계도 없는 것으로 본 점에서만 잘못되어 있다.

환자는 자기 자신의 자아 내부가 자기의 현실 자아와 그 활동을 이상 자아理想自我라는 자로 재고 있는 재판소에 의해 지배되고 있는 것을 느낀다. 그리고 이 이상 자아는 성장하는 동안에 환자 자신이 만든 것이다. 우리는 또 이 창조물은 최초의 유아성 나르시시즘과 결부되어 있으나, 그 후에 많은 장애와 굴욕을 받은 자기 만족을 회복하는 목적으로 만들어진 것이라고 생각하고 있다. 자기 관찰을 하는 이 '재판소'는 자아 검열, 즉 양심이다. 그리고 이 양심이야말로 밤에 꿈의 검열의 역할을 하고, 온당치 않은 원망 충동을 억압하는 것 같다. 만일 이 '재판소'가 관찰 망상의 경우에 붕괴하는 것을 보게 되면, 이 '재판소'는 부모·교사 및 사회적 환경의 영향에서 오는 것이고, 또 이들 본받을 만한 인물을 어떤 사람과 동일시함으로써 비롯된다는 것을 알 수 있을 것이다.

이상은 우리가 이제까지 정신분석을 나르시시즘적 질환에 응용하여 얻은 몇 가지 성과이다. 아직도 불명확하고 미진한 감이 없지 않다. 이와 같은 성과는 우리가 자아 리비도라든가, 나르시시즘적 리비도라는 개념을 이용한 덕분에 얻을 수 있었던 것이다. 그리고 이러한 개념의 도움을 빌려 우리는 전이 노이로제의 연구에서 내세운 견해를 나르시시즘적 노이로제까지 적용할 수 있었다.

그런데 여러분은 이렇게 질문할지도 모르겠다. 즉, 나르시시즘적 질환과 정신병의 모든 장애를 리비도 설로 설명하는 데 성공할 수 있느냐라든가, 정신 생활의 리비도적 인자를 어디서나 병의 원인으로 인정하느냐, 혹은 자기 보존 본능의 기능 변화에 책임을 지지 않아도 되느냐고 질문할 것이다. 여러분이 이 점에 대해서 어떤 결정을 내리는 일은 그리 급하다고 생각되지 않으며, 또 그런 결정은 아직 시기 상조이다.

그런 결정은 과학 연구의 진보에 맡기기로 하자. 만일 실제로 병원 작용病原作用이라는 능력이 리비도적 충동의 특권이며, 그 결과 리비도설說이 가장 간단한 현실 노이로제에서 개체의 가장 무거운 정신병적 착란에 이르기까지의 전역에 걸쳐서 개가를 올릴 수 있다고 해도 우리는 조금도 놀라지 않을 것이다. 우리는 이 세상의 현실, 즉 아낭케Ananke, 운명의 신, 외부의 힘, 또는 필연이라는 뜻이다의 종속에 반항하는 것이 리비도의 특징이라는 것을 알고 있기 때문이다. 그러나 나는 자아 본능이 리비도의 병원적인 자극 때문에 1차적으로 마음을 빼앗기고 기능 장애에 빠지는 것은 얼마든지 있을 수 있는 일이라고 생각한다. 그리고 만약 우리가 중증의 정신병에서는 자아 본능 자체가 1차적으로 착란한다는 것을 인정한다면, 우리의 연구 방침은 결코 잘못되지 않았다고 믿는다.

적어도 이 영역은 장차 분명히 밝혀질 것이다. 그러나 우리가 남기고 온 불명료한 점을 확실히 하기 위해서, 나는 잠시 불안에 관한 문제로 돌아가 보겠다. 우리는 앞에서 위험에 직면했을 때의 현실 불안은 자기 보존 본능의 발현이라는 가설은, 불안과 리비도 사이에 있어서 보통 때 잘 볼 수 있는 관계와 일치하지 않는다고 말했다. 그렇다면 불안 감정이 이기적인 자아 본능에서가 아니라, 자아 리비도에서 나온다고 생각한다면 어떻게 되겠는가?

불안 상태는 모든 경우에서 역시 목적에 타당하지 않다. 불안 상태가 더 고도에 이르면 그 비합목적성은 더욱 뚜렷해진다. 이 경우, 불안 상태 때문에 합목적이고 자기 보존에 도움이 되는 단 하나의 행위, 즉 도주라든가 방어는 방해된다. 그러나 만일 현실 불안의 감정적인 성분을 자아 리비도의 탓으로 하고, 그때 나타나는 행위를 자기 보존 본능의 탓으로 한다면, 이론상의 난점은 모두 제거될 것이다.

그래도 여러분은 인간이 불안을 느끼기 때문에 달아나는 것이라고 고 지식하게 믿겠는가? 그렇지 않을 것이다. 인간은 먼저 불안을 느끼고, 그런 다음 위험을 지각함으로써 생기는 공통된 동기로 달아나는 것이다. 최악의 생명의 위험에 직면한 적이 있는 사람은 어떤 공포도 느끼지 않았고, 다만 행동했을 뿐이라고 말한다. 이를테면 총으로 맹수를 겨누었을 뿐이라고 말한다. 이 행위는 분명 그 상황에서 가장 합목적적인 일임에 틀림없다.

27

전 이

이제 내 강의도 마무리해야 할 때가 되었는데, 여러분이 기대하고 있는 것은 무엇인가? 여러분은 이 기대에 속으면 안 된다. 여러분은 아마 '선생님은 지금까지 정신분석에 대해 자세하게 소개해 주지 않았다. 그러나 정신분석을 실행에 옮길 수 있다는 그 근거, 즉 치료에 대해서는 다루지도 않은 채 강의를 끝낼 모양이다' 하고 생각하고 있을 것이다. 하지만 내가 치료라는 주제를 여러분에게 이야기하지 않았다면, 그것은 이상한 일이다. 왜냐 하면 여러분은 그러한 관찰을 통해서 새로운 사실을 배우기 때문이고, 또 이 새로운 사실에 대한 지식이 없으면 우리가 연구하고 있는 질환을 이해하는 것도 불가능하기 때문이다.

여러분이 치료를 위한 분석의 기법을 가르쳐 달라고 말하는 것이 아님을 나는 잘 안다. 여러분은 단지 정신분석 요법은 어떤 방법으로 작용하며, 또 정신분석 요법의 역할은 무엇인가 하는 가장 일반적인 것을 알고 싶어하고 있을 것이다. 그리고 그것을 아는 것은 여러분의 당연한 권리이다. 그러나 나는 여러분에게 그 말을 하고 싶지 않다. 여러분 자신이 그 치료법을 추측해 주었으면 좋겠다.

여러분은 발병의 조건 중에서 본질적인 모든 것, 즉 병에 걸린 사람에게 작용하는 모든 인자를 배웠다. 대체 치료의 힘이 작용할 여지는 어느 곳에 있는가? 첫째로, 유전적인 소인素因에 있다. 그러나 우리는 이에 대해서 크게 다룰 필요가 없다. 그 이유는 유전적인 소인은 다른 방법에서 크게 강조되었으므로, 또다시 운운할 필요가 없기 때문이다. 그렇다고 여러분은 우리가 그것을 과소 평가하고 있다고 단정 지어선 안 된다. 우리는 그 힘을 충분히 알고 있다. 아무튼 우리는 그 소인을 변화시킬 수는 없다. 그것은 우리 입장에서는 우리의 노력을 제한시키는 주어진 것이다. 둘째로, 우리가 분석시에는 언제나 가장 먼저 주목하게 되는 유아기의 체험에 있다. 이 체험은 과거에 속하므로, 우리는 그것을 소급할 수가 없다.

셋째로, 우리가 '현실적인 욕구 불만'으로 하나로 종합하고 있는 인생의 불행, 즉 궁핍, 가정 불화, 배우자의 잘못된 선택, 자기에게 바람직하지 않은 사회 상태, 사람에게 압력을 가하는 엄한 도덕적 요청 등에 있다. 그리고 이러한 인생의 불행 때문에 애정의 결핍이 생긴다. 분명히 여기서는 효과가 확실한 치료 방법이 충분히 있을 것이다. 그러나 그와 같은 수단은 18세기 오스트리아의 요제프 황제의 치료법처럼 민간 전승으로 되어야 할 것이다. 전제 군주의 자애로운 수술! 그 군주의 의지 앞에 백성은 굴복하고 모든 곤란은 사라진다. 우리들 중에 그 같은 자선 행위를 우리의 치료법 속에 도입할 수 있을지도 모른다고 말하는 그런 사람들이 있단 말인가? 가난하고 사회적으로 무력하며, 의료 행위로 간신히 호구지책을 얻고 있는 우리는—다른 의사라면 분석 요법이 아닌 다른 치료법으로 해 줄 수 있지만—가난한 사람들을 위해 우리의 노력을 쏟을 수 있는 입장도 못 된다.

우리의 치료법은 다른 치료법에 비해서 너무나 오랜 시간을 요하고 너무 번거롭고 성가시다. 그런데 여러분은 앞서 말한 어떤 인자에 얽매여서 거기에 정신분석 요법의 작용점이 있다고 믿고 있다. 만일 환자가 겪은 결여의 일부가 사회가 요구하는 도덕적 속박에서 유래한다면, 치료를 통해서 환자에게 용기를 주고 어떤 때는 넘어서는 안 될 울타리를 넘어, 사회가 높이 표방하고 있으면서도 그다지 실현되지 않은 이상의 실현을 단념하고, 만족과 치유를 얻도록 충고할 수 있을 것이다. 즉, 성적으로 인생을 '마음대로 누리면' 사람은 건강해질 것이라고 말해 준다. 그러나 물론 이때 분석 요법은 세상의 보편적인 도덕에 어긋나고, 또한 사회에서 빼앗은 것을 개인에게 준다고 곡해를 듣게 될 것이다.

그러나 대체 누가 그런 어처구니없는 말을 여러분에게 했는가? 방탕하라고 권하는 것이 분석 요법의 요령이라는 말은 당치도 않다. 그것은 우리가 환자에게서는 리비도의 충동과 성적 억압, 그리고 육욕적인 방향과 금욕적인 방향 사이에 끈질긴 갈등이 있다고 보고 있기 때문에 이런 평판이 난 것은 아니다. 이 갈등은 두 방향 중의 하나를 인정한다고 해서 소실되지 않는다. 우리는 노이로제 환자에 있어서 금욕 쪽이 승리를 차지하고 있다는 것을 알고 있다. 그리하여 억눌린 성 흥분이 증상 속에서 울분을 터뜨리는 결과가 된 것이다. 만일 우리가 반대로 육욕 쪽을 이기게 해 주었더라면 그때는 한쪽 구석으로 밀려간 성적 억압이 증상으로 바뀔 것이다.

두 해결의 어느 쪽도 내부의 갈등을 소멸시키지는 못한다. 항상 채워지지 않는 무엇이 남는다. 의사의 충고 같은 인자가 영향을 줄 수 있을 만큼 갈등이 불안정한 경우는 매우 드물다. 그리고 이런 경우 실제로 분석 요법 같은 것은 필요 없는 것이다. 의사에게 이 같은 영향을 받을 수 있는 사람은 의사의 힘을 빌리지 않더라도 같은 길을 발견할 것이다. 예컨대 금욕하고 있는 어떤 청년이 비합법적인 성교를 하려고 결심할 때나, 욕구 불만의 아내가 다른 남자에 의해서 성욕을 충족시키려고 할 때는 일반적으로 굳이 의사나 분석가의 허가를 구하지는 않을 것이다.

이 문제를 고찰할 때, 대부분의 사람들은 노이로제 환자의 병원적 갈등을 똑같은 심리학 기반 위에서 심적 충동 사이의 정상적인 싸움과 혼동하면 안 된다는 중요한 점을 간과하고 있는 것이다. 병원적 갈등이란 한쪽은 전의식과 의식의 단계에 나타나 있고, 다른 쪽은 무의식의 단계에 억제되어 있는 두 힘 사이의 충동을 말한다. 그러므로 이 갈등은 결코 해결되지 않는다. 왜냐 하면 유명한 이야기에 나오는 북극곰과 고래처럼, 서로 싸우는 둘은 서로 만날 기회가 없다. 그 둘이 같은 기반 위에서 만날 때 비로소 훌륭히 화해할 수 있다. 나는 동일한 기반에 오도록 이끌어 주는 것이 치료의 유일한 임무라고 생각하고 있다.

그런데 여러분은 이 밖에도 인생 문제에 대해서 충고하고 지도하는 임무도 있다고 생각한다면 그것은 어디선가 잘못된 이야기를 들었기 때문이다. 오히려 그 반대이다. 우리는 되도록 그와 같이 교육자인 체하는 것을 주의시키고 있다. 오히려 환자가 남의 손을 빌리지 않고 자발적으로 해결하는 것이야말로 우리가 바라는 것이다. 이와 같은 목적을 위해서 환자에게 직업·결혼·이혼 등에 대한 인생의 중대한 결정을 내리는 일을 삼가도록 하고, 모든 것은 반드시 치료가 끝난 후에 해야 한다고 명령하고 있다. 여러분은 우리가 상상한 것과 모두 완전히 다르다고 고백할 것이다. 다만 나이 어린 사람이라든가, 친지나 의논 상대가 없는 사람에게만은 우리도 바람직스러운 이 제도를 행하지 못한다. 그런 사람들에 대해서는 의사의 일에다가 교사의 일까지 겸해야 한다. 그런 때 우리는 우리의 책임을 충분히 자각하고 주의를 기울여서 행동하고 있는 것이다.

그러나 분석 요법에서, '노이로제 환자는 방탕하도록 안내를 받는다'는 비난에 대해서 내가 너무 열띠게 변명하는 바람에 오히려 우리가 사회의 도덕에 맞도록 그들에게 감화를 주고 있다는 결론을 내리는 것은 삼가야 한다. 적어도 그것 또한 우리와는 상관 없는 일이다. 우리는 사회 개혁가가 아니라, 단순한 관찰자이다. 그러나 우리는 비판적인 눈으로 관찰하지 않을 수 없다. 우리는 인습적인 성도덕의 편을 들 수도 없고, 또 사회가 성생활 문제를 실제로 해결하고자 하는 방법을 숭상해 줄 수도 없다는 것을 깨닫는다. 사회가 도덕이라고 일컫는 것은, 그로 인해 마땅히 치러야 하는 희생보다 훨씬 많은 희생을 치르게 한다는 것, 또 사회가 취하는 방식은 진실에 입각해 있지도 않고 현명하다는 것도 보여주지 않는다는 것을 우리는 사회에 솔직하게 지적해 줄 수 있다.

이런 비판의 말을 환자가 여러분과 함께 들어도 전혀 상관없다. 우리는 환자가 다른 문제와 마찬가지로 성적인 문제도 편견 없이 평가하는 습관을 기르게 하고 있다. 그리하여 치료가 완료되어 환자가 타인의 힘을 빌리지 않고 스스로의 판단으로 완전한 방탕과 절대의 금욕 사이의 적절한 지점을 택하게 되면 그 결말이 어떻게 되건 우리로서는 양심의 가책을 받지 않는다. 자기 자신에 대해서 성실하라는 교육을 받은 사람은 설사 그 사람의 도덕적 기준이 일반 사회에서 시행되는 기준과 약간 어긋나 있더라도 부도덕의 위험에서 자기의 몸을 지킬 수 있다고 우리는 믿고 있다. 아무튼 우리는 노이로제에 영향을 주는 것으로서의 금욕의 의의를 과대 평가하지 않도록 주의하고 있다. 욕구 불만이라는 병원적 상태와 그 결과로서의 리비도의 정체가 가벼운 성교로써 사라져 버리는 예는 다만 극소수에 불과하다.

그러므로 방탕으로써 정신분석 요법의 작용을 설명할 수는 없다. 여러분은 다른 것을 찾아야 한다. 나는 터무니없이 주장하는 여러분을 올바른 길로 이끌어왔다고 생각한다. 우리가 이용하는 것은 확실히 무의식을 의식으로 대치하는 것, 즉 무의식을 의식으로 번역하는 일이라고 여러분은 말할 것이다. 맞는 말이다. 우리는 무의식을 의식으로 확대하여 억압과 증상 형성의 조건을 제거했으며, 병원적인 갈등을 어떤 방법으로도 해결할 수 있는 정상적인 갈등으로 전환시켰다. 우리가 환자의 마음 속에 불러일으킬 수 있는 것은 이와 같은 심적 변화로서, 이 변화를 가능케 하는 이상 우리의 조력도 결실을 본다. 그러므로 억압이나 그와 유사한 심적인 과정이 없을 때는 우리의 치료 방법도 무가치한 것이 된다.

우리는 이 노력의 목적을 여러 가지 공식으로 표현할 수 있다. 즉, 무의식의 의식화, 억압의 배제, 기억 탈락의 보강 등이다. 그러나 그런 것은 결국 모두 같은 것이다. 그러나 아마 여러분은 이런 말로는 충분치 못하다고 여길 것이다. 여러분은 노이로제의 완치를 다르게 상상하고 있을 것이다. 이를테면 환자가 정신분석 요법을 받기만 하면, 사람이 완전히 변해 버린다고 상상하고 있을 것이다. 그리고 환자에게는 치료 전보다 무의식적인 것이 적어지고 의식적인 것이 많아지는 것이 치료 결과의 전부라고 생각하고 있을 것이다.

이제 여러분은 이와 같은 내부 변화의 의의를 아마 과소 평가하고 있는지도 모른다. 완쾌된 노이로제 환자는 사실상 사람이 변하긴 하지만 근본에 있어서는 역시 같은 인간이다. 즉, 가장 유리한 조건하에서 최선의 상태가 된 것뿐이다. 그러나 그것만으로도 대단한 일이다. 만일 여러분이 정신 생활 속에서 하찮아 보이는 변화를 이룩하기 위해 무엇을 해야 하고 어떤 노력을 기울일 필요가 있는가를 듣는다면, 심적 수준에 있어서의 이와 같은 차이가 갖는 의의를 뚜렷이 알게 될 것이다.

여러분이 원인 요법에 대해서 어느 정도 알고 있는지 잠시 이야기를 바꾸어 보겠다. 병의 발현증상을 공격하지 않고 병의 원인의 제거를 목적으로 하는 방법을 원인 요법이라고 할 수 있는가? 그 대답은 간단하지 않지만, 이와 같은 질문이 좋지 않다는 것을 알 기회가 있을 것이다. 분석 요법이 증상의 제거를 첫째 사명으로 삼고 있지 않다면, 분석 요법은 원인 요법이라고 할 수 있다. 그러나 다른 점에서는 분석 요법은 원인 요법이 아니라고 여러분은 말할 수 있을 것이다. 즉, 우리는 억압을 넘어서 인과의 연쇄를 죽 따라가다가 마침내 본능적 소질에 있어서의 그 상대적인 강도 및 발달 과정의 여러 가지 다른 유형을 알게 되었다.

그런데 여러분이 어떤 화학적인 방법으로 이 정신 기관에 간섭하여, 그 곳에 있던 리비도의 양을 증감시키거나 하나의 본능을 희생함으로써 다른 본능을 강하게 할 수 있다고 가정한다면, 이 방법이야말로 진정한 의미의 원인 요법일 것이다. 우리의 분석은 이 방법에 대해 올바로 살펴야 하는 예비적인 조치를 하고 있는 것이다. 여러분도 알다시피, 아직은 리비도 과정에 이와 같은 영향을 미칠 수는 없다. 정신분석 요법은 연쇄의 다른 곳을 공격하고 있는 것이다. 그 다른 곳이란 현상의 근원지가 아니라 증상과 훨씬 동떨어진, 주목할 만한 관계에 의해서 우리가 접근할 수 있는 어떤 장소이다.

그렇다면 환자의 무의식을 의식으로 대치하기 위해 우리는 무엇을 해야 하는가? 일찍이 우리는 이것은 매우 간단한 일이며, 또 이 무의식을 추측하여 환자에게 그것을 가르쳐 주는 것만으로 충분하다고 생각했다. 그런데 그것은 근시안적인 착오였다는 것을 깨달았다. 확실히 무의식에 대해서 우리가 알고 있는 것과 환자가 알고 있는 것은 다르다. 우리가 알고 있는 것을 환자에게 보고해 주어도 환자는 자기의 무의식 대신에 그것을 받아들이지 않고, 자기의 무의식과 병행해서 받아들인다. 그러므로 변화는 거의 없다. 우리는 이 무의식을 오히려 국소론적으로 머리에 떠올리고, 환자의 기억 속에 있는 억압으로 무의식이 성립된 그 장소에서 이 무의식을 찾아야만 한다. 이 억압은 제거해야 하는데, 이때야말로 무의식은 의식으로 자연스럽게 대치된다. 그러면 이 같은 억압을 제거하기 위해서 어떻게 해야 하는가? 우리의 작업은 여기서 제2단계로 돌입한다. 우선 억압을 발견해야 하고, 이어서 억압을 지탱하고 있는 저항을 제거해야 한다.

이 저항을 제거하려면 저항을 추측하여 환자에게 일러주어야 한다. 저항은 억압, 즉 우리가 쫓아 버리려 하는 것, 혹은 과거에 일어난 것에서도 온다. 저항은 비도덕적인 충동을 억압하기 위해서 행해지는 반대 충당으로 만들어진다. 그리하여 우리는 처음에 의도한 것과 같이 해석하고 추측하고 그것을 환자에게 일러주면 되는 것이다. 그러나 우리는 이제 그것을 올바른 장소에서 하지 않으면 안 된다. 반대 충당, 즉 저항은 무의식에 속해 있지 않고 우리의 지지자인 자아에 속해 있다. 그리고 의식적인 아닌 자아도 어디까지나 자아이다. 이 경우 문제가 되는 것은 '무의식적'이라는 말이 양면성을 갖고 있다는 것이다. 그 하나는 현상으로서의 무의식이며, 다른 하나는 체제로서의 무의식이다. 이 문제는 매우 어려워서 분명하지 않은 것처럼 여겨지며, 또한 앞에서 말한 것의 되풀이에 지나지 않는 것 같다.

우리는 줄곧 그 준비를 하고 있었던 것이다. 우리가 해석을 통해서 자아에게 저항을 인정시켜 줄 수 있다면 이 저항은 포기되고, 반대 충당은 철수될 것으로 예상하고 있다. 그러면 이런 경우, 우리는 환자의 어떤 원동력을 작용시켜야 하는가? 첫째, 건강해지고 싶다는 환자의 의욕을 자극하면 된다. 이 의욕은 환자로 하여금 우리에게 협력하겠다는 의욕을 갖게 해 준다. 둘째로, 우리의 해석으로 지원을 받고 있는 환자의 지성을 빌리면 된다. 우리가 환자에게 적당한 예상 관념을 주게 되면, 아마 환자는 그 지성으로 저항이라는 것을 금방 깨닫고 억압된 것에 대응하는 번역을 틀림없이 발견할 것이다. 내가 여러분에게 '하늘을 한번 보세요. 저기 애드벌룬이 보이는군요' 하고 말한다면, '무엇이 보이는지 하늘을 쳐다보시오' 하고 다만 명령하는 것보다 훨씬 쉽게 애드벌룬을 발견할 수 있을 것이다. 난생 처음 현미경을 들여다보는 학생도 무엇을 보아야 할 것인가 선생에게 배우는 법이다. 설령 현미경 아래 어떤 것이 존재하여 보이고 있더라도 배우지 않으면 볼 수 없다.

마찬가지로 히스테리라든가, 불안이라든가, 강박 노이로제라는 노이로제의 갖가지 형태에도 우리의 전제는 적용된다. 이와 같은 억압을 찾아내어 저항을 발견하고 억압된 것을 암시함으로써, 저항을 정복하고 억압을 제거하며 무의식을 의식으로 바꾸려는 사명은 훌륭하게 완수된다. 이러한 경우에 우리는 모든 저항을 극복하기 위해 환자의 마음 속에서 얼마나 심한 투쟁이 벌어지고 있는지 알게 될 것이다. 즉, 동일한 심리학적 기반 위에서 반대 충당을 견지하려는 동기와 그것을 포기하려는 동기 사이에 정상적인 심리적 투쟁이 얼마나 심하게 벌어지고 있는가에 대해서 생생한 인상을 받을 것이다. 전자는 그때 억압을 완수한 낡은 동기이며, 후자는 새로 덧붙여진 것으로서 우리를 협조해서 갈등을 해소시켜 주리라고 믿어지는 동기이다.

우리는 낡은 억압·갈등을 되살려서 그 당시 해결된 과정을 개정하는 데 성공한다. 우리는 새로운 자료로서, 첫째 그전의 해결이 병을 일으킨 것이므로 다른 방법으로만 완쾌될 수 있다고 확신시키며, 둘째 충동을 거부당한 그 처음의 욕구 불만 이후에 모든 관계가 대규모의 변화를 일으킨 것이라고 지적해 준다. 아마도 그 당시에는 자아가 약하고 유아적이며, 리비도의 요구를 위험시하는 이유가 있었겠지만, 오늘날 자아는 강해지고 체험을 쌓은 데다가 고문으로 의사가 있다. 그러므로 우리는 되살아난 갈등을 억압보다 훨씬 뛰어난 출구까지 데려가고 있다고 예상해도 좋다. 그리고 이미 말한 것처럼 히스테리·불안 노이로제 및 강박 노이로제에서도 우리가 주장하는 결과는 원리상 타당한 것이다.

그런데 동일한 상태에서, 우리의 치료법이 전혀 무익한 다른 유형의 병이 있다. 이와 같은 병에서도 자아와 억압된 리비도 사이에 원래 갈등이 있었다. 이 경우에도 환자의 생애 중에서 억압이 일어난 시기를 발견할 수 있다. 우리는 앞에서와 마찬가지의 방법을 응용한다. 또 억압이 일어났을 때와 현재 사이의 시간의 간격은 갈등을 다른 출구로 데려오는 데 편리하다. 그러나 이 경우 우리는 저항을 쫓아 버리거나 억압을 제거할 수 없다. 파라노이아편집증·우울증·조발성 치매 환자는 일반적으로 정신분석 요법의 영향을 받지 않으며, 그것을 접근시키지 않는다.

그 이유는 무엇인가? 지능이 모자라서가 아니다. 물론 어느 정도의 지적 능력은 어떤 환자에게나 필요하지만, 예컨대 결합성 파라노이아 같은 환자는 머리가 지나치게 날카롭게 움직인다. 다른 본능력에서도 결함이 없다. 이를테면 우울증 환자는 '나는 병에 걸렸다, 그래서 나는 괴로워하고 있다'는 의식을 갖고 있다. 그런데 파라노이아 환자에게는 이와 같은 의식이 없다. 이 점에서 우리가 아직 이해하지 못하는 하나의 사실에 직면한다. 그래서 우리는 다른 노이로제에서 성공한 모든 조건을 정말 이해하고 있었던 것인가 하는 의문을 갖게 된다.

히스테리 환자와 강박 노이로제 환자의 연구에 있어서는, 아직 준비해

두지 않은 제2의 사실에 부닥치게 된다. 즉, 얼마간의 시간이 지나면 이 환자들은 우리에게 아주 특수한 태도를 나타낸다는 것을 깨닫게 된다. 실제로 우리는 치료 때 문제시되는 본능력을 모두 설명하고 의사와 환자 사이에 있는 상황을 완전히 논리적으로 논했으므로, 환자들은 모든 문제가 마치 계산 문제처럼 답이 정확히 맞는다고 믿고 있다. 그런데 이 계산 속에 예상하지 않았던 그 무엇이 끼여든 듯한 기분이 든다. 이 뜻밖의 새로운 것은 그 자체로서 갖가지 모습을 띠고 있다. 나는 여기서, 이 현상 속에서 가장 잘 나타나고 가장 해결하기 쉬운 유형을 설명하기로 한다.

우리는 자기의 괴로운 갈등에서 벗어날 길을 열심히 모색하고 있는 환자가 의사의 인품에 대해서 특별한 흥미를 갖기 시작하는 것을 깨닫는다. 그 의사와 관련된 모든 것이 환자에게는 자기 자신의 일 이상으로 중요한 것으로 보이고, 자기의 병을 잊게 해 주는 것처럼 여겨진다. 그 후 얼마 동안 환자와의 교섭은 매우 유쾌하게 진행된다. 환자는 매우 부드러워지고, 되도록 감사의 마음을 나타내려고 하여 전혀 예상도 하지 않았던 자상한 인품과 장점을 보여준다. 그 결과 의사는 환자에게 호감을 갖게 되고, 이와 같이 특별히 뛰어난 인품에 도움을 줄 수 있는 자기의 행운에 감사한다.

만일 의사가 환자의 가족들과 이야기할 기회가 있으면, 그들도 같은 감사의 마음을 갖고 있음을 알고 기뻐한다. 환자는 집에서도 의사의 장점을 칭찬하고 찬양한다. "저 사람은 선생님에게 푹 빠졌답니다. 마치 맹인처럼 선생님께 의탁하고 있는 것 같아요. 선생님 말씀이라면 무엇이든지 하느님의 말씀처럼 듣고 있어요" 하고 가족들은 말한다. 그러나 그들 중의 어떤 이는 날카롭게 지적하여 이렇게 말한다. "저 사람은 오로지 선생님 얘기만 합니다. 밤낮으로 선생님에 관한 얘기밖에 하지 않아요. 그래서 우리는 이제 지겨울 정도입니다."

이와 같이 의사의 인격이 환자에 의해서 존경받는 것은, 의사가 환자에게 줄 수 있는 회복의 희망과 환자를 해방시켜 줄 놀라운 계시—이것은 치료에 반드시 수반된다—때문에 환자의 지적 수준이 높아진 탓이라고 겸허하게 받아들이는 것이 바람직하다. 이 조건하에서는 분석이 훌륭하게 진행된다. 환자는 자기에게 암시된 것을 이해하고 치료로써 지시받는 과제에 열중한다. 기억과 연상의 재료는 환자의 마음에 풍성하게 떠오르고, 환자는 정확하고 적절한 해석을 하여 의사를 놀라게 하며, 의사도 외부 세계에서 건강한 사람들이 심하게 반대하는 심리학 상의 모든 새로운 사실을 환자가 기꺼이 받아들이는 것을 보며 명예를 만회했다고 생각한다. 객관적으로도 병의 상태가 호전되는 것은 이와 같이 환자와 의사가 잘 협조하는 데서 기인하고 있다.

그러나 이렇게 좋은 상태가 언제까지나 지속되지는 않는다. 치료에 곤란이 나타나기 시작하는 것이다. 환자는 이제 연상이 전혀 떠오르지 않는다고 토라지기 시작한다. 환자는 더 이상 분석이라는 작업에 흥미를 잃고, 또 머릿속에 떠오르는 것은 모두 숨김없이 말해야 하며, 그것을 거역하려는 비판적인 기분에 결코 굴복해선 안 된다고 미리 일러준 규칙을 자꾸 잊어버리게 된다. 마치 환자는 치료를 받지 않는 것처럼, 또 의사와 그 계획을 믿지 않는 것처럼 거동한다. 환자의 머릿속은 분명히 자기 자신을 위해서 감추어 두는 생각으로 가득 찬다. 이것이야말로 치료에 있어서의 적신호이다. 우리는 강력한 저항에 직면하고 있는 것이다. 그렇다면 그것은 대체 무슨 일이 일어난 것일까?

그런데 이 상황을 분명히 할 수만 있으면, 환자가 의사에게 강한 애정을 쏟은 것이 이 방해의 원인이라는 것을 발견할 것이다. 그러나 의사의 거동으로도, 치료 중에 일어난 상호 관계로도 이 애정을 설명할 수는 없다. 이 애정이 어떤 형태로 나타나고 어떤 목적을 달성하려 하고 있는가 하는 것은 물론 두 당사자 간의 인간 관계에 달려 있다. 만일 환자가 젊은 처녀이고 의사가 젊은 남자라면, 정상적인 연애 관계처럼 보일 것이다. 단둘이 있을 때 처녀가 마음의 비밀을 고백할 수 있는 남자로서, 게다가 매우 훌륭한 구제자라는 유일한 위치에서 자기를 보는 남자에게 이끌리는 것은 당연한 일이다. 그런데 우리는 이렇게 노이로제에 걸린 처녀에게는 오히려 연애 능력에 장애가 있다는 것을 간과하고 있었던 것이다.

의사와 환자의 관계가 위와 같은 경우와 완전히 동떨어져 있는데도, 역시 같은 감정 관계가 형성되고 있는 것을 발견하면 우리는 점점 더 이상하게 생각된다. 불행한 결혼 생활을 보내던 젊은 유부녀가 아직 독신인 의사에게 진지한 열정을 품고 있는 듯이 보이고, 나아가 의사의 아내가 되기 위해 지금 당장이라도 이혼할 각오를 하거나 사회적인 장애가 있을 경우에 서슴지 않고 그 의사와 비밀리에 연애 관계를 맺으려 하는 것은 있을 수 있는 일일는지도 모른다. 아니, 실상 이와 같은 일은 정신분석 이외의 세계에서도 일어난다.

그런데 이런 상황에서 유부녀나 처녀들이 하는 고백을 들으면 여러분은 놀랄 것이다. 그 고백은 치료 문제에 대한 아주 특수한 의견을 보여준다. "우리를 건강하게 만들어 주는 것은 애정뿐이라고 생각해 왔어요. 그래서 치료가 시작될 때부터 선생님이 이제까지 우리에게 주지 않았던 것을 선생님과 가까이해야만 간신히 얻을 수 있으리라고 기대하고 있었던 겁니다. 오직 이 희망 하나로 우리는 치료 중의 온갖 고생을 달게 받고, 고백에 따르는 곤란을 극복해 왔습니다." 우리는 여기에 다음과 같은 말을 덧붙일 수 있다. "우리가 정상인 같으면 도저히 믿을 수 없는 일을 모두 쉽게 이해한 거예요." 그러나 이와 같은 고백은 우리를 놀라게 하는 것이고, 우리의 계산을 부수는 것이다. 그런데 우리가 계산에서 가장 중요한 항목을 빠뜨릴 수가 있겠는가?

사실 그랬다. 실제로 경험을 쌓으면 쌓을수록—정정이라는 것은 우리 학설의 과학적인 성격에 먹칠을 하는 것이라고 할지라도—우리는 정정하지 않을 수 없게 된다. 여기서 비로소 여러분은 분석 요법은 우연적인 사건, 다시 말하면 치료의 의도에 들어 있지 않고 치료 그 자체에서 생긴 것도 아닌, 하나의 사건 때문에 방해를 받은 것이라고 생각할는지 모른다. 그러나 환자가 의사와 그와 같은 애정으로 결부되는 것은 어떤 새로운 증례에서나 항상 볼 수 있는 사건이라거나, 또 만일 어울리지 않는 사람끼리의 경우에서처럼—늙은 여자와 백발의 의사 사이에서도—사랑이 싹트는 데 가장 불리한 조건 아래서, 그리고 어떤 유혹도 없었다고 판단할 수 있는 경우에 있어서도 그와 같은 애정이 나타난다면, 그때야말로 우리는 어떤 우연적인 장애라고 생각하기보다는 병의 본질 그 자체와 가장 밀접하게 결부되어 있는 어떤 현상이 문제의 핵심이라는 사실을 알게 된다.

우리가 어쩔 수 없이 인정하려 하고 있는 이 새로운 사실을 우리는 '전이'라고 부르고 있다. 의사라는 인간으로 감정을 옮긴다는 뜻이다. 그것은 치료라는 상황에서 이와 같은 감정이 발생한다는 것으로 설명되지 않기 때문이다. 오히려 우리는 이런 감정이 생기는 준비 상태가 환자의 마음에 미리 준비되어 있어서 분석 요법이라는 기회에 의사라는 인간에게 옮겨진 것이라고 추측하고 있다. 전이는 때로는 격렬한 사랑의 요구로서, 때로는 온화한 모습으로서 나타난다. 젊은 여자와 늙은 남자 사이에는 연인이 되고 싶다는 원망 대신, 그의 딸이 되어 귀여움을 받고 싶다는 원망을 품는다. 이런 경우 리비도의 요구는 영원히 변하지 않고, 관능적이 아닌 플라토닉한 우정의 형태로 완화된다. 많은 여성들은 이 전이를 승화시켜서 그것이 어떤 종류의 위치에 서게 될 때까지 변형하는 수법을 알고 있다. 또 다른 여성은 이 전이를 소박하고 원시적이며, 대부분 실행이 불가능한 모습으로 나타낸다.

그러나 결국은 그것도 같은 종류이며, 같은 원천에서 근원으로 두고 있는 것이다. 우리는 이 전이라는 새로운 사실을 어디에 포함시키려 하고 있는가를 자문하기 전에 우선 이것을 완전히 설명해 두고 싶다. 예를 들면 남자 환자의 경우는 성별과 성의 매력이라는 어려운 문제를 개입시키지 않도록 해야겠다. 그런데 남자 환자의 경우도 여자 환자의 경우와 크게 다를 것이 없다고 대답하지 않으면 안 될 것이다.

즉, 똑같이 의사에게 집착하고 의사의 성격을 과대 평가하며, 의사에 대한 관심에 몰두하고 의사의 생활 주변의 모든 것에 질투하는 것 등이 모두 똑같이 나타난다. 전이의 승화된 형태는 남성과 남성 사이에서는 훨씬 자주 볼 수 있지만 직접 성을 구하는 일은 매우 드물다. 현재성 동성애를 나타내는 경우에는 이 본능 성분을 다른 형태로 사용하는 것보다 적다. 또 의사는 여자 환자의 경우보다 남자 환자에게서 전이를 관찰하는 일이 많다. 이 전이는 얼른 보기에 지금까지 말한 모든 것과 모순되는 것처럼 보인다. 그것은 적대적인 전이, 즉 음성 전이陰性轉移이다.

그러나 우리가 먼저 인정해 둘 것은, 치료의 초기에는 당분간 전이가 환자에게 있어서 가장 강력한 원동력이라는 사실이다. 그리고 전이가 의사와 환자가 합심하여 하고 있는 분석에 긍정적으로 작용하는 한은 그것을 깨닫지 못하고 또 개의할 것도 없다. 그런 다음 전이가 매일 저항으로 변해 간다면, 그때야말로 이에 주목해야 하는 것이다. 그리고 치료에 대한 전이의 관계가 두 가지 정반대의 상황 아래서 변하는 것을 깨닫는다. 첫째는 전이가 두 가지 강한 애정의 경향을 띠었을 뿐 아니라, 그것이 성욕에서 나오고 있다는 표시를 뚜렷이 나타냈기 때문에 내부적인 저항을 일깨우지 않으면 안 되게 되었을 때이고, 둘째는 전이가 사랑의 충동이 아니라 적대감의 충동에서 나오고 있을 때이다.

이때 적대감은 대개 애정보다 늦고, 애정 뒤에 숨어서 나타난다. 적대감과 애정이 동시에 존재하는 것은 감정의 양가성의 좋은 실례인데, 이것은 친밀한 인간 관계에서 많이 나타난다. 적대감은 애정과 마찬가지로 감정의 결합을 뜻한다. 이것은 마치 반항이 비록 정반대의 표현을 갖고 있더라도, 복종처럼 의존을 뜻하는 것과 마찬가지이다. 의사에 대한 적대감도 두말할 나위 없이 전이라는 이름을 붙일 만한 가치가 충분히 있다. 왜냐 하면 치료라는 상황은 전이가 발생하는 데 있어서 충분한 동기가 되지 않기 때문이다. 우리가 음성 전이를 필연적인 것으로 생각할 때 양성 전이陽性轉移, 즉 애정의 전이라고 하는 우리의 판단은 결코 잘못되지 않았다는 것을 확신하게 된다.

전이는 어디에서 오는가, 또 우리에게 어떤 곤란을 가져다주는가, 우리는 그것을 어떤 방법으로 극복하는가, 그리고 전이에서 우리는 어떤 이익을 얻고 있는가 하는 것들은 분석의 기법을 안내할 때 상세하게 다루기로 하고, 여기서는 잠깐 언급하는 것으로 그친다. 우리가 전이의 결과로 생기는 환자의 요구에 양보한다는 것은 부당한 일이다. 그렇다고 그런 요구를 어떤 때는 매정하게, 어떤 때는 분개하여 거절한다는 것도 어리석은 짓일 것이다. 우리는 그와 같은 경우, "당신의 감정은 현재 상황에서 생긴 것도 아니고 의사 개인에 연루된 것도 아닙니다. 다시 말해서 당신의 마음 속에서 과거에 한 번 나타났던 감정이 지금 되풀이되고 있는 것뿐입니다" 하고 환자에게 일러주어 그 전이를 극복시키고 있다. 동일한 방법으로 우리는 이 방법을 회상으로 바꾸어 처리하기도 한다.

그 결과 애정적인 것이든, 적대적인 것이든, 어떤 경우에나 치료를 가장 강하게 위협하는 듯하던 전이가 치료의 가장 훌륭한 도구로 바뀐다. 그리고 우리는 이 도구의 도움을 얻어 정신 생활의 닫혀진 문을 열 수 있게 된다. 그러나 여러분이 이와 같은 뜻밖의 현상에 직면하여 당황하지 않도록 충고해 두고 싶다. 우리가 분석한 환자의 병은 완전하게 굳어진 완성품이 아니라, 생물처럼 성장을 계속하며, 발달을 계속하고 있는 것임을 명심해야 한다. 치료를 시작했다고 해서 금방 병의 진전을 막을 수는 없다. 그러나 치료가 환자를 꽉 붙들고 있을 때 비로소 병의 새로운 산물은 모두 하나의 장소, 즉 의사와의 관계에 집중되는 것이다.

전이가 위와 같은 뜻을 가져야 비로소 환자의 회상이라는 작업은 배경으로 물러가는 것이다. 이때 우리는 이제 그 환자의 과거의 병을 다루고 있는 것이 아니라, 지난날의 병에 대치되어 새로운 형태로 바뀌어진 노이로제를 다루고 있는 것이라고 말할 수 있다. 의사는 과거의 병을 그 발단에서부터 좇고 있는 셈이고, 그 병이 발생하여 성장해 가는 모습을 바라본 셈이며, 의사 자신이 병의 중심 인물이므로 그 병의 내용에는 도통해 있는 셈이 된다.

환자가 나타내는 모든 증상은 그 본래의 의의를 버리고 전이와 관계가 있는 새로운 의미를 갖게 된다. 혹은 이와 같은 수정에 성공한 증상만이 존속하고 있게 된다. 그러나 인공적으로 새로 만들어진 이 노이로제를 정복하는 것은 치료 전에 존재한 병을 고치는 것과도 같고, 우리의 치료라는 사명을 완수하는 것과도 일치한다. 의사와의 관계가 정상적이고, 또 억압된 본능 흥분의 작용에서 해방된 사람은 의사와의 관계가 다시 없어졌을 때에도 그 자신의 생활은 정상이다.

히스테리·불안 히스테리·강박 노이로제에 있어서 전이는 치료에 있어서 핵심적 역할을 하며, 중대한 의의를 갖는다. 그러므로 이와 같은 병을 '전이 노이로제'라는 이름으로 종합하는 것은 옳은 일이다. 분석 연구에서 전이라는 사실에 깊은 인상을 받은 사람은 이러한 노이로제 증상 속에 나타나 있는 억압된 충동이 어떤 종류의 것인지 이제 의심할 수 없을 것이다. 그리고 그런 사람은 이 충동이 리비도적인 성질의 것이라는 데 대해서도 더 확실한 증명을 요구하지 않을 것이다. 증상은 리비도적 대용 만족의 의의를 갖고 있다는 우리의 확신은, 전이라는 것을 똑같이 인정함으로써 비로소 확고 부동한 것이 되었다고 말하고 싶다.

그러면 우리는 치유의 과정에 대한 과거의 역동적 견해를 수정하여 그것을 지금 새로 발견한 것과 맞출 수가 있다. 환자가 분석 중에 우리가 발견한 그 저항으로써 정상적인 갈등을 끝내 싸워내지 않으면 안 될 때, 그는 우리가 희망하는 방향, 즉 회복을 가져다주는 방향으로 갈등을 해결시키도록 영향을 미칠 강력한 추진력이 필요하다. 그렇지 않으면 환자는 그전의 결과를 반복할 결심을 하고 모처럼 의식에 떠오른 것을 다시 억압해 버리는 일이 있다. 이 투쟁의 결과는 환자의 지적 분별에 의해서 정해지는 것이 아니라—지적 분별이라는 것은 이와 같은 작업을 할 만큼 강하지도 않고 대담하지도 않다—환자와 의사의 관계만으로 정해진다.

환자의 전이가 양성으로 나타나는 한, 전이는 의사를 권위로 둘러싸서 의사의 보고와 견해에 대한 믿음으로 바뀐다. 이와 같은 전이가 없거나 전이가 음성일 경우의 환자는, 결코 의사나 의사의 증명에 귀를 기울이지 않을 것이다. 이때 믿음은 그 믿음 자체의 발생사를 되풀이하고 있는 것이다. 믿음은 사랑의 유도체이며, 처음에는 증명을 필요로 하지 않는다. 나중에야 비로소 믿음은 증명을 인정하게 되고, 또 그 증명이 사랑하는 사람에게서 제출된 것이면 나중에는 그 증명을 비판적으로 검토하게 된다. 이와 같은 지지가 없는 증명은 이제까지 유효하지 않았으며, 대부분의 사람의 인생에 있어서 결코 유효하지 않다. 그러므로 인생은 일반적으로 그 사람이 리비도적 대상 충당을 할 수 있는 경우에만 지적인 방면으로부터도 영향을 받을 수 있는 것이다. 그러므로 우리는 환자의 나르시시즘의 정도에 따라 가장 좋은 분석적 기법을 사용하더라도 그 효력에 한계가 있는 것을 깨닫게 되며, 또 한계가 있지 않을까 하고 걱정하는 근거가 충분히 있는 것이다.

다른 사람에게 리비도적 대상 충당을 하는 능력은 정상적인 인간에게 모두 주어져 있는 것이라고 볼 수 있다. 소위 노이로제 환자의 전이는 이 일반적인 특징이 비정상적으로 높아진 것에 지나지 않는다. 그런데 이와 같은 많은 사람들이 가진 중요한 인간의 특징을 오늘날까지 깨닫지 못하고, 한 번도 이용하지 않았다면 매우 이상한 일일 것이다. 그러나 실제로 옛날에도 깨닫고 이용하고 있었던 것이다. 베르네임Vername은 그 무엇에도 현혹되지 않는 날카로운 통찰력으로 '모든 인간은 어떤 방법으로든 암시에 걸리기 쉽다' 즉 '피암시성'이 있다는 명제를 토대로 최면 현상의 학설을 구축했다. 베르네임이 말하는 피암시성은 바로 전이 경향을 말한다.

그러나 그때는 전이라고 해도 너무 협의적이어서 음성 전이는 이 피암시성 속에 들어 있지 않았다. 그러나 베르네임은 암시의 본질이 무엇인지, 또 암시라는 것은 어떻게 생기는 것인지 규명하지 못했다. 그에게 있어서 암시는 하나의 근본적인 사실이며, 그 유래를 아무것도 증명하지 못했다.

그는 피암시성이 성욕에 좌우되고, 리비도의 활동에 종속한다는 것을 믿지 않았다. 때문에 우리는 최면술을 버리고 우리의 기법으로 바꾸는 것만으로, 전이라는 형태로 암시를 재발견했다는 것을 인정하지 않으면 안된다.

그러면 이제 내가 손댄 일에 결말을 짓기로 하겠다. 나는 앞서 전이라는 사실의 도움을 빌려 우리의 치료 노력이 나르시시즘적 노이로제에는 효과가 없는 이유를 여러분에게 설명하기로 약속했다. 이것을 설명하기란 간단하다. 그리고 여러분은 이 수수께끼를 푸는 것이 얼마나 간단한가, 모든 일이 얼마나 잘 일치하는가를 보게 될 것이다.

관찰을 통해서 우리는 나르시시즘적 노이로제에 걸린 사람은 전이 능력이 전혀 없다거나, 아주 조금밖에 남아 있지 않다는 것을 알게 된다. 이와 같은 환자는 적대감 때문이 아니라, 오히려 무감각 때문에 의사를 접근시키지 않는다. 즉, 의사가 하는 말에 냉담하고, 아무런 영향도 받지 않는다. 그러므로 우리가 다른 노이로제에서는 성공한 치료의 메커니즘, 즉 병원적 갈등의 재생이나 억압에 의한 저항의 극복을 환자에게 일어나게 할 수 없다. 환자는 여전히 전과 다름이 없다. 환자는 이미 몇 번이나 스스로의 힘으로 회복을 시도해 보았지만, 결국 병리적인 결과로 끝나 버린 것이다. 우리는 이 결과를 조금도 바꿀 수가 없다.

이런 환자로부터 얻은 임상의 경험을 토대로 우리는 그들에게는 대상 충당이 없고, 대상 리비도는 자아 리비도로 바뀌어져 있다고 주장했다. 이 특징에 의해서 우리는 이런 노이로제를 노이로제의 첫 번째 유형—히스테리·불안 노이로제·강박 노이로제—과 구별한 것이다. 치료의 시도에 대한 이와 같은 증상은 우리의 예상을 뒷받침하고 있다. 그 증상은 결코 전이를 나타내지 않으므로, 우리의 노력으로도 접근을 할 수 없다. 다시 말해서 우리로서는 그 증상을 낫게 할 수 없다.

28
분석 요법

내가 오늘 무엇을 강의하려 하는지 여러분은 이미 알고 있을 것이다. 내가 정신분석 요법은 결국 전이, 즉 암시에 입각하는 것이라고 인정했을 때, 여러분은 왜 우리가 암시를 직접 사용하지 않느냐고 의아해 했다. 그리고 또 암시라는 것이 이처럼 중요한데도 여전히 우리의 심리학 상의 발견이 객관적이라는 것을 보장할 수 있느냐고 덧붙여 물었었다. 나는 그에 대해 자세히 대답하겠다고 약속한 바 있다.

직접 암시라는 것은 증상의 발현에 대한 암시이며, 여러분의 권위와 병을 일으키는 동기와의 싸움에 대한 암시이다. 여러분은 이 경우, 이 동기를 전혀 고려해 넣지 않고 증상이라는 형태로 나타나 있는 것을 억누르라고 환자에게 요구하고 있다. 그래서 여러분이 환자를 최면 상태에 두건, 그렇지 않건 결국 마찬가지가 된다. 베르네임은 그의 날카로운 통찰력으로, 암시는 최면 현상의 본질이지만 최면 그 자체가 암시의 결과, 즉 암시된 상태라고 몇 번이나 강력하게 주장했다. 또한 베르네임은 각성 상태에서 암시를 곧잘 걸었다. 그 결과는 최면 상태에서 건 암시와 마찬가지였다.

여러분은 경험담과 이론적인 고찰의 어느 쪽을 먼저 듣고 싶은가? 경험담부터 시작하기로 하자. 1889년, 나는 당시에 있던 베르네임을 찾아가 그의 제자가 되었다. 그리고 베르네임의 암시에 대한 책을 독일어로 번역했다. 수년간 나는 최면 요법을 사용했다. 처음에 나는 그것을 금지암시禁止暗示, 이제 이런 증상은 일어나지 않는다는 암시에 결부시켰으며, 나중에는 브로이어의 심문법에 결부시켰다. 그러므로 나는 최면 요법 혹은 암시 요법의 효과에 대해서 나 자신의 경험부터 이야기하기로 하겠다. 옛날 의사들의 말에 의하면, 이상적인 치료법은 덜 수고롭고 신뢰할 만하며, 환자가 불쾌하게 생각지 않아야 한다는 것이다. 때맞추어 베르네임의 방법은 물론 이 중의 두 가지 조건을 구비하고 있다. 그의 방법은 매우 신속하다. 즉, 분석 요법에 비교가 안 될 만큼 빨리 할 수 있다. 그리고 환자를 고생시키거나 불쾌감을 주지 않는다. 의사의 입장에서 이 방법은 결국 단조로워지기 마련이다. 그리고 환자에 대해서나 동일한 방법과 동일한 형식을 사용해서 여러 가지 증상이 존재하지 못하도록 하면 된다.

물론 증상의 의미라든가 의의는 포착할 것도 없다. 그러므로 그것은 마치 기계적인 작업과 같은 것이며, 결코 과학적인 작업이라고는 할 수 없었다. 또 그것은 마술·주문呪文·요술과 같은 것이었다. 이 치료법은 또 환자의 기분을 상하게 하지 않았다. 그러나 베르네임의 방법은 하나의 조건이 결여되어 있었다. 이 방법은 어느 점으로 보나 신뢰할 만한 것이 못 되었다. 어떤 환자에게는 적용되지만, 다른 환자에게는 적용되지 않았다. 어떤 환자에게는 큰 성과를 거두었지만, 다른 환자에게는 거의 성공하지 못했다. 그리고 그 이유가 무엇인지 도무지 알 수 없었다. 이 암시 요법의 효과가 계속되지 않은 것은 이 요법이 변덕스러웠던 것 이상으로 불편했다.

얼마 후 환자에게 물어보면, 그전의 고통이 재발해 있거나 그전의 고통이 새로운 고통으로 바뀌어 있었다. 의사는 할 수 없이 다시 최면술을 걸지 않으면 안 되었다. 그래서 이 치료법에 대해서 경험을 쌓은 의사는 몇 번이나 되풀이하여 최면술을 걸어 환자의 자주성을 빼앗거나, 마약처럼 이 치료법에 습관성이 붙어서는 안 된다고 주의시키고 있다. 물론 예상대로 성공하는 일도 많았다. 조금만 고생하면 영속하는 완전한 효과를 올릴 수가 있었다. 그러나 그와 같이 좋은 결과가 어떤 조건 아래서 이루어졌는지는 끝내 알지 못했다.

한번은 이런 경험을 한 적이 있다. 단기간의 최면 요법으로 어느 여자 환자의 고질적인 병을 완쾌시켜 주었다. 그런데 그 환자가 이렇다 할 까닭도 없이 내게 원한을 품은 뒤에는 병이 그대로 재발했다. 그러다가 내가 환자와 화해를 하자 병은 다시 완전히 사라져 버렸으며, 환자가 다시 내게 반감을 품게 되니 병도 재발했다.

또 이런 일도 있었다. 내가 최면술로 몇 번이나 노이로제 상태에서 구해준 어느 환자가 특히 완고한 어떤 발작을 치료하고 있는 중에 갑자기 내 목을 졸랐다. 이와 같은 사실을 보면 사람이 바라건 바라지 않건 간에 암시의 본질은 무엇인지, 또 그것은 무엇에서 유래하는가를 생각하지 않을 수 없게 된다.

이상의 경험담은 우리가 설령 직접 암시를 포기하더라도 아주 소중한 것을 포기한 것은 아님을 보여준다. 그러면 이에 대해서 몇 가지 점을 고찰해 보자. 최면 요법은 의사에게나 환자에게 별로 힘들지 않다. 이 치료법은 많은 의사가 아직도 여전히 인정하고 있는 노이로제에 대한 견해와 일치한다. 의사는 노이로제 환자에게 이렇게 말한다. "나쁜 곳은 없어요. 다만 신경성입니다. 그러니 당신의 괴로움 같은 것은 내가 몇 마디 하면 5, 6분 이내에 없애 버릴 수 있어요." 그러나 그에 알맞은 장치의 힘을 빌리지 않더라도 직접 무거운 짐에 손을 대고 아주 적은 힘만 내면 그 짐을 움직일 수 있다고 말하는 것은 에너지에 대한 우리의 생각과 어긋난다. 지금의 상황이 이에 해당하는 한, 우리는 경험으로써 노이로제의 경우 그와 같은 잔꾀는 통하지 않는다는 것을 배우게 된다. 그러나 나는 이 증명이 공격을 받을 만한 성질의 것임을 알고 있다. 이 증명에는 '폭발의 씨

앗'이 내포되어 있다.

정신분석에서 얻은 지식의 관점에서 우리는 최면술의 암시와 정신분석의 암시 사이에 있는 차이를 다음과 같이 설명할 수 있다. 최면 요법은 정신 생활 속에 있는 것을 숨기고 장식하려 하지만, 분석 요법은 이것을 들추어내고 제거하려 한다. 전자는 미용술美容術과 같은 일을 하고, 후자는 외과 의술과 같은 일을 한다. 최면 요법은 증상을 금지하기 위해서 암시를 사용하고 억압을 강화하며, 증상 형성을 가져온 모든 과정을 그대로 둔다. 그런데 분석 요법은 더 깊게 병의 근원을 향하며, 증상을 일으킨 갈등을 공격한다. 그리고 이 갈등의 결과를 바꾸기 위해서 암시를 이용한다. 최면 요법은 환자를 활동하지 않고 변화하지 않도록 붙잡아 둔다. 그러므로 환자는 병의 어떤 새로운 유인에 대해서도 전과 마찬가지로 아무런 저항이 없다. 분석 요법은 환자나 의사에게 많은 노력을 필요로 한다.

그리고 이 노력은 내부 저항을 타파하는 데 소비된다. 이 내부 저항을 타파함으로써 환자의 정신 생활은 영구히 바뀌어지고 더 높은 발달 단계에 추켜올려지며, 새로운 발병의 가능성에서 보호된다. 저항을 타파한다는 이 작업이 분석 요법의 근본을 이루는 것이다. 따라서 환자는 이 작업을 완수하지 않으면 안 되며, 의사도 교육이라는 뜻으로 작용하고 있는 암시의 도움으로 환자에게 이 작업을 완수하도록 해 주어야 한다. 그러므로 정신분석 요법은 일종의 재교육이라고 해도 결코 부당하지 않다.

이렇게 해서 나는 여러분에게 암시의 치료에 사용하는 정신분석의 방법과 최면 요법만을 사용하는 방법이 어떤 점에서 다른가 하는 것을 분명히 밝혔다고 생각한다. 암시를 전이로 만들어 버림으로써 여러분은 최면 요법 때 기묘하게 보이던 변덕스러움의 원인을 알았을 것이고, 한편 분석 요법은 그 한계 내에서는 믿을 수 있다는 이유를 알게 되었을 것이다. 최면 상태를 사용할 경우, 우리는 환자의 전이 능력에 좌우되긴 하지만, 전이 능력 자체에는 아무런 영향도 미치지 못한다.

최면술에 걸린 환자의 전이는 음성이거나 대개 그렇듯이 양가성이다. 어떤 경우에는, 특별한 태도를 가짐으로써 환자가 자기의 전이를 미리 방지할 수 있을지도 모른다. 그러나 우리는 그런 경험은 기억에 없다. 정신분석에서 우리는 전이 자체에 의해 작업을 하고, 전이를 방해하는 것을 쫓아 버리며, 우리가 활동하고 싶어하는 도구를 준비한다. 이렇게 하여 우리는 암시라는 힘을 다른 식으로 사용할 수 있게 된다. 우리는 암시를 마음대로 사용할 수 있다. 즉, 환자는 자기 뜻대로 자기 자신에게 암시를 걸 뿐 아니라, 환자가 대개 암시의 영향을 받는 이상 우리는 환자의 암시를 조종하는 것이다.

그런데 여러분은 우리가 분석의 원동력을 전이라고 부르건, 암시라고 부르건, 그것은 아무래도 좋은 일이라고 말할지도 모른다. 그러나 그렇게 하면 우리가 발견한 것의 객관적인 확실성이 흔들릴 위험이 있다. 치료에 도움이 되는 것이 연구에는 해로운 것이 되어 버린다. 이것은 정신분석에서 가장 곧잘 제기되는 항의이다. 그리고 비록 이 항의가 엉뚱한 것이라도 여러분은 이 항의를 불합리한 것이라고 일축해 버릴 수는 없다고 고백할 것이다. 그러나 만일 이 항의가 정당하면, 정신분석이라는 것은 교묘하게 위장되어 있는 특별한 작용을 가진 일종의 암시 요법에 지나지 않게 될 것이다. 그리고 우리는 생활의 감화나 심적인 역학이나 무의식에 대한 정신분석의 주장을 모두 하찮은 것이라고 간주해도 좋을 것이다.

정신분석의 반대자도 그와 같이 생각하고 있다. 특히 성체험의 의의에 관한 것은 모두—설령 성체험 그 자체가 아니더라도—우리 자신의 타락된 공상 속에서 그와 같이 갖가지로 조작해서 환자에게 강요한 것이라고 생각되고 있다. 이와 같은 비난은 이론보다는 경험의 도움으로 훨씬 쉽게 반복할 수 있다. 스스로 정신분석을 한 사람은, 환자에게 주는 그와 같은 암시는 불가능함을 몇 번이고 수긍했을 것이다. 환자를 어떤 학설의 신봉자로 만들어서 의사의 잘못된 생각에 찬동시키는 것은 물론 쉽다.

이와 같은 경우에 환자는 환자가 아닌 사람, 예컨대 학생 같은 태도를 취한다. 그러나 그것으로 의사는 환자의 지성에는 영향을 줄 수 있을지 모르지만 환자의 병에는 아무런 영향을 줄 수 없다.

그의 갈등을 해소시키고, 그의 저항을 타파하는 데 성공하는 것은 현재 환자의 마음에 존재하는 것과 일치하는 예상 관념을 환자에게 주었을 때뿐이다. 의사의 추측과 일치하지 않은 것은 분석의 진행 중에 다시 소멸해 버린다. 그것은 철회되어 더 올바른 것으로 바꾸어져야 한다. 의사는 신중한 기법을 사용해서 암시의 일시적인 효과가 나타나지 않도록 해야 한다. 그러나 이와 같은 일시적인 효과가 나타나더라도 걱정할 필요는 없다. 왜냐 하면 우리는 가장 최초의 결과로 만족하지 않기 때문이다. 증례의 불분명한 부분이 밝혀지지 않고 기억의 결손이 메워지지 않으며, 억압의 동기가 발견되지 않으면 우리는 분석이 끝난 것으로 간주하지 않는다.

너무 빨리 결과가 나타나도, 우리는 분석 작업이 진척되었다고 생각하기보다 오히려 분석 작업이 방해되었다고 생각하고, 그 결과가 된 전이를 몇 번이나 해소시킴으로써 그 결과를 허물어 버린다. 이와 같은 특징에 의해서 분석 요법이 암시 요법과 구별되고, 또 분석의 결과가 암시의 결과가 아닌가 하는 의혹이 일소된다. 다른 모든 암시 요법에 있어서는 전이를 주의 깊게 보호하고 김추어 둔다. 그런데 분석 요법에서는 전이 그 자체가 치료의 대상이 되고, 전이는 여러 가지 현상적 유형으로 분해된다. 분석 요법이 끝날 때는 전이 그 자체가 소멸되어 있어야 한다. 그리고 좋은 결과가 나타나서 그것이 영속하는 것은, 암시에 의한 것이 아니라 암시의 도움으로 성취된 내부저항에 대한 극복 작용, 즉 환자의 마음 속에서 달성된 내부의 변화에 의해서이다.

우리는 치료 중에 절대적인 전이로 바뀔 수 있는 전이와 싸워야 하기 때문에, 아마도 개개의 암시가 생기는 것은 방해될 것이다. 그러면 이제 흔히 암시로 생긴 것이라고 의심될 만한 많은 분석 결과가 분명하게 다른 방법으로 확인되는 증거를 한번 보자. 그것은 조발성 치매와 파라노이아의 환자에게서 볼 수 있다. 이런 환자는 물론 암시의 영향을 받지 않았을까 하는 의혹을 가질 필요가 전혀 없다. 그들이 의식에 떠오른 상징의 번역이나 공상에 대해서 우리에게 보고해 주는 것은 전이 노이로제 환자의 무의식에 대한 우리의 연구 결과와 거의 일치하고, 또 흔히 의심받고 있는 우리의 해석이 객관적으로 옳다는 것을 보장해 준다. 그러므로 여러분은 이 점에 대해서, 분석을 믿어도 좋을 것이다.

이제 나는 회복의 메커니즘에 대한 이야기를 리비도설의 공식으로써 완성하고자 한다. 노이로제 환자에게는 향락의 능력도, 일을 하는 능력도 없다. 향락하는 능력이 없는 이유는 그 사람의 리비도가 현실의 대상을 향하고 있지 않기 때문이고, 일할 능력이 없는 이유는 리비도가 솟아오르는 것을 막기 위해서 그것을 줄곧 억압하여 다른 에너지를 대량으로 사용하지 않으면 안 되기 때문이다. 만일 환자의 자아와 리비도 사이의 갈등이 사라지고, 그의 자아가 다시 리비도를 자유로이 할 수 있게 되면 그는 건강해질 것이다. 그러므로 치료의 사명은 자아에서 동떨어져 있는 현재의 속박으로부터 리비도를 해방하여, 리비도를 다시 자아에 종속시키는 데 있다.

그렇다면 노이로제 환자의 리비도는 어디에 붙어 있는 것일까? 그것을 찾아내기는 그리 어렵지 않다. 리비도는 증상—이것은 우선 유일하게 가능한 대용 만족을 리비도에 주고 있다—에 결부되어 있다. 그러므로 그 증상을 타파하고 제거시키지 않으면 안 된다. 즉, 환자가 우리에게 요구하는 것과 동일한 일이다. 증상을 없애려면, 그 증상의 발생까지 거슬러 올라가서 증상을 만들고 있는 갈등을 소생시켜, 그때는 뜻대로 되지 않았던 본능력의 도움으로 갈등을 다른 결말로 향하게 해 주는 일이 반드시 필요하다. 억압 과정에 있어서 일부의 수정은 억압되어 버린 과정에 있는 기억의 흔적에 의해서 가능하다. 그러나 이 작업의 결정적인 부분은 의사와의 관계, 즉 전이에 의해서 그전의 갈등을 소생시켜서 이루어진다. 그리고 그전의 갈등에 대해서 환자는 과거에 그가 거동한 것과 똑같이 거동하고 싶어한다. 한편, 의사는 환자의 뜻에 달려 있는 정신적인 힘을 환자에게서 모두 끌어내어 이 갈등을 강제적으로 해결시키려고 한다. 그러므로 전이는 서로 싸우는 모든 힘이 부딪치는 싸움터라고 할 수 있다.

모든 리비도와 라비도에 대한 반항은 의사와의 관계에 집중된다. 그 결과, 증상에서 리비도가 상실된다. 환자 본래의 병 대신 인공적으로 만들어진 전이라는 병, 즉 전이병轉移病이 나타난다. 갖가지 비현실적인 리비도의 대상 대신, 또한 공상적인 대상으로서 의사가 나타난다. 그러나 이 대상에 대한 새로운 싸움은 의사의 암시의 힘으로 최고의 심리적인 단계까지 높아져서 정상적인 심적 갈등으로써 진행된다. 이렇게 새로운 억압을 피함으로써 자아와 리비도 사이의 불안은 거기서 머무르고, 다시 인격의 정신적인 통일이 형성된다. 리비도가 의사라는 일시적인 대상에서 또다시 분리되면, 리비도는 과거의 대상으로 되돌아가지 못하고 자아의 명령에 따르게 된다. 이 치료의 작업 중에 극복된 힘은, 한쪽은 리비도가 어떤 방향으로 나아가려고 하는 데 대한 자아의 혐오이며, 또 한쪽은 리비도의 집착하는 성질, 즉 정착성이다이 때문에 리비도는 전에 충당된 대상에서 떨어지고 싶어하지 않는다.

그러므로 치료의 작업은 두 단계로 나뉘어진다. 제1단계는 모든 리비도를 증상에서 전이로 밀어주어 전이에 집중시키는 일이며, 제2단계는 이 새로운 대상과의 싸움에 대한 단서를 잡아 리비도를 이 대상에서 쫓아 버리는 일이다. 그리하여 이 새로운 갈등에서 억압이 일어나지 않게 되면 그 효과는 성공적이다. 그 결과 리비도는 무의식 속으로 달아남으로써 자아에서 다시 멀어질 수 없게 된다. 그리고 이것은 의사의 암시를 받고 달성된 자아의 변화로 가능해진다. 무의식을 의식으로 바꾸려고 하는 해석 작업에 의해서, 자아는 이 무의식의 희생으로 하여 확대된다. 그리고 자아는 교육에 의해서 리비도와 화해하게 되고, 리비도에 어느 정도의 만족을 양보할 수 있게 된다.

자아는 리비도의 일부를 승화에 의해서 방출할 수 있기 때문에, 리비도의 요구를 무서워하는 일이 적어진다. 치료 과정이 위와 같이 일치하면 할수록 정신분석 요법의 효과는 커진다. 치료를 방해하는 것은 대상에서 떨어지지 않으려고 저항하는 리비도의 운동성 부족과, 대상에의 전이가 어떤 한계 이상으로 증대되는 것을 허용치 않는 나르시시즘의 완고함이다. 치료하는 중에, 그리고 치료로 회복되는 리비도의 분포에서 우리는 병 속에 있는 리비도 충당을 직접 추측해서는 안 된다는 주의를 들을 수 있다. 한 환자가 아버지에 대한 감정을 의사에게 옮기는 강한 부친 전이를 만들어 놓고, 이것을 제거함으로써 다행히 병이 완쾌되었다고 하자.

이 경우, 환자는 리비도가 무의식적으로 아버지에게 그와 같이 결부되어 있었기 때문에 병이 나은 것이라고 추론하는 것은 잘못이다. 이 경우 부친 전이는 우리가 리비도를 포착하려 하는 싸움터에 불과하다. 환자의 리비도는 단지 다른 위치에서 이 곳으로 이동해 온 것뿐이다. 이 싸움터가 항상 적의 중요한 요새는 아니다. 적의 수도 방위는 반드시 수도의 문 앞에서 행해질 필요는 없다. 전이를 다시 한 번 그만두어야 비로소 우리는 병 속에 존재하고 있었던 리비도의 분포를 관념 속에서 재구성할 수 있다.

리비도설의 관점에서 마지막으로 다시 한 번 꿈에 대한 답안을 내리고 싶다. 노이로제 환자의 꿈은 그 환자의 오류나 자유 연상에서처럼 증상의 뜻을 추측하고 리비도의 충당을 발견하는 것을 도와준다. 꿈은 원망충족의 형태로 어떤 원망 충동이 억압을 받았는가, 또 자아에서 물러난 리비도가 어떤 대상에 부착되어 있었는가를 우리에게 제시해 준다. 그러므로 꿈의 해석은 정신분석 요법에 있어서 중요한 역할을 하며, 또 많은 증례에서 장기간에 걸친 분석 작업의 가장 중요한 수단이 된다. 수면 상태에서는 억압이 어느 정도 완화된다는 것을 우리는 이미 알고 있다. 억압에 가해지는 압력이 어느 정도 줄어들므로, 꿈 속에 억압된 충동은 낮은 증상 속에 나타나는 것보다 훨씬 뚜렷하게 나타난다. 그러므로 꿈을 연구하는 것은 자아에서 물러난 리비도가 머물러 있는 억압된 무의식을 알기 위한 첩경이 된다.

그러나 노이로제 환자의 꿈은 본질적인 면에 있어서는 정상인의 꿈과 거의 다르지 않다. 아마도 대부분은 양자를 구별하기 힘들 것이다. 정상인의 꿈에 부적합한 방법으로 노이로제 환자의 꿈을 설명한다는 것은 합당치 못한 일이다. 그러므로 노이로제와 건강의 차이는 낮에만 해당되며, 꿈에는 해당되지 않는다고 말할 수 있다. 노이로제 환자의 꿈의 증상 사이에는 많은 관련이 있기 때문에, 그것으로써 분명해진 많은 가설을 건강인에게도 적용시킬 수 있다. 우리는 건강인도 정신 생활 속에 꿈과 증상을 일으킬 수 있는 소지를 갖고 있음을 부정할 수 없다.

또 건강인도 억압을 하고, 줄곧 그 억압을 계속하기 위해서 에너지를 얼마간 소비하지 않으면 안 되며, 그 무의식 체계에는 억압되고 에너지가 충당된 충동을 감추고 있으며, 그리고 리비도의 일부는 그 자아의 뜻대로 되지 않는다고 결론 짓고 싶다. 그러므로 건강인도 잠재적인 노이로제 환자라고 할 수 있다. 그러나 꿈은 표면적으로는 건강한 사람이 만들 수 있는 유일한 하나의 증상인 것처럼 여겨진다. 만일 여러분이 낮의 생활을 잘 관찰해 보면, 이 의견과 모순되는 것을 실지로 발견하게 될 것이다. 즉, 외견상 건강하다고 할 수 있는 사람의 생활에는 무의미하고 그다지 중요한 것 같지 않은 무수한 증상이 섞여 있다.

그러므로 신경질적인 건강인과 노이로제 환자 사이의 차이점은 실용적인 점에만 있다. 즉, 그 사람이 향락 능력과 노동 능력을 충분히 가졌느냐 그렇지 않느냐에 따라서 결정 지어진다. 이것은 결국 뜻대로 사용할 수 있는 에너지 양과 억압으로 돌려진 에너지 양의 대비가 된다. 즉, 그 차이는 질적인 것이 아니라 양적인 것이다. 이 견해는 체질적인 소인에서 기인하지만, 노이로제란 원칙적으로 치유될 수 있다는 우리의 확신에 이론적인 근거를 제공해 주는 것임은 두말할 나위 없다.

건강한 사람의 꿈과 노이로제 환자의 꿈이 일치한다는 사실로 미루어, 우리는 건강의 특징을 여러 가지로 추측해도 좋을 것이다. 그러나 우리는 꿈을 노이로제 증상과의 관련에서 분리시키면 안 되고, 꿈의 본질은 관념을 태고적인 표현 양식으로 번역한다는 공식으로 설명이 된다고 믿어서도 안 된다. 또한 꿈이라는 것에서 현존하는 리비도의 투여와 대상 충당을 알 수 있다고 가정하지 않으면 안 된다는 결론을 끌어낼 수 있을 것이다.

드디어 이야기는 종말에 가까워졌다. 내가 정신분석 요법에 대해서 이론적인 것만 설명하고, 치료가 실시되는 조건과 치료가 거두는 효과에 대해서는 전혀 언급하지 않은 데 대해 여러분은 아마 실망했을 줄로 안다. 그러나 그 두 가지는 이야기하지 않기로 한다. 그 이유는, 전자에 대해서는 여러분에게 정신분석을 하기 위한 실제상의 지도를 해 줄 생각은 애당초 하지 않았기 때문이며, 후자를 말하지 않는 것은 여러 가지 동기에 의해서이다.

나는 이 강의를 시작할 때, 편리한 조건 아래서는 내과적 치료법 중의 가장 훌륭한 치료 못지않은 치료 효과를 거둔다고 역설했다. 지금 나는 이 효과는 다른 어떤 방법으로도 거둘 수 없었을 것이라고 덧붙일 수 있다. 그러나 만일 내가 더 이상 강조한다면, 내가 과대 선전으로 시끄러워진 비난의 소리를 무마시키려 하는 것이라는 오해를 받을지도 모른다.

의학 교수들은 회합 석상에서까지, 분석이 실패한 사례와 분석이 잘못 영향을 준 예를 나열해서, 분석 요법이라는 것은 무가치하다는 것을 공공연히 발표하여 괴로워하는 민중의 눈을 뜨게 해 주자고 하는 등 자주 정신분석가에게 협박조의 말까지 털어놓았다. 그러나 그와 같은 예를 모은다 해도, 그 방법이 악의에 찬 밀고적인 성질을 띠고 있는 점은 도외시하더라도 분석의 치료 효과에 대해서 올바른 판단을 내리는 데 적당한 일이라고는 생각되지 않는다. 여러분도 알다시피 분석 요법은 아직 시작 단계에 불과하다. 우리가 그 기법을 확립할 때까지는 실로 장구한 세월이 걸렸다. 그리고 이것을 연구해 오면서 차츰 증가해 가는 경험을 부가시킴으로써 완성된 것이다. 분석의 기법을 가르치는 데 많은 어려움이 있으므로 다른 부문의 전문가들보다 정신분석 의사들은 더욱더 자기 자신의 능력에 의지하지 않으면 안 되었다.

그러므로 그 사람이 최초로 거둔 효과는 결코 분석 요법의 효과라고 판단할 수가 없을 것이다. 정신분석 초기에는 치료의 시도가 실패로 끝나는 일이 다반사였다. 그것은 일반적으로 이 방법이 적당치 않은 오늘날에 우리가 적응 중에서 제외하고 있는 증례를 시도했기 때문이다. 그러나 이 적응증은 분석을 해 보고 난 후에 비로소 안 것이다. 처음에는 뚜렷한 형태를 갖는 파라노이아라든가, 조발성 치매에 효과가 없다는 것을 깨닫지 못했다. 그러나 여러 가지 질환에 이 방법을 시도한다는 것은 역시 옳은 일이었다. 그러나 처음의 실패는 대체로 의사의 실수나 부적당한 재료를 골랐기 때문에 생긴 것이 아니라, 외적 조건이 불량했기 때문에 일어난 것이다. 우리는 지금까지 반드시 나타나는, 정복이 가능한 환자의 내부 저항에 대해서만 이야기했다. 분석 중에 환자의 처지나 환경으로 일어나는 외부 저항은 이론적으로는 거의 흥미가 없지만, 실지로는 가장 중요한 것이다. 정신분석 요법은 외과 수술에 비할 수 있다. 즉, 외과 수술처럼 성공하기에 최적의 조건 아래서 실시할 필요가 있다. 수술시에 보통 외과의가 어떤 준비를 하는가 여러분은 알고 있을 것이다. 즉, 적당한 수술실, 훌륭한 광선, 조수, 가족을 멀리 하는 조치 등이 취해질 것이다.

그런데 만일 외과 의사가 환자의 가족이 모두 지켜보는 가운데 수술을 해야 하고, 그들이 수술대를 둘러싸고 들여다보면서 메스를 가할 때마다 큰 소리를 지른다면, 그 수술이 어떻게 되겠는가? 정신분석 요법에서 보면 가족이 동석하는 것은 매우 위험한 정도가 아니라, 막을 수 없을 정도의 크나큰 위험이다. 우리는 보통 환자의 내부 저항을 각오한다. 내부 저항은 부득이한 것이라고 생각한다. 그러면 외부 저항은 어떻게 막으면 좋을 것인가? 우리가 아무리 설명해도 환자의 가족은 우리 뜻대로 되지 않으며, 그들에게 모든 문제에 대해 초연한 태도를 갖게 할 수도 없다. 또 환자의 가족과 협력해도 안 된다. 왜냐 하면 자기가 믿는 사람이 자기 편을 들어줄 것을 바라는 —그것은 당연한 일이지만— 환자의 신뢰를 잃을 우려가 있기 때문이다.

어떤 불화 때문에 가정이 파괴되는가를 알고 있는 사람은 분석가로서, 환자의 가족은 흔히 환자가 건강해지는 것보다 그대로 병들어 있는 쪽을 더 원한다고 해도 놀랄 것은 없다. 흔히 있는 일처럼 노이로제가 가족들과의 갈등 관계에 있을 경우, 건강한 사람은 자기 이익과 환자의 회복 중 어느 쪽을 택하느냐 하면 먼저 자기 이익을 택한다. 남편은 당연히 자기의 나쁜 행동이 드러날 것이 예상되는 치료를 원치 않는다. 우리도 이런 예에는 놀라지 않으며, 남편의 저항에다가 병든 아내의 저항이 합치는 바람에 우리의 노력이 수포로 돌아가거나 시초부터 꺾여 버려도, 우리는 우리 자신을 조금도 책망할 수 없다. 우리는 현재의 상황 아래서 실행이 불가능한 것을 실행하려 한 데 지나지 않았던 것이다.

내가 의사로서의 양심 때문에 매우 난처했던 예를 하나 소개하겠다. 수년 전에 나는 한 젊은 처녀에게 분석 요법을 실시하고 있었는데, 이 처녀는 오래 전부터 한길을 걸어갈 때나 집에 혼자 있을 때는 극심한 불안에 시달리고 있었다. 분석이 진행되면서, 이 처녀는 차츰 자기의 어머니와 갑부인 어느 남자와의 정사를 우연히 목격했기 때문에 공상이 생겼다고 고백하기 시작했다. 그런데 처녀는 경솔하게도—아니 서둘러서—분석 시간에 주고받은 말을 자기의 어머니에게 암시했다. 그녀는 어머니에 대한 태도를 바꾸어, 혼자 집에 있을 때의 불안은 어머니만이 막아줄 수 있다고 주장하고 나선 것이다. 그러고는 어머니가 외출하려 하면, 불안에 가득 차서 방문을 막고 나섰다. 그런데 전에 그녀의 어머니는 신경질적이었는데, 몇 해 전에 물리 치료법을 하는 어느 병원에 다니고는 완쾌

되었다. 그녀는 그 병원에 다니고 있을 때 한 남자와 알게 되었고, 그는 모든 점에서 그녀를 만족시켜 주었던 것이다. 딸이 너무도 강경한 것에 놀란 그녀는, 문득 자기 딸의 불안이 무엇을 뜻하는가를 깨달았다.

딸은 그녀의 어머니가 애인과 교제할 행동의 자유를 빼앗기 위해 어머니를 집에 가두고자 하는 것에서 발병한 것이다. 그래서 그녀의 어머니는 즉각, 다시는 딸에게 해로운 치료를 받지 못하게 하기로 결심했다. 딸은 어느 병원의 신경과로 보내지고, 그 병원에서 오랜 세월 '정신분석의 가엾은 희생자'라는 실물 교시의 재료가 되었다. 내 요법이 뜻밖의 결과가 되었기 때문에, 그 동안 줄곧 끊임없는 악평이 내 귀에도 들려왔다. 그러나 나는 침묵을 지켰다. 의사로서 비밀을 지켜주어야 할 의무가 있다고 믿었기 때문이다. 그런데 몇 해 후에, 그 병원을 방문하여 이 광장 공포증인 처녀를 만난 한 동료로부터, 처녀의 어머니와 어느 갑부 남자와의 관계가 온 동네에 소문이 나 있으며, 두 사람은 마치 부부처럼 아이까지 생겼다는 이야기를 들었다. 결국 이 '비밀' 때문에 분석 치료가 희생된 것이었다.

제1차 세계 대전이 발발한 몇 해 동안, 나에게 외국인 환자들까지 많이 찾아왔으므로, 나는 내가 살고 있는 빈 시市의 모든 평판과 무관하게 되어 버렸다. 그 당시, 나는 생활의 기본적인 관계에 있어서 다른 사람으로부터 독립해 있지 않은 환자는 결코 치료하지 않는다는 규칙을 만들었다. 그러나 정신분석가라고 다 이 규칙을 지킬 수는 없었다. 아마 여러분은 가족에 대한 경계 때문에, 정신분석은 병원의 신경과에 입원한 환자에게만 한정해야 하고 가정에 있는 환자에게 실시해서는 안 된다고 결론지을 것이다.

그러나 나는 여러분의 말에 찬성하지 않는다. 환자는 아주 쇠약 단계에 있지 않는 한, 치료 중에는 현실 생활이 그들에게 부과하는 문제와의 싸움을 피할 수 없는 상황 속에 있는 편이 훨씬 유리하다. 단지 가족은 그 거동으로써 이 유리한 조건을 상쇄해서는 안 되며, 또 의사의 노력에 적대감을 갖고 반항해서도 안 된다. 그러나 여러분은 우리가 관여할 수 없는 가족들을 어떻게 해서 이 방면으로 움직일 수 있는가 하고 의아해할 것이다. 여러분은 당연히 치료의 전망이라는 것은 사회적인 환경과 그 가정의 문화적인 상태에 크게 좌우되는 것이라고 추측할 것이다.

외부의 이 방해 요소를 이와 같이 평가하면, 우리가 겪은 실패의 원인이 납득될 수 있지만, 앞에서 한 말이 정신분석 치료의 유효성에 대한 암담한 미래를 시사하는 것이라고 단정 짓는 것은 옳지 않다. 정신분석에 호의를 가 진 사람은 분석의 성공률과 실패율의 통계를 내라고 우리에게 충고해 주었다. 그러나 나는 그 충고를 듣지 않았다. 통계라는 것은 동일한 비교·대조의 단위이거나 치료를 실시한 노이로제 질환의 증례가 여러 가지 점에서 일치하지 않으면 가치가 없다고 생각했기 때문이다. 그리고 또 우리는 관찰할 수 있는 시일이 너무 짧아서 치료 효과가 언제까지 지속될는지 판단할 수 없었고, 또 많은 증례를 일반적으로 보고하는 것도 불가능했다. 왜냐 하면 이와 같은 증례는 자기의 병과 또 그 치료조차 비밀로 해두는 사람들이며, 자기가 나온 것도 역시 비밀로 해야 하는 사람들이었기 때문이다.

그러나 통계를 거부한 최대의 이유는 사람들은 분석 요법에 대해서는 극도로 비합리적인 태도를 가지기 때문에 합리적인 수단으로는 그 일이 불가능하다고 판단했기 때문이다. 새로운 치료법이라는 것은, 마치 코흐Koch가 결핵에 대해서 최초로 투베르쿨린 효과를 발표했을 때처럼 열광적으로 지지받고는 이내 연기처럼 사라져 버리는 것이나, 제너E.J. Jenner의 종두법—오늘날에도 아직 완고한 반대자가 있기는 하지만—처럼 그 당시에는 아무도 거들떠보지도 않았지만 실제로는 매우 환영받을 만한 것 중의 하나이다. 정신분석에 대해서는 분명히 많은 편견이 나돌고 있다. 만일 우리가 어려운 증례를 고치면 다른 사람들은, '그런 것은 증명이 될 수 없다. 환자는 치료를 받을 무렵에 자연히 나아 있었는지도 모른다' 하고 말할 것이다.

그리고 우울증과 조병躁病의 네 가지 주기를 지닌 환자가 우울증 뒤의 휴지기休止期에 내 치료를 받고 3주일 후에 다시 조병이 재발되면 가족들은 물론 입회 초청을 받은 의사로서 당당한 대가들까지도 이 새로운 발작이 순전히 환자에게 실시한 정신분석의 결과라고 확신해 버린다. 이러한 편견은 별도리가 없다. 이에 대처하는 가장 합리적인 방법은 그 편견이 시간의 경과에 따라 자연히 함께 사라지기를 기다리는 것이다. 언젠가는 똑같은 사람이, 똑같은 일을 하는 데 있어서 종래와는 전혀 다른 방식으로 생각하게 될 것이다. 인간이 어째서 오래 전에 그와 같이 생각지 않았는지는 오늘날에도 역시 기묘한 수수께끼이다.

이제 정신분석에 대한 편견은 차츰 그림자를 감추기 시작하고 있다. 이미 많은 나라들에서 정신분석에 대한 지식이 보급되었다는 점과, 정신분석 요법을 실시하는 의사의 수가 증가했다는 사실이 이것을 입증해 준다. 청년 시절에 나는, 마치 오늘날 정신분석에 비판적인 사람들이 정신분석에 반대하고 있는 것처럼, 최면술의 암시 요법에 대해 많은 의사들이 비난하는 소리를 듣곤 했었다. 그러나 최면술은 처음에 기대했던 치료 효과를 거두지 못했다. 우리들 정신분석가들 이 최면술파派의 정통 후계자라고 불러도 좋다.

그리고 우리가 최면술로부터 얼마나 많은 조언과 이론적인 계도를 받았는가를 결코 잊어서는 안 된다. 정신분석에 대해서 왈가왈부하는 말을 듣는 유해한 결과는, 대체로 분석에 성공하지 못했거나 분석 중에 포기했을 때 나타나는 갈등이 증대함으로써 생기는 일시적인 현상에 불과하다. 여러분은 지금까지 우리가 환자에게 실시하는 갖가지 방법에 대해서 설명을 들었다. 그러므로 우리의 노력이 과연 영구적인 장애를 가져다주는 것인지 아닌지는 여러분 스스로가 판단을 내릴 수 있을 것이다. 물론 정신분석의 남용은 여러 영역에서 일어날 수 있다. 특히 비양심적인 의사에게의 전이는 위험하기 짝이 없는 무기가 된다. 하지만 의약에서나 의사의 치료법에서나 이 남용을 막을 도리는 없다. 메스는 그것을 들지 않는 한 치료에 아무런 도움이 되지 않는다.

이제 강의는 이것으로 모두 끝났다. 내 강의에 여러 가지 부족함을 돌이켜보면 부끄럽기 짝이 없다. 대충 언급해 놓은 주제를 다른 대목에서 자세히 다루겠다고 몇 번이나 약속해 놓고, 그 약속을 지키지 못한 것을 특히 유감으로 생각한다.

나는 여러분에게 발전 단계에 있는, 미완성의 문제를 보고할 계획이었기 때문에 짧게 요약된 강의 자체가 불완전한 것이 되고 말았다. 많은 방면에서 결론을 도출해 낼 수 있는 재료를 제시했음에도 불구하고 결론을 피한 곳도 많았다. 그 이유는 여러분을 전문가로 만들고 싶지 않았으며, 다만 여러분에게 지식을 보급하고 여러분의 관심을 끌고자 했었기 때문이다.

프로이트 연보

A Supplement. Chronological FREUD history

† † † † †

1856년	5월 6일, 모라비아 프라이버그오늘날 체코의 프라이버에서 아버지인 야곱 프로이트Jacob Freud와 그의 세 번째 아내 아밀리아Amalia 사이에서 맏아들로 태어나다.
1859년	유대인 모피상이었던 아버지를 따라 독일의 라이프치히로 이사하다.
1860년	빈으로 이주하여 정착하다.
1865년	김나지움중학교 과정에 입학하다.
1873년	빈 대학 의학부에 입학하다.
1877년	지그문트 프로이트Sigmund Freud로 이름을 줄이다
1876년	빈의 생리학 연구소에서 생리학자 브로이어의 시도로 중앙신경체계the central nervous system에 대한 연구를 시작하다.
1877년	해부학과 생리학에 관한 첫번째 논문집을 출판하다.
1881년	의학박사 학위를 취득하다.
1882년	마르타 베르나이스와 약혼하다.
1882~1885년	빈 종합병원의 테오도르 마이너트 정신의학 클리닉The Theodor Meynet's Psychiatric Clinic에서 일하다. 뇌해부학을 집중 연구. 논문 다수 출판하다.

1884~1887년 코카인의 임상적 용도에 관한 몇 가지 논문을 학술지에 발표하다.

1885년 10월에서 1886년 2월까지 파리의 살페트리에 병원신경질환 전문 병원으로 유명에서 샤르코의 지도 아래 연구를 하다. 특히 이 무렵 히스테리의 최면술에 대해 처음으로 관심을 가져 집중적으로 최면 요법을 연구하다.

1886년 마르타 베르나이스와 결혼한 뒤 빈에서 개업하여 신경질환 환자를 치료하기 시작하다.

1886~1893년 빈 카소비츠 연구소에서 신경학 연구를 계속, 특히 어린이 뇌성마비에 관심을 가지고 많은 연구를 하다가, 신경학에서 점차 정신병리학으로 관심을 돌리다.

1887년 장녀 마틸데 탄생하다.

1887~1902년 베를린의 빌헬름 플리스와 교분을 맺고 서신을 주고받다. 이 기간 동안 프로이트가 플리스에게 보낸 편지는 프로이트 사후인 1950년에 출판되어 그의 이론 발전 과정에 많은 시사점을 던져주고 있다.

1887년 최면 암시 요법을 치료에 사용하기 시작하다.

1888년 브로이어를 따라 카타르시스 요법을 통한 히스테리 치료에 최면술을 이용하기 시작했으나 점차 최면술 대신 자유연상 기법을 시도하다.

1889년 프랑스 낭시에 있는 베른하임을 방문하여 그의 '암시' 요법을 연구하다. 장남 마르틴 탄생하다.

1891년 실어증에 관한 논문 발표, 차남 올리베르 탄생하다.

1892년 막내아들 에른스트 탄생하다.

1893년 브로이어와 함께 히스테리의 심적 외상外傷 – 이른바 카타르시스 요법을 밝힌《예비적 보고서》를 출판하다. 차녀 소피 탄생.

1893~1896년 프로이트와 브로이어 사이에 점차 견해 차이가 생기기 시작하다. 방어와 억압의 개념, 또 자아와 리비도 사이의 갈등의 결과로 생기는 노이로제 개념을 소개하다.

1893~1898년 히스테리·강박증·불안에 관한 연구와 짧은 논문 다수를 발표하다.

1895년 브로이어와 함께 치료 기법에 대한 증례 연구와 설명을 담은《히스테리 연구》를 출판, 감정 전이轉移 기법에 대한 설명이 이 책에서 처음으로 소개되다.

1895년 《과학적 심리학을 위한 구상》을 집필하다. 플리스에게 보내는 편지 속에 그 내용이 포함되어 있는 이 책은 1950년에야 비로소 첫 출판이 되다. 심리학을 신경학적인 용어로 서술하려는 이 시도는 처음에는 빛을 보지 못했지만 프로이트 후기 이론에 관한 많은 시사점을 담고 있다. 막내딸 안나 탄생하다.

1896년 '정신분석'이란 용어를 처음으로 소개하다. 부친 향년 80세로 사망하다.

1897년 심적 외상 이론을 포기하는 한편, 유아 성욕과 오이디푸스 콤플렉스에 대해 인식하게 되다.

1900년 《꿈의 해석》을 출판하다. 이 책의 마지막 장에는 정신 과정을 비롯해, 무의식·쾌락 원칙 등에 대한 프로이트의 역동적 관점이 자세하게 설명되어 있다.

1901년 《일상 생활의 정신병리학》을 출판하다. 꿈에 관한 저서와 함께 프로이트의 이론이 병적인 상태뿐만 아니라 정상적인 정신 생활에까지 적용된다는 것을 분명히 보여 주다.

1902년 특별 명예교수에 임명되다.

1905년 〈성욕에 관한 세 편의 에세이〉를 발표하다. 유아에서 성인에 이르기까지 인간의 성적 본능의 발전 과정을 처음으로 추적하다.

1906년 융이 그의 정신분석학의 신봉자가 되다.

1908년 잘츠부르크에서 제1회 국제 정신분석학회가 열리다.

1909년 프로이트와 융이 미국의 강의 초청을 받다. '꼬마 한스'라는 다섯 살 어린이의 병력病歷 연구를 통해 처음으로 어린이에 대한 정신분석을 시도. 이 연구를 통해 성인들에 대한 분석에서 수립된 추론이 특히 유아의 성적 본능과 오이디푸스 콤플렉스 및 거세 콤플렉스에까지 적용될 수 있음을 확인하다.

1910년 '나르시시즘' 이론이 처음으로 등장하다.

1911~ 정신분석 기법에 관한 몇 가지 논문을 학술지 등에 발표

1915년 하다.

1911년 아들러가 정신분석학회에서 탈퇴하다. 정신분석학 이론을 정신병 사례에 적용한 쉬레버 박사의 자서전적 연구 논문이 나오다.

1912~1913년 《토템과 터부》를 출판했는데, 정신분석학을 인류학에 적용한 저서로 평가받았다.

1914년 〈정신분석학 운동의 역사〉라는 논문을 발표하다. 이 논문은 프로이트가 아들러와 융과 벌인 논쟁을 담고 있다. 프로이트의 마지막 주요 개인 연구서인 《늑대 인간》1918년 출간 발표하다.

1915년 기초적인 이론적 의문에 관한 〈초심리학〉 논문 12편을 시리즈로 쓰다. 현재 5편만 남아 있다.

1915~1917년 《정신분석 강의》를 출판했는데, 제1차 세계 대전까지의 프로이트의 관점을 광범위하고 치밀하게 종합한 책이다.

1919년 나르시시즘 이론을 전쟁 노이로제에 적용하다.

1920년 차녀 사망하다. 《쾌락 원칙을 넘어서》를 출판, '반복 강박' 개념과 '죽음 본능' 이론을 처음으로 소개하다.

1921년 《집단 심리학과 자아 분석》을 출판, 자아에 대한 체계적이고 분석적인 연구에 착수한 저서이다.

1923년 《자아와 이드》를 출판, 종전의 이론을 크게 수정해 마음의 구조와 기능을 이드·자아·초자아로 나누어 설명한 책이다. 암에 걸리다.

1926년 《억압, 증후 그리고 불안》을 출판, 불안의 문제에 대한 관점을 수정하다.

1927년 《환상의 미래》를 출판, 종교에 대한 논쟁을 담은 글인데, 프로이트가 말년에 전념했던 다수의 사회과학적 저서 중 첫번째 저서이다.

1930년 《문명 속의 불만》을 출판, 파괴 본능에 대한 본격적인 연구로서 프랑크푸르트에서 괴테 상을 받았다. 어머니 향년 95세로 사망하다.

1933년 히틀러가 독일 내 권력을 장악한 후 프로이트의 저서들이 베를린에서 공개적으로 소각되다.

1934~1938년 《인간 모세와 유일신교唯一神敎》를 출판, 프로이트 생존시 마지막으로 출판된 책이다.

1936년 80회 생일, 영국 학술원 객원 회원으로 선출되다.

1938년 히틀러의 오스트리아 침공으로 빈을 떠나 런던으로 이주하다. 〈정신분석학 개요〉를 집필, 미완성의 마지막 저작인 이 논문은 정신분석학의 결정판이라고 할 수 있다.

1939년 9월 23일 런던에서 사망83세하다.